Eduard Sachau, al Biruni

Chronologie orientalischer Völker

Eduard Sachau, al Biruni

Chronologie orientalischer Völker

ISBN/EAN: 9783743306141

Hergestellt in Europa, USA, Kanada, Australien, Japan

Cover: Foto ©ninafisch / pixelio.de

Manufactured and distributed by brebook publishing software
(www.brebook.com)

Eduard Sachau, al Biruni

Chronologie orientalischer Völker

كتاب

الآثار الباقيه عن القرون الخاليه

تأليف

ابى الريحان محمد بن احمد البيرونى الخوارزمى

رحمه الله تعالى

بسم الله الرحمن الرحيم[a]

الحمدُ لله المتعالى عن الأضداد والأشباه والصلوةُ على محمّد المصطفى خيرِ الخَلْق وعلى آله أئمّةِ الهُدَى والحقّ ومن لطائف تدبير الله تعالى فى مصالح بريّته وجلائلِ نِعَمِه على كافّة خليقته تقديرُه النافذ أن لا يُخْلِيَ فى عامّة زمانا عن امام عادلٍ يَجْعَله لخلقه أمانًا ليَفْزَعوا اليه فى النوائب والحوادث من السُّوءات والكوارثِ ويَرُدُّوا نحوه الأمرَ اذا اشْتَبَهَ فيقومَ باستنباطه نظامُ العالَم ويدومَ قِوامُه مفروضًا ذلك عليهم ومقرونا بما لا يُنال الثوابُ فى الآخرة الّا به من طاعته سبحانه وطاعةِ رسوله بقولِ الحقّ العَدْل وقوله القضاء الفَصْل يا أيّها الذين آمنوا أطيعوا اللهَ وأطيعوا الرسولَ وأولى الأمْرِ منكم فالشكرُ لله على ما أفاض من مِنَنه على عباده باقامةِ مولانا الاميرِ السيّد الاجلّ المنصور وَلِيّ النِعَم شمْسِ المعالى اطال الله بقاءه وادام قُدْرته وعَلاءه وحرَس على الزمان بَهْجته وبَهاءه وصان عِزّته وفِناءه وكبَت حَسَدَته وأعداءه اماما عادلا لخلقه ناصرا لدينه وحقّه ذابًّا عن حريم المسلمين وحاميا حَوْزتهم عن بوائق المُفسدين وأمَدّه بخُلُق قد امْتَنّ بمثله على نبيّه ومُؤَدّبِه[b] وحَبيبه فقال سبحانه وانّك لعلى خُلُق عظيم تبارك وتعالى كيف جمَع الى مَتْنِ عِرْقه الصَّميم محاسنَ خُلُقه الكريم والى نفسه الأبيّة جوامعَ الخِصالِ الرَّضيّة من التُّقى والهُدَى والصِّيانة والدِّيانة والعَدْل والانْصاف والتَّواضُع والألطاف والعَزْم والحَزْم والسَّماحة[c] والسَّجاحة والسِّياسة والرِّياسة والتدبير والتقدير وغيرِ ذلك ممّا لا تحصُره الأوهام ولا يُطيق ذِكرَه الأنام وكيف يُتعجَّب من ذلك وليس لله بمستنكَرٍ أن يَجْمَعَ العالَمَ فى واحد فأدامَ اللهُ امْتاعَ المسلمين بحُسْنِ عنايته بهم وجميلِ رأيه فيهم وظاهرِ شفقته ورأفته عليهم وزادهم يومًا فيوما ما[d] تعوَّدوه من كرمِ ظِلّه الظَّليل ووفّق الخاصّ والعامّ للمُفْتَرَض عليهم من طاعته بمَنّه وجُوده ۞

P = Handschrift der Pariser Bibliothèque Nationale.
L = Handschrift des Brittischen Museums in London.
R = Handschrift Sir Henry Rawlinsons.
Mss. = alle drei Handschriften.

a *P* كافيا وهو حسبى وعليه اتوكّل , *L* وبه ثقتى   *b* *R* بوايف zwischen ومؤدّى und حبيبه über der Linie nachgetragen.   *c* Fehlt in *R*.   *d* ما fehlt in *R*.

وبعد فقد سألنى أحدُ الأدباء عن التواريخ التى يستعملها الأُمَمُ والاختلافِ الواقع فى الأُصول التى هى مَبادِيُها والفروعِ التى هى شهورُها وسنوها[a] والأسبابِ الداعيةِ لأهلها الى ذلك وعن الأعياد المشهورة والأيّام المذكورة للأوقات والأعمال وغيرِها ممّا يَعْمَلُ عليه بعضُ الأمم دون بعض واقترح علىّ الابانةَ عن ذلك بأوضحِ ما يُمْكِنُ السبيلُ اليه حتّى تَقْرُبَ[b] من فَهْم الناظرِ فيها وتُغْنِيَه عن تَدَوُّخِ[c] الكتبِ المتفرّقة وسؤالِ اهلها عنها فعلمتُ أنّ ذلك أمْرٌ صَعْبُ المتناوَلِ بعيدُ المأخذِ غيرُ مُنْقادٍ لمن رامَ اجراءَه مُجْرَى الضروريّات التى لا يَتَخالَجُ قلبَ الواقفِ عليها شُبْهَةٌ فيها لكنّى تأيّدتُ بعُلُوِّ دولةِ مولانا الامير السيّد الأجلّ المنصور وليّ النِعَم شَمْسِ المعالى ادامَ اللهُ قدرتَه فى استفراغ الوُسْعِ واستنفادِ[d] الجُهْد فى الابانة عن ذلك على حسبِ ما بَلَغَه علمى ان بسماعٍ وان بعيانٍ وقياسٍ ثمّ جرّأنى ما[e] كُنْتُ تَلَبَّسْتُه من لباس الخِدْمة المَيْمونة على اثبات تلك لمعالى المَجْلِسِ كَىْ يَتَجَدَّدَ[f] خِدْمةٌ بى له فألْبَسَ بها حُلَلَ[g] فَخْرٍ يَبْقَى[h] لى ذِكْرُها وشَرَفُها تراثًا فى الأعقاب على مَرِّ الدُهورِ ومُضِىِّ الأحقاب فإنْ رأى أدامَ اللهُ عُلُوَّ رأيه تشريفَ العبد بالاغضاء عن تجاسُرِه وقبولِ عُذْرِه فَعَلَ صائبَ الرأيِ ان شاء الله وأبْتَدِئُ فأقولُ أنّ أقرَبَ الأسبابِ المُؤدِّيةِ الى ما سُئِلْتُ عنه هو معرفةُ أخبارِ الأمم السالفة وأنباءِ القرون الماضية لأنّ أكثرها أحوالٌ عنهم ورُسومٌ باقية من رسومهم ونواميسهم ولا سبيلَ الى التوسّل الى ذلك من جهة الاستدلال بالمعقولات والقياسِ بما يُشاهَدُ من المحسوسات سوى التقليدِ لأهل الكتب والمِلَل وأصحابِ الآراء والنِحَل المستعملين لذلك وتصييرِ ما هم فيه اسًّا يُبْنَى عليه بعدَه ثمّ قياسِ أقاويلهم وآرائهم فى اثباتِ ذلك بعضها ببعضٍ بعد تنزيهِ النفسِ عن العوارض المُرْدِيَة لأكثرِ الخَلْق والأسبابِ المُعْمِيَة لصاحبها عن الحقّ وهى كالعادة المألوفة والتعصّب والتظافر واتّباع الهوى والتغالُب بالرئاسة وأشباهِ ذلك فإنّ الذى ذكرتُه أوْلى سبيلٍ يُسْلَكُ بأنْ يُؤدّىَ الى حاقّ المقصود وأقوى مُعِينٍ على ازالةِ ما يَشوبُه من شوائبِ الشُبَه والشُكوك وبغير ذلك لا يَتأتّى لنا نَيْلُ المطلوب ولو بعد العَناء الشديد والجَهْدِ الجهيد على أنّ الأصْل الذى أصّلْتُه والطريقَ

a R التى فى شهودها والاسباب الخ   b R تقرب البيها حق P البيها حتّى تقرب
c Mss. ويغنيه من تدوّخ   d RP والاستنفاد   e ما fehlt in P.   f R تنجدّد
g R جلل   h PL تبقى

الذى مدّته ليس بقريب المأخذ بل كأنّه من بُعده وصعوبته يُشبه أن يكون غيرَ موصولٍ اليه لكثرة الأباطيل التى تدخل جُمَلَ الأخبار والاحاديث وليست كلّها داخلةً فى حدّ الامتناع فتُميَّز وتُهذَّب لكنّ ما كان منها فى حدّ الامكان جرى مجرى الخبر[a] الحقّ اذا لم يشهد ببطلانه شواهدُ أُخَرُ بل قد يُشاهَد وشوهد من الأحوال الطبيعيّة ما لو حُكي مثلها عن زمانٍ بعيدٍ عهدُنا به لتثبّتنا الحكمَ على امتناعها وعُمْر[b] الانسان لا يفى بعلم أخبارِ أُمّةٍ واحدةٍ من الأمم الكثيرة علمًا ثاقبا فكيف يفى بعلم أخبارِ جميعها هذا غيرُ ممكن، واذ كان الأمر جاريا على هذا السبيل فالواجبُ علينا أن نأخذ الأقرب من ذلك فالأقرب والأشهر فالأشهر[c] ونحصّلها من أربابها ونُصلِح منها ما يمكننا اصلاحه ونترك سائرها على وجهها ليكون ما نعمله[d] من ذلك معينا لطالب الحقّ ومحبّ الحكمة على التصرّف فى غيرها ومرشدا الى نيل ما لم يتهيّأ لنا وقد فعلنا ذلك بمشيئة الله وعونه ويجب بحسب ما قصدنا أن نبيّن[e] ماهيّة اليوم والليلة ومجموعهما وابتداءه المفروض اذ هما للشهور والسنين والتواريخ كالواحد للأعداد[f] منه تتركّب[g] واليه تنحلّ وبحاطة العلم بهما يسهل السبيل الى دَرْك ما تركّب[h] منهما[i] وبنى عليهما[k]

القول على ماهيّة اليوم بليلته ومجموعهما وابتداآتهما

فأقول أنّ اليوم بليلته هو عودة الشمس بدوران الكلّ الى دائرة قد فُرضت ابتداءً لذلك اليوم بليلته أىّ دائرة كانت اذا وقع عليها الاصطلاح وكانت عظيمةً لأنّ كلّ واحدة من العظام أُفُق بالقوّة اعنى بالقوّة أنّه يمكن فيها أن يكون أفقًا لمسكنٍ ما وبدوران الكلّ حركةَ الفلك بما فيه المرئيّة من المشرق الى المغرب على قطبيه، ثمّ انّ العرب فرضت أوّلَ مجموع اليوم والليلة نقطةَ المغارب على دائرة الأفق فصار اليومُ عندهم بليلته من لدن غروب الشمس عن الافق الى غروبها من الغد والذى دعاهم الى ذلك هو أنّ[l] شهورهم مبنيّة على مسير القمر مستخرجة من حركاته[m] المختلفة وأوائلها مقيّدة برؤية الأهلّة لا الحساب وهى تُرى لدى غروب الشمس ورؤيتها عندهم أوّل الشهر فصارت الليلة عندهم قبل النهار وعلى ذلك جرت عادتهم[n] فى تقديم

a PR الخبير   *b R* وغمر   *c* فالاشهر fehlt in *P.*   *d R* نعلمه   *e R* تبين
f Mss. للعداد   *g R* تركب   *h L* بتتركب   *i Mss.* منها   *k Mss.* عليها   *l R* عن
m R حركات   *n Mss.* عاداتهم

الليالي على الأيّام اذا نسبوها الى أسماء الأسابيع، واحتجّ لهم من وافقهم على ذلك بأنّ الظلمة أقدم في المرتبة من النور وأنّ النور طارئ على الظلمة فالأقدم أولى بأن يبتدأ به وغلّبوا السكون لذلك على الحركة بإضافة الراحة والدعة اليه وأنّ الحركة لحاجة وضرورة والتعب عقيب الضرورة فالتعب نتيجة الحركة وبأنّ السكون اذا دام[a] في الاستقسات مدّة لم يولّد فسادا فاذا دامت الحركة فيها واستحكمت أفسدت وذلك كالزلازل والعواصف والأمواج وأشباهها ❊ فأمّا عند غيرهم من الروم والفرس ومن وافقهم فانّ الاصطلاح واقع بينهم على أنّ اليوم بليلته هو من لدن طلوعها من أفق المشرق الى طلوعها منه بالغد اذ كانت شهورهم مستخرجة بالحساب غير متعلّقة بأحوال القمر ولا غيره من الكواكب وابتدأوها من أوّل النهار فصار النهار عندهم قبل الليل واحتجّوا بأنّ النور وجود والظلمة عدم ومقدّمو النور على الظلمة يقولون بتغليب الحركة على السكون لأنّها وجود لا عدم وحيوة لا موت ويعارضونهم بنظائر ما[b] قاله اولئك كقولهم أنّ السماء أفضل من الأرض وأنّ العامل والشابّ أصحّ والماء الجاري لا يقبل عفونة كالراكد ❊

وأمّا أصحاب التنجيم فانّ اليوم بليلته عند جلّهم[c] والجمهور من علمائهم هو من لدن موافاة الشمس فلك نصف النهار الى موافاتها ايّاه في نهار الغد وهو قول بين قولين فصار ابتداء الأيّام بلياليها عندهم من النصف الظاهر من فلك نصف النهار وبنوا على ذلك حسابهم في الزيجات واستخرجوا عليه[d] مواضع الكواكب بحركاتها المستوية ومواضعها المقوّمة في تقاويم السنة، وبعضهم آثر النصف الخفيّ من فلك[e] نصف النهار فابتدأ بهما من نصف الليل كصاحب زيج شهرياران الشاه ولا بأس بذلك فانّ المرجع الى أصل واحد والذي[f] دعاهم الى اختيار دائرة نصف النهار دون دائرة الأفق هو أمور كثيرة منها أنّهم وجدوا الأيّام بلياليها مختلفة المقادير غير متّفقة كما يظهر ذلك من اختلافها عند المسوّيات ظهورا بيّنا للحسّ[g] وكان ذلك من أجل اختلاف مسير الشمس في فلك البروج وسرعته فيه مرّة وبطئه أخرى واختلاف مرور القطع من فلك البروج على الدوائر فاحتاجوا الى تعديلها لازالة ما عرض لها من الاختلاف وكان تعديلها بمطالع فلك البروج على دائرة نصف النهار مطّردا في جميع المواضع اذ[h] كانت هذه الدائرة

a P ادام b R بنظا يوما c P حلهم d Mss. عليها e R لذلك
f Fehlt in P. g R للحس h P اذا

بعض آفاق الكرة المنتصبة وغير متغيرة اللوازم فى جميع البقاع[a] من الأرض ولم يجدوا ذلك فى دوائر[b] الآفاق لاختلافها فى كل موضع وحدوثها لكل واحد من العروض على شكل مخالف لما سواه وتفاوت مرور القطع من فلك البروج عليها والعمل بها غير تام ولا جار على نظام، ومنها أنه ليس بين دوائر أنصاف نهار[c] البلاد الا ما بينها من دائرة معدل النهار والمدارات المتشابهة بها فأما الآفاق فان ما[d] بينها متركب من ذلك ومن انحرافها الى الشمال والجنوب وتصحيح أحوال الكواكب ومواضعها انما هو بالجهة التى تلزم[e] من فلك نصف النهار وتسمى[f] الطول ليس له حد فى الجهة الأخرى اللازمة من[g] الأفق وتسمى العرض، فلأجل هذا اختاروا الدائرة التى تطرد عليها حسباناتهم وأعرضوا عن غيرها على أنهم لو راموا العمل بالآفاق لتهيأ لهم ولأدتهم الى ما أدتهم اليه دائرة نصف النهار لكن بعد سلوك المسلك البعيد وأعظم الخطأ هو تنكب الطريق المستقيم الى البعد الأطول على عمد، وهذا الحد هو الذى نحد به اليوم على الاطلاق اذا اشترط الليلة فى التركيب، فأما على التقسيم والتفصيل فان اليوم بانفراده والنهار بمعنى واحد وهو من طلوع جرم الشمس الى غروبه والليل بخلاف ذلك وعكسه بتعارف من الناس كافة فيما بينهم ذلك واتفاق من جمهورهم لا يتنازعون فيه الا أن بعض[h] علماء الفقه فى الاسلام حد أول النهار بطلوع الفجر وآخره بغروب الشمس تسوية[i] منه بينه وبين مدة الصوم واحتج بقوله تعالى وكلوا واشربوا حتى يتبين لكم الخيط الأبيض من الخيط الأسود من الفجر ثم أتموا الصيام الى الليل فادعى أن هذين الحدين هما طرفا النهار، ولا تعلق لمن رأى هذا الرأى بهذه الآية بوجه من الوجوه لأنه لو كان أول الصوم أول النهار لكان تحديده ما هو ظاهر بين للناس بمثل ما حده به جاريا مجرى التكلف لما لا معنى له كما لم يحد آخر النهار وأول الليل بمثل ذلك اذ هو معلوم متعارف لا يجهله أحد ولكنه تعالى لما حد أول الصوم بطلوع الفجر ولم يحد آخره بمثله بل أطلقه بذكر الليل فقط لعلم الناس بأسرهم أنه غروب قرص الشمس علم أن المراد بما ذكر فى الأول لم يكن مبدأ النهار، ومما يدل على صحة قولنا قوله تعالى أحل لكم ليلة الصيام

a R البقآء b P الدواير c P النهار d R الافق فاما e Mss. يلزم
f Mss. ويسمى g Mss. عن h Fehlt in R. i R تسوية

الرفث الى نسائكم الى قوله ثمّ أتمّوا الصيام الى الليل لتعلّق المباشرة والأكل والشرب الى وقت محدود لا[a] الليل نفسه كما كان محظورًا على المسلمين قبل نزول هذه الآية الأكل والشرب بعد عشاء الآخرة وما كانوا يعقدون صومهم بيوم وبعض ليلة بل كانوا يذكرونها أيّامًا بلياليها، فإن قيل أنّه أراد بذلك تعريفهم أوّل النهار لزم[b] أن يكون الناس قبل ذلك جاهلين بأوّل الأيّام والليالي وذلك ظاهر المحال فإن قيل أنّ النهار الشرعيّ خلاف النهار الوضعيّ فما ذلك الّا خلاف في العبارة وتسمية شيء باسم وقع في التعارف على غيره مع تعرّي الآية عن ذكر النهار وأوّله والمشاحّة في مثل ذلك ممّا نعتزلها ونوافق الخصوم في العبارات اذا وافقونا في المعاني، وكيف يعتقد[c] أمر ظاهر للعيان خلافه فإنّ الشفق من جهة المغرب هو نظير الفجر من جهة المشرق وهما متساويان[d] في العلّة متوازيان في الحالة فلو كان طلوع الفجر أوّل النهار لكان غروب الشفق آخره وقد اضطُرّ الى قبول ذلك بعض الشيعة وعلى أنّ من خالفنا فيما قدّمناه يوافقنا في مساواة الليل والنهار مرّتين في السنة احديهما في الربيع والأخرى في الخريف ويناقض قوله قولنا في أنّ النهار ينتهي في طوله[e] عند تناهي قرب[f] الشمس من القطب الشماليّ وأنّه ينتهي[g] في قصره عند تناهي بعدها منه وأنّ ليل الصيف[h] الأقصر يساوي نهار الشتاء الاقصر وأنّ معنى قوله تعالى يولج الليل في النهار ويولج النهار في الليل وقوله يكوّر الليل على النهار ويكوّر النهار على الليل راجع الى ذلك فإن جهلوا ذلك كلّه او تجاهلوا لم يجدوا بدًّا من كون نصف النهار الأوّل ستّ ساعات والنصف الأخير ستّ ساعات ولا يمكنهم التعامي عن ذلك لشيوع الخبر المأثور في ذكر فضائل السابقين الى الجامع يوم الجمعة وتفاضل أجورهم بتفاضل قصورهم في الساعات الستّ التي هي من أوّل النهار الى وقت الزوال وذلك معقول[i] على الساعات الزمانيّة المعوجّة دون المستوية التي تسمّى المعتدلة فلو سامحناهم بالتسليم لهم في دعواهم لوجب أن يكون استواء الليل والنهار حين تكون الشمس بجنبتي الانقلاب الشتويّ ويكون ذلك في بعض المواضع دون بعض وأن لا يكون الليل[k] الشتويّ مساويًا للنهار الصيفيّ وأن لا يكون نصف النهار موازاة

a لا fehlt in *R*. *b* *R* للزوم *c* *R* نعتقد *d* *P* متساوهان
e *Mss.* طلوعه *f* *Mss.* بعد *g* *R* منتهى *h* *R* النصف *i* *PL* مقول
k الليل fehlt in *P*.

الشمس منتصف ما بين الطلوع والغروب وخلافات هذه اللوازم فى القضايا المقبولة عند من له أدنى بصر[a] وليس يتحقق[b] لزوم هذه الشناعات ايّاهم الّا من له دربة بسيرة بحركات الأكر فان تعلّق متعلّق بقول الناس عند طلوع الفجر قد أصبحنا وذهب الليل أين[c] هو عن قولهم عند تقارب[d] غروب الشمس واصفرارها قد أمسينا وذهب النهار وجاء الليل وانّما ذلك انباء عن دنوّه واقباله وادبار ما هم فيه وذلك جارٍ على طريق المجاز والاستعارة وجائز فى اللغة كقول الله تبارك وتعالى أتى أمر الله فلا تستعجلوه ويشهد لصحّة قولنا ما روى عن النبى صلى الله عليه وآله أنه قال صلوة النهار عجماء وتسمية الناس صلوة الظهر بالأولى لأنّها الأولى من صلوتى النهار وتسمية صلوة العصر بالوسطى لتوسّطها بين الصلوة الأولى من صلوتى النهار وبين الصلوة الأولى[e] من صلوات الليل ۞ وليس قصدى فيما أوردته فى هذا الموضع الّا نفى ظنّ من يظنّ أن الضروريات تشهد بخلاف ما يدلّ عليه القرآن ويحتجّ لاثبات[f] ذنبه بقول أحد الفقهاء والمفسّرين والله الموفق للصواب ۞

القول على ماهيّة ما يركّب منها من الشهور والأعوام

فأقول أنّ السنة هى عودة الشمس فى فلك البروج اذا تحرّكت على خلاف حركة الكلّ الى أى نقطة فرضت ابتداء حركتها وذلك أنها تستوفى الأزمنة الاربعة التى هى الربيع والصيف والخريف والشتاء وتحوز طبائعها الأربعة وتنتهى[g] الى حيث بدأت منه، وهذه العودات عند بطليموس متساوية اذ لم يجد لأوج الشمس حركة وهى عند غيره من أصحاب السندهند والمحدثين غير متساوية لما أدّت اليه أرصادهم من وجود حركة لها على أنّها مع تساويها واختلافها محيطة بالفصول الأربعة وحائزة[h] لطبائعها، فأمّا كمّيّتها من الأيام وكسورها فقد اختلف نتائج الأرصاد فيها ولم تتفق[i] لكنّها خرجت ببعض الأرصاد أزيد[k] وببعضها أنقص الّا أنّ التفاوت العارض فيها غير محسوس فى القليل[l] من الزمان فاذا امتدّت به المدّة وتضاعف الاختلاف واجتمع فتطابق ظهر حينئذ[m] الخطأ الفاحش الذى لأجله أكّد الحكماء الوصيّة بمواترة الرصد والتحفّظ

a R بصير b R ويتحقق c Mss. واين d R تعارب e من صلوتى النهار وبين الصلوة الاولى fehlt in R. f R باثبات g Mss. وينتبهى h RP وجايزة L وحائرة i Mss. يتفق k R ان يد l R فى القليل من الزمان m حينئذ wird in

لما عسى تخللها من الخلل وليس اختلاف الأرصاد فى كمّيتها من جهة العجز[a] عن كيفية مأخذها ودرك حقيقة الحق فيها لكنه من جهة العجز[b] عن ضبط أجزاء الدائرة العظمى بأجزاء الدائرة الصغرى أعنى صغر آلات الرصد مع عظم الأجرام[c] المرصودة ولهذا القول فضل بيان فى كتابى[d] الموسوم بكتاب الاستشهاد باختلاف الأرصاد، وفى هذه المدة أعنى عودة[e] الشمس فى فلك البروج يستوفى القمر اثنتى عشرة عودة وأقل من نصف عودة ويستهل اثنتى عشرة مرة فجعلت تلك المدة اعنى عوداته الاثنتى عشرة فى فلك البروج سنة للقمر على وجه الاصطلاح وأسقط عنه الكسر الذى هو أحد عشر يوما بالتقريب وكان ذلك أيضا سببا لانقسام فلك البروج باثنى عشر قسما متساوية كما بينت فى كتابى فى تجريد الشعاعات والأنوار وهو الذى كنت خدمت به رفيع المجلس زاده الله علوا فصارت السنة عند الناس سنتين[f] سنة شمسية وسنة قمرية ولم تجاوزها الى غيرهما من الكواكب لخفاء حركتها وقلة الوصول اليها بالعيان دون الرصد والامتحان ثم لتصرف أحوال الأزمنة والأغذية والنبات والحيوان وغير ذلك من تغير جزئيات العناصر واستحالتها[g] بعضها الى بعض بحركات هذين الجرمين لعظمهما وامتيازهما عن الكواكب فى النور والمنظر[h] وتشابههما ثم أنتج من هتين السنتين سائر السنين.

فأما أهل قسطنطينية والاسكندرية كما ذكر ثاون فى زيجه وسائر الروم والسريانيون والكلدانيون وأهل مصر فى زماننا ومن يعمل برأى المعتضد بالله فى السنة فقد أخذوا بالسنة الشمسية التى هى ثلثمائة وخمسة وستون يوما وربع يوم بالتقريب وصيروا سنتهم ثلثمائة وخمسة وستين يوما وألحقوا الأرباع فى كل أربع سنين يوما حين انجبرت وسموا تلك السنة كبيسة لانكباس الأرباع فيها، وأما القبط القدماء فكانوا يعملون على ذلك غير أنهم يتركون الأرباع حتى يجتمع منها أيام سنة تامة وذلك فى ألف وأربع مائة وستين سنة ثم يكبسونها سنة واحدة ويتفقون حينئذ فى أول[i] السنة مع اهل الاسكندرية وقسطنطينية على ما ذكر ثاون الاسكندرانى.

فأما[k] الفرس فانهم عملوا أيضا على هذه السنة أيام ملكهم غير أنهم اخذوها بمأخذ آخر وهو

R abgekürzt zu ح. Nach حينئذ hat *L* وتتبع, gleichfalls *R*, wo es aber wieder getilgt ist. *a R* الفجر *b R* الفجر *c R* الاجرم *d R* كتاب *e P* غورة *f R* سنين *g PR* واستحالاتها *h P* والمنظور *i RP* واول anstatt فى اول *k R* فأنما

أنّهم صيّروا سنتهم ثلثمائة وخمسة وستّين يوما وأسقطوا ما يتبعها من الكسور حتّى اجتمع لهم من ربع اليوم في مائة وعشرين سنة أيّام شهر تامّ ومن خمس الساعة الذي يتبع ربع اليوم[a] عندهم يوم واحد[b] فألحقوا[c] الشهر التامّ بها في كلّ مائة وستّ عشرة سنة ولذلك علّة سأشرحها فيما بعد، واقتفى أثرهم في ذلك اهل خوارزم القدماء والصغد ومن دان بدين أهل فارس وأعطاهم الطاعة ونُسب اليهم وقت دولتهم، وسمعت أنّ الملوك البيشدادية منهم وهم الذين ملكوا الدنيا بحذافيرها[d] كانوا يعملون السنة ثلثمائة وستّين يوما كلّ شهر منها ثلثون يوما بلا زيادة ولا نقصان وأنّهم كانوا يكبسون[e] السنة في كلّ ستّ سنين[f] بشهر ويسمّونها كبيسة وفي كلّ مائة وعشرين سنة بشهرين أحدهما بسبب الخمسة أيّام والثاني بسبب ربع اليوم وأنّهم كانوا يعظّمون تلك السنة ويسمّونها المباركة ويشتغلون فيها بالعبادات والمصالح، وأمّا مقتضى رأي القدماء من الضبط على ما يُعترف به في كتاب المجسطي في السنين التي بُني عليها حسابه ورأي اهل فارس في الاسلام واهل خوارزم والصغد فهو الاعراض[g] عن الكسور اعني الربع وما يتبعه وتركها أصلا.

وأمّا العبرانيّون واليهود وجميع بني اسرائيل والصابئون والحرّانيّون فانّهم قالوا بقول بين قولين فأخذوا سنتهم من مسير[h] الشمس وشهورها من مسير[i] القمر لتكون أعيادهم وصيامهم على حساب قمريّ وتكون[k] مع ذلك حافظة لأوقاتها من السنة فكبسوا كلّ تسع عشرة سنة قمريّة بسبعة أشهر على ما سأبيّنه في استخراج أدوارهم[l] وكيفيّات سنيهم، ووافقهم النصارى في مأخذ الحساب وصومهم وبعض أعيادهم اذ[m] كان مدار[n] أمرهم فيها على فصح[o] اليهود وخالفوهم في استعمال الشهور وذهبوا في ذلك مذهب الروم والسريانيّين[p]، وكذلك كانت العرب تفعل في جاهليّتها فينظرون الى فضل ما بين سنتهم وسنة الشمس وهو عشرة أيّام واحدى وعشرون ساعة وخمس ساعة بالجليل من الحساب فيلحقونها بها شهرا كلّما تمّ منها ما يستوفي أيّام شهر

a R التى يتبع يوم L التى تتبع اليوم يوم P التى يَتْبَعُ اليوم يوم Zu meiner Conjectur vgl. Z. 11. 12. b *Mss.* يوما واحدا c P فالحق d P بحذافيرها e R يكسبون f R ستين g R الاغراض h R سير i R سير k *Mss.* ويكون l R ادرارهم m P اذا n *Mss.* مقدار o P فصيح p R والربانيين

ولكنّهم كانوا يعملون على أنّه عشرة أيّام وعشرون ساعة، ويتولّى ذلك النَّسَأة من كِنانة المعروفون بالقلامس واحدهم قَلَمَّس وهو البحر الغزير وهم أبو ثُمامة جُنادة بن عَوْف بن أُميّة بن قَلَع بن عَبّاد بن قَلَع بن حُذَيْفة وكانوا كلّهم نَسَأَة[a] واوّل من فعل ذلك منهم كان حُذَيْفة وهو ابن عَبْد بن فُقَيْم بن عَدِيّ بن عامر بن ثَعْلَبة[b] بن مالك بن كِنانة وآخِرُ من فعله أبو ثُمامة قال شاعرهم يصِفُهُ

قَدْا فُقَيْمٌ[c] كان يُدْعَى القَلَمَّسا   وكانَ لِلدِّينِ لَهُمْ مُؤَسِّسا   مُسْتَمِعًا مِنْ قَوْلِهِ مُرَأَّسا

وقال آخر   مُشَهَّرٌ مِنْ سابِقِى كنانَهْ
مُعَظَّمٌ مُشَرَّفٌ مَكانَهْ   مَضَى على ذٰلِكُمْ زَمانَهْ

وقال آخر   ما بَيْنَ دَوْرِ الشَّمْسِ والهِلالِ
يَجْمَعُهُ[d] جَمْعًا لدى الأَجْمالِ   حَتَّى يَتِمَّ الشَّهْرُ بالكَمالِ

وكان أَخَذَ ذلك من اليهود قبل ظهور الاسلام بقريب من مائَتَىْ سنة غَيْرَ أَنّهم كانوا يَكْبِسون كلّ أربع وعشرين سنة قريبًا بتسعة أَشْهُر فكانت شهورهم ثابتة مع الأزمنة جارِيَةً على سَنَنٍ واحد لا[e] تَتَأَخَّرُ[f] عن أوقاتها ولا تَتَقَدَّمُ[g] الى أن حَجّ النبىّ عليه السلام حَجّة الوَداعِ وأُنزِل عليه إنّما النَّسِىءُ زيادةٌ فى الكُفْرِ يُضَلُّ به الذين كَفَرُوا يُحِلّونه عامًا ويُحَرِّمُونَه عامًا فخَطَبَ عليه السلام وقال إنّ الزمان قد استدارَ كهَيْئَتِهِ[h] يَوْمَ خَلَقَ اللهُ السمواتِ والأرض وتلا[i] عليهم الآيةَ فى تحريم النَّسِىء وهو الكَبْس فاهملوه حينئذ وزالَتْ[k] شهورهم عمّا كانت عليه وصارت أَسْماؤُها غير مُؤَدِّيَة الى مَعانيها ✿

فأمّا سائر الأمم فآراؤهم فى ذلك معروفة ويُوشِكُ أَنْ لا تَعْدُوَ[l] هذه فيكونَ كلّ واحد منهم يَقْتَدِى برأْيِ من جاوَرَه[m] فى ذلك، وسمعت أَنّ الهند يَسْتَعْمِلون[n] رُؤْيَةَ الأَهِلّة فى شهورهم ويَكْبِسون كلّ[o] تسع مائة وستّة وسبعين يوما بِشَهْرٍ قرىّ ويجعلون ابتداء تاريخهم من اتّفاق اجتماع فى أوّل

[a] P نشأة   [b] Nach Wüstenfeld, Genealogische Tabellen *N*, fehlt hier بن الحارث   [c] *R* يُفْتَم   [d] *R* تجمعه   [e] *R* على سنين والا   [f] *Mss.* يتاخر   [g] *PL* يتقدم *R* نتقدم   [h] *L* كهيئة   [i] *Mss.* وتلى   [k] *R* وتلت   [l] *P* تعدوا   [m] *P* حاوره   [n] *R* مستعملون   [o] كلّ fehlt in *R*

دقيقة من برج ما وأكثر طلبهم لهذا الاجتماع أن يتّفق في احدى نقطتي الاعتداليين ويسمّون السنة الكبيسة بذماسه[a] ولعلّ أنّ ذلك[b] حقًّا يكون لاستعمالهم القمر بين الكواكب ومنازله وجوزهرَه في أحكامهم النجوميّة دون البروج غير أنّي لم أصادف مَن عنده من ذلك الخبر اليقين فأعرضت عمّا لم أستيقنه صفحًا والله المعين، وقد حكى أبو محمّد النائب الآملي في كتاب الغرّة عن يعقوب بن طارق أنّ الهند تستعمل أربعة أنواع من المدد أحدها[c] عودة الشمس من نقطة من فلك البروج اليها بعينها وهي سنة الشمس والثانية طلوعها ثلثمائة وستّين مرّة وتسمّى السنة الوسطى لأنّها أكثر من سنة القمر وأقلّ من سنة الشمس والثالثة عودة القمر من الشرطين وهما رأس الحمل اليهما اثنتى عشرة مرّة وهي سنة القمر عندهم ومقدارها يكون ثلثمائة وسبعة وعشرين يوما وسبع ساعات وثلثي ساعة[d] بالتقريب والرابعة الاهلّة[e] اثنتى عشرة مرّة وهي سنة القمر المستعملة ۞

القول على ماهيّة التواريخ واختلاف الامم فيها

والتاريخ[f] هي مدّة معلومة تعدّ من لدن أوّل سنة ماضية كان فيها مبعث نبيّ بآيات وبرهان او قيام ملك مسلّط عظيم الشأن او هلاك أمّة بطوفان عامّ مخرّب او زلزلة وخسف مبيد او وباء مهلك او قحط مستأصل او انتقال دولة او تبدّل ملّة او حادثة[g] عظيمة من الآيات السماويّة والعلامات المشهورة الأرضيّة التي لا تحدث الّا في دهور متطاولة وازمنة متراخية تعرف بها الاوقات المحدودة فلا غنى عنها في جميع الاحوال الدنياويّة والدينيّة ولكلّ واحدة[g] من الأمم المتفرّقة في الاقاليم تاريخ على حدة تعدّها من أزمنة ملوكهم او أنبيائهم او دولهم او سبب من الاسباب التي قدّمت ذكرها وتستخرج[h] بها ما يحتاج اليه في المعاملات ومعرفة الاوقات وتنفرد[i] به دون غيره ۞

وأوّل الأوائل القديمة وأشهرها عندنا هو كون مبدأ البشر ولأهل الكتاب من اليهود والنصارى والمجوس وأصنافهم[k] في كيفيّته[l] وسياقة التاريخ من لدنه من الخلاف ما لا يجوز مثله في

a R بذمامه b R فلك c L احدها من d ساعة fehlt in R; in P statt dessen سنة e R اهلا f Mss. والتواريخ g Mss. واحد h Mss. ويستخرج i L وينفرد R ومنفرد k R واصنامهم l R كيفيّة

التواريخ وكلّ ما يتعلّق معرفته[a] ببدء الخلق وأحوال القرون السالفة فهو مختلط بتزويرات وأساطير لبُعْد العهد به وامتداد الزمان بيننا وبينه وعجز المعتني به عن حفظه وضبطه وقد قال تعالى أَلَمْ يَأْتِهِمْ نَبَأُ ٱلَّذِينَ مِنْ قَبْلِهِمْ لَا يَعْلَمُهُمْ إِلَّا ٱللّٰهُ فالأَوْلى أن لا نقبل من قولهم في مثله الّا ما يشهد به كتاب معتمد[b] على صحّته او خبر مشفوع به بشرائط التنقية[c] في الظنّ الأغلب فاذا نظرنا[d] في هذا التأريخ أوّلاً وجدنا فيه بين هؤلاء الأمم اختلافا غير يسير وهو أنّ الفرس والمجوس زعموا أنّ عمر العالم اثنتا عشرة ألف سنة على عدد البروج والشهور وأنّ زرادشت صاحب شريعتهم زعم أنّ الماضي منها الى وقت ظهوره ثلثة آلاف سنة مكبوسة بالأرباع اذ كان تولّى حسابها ونقصان ما كان لزمها من جهة الأرباع حتّى انكبست وصحّت وبين ظهوره وأوّل تأريخ الاسكندر مائتان[e] وثمان وخمسون[f] سنة فيكون الماضي من أوّل العالم الى الاسكندر ثلثة آلاف ومائتين وثمانيا وخمسين سنة ولكنّا اذا حسبنا من أوّل كيومرث وهو عندهم الانسان الأوّل وجمعنا مدّة كلّ ملك بعده فانّ الملك متّسق فيهم غير منقطع عنهم بلغ المجتمع من ذلك العدد الى الاسكندر ثلثة آلاف وثلثمائة وأربعة وخمسين فليس يتّفق التفصيل مع الجملة واختلف الفرس والروم مع ذلك فيما بعد الاسكندر وذلك أنّ ما بينه وبين أوّل ملك يزدجرد تسع مائة واثنتان[g] واربعون[h] سنة ومائتان[i] وسبعة وخمسون[k] يوما فاذا نقصنا من ذلك ملك بني ساسان الى أوّل ملك يزدجرد على قولهم وهي اربع مائة وخمس عشرة سنة بالتقريب بقي خمس مائة وثمان وعشرون[l] سنة وهي ما ملك الاسكندر وملوك الطوائف فاذا جمعنا مدّة كلّ[m] واحد من الأشكانيّة على ما أثبتوه بلغ مائتين وثمانين سنة ومع اختلافهم فيما[n] لا يجاوز ثلثمائة سنة وسأصلح هذا الخلاف بعض اصلاح فيما بعده وطائفة من الفرس زعمت أنّ الثلثة آلاف الماضية المذكورة انّما هي من لدن خلق كيومرث فانّه مضى قبله مدّة ستّة[o] آلاف سنة والفلك فيها واقف غير متحرّك والطبائع غير مستحيلة والأمّهات غير متمازجة[p]

[a] R معرفة [b] معتمد fehlt in R [c] R التعة P البقة [d] P نظر ما [e] Mss. وملتين [f] Mss. وخمسين [g] PL واثنتى R واثنى [h] Mss. واربعين [i] Mss. ماتين [k] Mss. وخمسين [l] Mss. وعشرين [m] R من [n] So die Mss. Wahrscheinlich ist nach فيما etwas ausgefallen und zu lesen etwa فيما ملك كل واحد منهم [o] P سنة [p] L ممازجة

والكون والفساد غيرُ موجود فيها والارض غير عامرة فلمّا حُرِّكَ حدث الانسان الاوّل فى مُعتَدِل النهار شقٌّ منه بالطول من جهة الشمال وشقٌّ[a] من جهة الجنوب وتولّد الحيوان وتوالد وتناسل الانس فكثروا وامتزجت أجزاء العناصر للكون والفساد فعَمَرَ الخلاء وانتظم العالَم ❁ ولليهود مع النصارى فى ذلك اعظمُ الخلاف[b] لأنّ اليهود تزعم أنّ الماضى من لدن آدم الى الاسكندر ثلثة آلاف واربع مائة وثمان واربعون سنة والنصارى يزعمون أنّه خمسة آلاف ومائة وثمانون سنة ويدّعون على اليهود أنّهم نقصوها ليقعَ خُرُوجُ عيسى عليه السلام فى الألف الرابع وسط السبعة آلاف التى هى مقدار مدّة العالم عندهم فيُخالِف[c] الوقتَ الذى سبقت البشارة من الانبياء بعد موسى عليه السلام بولادته فيه من العذراء البتول فى آخر الزمان، وكلّ واحد من الفريقين مُعتمِدٌ فى احتجاجه على تأويلات قد استخرجها بحساب الجُمّل فاليهود منتظرون خُروجَ المسيح المُبشَّر به عند تمامِ ألف وثلثمائة وخمسة وثلثين سنة للاسكندر انتظارَ شىءٍ قد استيقنوه[d] حتّى إنّ كثيرا من مُتنبّئى فِرَقهم كالراعى وأبى عيسى الاصفهانى وأمثالهم ادّعوا أنّهم رُسُله اليهم وذلك لانّهم زعموا أنّ أوّل هذا التاريخ اتّفق مع وقت بُطلان القرابين وانقطاع الوَحْى وفترة الرُّسُلِ ثمّ أخذوا من السِّفرِ الخامس من التورية قولَ الله تعالى بالعِبرانيّة انوخى[e] هستر استير يوئى[f] ميهيم[g] وهاتف[h] بيوم هاهويم وتفسيره أنا الله سأستُرُ سترا ذاتى الى يومئذ فحسبوا هستر استير وهما لفظة الاستتار فكان ألفا وثلثمائة وخمسة وثلثين فقالوا أنّه مدّة انقطاع الوَحْى من السماء وبُطلان القرابين وهو الاستتار والذات فهنا بمعنى الأمر واستشهدوا لصحّة ما ادّعوه قولَ دانيال فى كتابه ميعيث[i] هوسار هتوميد[k] لوتيبث[l] شقوص شوميم الف وموئايم[m] وتشعيم وتفسيره منذ الوقت الذى يجوز القربان بعيّر النجاسة الى الفساد ألف ومائتان وتسعون والذى يتلوه من قوله اشرى هامحكى ويكيع ليامبيم الف وشلوش ميوث وشلوشيم وحمشا وتفسيره فطوبى لمن يرجو أن يصيرَ[n] الى الف وثلثمائة وخمسة وثلثين، وقد زعم بعضهم أنّه كان بين القولين خمسُ وأربعون سنة اذ كان الأوّل[o] فى

a L fügt hinzu منه b الخلاف fehlt in P c P مخالف d Mss. استيقن
e R الوحى f PL يوملى R بوملى g R مهيم h R وهاتف P وقاتف L وهايف
i P ميعث k Mss. هوشار هيوميد l P لوبيث LR لوبيبث m Mss. سوميم الف مويايم
n PL يصبر o Mss. الاخير

وقتِ مُبْتَدا[a] عِمارةِ بيتِ المَقْدِسِ والاخيرُ[b] عند الفَراغ من بُنيانه وزعم بعضهم أنّ الاوّل تَوقيتٌ لولادَتِه والثانى توقيت لظهوره قالوا وانّ يعقوب لمّا بارك على يهوذا[c] ودعا[d] له[e] أَخبَرَه أنّه لن يَخرُجَ المُلكُ مِن بَنيه[f] حتّى يَجىء مَن له المُلكُ فأخبره بثبات المُلك فى بَنيه[g] الى خروج المسيح المُنتظَرِ فقالوا وهو[h] كذلك لم يَخرُجْ من أيديهم لأنّ رأس الجالوت وتفسيره رئيس الجالية الذين جَلَوْا عن أوطانهم ببيت[i] المقدس هو صاحب كلّ يهوديّ فى الدنيا والمتملّك عليه مُعظمًا فى جميع الامصار نافذ الأمرِ عليهم فى اكثرِ الاحوال ❁

وعَمَدت النصارى لكلمات بالسُّريانيّة وهو يشوع مشيحا فروق ربّا[k] وتفسيرها عيسى المسيح وهو المُنجى الاعظم فحَسَبُوها بحساب الجُمَّل فكان مبلغها[l] به الفا وثلثمائة وخمسة وثلثين يوما فزعموا أنّ هذه الكلماتِ هى ما أراد دانيال بتلك الأعداد لا السنون المذكورة اذ هى فى نصّ قوله أعدادٌ فقط من غير أن يُعرَف أىّ سنون أم أيّام أم غير ذلك قالوا وانّها بشارة باسم المسيح لا على وقت مَجيئه وذكروا أنّ دانيال رأى فى المنام بأرض بابل عند مُضِىّ سنين من[m] مُلك كورش[n] فى اربعة وعشرين يوما من الشهر الاوّل حين صلّى لله[o] وبنو اسرائيل أسرى فى أيدى الفرس فأوحى الله اليه أنّ اورشليم وهو بيت المقدس تَعمُر[p] سبعين سابوعا وتَستريح[q] على[r] شَعبك ثمّ يَجىء المسيح فيُقتَل ومَجيئه تَخرَب[s] اورشليم خرابَها الأخيرَ وتستريح[t] على الفساد الى كمال الدهر والسابوعُ سَبْعُ سنين مجموعة فمن ذلك سَبْعُ سوابيع فى بناء اورشليم وهى التى ذكرها زكريّاء بن برخيا[u] بن عدّوا[v] فى كتابه انّى رأيتُ منارة[w] عليها سبعة سُرُج[x] ولكلّ سراج سبعة أفواهٍ وقال قبل ذلك انّ يَدَى زرّبابيل أسّستا[y] أساس هذا البيت ويداه تُكملانه[z] والمدّة التى من اوّل ما أُسِّس البيت حتّى أكمله تِسعٌ واربعون سنة تكون سَبْعَ سوابيع ثمّ بعد اثنين وستّين سابوعا زعموا[a] جاء عيسى بن مريم وفى السابوع الأخير بَطَلت الذبائح والقرابين وخربت اورشليم خرابَها المذكور من انقطاع الوحى والانبياء وتفرّق بنى اسرائيل مُبْتَلين

a L مبدا   b Mss. والاوّل   c LR يهودا   d Mss. ودعى   e R انّه   f P بينه
g P بينه   h L هو   i P بيت   k R قروقا ربّا   l R مبلغا PL بلغها   m L فى
n L كوش   o Mss. الله   p PR يعمر L يعمّر   q R وتسريح   r Fehlt in P
s PL تخرّب   t Mss. ويستريح   u Mss. ترخيا   v RL عذو P غدوا   w P ذارا
x R سروح   y R أسّسا   z P تكلاته   a L fügt hinzu جميعا

لا نَبائح لهم ولا مَذْبَح[a]

وكلّ ما ذكرنا ليس لكلّ واحد من الفريقَين الّا مُدَّعيًا[b] فى هذا المعنى دَعاوِىَ لا يَسْتَشْهِد على صحّتها الّا بتأويلات مُسْتَنْبَطَة من حساب الجُمَّل[c] وتمويهات ركيكة لو قصدَ المُتأمّل لها اثبات غيرها بها ونَفْى ما اوردَه بأمثالها لم يَصْعُب عليه مَرامُها فانّ ما ذكره اليهود من بَقاء المُلْك فى آل يهوذا وأحالوه[d] على رِئاسة الجالوت لو كان يَصِحّ اطلاقُ اسمِ المُلْك على مثلِ هذه الرئاسة على وجه الاضافة لشَرَكهم المجوسُ فى ذلك والصابئون وغيرُهم ولم يَخْرُج منه سائرُ[e] بنى اسرائيل وبنى غيرِهِ فليس[f] يَخْلو احدٌ من الناس ولو دونَهم عن تملُّك ورئاسة بالاضافة الى أدْوَن[g] منه، لو حَمَلْنا نحن ما أوْجَبه لفظةُ الاستتار فى التورية من العَدَد على أنّه مقدار المدّة التى بين اوّلِ تاريخ الاسرائيليّين لخروجهم من مصر الى عيسى بن مَرْيَم لَلَنا أحقَّ بالتأويل فانّ المدّة التى بين خُروجهم من مصر الى قيام الاسكندر ألفُ سنة على قولهم ووُلِدَ عيسى بنُ مريم فى سنة اربع وثلثمائة للاسكندر ورفَعه اللّه اليه فى سنة ستّ وثلثين وثلثمائة له فيكونُ مَبْلغُ سِنِى هذه المدّة التامّة ألفًا وثلثمائة وخمسة وثلثين وهو مقدار بَقاء شريعةِ موسى بن عِمرانَ عليه السلام الى أنْ كمّلها عيسى بن مريم، وأمّا ما أوْرَدوه[h] من قَوْلَى دانيال فلو حملناهما[i] نحن على غير ذلك التأويل لأمكنَ بل لم يَصِحّ بأحد[k] الوجوه التى ذكروها الّا بأنْ يكونَ مَبْدأُ تلك العدّة متقدّمًا لوقتِ التنفّوِ[l] بيما ولذلك انّه انْ كان المرادُ أنْ يكونَ مبدأ كلتا العدّتَين وقتًا واحدًا ماضيا كان او حالا او مُستأنَفًا لم يَكُنْ لاختلافِ وَقْتَى التنفّوِ[m] بهما مَعْنًى ولم يَصِحّ الأمْرُ مع التفاوت بينهما بوجهٍ مّا على أنّ القولَ الثانى مُحْتَمِلٌ لأنْ يكونَ ابتداء العدّة فيه متقدّما لوقت التنفّو[m] حتّى يكونَ[n] تمامُها بعد ذلك بعامٍ واحد او أقلَّ او أكثرَ الى مثلها ومُحْتَمِلٌ[o] لأنْ يكونَ ابتداؤها من ذلك الوقت بعَيْنه او بَعْدَه بمُدّة مجهولة يُمْكِنُ فيها القِلّةُ والكَثْرة واذا احْتَمَلَ التوقيتُ حُدودَ الزمان الثلثة لم يُحْمَلْ[p] على احدِها الّا بنصّ صريح او دليلٍ صحيح وأمّا القولُ الأوّل فهو كذلك مُحْتَمِلٌ لأنْ يكون خرابَ بيت المقدّس الأوّل ومُحْتَمِلٌ لأن يكون خرابُه[q] الثانى

a Mss. مدّبح *b Mss.* دعاو *c* Fehlt in *P.* *d R* وحالوه *e* Fehlt in *P.*
f Fehlt in *P.* *g PR* دون *h R* اورده *i Mss.* حملنهم *k Mss.* باحدى *l P* التّنفّوِ
L التّنفّوه *R* التنفوه *m R* التنفوه *n R* تكون *o R* ويحمل *p R* يحتمل *q R* بخرابه

الّا بَعْدَ قيام[a] الاسكندر بثلثمائة وخمس[b] وثمانين سنة فاذن لا وَجْهَ لافتتاحهم بالوقت الذى افتتحوا به فيه بَتّةً وهذه شُبْهة تَدْحَض دعاوى اليهود ❁

والذى يَلْزَمُ النصارى فيما اوردوه أكثر واظهر وذلك أنّ اليهود لو سَلّموا لهم أنّ مجىء المسيح بعد السبعين السوابيع من لدن رؤيا دانيال لم يَتّفق خروج عيسى بن مريم بعدها[c] من أجل أنّ اليهود أجمعوا على أنّ بين خروج بنى اسرائيل من مِصْرَ الى تاريخ الاسكندر ألف سنة تامّة ونقلوا عن صُحُف الأنبياء أنّ من خروج بنى اسرائيل من مصر الى بناء بيت المقدس اربع مائة وثمانين سنة ومن بنائه الى تخريب بختنصّر ايّاه اربع مائة وعشر سنين وانّه مكث خرابا سبعين سنة فتكون الجملة تسعمائة وستّين سنة وذلك هو وقت رؤيا دانيال والباقى من الألف المذكورة اربعون سنة ثمّ اتّفق اليهود والنصارى على أنّ ولادة المسيح عيسى بن مريم كانت فى سنة اربع وثلثمائة للاسكندر فيكون على قولهم ولادة عيسى بن مريم بعد الرؤيا وعمارة بيت المقدس بثلثمائة واربع واربعين سنة[d] وهى تسعة واربعون سابوعا بالتقريب والى ظهور دعوته اربعة سوابيع ونصف فيتقدّم الولادة ما ذكروه ولا يَلْزَمُ اليهودَ من قولهم هذا شىء ولو كذّبوهم فى كمّية المدّة التى بين عمارة بيت[e] المقدس وأوّل تاريخ الاسكندر نقابلوهم اليهود بمثله وأكثر ❁

وان نحن تركنا قولَى الخصمين جانبا ونظرنا الى جدول ملوك الكلدانيين الذى نبيّنه فيما يُستأنف[f] وجدنا ما بين أوّل مُلْك كورش الى أوّل ملك الاسكندر مائتين واثنتين وعشرين سنة ومنه الى ميلاد عيسى ثلثمائة واربع سنين[g] تكون الجملة خمسمائة وستّا وعشرين سنة فاذا أسقطنا منها ثلث سنين اذ كان أوّل العمارة فى السنة الثالثة من مُلْك كورش وتبعنا الباقى حصل من وقت الرؤيا الى ميلاد المسيح خمسة وسبعون[h] سابوعا بالتقريب فيتأخّر الولادة عمّا ذكروه وأمّا ما حسبوه بالسريانيّة وزعموا لموافقة[i] حسابه مقدار البعد أنّه المراد دون النيّنين فأمر لا يمكن قبوله الّا بعد قيام برهان عليه كعيان[k] فانّ حاسبا لو حسب بالجُمّل نجاة الخلق من الكفر بمحمّد كان ألفا وثلثمائة وخمسة وثلثين او حسب بشّر موسى بن عمران بمحمّد والمسيح

a *Mss.* قياس   b *R* وخمسين   c *Mss.* بمصر   d *R* ثلثمائة سنة *L* ثلثمائة واربع واربعين سنة   e بيت fehlt in *R*   f *P* تستانف *R* نستانف   g Fehlt in *R*   h *Mss.* سبعين   i *Mss.* الموافقة   k *R* كيعيان

بأحمد كان مثل الأول وكذلك لو حسب يشرق بربة فاران بمحمد الأمي وافق الأول فان ادعى أن المراد بتلك الأعداد البشارة[a] لاتفاق أعداد هذه مع ذاك كان له وعليه ما للنصارى وعليهم في تلك الكلمات حذو القذة بالقذة[b] لا سيما ولو استشهد بمحمد صلعم وصدق البشارة به قول ايشعيا[c] النبي في كتابه مما هذا معناه أو[d] شبيه به أن الله أمره بأن يقيم على المنظرة ديذبانا ليخبر بما يرى فقال أرى راكب حمار وراكب بعير وأقبل احدهما يهتف ويقول هوت بابل وتكسرت أوثانها المنحوتة[e] وهذه[f] بشارة بالمسيح راكب الحمار وبمحمد راكب البعير الذي بظهوره هوت بابل وتكسرت أصنامها وتزلزلت قصورها وباد ملكها وفي كتاب ايشعيا النبي من البشارة[g] بمحمد عم أقاويل كثيرة مرموزة قريبة من واضح التأويل وعند ذلك يدعو الاضطرار على الباطل الى الافتراء بادعاء ما لم يتعارف به الخلق من أن راكب البعير هو موسى لا محمد[h] عم بما موسى وأتباعه وبابل وهل ظهر له او لقومه بعده ما ظهر لمحمد صلعم ولأصحابه فيها كلا لو نجوا من أهلها رأسا برأس لرضوا[i] من الغنيمة بالاياب[k] مع اليأس، ومما يؤكد هذا الاستشهاد قول الله لموسى في السفر الخامس من التوراة الذي يعرف بالمثنى سوف أقيم لهم نبيا مثلك من اخوانهم وأجعل كلمتي من فيه فيقول لهم كل شيء آمر به وأيما رجل لم يطع كلامي[l] من يتكلم باسمي فاني أنتقم منه فليت شعري هل اخوة بني اسحق الا بنو اسماعيل فان قالوا أن اخوة بني اسرائيل ثم[m] أولاد العيص قيل قد كان فيهم مثل موسى بعده يستحق صفته ويشابهه أليس يشهد بمحمد عم ما في هذا السفر ايضا مما هذه ترجمته جاء الله من طور سيناء وأشرق لنا من ساعير واستعلن من جبل فاران ومعه ربوة من الطاهرين عن يمينه وهذه رموز يقيم الدليل على أن التي تتعلق[n] بها من الصفات غير لائقة بذات الباري ولا لاحقة بصفاته جل وتعالى عن ذلك فمجيئه من طور سيناء هو مناجاته موسى به وشروقه[o] من ساعير ظهور المسيح واستعلانه من فاران الذي نشأ فيه اسمعيل وتزوج به هو ظهور محمد عم منه على[p] أصحاب الأديان كلهم بجنود من الطاهرين المنزلين امدادا[q] من السماء مسومين، والمنكر لهذا

a Mss. والبشارة *b* *L* بالقذوة *c* *R* ايشيعيا *d* *R* اول *e* *R* المنحوتة
f *L* وهذا *g* *P* بشارة *h* *R* لمحمد für لا محمد *i* *P* أرضوا *k* *R* بالايات
l *R* الكلام *m* Fehlt in *R*. *n* *R* يتعلق *o* *R* وشروه *p* Fehlt in *P*. *q* *R* امداد

التأويل الذى شهد له العيان مغالبٌ بدمغ الحجّة على ما فيه من الأضاليل ومن يكن الشيطان له قرينا فساء قرينا ❊

فإن لم يجيزوا[a] حساب الكلمات بالعربيّة لم نجز[b] نحن حساب ما أوردوه بالسريانيّة لنزول التورية وكتب هؤلاء الانبياء بالعبرانيّة، وكلّ ما ذكروه ونذكره فى حجج مقنعة وأدلّة واضحة على أنّ الكلم فى الكتب محرّف عن مواضعه والنصّ فيها مغيّر عن مناهجه والاعتصام بمثل هذا من الحسبانات والتلفيقات أقوى دليل وأوضح حجّة على تنكّب صاحبها عن الحقّ والهدى ولو فتحنا عليهم بابًا من السماء فظلّوا فيه يعرجون لقالوا انّما سكّرت أبصارنا بل نحن قوم مسحورون لا بل هم عن الحقّ عمون نسأل الله التوفيق والتأييد والعصمة والتسديد[c]، فامّا القول فى النسخ والبداء وادعاؤهم نصوص التورية على قتل من يدّعى النبوّة بعد موسى فبطلانها ظاهر فى نصوص التورية ايضا ولها مواضع غير هذا أليق بها ونرجع الى ما قصدنا له فقد امتدّ بنا كلام جرّ بعضه بعضا ❊

فأقول أنّ عند كلّ واحد من اليهود والنصارى نسخة من التورية تختلف[d] بما يوافق قول أصحابها[e] فالتى عند اليهود زعموا أنّها هى البعيدة عن التخليط والتى عند النصارى تسمّى تورية السبعين وذلك أنّ طائفة من بنى اسرائيل لمّا غزا بختنصّر بيت المقدس وخرّبه انجلت عنه واعتصمت بملك مصر وأقامت فى جواره الى أن ملك بطلميوس فيلدلفوس واتّصل بهذا الملك خبر التورية ونزولها من السماء فتفحّص[f] عن هذه الطائفة حتى عثر عليهم فى بلدة زهاء ثلثين ألف نفر فآواهم وقرّبهم ولاطفهم وأطلق لهم الاذن فى الانصراف الى بيت المقدس وقد بناه كورش عامل بهمن على بابل وأعاد عمارة الشام فخرجوا مع قطعة من حاشيته قد بذرقهم بها وقال لهم انّ لى قبلكم حاجة ان اسعفتمونى بها فقد تمّ شكركم لى وهى أن تسمحوا لى بنسخة من كتابكم التورية فاجابوه الى ذلك وحلفوا له بالوفاء به فلمّا وصلوا الى بيت المقدس انجزوا وعدهم بانفاذ نسخة منها اليه وكانت بالعبرانيّة فلم يفهمها[g] وعاودهم بطلب من له معرفة بالعبرانيّة واليونانيّة معًا ليترجم له ووعدهم الجوائز والصلات[h] فاختاروا من أسباطهم الاثنى عشر

a R يجوزوا   b PR يجز   c P والتشديد   d Mss. ينختلف   e R اصحابنا
f Mss. فيفحص   g R نفعيما   h Mss. والصلاة

اثنين وسبعين رجلا من كلّ سبط ستّة نفر من الأحبار والعلماء وأسماؤهم عند النصارى معروفة فنقلوها الى اليونانيّة بعد أن فرّق بينهم ووكّل بكلّ رجلين[a] منهم من يقوم بشأنهم حتى فرغوا من ترجمته وصار فى يديه ستّ وثلثون ترجمة وقابل بعضها ببعض فلم يجد فيها الّا ما لا بدّ من وقوع مثله فى اختلاف العبارات عن المعانى المتّفقة فوفى[b] لهم بما وعد وأحسن تجهيزهم فسألوه أن يسعفهم بنسخة واحدة من تلك النسخ للافتخار والمباهاة على أصحابهم ففعل ذلك وانّها هى التى عند النصارى ولم يقع عليها تبديل او تحريف[c] زعموا واليهود يقول بخلاف ذلك وهو اضطرارهم على نقله ومسامحتهم ايّاه بذلك خوف السطوة والشرّ[d] بعد التواطى على التحريف والتخليط وليس فيما ذكروا انّ لو[e] صدّقتم ما يزيل الشكّ لكنّه أقوى الجنبتين[f] له وليست للتورية هاتان النسختان[g] فقط ولكن لها نسخة ثالثة عند السامرة[h] المعروفين باللامساسيّة وهم الأبدال الذين بدّلهم بختنصّر بالشأم حين أسر اليهود وأجلاها عنهم وكانت السامرة أعانوه ودلّوه على عورات بنى اسرائيل فلم يحرّكهم ولم يقتلهم ولم يسبهم[i] وأنزلهم فلسطين من تحت يده ومذاهبهم ممتزجة من اليهوديّة والمجوسيّة وعامّتهم يكونون بموضع من فلسطين يسمّى نابلس وبها كنائسهم ولا يدخلون حدّ بيت المقدس منذ أيّام داود النبى عم لانّهم يدّعون[k] أنّه ظلم واعتدى وحوّل الهيكل المقدّس من نابلس الى ايليا[l] وهو بيت المقدس ولا يمسّون الناس واذا مسّوهم اغتسلوا[m] ولا يقرّون بنبوّة من كان بعد موسى من أنبياء بنى اسرائيل فامّا النسخة التى عند اليهود ويعوّلون[n] عليها فقد تتضمّن من أعمار الآدميّين ما يجتمع به المدّة التى بين هبوط آدم من الجنّة الى الطوفان الكائن فى زمان نوح ألفا وستّمائة وستّا وخمسين[o] سنة وأمّا التى عند النصارى ففيها ما يجتمع به هذه المدّة ألفى سنة ومائتين واثنتين واربعين سنة وأمّا التى عند السامرة فتنتقص[p] بأنّها ألف وثلثمائة وسبع سنين ويذكر انيوس وهو احد أصحاب الأخبار أنّ المدّة التى بين خلق آدم وبين ليلة الجمعة أوّل الطوفان ألفان ومائتان وستّ وعشرون سنة وثلثة[q] وعشرون يوما واربع ساعات حكى ذلك عنه ابن البازيار فى كتاب القرانات

a Mss. رجل b Mss. فوفا c P حرّف d P الشرع e Mss. ان لو f P الجالية g Mss. هاتين النسختين h v. Sacy, Chrest. I, ١١٣ i R بسبهم k لانّهم يدّعون fehlt in R l Für الى ايليا in R املبا m Fehlt in P n R ويقولون o Mss. الف وستمائة وست وخمسون p Mss. فينتقص q Mss. وثلث

وهو الى قول النصارى أَقْرَبُ ويُخَيَّل الىّ أنه مَبْنِيٌّ على[a] طُرُق أصحابِ الأحكام من المنجّمين وذَوِى شاعِرِ التَّعَسُّفِ والتدقيق، واذا كان الأمرُ من الاختلاف بحَيْثُ وصفناه[b] ولم يكن للقياس مَدْخَلٌ الى تمييزِ حَقّ من ذلك من باطِلِه فمِنْ أَيْنَ يَطْلَعُ الطّالِبُ فى الوقوف على حقيقة، وليس يلحق التورية كَثْرَةُ النُّسَخِ وتفاوُتُها فقَدْ تَلِىَ ذلك فى الانجيل مثلُه فإنّ له عند النصارى أَرْبَعَ نُسَخٍ مجموعة فى مُصْحَف واحد احداها لمتّى والثانيةُ لمارقوس والثالثة للوقا والرابعة ليوحنّا قد أَلّفَهُ كلُّ واحد من هؤلآء التلامذة على حَسْبِ دَعْوَتِه فى بلاده وما فى كلّ واحد منها من صِفات المسيح وأحاديثِه أيّامَ دَعْوَته ووقتَ صَلْبِه[c] بزَعْمِهم كثيرًا ما يخالف ما فى الآخر حتّى فى نَسَبِه الذى هو نسبُ يوسفَ خطيبِ مريم ورابِّ عيسى فإنّ متّى يقول أنّه يوسف بن يعقوب بن ماثان بن ايليعزر بن الليوذ بن اخين بن زادوق بن عازور بن الياقيم ابن ابيوذ بن زربابيل بن شلتيال[d] بن يوخنيا بن يوشيا بن امون بن منشى بن حيزقيا بن احاز بن يوثم بن عوزيا بن يورام بن يهوشافاط بن آسا بن ابيا بن رحبعم بن سليمان بن داود بن ايشا بن عوبيد بن باعز بن سلمون بن نحشون بن عميناذاب بن رام بن حصرون ابن فارص[e] بن يهوذا بن يعقوب بن اسحق بن ابراهيم عم وينْتَهِى بالنِّسْبة من لَدُنْ ابراهيم هابطًا، وأمّا لوقا فيقول أنّه يوسف بن عالى بن مطثث بن لاوى بن ملكى[f] بن يوسف بن منتثا بن عاموص بن ناحوم بن حسلى بن نغى بن ماث بن مطثث بن شمعى بن يوسف ابن يهوذا بن يوحنن ابن راسا بن زربابيل بن شيلتايل بن نارى بن ملكى بن ادى بن قوسام ابن الموداد بن عير بن يوسف بن اليعزر بن[g] يورام بن متيثا بن لاوى بن شمعون بن يهوذا بن يوسف بن يونم بن الياقيم بن مليا بن منى بن متثا بن ناثان بن داود، وٱعتذارُ النصارى واحتجاجُهم له هو أنّهم يزعُمون أنّ من السُّنَنِ[h] المفروضة فى[i] التورية أنّه اذا مات رجلٌ عن[k] امرأة لا بَنُونَ له عنها خَلَفَ عليها أخو الميّتِ ليُثْبِتَ لأخيه نَسْلا فيكونَ ما يُولَدُ منه منسوبا الى الميّت من جهة النِّسْبة والى الحىّ من جهة الوِلادة والحقيقة[l] قالوا وإنّ [m]يوسف كان

a *R* الى *b* *R* وضعناه *c* *R* صليبه *d* *RL* شليال *P* شلميال *e* *Mss.* فارس
f Lücke *g* *R* اربن *P* اربن für اليعزر بن *h* *R* السنين *i* *R* من *k* *R* من
l Fehlt in *R*. *m–m* Fehlt in *PR*, ergänzt aus *L*.

منسوبٌ الى أَبَوَيْنِ من هذه الجهة فيالى ابوه من جهة النسبة ويعقوب ابوه من جهة الولادة، وقالوا وانّ متّى لمّا نسبه بنسبة[a] الولادة طَعَنَ عليه اليهود وقالوا ليس بصحيح النسب لأنّه لم يُؤْخَذْ فيه بالنسبة فعارضهم لوقا بذِكْرِ نسبته على مُوجِب السُّنّة وكلتا النسبتَيْن بالغتان[b] الى داود وهو الغَرَض[c] لأنّ المذكور من شأنِ المسيح أنّه ابنُ داود، وإنّما أُضيفتْ نِسْبَة يوسف الى المسيح دون نِسْبة مريم لأنّ سُنّة بنى اسرائيل أنْ لا يتزوّجَ أحدٌ منهم الّا من قبيلته وسبطه كيلا تختلف الأنساب والعادة جارية فى النسبة بالرجال دون النسآء فاذا كان يوسف ومريم كلاهما من قبيلة واحدة فلا بُدّ من أنْ يبلغا معًا الى مَبْلَغ واحد وذلك هو الغرض فى اثبات النسب وذكره ✿

وعند كلّ واحد من أصحاب مَرْقيون وأصحاب ابن دَيْصانَ انجيلٌ يخالف بعضه بعض هذه الأناجيل، ولأصحاب مانى انجيلٌ على حِدَة يشتمل على خلاف ما عليه النصارى من أوّله الى آخره واولئك يَدينون بما فيه ويزعمون أنّه هو الصحيح وأنّ مُقْتضاه هو ما كان عليه المسيح وجآء به وأنّ غيره باطلٌ وأصحابه كاذبون على المسيح وله نسخة تُسَمّى انجيل السَّبْعين ويُنْسَب الى بلامس وفى صدره أنّ سلّام بن عبد الله[d] بن سلّام قد كتبه من لسان سَلْمانَ الفارسىّ ومن نظر فيه لم يَخْفَ عليه افتعالُه والنصارى وغيرهم يُنْكِرونه فلا يوجد من الأناجيل اذَنْ من كتب الأنبيآء ما يُعْتَمَد عليه ✿ ثمّ التالى لهذا التاريخ هو تاريخ[e] الطوفان الأعظم الذى تَلِفَ[f] فيه كلّ شىء فى زمان نوح عم وهو كذلك من التفاوت والاختلاف والاضطراب بحيث لا يُقْطَع على حقيقته ولا يُطْمَعُ فى الاحاطة بحقيقته لما نذكره أوّلا من الاختلاف فيما بين تاريخ آدم وبينه وما نذكره من التفاوت بينه وبين تاريخ الاسكندر فانّ اليهود استخرجت من التورية التى عندهم والكتب التالية لها أنّ بينه وبين الاسكندر[g] ألفا[h] وسبعمائة واثنتين وتسعين سنة واستخرجت النصارى من توريتهم هذه المدّة ألفين وتسع مائة وثمانيا[i] وثلثين سنة، فأمّا الفرس وعامّة المجوس فقد أنكروا الطوفان بكلّيّته وزعموا أنّ المُلْك متّصلٌ فيهم من لدن كيومرث.

a *R* بنسبته *b* *R* بالغشان *c* *R* العرض *d* بن عبد الله fehlt in *R*. *e* So nach *L*. هو تاريخ fehlt in *R*, هو in *P*. *f* Fehlt in *R*. *g* Von فان اليهود bis وبين الاسكندر fehlt in *R*. *h* *Mss.* الف *i* *Mss.* وثمان

كل شيء الذي هو الانسان الأوّل عندهم ووافقهم على انكارهم اياه الهند والصين وأصناف الأمم المشرقية وأقرّ به بعض الفرس ووصفوه بغير الصفة الموصوف بها في كتب الأنبياء وقالوا كان من ذلك شيء بالشام والمغرب في زمان طهمورث لم يعمّ العمران كلّها ولم يغرق فيه الّا أمم قليلة وانّه لم يجاوز عقبة حلوان ولم يبلغ ممالك المشرق، وقالوا أنّ أهل المغرب لمّا أنذر به حكماؤهم بنوا أبنية[a] كالهرمين المبنيين في أرض مصر وقالوا اذا كانت الآفة من السماء دخلناها واذا كانت من الأرض صعدناها فزعموا أنّ آثار ماء الطوفان وتأثيرات الأمواج بيّنة على أنصاف هذين الهرمين لم يجاوزها وقيل أنّ يوسف هو جعلهما هريًا[b] وجعل فيهما الطعام والميرة لسني القحط، وقالوا[c] أنّ طهمورث لمّا اتّصل به الانذار وذلك قبل كونه بمائتين[d] واحدى وثلثين سنة أمر باختيار موضع في مملكته صحيح الهواء والتربة فلم يجدوا أحقّ بهذه الصفة من اصبهان فأمر بتجليد[e] العلوم ودفنها في أسلم المواضع منه وقد يشهد لذلك ما وُجد في زماننا بجيّ مدينة اصبهان من التلال التي انشقّت عن بيوت مملوءة أعدالًا كثيرة من لحاء الشجرة التي يلبس[f] بها القسيّ والترسة وتسمّى[g] التوز[h] مكتوبة بكتابة لم يدر ما هي وما فيها، وهذه الاضطرابات في حكاياتهم تشكّك السامع وتدعوه الى تصديق ما وُصف في بعض الكتب أنّ كيومرث لم يكن هو الانسان الأوّل بل كان كامر بن يافث بن نوح وأنّه كان سيّدًا معمّرًا نزل جبل دنباوند وتملّك به حتّى عظم أمره والناس في حالة شبيهة[i] بالمبدأ وأوّل النشوء فملك هو وبعض ولده الأقاليم وتجبّر في آخر أمره وتسمّى بآدم وقال من سمّاني بغير هذا الاسم ضربت عنقه وزعم بعضهم أنّه كان اميم بن لاود بن ارم ابن سام ابن نوح، وأمّا أصحاب النجوم فانّهم صحّحوا هذه السنين من لدن القران الأوّل من قرانات زحل والمشترى التي أثبتت علماء أهل بابل والكلدانيين أمثلتها[k] اذ كان الطوفان من جهة ناحيتهم فقد قيل أنّ نوحا نجّر السفينة في الكوفة وفيها فار التنّور وأنّها استقرّت على جبل الجوديّ وهو غير بعيد عن تلك النواحي وكان هذا القران قبل كون الطوفان بمائتين وتسع وعشرين سنة وثلثة وثمانية[l] أيّام واعتنوا بأمرها وصحّحوا ما بعدها

a R امية   *b* R هرما P قرنا L قربا   *c* R وقال   *d* Mss. بمئتي   *e* L بتخليد   *f* P يلبس L تلبس R لبس (vor ل eine Rasur).   *g* Mss. وبسمى   *h* P التون R التموز   *i* R شبيه   *k* R امثلتها   *l* P وثمانين

فوجدوا ما بين كَوْن الطُّوفان وبين أوّلِ مُلْك بُختنصّرَ الاوّل ألفَىْ سنة وستّمائة واربع سنين وبين بختنصّر والاسكندرِ اربعمائة وستّا وثلثين سنة وذلك قريبٌ من مُقْتَضَى توريةِ النصارى، والى هذا التاريخ آحتاج ابو مَعْشَرٍ البَلْخيُّ ليَبْنِيَ عليه أوساطَ الكواكب فى زِيجه فزعم أنّ الطوفان كان عند اجتماعِ الكواكب فى آخِرِ الحُوتِ وأوّلِ الحَمَل واستخرج مواضعَها لذلك الوقتِ فكان كلُّها مجتمعةً من لدن الدرجةِ السابعة والعشرين من الحُوت الى آخِرِ الدرجةِ الأُولى من الحَمَل وزعم أنّ بين ذلك الوقتِ وبين أوّلِ تاريخِ الاسكندر ألفَيْن وسبعمائة وتسعين سنة مكبوسةً وسبعةَ أشْهُرٍ وستّةً وعشرين يوما وهو أقْرَبُ الى قول النصارى على أنّه ناقصٌ عمّا استخرجه أصحابُ النجوم بمقدارِ مئتَيْن وتسع واربعين سنة وثلثةِ أشْهُرٍ فلمّا[a] تَقَرّرَتْ لديه هذه الجُمْلةُ على الطريق الذى مهّده وكان خَرَجَ له المُدّةُ التى يُسَمّيها المنجّمون أدوارَ الكواكب ثلثمائة وستّين ألفَ سنة وأوّلُها مُتَقدِّمٌ لوقت الطوفان بمائة وثمانين الف سنة حَكَمَ جَنْهْلًا على أنّ الطوفان كان فى كلِّ مائة وثمانين الف سنة وسيكونُ فيما بَعْدُ كذلك، وما استخرج هذا الرجلُ المُعْجَبُ برأيه أدوارَ هذه الّا من مَسِيراتِ الكواكب التى خَرَجَتْ بأرْصادِ اهلِ فارسَ وهى مُخالفةٌ للأدوار التى أدّى اليها أرصادُ الهند المعروفةُ بأدوارِ السندهند ومخالفةٌ لأيّام الارجبهر[b] ولأيّام الاركند ولو أراد مُرِيدٌ أنْ يَعْمَلَ بأرصادِ بطلميوس او أرصادِ أصحاب الامتحان من المُحْدَثين أدوارًا لتَهَيّأ له بالأعمال المشهورة لذلك كما تَهَيَّأَ لكثيرٍ منهم كمُحَمّدِ بن اسحق بن أستاذ بُنداد[c] السَّرَخْسيِّ وابى الوَفاء مُحمّدِ بن محمّد البُوزجانيّ وكالذى عَمِلْتُه أنا فى كثيرٍ من كُتُبى وخاصّةً فى كتاب الاستشهاد باختلاف الأرصاد، وبكلِّ واحد من الأدوار يَجْتمع[d] الكواكبُ فى أوّلِ الحَمَل بَدْءًا وعَوْدًا[e] ولكنّه فى أوقاتٍ مُختلفة فلَوْ حَكَمَ على أنّ الكواكبَ مخلوقةٌ فى أوّلِ الحمل فى ذلك الوقتِ او على أنّ اجتماعها فيه هو أوّلُ العالَم او آخِرُه لتَعَرَّتْ دَعْواه تلك عن البَيِّنة وإنْ كان داخلا فى الامكان ولكنّ مثل هذه القضايا لا تُقْبَلُ الّا بحُجّةٍ واضحة او مُخْبِرٍ عن الأوائل والمَبادِى مَوْثوقٍ بقَوْله[f] مُتَقَرِّرٍ فى النَّفْس صِحّةُ آتّصالِ الوَحْى والتّأييدِ به فانّ من المُمْكن أنْ يكونَ هذه

[a] R فلا [b] R الارجبير PL الارجهبر [c] L بندار R بندرا, über der Linie corrigirt in بنداد [d] P تجتمع R تجمع [e] PR بدءا او عودا [f] R لقوله

الأجرام متفرقة غير مجتمعة وقت ابداع المبدع لها واحداثه[a] اياها ولها هذه الحركات التى اوجب الحساب اجتماعها فى نقطة واحدة فى تلك المدة كما لو فرضنا نحن دائرة وضعنا فى عدة مواضع متفرقة منها حيوانات بعضها أسرع وبعضها أبطأ غير أن كل واحد منها متحرك من نوع حركته حركات متساوية فى أوقات متساوية وعرف فى وقت ما مفروض أبعاد ما بينها ومواضعها ومسير كل واحد منها فى يوم بليلته وطولب الحاسب بكمية الزمان الذى تجتمع بعده فى نقطة مفروضة او الزمان[b] الذى كانت قبله مجتمعة فى تلك النقطة بعينها لم يلزم الحاسب عتب ان تعلق بألوف ألوف ألف من السنين ولم يجب من قوله أنها كانت حينئذ او تبقى الى وقتئذ ولكن مقتضى قوله مشروحا فيه أنها لو كانت او بقيت على حالتها تلك لم يكن غير ما أداه اليه الحساب ثم تحقق ذلك موكول الى صناعة[c] غير صناعته فلو[d] حكم العامل بالأدوار على أنها اعنى الكواكب اذا اجتمعت فى أول الحمل عادت الى ما كانت عليه من الأدوار لتبرؤ الأحوال الفلكية بزعمه عن قبول الكون والفساد وأن حالتها فى الماضى كذلك لكان حكمه دعوى سانجة يعلل به نفسه من غير أن يقترن به حجة اذ[e] البرهان لا يلزم طرفى النقيض بل يختص بأحدهما وينفى الآخر وقد اتضح عند الفلاسفة وغيرهم بطلان خروج بلا نهاية[f] من القوة الى الفعل حتى يوجد والماضى من الحركات والأدوار والأزمنة معدودة قد وجدت ونقصت[g] وهى متزايدة فى العدة فليست بلا نهاية، وهذه اللفظة مما يكتفى به المحق المنصف فان عاند ومال الى تمويهات المكابرين احتيج فى[h] ازالة ذلك عن قلبه ومداواة ما سقم من لبه وغرس الحق فى نفسه الى ما يربى على هذا الكتاب وله مواضع أليق بها من ههنا، واختلاف الأدوار لا اختلاف[i] الأرصاد[k] أكفى دليل وأقوى معين على ازالة ما ارتكبه ابو معشر ويعتمده[l] الحمقى الطاعنون فى الأديان[m] الجاعلون أدوار السندهند وأمثالها ذريعة الى سب من أنذر باقتراب الساعة وأخبرهم[n] بالنشور للثواب والعقاب فى الدار الآخرة والجالبون التهم والمظنون الفواحش على علماء الهيئة وأصحاب الحساب بانضيافهم الى جملتهم وانتسابهم[o]

a *Mss.* واحداثها   *b* *L* والزمان für او الزمان   *c* *R* صاعة   *d* *Mss.* فلم
e *P* اذا   *f* *Mss.* لا نهاية   *g* *PL* ونقصت   *h* *Mss.* الى   *i* الادوار لا اختلاف fehlt in *R.*   *k* *P* ارصاد   *l* *P* ويعتهده *R* ويعتده   *m* *R* الاذنان   *n* *Mss.* واخبره
o *R* وامتسابهم

الى صناعتهم وان كان لا يذهن[a] على من له أدنى تحصيل ،

ثم يتلو ما ذكرناه من التواريخ تاريخ بختنصر الأول وهو بالفارسية بخت نرسى وقد قيل في تفسيره أنه كثير البكاء والأنين وبالعبرانية يوخذ نصار وقيل بأن تفسيره عطارد وهو ينجنف وذلك لتحننه على الحكمة وتقريبه العلماء فاذا عرب وخفف قيل بختنصر وليس هو الذى خرب بيت المقدس فان بينهما زهاء مائة وثلث واربعين سنة على ما تلوحه الجداول فيما يستأنف ، وتاريخ هذا الملك المذكور مستعمل على سنى القبط وعليه العمل في استخراج مواضع الكواكب السيارة من المجسطى لأن بطلميوس قد آثره واستخرج به أوساط الكواكب ثم أدوار قالبس[b] وأول أدواره هو في سنة اربعمائة وثمانى عشرة لبختنصر وكل دور منها ست وسبعون سنة شمسية ويستدل من لا يعرفها بما يجد في كتاب المجسطى من ذكرها على أنها قبطية وذلك لأن ابرخس وبطلميوس يذكران أوقات أرصادهما في الليالى والأيام والشهور القبطية ثم ينسبانها الى الأدوار التى وافقتها من أدوار قالبس من غير أن يكون الحقيقة لذلك ولكن أول الأدوار المستعملة عند من يستخرج الشهور بمسير[c] القمر والسنين بمسير[d] الشمس هو دور الثمانية والدور الثانى هو دور التسعة عشر وكان قالبس من جملة أصحاب التعاليم ومن يدين او قومه باستعمال ذلك فاستخرج هذا الدور مشتملا على اربعة أدوار التسعة عشر ، وقد زعم بعض الناس أن هذه الأدوار كانت تستعمل بالرؤية دون الحساب اذ[e] كان الناس حينئذ لم يفطنوا بحساب الكسوفات التى لا يعرف مقدار الشهر القمرى ولا يتم هذه الحسبانات[f] الا بها وأن أول من وقف عليه كان ثالس من أهل ملطية فانه لما اختلف الى أصحاب الرياضات وأخذ منهم علم الهيئة والحركات ترقى منه الى استنباط الكسوفات ثم وقع الى مصر فأنذر الناس بكون الكسوف فلما صدق خبره استعظموه ، وهذا الخبر من الممكنات فان لكل صناعة مبادئ[g] ينتهى اليها وكلما قربت من مبدئها كانت أبسط حتى ينتهى اليه ولكن الواجب أن لا يختلف[h] في هذا الخبر[i] القول بأن الكسوف لم يعرف قبل ثالس الا باشتراط مواضع دون أخر فان بعض الناس أرخ زمان هذا الملك المذكور بأرتشير بن بابك وبعضهم بكيقباذ فلمن كان من زمن اردشير

a Mss. يذهب b L قالس PR قالليس c R بمنير d R بمنير e P اذا
f L الحسابات g Mss. مباد h R يلتنف i P الخبير

فقد تقدّمه بطلميوس وابرخس وناهيك بعلمهما لذلك من بين الجملة وان كان في زمن كيقباذ فهو قريب من زرادشت وهو نصف الحرّانيّة[a] ومن تقدّمه من حكمائهم بالتبارز[b] في العلم وبلوغ المقدار الذي لا يجهل معه علم السموات فإن ان كان خبرهم صدقا فليس بمختلف بل مشترط ۞

ثمّ تاريخ فيلفس والد الاسكندر وهو على سني القبط كثيرا ما يستعمل هذا التاريخ من ممات الاسكندر المقدوني البنّاء وكلا[c] الامرين متّفقين الّا انّ للاختلاف واقع في الاسم لأنّ القائم بعد الاسكندر البنّاء كان فيلفس فسوآء كان التاريخ من ممات الاوّل او كان من قيام الآخر لأنّ الحالة المؤرّخة هي كالفصل المشترك بينهما ولقّب العاملون على هذا التاريخ بالاسكندرانيّين وعليه بنى ثاون الاسكندراني زيجه المعروف بالقانون ۞

ثمّ تاريخ الاسكندر اليوناني الذي يلقّبه بعض الناس بذي القرنين وسأفرد للاختلاف في ذلك فصلا تاليا لهذا وتاريخه على سني الروم وعليه يعمل اكثر الامم، لمّا خرج من بلاد يونان وهو ابن ستّ وعشرين سنة متجهّزا لقتال دارا[d] ملك الفرس وقاصدا دار[e] ملكه ورد بيت المقدس واليهود ساكنوه فأمرهم بترك تاريخ موسى وداود عليهما السلام والتحوّل الى تاريخه واستعمال تلك السنة اوّله وهي السنة السابعة والعشرون من ميلاده فأجابوه الى ذلك وائتمروا[f] بأمره فيه لاطلاق الاحبار ذلك لهم عند مضيّ كلّ الف سنة من لدن موسى وقد كانت تمّت له وانقطعت قرابينهم وذبائحهم كما ذكروا فانتقلوا الى تاريخه واستعملوه فيما احتاجوا اليه من اعمال الشهور والايّام بعد ان عملوه في السنة السادسة والعشرين من ميلاده وهو اوّل وقت تحرّكه وذلك ليتمّوا الالف[g] سنة، ثمّ لمّا مضى من تاريخ الاسكندر الف سنة لم يوافق تمامها حدوث حادث يجعلونه ابتدآء لتاريخهم فبقوا معتصمين بتاريخ الاسكندر ومستعملين له وعليه عمل اليونانيّة وكانوا قبله على ما ذكره في كتاب نقله حبيب بن[h] بهريز مطران الموصل يؤرّخون بخروج يونان[i] ابن بورس عن بابل الى المغرب ۞

a *R* الحربانيّة *PL* الحربانيّة b *Mss.* بالتبرز c *PR* وكلى d *R* دار e دار fehlt in *R*. f *R* وايتمر *P* وايتمّ g *R* الا الف für الالف h *R* نبهره بن *PL* بهر بن i Fehlt in *P*.

ثمّ تاريخ[a] اغسطس الملك وهو أوّل القياصرة ومعنى قيصر بالافرنجيّة شُقّ عنه والسبب فى ذلك أنّ أمّه ماتت فى المخاض وهى حامل[b] به فشُقّ بطنها وأُخرج عنه ولُقّب بقيصر وكان يفتخر على الملوك بأنّه لم يخرج من بُضع امرأة كما كان يفتخر أحمد بن سهل بن هاشم بن الوليد بن جَبَلة بن كامكار بن يزدجرد بن شهريار بمثله لاتّفاقه له وكان يَشتِمُ الناسَ[c] بهذه اللفظة اعنى ابنَ البُضع، ويذكر أصحابُ الأخبار أنّ عيسى بن مريم وُلِدَ فى السنة الثالثة والاربعين من مُلكه ولا يَصِحّ ذلك عند سياقة السنين والتواريخ من الجداول التى يجىء فيها تعديلٌ توجبُ[c] أن يكون ولادته فى السنة السابعة عشر من مُلكه، وهو الذى نقل الاسكندرانيّين من حسابهم بالسنين القبطيّة غيرِ المكبوسة الى حساب الكلدانيّين الذى يُستعمَل فى زماننا بمصر فى السنة السادسة من مُلكه فأرّخوا بتلك السنة ❁

ثمّ تاريخ انطنينس وهو أحدُ ملوك الروم واستعماله بسنى الروم وقد صحّح[d] بطلميوس الكواكب الثابتة لأوّل[e] مُلكه ووضعها فى المجسطى وأمر بتسييرها فى كلّ سنة درجةً واحدةً ❁

ثمّ تاريخ دقلطيانوس وهو آخر عبدة الأوثان من ملوك الروم ولمّا انتقل المُلك اليه بقى فى عقبه ثمّ مَلَكَ بعده قسطنطين الذى هو أوّل مَلِكٍ تنصّر من ملوك الروم وسنو[f] هذا التاريخ روميّة وقد استعمله غيرُ واحدٍ من أصحاب الزيجات ورسموا به ما احتاجوا اليه من مثالات المسائل والمواليد والقرانات ❁

ثمّ تاريخ هجرة النبىّ محمّد صلّى الله عليه وآله من مكّة الى المدينة وهو على السنين القمريّة برؤية الأهلّة لا الحساب وعليه يعمل أهل الاسلام بأسرهم، وانّما خُصّ هذا الوقتُ بذلك دون المولد والمبعث والوفاة لأنّ عمر بن الخطّاب على رواية ميمون بن مهران لمّا رُفع اليه صكٌّ محلّه فى شعبان فقال عمرُ أىّ شعبانَ الذى نحن فيه او الذى هو آتٍ ثمّ جمع أصحاب رسول الله صلى الله عليه وآله فاستشارهم فيما دَهَمَه من الحَيرة[g] فى أمر الأوقات فقالوا يجب أن تتعرّف الحيلة فى ذلك من رسوم الفُرس فاستحضروا الهرمزان واستعلموه ذلك فقال انّ لنا حساباً[h] نسمّيه ماه روز اى حساب الشهور والأيّام فعرّبوا ماه روز فقالوا[i] مورخ وجعلوا مصدره التأريخ

a *R* تابع *b* Fehlt in *R.* *c* *Mss.* يوجب *d* *P* صحّ *e* *P* الاوّل
f *Mss.* وسنى *g* *P* الحيوة *h* *R* حسبة *i* *Mss.* فقال

وشرح لهم الهرمزان كيفية استعمالهم ذلك وما عليه الروم من مثله فقال عمر لاصحاب رسول الله ضعوا للناس تاريخا يتعاملون عليه فقال بعضهم اكتبوا على تاريخ الروم فانهم يكتبون على تاريخ الاسكندر فقيل انه يطول فقال الآخرون اكتبوا على تاريخ الفرس فقيل ان الفرس كلما[a] قام ملك منهم طرح التاريخ ممن كان قبله فاختلفوا في ذلك فروى الشعبي ان ابا موسى الاشعري كتب الى[b] عمر بن الخطاب انه تأتينا منك كتب ليس لها تاريخ وقد كان عمر دوّن الدواوين ووضع الاخرجة والقوانين واحتاج الى تاريخ ولم يحب التاريخات القديمة فجمع عليه عند ذلك واستشار فكان اظهر الاوقات وابعدها من الشبه والآفات وقت الهجرة وموافاة المدينة وكانت يوم الاثنين لثمان خلون من ربيع الاول واول السنة يوم الخميس فعمل عليها وارّخ منها ما احتاج اليه وذلك في سنة سبع عشرة للهجرة وذلك لانّ في المولد والمبعث من الخلاف ما لا يجوز ان يجعل معه اصلا لما[c] يجب ان لا يقع فيه خلاف فقد قيل في المولد انه كان ليلة الاثنين الثاني وقيل الثامن وقيل الثالث عشر من ربيع الاول ثم قيل انه في سنة واربعين من ملك كسرى انوشيروان ولذلك اختلف في مقدار عمره بالموازاة لهذا الاختلاف وايضا فان السنين متفاوتة فيما بينها بعضها مكبوسة وبعضها غير مكبوسة حين حرم النسيء وعلى ان بعد الهجرة استقام امر الاسلام وادبر الشرك ونجا النبي عم من بوائق كفار مكة وتوالت له بعدها الفتوح فصارت الهجرة للنبي كالتقليد للملوك وصفاء الملك لهم فاما وقت وفاته فانه وان كان معلوما فليس يستحسن التاريخ بموت نبي او هلاك ملك اللهم الا ان يكون كافرا او عدوا يستبشر بموته ويستحب ان يكون موته[d] عيدا[e] او يكون ممن ينقرض عليه الدولة فيعمل اشياعه ذلك تذكارا لهم فيما بينهم وتأسفا عليه وقلّ ما جرى الرسم بذلك الا في النادر[f] الغريب مثل الاسكندر البنّاء فان تاريخه يعدّ من لدن وقت مماته اذ[g] كان معدودا في جملة من انتقل عنه التاريخ من الملوك الكلدانيين والمغربيين الى الملوك البطالسة المسمّى كل واحد منهم بطلميوس ومعناه الحربي فارّخ به من انتقلت الدولة اليه استبشارا بذلك ومثل يزدجرد ابن شهريار فان المجوس يؤرخون بوقت هلاكه لان الدولة قد انقرضت ببواره فارّخوا بمماته

a *R* كما *b* الى fehlt in *R*. *c* *L* fügt hinzu لا *d* Fehlt in *L*. *e* *R* ميدا *f* *R* النار *g* *P* اذا

تحزّنًا عليه وتلهّفًا لذهاب ملّتهم ✿

وقد كان الناس على عهد رسول الله صلى الله عليه وآله سمّوا كلّ سنة ممّا بين الهجرة والوفاة باسم مخصوص بها مشتقّ ممّا اتّفق فيها له عليه السلام فالأولى بعد الهجرة سنة الاذن[a] والثانية سنة الأمر بالقتال والثالثة سنة التمحيص والرابعة سنة الترفئة والخامسة سنة[b] الزلزال والسادسة سنة الاستئناس والسابعة سنة الاستغلاب والثامنة سنة الاستواء والتاسعة سنة البراءة والعاشرة سنة الوداع فكانوا يستغنون بذكرها عن عددها من لدن الهجرة ✿

ثمّ تاريخ ملك يزدجرد بن شهريار بن كسرى ابرويز وهو على سنى الفرس غير المكبوسة[c] وقد استعمل فى الأزياج[d] لسهولة العمل به، وانّما اشتهر تاريخ هذا الملك من بين سائر ملوك فارس لانّه قام بعد تبدّد الملك واستيلاء النساء عليه والتغلّب[e] ممّن لا يستحقّه وكان مع ذلك آخر ملوكهم وجرت على يده أكثر الحروب المذكورة والوقائع المشهورة مع عمر بن الخطّاب حتى زالت الدولة وانهزم فقتل ببيت طحّان بمرو الشاهجان ✿

ثمّ تاريخ أحمد بن طلحة المعتضد بالله أمير المؤمنين وهو على سنى الروم وشهور الفرس بمأخذ آخر وهو أنّها تكبس فى كلّ اربع سنين بيوم، وكان السبب[f] فى ذلك على ما ذكر ابو بكر الصولى فى كتاب الأوراق ووصفه[g] حمزة بن الحسن الاصبهانى فى[h] رسالته فى الأشعار السائرة[i] فى النيروز والمهرجان أنّ المتوكّل بينا هو يطوف فى متصيّد له اذ رأى زرعًا لم يدرك بعد[k] ولم يستحصد فقال استأذننى عبيد الله بن يحيى فى فتح الخراج وأرى الزرع أخضر فمن أين يعطى الناس الخراج فقيل له انّ هذا قد أضرّ بالناس فهم يقترضون ويتسلّفون وينجلون عن أوطانهم وكثرت لهم شكاياتهم وتظلّمهم فقال هذا شىء أحدث فى أيّامى أم لم يزل كذا فقيل له بل هو جارٍ على ما أسّسه ملوك الفرس من المطالبة بالخراج فى أيّام النيروز وصاروا به قدوة لملوك العرب فأحضر الموبذ وقال له قد كثر الخوض[l] فى هذا ولست أتعدّى رسوم الفرس فكيف كانوا يفتتحون الخراج على الرعيّة مع ما كانوا عليه من الاحسان والنظر ولم استجازوا المطالبة فى مثل هذا

[a] *Mss.* سنة الاذن بعد الهجرة [b] Fehlt in *Mss.* [c] *Mss.* مكبوسة [d] *P* الارماح *L* الارباح *R* الارتاج [e] *R* والتغلبه *PL* والمتغلبه [f] *P* السبت [g] *R* ووضعه
[h] فى fehlt in *PR.* [i] *L* السارية [k] *P* fehlt بعد [l] *P* الحوص

الوقت الذى لم تُدْرَك فيه الغلّات والزروع فقال الموبذ انّهم[a] وان كانوا يفتتحونها فى النوروز فما كان تجيء إلّا وقت ادراك الغلّات فقال وكيف ذلك فبيّن له حال السنين وكمّيّاتها واحتياجها الى الكَبْس ثم عرّف[b] أنّ الفرس كانوا يكبسونها فلمّا جاء الاسلام عُطِّلَ وأضرَّ ذلك بالناس واجتمع الدهاقنة زمن هشام بن عبد الملك الى خالد القسرى فشرحوا له هذا وسألوه أن يؤخّر النوروز شهرا فأبى[c] وكتب الى هشام بذلك فقال انّى أخاف أن لا يكون هذا من قول الله تعالى انّما النسىء زيادة فى الكفر فلمّا كان أيّام الرشيد اجتمعوا الى يحيى بن خالد بن برمك وسألوه أن يؤخّر النوروز نحو الشهرين فعزم على ذلك فتكلّم أعداؤه فيه وقالوا انّه يتعصّب للمجوسيّة فأضرب عن ذلك وبقى الأمر على حاله فأحضر المتوكّل ابراهيم بن العبّاس الصولى وأمره أن[d] يوافق الموبذ على ما ذكره من النوروز ويحسب الأيّام ويجعل له قانونا غير متغيّر وينشئ عنه كتابا الى بلدان المملكة فى تأخير النوروز فوقع العزم على تأخيره الى سبعة عشر يوما من حزيران ففعل ذلك ونفذت[e] الكتب الى الآفاق فى المحرّم سنة ثلث واربعين ومائتين فقال البحترى فى ذلك قصيدة يمدح فيها المتوكّل ويقول

إنّ يوم النيروز قد عاد للعهـ ـد الذى كان سنّه أردشير

أنت حوّلته الى الحالة الأو لى وقد كان حائرا يستدير

فافتتحت الخراج فيه فللأ مّة فى ذاك[f] مرفق مذكور

منهم الحمد والثناء ومنك الـ ـعدل فيهم والنائل المشكور

وقُتل المتوكّل ولم يتمّ له ما دبّر حتّى قام المعتضد بالخلافة واسترد بلدان المملكة من المتغلّبين عليها وتفرّغ للنظر فى أمور الرعيّة فكان أهمّ شىء اليه أمر الكبيسة واتمامه فاحتذى ما فعله المتوكّل فى تأخير النوروز غير أنّه نظر من جهة أخرى وذلك أنّ المتوكّل أخذ ما بين سنته[g] وبين أوّل تاريخ لملك[h] يزدجرد وأخذ المعتضد ما بين سنته وبين السنة التى زال فيها مُلك الفرس بهلاك يزدجرد ظنّا منه او ممّن تولّى ذلك له أنّ اهمالهم لأمر[i] الكبس هو من لدن ذلك الوقت فوجده مائتين وثلثا واربعين سنة وحصّتها من الأرباع ستّون يوما وكسر فزاد ذلك على

a Mss. وانهم b P عرّف c R فانى d R انى e L ونفذت f Mss. ذلك
g R سنة h R الملك i Mss. فامر

النوروز فى سَنَته وجعله مُنْتَهى تلك الأيّام وهو أوّل يَوْمٍ من خُرْدادماه فى تلك السنة وكان يومَ الأَرْبعاء ووافقه اليومُ الحادى عَشَرَ من حَزيرانَ ثمّ وَضَعَ النوروزَ على شهور الروم لتَنْكيسِ شهورِه[a] اذا كَبَسَت الرومُ[b] شهورَها وكان المُتَوَلّى لامضاء ما أَمَرَ وَزيرَه أبا[c] القسم[d] عُبَيْدَ الله بن سُلَيْمان ابن وَهْب، فقال عَلِيُّ بن يَحْيَى المُنَجِّمُ فى ذلك

يا مُحْيِيَ الشَرَفِ اللُّبابِ مُجَدِّدَ[e] المُلْكِ الخَرابِ وَمُعيدَ رُكْنِ الدِّينِ فِينا ثابِتًا بَعْدَ اضْطِرابِ
فُتَّ المُلوكَ مُبَرِّزًا فَوْتَ المُبَرِّزِ فى الحَلابِ أَسْعِدْ بِنَوْروزٍ جَمَعْتَ الشُّكْرَ فيه الى الثَّوابِ
قَدَّمْتَ فى تَأْخِيرِهِ ما أَخَّرُوهُ مِنَ الصَّوابِ

وقال عَلِيُّ بن يَحْيَى فى ذلك ايضا

يَوْمُ نَيْروزِكَ يَوْمٌ واحِدٌ لا يَتَأَخَّرْ مِن حَزيرانَ يُوافِي أَبَدًا فى أَحَدَ عَشَرْ

وهذا وانْ دُقِّقَ فى تحصيله فلَمْ يَعُدْ به النوروزُ الى ما كان عليه عند الكَبْس فى دولة الفرس وذلك أَنَّ اهمالَ الفرسِ كَبيسَتَهم كان قَبْلَ هَلاكِ يزدجردَ بقَريب من سبعين سنةً لأَنّهم كانوا كَبَسوا السنةَ فى زمانِ يزدجردَ بن سابورَ بشَهْرَيْن أَحَدُهما لِلُزومِ[f] السنةِ من التَأَخُّر وهو الواجبُ ووضعوا اللواحقَ خَلْفَه عَلامَةً له وكانت النَوْبَةُ لآبان ماه كما سَنَذْكُرُ والشهرِ الآخَرِ للمُسْتَأْنَف ليكونَ مَفْروغًا[g] منه الى مُدَّةٍ طويلة فاذا أُسْقِطَ عن السنين التى بين يزدجردَ بن سابور وبين يزدجردَ بن[h] شهريار مائةٌ وعشرون سنةً بَقِيَ بالتقريب سبعون سنةً لا بالتحقيق فانّ تواريخ الفرس مُضْطَرِبَةٌ جدًّا ويكونُ حِصَّةُ هذه السَبْعين سَنَةً من الأرباع قريبا من سبعةَ عَشَرَ يوما فكان يَجِبُ بالتحليل[i] من القياس أَنْ يُؤَخَّرَ سبعةً وسبعين يوما لا ستّين يوما حتّى يكونَ النوروزُ فى ثمانية وعشرين من حَزيرانَ ولكنَّ المُتَوَلِّيَ لذلك ظَنَّ أَنّ طريقةَ الفرسِ فى الكَبْس كانت شَبيهَةً[k] بالتى يَسْلُكُه الرومُ فيه بحَسَبِ الأيّامِ من لدن زَوالِ مُلْكِهم والأمْرُ فيها على خِلافِ ذلك كما بَيَّنّا وسَنُبَيِّن ☆

وهذا التاريخُ آخِرُ التواريخ المشهورة[l] ولَعَلَّ أَنْ يكونَ للأُمَمِ[m] الشاسِعَةِ[n] ديارُها عن ديارنا

a b Von شهوره bis الروم fehlt in *R*. *c Mss.* ابو *d P* القسيم *e Mss.* ومحدد *f R* لزوم *g L* مفروطا *h* يزدجرد بن fehlt in *R*. *i P* بالتخليل *LR* بالتحليل *k R* شبهة *l Mss.* آخر المشهورة *m R* اللام *P* الامم *n PL* الشاسعة

تواريخ لم تتّصل بنا او متروكة[a] كالفرس فى مجوسيّتها فانّها كانت تؤرّخ بقيام ملوكهم أوّلًا فأوّلًا فاذا مات احدهم تركوا تاريخه وانتقلوا الى تاريخ القائم بعده منهم ومُدَدُ ملوكهم مُثْبَتَةٌ فى الجداول فيما بَعْدُ وكبنى اسمعيل من العرب فانّهم كانوا يؤرّخون ببناء[b] ابراهيم واسمعيل الكعبة حتى تفرّقوا وخرجوا من تهامة فكان الخارجون يؤرّخون بخروجهم والباقون بآخر الخارجين منهم حتى نال الأمد فأرّخوا بعام رئاسة عمرو بن ربيعة المعروف بعمرو بن يحيى وهو الذى يقال أنّه بدّل دين ابراهيم وحمل من مدينة البلقاء[c] صنم هُبَل وعمل اسافًا ونائلة وذلك كما يقال فى زمن سابور ذى الأكتاف والجمع بين رأيى الفريقين فى التواريخ لا يشتبه لذلك ثمّ أرّخوا بعام موت كعب بن لؤيّ الى عام الغدر وهو الذى نهب فيه بنو يربوع ما أنفذه بعض ملوك حِمْيَر الى الكعبة من الكسوة ووثب[d] بعض الناس على بعض فى الموسم ثمّ أرّخوا بعام الغدر الى عام الفيل الذى ردّ الله فيه كيد الحبشة القاصدين لتخريب الكعبة فى نحورهم وأهلكهم عن آخرهم ثمّ أرّخوا به الى تاريخ الهجرة[e] وبعض العرب كانوا يؤرّخون بالوقائع المشهورة والأيّام المذكورة الكائنة بينهم كالتى لقريش مثل يوم الفجار الكائن فى الشهر الحرام وحِلف الفضول وهو على أن ينصروا المظلوم اذ كانت قريش تتظالم فى الحرم[e] وعام موت هشام بن المغيرة المخزوميّ اجلالًا له وبناء الكعبة على حكم النبىّ عليه السلام وكالتى بين الأوس والخزرج مثل يوم الفضاء[f] والربيع والرحابة[g] والسرارة وداحس والغبراء ويوم بعاث[h] وحاطب ومضرس ومعبس[i] وكالتى بين بكر وتغلب[k] ابنى وائل كيوم عنيزة ويوم الحنو ويوم تحلاق اللمم ويوم الفُصَيبات ويوم الفصيل وأمثال ذلك فيما بين أحياء العرب وقبائلهم وهى منسوبة الى مواضعها وأسبابها ولو كانت محفوظة على السنن الذى تجرى عليه أمر التواريخ لفعلنا بها ما نريد أن نفعله بغيرها من أمور التواريخ لكن قيل أنّ بين عام موت كعب بن لؤيّ وعام الغدر خمسمائة وعشرين سنة وبين عام الغدر وعام الفيل مائة وعشر سنين وولد رسول الله صلّى الله عليه وآله وسلّم بعد قدومهم بخمسين يوما وبينه وبين عام الفجار عشرون سنة وحضر النبىّ

a Mss. ملكهم b R نباء c R البلغاء d R ووبث e Von وحلف bis الحرم fehlt in R. f R الفضاء g PR والرجاية L والوجاية h PL بغاث R نعاث i Mss. ومغنس k Mss. وبين تغلب

عليه السلام فقال لقد شهدتُ يومَ الفجار فكنتُ أنبُلُ على عمومتى وبين عام الفجار وبناء الكعبة خمسَ عشرةَ سنة وبين بناء الكعبة والمبعث خمسُ سنين، وكذلك كانت حِمْيَرُ وبنو قحطان تؤرّخ بتبابعتها كما[a] كانت تؤرّخ الفرس بأكاسرتها والروم بقياصرتها ولكن لم يكن مُلْكُ حِمْيَرَ على نظام وفى تواريخهم اضطرابٌ غيرَ أنّا[b] مع ذلك حصّلناها فى جداولَ مع مُدَدِ الملوكِ اللَّخْميّين الذين قطنوا الحيرةَ ونزلوا بها فاستوطنوها ✿

وجَرَى على مثلِ ذلك أهلُ خوارزمَ فكانوا يؤرّخون بأوّلِ عمارتها وقد كانت قبلَ الاسكندر بتسعمائة وثمانين سنة ثمّ أخذوا بعد ذلك بتورّد سياوش بن كيكاوسَ اياها وتملّكِ كيخسرو ونسلِه بها حين نَقَلَ[c] اليها وسَيَّرَ[d] أمرَهُ على مُلْكِ الترك وكان ذلك بعدَ عمارتها[e] بالسنتين[f] وتسعين سنةً ثمّ اقتدَوْا بالفرس فى التأريخ بالقائم من ذرّيّة كيخسرو المسمّى بالشاهية بها حتّى مَلَكَ آفريغ وكان أحدَهم وكان يتطيّر به كما تشاءمت الفرس بيزدجردَ الأثيم ومَلَكَ[g] ابنه بعده وبنى قصرَهُ على ظهر الفيرِ[h] فى سنة ستمائة وستّ عشرةَ للاسكندر فأرّخوا به وبأولاده وكان هذا الفير[i] قلعةً على طرف مدينة خوارزمَ مبنيّةً من طين ولَبِنٍ ثلثة حصون بعضها فى بعض متوالية فى العلوّ وفوق جميعها قصور الملوك كمثل غُمْدانَ باليمن اذ كان موضعَ التبابعة وهو قلعة بصنعاء[k] قبالة الجامع مؤسّسة بصخر يقال أنّه من بناء سام بن نوح بعد الطوفان وبها بئره التى احتفرها وقيل بل كان هيكلاً بناه الضحّاك على اسم الزُّهَرَة وكان يُرَى هذا الفير[l] من مقدار عشرة أميال وأكثر لحتّمه نهر جيحون وهدمه وذهب به قطعةً كلّ عام حتّى لم يَبْقَ منه شىءٌ فى سنة ألف وثلثمائة وخمس للاسكندر، وكان القائم من هؤلاء حين بُعِثَ النبىُّ عليه السلام ارثموخ[m] بن بوزكار بن خامكرى[n] بن شاوش[o] سخر[p] بن ازكاجوار[q] بن اسكجموك بن سخسك[r] بن بغره[s] بن افريغ[t] ولمّا فتح قتيبةُ بن مسلم خوارزمَ المرّةَ الثانيةَ بعد ارتداد أهلها مَلَّكَ[u] عليهم اسكجموك بن ازكاجوار[v] بن سبرى بن سخر بن ارثموخ ونصبه

a كما fehlt in R. b R انّبا c PL نُقِلَ d Mss. وستر e R امارتها f P بالثنى g PL وَمُلْكِه h Mss. انعير i Mss. العير k PR بضعاء L نصعاء l Mss. للعير m L ارموخ n L خانكرى o L شاوس p L سخر Zwischen شاوش und سخر fehlt wahrscheinlich بن q Mss. ازكاحوار r P مخشك L سخسك R سخشاك s R بعره PL بعرّا t PR الرفغ L الريغ u L مَلَكَ v So PR. — L ازكاخوار

للشاهيّة وخرجت الولاية من أيدى نسل الأكاسرة وبقيت الشاهيّة فيهم لكونها موروثة لهم وانتقل التاريخ الى الهجرة على رسم المسلمين، وكان قتيبة أباد من يحسن[a] الخطّ الخوارزمى ويعلم أخبارهم ويدرس[b] ما كان عندهم ومزّقهم كلّ ممزّق لخفيت لذلك خفاء لا يتوصّل معه الى معرفة حقائق ما بعد عهد الاسلام به وبقيت الولاية بعد ذلك تتردّد فى هذه القبيلة مرّة وفى أيدى غيرهم أخرى الى أن خرجت الولاية والشاهيّة كلتاهما[c] منهم بعد الشهيد أبى عبد الله محمّد بن أحمد بن محمّد بن عراق بن منصور بن عبد الله بن تركسباته[d] بن شاوشفر بن اسكاجموك بن ازكاجوار[e] بن سبرى بن[f] سخر بن ارتموخ الذى ذكرت أنّ فى زمانه بعث النبىّ عم ✿

وهذا ما وقفت عليه من التواريخ المشهورة والاحاطة بجميعها غير ممكن للانسان والله الموفّق للصواب ✿✿

القول فى اختلاف الأمم فى ماهيّة الملك الملقّب بذى القرنين

لا بدّ من حكاية ما وقع فى ماهيّة مسمّى هذا الاسم اعنى ذا القرنين على جدة اذ كان ذلك فى خلال ما كنت فيه قاطعا للنظم الذى كان يجرى عليه ذكر التواريخ ولكنّ أنّه حكى من قصصه فى القرآن ما هو معروف وبيّن لمن تلا[h] الآيات المخصوصة بأخباره ومقتصاه أنّه كان رجلا صالحا شديدا[i] قد أعطاه الله من السلطان والقدرة أمرا عظيما ومكّنه من مقاصده فى المشارق والمغارب من فتح المدن وتذويخ البلاد وتذليل العباد وجمع الملك يدا واحدة ودخول الظلمة فى الشمال بالاجماع ومشاهدة أقصى العمران وغزو الناس والنسناس والحول بين ياجوج وماجوج وخروجه[k] الى البلاد المصاقبة لقرمهم فى مشارق الأرض وشمالها وكفّ اذيّتهم ودفع معرّتهم بردم عمله فى الشعب الذى كانوا يخرجون منه من زبر حديد ألحمها بالنحاس المذاب كما يشاهد ذلك من فعل الصنّاع ولمّا كان الاسكندر بن فيلفوس اليونانىّ جمع ملك الروم

a P بخشى L بخسين   b PR ومدوس L وتدرس   c Mss. كليهما   d L تركستانه
e R اسكاجوار   f بن fehlt in R.   g P للقلوب   h Mss تلى   i R سديدا
k Mss. وخروجهما

بعد أن كان طوائف وقصد ملوك المغرب وقهرهم وأمعن حتى انتهى الى البحر الاخضر ثم عاد الى مصر فبنى الاسكندرية وسماها باسمه وقصد الشأم ومن بها من بنى اسرائيل فورد بيت المقدس وذبح فى مذبحه وقرب قرابين ثم انعطف الى أرمينية وباب الأبواب مجازها[a] ودانت له القبط والبربر والعبرانيون ثم توجه نحو دارا بن دارا آخذا للثأر الذى أثاره بختنصر وأهل بابل فى عملهم بالشأم وحاربه وهزمه مرات وقتله فى احديها[b] صاحب[c] حرسه[d] المسمى بنوجسنس[e] ابن آذربخت واستولى الاسكندر على ممالك الفرس وقصد الهند والصين وغزا الأمم البعيدة وغلب على ما كان يمر عليه من الصقع ورجع على خراسان فدوخها وبنى المدن ورجع الى العراق ومرض بشهرزور ومات بها وكان يستعمل الحكمة فى مقاصده ويستظهر برأى معلمه ارسطوطاليس فى مطالبه قيل للملك انه ذو القرنين، وأول هذا اللقب ببلوغه قرنى الشمس اى مطلعها ومغربها كما لقب أردشير بهمن بطويل اليدين لنفوذ أمره حيث أراده كأنه يتناول فيصيب، وأوله آخرون أن ذلك لانتتاجه من بين قرنين مختلفين عنوا بذلك الروم والفرس وذهبوا فى ذلك الى ما خرصه[f] الفرس لغل العدو بعدوه أن[g] دارا الأكبر كان تزوج بأمه وهى ابنة فيلفس وأنكر منها رائحة فردها على أبيها وقد حملت منه وأنه انما نسب الى فيلفس لتربيته اياه واستدلوا على ما[h] ذكروه بقول الاسكندر لدارا حين أدركه وبه رمق فوضع رأسه فى حجره يا أخى أخبرنى عمن فعل بك هذا لأنتقم لك منه وانما خاطبه بذلك رأفة له واظهارا للتشبيه بينه وبين نفسه اذ قد استحال أن يخاطبه بالملك او بتسميه فيبالغ[i] فى الجفاء الذى لا يليق بالملوك، ولكن الأعادى أبدا مولعون[k] بالطعن فى الأنساب والثلب فى الأعراض والوقيعة فى الأفاعيل والآثر كما أن[l] الأولياء والمتشيعين مولعون[k] بتحسين القبيح وسد الخلل واظهار الجميل والنسبة الى المحاسن كما وصفهم[m] من قال

وعين الرضا عن كل عيب كليلة ولكن عين السخط تبدى المساويا

فربما يحملهم التوغل فى هذا من فعلهم على تخرص[n] الأحاديث الكاسبة للحمد وتمويه

a Mss. لحازها b Mss. احديهما c Mss. فى vor صاحب, aber getilgt in R. d R حرمته e L بنوجسنش f P خرصه g R عن h ما fehlt in PR. i L فبالغ k Mss. مولوعون l ان fehlt in RP. m R وضعهم n Mss. تخريص

النسبة الى الأصول الشريفة كما فعل لابن عبد الرزاق الطوسي من انتحال نسب له في الشاهنامه ينتمي به الى منوچهر وكما فعل لآل بويه، فقد ذكر ابو اسحق ابراهيم بن هلال الصابي في كتابه الذي سمّاه التاج[a] أنّ بويه هو ابن فناخسرو بن تمّام بن[b] كوهي بن[c] شيرزيل[d] الأصغر بن شيركذه بن شيرزيل[e] الأكبر بن شيران شاه بن شيرفنه بن سسنان[f] شاه بن سسن خرّه[g] بن شرزيل[h] بن سسناذر بن بهرام جور الملك، وذكر ابو محمد الحسن بن علي ابن نانا في كتابه الذي اختصر فيه أخبارهم أنه بويه بن فناخسره بن تمّام ثم قال بعضهم تمّام[i] بن كوهي بن شيرزيل الاصغر وأنكر آخرون كوهي فقالوا شيرزيل الاكبر بن شيران شاه ابن شيرفنه بن سسنان[k] شاه بن سسن خرّه بن شوزيل[l] بن سسناذر بن بهرام، ثم اختلفوا في بهرام فمن نسبهم الى الفرس قال هو بهرام جور ساق النسب ومن نسبهم الى العرب قال هو بهرام بن الضحّاك بن الأبيض بن معوية بن الديلم بن باسل بن ضبّة بن أدّ وذكر في جملة الآباء لاهو بن الديلم بن باسل فقالوا وبهذا الاسم يسمّى ولده ليلاهج، ولكن من راعى ما شرطته في أول هذا الكتاب من الوقوف على[m] وسط طرفي التفريط والافراط ولزوم الاعتدال للاحتياط يعلم أنّ أوّل من عرف من هذه القبيلة هو بويه بن فناخسره وليست تلك الأمم معروفة بحفظ الأنساب ولا مذكورة بالتخليد[n] لذلك ولا بأنّها كانت تعرف لذلك منهم قبل انتقال الدولة اليهم وقلّ ما تحفظ الأنساب بالتوالي اذا طال الزمان وامتدّت الأيام بل يكون السبيل حينئذ الى معرفة صحة الانتماء الى أصل ما من ناحيته اتفاق الكافة واجماع الجيل على ذكر ذلك كسيد ولد آدم محمد عليه وعلى آله السلام فإنّه ابن عبد الله بن عبد المطّلب بن هاشم بن عبد مناف بن قصيّ بن كلاب بن مرّة بن كعب بن لؤيّ بن غالب بن فهر بن مالك بن النضر بن كنانة بن خزيمة بن مدركة بن اليأس بن مضر بن نزار بن معدّ[o] بن عدنان، ولا يشكّ في توالي هؤلاء الآباء أحد من العرب والعجم كما لا يشكّون في أنّه من نسل اسمعيل

a *PL* التاجى *b* *R* fehlt بن *c* *R* fehlt بن *d* *P* شرزيل *e* Für شيركذه بن شرزيل in *PL* hat *R* شير كذزيل *f* *R* سمسنان *g* *R* سس خرّه *PL* سسن حرّه *h* *R* سوزيل *i* *PL* أنِ *k* *P* سستان *l* *P* شورزيل *m* على fehlt in *Mss.* *n* *Mss.* بالحليل *o* بن نزار بن معدّ fehlt in *Mss.*

ابن ابرهيم عليهما السلام فأمّا ما جاوز ابرهيم صاعدًا فمُختلَف فى التورية وأمّا ما بين عدنان واسمعيل ففيه من الخلاف أمرٌ غير هيّن من التبديل فى الأبوّة والبنوّة[a] والزيادة الكثيرة مرّةً والنقصان أخرى ، وكمولانا الأمير السيّد الأجلّ المنصور وليّ النعم شمس المعالى أطال الله بقاءه فانّ أحدًا من مواليه نصرهم الله ومخالفيه خذلهم الله لا ينكر شرفه القديم الأصيل من كلا[b] الطرفين وانْ كان نسبه الى أصول السيادة غير محفوظ الولاء ، فأمّا أحد الأصلين فوردانشاه الذى لا تُجهَل سيادته فى الجبل[c] وله غير[d] الامير الشهيد مرداويج فقيل أنّ ابن وردانشاه مؤتمر لأسفار بن شيرويه فكان للملك منبّهًا له[e] على اراحة الناس من بلايا أسفار وشروره ، وأمّا الأصل الآخر فملوك الجبال الملقّبون باصفهبذية طبرستان[f] والفرجوارجرشاعيه[g] وليس ينكر اعتزاء[h] من كان منهم من أهل بيت الملك[i] الى ما يجمعهم والأكاسرة فى شعب واحد فانّ خاله هو الاصفهبذ رستم[k] بن شروين[l] بن رستم بن قارن[m] بن شهريار بن شروين[n] بن سرخاب بن باو[o] بن شابور بن كيوس[p] بن قباذ والد أنوشيروان جمع الله لمولانا ملك المشرق الى المغرب فى أفقى العالم كما اختلفى له الشرف فى طرفى أصله[q] انّ ذلك بيده والخير كلّه من عنده ، وكمثل ملوك خراسان الذين لم يخالف أحدٌ فيمن كان أوّل دولتهم وهو اسمعيل أنّه ابن أحمد بن أسد بن سامان خداه بن جسيمان بن طغمات[r] بن نوشرد بن بهرام شوبين بن بهرام جشنش مرزبان آذربيجان ، وكشاهان خوارزم الأصليين الذين كانوا من أهل بيت الملك وشاهان شروان فانّ الاجماع واقعٌ من جمهور الناس على أنّهم من نسل الأكاسرة وانْ لم يحفظ ولاء أنسابهم ، وصحّة الدعوى فى الأنساب بل وفى غيرها من الأسباب[s] تنمّ وانْ أخفيت[t] كمسك يفوح وانْ خزن فلا يحتاج فى تصحيحه الى بذل الأموال والجعل كما بذلها عبيد الله بن الحسن بن أحمد بن عبد الله بن ميمون القدّاح نقيبه العلويّة لمّا كذّبوا اعتزاءه

a P النبوّة b R كلى c R الجيل P الحبل L الحمل d Sic Mss. e له fehlt in P. f Mss. خراسان g R والفرجواجرشاعيه h P اغتراء i LR بيت الملك P البيت k P بن رستم l P شروين L شروين R شرومن m R قرون n P شروين L شروين R شرومن o R باو p R نيواس q اصله ist ergünzt. Mss. فى طرفى انّ للملك الخ r Mss. حسيمان بن شعمات s Mss. الانساب t Mss اخفى

اليهم أيام خروجه بالمغرب حتى أرضاهم واسكنتهم[a] ثم لا يخفى ذلك على محقق وان اشتهر الحال المموّه وانتشر وصار لاولاده يد تمنع والقائم منهم في زماننا هو ابو علي ابن نزار بن معد بن اسمعيل بن محمد بن عبيد الله المتغلب۞

وانما ذكرت هذا لما عليه الناس من التعصب لمن احبوه والخلف على من ابغضوه حتى ربما يكون اقرانهم في كلاه[b] المعتقدين سببا لافتضاح دعاويهم، وبنوة الاسكندر لفيلفس اظهر من ان يخفى فاما اصله فقد قال جل النسابين انه فيلفس بن مصريم[c] بن هرمس بن هرلس[d] ابن ميطلون[e] بن رومي بن ليطي[f] بن يونان بن يافث بن[g] سوخون بن رومية بن برنط[h] ابن توفيل[i] بن رومي بن الاصفر بن اليفز[k] بن العيص بن اسحق بن ابرهيم عم، وقد قيل ان ذا القرنين كان رجلا يسمى اخركس خرج على صاميرس[l] احد ملوك بابل وحاربه حتى ظفر به وقتله وسلخ[m] رأسه مع شعره وذوابتيه ودبغ تلك الفروة وتكلل[n] بها فلقب بذي القرنين وقيل ان ذا القرنين هو المنذر بن ماء السماء وهو المنذر بن امرئ القيس، ويعتقد في هذا المسمى اعتقادات عجيبة[o] بان امه كانت من الجن كما يعتقد ذلك ايضا في بلقيس فانه يقال ان امها كانت من الجن وفي عبد الله بن هلال المشعبذ انه ختن[o] ابليس على ابنته وامثال ذلك من السخرية ولكنها مشهورة[o]، وقد حكي عن عمر بن الخطاب انه سمع قوما يخوضون في ذكر ذي القرنين فقال الم يكفكم الخوض في احاديث الناس حتى تجاوزتموها الى الملائكة، وقيل ان ذا القرنين هو الصعب بن الهمال الحميري ذكر ذلك ابن دريد في كتاب الوشاح وقيل ان ذا القرنين هو ابو كرب شمر يرعش[p] بن افريقيس الحميري وسمي بالملك ذي الذوابتين[q] كانتا تنوسان على عاتقيه وانه بلغ مشارق الارض ومغاربها وجاب شمالها وجنوبها ودوخ البلاد واذل العباد وبه يفتخر احد مقاول اليمن وهو اسعد بن عمرو بن ربيعة بن مالك ابن صبيح بن عبد الله بن زيد بن ياسر[r] بن تنعم الحميري في شعره الذي يقول فيه

a *L* واسكنهم b *R* كلى c *PR* مصريو d بن هرلس (in *PL*) fehlt in *R*. e *PL* منطلون f *PR* لنطلى g Hier ist eine Zeile ausgefallen, vgl. Masʿûdî II, 248. h *P* برنط *L* بربطل i *Mss.* قوفيل k *R* النين *L* المس *P* النفن l *R* ساميرس m *R* وسلخ n *R* القروا وتكل o *P* حتى p *Mss.* بن هش q *R* بذوابتين r *Mss.* ملسر

قَدْ كَانَ ذُو ٱلْقَرْنَيْنِ قَبْلِي مُسْلِمًا   مَلِكًا عَلَا[a] فِي ٱلْأَرْضِ غَيْرَ مُعَبَّدِ
بَلَغَ ٱلْمَشَارِقَ وَٱلْمَغَارِبَ يَبْتَغِي   أَسْبَابَ مُلْكٍ مِنْ كَرِيمٍ سَيِّدِ
فَرَأَى مَغِيبَ ٱلشَّمْسِ وَقْتَ غُرُوبِهَا   فِي عَيْنِ ذِي خُلُبٍ[b] وَثَأْطٍ حَرْمَدِ
مِنْ قَبْلِهِ بِلْقِيسُ كَانَتْ عَمَّتِي   حَتَّى تَقَضَّى مُلْكُهَا بِٱلْهُدْهُدِ،

ويشبه أن يكون الحقّ من بين هذه الأقاويل هو هذا الأخير فانّ الأذواء كانوا من اليمن دون غيرهم من البقاع وهم الذين لا تخلو أساميهم من ذى كذى المنار وذى الأذعار وذى الشناتر وذى نواس وذى جدن وذى يزن وغيرهم وأخباره مع هذا تشبه ما حكى عنه فى القرآن فأمّا الردم[c] المبنى بين السدّين فانّ ظاهر القصّة فى القرآن لا ينصّ على موضعه من الأرض، وقد نطقت الكتب المشتملة على ذكر البلاد والمدن كجغرافيا وكتب المسالك والممالك على أنّ هذه الأمّة اعنى ياجوج وماجوج هم صنف من الأتراك الشرقيّة الساكنة فى مبادى الاقليم الخامس والسادس ومع هذا حكى محمّد بن جرير الطبرى فى كتاب التاريخ أنّ صاحب آذربيجان أيّام فتحها وجّه انسانًا اليه من ناحية الخزر فشاهده ووصفه ببناء باسق سامٍ أسود وراء خندق وثيق منيع، وحكى عبد الله بن عبد الله بن خرداذبه عن الترجمان بباب الخليفة أنّ المعتصم رأى فى المنام أنّ هذا الردم[d] قد فُتح فوجّه بخمسين نفرًا اليه يعاينوه فسلكوا من طريق باب الأبواب واللان والخزر حتّى بلغوا اليه وشاهدوه معمولًا من لبن[e] حديد ومشدّدًا بالنحاس المذاب وعليه باب مقفل وحفظته من أهل البلدان القريبة منها وأنّهم رجعوا فأخرجهم الدليل الى البقاع المحاذية لسمرقند، فهذان الخبران يقتضيان كونه فى الربع الشمالى الغربى من المعمورة، وفى هذه القصّة خاصّة ما يزيل الثقة به عنها[f] من صفة[g] أهل تلك البلاد من التديّن بالاسلام والتكلّم بالعربيّة مع انقطاعهم عن العمران وتوسّط أرض سوداء منتنة قدر مسيرة أيّام كثيرة بينها وبينهم وأنّهم لم يكونوا يعرفون الخليفة ولا الخلافة ولا من هو وكيف هو ونحن لا نعرف أمّة مسلمة منقطعة عن بلاد الاسلام غير بلغار وسوار وهم بالقرب من منقطع العمران ونهاية الاقليم السابع ثمّ هم لا يذكرون من أمر هذا السدّ شيئًا ولا يجهلون الخلافة

a *PR* على   b *Mss.* حما   c *R* الروم   d *R* الروم   e *PL* لَبِنٍ   f *R* عند *PL* عنه   g *R* صفته

والخلفاء بل يخضبون لهم ولا يتكلّمون بالعربيّة بل بلغة لهم ممتزجة من التركيّة والخزريّة واذا كانت شواهد هذا الخبر على هذه البيّنة لم يُنْمَع منها فى تعرّف الحقيقة، وهذا ما أردتُ أن أخبر به من أمرِ[a] ذى القرنين والله أعلم

القول على كيفيّات الشهور التى تستعمل فى التواريخ المتقدّمة

قد ذكرتُ فيما تقدّم أنّ كلّ أمّة تستعمل تأريخا تنفرد به وعلى حسب افتراقهم فى استعمال التواريخ يفترقون فى أوائل الشهور وكمّيّة أيّام كلّ واحد منها والعلل المنسوبة اليها وانا ذاكر من ذلك ما بلغه علمى وتاركٌ تكلّف ما لم أستيقنه ولا بلغنى فى بابه شىء ممّن يوثق به ومبتدئ بذكر ما كانت الفرس تستعمله فأقول أنّ[b] عدد الشهور لسنة واحدة اثنا عشر كما قال الله سبحانه فى كتابه انّ عِدّةَ الشُّهورِ عِندَ اللهِ اثنا عَشَرَ شَهْرًا فى كِتابِ اللهِ يَوْمَ خَلَقَ السَّمواتِ وَالأرْضَ ولم يخالف فيه أمّةٌ امّة الّا فى سِنِى اللّبْس، وكذلك شهور الفرس اثنا عشر وأسماؤها

فروردين ماه	مرداذماه	آذرماه
ارديبهشت ماه	شهريورماه	دى ماه
خرداذ ماه	مهرماه	بهمن ماه
تيرماه	آبان ماه	اسفندارمذ ماه

وسمعتُ أبا سعيد أحمد بن محمّد بن عبد الجليل السجزىّ المهندس يحكى عن قدماء سجستان أنّهم كانوا يسمّون هذه الشهور بأسماء أخر ويبتدئون من فروردين ماه وهى هذه

كواذ[c]	سريزوا	آركبازوا[f]
رهو	مريزوا	كزبهشت[g]
اوسال	توزر[e]	كزشن[h]
تيركبانوا[d]	هرانوا	ساروا

a امر fehlt in R. b R عن c R كُواذ PL كَواذ d R بتركبانوا e R تُورز f R آركبازو g R كريشت h R كُرشن

وكلُّ واحدٍ من شهورِ الفرسِ ثلثون يوما ولكلِّ يومٍ منها آسْمٌ مُفْرَدٌ بلغتهم وهى

I	هرمز	XI	خور	XXI	رام
	بهمن		ماه		باذ
	ارديبهشت		تير		دى بدين
	شهريور		جوش		دين
	اسفندارمذ		دى بمهر		ارد
VI	خرداذ	XVI	مهر	XXVI	اشتاذ
	مرداذ		سروش		اسمان
	دى بآذر		رشن		زامياذ
	آذر		فروردين		مارسفند
	آبان		بهرام		انيران

لا آختلافَ بينهم فى أَسْمآء هذه الأيّام ولكلِّ شهرٍ كذلك وعلى ترتيبٍ واحدٍ الّا فى هرمز فانّ بعضهم يُسَمّيه فَرُّخ وفى انيران فانّ[a] بعضهم يُسَمّيه بِهْ رُوز وبكونُ مَبْلَغُ جميعها ثلثمائة وستّين يوما وقد تقدّم من قولنا أنّ السنة الحقيقيّة هى ثلثمائة وخمسة[b] وستّون يوما ورُبْعُ يومٍ فأَخَذوا الخمسة الأيّام الزائدة عليها وسَمَّوْها فنجى وأنْدَرْكاه ثمّ عُرِّبَ آسْمُها فقيل أَنْدَرْجاه وسُمِّيَتْ ايضا المَسْروقة والمُسْتَرَقَة اذ[c] لم تُعَدُّ من الشهور فى شَىْء فأَلْحَقُوها فيما بين آبان ماه وآذرماه وسَمَّوْها بأَسْمآء غيرِ الموضوعة لأيّامِ كلِّ شهرٍ وما وجدتُها فى كتابَيْن ولا سَمِعْتُها من نَفْرَيْن على آتفاقٍ وهى

اهندكاه[d] اشتدكاه[e] اسفندكاه اسفندمذكاه[f] بهشتش كاه[g]

ووجدتُها فى كتابٍ آخَرَ على هذه الصفة

اهنود اشتود[h] اسفندمذ اخشتر وهستوشت

وذكرها صاحبُ كتابِ الغُرَّة وهو الثابتُ الآمُلىّ بهذه الأسامى

a *Mss.* وانّ *b* وخمسة fehlt in *Mss.* *c* *R* اذا *d* *Mss.* اهتدكاه *e* *Mss.* اشندكاه *f* Fehlt in *R.* *g* *Mss.* بهشيشكاه *h* *Mss.* اشنود

خونود[a] استود[b] اسفندمذ وهوخوشتر وهشت بهشت

وذ ذكرها زادويه بن شاهويه فى كتابه فى علة أعياد الفرس على هذا

فنجه انوفته فنجه اندرنده فنجه اهنجسته[c] فنجه اورورديان[d] فنجه اندركاهان

وسمعت ابا الفرج ابرهيم بن أحمد بن خلف الزنجانى يقول أنّ الموبذ بشيراز أملاها عليه هكذا

اهنودكاه اشتودكاه[e] اسبنتمذكاه وهوخشتركاه وهشتويشت كاه

وسمعتها انا من ابى الحسن آذرخوراى يزداخسيس المهندس

هنود اشتود[f] اسبتمن وهخشتر[g] وهستوشت

فصار مبلغ أيامهم ثلثمائة وخمسة وستين يوما وأهملوا ربع يوم[h] حتى اجتمع من الأرباع أيام شهر تامّ وذلك فى مائة وعشرين سنة فألحقوه بشهور السنة[i] حتى صارت شهور تلك السنة ثلثة عشر وسمّوها كبيسة وسمّوا أيام الشهر الزائد بأسماء سائر الشهور وعلى ذلك كانوا يعملون الى أن زال ملكهم وباد دينهم واهملت الأرباع بعدهم ولم يكبس بها السنون حتى تعود[k] الى حالها الأولى ولا تتأخّر[l] عن الأوقات المحدودة كثير تأخّر من أجل أنّ لذلك أمرًا كان يتولّاه ملوكهم بمحضر الحسّاب وأصحاب الكتاب ونقل الأخبار والرواة وجمع الهرابذة والقضاة واتّفاق منهم جميعًا على صحّة الحساب بعد استحضار من بالآفاق من المذكورين الى دار الملك ومشاورتهم حتى[m] يتّفقوا[n] وانفاق[o] الأموال الجمّة[p][m] حتى قال المقلّ فى التقدير أنّه كان ينفق ألف ألف دينار وكان يتّخذ لذلك اليوم أعظم الأعياد قدرا وأشهرها حالا وأمرا ويسمّى عيد الكبيسة ويترك الملك لرعيّته خراجها والذى كان يحول بينهم وبين الحاق ربع يوم فى كلّ أربع سنين يوما واحدا بأحد الشهور او الاندركاه قولهم أنّ الكبس يقع على الشهور لا على الأيام[q] لكراهتهم الزيادة فى عدّتها وامتناع ذلك فى الزمزمة لما وجب فى الدين من ذكر اليوم الذى يزمزم فيه لتصحيح اذا زيد[r] فى عدد الأيام يوم[s] زائد وكانت الأكاسرة رسمت لكلّ يوم نوعا من

[a] Mss. خوتوذ [b] Mss. اسنود [c] P آهستجه [d] L اوروزديان PR اورورديان
[e] Mss. اشنوذكاه [f] Mss. اشنود [g] PR وهاجشتر L وهحشتر [h] يوم fehlt in R.
[i] Von حتى bis تلك السنة fehlt in R. [k] Mss. يعود [l] Mss. يتاخر [m-m] Von حتى bis الجمة fehlt in P. [n] R ينفقوا [o] L واتفاق [p] R الجبة [q] L الاعوام
[r] L ارتد P زيد [s] R يوما

الرياحين والزهر يوضع بين يديه ولونا من الشراب على رسم منتظم لا يخالفونه فى الترتيب، والسبب فى وضعهم هذه الايام الخمسة اللواحق فى آخر آبان ماه ما بينه وبين آذرماه[a] ان الفرس زعموا ان مبدأ سنيهم من لدن خلق الانسان الاول وان ذلك كان روز هرمزد ماه فروردين والشمس فى نقطة الاعتدال الربيعى متوسطة السماء وذلك اول الالف السابع من الوف سنى العالم عندهم، وبمثله قال اصحاب الاحكام من المنجمين ان السرطان طالع العالم وذلك ان الشمس فى اول ادوار السندهند هى فى اول الحمل على منتصف نهايتى العمارة واذا كانت كذلك كان الطالع السرطان وهو لابتدآء[b] الدور والنشوء عندهم كما قلنا، وقد قيل انه سمى بذلك لانه اقرب البروج رأسا من الربع المعمور وفيه شرف المشترى المعتدل المزاج والنشوء لا يكون الا اذا تبلت الحرارة المعتدلة فى الرطوبة فهو اذن اولى ان يكون طالع نشوء العالم وقيل انما سمى بذلك لان بطلوعه تم طلوع الطبائع الاربع وبتمامها تم النشوء وامثال ذلك من التشبيهات، قالوا ثم لما اتى زرادشت وكبس السنين بالشهور المجتمعة من الارباع عاد الزمان الى ما كان عليه وامرهم ان يفعلوا بها بعده كفعله وائتمروا بامره ولم يسموا شهر الكبيسة باسم على حدة ولم يكرروا اسم شهر بل كانوا يحفظونه على نوب متوالية وخافوا اشتباه الامر عليهم فى موضع النوبة فاخذوا ينقلون الخمسة الايام ويضعونها عند آخر الشهر الذى انتهت اليه نوبة الكبيسة، ولجلالة هذا الامر وعموم المنفعة فيه للخاص والعام والرعية والملك وما فيه من الاخذ بالحكمة والعمل بموجب الطبيعة كانوا يؤخرون الكبس اذا جاء وقته وامر المملكة غير مستقيم لحوادث ويهملونه حتى يجتمع منه شهران او يتقدمون بكبسها بشهرين اذا كانوا يتوقعون وقت الكبس المستأنف ما يشغل عنه كما عمل فى زمن يزدجرد بن سابور اخذا بالاحتياط وهو آخر الكبائس المعمولة تولاه رجل من الدستوريين يقال له يزدجرد الهزارى وهزار ضيعة من كورة اصطخر بفارس ينتسب اليها وكانت النوبة فى تلك الكبيسة لآبان ماه فألحق الاندرگاه بآخره وبقيت فيه لاهمالهم الامر،

ثم اذكر شهور مجوس ما وراء النهر وهم اهل خوارزم والسغد فشهورهم كشهور الفرس فى العدة وكمية الايام غير ان بين[c] بعض اوائل شهور هؤلاء ومبادى شهور اولئك خلافا وذلك لانهم

a Sic *Mss.* Lücke. b *R* الابتداء c بين fehlt in *Mss.*

أَلْحَقُوا الأَيّامَ الخمسةَ الزائدةَ بآخِرِ سَنَتِهِم وصَيَّرُوا آبتداء السنةِ من اليوم السادسِ من فروردين الفارسيّ وهو خردادروز فٱخْتَلف أوائلُها الى[a] آذرماه ثمّ آتّفقتْ فيما بَعْدَه، وهذه أسماء شهورِ أهلِ السُّغْدِ

نوسرد ل[b]	اشنذاخنذا ل	فوغ ل
جرجن ل	مزيخنذا ل	مسافوغ ل
نيسن ل[c]	ففاز ل[e]	زيمدا ل
بساك ل[d]	ابانج ل	خشوم ل

وبعضُهم يَزِيدُ فى آخِرِ نيسن وخشوم جيما[f] فيقول نيسنج وخوشومج وفى بساك وزيمدا نونًا وجيما فيقول بساكنج وزيمدنج ويُسَمُّون كلّ يوم بٱسْمٍ مُفْرَدٍ كما جرى به الرَّسْمُ عند اهلِ فارسَ، وهذه أسماء الأيّام الثلثين

خرمزد ا	خوير يا	رامن كا
جهينر ب[g]	ملخ يب	واذ كب
ارداخوشت ج	تيش يج	دست كج[l]
خستشور د[h]	غش يد	دين كد
سبندارمذ ه	دست يه	ارديخ كه[m]
رذد و	مخش يو	استاذ كو
مرذد ز	سرش يز	سمن كز
دست ح[i]	رسن يح	رام جيد كح[n]
انس ط	فروذ يط	نشيند كط
انجن ى[k]	وخشفر ك	نغر ل[o]

وبعضُهم يسمّى خوير ميز[p]، وأسماء الأيّامِ الزائدةِ على الثلثمائة والستّين هى هذه

a R فى *b* L نوسرد *c* R نيس *d* PR سياك L سماك *e* PL ففاز
f R جسيما *g* R جهيز *h* Mss. حستشور *i* Mss. وست *k* LR انجن
l Mss. لست *m* L اردنغ *n* Mss. رام حيد *o* L نغو *p* L ميز

خاوث ست آ   نخندن ب   رخشن ج   ونلن د   اردم بيبس[a] ه

وهم فى الاختلاف فى تسميتها على ما عليه الفرس وأسماؤها عندهم ايضا

زبورد آ   معورد ب   سردرد ج   ماخ رد د   ميرزده ه

والحاقهم[b] هذه الايّام الخمسة يكون[c] بآخر خشوم[d] فلمّا حالهم فى كبس الأرباع فكان موافقا لعمل أهل فارس وكذلك[b] اعمالهم لها وسأصف العلّة فى بدو التفاوت بين رأسى سنتهم وسنة الفرس فيما بعد ٭

وأمّا أهل خوارزم وإن كانوا غصنا من دوحة الفرس ونبعة من سرختهم[e] فقد كانوا مقتدين بأهل السغد فى أوّل السنة وموضع إلحاق الزوائد، وهذه أسماء شهورهم

روجنافوذوسارجى ل   همداد ل   اروفوفيمحكاجرفين ل

اردوشت[f] فوسيبرج انكام ل   اخشريورى ل   وثمرفوذفكانج انكلم ل[m]

هروداد فوجيبرى ل[g]   اومرى ل   اشمن فوبرد انكلم ل[n]

جيرى فارزاك ل[h]   بانخن[i] فاخسرتان[k] راجيبك ل[l]   اسبندارمجى فوخشوم ل

وبعضهم يختصر هذه الأسامى ويصيّرها هكذا

نوسارجى   همداد   ارو

اردوست   اخشريورى   ريمژد[o]

هروداد   اومرى   ارشمن

جيرى   بانخن   اسبندارمجى

ويسمّى الأيّام الثلثون[p] ايضا بأسماء هى هذه

ريمژد آ[q]   اردوشت ج   اسبندارمجى ه

ازمين ب   اخشريورى د   هروداد و

a R اردم بيس L ارثم بشس   b-b Von الحاقهم bis وكذلك fehlt in R.
c PL ويكون   d P خيشوم   e RP شرحتهم   f L اردوست   g PL فوجيبرى
R فوجيبرى   h P فارزاك   i PR بافلخن   k R فاحشربان   l L راجيبك   m L
وثمر فونافكانج, fehlt in P.   n R فوبرد   o P ريشد   p Mss. الثلثين   q R رثمرد

خمداذ ز	دذو يه[b]	دذو كج[d]
دذو ح[a]	فيغ يو	ديبى كد
ارو ط	اسروف يز	ارجوخى كه
باناخن ى	رشن يح	اشتاذ كو
اخير يا	روجن يط[c]	اسمان كز
ماه يب	اريغن ك	راث كح
جيزى يج	رام كا	مرسبند كط
غوشت يد	واذ كب	اونرغ ل[e]

وَجَدْتُهم يَبْتَدِئُون فى تَسْمِيَةِ اوّلِ يومٍ من الزوائد التى أُلْحِقَتْ بآخِرِ اسبندارمجى [f]ابتدآءهم باوّلِ يومٍ من الشهر وكذلك على الوِلآء الى أَنْ يكونَ آسْمُ[g] الخامس منها اسبندارمجى[f] ثمّ يَبْتَدِئُون عَوْدًا بربمزد[h] وهو أوّل ناوسارجى، ولا يَسْتعملون فيها أَسْمآءً على حِدَةٍ ولا يَعْلَمون بها وانا أَظُنّ أَنّ ذلك كان لهم بِمِثْلِ الاختلاف الواقع فيه للفرس وأَهْلِ السُّغْدِ ثمّ لمـا كان من اهْلاكِ قُتَيْبَةَ بن مُسْلِمٍ الباهِلِيّ كَتَبَتَهم وقَتْلِه هَرابِذَتَهم واحْراقِه كُتُبَهم وصُحُفَهم بَقُوا أُمّيّين يقولون فيما يَحْتاجون اليه على الحِفْظ فلمّا طال عليهم الأَمَدُ نَسُوا ما آخْتُلِفَ فيه وحَفِظُوا ما آتُّفِقَ عليه ثمّ اللهُ أَعْلَمُ ۞ فأمّا الأَيّامُ الثلثةُ المُتَّفِقَةُ فى هذه الايّام فانّ أَهْلَ فارسَ يَنْسِبُون كلَّ يوم الى تالِيه ويُرَكِّبُونه عليه فيقولون دى بآذر ودى بمهر ودى بدين وامّا أَهْلُ السغد واهل خوارزمَ فبعضُهم يَفْعَلُ مثلَ ذلك وبعضُهم يُضِيفُ بلُغَتِه لَفْظَ الاوّلِ والثانى والثالثِ الى كلِّ واحد منها النظائرَ الى النظائرِ[i] ۞

وما كانوا أَوّلَ مُلْكِهم يَسْتعملون الأَسابيعَ فانّ اوّلَ آستعمالِها لأَهْلِ المَغْرِب وخاصّةً لِأَهْلِ الشأم وحَوالِيه بسببِ ظهورِ الأَنْبيآء فيه واخْبارِهم عن الأُسْبوع الاوّلِ وبَدْوِ العالَمِ فيه على مثلِ ما آفْتَتَحَتْ به التَّوْرِيةُ ثمّ آنْتَشَرَ ذلك منهم فى سائرِ الأُمَمِ وآسْتَعْمَلَه العَرَبُ العارِبَةُ بسببِ تجاوُرِ

a L درو P دزو b L ددو c Mss. روجن d L ددو R ندر P ندو e L اونزغ
f-f Von ابتدآءهم bis اسبندارمجى fehlt in R. g L الاسم h Mss. بزمرد
i الى النظائر fehlt in R.

بديارهم وديار اهل الشأم وتصاقب مراكزهم وتعرّب اسمعيل بن ابراهيم عليهما السلام ❊ ولم يتّصل بنا ان احدًا اقتفى أثر الفرس والسغد واهل خوارزم فيما استعملوه سوى القبط اعنى قدماء اهل مصر فانّهم كما ذكرنا كانوا يستعملون اسماء الايّام الثلثين الى ان[a] ملكهم اغسطس بن يوجس واراد ان يحملهم على كبس السنين ليوافقوا الروم واهل الاسكندرية ابدًا فيها نظر فاذا ان الباقى الى تمام الكبيسة الكبرى خمس[b] سنين فانتظر حتى مضى من ملكه خمس[c] سنين ثمّ حملهم على كبس الشهر فى كلّ اربع سنين بيوم فعل الروم فحينئذ تركوا استعمال اسماء[d] الايّام على ما يقال اذ[e] احتاجوا ليوم[f] الكبس الى اسم معروض[g] مستعملوها والعارفون بها ولم يبق لها ذكر وهذه اسماء شهورهم

توت ل	طوبى ل	باخون ل
باوبى[h] ل	ماكير ل	پاولى[i] ل
اثور ل	فامينوث ل	افيفى ل
شواك ل	برموثى ل	ابيقا ل

وهذه هى اسماؤها القديمة فامّا الذى احدثت بعض رؤسائهم بعد استعمال الكبس فهى هذه

توت	طوبه	بشنس
بابه	امشير	بونه
هتور	برمهات	ابيب
كيهك	برموده	مسرى

وبعضهم يسمّى كيهك كياك ويسمّى برمهات برمهوط ويسمّى بشنس بشانس ويسمّى مسرى ماسورى وهذا ما اتّفق عليه وقد توجد هذه الاسماء فى بعض الكتب مخالفة لبعض ما ذكرنا ويسمّون الخمسة الايّام الزائدة ابوغمنا وترجمته الشهر الصغير وتلحق[k] بآخر مسرى وفيه يزاد اليوم للكبس فيكون ابوغمنا ستّة ايّام حينئذ ويسمّون السنة الكبيسة النقط وتفسيره[l]

a ان fehlt in *R*. *b* *R* خمسين *c* *R* خمسين *d* *R* الأسماء *e* *Mss.* اذا *f* *R* اليوم *g* Fehlt in *P*. *h* *Mss.* باولى *i* *RL* پاويى *P* باوبى *k* *R* وملحق *L* ويلحق *l* *R* ويعنى

العَلامَةُ

وذكر ابو العبّاس الآمليُّ فى كتابِ دَلائلِ القِبْلة أنّ المَغارِبَةَ يَسْتعملون شهورًا تُوافِق أوائلُها اوائلَ شهورِ القبطِ ويسمّونها بهذه الأسماء

مايه ل	ستنبر ل[a]	ينبير ل
يونيه ل	اكتوبر ل	فبرير ل
يوليه ل	نونبر ل	مرسه ل
اغست ل	دخيمبر ل[b]	ابريل ل

ثمّ الخمسةُ اللواحقِ فى آخرِ السنة

وأمّا الرومُ فشهورُهم اثنا عشر أبدًا وهذه أسماؤها

ينواريوس لا	مايوس[d] لا	سبتمبريوس ل
فبراريوس كح	يونيوس[e] ل	اكتمبريوس لا
مرطيوس لا[c]	يوليوس لا	نوامبريوس ل
افليريوس ل	اغسطس لا	دميريوس لا

فجُمْلَةُ أيّامِ سنتِهم ثلثمائة وخمسة وستّون يوما واذا اجْتَمَعَ فى كلّ أربعِ سنين اربعةُ أرباعِ يومٍ أَلْحَقُوه يوما تامًّا بفبراريوس فكان هذا الشهرُ فى كلّ اربع سنين تسعةً وعشرين يوما والذى حَمَلَهم أوّلًا[f] على كَبْسِ السنين هو يوليوسُ الملقّبُ بدكتاتور الذى مَلَكَهم فى سالفِ الدهورِ قبل ظهورِ موسى عليه السلام بدَهْرٍ طويلٍ ووَضَعَ لهم الشهورَ على هذه القِسْمة وسمّاها بأساميها هذه وحملهم[g] على كبْسها بالأرباع فى كلّ الف واربع مائة واحدى وستّين اذا اجْتَمَعَ من الأرباع سنةٌ تامّةٌ لحفظ ذلك هذه وسمّوا هذه[h] الكبيسةَ الكُبرى لمّا سمّوا الكبيسةَ التى تكون فى اربع سنين الصغرى ولم يَسْتعملوا هذه الصغرى الّا بعد ما مَضَى أزمنةٌ على وفاة المَلِك ومَدارُ أمرِهم فيها على الأسابيع لما ذكرْناه

a PR بشبير *L* بشير *b* PL دختمير *R* دختيمر *c* Mss. مرتيموس *d* Mss. مايوس *e* Mss. يوسوس *f* R اولى *g h* Von وحملهم على bis وسمّوا هذه fehlt in *P*.

وقد زعم صاحب كتاب مُلَخَّص المواقيت أنّ أصحاب الكبيسة بالرُّبْع من الروم وغيرهم وَضَعوا فى أوّل تأريخهم دخولَ الشمس برج الحَمَل فى أوّل افليريوس وهو نيسان عند السُّرْيانيّين ويوشك أن يكون فى حكايته صادقًا مُصيبا فانّ الأرصاد تكشّفت بنقصان كمّيّة الكسر التابع[a] لأيّام[b] سَنَة الشمس عن الرُّبْع[c] التامّ وقد وَجدْنا دخولَ الشمس أوّل برج الحمل قد تقدّم أوّل نيسان فالأمرُ[cc] فيما ذكر مُمْكنٌ بل شِبْهُ الواجب، ثمّ قال بعد ذلك حاكيًا عن الروم أنّهم لمّا أحسّوا بانحراف رأس سَنَتهم عن موضعه لجأوا الى سنى الهند فكبسوا فى سنتهم الزيادة بين السّنتين لعَدَّ دخولَ الشمس أوّل برج الحمل أوّل نيسان قال وان نحن فعلنا لذلك عاد نيسانُ الى ما كان عليه ومَثَّلَ مِثالًا لم يُتَمِّمْه اذ لم يَسْتَتْبِعْه ودلّ على جهله كما أنّه[d] أفصح بحكايته عن الروم على تحامله عليهم وتعصّبه لغيرهم وهو أنّه جنّس الفضل بين سنة الروم وسنة الشمس على مذهب الهند فكان سبع مائة وتسعا وعشرين ثانية وجنّس[e] اليوم جنس الثوانى وقسمه على ذلك الفضل فخرج مائة وثمانية عشر وهى سنون[f] وستّة أشهر وستّة أيّام وثلثا[g] يوم وذلك هو المقدار الذى فيه يستحقّ التاريخ كبْس يوم تامّ من جهة هذا الفضل، ثمّ قال فاذا كبسنا ما مضى من تاريخ الروم وهو الف ومائتان وخمس وعشرون سنة فى زماننا عاد دخولُ الشمس أوّل برج الحمل أوّل نيسان وترك المثال ولم يكبس السنين ولو فعل لأدّت نتيجة قضاياه الى نقيض قوله ودعواه ولقَرُبَ أوّل نيسان من دخول الشمس أوّل برج الثور وذلك لأنّ تاريخه الذى أراد التمثيل به يستحقّ من الكبس عشرة أيّام وثلث يوم فلأنّ سنة الروم أنقص يكون أوّل نيسان هو المتقدّم لدخول الشمس أوّل برج الحمل وتزيد[h] حصّة الكبس على أوّل نيسان فينتهى الى اليوم العاشر منه، فليت شعرى أىّ اعتدال عنى هذا الرجلُ المتعصّبُ للهند فانّ الاعتدال الربيعىّ على مذهبهم فى ذلك الوقت متّفق قبل أوّل نيسان بستّة أيّام او سبعة بل ليت شعرى متى فعل الروم ما حكاه عنهم ودأبهم من بعد الغور والتمهّر بالهندسيّات وعلم الهيئة والتمسّك بالبراهين أبعد من أن يلتجئوا الى أقاويل من يسندون أصولهم الى الوحى والالهام[i] اذا أعيتْ عليهم الحِيَلُ[k] وتولّوا فيها بالبرهان دع ما لهم من علوم الفلسفة والالهيّات

a L السابع b R الايام c R الرابع cc Mss. والامر d انه fehlt in PR.
e P وخبّس f Mss. ستّين g Mss. وثلثى h Mss. تزيد i R والهام k R الجبل

قرّ الطبيعيّات والصناعات لئن كلّ يَعْمَل على شاكلته وكلّ حزب بما لديهم فرحون، وكان الرجل لم يُشاهِدْ كتابَ المجسطى ولم يَقِسْ بينه وبين أجلّ كُتُب الهند وهو المعروف بزيج السندهند فإنّ الفرق بينهما لا يخفى على من لديه مُسْكَةُ عقلٍ، وبمثل هذا تعرّض حمزةُ ابن الحسن الاصفهانىّ فى رسالته فى النيروز حين[a] تعصّب للفرس فى عملهم فى سنة الشمس على أنّها ثلثمائة وخمسة وستّون يوما وستّ ساعات وخمس ساعة[b] وجزءٌ من اربعمائة جزء من ساعة وأنّ الروم أهملوا ما يتبع الستّ ساعات فى الكبس واحتجّ بأنّ محمّد بن موسى بن شاكر المنجّم شرح ذلك وتقصّاه[c] فى كتاب له فى سنة الشمس وأوضح البراهين عليه وبيّن غلط من غلط[d] فيه من القدماء، ونحن قد تفحّصنا[e] عن أرصاد محمّد بن موسى وأخيه أحمد فلم تتّفق الّا بنقصان هذه الكسور عن ستّ ساعات وأمّا الكتاب الذى أومأ اليه فهو الذى ينتسب الى ثابت بن قرّة اذ كان صنيعة هؤلاء القوم ومن بيّنهم ومن كان يُهذّب لهم علومهم وجمل ما فى هذا الكتاب واعتراضه[f] أنّه يتبيّن اختلاف سير الشمس وتفاوتها اذ[g] كان الأوج متحرّكا ومع هذا احتاج الى أدوار متساوية وحركات مع أزمنتها متكافئة ليستخرج بها وسط مسير الشمس لما تساوت له أدوارٌ الّا الثانية منها فى الفلك الخارج المركز المأخوذة من نقطة فيه مفروضة اليها بعينها وهذا الدور المطلوب يزيد كسوره على الساعات الستّ كما حكاه حمزة غير أنّه لا يسمّى سنةً للشمس فإنّ سنتها كما حدّدناها هى التى تئول فيها الأحوال الطبيعيّة المهيّأة للكون والفساد الى ما كانت عليه

وأمّا العبرانيّون وجميع من انتمى الى موسى عليه السلام من اليهود فإنّ شهورهم اثنا عشر وهذه أسماؤها

تشرى ل	شفط ل	سيون ل
مرحشوان كط	آذر كط	تمز كط
كسليو ل	نيسن ل	اوب ل
طيبيت كط	ابر كط	ايلل كط

a PL وجين R وحسين *b* P ساعات *c* R وتقصده *d* من غلط fehlt in R. *e* R تفحصنا *f* PR واعتراضه *g* Mss. اذا

وجملة ايامهم ثلثمائة واربعة وخمسون يوما وهى ايام سنة القمر ولو كانوا يستعملونها على حالها لكانت ايام سنتهم وعدد شهورهم شيئا واحدا، ولكنه لما خرج بنو اسرائيل من مصر الى التيه وتفسحوا من استعباد اهل مصر اياهم[a] وتفرجوا من بلاءهم وتخلصوا منهم وأتمروا بما امر الله به مما هو موصوف فى السفر الثانى من التورية من السنن والنواميس اتفق ذلك ليلة اليوم الخامس عشر من نيسن والقمر تام الضوء والزمان ربيع فأمروا بحفظ هذا اليوم كما هو فى السفر الثانى من التورية احفظوا هذا اليوم سنة لحلولكم[b] الى الدهر فى اربعة عشر من الشهر الاول[c]، وليس يعنى بالشهر الاول تشرى ولكن نيسن من اجل ان الله تعالى امر موسى وهارون فى هذا السفر ايضا ان يكون شهر الفصح رأس شهورهم ويكون اول السنة فقال موسى للشعب اذكروا اليوم الذى خرجتم فيه من التعبد فلا تأكلوا خميرا فى هذا اليوم فى الشهر الذى ينضر فيه الشجر، فاضطروا لذلك الى استعمال سنة الشمس ليقع اليوم الرابع عشر من نيسان فى أوان الربيع حين تورق الاشجار وتزهر الثمار والى استعمال شهور القمر ليكون فيه جرمه بدرا تام الضوء فى برج الميزان، واخرجهم ذلك الى الحاق الايام التى يتقدم[d] بها عن الوقت المطلوب بالشهور اذا استوفت ايام شهر واحد فألحقوها بها شهرا ثم سموه آذار الاول وسموا آذار الاصلى آذار الثانى لانه ردف[e] مسميا له وتلاه، وسموا السنة الكبيسة عبورا اشتقاقه[f] من معبارت وهو المرءة الحبلى بالعبرانية لانهم شبهوا دخول الشهر الزائد فى السنة بحمل المرءة ما ليس من جملتها، وقد زعم بعضهم ان آذار الاول هو الاصلى الذى كان يتخلف اسمه فى السنة البسيطة وآذار الثانى هو شهر[g] اللبس[h] ليكون[i] فى آخر السنة على ما امروا به فى التورية ان يكون نيسن اول شهورهم، وليس ذلك كذلك والدليل على ان آذار الثانى هو الاصلى ثباته على وضعه ومقداره وعدد ايامه وثبات الاعياد والصيام فيه من غير ان يستعمل منها فى آذار الاول فى السنة العبور شىء وقيام الشريعة له بان يكون الشمس فيه ابدا فى برج السمكة واما آذار الاول فى العبور[k] فشريطته ان تكون الشمس فيه حالة برج الدلو.

a P ايامهم b Mss. لحلولكم c R اول d R مقدم e P ردن f Mss. اشفقا g P الشهر h P الكبيس i Mss. لتكون k R العبور الاول

ثمّ انّهم احتاجوا بعد ذلك الى أن يكون للسنين العبريّة ترتيب[a] للاستظهار[b] وتسهيل للعمل فنظروا[c] الى الأدوار المعمولة من شهور القمر في سني الشمس فوجدوها خمسة أدوار أوّلها دور الثمانية وشهوره[d] تسعة وتسعون شهرًا وكبائسه ثلثة والثاني دور التسعة عشر وشهوره مائتان وخمسة وثلثون وكبائسه فيها [e]سبعة ويسمّى الدور الأصغر والثالث دور ستّة وسبعين وشهوره تسعمائة واربعون شهرًا وكبائسه منها[e] ثمانية وعشرون والرابع دور خمسة وتسعين ويسمّى[f] الدور الأوسط وشهوره ألف ومائة وستّة وسبعون شهرا وكبائسه منها خمسة وثلثون والخامس دور خمسمائة واثنين وثلثين وهو الدور الأكبر وشهوره ستّة آلاف وخمسمائة[g] وثمانون شهرا وكبائسه منها مائة وستّة وتسعون، فاختاروا منها أخفّها وأسهلها حفظًا وكانت هذه الصفة لدور الثمانية ودور التسعة عشر غير أنّ دور التسعة عشر كان أقرب موافقة لسني الشمس وذلك أنّ أيّام هذا الدور عندهم ستّة آلاف وتسعمائة وتسعة وثلثون يوما وستّ عشرة ساعة وخمسمائة وخمسة وتسعون جزءًا من ألف وثمانين جزءًا من ساعة، وتسمّى هذه الأجزاء عندهم بالحلق وكلّ ساعة فهي ألف وثمانون حلقة ولأجل ذلك اذا كان عندنا دقائق ساعات وهي أجزاؤها من ستّين وأردنا تحويلها الى الحلق ضربناها في ثمانية عشر فتتحوّل حلقا واذا أردنا عكس ذلك ضربنا الحلق في ملثّين فيجتمع منها ثواني ساعة فنرفعها[h] الى ما ارتفعت اليه، فاذا جنّسنا هذا الدور وحلّلناه الى الحلق اجتمع من ذلك مائة وتسعة وسبعون ألف ألف وثمانمائة وستّة وسبعون ألفا وسبعمائة وخمسة وخمسون حلقا وهذا رسمها بأرقام الهند ١٠٩٨٧٦٧٥٥ وسنة الشمس عندهم ثلثمائة وخمسة وستّون يوما وخمس ساعات وثلثة آلاف وسبعمائة واحد وتسعون جزءًا من اربعة آلاف ومائة واربعة أجزاء من ساعة وذلك يكون تسعمائة وتسعين حلقا بالتقريب[i] فاذا جنّسنا سنة الشمس من جنس الحلق اجتمع تسعة آلاف ألف واربعمائة وسبعة وستّون ألفا ومائة وتسعون حلقا وهذا رسمها ٩٤٦٧١٩٠ فاذا قسمت عليها حلق دور التسعة عشر [k]خرج تسع عشرة[k] سنة شمسية وبقي مائة وخمسة واربعون

a RL وترتيب *b R* الاستظهار *c PR* فينظروا *d Mss.* fügen nach وشهوره ein: على انّ كلّ شهرين منها *e-e* Von سبعة ويسمّى bis كبائسه منها fehlt in R. *f RP* وتسمّى *g R* وخمسين ومائة *h Mss.* فيرفعها *i R* بالقريب *k-k* خرج تسع

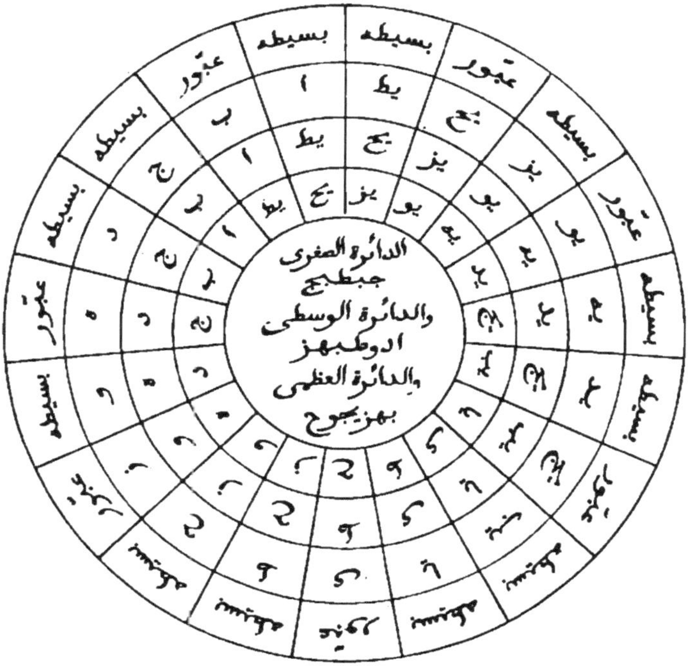
الدائرة الصغرى
جبطج
والدائرة الوسطى
ادوطبهز
والدائرة العظمى
بهزيجوح

حلقا وهي بالتقريب سبع ساعة وكسر دونه. واذا امتثلنا في دور الثمانية ما عملناه في هذا الدور كان مقداره ألفين وتسعمائة وثلثة وعشرين يوما واثنتي عشرة ساعة وسبعمائة وسبعا واربعين [a]حلقا يكون جميعها حلقا خمسة وسبعين ألف ألف وسبعمائة وسبعة وسبعين ألفا[a] وثمانمائة وسبعة وستين وهذا رسمها ٧٥٧٧٧٨٦٧ فاذا قسمناها على حلق سنة الشمس خرج ثماني[b] سنين شمسية وبقي يوم وثلث عشرة ساعة وثلثمائة وسبعة وثمانون حلقا وهي خمس وسدس ساعة بالتقريب، فدور التسعة عشر أقرب الى الصواب والصحة وأولى ما عمل به وما عداه من الأدوار متركبة من تضاعيفه ولذلك آثروه ورتبوا فيه العبور.

[c]ومع اتفاقهم على أبنية السنة من العبور[d] من المحزور وعليته اختلفوا في أبنية أوائل المحازير وأوجب ذلك[e] لترتيب العبور في المحزور[f] خلافا وذلك أن بعضهم أخذ سني تأريخ آدم بالسنة المنكسرة التي تراد معرفتها أهي عبور أم بسيطة[g] وعملها محازير بقسمته اياها على تسعة عشر فخرج له محازير تامة وبقي ما مضى فيها من المحزور مع تلك السنة فجعل ترتيب[h] العبور منها على حساب بهزيجوج أعني السنة الثانية والخامسة والسابعة والعاشرة والثالثة عشر والسادسة عشر والثامنة عشر، وبعضهم أخذ سني هذا التأريخ ونقص منها سنة واحدة وجعل ترتيب العبور فيما بقي من المحزور الناقص على حساب ادوطبهز وهو السنة الأولى والرابعة والسادسة والتاسعة والثانية عشر والخامسة عشر والسابعة عشر وهذان الدوران منسوبان الى أهل الشام، وبعض نقص منها سنتين وصير الترتيب فيها على حساب جبحلبج يعنون الثالثة ثم اثنين بعدها يعنون الخامسة ثم ثلث مرات ثلثة[i] يعنون الثامنة والحادية عشر والرابعة عشر ثم اثنين يعنون السادسة عشر[k] ثم ثلثة وهي التاسعة عشر وهذا الترتيب فيهم أفشى وهم له آثر وربما نسبوه الى أهل بابل، وكلها راجعة الى أمر واحد غير مختلف فيه كما صورته في هذه الدائرة.

(s. die gegenüberstehende Kreisfigur.)

فالطبقة الأولى هي[l] لمعرفة كيفية السنة أهي بسيطة ام عبور والطبقة الثانية لترتيب بهزيجوج في

عشره fehlt in P. *a–a* Von حلقا يكون bis وسبعين الفا fehlt in *R*. *b Mss.* ثمان *c–d* Von ومع اتفاقهم bis من العبور fehlt in *R*. *e Mss.* لذلك *f R* المحرفه *g PR* هي ام عبور *L* عبور ام (ohne هي und mit Tilgung des ام). *h P* الترتيب *i Mss.* ثلثه ثلثه *k* Nach السادسه عشر *Mss.* ثم اثنين *l* هي fehlt in *R*.

الخزور والطبقة الثالثة لترتيب ادوطبهز فيه والطبقة الداخلة لترتيب جبطبج فيه ❁ وهذه الأدوار التى قدّمنا ذكرها هى منسوبة الى القمر وان لم يتفرّد بها فامّا دور الشمس[a] فهو الموضوع على ثمانية وعشرين لمعرفة أوائل سنى الشمس من الأسابيع وذلك أنّه لو كانت سنتها ثلثمائة وخمسة وستّين يومًا فقط خالية عن الربع يوم ترجع أوائلها الى ما كانت عليه من أيّام الأسابيع فى كلّ سبع سنين ولكنّها لمّا كبست[b] فى كلّ اربع سنين صار رجوعها الى الحالة الأولى فى كلّ ثمانية وعشرين التى هى تضعيف السبعة بالاربعة وكذلك غيره من الأدوار المذكورة لا يرجع شىء منها الى حالته من الأسابيع عند تمامه غير الخزور الأكبر فانّه متولّد من تضعيف[c] دور التسعة عشر بالدور الشمسى ❁ وأقول أنّ سنى اليهود لو كانت متكيّفة بالكيفيّتين الأوّلتين أعنى بسيطة وعبورًا لسهل معرفة أوائلها وتمييز احدى الكيفيّتين من الأخرى اللتين تلزمانها[d] اذا عرف الترتيب المذكور فى سنى الخزور غير أنّها تتنوّع بأنواع ثلثة وذلك أنّهم تواضعوا فيما بينهم على أنّ رأس السنة لا يجوز أن يقع فى يوم الأحد ولا[e] الأربعاء ولا[f] الجمعة وهى الأيّام التى للشمس وكوكبيه[g] وأنّ الفصح الذى هو مثل أوّل[h] نيسن لا يجوز أن يكون فى مثل الأيّام المنسوبة الى الكواكب السفليّة وهى الاثنين والأربعاء والجمعة لعلل سنبالغ فى شرحها فيما بعد على حسب الطاقة فأعوزهم ذلك الى تأخير رأس السنة والفصح او تقديمه اذا وقع فى الأيّام المذكورة فلأجل ذلك تتنوّع السنة عندهم بثلثة أنواع الأوّل منها يسمّى حسارين وتفسيره الناقص وهو الذى يكون فيه كلّ واحد من مرحشون وكسليو تسعة وعشرين يوما والنوع الثانى يسمّونه كسدران وتفسيره المعتدل وهو الذى يكون فيه مرحشون تسعة وعشرين يوما[i] وكسليو ثلاثين يوما [k]والنوع الثالث يسمّونه شلاميم وتفسيره التامّ وهو الذى يكون فيه مرحشون وكسليو ثلاثين يوما[k] وكلّ واحد من هذه الأنواع يكون بسيطًا ويكون عبورًا فيصير عدد الأنواع على سبيل الاقتران ستّة كما شجّرته وقسّمته فى شكل هذه الصورة

a *Mss.* فلمّا الشمس *b* *R* كسبت *c* *P* التضعيف *d* *PL* يلزمانها *R* ملزمانها
e ولا fehlt in *R*. *f* ولا fehlt in *R*. *g* *L* وكوكبه *h* *RP* او *i* تسعة وعشرين يوما nach مرحشون fehlt in *Mss.* *k*-*k* Von والنوع الثالث bis ثلاثين يوما fehlt in *P*.

السَّنَةُ[a]

أمّا بَسيطةٌ تَشْتَمِلُ على اثنى عشر شهرا وهى
- ناقصة: شنج يوما
  - مرحشون كط
  - كسليو كط
- معتدلة: شند يوما
  - مرحشون كط
  - كسليو ل
- تامّة: شنه يوما
  - مرحشون ل
  - كسليو ل

وامّا عِبُورٌ تشتمل على ثلثة عشر شهرا وهى
- ناقصة: شفج يوما
  - مرحشون كط
  - كسليو كط
- معتدلة: شفد يوما
  - مرحشون كط
  - كسليو ل
- تامّة: شفه يوما
  - مرحشون ل
  - كسليو ل

ولهم فى آسْتِخراجِ ذلك حُسْبانَاتٌ كثيرةٌ وجَداوِلُ لَنْ تَأْلُوَ[b] جَهْدًا فى الابانة عنها[c] فيما بَعْدُ ❊ ثمّ انّهم فى عَمَلِها وآستخراجِها واستعمالِها مُفْتَرِقُون فِرْقَتَيْنِ احْدٰيهما الرَّبّانِيّةُ وآستعمالُهم ايّاها على وَجْهِ الحِسابِ بِمَسِيرَيِ النَّيِّرَيْنِ الوَسَطِ رُئِيَ الهلالُ أوْ لَمْ يُرَ فانّ الغَرَضَ هو مُدّةٌ مفروضةٌ تَمْضِى من لدن الاجتماعِ لِأنّهم كما ذُكِرَ كانوا وَقْتَ عَوْدِهِمْ الى بَيْتِ المَقْدِسِ نَصَبُوا على رُؤُوسِ الجِبالِ دَيادِبَةً ورُقَباءَ لِتَفَحُّصِ[d] الهلالِ وأمَرُوهم أنْ يُوقِدُوا نارًا ويُدَخِّنُوا[e] دُخانًا يكونُ فيما بَيْنَهم علامةً لحصولِ رُؤْيَةِ الهلالِ وللعَداوةِ التى بينهم وبين السامرةِ دَعَتْ أولئك فرفعوا الدُّخانَ من الجَبَلِ قَبْلَ الرؤيةِ بيَوْمٍ ووالَوْا بين ذلك شهورًا قد آتّفق السَّماءُ فى أوائلِها مُغَيَّمَةً حتّى فُطِنَ لذلك من بَيْتِ المَقْدِسِ ورَأَوْا الهلالَ غَداةَ اليومِ الرابعِ والثالثِ من الشهرِ مُرْتَفِعًا عن الأُفُقِ من جِهَةِ المَشْرِقِ فعرفوا أنّ السامرةَ فَتَنَتْهم فَالْتَجَأُوا الى أصحابِ التَّعاليمِ فى ذلك الزمان لِيَأْمَنُوا به ما يَلْقَوْنَه من حِسابِهِم عن مَكايِدِ الأعداءِ واعْتَلُّوا بجوازِ العَمَلِ بالحِسابِ ونِيابَتِه عن العَمَلِ بالرُّؤْيَةِ بمُدّةِ كَوْنِ الطُّوفانِ وَذَكروا أنّ نُوحًا كان يَحْسُبُ لِمَبادِئِ الشهورِ ويُقَدِّرُ لها لانطباقِ

a Diese Tabelle fehlt in *L*. b *P* تألوا c *R* منها d *Mss.* ليفحص e *Mss.* او يدخنوا

السماء وتغيّمها مقدار ستة أشهر لم يتبيّن فيها هلال ولا غيره، فعمل أصحاب الحساب لهم الأدوار وعلّموهم استخراج الاجتماعات ورؤية الهلال على أن يكون بينه وبين الاجتماع اربعا وعشرين ساعة وهو قريب من الحقيقة لو كان الاجتماع هو المعدّل دون الأوسط كان القمر يسير في هذه الساعات قريبا من ثلث عشرة درجة ويبعد عن الشمس قدر اثنتى عشرة درجة، وكان ذلك كما قيل بعد الاسكندر بقريب من مائتى سنة وكانوا قبل ذلك ينظرون الى التقوفات التى هى أرباع السنة ومجئ حسابها فيما يستأنف ويقيسون بينها وبين اجتماع الشهر المنسوب اليه تلك التقوفة فإن وجدوا الاجتماع قد تقدّم التقوفة بنحو من ثلثين يوما كبسوا السنة بذلك الشهر كأنهم وجدوا اجتماع تمز مثلا قد تقدّم تقوفة تمز وهو الانقلاب الصيفى بنحو من ثلثين يوما فكبسوا السنة بتمز[a] حتى صار فيها تمز وتمز وكذلك الأمر[b] فى سائر التقوفات، وأنكر بعض الربّانية حديث الرقباء ورفعهم الدخان وزعم أن سبب استخراج هذا الحساب هو أن علماء بنى اسرائيل وكهنتهم لمّا علموا أن آخر أمرهم الى الشتات ومآل حالهم الى الآبتات عنوا خراب بيت المقدس فى المرّة الأخيرة خافوا اذا تفرّق اليهود فى الأقطار وعوّلوا على الرؤية فاختلفت[c] عليهم فى البلدان المختلفة أن لا يتشاجروا لها ولا يتفرّق كلمتهم بسببها فاستخرجوا لهم هذه الحسبانات واعتنى به اليعازر بن فروح وأمروهم بالتزامها وأوصوهم باستعمالها والرجوع اليها حيث كانوا وأين كانوا فلا يكون بينهم اختلاف،

والفرقة الثانية هم الميلاديّة الذين يعملون مبادئ الشهور من عند الاجتماع ويسمّون ايضا القرّاء والاشمعيّة لأنّ رأيهم العمل بالنصوص دون الالتفات الى غيرها من النظر والقياسات وما يشبهها وان كان[d] ذلك ينتقض عليهم ولا يتأتّى لهم، ومنهم فرقة يسمّون العنانيّة وهم منسوبون الى عنان رأس الجالوت كان منذ مائة وبضع سنين ومن شأن رأس الجالوت أن يكون من آل داود لا يصلح من غيره ويتحدّث عنهم أنه لا يصلح لذلك منهم الّا من تبلغ أطراف أصابعه ركبتيه اذا استوى دئمًا كما يحكيه عوامّ الناس ايضا عن أمير المؤمنين علىّ بن أبى طالب عليه السلام والصالح من ذرّيته للامامة وسياسة الأمّة، وكان عنان هذا ابن دانيال بن شاول ابن عنان بن داود بن حسداى بن قفناى بن بوستناى[e] بن خونمار بن نوشرا[f] بن زكحنا

a P تمز b الامر fehlt in L. c Mss. فاختلف d P كانوا e Mss. بوسماى f L

ابن شبطيا بن حنا بن نائم بن اهار بن ربانا عقيبا بن شبنيا[a] بن زكى بن حزقيا بن شمعيا بن شبطيا بن يحنان بن رسوسيان[b] بن عنان بن ايشعيا بن زكريا بن برخيا بن عقوب بن حننيا بن بسوديا[c] بن ملعسيا بن فدايا بن زربابيل بن شلتيال بن يوحنيا بن يهوياقيم بن يهواحاز بن يوشيا بن احزيا بن يهورام بن يهوشافاط بن اسا بن ابيا بن رحبعام ابن سليمان بن داود، تخالف جماعة من الربانيين فى كثير من شرائعهم واستعمل الشهور برؤية الأهلة على مثل ما شرع فى الاسلام ولم يبال أى يوم وقعت من الأسبوع وترك حساب الربانيين وكبس الشهور بأن نظر الى زرع الشعير بنواحى العراق والشأم فيما بين أول نيسان الى أن يمضى منه أربعة عشر يوما فان وجد باكورة تصلح للفريك والحصاد ترك السنة بسيطة وان وجده لم يصلح لذلك كبسها حينئذ، وتقدمة المعرفة بهذه الحالة أن من أخذ برأيه ونسب اليه يخرج لسبعة أيام تبقى من شفط فينظر بالشأم وابقاع المشابهة له فى المزاج الى زرع الشعير فان وجد الشفا وهو شوك السنبل قد طلع عدّ منه الى الفصح خمسين يوما وان لم يره طالعا كبسها بشهر فبعضهم يردف اللبس بشفط فيكون شفط وشفط وبعضهم يردفه بآذر فيكون آذر وآذر وأكثر استعمال العنانية لشفط دون آذر كما أن الربانية تستعمل آذار دون غيره، وهذا من تقدمة المعرفة تختلف باختلاف الأهوية وأمزجة البقاع فيجب أن يجعل لكل موضع قانون ولا يعتمد[d] على المعمول لموضع واحد فان ذلك لا يصح حينئذ،

وأما النصارى بالشأم والعراق وخراسان فقد مزجوا بين شهور الروم وشهور اليهود بأن استعملوا شهور الروم وجعلوا أول سنتهم من أول شهر ضمبريس الرومى ليكون أقرب الى رأس سنة اليهود فان تشرى اليهود أبدا يتقدمه قليلا وسموها بأسماء سريانية واتفقوا فى بعضها اليهود وباينوهم فى بعضها، ونسبوا تلك الشهور الى أسماء السريانيين وهم النبط أهل السواد وسواد العراق يدعى سورستان ولا أدرى لم نسبت هذه الشهور اليهم فانهم مستعملون شهور العرب فى الاسلام وشهور الفرس فى الجاهلية وقد قالوا أن سورستان هو الشأم فان كان كذلك فان أهلها وكانوا قبل الاسلام نصارى هم الذين توسطوا بين رأى اليهود ورأى الروم، وهذه أسماء تلك الشهور

يوشرا   a Mss. سبنيا   b Aramäisch רצונציתא   c Mss. مسوريا   d P
يعتبد

تشرين قديم لا	شباط كح	حزيران ل
تشرين حراى ل	اذار لا	تموز لا
كانون قديم لا	نيسان ل	اب لا
كانون حراى ل	ايار لا	ايلول ل

ويكبسون شباط فى كلّ أربع سنين بيومٍ فيصير تسعةً وعشرين يوما ويوافقون الروم فى سُنَّتِها[a] وقد اشتهرت هذه الشهور حتى استظهر بها المسلمون وقيّدوا بها ما احتاجوا اليه من أوقات الأعمال وعرّبوا قديم وهو الأوّل وحراى وهو الآخر وزادوا فى ايار ألفًا حتى صار آيار اذ كان تخفيف الياء منه مع عدم الألف يفحش فى لغة العرب ويسْمج ❁

فامّا العرب فانّ شهورهم اثنا عشر أوّلها

المحرّم	جُمادى الأولى	رَمَضان
صَفَر	جُمادى الآخرة[b]	شوّال
ربيع الأوّل	رَجَب	ذو القَعْدة
ربيع الآخر	شَعْبان	ذو الحِجّة

ولقد قيل فى عِلَلِ اسامى هذه الشهور اقاويلُ منها أنّه قيل فى تسمية المحرّم بهذا الاسم[c] أنّه لكونه من جُمْلة الحُرُم[d] وصَفَر لامتيارهم[e] فى قرًى تسمّى صَفَرِيّة وشهرى الربيع للزَّهْر والأنوار وتواتر الأندية والأمطار وهو نِسْبَة الى طَبْعِ الفصل الذى نسمّيه نحن الخريف وكانوا يسمّونه ربيعًا وشهرى جُمادى لجمود الماء فيهما ورَجَب لاعتمادهم الحَرَكة فيه لا من جهة القتال والتَرجيبة العِماد ومنه قيل عُذَيْقٌ مُرَجَّبٌ وشَعْبانَ لتشعّب القبائل فيه وشَهرِ رَمَضانَ للحجارة تَرْمَضُ فيه من شدّة الحرّ وشوّال لارتفاع الحرّ وادباره وذى القَعْدة لقعودهم عن منازلهم وذى الحِجّة لحجّهم فيه ❁

ويوجد للشهور العربيّة أسامٍ أُخَرُ قد كان أوائلهم يدعونها بها وهى هذه

المؤتمِر	خَوّان	حَنْتَم
ناجِر	صُوان	زَبّاء

a P سُنَّتِها b Mss. الأخر c بهذا الاسم fehlt in L. d R الحرم e L. لامتيازهم

الأصمّ　　نافِقْ　　فَوَاعْ

عادِلْ　　واغِلْ　　بُرَكْ

وقد تُوجَدُ هذه الاسماء مُخالِفةً لما أوردناه ومُختلِفةَ الترتيب كما نظمها أحدُ الشُّعَرآء في شِعْرِهِ

بِمُؤْتَمِرٍ وناجِرٍ بَدَأنا　　وبِالخَوّانِ يَتْبَعُهُ[a] الصُّوانُ

وبالزّبّاءِ بائِدَةٌ تَلِيهِ　　يَعودُ أصَمُّ صُمٌّ[b] به الشُّنانُ

وواغِلَةٌ وناتِلَةٌ جَمِيعًا　　وعادِلَةٌ فَهُمْ غُرَرٌ حِسانُ

ورَنّةٌ[c] بَعْدَها بُرَكٌ فتَمَّتْ　　شهورُ الحَوْلِ يَعْقِدُها البَنانُ

ومعاني هذه الاسماء على ما ذُكِرَ في كُتُبِ اللُّغةِ هي[d] هذه، أمّا المُؤْتَمِرُ فانّ مَعْناه أنْ يُؤْتَمَرَ بكلِّ شَيْءٍ ممّا تَأْتِي به السَّنَةُ من أقْضِيَتِها واما ناجِرٌ فهو من النَّجْرِ وهو شِدّةُ الحَرِّ كما قال الشاعرُ

صَرَى آسِنٌ يَزْوِى لهُ المَرْءُ وَجْهَهُ　　ولَوْ ذاقَهُ الظَّمْآنُ في شَهْرِ ناجِرِ

واما خَوّانٌ فهو على مِثالِ فَعّال من الخِيانة وكذلك صُوانٌ على مِثالِ فُعال من الصِّيانة وهذه المَعاني كانت اتّفقتْ لهم عند أوّل التَّسْمِيَةِ واما الزَّبّاء فهي الداهِيَةُ العظيمة المُتَكاثِفةُ سُمِّىَ لكَثْرةِ القِتالِ فيه وتَكاثُفه واما البائِدُ فهو ايضا من القِتال اذ[e] كان يَبِيدُ فيه كثيرٌ من الناس وجَرَى المَثَلُ بذلك العَجَبُ كُلُّ العَجَبِ بين جُمادَى ورَجَب وكانوا يَسْتَعْجِلون فيه ويَتَوَخَّوْنَ[f] بُلوغَ ما كان لهم من الثَّأْرِ والغاراتِ قَبْلَ دُخولِ رَجَب وهو شَهْرٌ حَرامٌ واما الأصَمُّ فلأنّهم كانوا يَكُفُّون عن القِتالِ فلا يُسْمَعُ فيه صَوْتُ سِلاحٍ واما الواغِلُ فهو الداخِلُ على شَرابٍ ولم يُدْعَوْه وذلك لِهُجُومِه على شهرِ رمضانَ وكان يَكْثُرُ في شهرِ رمضانَ شُرْبُهم للخَمْرِ لأنّ ما يَتْلُوه هي شهورُ الحَجِّ واما ناتِلٌ فهو مِكْيالٌ للخَمرِ سُمِّىَ به لافراطِهم في الشُّرْب وكَثْرةِ استعمالِهم لذلك المِكْيال واما العادِلُ فهو من العَدْلِ لانّه من أشْهُرِ الحَجِّ وكانوا يَشْتَغِلُون فيه عن الباطِل واما الرَّنّةُ فلأنّ الأنْعامَ كانت تَرِنُّ فيه لقُرْبِ النَّحْرِ واما بُرَكٌ فهو لبُروكِ الابِلِ اذا أحْضِرَتِ المَنْحَرَ، وأحْسَنُ مِن النَّظْمِ الذى ذكرنا نَظْمُ الصاحب اسْمٰعيلَ بن عَبّادٍ لها وهي هذه

أرَدْتَ شُهورَ العَرَبِ في الجاهِلِيَّةِ[g]　　فخُذْها على سَرْدِ المُحَرَّمِ تَشْتَرِكْ

[a] R تبعه　[b] PL صُمّ　[c] Mss. ورنه　[d] Mss. وهي　[e] P اذا　[f] R ومتوخون
[g] Mss. جاهلية

فمؤتمر يأتى ومن بعد ناجر   وخوان مع صوان يجمع فى شرك
حنين وربا والاصمّ وعادل   وناتق مع وغل ورنة مع برك

وهذان النوعان من اسامى الشهور ان كانت أسباب تسميتها كما حكيته فالواجب أن يكون بين وقتى التسميتين بون والّا لم يجمع ما قيل فيها من التفاسير واورد من التعليل فان صفر فى أحدهما هو[a] صميم الحرّ وفى الآخر شهر رمضان ولا يمكن ذلك فى وقت واحد او وقتين متقاربين، وكانوا فى الجاهلية يستعملونها على نحو ما يستعمله أهل الاسلام وكان يدور حجّهم فى الأزمنة الاربعة ثمّ أرادوا أن يحجّوا فى وقت ادراك سلعهم من الأدم والجلود والثمار وغير ذلك وأن يثبت ذلك على حالة واحدة وفى أطيب الأزمنة واخصبها فتعلّموا الكبس من اليهود المجاورين لهم وذلك قبل الهجرة بقريب من مائتى سنة فأخذوا يعملون بها ما يشاكل فعل اليهود من الحاق فضل ما بين سنتهم وسنة الشمس شهرا[b] بشهورها اذا تمّ ويتولّى القلامس من بنى كنانة بعد ذلك أن يقوموا[c] بعد انقضاء الحجّ ويخطبون فى الموسم وينسئون[cc] الشهر ويسمّون التالى له باسمه فيتّفق العرب على ذلك ويقبلون قوله ويسمّون هذا من فعلهم النسىء لأنّهم كانوا ينسئون أوّل السنة فى كلّ سنتين او ثلث شهرا على حسب ما يستحقّه التقدّم قال قائلهم

لنا ناسئ تمشون تحت لوائه   يحلّ اذا شاء الشهور ويحرّم

وكان النسىء الأوّل للمحرّم فسمّى صفر به وشهر ربيع الأوّل باسم صفر ثمّ والوا بين أسماء الشهور وكان النسىء الثانى لصفر فسمّى الذى[d] كان يتلوه بصفر ايضا وكذلك حتّى دار النسىء فى الشهور الاثنى عشر وعاد الى المحرّم فأعادوا بها فعلهم الأوّل، وكانوا يعدّون أدوار النسىء ويحدّون بها الأزمنة فيقولون قد دارت السنون من زمان كذا الى زمان كذا دورة فان ظهر لهم مع ذلك تقدّم شهر عن فصله[e] من الفصول الاربعة لما يجتمع من كسور سنة الشمس وبقيّة فضل ما بينها[f] وبين سنة القمر الذى ألحقوه بها كبسوها كبسا ثانيا وكان يتبيّن لهم ذلك بطلوع منازل القمر وسقوطها حتى هاجر النبىّ عليه السلام وكانت نوبة النسىء كما ذكرت بلغت شعبان

a R وهو   b PR شهرا   c *Mss.* يقوموا   cc *Mss.* وينسبون   d *Mss.* الذين
e R من فصله   f *Mss.* بينهما

فسمّى محرّمًا وشهر رمضان صفر فانتظر النبىّ صلّى الله عليه وسلّم حينئذ حجّة الوداع وخطب للناس وقال فيها الأوان الزمان قد استدار كهيئة يوم خلق الله السموات والأرض عنى بذلك أنّ الشهور قد عادت الى مواضعها وزال عنها فعل العرب بها ولذلك سمّيت حجّة الوداع الحجّ الأقوم ثمّ حرّم ذلك وأهمل أصلا

وذكر ابو بكر محمّد بن دريد الأزدىّ فى كتاب الوشاح أنّ ثمودا كانوا يسمّون الشهور بأسماء أخر وهى هذه

موجب وهو المحرّم   ثمّ مصدر   ثمّ ديمر
ثمّ موجر   ثمّ هوبر   ثمّ دابر
ثمّ مورد   ثمّ هوبل   ثمّ حيفل
ثمّ ملزم   ثمّ موهاء   ثمّ مسبل

قال وانّهم كانوا يبتدئون بها من ديمر وهو شهر رمضان وقد نظمها ابو سهل[a] عيسى بن يحيى المسيحىّ فى شعره فقال

شهور ثمود موجب ثمّ موجر   ومورد يتلو ملزمًا ثمّ مصدر
وهوبر يأتى ثمّ يدخل هوبل   وموهاء قد يقفوها ثمّ ديمر
ودابر يمضى ثمّ يقبل حيفل   ومسبل حتّى ثمّ يبين أشهره[b]

ولم تكن العرب تسمّى أيّامهم بأسام[c] مفردة كما سمّتها الفرس غير أنّهم أفردوا لكلّ ثلاث ليال من كلّ شهر من شهورهم اسمًا على حدة مستخرجًا من حال القمر وضوءه فيها فاذا ابتدؤوا من أوّل الشهر فثلث غُرَر ج جمع غرّة وغرّة كلّ شىء أوّله وقيل بل ذلك لأنّ الهلال يُرى فيها كالغرّة ثمّ ثلث نُفَل و من قولهم تنفّل اذا ابتدأ بالعطيّة من غير وجوب وسمّى بعضهم هذه الثلث الثانية شُهَبًا[d] ثمّ ثلث تُسَع ط لأنّ آخر ليلة منها هى التاسعة وسمّى بعضهم هذه الثلث الثالثة البُهَر قال[e] لأنّه تبهر ظلمة الليل فيها ثمّ ثلث عُشَر يب لأنّ أوّلها العاشرة ثمّ ثلث بيض يه لأنّها تبيضّ[f] بطلوع القمر من أوّلها الى آخرها[g] ثمّ ثلث دُرَع يح لاسوداد أوائلها

a P سهيل   b Von ودابر يمضى bis يبين اشهره fehlt in R.   c Mss. باسامى
d Mss. شهب   e قال fehlt in L.   f R بيبض   g R آخر

تشبيهًا بالشاة الدرعاء والأصل هو التشبيه بالدرع الملبوس لأنّ لون رأس لابسه يخالف لون سائر بدنه ثمّ ثلث ظُلَم كذا لاظلامها فى أكثر أوقاتها ثمّ ثلاث حنادس كذا وقيل لها ايضا دُهْم لسوادها ثمّ ثلاث دآدئ كذا لأنّها بقاياها وقيل أنّ ذلك من سير الابل وهو تقدّمٌ[a] يدٍ[b] يتبعها الأخرى مَحَلاً ثمّ ثلاث محاقٍ لانمحاق القمر والشهر ❊

وخصّوا من الشهر لياليَ بأسماءٍ مفردة كآخر ليلةٍ منه فانّها تسمّى السِّرار لاستسرار القمر فيها وتسمّى الفحمة ايضا لعدم الضوء فيها ويقال لها البَرآء[c] لتبرّؤ الشمس فيها وكآخر يوم من الشهر فانّهم يسمّونه النَّحيرَ لأنّه ينحر فيه اى يكون فى نحره وكالليلة الثالثة عشر فانّها تسمّى السَّوآء والرابعة عشر ليلة البدر لامتلاء القمر فيها وتمام ضوئه[d] وكلّ شىء قد تمّ فقد بَدَر كما قيل للعشرة آلاف درهم بَدْرة لأنّها تمام العدد ومنتهاه بالوضع لا بالطبع ❊ وقد كانوا أعنى العرب يستعملون فيها الأسابيع وهذه أسماؤها القديمة أوّل وهو الأحد أهْوَن جُبار دُبار مؤنس عَروبة شيار وذكرها شاعرهم فقال

أؤمّل أن أعيش وأنّ يومى بأوّل أو بأهون أو جُبارِ
أو التالى دُبارَ فان أفُتْهُ فمؤنسَ أو عروبةَ أو شيارِ

ثمّ أحدثوا فيها أسماءً أخر هى هذه الأحد الاثنان الثلثاء الأربعاء الخميس الجمعة السبت ❊

ويبتدئون بالشهر من عند رؤية الهلال وكذلك شُرِع فى الاسلام كما قال الله تعالى يسئلونك عن الأهلّة قل هى مواقيت للناس والحجّ ثمّ منذ سنين نبتت نابتة وتجمّعت ناجمة ونبغت[e] فرقة جاهلية فنظروا الى أخذهم بالتأويل وولوعهم بسبّ الآخذين بالظاهر بزعمهم[f] الى اليهود والنصارى فاذا لهم جداول وحسابات يستخرجون بها شهورهم ويعرفون منها صيامهم والمسلمون مضطرّون الى رؤية الهلال وتفقّد ما اكتساه القمر من النور واشترك بين نصفه المرئى ونصفه المستور ووجدوهم شاكّين فى ذلك مختلفين فيه[g] مقلّدين بعضهم بعضا بعد استفراغهم أقصى الوسع فى تأمّل مواضعه وتفحّص مغاربه[h] ومواقعه ثمّ رجعوا الى أصحاب علم الهيئة فألفوا زيجاتهم وكتبهم مفتتحة[i] بمعرفة أوائل ما يراد من شهور العرب بصنوف الحسابات وأنواع

a RL مقدّم   b Nach يد in R ثمّ   c Mss. البرء   d R ضوء   e LR ونبعت
f P وبزعمهم   g فيه fehlt in R.   h P معازمه R مغازمه   i P مفتحة

الجداول فظنّوا انّها معمولة لرؤية الأهلّة وأخذوا بعضها ونسبوه الى جعفر الصادق عليه السلام وزعموا انّه سرّ من أسرار النبوّة، وتلك الحسبانات مبنيّة على حركات النيّرين الوسطى دون المرئيّة اعنى المعدّلة ومعمولة على أنّ[a] سنة القمر ثلثمائة واربعة وخمسون يوما وخُمس وسُدس وأنّ ستّة أشهر من السنة تامّة وستّة ناقصة وأنّ كلّ ناقص منها فهو تالٍ لتامّ[b] على ما عُمل عليه فى الزيجات وذُكر فى الكتب المنسوبة الى عللها فلمّا قصدوا استخراج أوّل الصوم وأوّل الفطر بها خرجت قبل الواجب بيوم فى أغلب الأحوال فارتكبوا حينئذ وأوّلوا طرفا من قول النبىّ صلعم صوموا لرؤيته وأفطروا لرؤيته فقالوا أنّ معنى قوله صوموا لرؤيته صوم اليوم الذى يُرى الهلال فى عشيّته كما يقال تهيّئوا لاستقباله فتقدّم[c] التهيّؤ للاستقبال قالوا وأنّ شهر رمضان لا ينقص من ثلثين، فأمّا أصحاب الهيئة ومن تأمّل الحال بعناية[d] شديدة فانّهم يعلمون أنّ رؤية الهلال غير مطّرد على سنن واحد لاختلاف حركة القمر المرئيّة بطيئة مرّة وسريعة أخرى وقربه من الأرض وبعده وصعوده فى الشمال والجنوب وهبوطه فيهما[e] وحدوث كلّ واحد من هذه الأحوال له فى كلّ نقطة من فلك البروج ثمّ بعد ذلك لما يعرض من سرعة غروب بعض القطع من فلك البروج وبطء بعض وتغيّر ذلك على اختلاف عروض البلدان واختلاف الأهوية امّا بالاضافة الى البلاد الصافية الهواء بالطبع والكدورة المختلطة بالبخارات دائما والمغبرّة فى الأغلب وأمّا بالاضافة الى الأزمنة اذا غلظ فى بعضها ورقّ فى بعض وتفاوت قوى بصر الناظرين اليه فى الحدّة والكلال وأنّ ذلك كلّه على اختلافه بصنوف الاقترانات الممكنة فى كلّ أوّل شهرى رمضان وشوّال على أشكال غير معدودة وأحوال غير محدودة فيكون لذلك شهر رمضان ناقصا مرّة وتامّا أخرى، وانّ ذلك كلّه يتفنّن[f] بتزايد[g] عروض البلدان وتناقصها فيكون الشهر تامّا فى البلدان الشماليّة مثلا وناقصا هو بعينه فى الجنوبيّة منها وبالعكس ثمّ لا يجرى ذلك فيها على نظم واحد بل يتّفق فيها ايضا حالة واحدة بعينها لشهر واحد مرارا متوالية وغير متوالية، فلو صحّ عملهم مثلا بتلك الجداول والحسبانات واتّفق مع رؤية الهلال او تقدّمه[h] يوما واحدا كما أصّلوا[i] لاحتاجوا الى افرادها[k] لكلّ عرض على أنّ اختلاف الرؤية ليس متولّدا من جهة العروض فقط

a انّ fehlt in *Mss.* *b* *PR* التلمّ *c* *R* فيتقدّم *d* *R* معنابه *e* *Mss.* فيها
f *Mss.* يفتن *g* *R* تزايد *h* *R* وتقدّمه *i* *R* اصلوا *P* اصّلوا *L* أصّلوا *k* R فرادها

لكنْ لاختلاف أطوال البلدان فيها أوفر نصيب لانه ربما لم يُرَ في بعض البلاد ورُئي فيما كان أقرب منه الى المغرب وربما اتّفق لذلك فيهما[a] جميعا ولذلك مما يحوج ايضا الى افراد الحساب والجداول لكل واحد من أجزاء الطول، فاذن لا يمكن ما ذكروه من تمام شهر رمضان أبدا ووقوع أوله وآخره في جميع المعمور من الأرض[c] متفقا كما تخرجه الجداول الذي يستعملونه، فاما قولهم أن مقتضى الخبر المأثور تقديم الصوم والفطر على الرؤية فباطل وذلك أن حرف اللام يقع على [b]المستأنف كما ذكروه ويقع على الماضي كما[b] يقال كتبت لكذا مضى من الشهر اى من عند مضيّ كذا فلا يتقدّم التثبّت الماضيَ من الشهر وهذا هو مقتضى الخبر دون الأول ألا ترى الى ما رُوي عنه عليه السلام أنه قال نحن قوم أمّيون لا نكتب ولا نحسب الشهر هكذا وهكذا وهكذا وكان يشير في كل واحدة منها بأصابعه العشر يعني تمّا ثلثين يوما ثم أعاد فقال هكذا وهكذا وخنس ابهامه في الثالثة يعني ناقصة تسعة وعشرين يوما فنصّ[d] عليه السلام نصّا لا يخفى على أحد أن الشهر يكون تمّا مرّة ويكون ناقصا أخرى وأن الحكم جارٍ عليه بالرؤية دون الحساب بقوله لا نكتب ولا نحسب، فان قالوا عنى أن كل شهر تامّ فان تاليه ناقص كما يحسبه مستخرجو التواريخ كذّبهم العيان ان لم ينكروه وعرف تمويههم[e] الصغير والكبير فيما ارتكبوه على أن تتمّة[f] الخبر الأول يفصح باستحالة ما ادّعوه وهو قوله عليه السلام صوموا لرؤيته وأفطروا لرؤيته فان غُمّ عليكم فعدّوا شعبان ثلثين يوما وفي رواية أخرى فان حال بينكم وبين رؤيته[g] سحاب او قتام فأكملوا العدّة ثلثين وذلك لانه[h] اذا عُرف أن الهلال يُرى اما بجداولهم وحسابهم واما بما يستخرجه أصحاب الزيجات وقدّم[i] الصوم او الفطر على رؤيته لم يحتج الى اتمام شعبان ثلثين او اكمال شهر رمضان ثلثين اذا انطبقت[k] الآفاق بسحاب او غبار ثم لا يستطاع ذلك الا بقضاء صوم اليوم ولو كان شهر رمضان ايضا تمّا أبدا لم عُرف أوله لاستُغني به عن الرؤية لشوال، وجرى قوله وأفطروا لرؤيته مجرى هذا غير[l] أن العصبيّة[m] تعمي الأعين البواصر وتصمّ الآذان السوامع وتدعو الى ارتكاب ما لا تسامح باعتقاده العقول

a R فيما *b–b* Von المستأنف bis الماضى كما fehlt in *R*. *c Mss.* الارض
d R نحن *e R* تنويههم *f R* همة *g R* رؤية *h L* أنه *i R* وقدم *PL* وَقَدَّمَ
k P انطلقت *l Mss.* مجرى غير *m Mss.* العصبة

ولولا ذلك لما تجنّس فى قلوبهم هذه الهواجس معا فى كتب الشيعة الزيدية حرس الله جماعتهم من الآثار التى صحّحها أصحابهم رضوان الله عليهم كمثل ما روى أنّ الناس صاموا شهر رمضان على عهد أمير المؤمنين عليه السلام ثمانية وعشرين يوما فأمرهم بقضاء يوم واحد فقضوه وانّما اتّفق ذلك لتوالى شهر شعبان وشهر رمضان عليهم ناقصين معا وكان حال بينهم وبين الرؤية لرأس شهر رمضان حائل فأتمّوا العدّة وتبيّن الأمر فى آخره وكمثل ما روى عن أبى عبد الله الصادق صلعم أنّه قال يصيب شهر رمضان ما يصيب سائر الشهور من الزيادة والنقصان وما روى عنه ايضا أنّه قال اذا حفظتم شعبان وغمّ عليكم فعدّوا ثلثين وصوموا وما روى عنه أنّه سئل عن الأهلّة فقال هى الشهور فاذا رأيت الهلال فصم واذا رأيته فأفطر، وهذه الأخبار كلّها فى كتب الشيعة مقصور على الصوم والعجب من ساداتنا عترة الرسول عليه وعليهم السلام أنّهم صاروا يصغون[a] الى ذلك ويقبلونه تألّفا لقلوب جمهور المتوسّمين[b] بتشيّعهم ولا يقتفون[c] أثر جدّهم أمير المؤمنين فى إعراضه عن استمالة الضالّين[d] المعاندين بقوله ما كنت متّخذا المضلّين عضدا، فأمّا ما روى عن الصادق أنّه قال اذا رأيت هلال رجب فعدّ تسعة وخمسين يوما ثمّ صم [e]وما رووا عنه أنّه قال اذا رأيت هلال شهر رمضان لرؤيته فعدّ ثلثمائة واربعة وخمسين يوما ثمّ صم[e] فى القابل فانّ الله تعالى خلق السنة ثلثمائة وستّين يوما فاستثنى منها ستّة أيّام فيها خلق السموات والأرض فليست فى العدد فلو صحّت الرواية عنه لكان اخباره عن ذلك على أنّه أكثر فى الوجود فى بقعة واحدة ولا مطّرد فى جميع البقاع كما ذكرنا وأمّا تعليل الأيّام الستّة بهذه العلّة فتعليل ركيك يكذّب الرواية ويبطل[f] له صحّتها، وقد قرأت فيما قرأت من الأخبار أنّ أبا جعفر محمّد بن سليمان عامل الكوفة من جهة المنصور حبس عبد الكريم بن أبى العوجاء وهو خال معن بن زائدة وكان من المانويّة فكثر شفعاؤه بمدينة الاسلام وألحّوا على المنصور حتّى كتب الى محمّد بالكفّ عنه وكان عبد الكريم يتوقّع ورود الكتاب فى معناه فقال لأبى الجبّار وكان منقطعا اليه ان أخّرنى الأمير ثلثة أيّام فله مائة ألف درهم فأعلم أبو الجبّار محمّدا فقال ذكّرتنيه وقد كنت نسيته فاذا انصرفت من الجمعة فأذكرنيه فلمّا انصرف

a R يصنعون b R المومنين c R يفتنين d الضالين fehlt in L. e-e Von وما رووا عنه bis ثمّ صم fehlt in R. f Mss. وتبطل

ذكره اياه فدعا به فأمر بضرب عنقه فلما ايقن انه مقتول قال اما والله لئن قتلتموني لقد وضعت اربعة آلاف حديث احرم فيها الحلال واحل بها الحرام ولقد فطرتكم في يوم صومكم وصومتكم في يوم فطركم ثم ضربت عنقه وورد الكتاب في معناه بعده وما احق هذا الرجل الملحد بان يكون متولي هذا التأويل الركيك الذي ذهبوا اليه واصله وقد جرى بيني وبين اهل هذه الفرقة كلام في الخبر المسند فالزمته امثال هذه اللوازم المذكورة فظهر في آخر[a] الامر ان ذلك من موجبات اللغة وبينها وبين الشريعة وتوابعها بون فقلت له عافاك الله وهل خاطبنا الله ورسوله الا باللغة المتعارف بها بين العرب وانما بينك وبين لغة العرب بون ابعد بل انت من علم الشريعة بمعزل ودحضها[b] وارجع الى علماء الهيئة فهم باسرهم يخالفونك في تمامية شهر رمضان ابدا ويزعمون ان الفلك والنيرين لا يميزان[c] شهر رمضان من الشهور فتخصه[d] بسرعة في حركاتها او بطء فيها كما يخصه المسلمون بالصيام ولكن الكلام مع المعبر عمدا والمتغطى[e] جهلا غير مجد على القاصد والمقصود شيئا قال الله تعالى وان يروا كسفا من السماء ساقطا يقولوا سحاب مركوم ولو انزلنا عليك كتابا في قرطاس فلمسوه بايديهم لقال الذين كفروا ان هذا الا سحر مبين جعلنا الله من تابعي الحق وناصريه وماحي الباطل ومظهريه ✿

واما شهور المعتضد فانها هي شهور الفرس باسمائها وتواليها بعينها ولكن لا يستعمل[f] فيها ايامهم لان الايام اللواحق فيها[g] تكبس في كل اربع سنين بيوم فللعلة التي ذكرناها في شهور اهل مصر ترك استعمال اسماء الايام فيها وسنة الكبيسة فيها موافقة لكبيسة الروم والسريانيين ✿

واما شهور سائر الامم من الهند والصين والتبت[h] والترك والخزر والحبشة والزنج فانه وان تقرر[i] عندنا اسماء بعضها فانا قد اعرضنا عن ذكرها الى وقت يتفق لنا الاحاطة فيه بها اذ لا يليق بطريقتنا التي سلكناها ان نضيف الشك الى اليقين والمجهول الى المعلوم وقد حصلنا ما تقدم من اسامي الشهور المذكورة في جداول[k] ليستعان بها على حفظها في مراتبها والله الموفق للصواب ✿

a R الاخر   *b* P ودحها وهم R ودحاوم L ودحها   *c* Mss. تميز   *d* Mss. فتخصه
e Mss. والمتطى   *f* PL تستعمل   *g* Mss. فيما   *h* L والنبط   *i* Mss. تعذر
k في جداول fehlt in L.

جَدْوَلُ الشُّهُورِ[a]

	مَبْدَأُها رُؤْيَةُ الهِلالِ المحقوقة له		مَبْدَأُها من رُؤْيَةِ الهِلالِ ومَبْدَأُ عَدَدِها من ذَيْمَرِ الذى هو شهرُ رمضانَ	مَبْدَأُها رُؤْيَةُ الهِلالِ الواقعِ حَوالَى الاعْتِدالِ الرَّبِيعِىِّ
أَهْلُ قُباء	أَهْلُ بخارتك[e]	العَرَبُ فى الإسْلامِ	العَرَبُ فى الجاهِلِيَّةِ	ثَمُودُ	اليَهُودُ
حلو	نوسرد	المُحَرَّمُ	المُؤْتَمِرُ	مُوجِبُ	تشرى
اوبن	فدى نوسرد	صَفَرُ	ناجِرُ	مُوجِرُ	مرحشوان
حش	سانوك	شَهْرُ رَبِيعِ الأَوَّلِ	خَوَّانُ	مُورِدُ	كسليو
لوليا	سافت	شَهْرُ رَبِيعِ الثّانِى	بُصَانُ	مُلْزِمُ	طيبيبث ,طبيث P
لو	اوريس	جُمادَى الأُولَى	حنتم[i]	مُصْدِرُ	شفط
نر	بيس	جُمادَى الآخِرَةُ	رُبّى ,زَبّى .Mss	هُوبَرُ	الدر
مهر[b]	مسك	رَجَبُ	الأَصَمُّ	هُوبَلُ	نيسن
الما	جدل	شَعْبانُ	عادِلُ	مُوهاءُ	ايرِ
سوا[c]	عيات[f]	رَمَضانُ	نافِقُ	ذَيْمَرُ	سيون
معاه[d]	سيون	شَوّالُ	وَغْلُ	دابِرُ	تمز
س	محسند[g]	ذو القَعْدَةِ	هُواعُ	حَيْقَلُ sic	اوب
اوناه	درمنكان[h]	ذو الحِجَّةِ	بُرَكُ	مُسْبِلُ	ايلول

a Von dieser Tabelle sind in *L* nicht alle Columnen vorhanden.
b *R* مهر   c *P* تسوا   d *P* معاه   e *R* بخارتك. fehlt in *L*.   f *P* عمات
g *P* محسند   h *R* درمنكان *P* درمنكار   i *LP* خنتتم *R* خنم

مبدأها النيروز الأول		مبدأها النيروز الثاني		جدول الترك	مبدأها يوم مفروض غير[h] مضاف الى غيره
الفرس	قدماء أهل سجستان	السغد	أهل خوارزم	الترك	السريانيون
فروردين ماه	كواذ	نوسرد[a]	ناوسارجي	سجقان	تشرين الأول
اردیبهشت ماه	رهو LP دعو R	جرجن	اردوست	اود	تشرين الآخر
خردادماه	اوسال	نيسنج	هروداد	بارس	كانون الأول
تيرماه	تيركيانوا. نيركيانوا P	نساكنج sic	جيري	تفشخان	كانون الآخر
مردادماه	سريزوا	اشناخنداه	همداد	لو	شباط
شهريورماه	مريزوا sic	مرخندا sic	اخشريوري	ييلان[e] P	آذار
مهر ماه	مزور ، نزور P	نغكان[b] P	اومري	يونت	نيسان
آبان ماه	هرانوا	ابانج[c]	اناخن sic	قوي	ايار
آذر ماه	اركيبازوا sic	فوغ	اري sic	بيجين[f]	حزيران
دي ماه	كريشت ، كرشت L	مسانوغ sic	ريمژد[d]	تغوق[g]	تموز
بهمن ماه	كرسن ، لرسن P	ژيمدنج	اخمن sic	ايت	آب
اسفندارمذ ماه	ساروا	خشوم	اسبندارمجي	تونكز	ايلول

a L نوسيرد *b R* نفكان *L* نعكان *c R* امتنج *d L* ريمرد, fehlt in *P*.
e L يلان *R* سيلان *f Mss.* بيجين *g Mss.* تغفو *h Mss.* غيره

مَبْدَأها أوّل كانون الاخر من شهور السريانيين		مَبْدَأ المكبوسة من التاسع والعشرين من آب ومَبْدَأ غير المكبوسة من أوّل دى ماه		مَبْدَأها الاجتماع الذى يتّفق قريبًا من الاعتدال الربيعىّ	لم أقف على مقاديرها ولا على تأويلها ولا على كيفيّاتها
الرُّومُ	اليُونانيّون	القِبْط	المَغارِبُ	الهِنْدُ	التُّرْكُ
ينواريوس	اوردرلس sic	توت	مايه	بيشاك	الغ آى
فبراريوس	مادوطاوس[b]	فاوفى	يونه	زيشت[d]	كجك آى
مرطيوس	دسطرس	اثور	يوليه	اسار	برينج آى[f]
افريليوس	كسنتقوس	كواك	اغشت	سراوان	يكينج آى[g]
مايوس[a]	ارطماساوس	طوبى	ستنبر[c]	بهدربد[e]	التنج آى[h]
يونيوس	داساوس	ماكير	اكتوبر	اسوج	يشنج آى
يوليوس	النمس sic	فامانوث	نونبر	كارث	سكسنج آى
اوغسطس	لواس	فرموثى	دجمبير	منكس	تلسنج آى
سطربوس sic	غربيياس	باخون	ينير	بوش	اونتج آى
طمبريوس	اوبرفاراطاوس	باونى	فبرير	ماك	تورتنج آى
نوامبريوس	دياس	ابيفى	مرسه	باكر	بجنج آى
دمبريوس	ابلاوس	ملسورى	ابرير	جيتر	يتنج آى[i]

a *P* ملسوس b Lies باروطاوس c *Mss.* بشبير d *L* رنشت *P* ربشت
e *Mss.* بهرونذ f *Mss.* برسنج آى g *Mss.* يكسنج آى h *Mss.* الشنج آى
i *Mss.* بكنج آى

القول على استخراج التواريخ بعضها من بعض
وتواريخ الملوك ومدد ملوكهم[a] على اختلاف الأقاويل ۞

أما اذ[b] كان ما نحوت اليه في هذا الكتاب هو حصول المدد على أقصد الطرق وأوضحها فاني ان رمت الابانة عن استخراج بعض التواريخ من بعض على ما جرت به العادة في الزيجات من تنويع الأعمال وتصنيف الاستخراج وايراد المثال وجدت الكلام فيه متسعا وأحوجني استيفاؤه الى تكلف[c] وتكليف، والذي يشبه طريقتي المسلوكة من لدن أول الأمر أن أبين ما بين أوائل التواريخ[d] المستعملة بالمقادير التي لا يختلف أعدادها عند جميع الأمم وهي الأيام فان السنين والشهور غير متفقة المقادير كما ذكرنا وأطلق ذكر سائرها بالسنين وأكتفي بذلك[e] في معرفة أبعاد ما بينها اذ لم يتوصل الى معرفة كيفية سنيها بالحقيقة ولم يحتج الى استعمالها كثير احتياج، ونحن وان صرنا في بعض المواضع نتردد في فنون ونخوض فيما اتصاله بالنظم اتصال بعيد فليس لذلك منا طلب تطويل ولا اكثار[f] بل ارادة تبعيد الناظر فيه عن الملال فان النظر اذا دام في فن واحد دعا الى الاملال وقلة الصبر واذا خرج من فن الى فن فكانه متردد في حدائق لا يأتي على احديها الا ويتعرض له أخرى فيحرص عليها ويشتهي النظر اليها كما قيل لكل جديد لذة، فلنبتدئ الآن باقاويل أهل الكتاب في آدم وبنيه وأولادهم ونثبت ذلك في جداول تخفيفا للتفوه بها وتسهيلا للاحاطة باختلافهم فيها ونجمع بين قولي اليهود والنصارى فيها حتى يكونا متوازيين بعون الله وتسديده وحسن توفيقه ۞

a *L* ومدتا ملكهم, corrigirt in ومدد ملوكهم *b* *Mss.* اذا *c* تكلف fehlt in *R.* *d* *Mss.* التاريخ *e* بذلك fehlt in *P.* *f* Für ولا اكثار *R* والاكثار

أسماء بنى آدم الذين اتّصل من لدنهم التاريخ أوّلا عن آخر واختلاف اهل الكتب فى أزمنتهم	سنوهم حتى ولد لهم على قول النصارى	مبلغ السنين التاريخ على قول النصارى	سنوهم حتى ولد لهم على قول اليهود	ما عاش كل واحد منهم بعد ما ولد له على قول اليهود	جملة ما عاش كل واحد منهم على قول اليهود	مبلغ السنين التاريخ على قول اليهود
ادم ابو البشر الى ان ولد له شيث	رل	٢٣٠	قل	٨٠٠	٩٣٠	١٣٠
شيث بن ادم الى ان ولد له انوش	ره	٤٣٥	قه	٨٠٧	٩١٢	٢٣٥
انوش بن شيث الى ان ولد له قينان	قص	٦٢٠	ص	٨١٥	٩٠٥	٣٢٥
قينان بن انوش الى ان ولد له مهلائيل	قع	٧٩٥	ع	٨٤٠	٩١٠	٣٩٥
مهلائيل بن قينان الى ان ولد له يرد	قسه	٩٦٠	سه	٨٣٠	٨٩٥	٤٦٠
يرد بن مهلائيل الى ان ولد له اخنوخ	قسب	١١٢٢	قسب	٨٠٠	٩٦٢	٦٢٢
اخنوخ بن يرد الى ان ولد له متوشالح	قسه	١٢٨٧	سه	٣٠٠	٣٦٥	٦٨٧
متوشالح بن اخنوخ الى ان ولد له لمك	قسز	١٤٥٤	قفز	٧٨٢	٩٦٩	٨٧٤
لمك بن متوشالح الى ان ولد له نوح	قفح	١٦٤٢	قفب	٥٩٥	٧٧٧	١٠٥٦
نوح بن لمك الى ان ولد له سام	ث	٢١٤٢	ث	٤٥٠	٩٥٠	١٥٥٦
سام بن نوح الى كون الطوفان	ق	٢٢٤٢	ق	٥٠٠	٦٠٠	١٦٥٦
ومن الطوفان الى ان ولد لسام ارفخشذ	ب	٢٢٤٤	ب	٠	٠	١٦٥٨
ارفخشذ بن سام الى ان ولد له شالح	قله	٢٣٧٩	له	٤٠٣	٤٣٨	١٦٩٣
شالح بن ارفخشذ الى ان ولد له عابر	قل	٢٥٠٩	ل	٤٠٣	٤٣٣	١٧٢٣
عابر بن شالح الى ان ولد له فالغ	قلد[a]	٢٦٤٣	لد	٣٣١	٤٣٠	١٧٥٧
فالغ بن عابر الى ان ولد ارغو	قل	٢٧٧٣	ل	١٧٩	٢٠٩	١٧٨٧
ارغو بن فالغ الى ان ولد ساروغ	قلب	٢٩٠٥	لب	١٧٥	٢٠٧	١٨١٩
ساروغ بن ارغو الى ان ولد له ناحور	قل	٣٠٣٥	ل	١٧٠	٢٠٠	١٨٤٩
ناحور بن ساروغ الى ان ولد له تارح	عط	٣١١٤	كط	١١٩	١٤٨	١٨٧٨
تارح بن ناحور الى ان ولد له ابرهيم	عه	٣١٨٩	ع	١٣٥	٢٠٥	١٩٤٨

a *Mss.* قله

فمن تأمّل هذه السنين الى ولادة ابرهيم عليه السلام وقف على مقدار الخلاف بين القولين، فأمّا النسخة التى عند اليهود فهى وان اشتملت على مقادير عمر ابرهيم واسحق ويعقوب ولاوى وقهث وموسى فانّها لم تفصّل[a] ما بين ما مضى من عمره الى أن وُلد له وبين ما مضى بعد ذلك سوى ابرهيم واسحق ويعقوب فانّه ينصّ بأنّه وُلد لابرهيم اسحق وقد مضى من عمره مائة سنة وعاش بعده خمسا وسبعين سنة ووُلد لاسحق يعقوب وقد مضى من عمره ستّون سنة وأنّ يعقوب دخل مصر مع بنيه وقد أتى له مائة وثلثون سنة وعاش بعد ذلك سبع عشرة سنة، فيكون مكث بنى اسرائيل بمصر مائتين وعشر سنين على قياس قولهم أنّ من ولادة ابرهيم الى ولادة موسى عليهما السلام اربعمائة وعشرين سنة وأنّه[b] خرج من مصر ببنى[c] اسرائيل وقد مضى من عمره ثمانون سنة غير أنّ فى السفر الثانى من توريتهم أنّ جميع ما سكن بنو اسرائيل بمصر اربعمائة وثلثين سنة فاذا سُئلوا عن ذلك زعموا أنّ تلك المدّة معدودة من يوم أدّم الله مع ابرهيم الميثاق ووعده أن يجعله أبا لكثير من الشعوب ويورث بنيه أرض كنعان والله أعلم بقولهم، والاختلاف فيما بعد ذلك من السنين من جهة نسخ التورية الثلث موجود على حالته كما بيّنّاه ومن أوضح الدلالة على قلّة اعتنائهم بأمر التواريخ اتّفاق اليهود أوّلا أنّ ما بين خروجهم من مصر الى قيام الاسكندر ألف سنة تامّة مصحّحة بالعبور معوّلهم فى استخراج كيفيّات السنين بها فاذا أخذنا من كتبهم التالية للتورية سنى كلّ مدبّر من مدبّريهم بعد موسى بن عمران عليه السلام وجمعناها جاوزت الألف سنة عند بناه بيت المقدس ثانية بمقدار لا يجوز المسامحة بمثله فى أمر التواريخ ولو كانت تنقص لحمل الأمر فى ذلك على أنّ بين تفريقٍ منهم مهلة مهملة ولكنّ الزيادة ممّا لا يحتمل التأويل، واذا أعيا عليهم الجواب عن ذلك زعم بعضهم أنّ تحقيق هذه السنين فى أخبار آل يهوذا وأنّ ذلك ليس عندهم ولكنّه وقع الى أكناف الروم فانّ بنى اسرائيل افترقوا بعد سليمان فرقتين فأمّا سبط يهوذا وبنيامين فانّهم ملّكوا ولد سليمان عليهم وأمّا الأسباط العشرة فملّكوا يوربعم مولى رحبعم بن سليمان فغواهم على ما سنذكر ذلك فى أعياد اليهود ثمّ ملك بعده أولاده وانعقد القتال بين الفريقين، وهذه سنو مدبّريهم بعد خروجهم من أهل مصر قاصدين بحر القلزم ليعبروه

a *Mss.* يفصل   *b* وانّه fehlt in *P.*   *c* *PR* بنى

ويصيروا الى التيه وهو برّيّة بالحجاز الى لدن بيت المقدس ثانيةً على ما دُوِّنت في كُتُب أخبارهم، ولهم كتابٌ يُسَمُّونه سيدر[a] عولام وتفسيرُه سنو العالم يَنْحِنُف بأقلّ ممّا في كُتُب الأخبار التالية للتورية ويَقْرُبُ في بعضها من قولهم الأوّل وقد جَمَعْنا ما في كلا النّوعَيْن من كُتُبهم في هذا الجَدْوَل ۞

اسماء المدبّرين والوُلاة والمِهْنة وانقضاها الى عمارة بيت المقدس ولذلك اربعمائة وثمانون سنة	ما لبث كل واحد منهم على ما في كتاب الاخبار	الجملة	ما لبث كل واحد منهم على ما في كتاب سيدر عولام	الجملة
خرج بنو اسرائيل من مصر ومكثوا في التيه حتّى مات موسى	م	٤٠	م	٤٠
يوشع بن نون بعد موسى	كز	٦٧	كز	٦٧
عثنيال بن قناز	م	١٠٧	م	١٠٧
عغلون ملك المواب والعمالقة من بنى عمون	يح	١٢٥	.	.
ايهود بن كرا الأشلّ اليمنى من ولد افرايم	ف	٢٠٥	ف	١٨٧
شمكار بن عنث	ك	٢٢٥	.	.
دبور النبيّة وخليفتها باراق	م	٢٦٥	م	٢٢٧
اهل مَدْيَن المتغلّبون	ز	٢٧٢	ز	٢٣٤
جذعون بن عفرا من آل منشا	م	٣١٢	مج	٢٧٧
ابيملك بن جذعون	ج	٣١٥		
تولع بن فوا من آل افرايم	كج	٣٣٨	مد	٣٢١
يائير الجلعادى من آل منشا	كب	٣٦٠		

a Mss. سندر

بنو عمون الفلشالى وهم اهل فلسطين	يح	٣٧٨	يح	٣٣٩
يفتح الجلعادى	و	٣٨٤	و	٣٤٥
ابصون ويقال نحشون من بيت لحم	ز	٣٩١	ز	٣٥٢
ايلون	ى	٤٠١	ى	٣٦٢
عبدون بن هلال	ح	٤٠٩	ح	٣٧٠
اهل فلسطين	م	٤٤٩	[a] ٠	٠
شمشون القوى من سبط دان	ك	٤٦٩	ك	٣٩٠
لا رئيس لهم	ى	٤٧٩	[b] ٠	٠
على الكاهن	م	٥١٩	م	٤٣٠
التابوت فى يد الأعداء حتى بُعث شمويل	ى	٥٢٩	ى	٤٤٠
شمويل، حتى طلبوه بملك يقيم لهم فاقام لهم طالوت	ك	٥٤٩	[c] ٠	٠
شاول وهو طالوت	ك	٥٦٩	ك	٤٤٢!
داود، ابتدأ فى بناء المسجد لاحدى عشرة سنة من ملكه	م	٦٠٩	م	٤٨٢
سليمان بن داود الى ان تمّ المسجد	ج	٦١٢	ج	٤٨٥

a Mss. م   b Mss. ى   c Mss. ك

اسماء ملوك بنى اسرائيل ومدبّريهم بعد عمارة بيت المقدس الى خرابه الاوّل ولملك اربعمائة وعشر سنين	ما ملك كل واحد منهم على ما فى كتاب الاخبار	الجملة	ما ملك كل واحد منهم على ما فى كتاب سيدر عولام	الجملة
سليمان بن داود بعد تمام بناء البيت	لز	٦٤٩	لز	٥٢٣
رحبعام بن سليمان	يز	٦٦٦	يز	٥٣٩
ابيّا بن رحبعام	ج	٦٦٩	ب	٥٤١
آسا بن ابيّا	ما	٧١٠	ما	٥٨٢
يهوشافاط بن آسا	كه	٧٣٥	كج	٦٠٥
يهورام بن يهوشافاط	ح	٧٤٣	و	٦١١
احزيا بن يهورام	ا	٧٤٤	يا	٦١٢
عتليا الى ان قتلها يواش	و	٧٥٠	و	٦١٨
يواش بن احزيا الى ان قتله اصحابه	م	٧٩٠	م	٦٥٨
اموصيا بن يواش الى ان قتل	كط	٨١٩	كط	٦٨٧
عوزيا بن اموصيا الى ان توفّى	نب	٨٧١	نب	٧٣٩
يوثم بن عوزيا الى ان توفّى	يو	٨٨٧	يو	٧٥٥
احاز بن يوثم الى ان توفّى	يو	٩٠٣	يو	٧٧٣ !
حزقيا بن احاز ملك جميع الاسباط	كط	٩٣٢	كط	٨٠٢
منشا بن حزقيا	نه	٩٨٧	نه	٨٥٧
امون بن منشا	ب	٩٨٩	ب	٨٥٩
يوشيا بن عمون الى ان قتله ملك مصر	لا	١٠٢٠	لا	٨٩٠
يهواحاز بن يوشيا الى ان اسره ملك مصر	ج	١٠٢٣		
يهوياقيم بن يهواحاز من جهة ملك مصر	ى	١٠٣٣	يا	٩٠١

يوياخين بن يوياقيم الى ان اسره بختنصر	ج	١٠٣٦		
صدقيا الى ان خالف بختنصر وقتله وخرّب البيت	د	١٠٤٢	يا	٩١٢
مكث البيت خرابا	ع	١١١٢	ع	٩٨٢
وقيل منذ السبى الى دانيال	ص	١٢٠٢	ص	١٠٠٢ !
من دانيال الى ان ولد المسيح عليه السلام	تفج	١٩٦٥	تفج	١٠٣٥
من ولادة المسيح الى تاريخ هجرة محمّد صلوات الله عليهما	خ	٣٣٨٥	خ	٢١٣٥

وغير مستنكر أن يقع مثل هذا الاختلاف لقوم وقع لهم من السبى والقتل مرارا ما وقع لبنى اسرائيل الأقرب والأولى أن يشتغلوا عن ذلك بغيره حين ذهلت كل مرضعة عما أرضعت ووضعت كل حامل منهم ما حملت، ولم تكن الولايات والرئاسات فى سبط واحد لكنها تشعّبت بعد موت سليمان بن داود فصار لسبطى يهودا وبنيامين منهم قسم ولسائر بنى اسرائيل قسم، ثم لم يكونوا من ترتيب السياسة ونظم الملك والرئاسة بحيث يحوجهم ذلك الى حفظ أوقات قيام كل واحد منهم وتدوين مددهم الا بالتحليل من الحساب على أن بعضهم يزعم أن كوشان ملك الجزيرة من آل لوط غلب عليهم بعد يوشع فقهرهم ثماني سنين ثم قام بعد عثنيال ويحسب رئاسته بعضهم[a] أكثر وبعضهم أقل فربما زعم بعضهم أن فلانا قام بأمرهم كذا سنة وزعم بعضهم أن رئاسته كانت اقل وأن ذلك هو مقدار ما عاش او[b] يكون لقائمين من مدتيهما المذكورتين مدة مشتركة قاما معا فيها، ومقتضى كتاب سيدر[c] عولام وان كان قريبا من الجملة فانه مخالف للتفصيل اعنى فى وقت العمارة الأولى فى اختلافهم خلا الشبهة فيما ذكرنا من أحوالهم ۞

وقد أنكر بعض أغمار الحشوية ونوكى الدهرية ما وصف من طول أعمار الأمم الخالية وخاصة ما ذكر فيما وراء زمان ابرهيم عليه السلام واستبشعوا عظم الأجسام المحكية عنهم واستشنعوها وأخرجوها من حيز الامكان الى حد الامتناع قياسا على ما يشاهدونه فى زمانهم وأخذوا بما سمعوه من أصحاب أحكام النجوم من أكثر عطيات الكواكب فى المواليد وهو أن يكون الشمس

a بعضهم fehlt in *R*. b *R* ان c *Mss.* سندر

فيها هيلاجا وكذخداها اعنى فى بيتها او شرفها فى وتد وربع مذكر موافق فتعطى سنيها الكبرى وهى مائة وعشرون سنة ويزيدها القمر خمسا وعشرين سنة والزهرة ثمانى سنين والمشترى اثنتى عشرة سنة وهى سنو كل واحد منها الصغرى اذ لا يكون زيادتها اكثر من ذلك اذا نظرت نظر موافقة ويسقط النحسان منها فلا ينقصان شيئا ويكون الرأس معها فى البرج وبعيدا عنها بحيث لا يكون له فى الحدود المسوقية ذنب اذا كان ذلك كذلك زادها ربع عطيتها وهى ثلثون سنة فيكون المجتمع من ذلك مائتين وخمس عشرة سنة وهى زعموا اقصى ما يبلغه الانسان من الاعمار ان لم يقطع عليه قاطع وان العمر الطبيعى هو مائة وعشرون سنة لان قوام العالم بالشمس وهذا العدد هو سنوها الكبرى، وقد حكم هؤلاء لانفسهم ولو اتبع الحق اهواءهم لفسدت السموات والارض وبنوا على ما يختلف المنجمون بخلافه وهو انهم يقولون ان لهذه الكواكب سنين عظمى وذكروا فى كتبهم انها كانت تعطيها فى الوف البروج النارية اذا كان التدبير فيها للكواكب العلوية وسنو الشمس والزهرة تزاده[a] على عمر من ذكر من هؤلاء اطول عمرا بكثير، هذا استاذهم فى الاحكام وهم يثقون بقوله ولا ينكرون تقدمه وهو ما شاء الله يزعم انه يمكن ان يعيش الانسان سنى القران الاوسط اذا اتفق الميلاد عند تحويل القران من مثلثة الى مثلثة والطالع احد بيتى زحل والمشترى والهيلاج الشمس بالنهار والقمر بالليل على غاية القوة ويمكن اذا اتفق مثل ذلك عند تحويل القران الى الحمل ومثلثاته والدلالات على مثل ما ذكر بان يبقى المولود سنى القران الاعظم وهى تسعمائة وستون سنة بالتقريب حتى يعود القران الى موضعه وقد افصح بذلك وصرح به فى اول كتابه فى المواليد فذاك[b] تعلقهم بعطيات الكواكب، ولنا فى هذه السنين الموصوفة لكل واحد من الكواكب كلام مع المنجمين المستعملين لها فى كتاب التنبيه على صناعة التمويه وارشاد الى استعمال الطريق الاولى فيما يستعمل فيه هذه السنين يشتمل عليه كتاب الشموس الشافية للنفوس، ثم المشاهدة فقط والقياس عليها لا يخرج طول الاعمار وعظم الاشخاص واكثر ما اخبر عنه عن الامكان فان ما يشبه هذه الاشياء يجيء فى الازمنة على ضروب كثيرة فمنه ما لها اوقات معلومة تدور فيها متعاقبة وتغاير عند كونه ممكنة فاذا[c] لم يشهد المشاهد اوقات كونها استبعدها وربما

a Mss. يزاد b LR فزال c R ما ذا

يسارع الى نفيها، وهذا مما يدخل فيه جميع الأكوان الدائرة من تناسل الحيوان وتلاقح الأشجار وبروز[a] الزروع والثمار منها فانّه لو أمكن أن يخفى على انسان حالها ثمّ جيء به الى شجرة متناثرة الأوراق فوصف له ما يصير اليه من الاخضرار وابراز الزهر والثمار وغير ذلك لكان له مستبعدا حتى يراها[b] وهي العلّة الداعية الى تعجّب أهل البلاد الشماليّة من ثبات النخل والزيتون والآس وأمثالها خضرة نضرة في زمان الشتاء اذ[c] لم يعاينوا مثله في ديارهم، ومنها ما يجيء في أزمنة غير منتظمة بأدوار لكن باتّفاق فاذا مضى الوقت الذي يتّفق فيه لم يبق منه الّا الاخبار عنه فاذا وجد مع الخبر شرائط الصحّة وكان قبلها ممكنا لم يوجد بدّ من قبوله وان[d] لم يتوهّم كيفيّته ولم يعرف علّته، ومنها ما يجيء على مثل هذه الحالة ولكنّها تسمّى غلط الطبيعة لأجل خروجها عن النظم الذي أجري عليه نوعها[e] ولست أسمّيها بهذا الاسم بل بخروج المادّة عن اعتدال القدر وذلك كما يوجد من الحيوانات الزائدة الأعضاء حين تجد الطبيعة الموكّلة بحفظ الأنواع على ما هي عليه مادّة زائدة فتهيّئ منها صورة ولا تهملها والحيوانات الناقصة الأعضاء حين لا تجد الطبيعة مادّة تتمّم منها صورة ذلك الشخص في نظام نوعه فتهيّئ له هيئة لا يضرّه معها النقصان وتربح[f] النفس عليه على حسب الطاقة، مثال ذلك ما ذكره ثابت بن سنان بن ثابت بن قرّة في كتابه في التواريخ أنّه رأى عند سرّ من رأى فرّوجا هنديّا قد خرج من البيضة وهو تامّ كامل الخلقة وله في رأسه منقاران وثلث أعين وما ذكر أنّه حمل الى توزون أيّام امارته جدي ميّت وجهه مدوّر كوجه الانسان وفكّه كفكّيه وأسنانه كأسنانه وعين واحدة وشبه الذنب في جبهته[g] وما ذكر أنّه ولد بناحية المخرّم من بغداد مولود ومات لوقته وحمل الى عزّ الدولة بختيار في حيوة أبيه معزّ الدولة حتى رآه فكان بدنه واحدا كاملا لا نقص فيه ولا زيادة الّا أنّه كان عليه قبّتان بارزتان عليهما رأسان كاملان بتخطيط تامّ وأعين وآذان ومنخرين وفمين وكان بين الفخذين فرج كفرج الأنثى قد ظهر من داخله احليل ظاهر وما حكي عن بعض بطارقة الروم[h] أنّه أنفذ الى ناصر الدولة في شتوة سنة اثنتين[i] وخمسين وثلثمائة رجلين ملتصقين بالمعدة وكانا من الأرمنيّين وسنّهما خمس وعشرون سنة وذكر

a PR ونرور L وبزور   b PL تراها   c Mss. اذا   d Mss. فان   e L اسمها
f R وبربح   g PR جبهته   h PL fehlt الروم   i Mss. اثنتى

آسمَيهما مُلْتحِيَيْنِ ومعهما ابوهما فكانا مُتقابِلَيْن الّا أنّ الجِلْدَ الذى هو مُشْتَرَكٌ بينهما وواصِلٌ أحَدَهما بالآخَرِ كان طويلًا يُمْكِنُ معه أنْ يَمْتَدَّ حتّى يَقِفَ أحَدُهما عن يَمْنَةِ الآخَرِ ووَصَفوا أنّ لكلِّ واحدٍ منهما آلاتٍ تامّةً على حِدَةٍ وأنّ أوْقاتَ الأكْلِ والشُّرْبِ والبَرازِ لهما تَخْتلِفُ وأنّهما يَرْكبانِ دابّةً واحدةً مُتَجاوِرَيْن بالتّرادُفِ مُتَواجِهَيْن وأنّ أحَدَهما يَميلُ الى النساء والآخَرَ الى الغِلْمانِ، ولا يُشَكُّ فى أنّ القُوّةَ الطبيعيّةَ بما أُلْهِمَتْ ووُكِّلَتْ به اذا صادَفَتْ مادّةً لم تَعْتَلَّبْها واذا أفْرَطَتْ تلك المادّةُ وكَثُرَتْ ثَنَتْ هذه القوّةُ الفِعْلَ فربّما كانت التّثْنِيَةُ[a] بالتّجاوُرِ[b] مُتَمَيِّزًا كالتَّوْأَمَيْن وربّما كان بالالْتِصاقِ كبَدَنَيِ الأرْمِيَّيْن وربّما كانت بالتّداخُلِ كالّذى تقدّمهم[c] الاخبارُ عنه، وكذلك يوجَدُ أنْواعُ التّثْنِيَةِ فى سائرِ الحَيَوانِ على هذه الصِّفَةِ وبصفةٍ أُخْرَى كالّذى يُحْكَى عن سَمَكِ البَحْرِ أنّه يُوجَدُ منها أنْواعٌ مُضاعَفَةٌ اعنى انْ تُشَقَّ فيُوجَدُ مثلُها داخِلَها وربّما كان التّضعيفُ عِدّةَ مرّاتٍ ويُوجَدُ جميعُها فى النّباتِ كالثّمارِ المُثَنّاةِ بالالْتِصاقِ والمُثَنّاةِ اللُّبُوبِ التى يَحُوزُها[d] وعاءٌ واحدٌ والمُثَنّاةِ بالتّضعيفِ والتّداخُلِ كالأُتْرُجِّ الموجودِ فى جَوْفِه أُتْرُجٌّ شبيهٌ[e] به وربّما لم تَتِمَّ لها التّثْنِيَةُ والاتْمامُ فزادَتْ فى الأعْضاء امّا لائقةً بأمْكِنَتِها كالأصابعِ الزائدةِ فانّها مع زِيادتِها على العادةِ والكِفايةِ موجودةٌ فى المَوْضِعِ الأخَصِّ بها وامّا غيرَ لائقةٍ بأمْكِنَتِها وحينئذٍ يَسْتَحِقُّ ذلك أنْ يُسَمّى غَلَطَ الطّبيعةِ كالبَقَرةِ التى كانت بجُرْجانَ أيّامَ الصّاحِبِ وتَغَلُّبِ آلِ بُوَيْهِ عليها ولقد شاهَدَها الصّغيرُ والكبيرُ بها فأخْبَرونى أنّه كان مَوْضِعَ سَنامِها عند رَقَبَتِها يَدٌ كاحْدَى يَدَيْها تامّةٌ بعَضُدِها ومَفاصِلِها وظِلْفِها تُحَرِّكُها بإرادةٍ حَرَكةَ قَبْضٍ وبَسْطٍ وانّما آسْتَحَقَّ أنْ يُنْسَبَ الى الغَلَطِ لعَدَمِ وُجودِ المَنْفَعَةِ فيه وكَوْنِه فى ضِدِّ مَوْضِعِه وخِلافِ جِبِلَّتِه، فكلُّ هذه الأقْسامِ وما يُشْبِهُها مِمّا لها كُتُبٌ مخصوصةٌ من كُتُبِى غيرُ مقبولةٍ عند مَنْ لم يُشاهِدْها الّا لم يَجِدْ فيها شرائطَ صِحّةِ الخَبَرِ،

وأمْرُ الأعْمارِ قد شُوهِدَ جارِيًا مَجْرَى النَّسَبِ كاخْتِصاصِ حِمْيَرَ وأمْثالِهم به ويَتّفِقُ ايضًا بمواضعَ دون غيرِها كفَرْغانةَ واليَمامةِ فانّه يُوجَدُ فيهما على ما حكاه المُحَصِّلون من طُولِ الأعْمارِ ما لا يوجد فى غيرِهما من البُلْدانِ وكذلك فى العرب والهند يُرْبى عليهم، فهذا ابو مَعْشَرٍ البَلْخِىُّ قد حَكَى عنه ابو سَعيدٍ شاذانُ فى كتابِ مُذاكَرَتِه بالأسْرارِ بأنّه أنْفَذَ اليه مَوْبَذٌ لأبى مَلِكِ

a PR التثنية b PR بالتجاوز c Mss. تقدمها d PR يجوزها e Mss. اترجا شبيها

سرنديب وكان طالعه الجوزاء وزحل في السرطان والشمس في الجدي فحكم ابو معشر بن يعيش دور زحل الاوسط قال فقلت له سبحان الله كدخداه راجع في حران الرجوع في بيت ساقط من الأوتاد لا يعطيه الا دوره الأصغر ويحتاج أن تنقص منه لرجوع الخمسين فقال لي هؤلاء أهل اقليم قد تقدّم الحكم بطول الأعمار فكثيرا ما يعيش منه الانسان عيش الهرم وصاحبهم زحل ، وبلغني أنّ الانسان اذا مات فيهم قبل أن يبلغ دور زحل الأوسط تعجّبوا من سرعة موته فاذا استولى على الكدخدائية زحل في اقليم هو له لم ينقص من دوره الأكبر والأوسط كثير نقصان الا أن يكون ساقطا قلت فهو ساقط قال ساقط من شكل النظر وليس بساقط من التدبير (!) وأسراره[a] التالي كثيرة وكذلك هو في بئر تحت الأرض وللتحيير في هذه الحالة أمر عجب ذكروا في هذا الموضع بطول أعمار اقليم دون اقليم ❁ وحكى في موضع آخر عنه أنّه كان حاضرا عنده وقد سأله ابو عصمة صاحب الصفّار عن شيء كان يخافه في دلائل مولده فقال ابو معشر تدري على كم سنة مات والدك قال نعم قال فهل بلغت تلك السنّ قال قد جاوزته قال فتدري على كم سنة ماتت أمّك قال نعم قد جاوزته قال فتدري كم عاش جدّك أبو أبيك قال نعم ولم أبلغه بعد قال فانظر هل يوافق هذه المخافة التي دلّ عليها مولدك عمر جدّك قال بلى هو موافق له قال فحقّ لك أن تخاف ثمّ قال ابو معشر التتبّع أغلب فكلّ محنة وافق الانسان بلوغها على مقدار عمر أبيه او أمّه او جدّه أبي أبيه فانّه لا يجاوزها الا بشهادات قويّة وذلك ظاهر في الغرس[b] والزرع فانّ منها أنواعا معروفة بالبقاء وأنواعا بسرعة الآفات اليها وتقصير مدّة بقائها فذكر في هذا الموضع ايضا بأنّها تجري مجرى النسب فاذن ما تعلّقوا به من قول أصحاب النجوم باطل لأنّ ذلك عندهم غير ممتنع بل هو واجب كما فهمناه ❁

واذا كان انكارهم كلّ ما لم يتّفق في زمانهم او مكانهم حتى يشاهدوه ولم يكن يستحيل في العقول كثير انكارهم ولم يقرّوا بشيء غاب عنهم فانّ الحوادث العظام غير متّفقة في كلّ وقت واذا اتّفقت في قرن لم يتّصل بمن بعدهم عند مضيّ الدهور ومرور الأحقاب الا بالأخبار وتواترها بل لو دقّقوا هذا من فعلهم لكانوا هم السوفسطائية المحضة ولزمهم أن لا يصدّقوا الناس في كون بلدان في الارض غير ما هم فيه وأمثال ذلك من الفضائح ، ولو سمعته فيما يحكونه

a R والاسرار   b P الغروس L الغروس R الغرس

وَجَدْتَهم مُغْتَرِّين[a] الى أقاويل الهند ومُعَوِّلين على مَخاريق يُضيفونها اليهم ومُحْتَجّين دائمًا بوجودِ صَنَمٍ عندهم مَنْحوتٍ من حِجارةٍ قد اجْتَمَعَ في عُنُقه أطْواقٌ كثيرةٌ حديديّةٌ وفي تواريخ عَشَراتِ أُلوفِ الهندِ وأنّها اذا عُدَّتْ بَلَغَتْ مُدَّةً من السنين عظيمةً فاذا حَدَّثْتَهم[b] بأنّهم اعنى الهندَ يزعُمون أنّ مَلِكَ جمّلابدهر وهي المدينةُ التى يُجْلَبُ منها الاهْليلَجُ والأمْلَجُ[c] والبَليلَجُ عاشَ مائتَيْن وخمسين سنةً يَرْكَبُ ويَتَصَيَّدُ ويَنْكِحُ ويَجْري مَجْرَى الشُبّان وكان للملك بالعلاجِ أنْكَروه وقالوا أنّ الهندَ ذَوُو الكَذِبِ غيرُ مُحْتَمَلين لانْتِسابهم الى الوَحْي في علومهم فلا يُوثَقُ بقولهم وأخذوا يذكرون رَكاكةَ ما يَذْهَبون اليه في باب الدّين والمِلّةِ والثّوابِ والعِقابِ وما يَعْمَلونه من تعذيبِ الأبْدانِ بصُنوفِ العذاب، وما عَنَى اللهُ تعالى الّا هذه الفِرْقَةَ بقوله بَلْ كَذَّبُوا بِمَا لَمْ يُحِيطُوا بِعِلْمِهِ وبقوله وَإِذْ لَمْ يَهْتَدُوا بِهِ فَسَيَقُولُونَ هٰذَا إِفْكٌ قَدِيمٌ يُقِرّون بما يُوافِقُهم وانْ أخْفَقَ ويَفِرّون مِمّا يُخالِفُ عَقْدَهم وانْ صَدَقَ ❁ وقد وَقَفْتُ لأبى عَبْدِ اللّهِ الحُسَيْنِ بن ابراهيمَ الطَّبَرىِّ النّاتِلىِّ على مَقالةٍ في كَمّيّةِ العُمْرِ الطّبيعىِّ ذَكَرَ أنّ غايتَه مائةٌ واربعون سنةً شمسيّةً لا يُمْكِنُ الزّيادةُ عليها ومُطْلِقُ القولِ بلا يُمْكِنُ مُطالَبٌ بحُجّةٍ تَضْطَرُّ اليها النّفْسُ وتَطْمَئِنُّ بها ولم يُقِمْ هو على ذلك بُرْهانًا سِوَى أنّه قَدَّمَ فقال أنّ للانسانِ ثلثَ كَمالاتٍ أحَدُها بلوغُه وهو وَقْتُ امْكانِ حُدوثِه مِثْلَه[d] وهو رأسُ السابوعِ الثانى والكمالُ الثانى حين تَتِمُّ له النفسُ الفِكْريّةُ ويَخْرُجُ عَقْلُه من القوّةِ الى الفِعْلِ وهو رأسُ السابوعِ السادسِ والكمالُ الثالثُ حين يَصْلُحُ لأنْ يَسوسَ نَفْسَه انْ تَوَحَّدَ وخاصَّتَه انْ تأهَّلَ وعامَّتَه انْ تَمَلَّكَ قال ومجموعُ هذه الكمالاتِ مائةٌ واربعون، ولا يُدْرَى بأىِّ نِسْبةٍ اسْتَخْرَجَ أبو عَبْدِ اللّهِ هذه الأعْدادَ فانّه لا تَناسُبَ بينها ولا بين تَفاضُلِها ظاهِرٌ[e] بل لو سَلَّمْنا له أنّ عَدَدَ كَمالاتِه ثلثةٌ ثمّ عَدَدْنا منها ما عَدَّدَ وقُلْنا في آخِرِ الأمْرِ انْ لم تَخِفِ المُطالَبةَ بالبُرْهان أنّها مائةُ سنةٍ او ألفٌ او مِثْلُه[f] لم يَكُنْ بيننا وبينه فَرْقٌ على أنّا نَجِدُ بلوغَ الانسانِ في دَهْرِنا الى الأحْوالِ التى جَعَلَها عَلَمًا للكمالاتِ في غَيْرِ ما ذَكَرَه من السّوابيعِ والأوْقاتِ واللّهُ أعْلَمُ بمَغْزاه ❁ وأمّا عِظَمُ الأجْسامِ فانْ لم يَكُنْ واجبًا لعَدَمِه الآنَ في المُشاهَدةِ ولبُعْدِ العَهْدِ بالزّمانِ المَحْكىِّ ذلك عن قُرْبِه فليس بمُمْتَنِعٍ لذلك وهوذا التّوريةُ

[a] *P* معتربين *R* مغربين [b] *P* حَدَّثْتَهم [c] *R* fehlt الاملج [d] *R* fehlt مثله
[e] *Mss.* ظاهرا [f] *Mss.* مثليه

تنضف بمثله فى أبدان الجبّارين لم ينزه بعد مشاهدة بنى اسرائيل ايّاهم فليطعن فيها طاعن بل لو كانت تُتلى عليهم ويتلونها ثمّ لم يكونوا يكذّبون التالين لها ولو كان الجبّارون على خلاف ما ذُكر لكذّبوا تالى التورية ان نطقت بخلاف المشاهدة ولولا أنّ فرقة من الناس كانوا عظام الأجسام قد زادهم الله بسطة فيها لم يبق ذكرهم فى ألسن الناس بالتواتر ولما شبّهوا بها كلّ من فاق جنسهم المعهود فى الكبر وذلك كقوم عاد فقد جرى التشبيه بهم وأين لى بتصديقهم اياى فى أمر عاد فانّهم ينكرون ما هو أقرب عهدًا وأظهر حالًا ويحتجّون بما لا يساوى أضعف الحجج يحتجّ به عليهم ويهربون من قبول الحجج الدوامغ[a] كأنّهم حمر مستنفرة فرّت من قسورة وما لهم يقولون فى آثار الناس العظام الموجودة الآن من البيوت المحفورة فى صمّ الصخور فى جبال مدين والقبور المنحوتة فيها والعظام المدفونة فى أجوافها كعظام الابل كبرًا او أعظم والنتن الذى لا يمكن معه[b] الدخول فيها الّا بعد تبخير المتخرّبين بشئ واجماع أهل تلك المواضع أنّهم أصحاب الظلمة واذا سمعوا بيوم الظلمة[c] يضحكون هزءًا ويلوون أشداقهم أنفة ويشمخون بأنوفهم فرحًا بما كنّوه واعتقادًا من أنفسهم الفضل والخروج عن جملة العوامّ والله حسيبهم ولنا أعمالنا ولهم اعمالهم

وقد أصبت فى بعض الكتب جداول تشتمل على مدد ملوك أثور وهم أهل الموصل ومدد ملوك القبط الذين كانوا بمصر والملوك البطالسة المسمّين ببطلميوس اذ كان الاسكندر أوصى عند وفاته أن يلقّب كلّ قائم فى اليونانيين بعده بهذا اللقب تهويلًا للأعداء اذ ترجمته الحربىّ ووجدت معها تواريخ ملوك الروم بعدهم وكانت السنون فيها من مولد ابراهيم الى الاسكندر ألفين وستّا وتسعين وهى أكثر ممّا تذكره اليهود والنصارى وأصحاب القرانات فنقلت تلك الجداول بعينها الى هذا الموضع، ولم يساعد الزمان على تصحيح أسماء الملوك بالسماع فليبالغ فى تصحيحها واصلاحها من عسى يقف عليها طالبًا ما طلبته من تسهيل الأمر على المرتاد وازالة مؤونة الطلب عنه ولا ينسخنّها وما فى سائر الجداول الّا من له معرفة بحروف الجمّل وعناية صادقة بتصحيحها فانّها تفسد بنقل الورّاقين اذا تداولوها ولا يمكن اصلاحها الّا فى سنين كثيرة، وهذه هى الجداول المنقولة

a P الدوافع b معه fehlt in *Mss* c Von واذا bis الظلمة fehlt in *R*.

تسمية ملوك اثور وهم اهل الموصل وعددهم سبعة وثلثون ومدتهم الف وثلثمائة وخمس سنين ᵃ	ما ملك كل واحد منهم	جملة السنين
بالوس	سب	٦٢
نينوس الذى بنى بالموصل نينوى وولد ابراهيم فى سنة [مج] من ملكه	نب	١١٤
اشمعرم امرأته بانية سامرا العتيقة التى بالجانب الغربى من سر من رأى	مب	١٥٦
زاميس بن نينوس الذى ابتلى ابراهيم به فهرب منه فى [سنة كج] من ملكه الى ارض فلسطين	لح	١٩٤
اريبوس	ل	٢٢٤
اريلوس	م	٢٦٤
اخشيرش	ل	٢٩٤
ارمليثرس	لط	٣٣٣
بلاخوس	لد	٣٦٧
بلاوس	نب	٤١٩
الطاذوس	لب	٤٥١
ماموثوس	ل	٤٨١
منخالوس	ل	٥١١
اسفاروس	ك	٥٣١
ماموثوس	ل	٥٦١
اسفارثوس	م	٦٠١
اسقنطليذوش sic	م	٦٤١
امونطلوس امريطوس *PR*	مه	٦٨٦

ᵃ In *L* fehlt das Namensregister.

بلاخوس		كه	٧١١
بلاتارس		ل	٧٤١
لنفريذس		لب	٧٧٣
سوسيرس		ك	٧٩٣
لنفاروس		ل	٨١٣
فنياس		مه	٨٦٨
سوسرموس		يط	٨٨٧
ميثربوس		لز	٩٢٤
طوطانس[a]	في ايامه سُبِيَت مدينة ايليوس وكان اليونانيّون يحاربونه	لا	٩٥٥
طوطليوس		م	٩٩٥
ثلينوس sic		ل	١٠٢٥
دروقلوس	في ايّامه تملّك داود على بني اسرائيل	م	١٠٦٥
اوفيلاس		لح	١١٠٣
لواسثنوس	وفي ايّامه تقسّم بنو اسرائيل باثنين	م	١١٤٣
فريطيذاس		ل	١١٧٣
افراطوس		ك	١١٩٣
افراطاناوس	بعد مب سنة قسر يومًا من ملكه وُلِد اميروس الشاعر المُتَقدِّم عند اليونانيّين كامرئ القيس عند العرب	ن	١٢٤٣
افراغانلس		مب	١٢٨٥
ثونو قلنقريراس sic		ك	١٣٠٥

a Der Schluss der Tabelle von Tautanes an fehlt in *R*.

حكى أهلُ المغربِ من هذا الملكِ الأخيرِ أنّ يونُسَ بُعِثَ فى زمانه الى نينوى وأنّ رجلاً من الجَمِ يُسَمّى بالعبْرانيّة ارباق[a] وبالفارسيّة ده اك وبالعربيّة ضحّاكا خَرَجَ على هذا الملكِ وحاربه وهَزَمَه وقتله واسْتَوْلى على المملكة الى أنْ قام بالمُلك الكيانيّون وهم ملوكُ بابِلَ المعروفون عند اهلِ المغربِ بالكلدانيّين وكان مُلْكه اثنتين وسبعين سنة، وليس الكلدانيّون بالكيانيّين[b] بل عُمّالهم ببابل فانّهم كانوا ينزِلون بَلْخَ ولمّا وَرَدوا العراقَ جَرى اهلُ المغربِ فى تسميتهم بالكلدانيّين على ما كانوا يَجْرُون عليه قبلُ فى عُمّالهم، وحَكى بعضُ اهلِ الأخبارِ أنّ نمروذ بن كوش بن حام ابن نوحٍ مَلَكَ بعد ثلث وعشرين سنة من لدن تَبَلْبُلِ الألْسُنِ ببابل وهى أوّل مملكة قامت فى الارضِ وتبلبلُ الألْسُنِ ببابل كان مُوافِقًا لمَوْلِد ارغو[c] وذَكَرَ ملوكًا قاموا بعده الى أنْ بَلَغَ الأمْرُ الى ملوكِ أثورَ الذين تعلّق الجَدْوَلُ المتقدّمُ بمُدَدِهم، وهذا جَدْوَلُ مُلْكِ الملوكِ الذين ذُكِروا ❁

ملوك بابل	مدد ملكهم	جملة السنين
نمرود بن كوش	سط	٦٩
قمنورس	له	١٥٤
صاميرس	عب	٢٢٩
ارفخشاط	ى	٢٣٩
وبقى بابلُ بلا مَلِكٍ الى أنْ مَلَكَ الاثورانيّون	٥	٢٤١

a *Mss.* ارتق   b *Mss.* الكيانيّون بالكلدانيّين   c *Mss.* ارعوا

وقد وجدنا لاهل بابل ايضا تواريخ ملوكهم من لدن بختنصر الأوّل الى وقت تحويل التاريخ عنهم بممات الاسكندر البنّاء نحو الملوك البطالسة فأثبتناها مصحّحة المدد وان كان أسماء الملوك غير مصحّحة سماعًا بل هو منقول على هيآت الحروف، وهذا هو الجدول المتضمّن لها

جدول ملوك الكلدانيين [a]

	ما ملك كل واحد منهم	جملة السنين
بختنصر الأوّل ومنه مبدأ التاريخ في المجسطى	يد	يد
نبوخذناصر نديوث	ب	يو
حمريعوس (خنزيروفور)	٠	كا
املوعمو ايلوليو)	٠	كو
مردوقنفد	يب	نح
اريقينو	٠	مج
ابسليطليس	ب	مه
بيبل بيس	ج	مح
اوفراندىدر (اوفرانديىو)	و	ند
ارسعل (اريغبل)	ا	نه
سسلسمورىقش (مسيسيمورىقس)	د	نط
ابسيلدليس الثاني	ح	سز
ارديدينو (اسريدينو)	يج	ف
سسدوكن	ك	ق
ملسرورسملدن (نابوفلسرو وقينلدن)	كب	قكب
نبخذناصر	كا	قمج

a Das Namensverzeichniss fehlt in *L*.

بختنصّر فتح بيت المقدس	مج	قفو
برخلالتغرا	ب	قفح
بلطشاصر	د	قصب
داريوس المادای الاوّل	يز	رط
كورش بانى بيت المقدس	ط	ريح
قومبسوس	ح	ركو
داريوس	لو	رسب
احشيرش	كا	رفج
ارطحشست الاوّل	مج	شكو
داريوس	يط	شمه
ارطحشست الثانى	مو	شصا[a]
اخوس	كا	تيب
قمرون[b]	ب	تيد
داريوس بن ارسيخ	و	تى
الاسكندر بن ميقدون البنّاء	ح	تكح[c]

ثمّ انتقل التاريخ الى فيلفوس

a Mss. سص b R قمرون oder قسرون , P قنرون c Mss. تكد

تسمية ملوك القبط الذين كانوا بمصر وعددهم اربعة وثلثون سوى الفرس ومدّتهم مع الفرس ثمنمائة واربع وتسعون سنة[a]		ما ملك كل واحد منهم	جملة السنين
ديوسغوليحنا		قعح	١٧٨
سماناداوس		كو	٢٠٤
سوسانس		قا	٣٠٥
نفخراس		د	٣٠٩
امانفونس		ط	٣١٨
احوريس		و	٣٣٤
فسيناخيس		ط	٣٤٣
فسوسانس		له	٣٦٨
سمونآخوسيس		كا	٣٨٩
اساراثون		يه	٤٠٤
طاقلوثيس	*P* addit $\overline{\text{خ}}$ (i. e. نسخة, نحو , *L* $\overline{\text{خ}}$ ج	يج	٤١٨
فتدفسطلس		كه	٤٤٢
اساراثون		ط	٤٥١
فساموس		ى	٤٦١
اوفانبواس		مد	٥٠٥
سابافون الحبشيّ		يب	٥١٧
سبرجس		يب	٥٢٩
طراخيس الحبشيّ		ك	٥٤٩
امراس الحبشيّ		يب	٥٦١

a In *L* fehlt das Namensverzeichniss.

اسطافيناتس	ز	٥٢٨
ناخفنسوس	و	٥٧٤
ناخو	ح	٥٨٢
فساماطنيقوس	مد	٦٢٦
محموثا ! نجنوقا .*Mss.*	و	٦٣٢
فساموثس	يز	٦٤٩
وافرس	كه	٦٧٤
اماسيس	مب	٧١٦
اهل فارس الى داريوس	قيد	٨٣٠
امرطيوس	و	٨٣٦
نفرطاس	و	٨٤٢
اوخرس	يب	٨٥٤
فساموث وموثاطوس	ب	٨٥٦
ناقطانبس	يج	٨٦٩
طوس	ز	٨٧٦
نقطانبلس	يح	٨٩٤

ثمّ انتقل التاريخ منهم ومن القلدانيّين الى الاسكندر اليونانيّ

ونردفه جداول سني البطالسة والقياصرة والتاريخ من لدن فيلفس ينقسم ثلثة اقسام فالقسم الاوّل سنو فيلفس والثاني سنو اغسطس والثالث سنو دقلطيانوس أمّا الاوّل فهو سنو الاسكندرانيّين غير المكبوسة وامّا الثاني فهو سنو الروم وهي المكبوسة وامّا الثالث فكالثاني ولكن ببدا الملك جدّد التاريخ لأنّ الملك لمّا انتقل اليه بقى في عقبه وتنجّز من بعده ثمّ لم يذكر تاريخ غيره وانّ زال الملك عن قبيلته مرارًا والله اعلم، وهذه تلك الجداول

أسماء ملوك مدينة مقدونية وهم اليونانيون[a] الملقبون بالبطالسة	ما ملك كل واحد منهم	جملة السنين
فيلفوس	ز	٧
الاسكندر بن فيلفوس وهو الثانى	يب	١٩
بطلميوس بن ارنبا المنطقى ۞ غزا فلسطين وصعد[b] فى بيت المقدس وسبى بنى اسرائيل ثمّ أطلقهم وحباهم بآنية حرمه	ك	٣٩
بطلميوس فيلدلفوس محب الأخ[c] نقل التورية الى اليونانية	لح	٧٧
بطلميوس اورغيطس الصائغ الاوّل	كه	١٠٢
بطلميوس فيلمطور محبّ الأمّ	يز	١١٩
بطلميوس افيفنيس الصائغ الثانى	كد	١٤٣
بطلميوس فلوفطور المخلص	له	١٧٨
بطلميوس اورغيطيس الاسكندر الثانى	كط	٢٠٧
بطلميوس سوطر الحديدى محبّ الجبل	لو	٢٤٣
بطلميوس ديونسيس الخيّر	كط	٢٧٢
قلوبطرا الى أن ملك غائيوس ايوليوس بالرومية[d]	جد/[f]	٢٧٥
وبعد ذلك الى ان مات غائيوس وملك ابنه اغسطس	د ز	٢٧٩
وبعد ذلك الى ان قتلها	يد و	٢٩٤

فى تسمية قلوبطرا بطلميوس اختلاف لانّها امرأة ولمّا كانت بالاسكندرية وكانت ملكتها لقّبت به[e] غائيوس وهو بالرومية[d] ايوليوس ومعناه ملك العالم ۞

a Das Namensverzeichniss dieser Tabelle fehlt in *L*. b *PR* وصعب
c *Mss.* الاب d *Mss.* برومية e *Mss.* لقبت غائيوس f *Mss.* كد

اسماء ملوك الروم[a]

وهم القياصرة نزلوا رومية وهم بنو الأصفر يعنى صوفر بن نفز بن عيص بن اسحق بن ابراهيم النبىّ عليه الصلوة والسلام

	ما ملك كل واحد منهم	جملة السنين
اغسطس قيصر بعد أنْ قتل قلوبطرا	مج	٤٣
طيبرس بن اغسطس	كب	٦٥
غانيوس	د	٦٩
قلوديوس قاتل بولس السليح وشمعون الصفا	يد	٨٣
نارون الملعون قاتلُ المؤمنين	يد	٩٧
ايسفسينوس ٭ بعد سنة من مُلكه غزا فلسطين وحاصر اليهود ببيت المقدس ثلث سنين وخرّبها وقتل اليهود ويخذم وأبطل شرائعهم	ى	١٠٧
طيطوس	ج	١١٠
دميطيانوس ٭ فى السنة التاسعة من مُلكه نُفِىَ يوحنّا صاحبُ الانجيل فاختفى فى جزيرة الى موته ثم خرج وسكن مدينة افسوس	يه	١٢٥
ناروس	ا	١٢٦
طرايانوس	يط	١٤٥
ادريانوس وهو الذى خرّب بيت المقدس وحرّمه[b] فى سنة يح من مُلكه	كا	١٦٦
انطونينوس ٭ وهو الذى أعاد عمارة بيت المقدس ويذكر جالينوس انه ألّف كتابا فى التشريح فى اول مُلكه	كج	١٨٩
قومدوس	لب	٢٢١

a In *L* fehlt das Namensverzeichniss. *b* *P* وجزّم *R* وجذم

اساروس[a] وانطنينوس سوسطيمس خ̅	كه	٢٤٦
انطونينوس وحده ٭ فى آخر ايامه مات جالينوس ٭ انطونينوس الوحيد خ̅	د	٢٥٠
اسكندروس بن مما[b] وتفسيره العاجز	يج	٢٦٣
ماكسيميانوس	ج	٢٦٦
جوردبانوس غوردمانوس خ̅	و	٢٧٢
فيليفس	و	٢٧٨
داقيانوس صاحب اصحاب الكهف	ا	٢٧٩
غالوس	ج	٢٨٢
ولريينوس وسميس خ̅	يه	٢٨٧ !
قلوديوس	ا	٢٨٨
اوريليينوس	و	٢٩٤
فروبس	ز	٣٠١
قارس وقاريفس	ب	٣٠٣

a R اسارون *b Mss.* بزبما

أسماء ملوك النصرانية[a]

الاسم		ما ملك كل واحد منهم	سنو دقلطيانوس
دقلطيانوس		كا	٢١
قوسطنطينوس	اوّل مَلِكٍ تَنَصَّرَ وعَمَّر بانى سُوْرِ قسطنطينيّة وفى اوّل سنة من مُلْكه طَلَبَتْ أُمّهُ هيلانى خَشَبَةَ الصَّلِيبِ حتى وَجَدَتْه وفى التاسعة عشرة اجْتَمَعَ الأَساقِفَةُ بنيقية فوَضَعُوا شرائعَ النصرانيّة	لب	٥٣
قوسطنطينوس		كد	٧٧
يوليانوس الكافر		ب	٧٩
ولنتنيانوس[b]		ا	٨٠
ووليس المُحْتَرِق فى بيتِ تِبْنٍ مُنْهَزِمًا		يد	٩٤
ثاودوسيوس الكبير		يز	١١١
ارقاديوس ابنه		يج	١٢٤
ثاودوسيوس الصغير	لُعِنَ نسطورسُ فى زمانه	مب	١٦٦
مارقيانوس وفلخاريا امرأته	لُعِنَ فى زمانهما اليعقوبيّة	و	١٧٣
لاون الكبير	وكان من أَوْساطِ الناسِ	يح	١٩٠
زينون الارمينياق	وكان يَعْقُوبيًّا	يز	٢٠٧
انسطاسيوس	بنى عَمُّورِيَةَ وكان يعقوبيًّا	كز	٢٣٤
يوسطينس		ط	٢٤٣
يوسطنيانوس	بنى كنيسةَ الرُّها	لز	٢٨٠
طيبريوس		يد	٣١٤
ماوريقوس	مُعِينُ كِسْرَى على بهرام شوبين	يد !	٣١٨ !

a Das Namensverzeichniss fehlt in *L.* b *Mss.* وتليانوس

فوقا الذى حاصره شهربران صاحبُ كسرى بالقسطنطنيّة	ح !	٣١٨ !
هرقلس الحكيم	لا	٣٤٩
قسطنطين ابنه ذُبِحَ فى الحَمَّامِ	ا	٣٥٠
قسطنطيس	كز	٣٧٧
قسطنطنيس	يو	٣٩٣
يوسطنيانوس جَدَعَ الرومُ أَنْفَهُ	ى	٤٠٣
لنطوس[a] استضعف لمّا هزم فانعزل[b]	ج	٤٠٦
طبريوس افسماروس	ز	٤١٣
يوسطنينوس المجدوعُ الأنفِ	و	٤١٩
فيلبقوس	ج	٤٢٢
انسطاس اطليموس خُلِعَ لمّا عجز عن الحرب	ب	٤٢٤
ثاودوسيوس حاصره مُسْلِمَةُ بن عَبْدِ المَلِك	ا	٤٢٥
لاون الاكبر الذى خَدَعَ مسلمةَ وردّه عن القسطنطنيّة	كد	٤٤٩
قسطنطين بن لاون الاكبر	لد	٤٨٣
لاون الاصغر بن قسطنطين الاكبر	د	٤٨٧
قسطنطين الاصغر بن لاون الاصغر	يح	٥٠٥
اغسطه مَلَكَتْ أَمْرَ الرومِ	ه	٥١٠
نقفورس واستبراق بن نقفورس	يح	٥٢٨
ميخائيل بن جورجس	ب	
لاون الى ان قتله ميخائيل فى البِيعَةِ	ز	
ميخائيل القسطنطينىّ قاتلُ لاون بن توفيل بن ميخائيل القسطنطينىّ	ز *	
بسيل الصَّقْلَبِىّ وهو آخِرُ ملوكهم	ج *	

a *Mss.* بسطلوس   b *R* لما نهزم ما نغزل *P* لما هزم فانغزل

ملوك قسطنطنية[a]

على ما حكاه حمزة الاصفهانى عن وَكيع القاضى انه نقلها من كتاب لمَلِكِ الروم

	ما ملك كل واحد منهم		جملة السنين	
	سنين	اشهر	سنين	اشهر
قسطنطين بن هيلانى المُظَفَّر	لا	.	لا	
ابنه قسطنطين	كد	.	نه	
ابن اخيه يوليانوس	ب	و	نز	و
ثيدوس	ى	ط	سح	ج
غردينوس والانطنيوس	و	.	عد	ج
ارقدس بن ثيدوس	يج	ج	فز	و
ثيدوس بن ارقدس	مب	.	قكط	و
مركينوس	كط	.	قنح	و
لاوى الاكبر	يو	.	قعد	و
لاوى الاصغر	ا	.	قعه	و
زينن	يز	.	قصب	و
نسطلس	كو	د	ريط	ى
انطليس	يا	ط	رلا	ز
قسطرونديس وفى ملكه وُلِدَ النبى عليه السلام	لح	ج	رسط	ى
اصطفانوس	د	ج	رعج !	ا
مرقينوس وفى ايامه كان المَبْعَث	ك	د	رصج	ه
فوقس وفى ايامه كانت الهجرة	ح	.	شا	ه
هرقل وابنه وفى مُلْكه مات النبىّ عليه السلام	لا	.	شلب	ه

a In *R* sind die Zahlen der Jahre ausgelassen, in *L* fehlt das Namensverzeichniss.

قسطنطين بن هرقل	كه	٠	شسز !	د
قسطنطين بن امراة هرقل	يز	٠	شفد	ه
قسطنطين بن هرقل	ى	٠	شصد	ه
لاوى ويقال اليون	ج	٠	شصز	ه
طباروس	ز	٠	تيا !	ه
اسطينوس	و	٠	تيز	ه
انسطاسيوس	و	٠	تكج	ه
ثيدوس	ب	٠	تكه	ه
لاوى وفى ايامه تَصَرَّمَ مُلْكُ بنى أُمَيَّةَ	كه	ج	تن	ح
لاوى بن قسطنطين انْظُنُّ انّه سِقْطُ رَجُلٍ مع مُدّةِ مُلكه	ه	٠	تنه	ح
قسطنطين بن لاوى	ط	ى	تسه	و
قسطنطين	و	ه	تعا	يا
اربنة التى أَخَذَتِ المُلْكَ من أَبيها	ه	٠	تعو	يا
نقفور فى ايّام الرَّشيدِ	ح	يا	تفه	ى
استبراق بن نقفور	٠	ب	تفو	٠
ابنه ميخائيل	ز	ه	تعو[b]؟	د
توفيل ابنه	كب	ج	تصح[c]	ح
ميخائيل بن توفيل ثمّ انْتَقَلَ المُلْكُ عن هذا البيت على عَهْدِ المُعْتَزِّ	كح	٠	ثكو	ح
بسيل الصقلبىّ	ك	٠	ثمو	ح
اليون بن بسيل فى سنةِ رعج فى ايّامِ المُعْتَمِدِ	كو[a]	٠		ح
اسكندروس بن بسيل مات بالذُّبَيْلة فى سنةِ رصط	ا	ب		ى
قسطنطين بن اليون فى سنةِ شا				

a *PL* كعج b *P* سر *L* شر c *P* سصح *L* سصج

وأمّا الفُرْسُ فانهم يُسَمُّون الانسانَ الأوّلَ كيومرثَ ولَقَبُه كرشاه[a] اى مَلِكُ الجَبَلِ وقيل كل شاه اى ملكُ الطّينِ اذ لم يكن حينئذٍ أحَدٌ وقيل أنّ تفسيرَ[b] اَسْمِه حَىٌّ ناطقٌ مَيّتٌ[c] وتاريخهم فيما بينهم يَنْقسمُ من لدنه أثلاثًا فالقِسْمُ الأوّلُ منه الى قَتْلِ الاسكندرِ دارا وتَسلُّطِه على ممالكِ الفرس ونَقْلِه خزائنَ حِكْمَتِهم الى بِلادِه والثانى من ذلك الوقتِ الى ظُهورِ اردشيرَ بن بابكَ ورجوعِ المُلْكِ الى قَرارِه والثالثُ من حينئذٍ الى مَقْتَلِ يزدجردَ بن شهريار وزَوالِ مُلْكِ آلِ ساسانَ وظُهورِ الاسلامِ ۞ وقد قالوا فى مَبْدَأِ العالَمِ أقاويلَ كثيرةً عجيبةً وفى تَوَلُّدِ اهرمنَ وهو ابْليسُ من فِكْرةِ اللهِ واحْتِجابِه بالعالَمِ وفى كيومرثَ فانّ اللهَ تَحَيَّرَ فى أمْرِ اهرمنَ فعَرِقَ جَبِينُه ومَسَحَه لذلك ورَمَى به فصار منه كيومرثُ وأَرْسَلَه الى اهرمن فقَبَرَه ورَكِبَه وجَعَلَ يطوفُ به فى العالَمِ الى أنْ سَأَلَه اهرمنُ عن أبْغَضِ شىْءٍ اليه وأَهْوَلِه[e] عنده فأَخْبَرَه أنّه متى بَلَغَ فى باب جَهَنَّمَ يَخافُ خَوْفًا شديدًا فلمّا بَلَغَ به اليه جَمَحَ واحْتالَ حتى سَقَطَ وعَلاه اهرمنُ فسألَه عن أىِّ الجِهاتِ يَبْتَدِئُ به فى الأكلِ فقال من جِهَةِ الرِّجْلِ حتى أكونَ ناظرًا الى حُسْنِ العالَمِ مُدَّةً مّا عِلْمًا منه أنّه يُخالِفُه فيما يقولُ فابْتَدَأَ اهرمنُ من جهةِ رأسه حتى بَلَغَ الى مواضعِ الخُصَى وأَوْعِيَةِ المَنِىِّ من الصُّلْبِ فتقطَّرَ منه قَطْرَتا نُطْفَةٍ على الارض ونَبَتَ منها رِيباسَتانِ تَوَلَّدَ من بَيْنِهِما ميشى وميشانه وهما بمَنْزِلةِ آدمَ وحَوّا ويقال لهما ايضا ملهى وملهيانه ويُسَمّيهما مجوسُ أهلِ خوارزمَ مَرْد ومَرْدانه ۞ هذا على ما سَمِعْتُه من أبى الحَسَنِ آذرخور[d] المُهَنْدِسِ وقد ذَكَرَ ابو علىٍّ محمّدُ بنُ أحمدَ البَلْخىُّ الشاعرُ فى الشاهنامه هذا الحديثَ فى بَدْوِ الانسانِ على غيرِ ما حكيناه بعد أنْ زعم أنّه صحّحَ أخْبارَه من كتابِ سِيَرِ الملوكِ الذى لعبدِ اللهِ بن المقفّع والذى لمحمّدِ بن الجَهْمِ البَرْمَكىِّ والذى لهشامِ بن القسمِ والذى لبَهْرامَ بنِ مردانشاه مُوبَذِ مدينةِ سابورَ[e] والذى لبهرامَ بن مِهْرانَ الاصبهانىِّ ثمّ قابَلَ ذلك بما أَوْرَدَه بهرامُ الهَرَوِىُّ المجوسىّ قال أنّ كيومرثَ مَكَثَ فى الجنّةِ ثلثةَ آلافِ سنةٍ وهى آلافُ الحَمَلِ والثَّوْرِ والجَوْزاءِ ثمّ هَبَطَ الى الارض وكان بها آمنًا مُطْمَئِنًّا ثلثةَ آلافِ سنةٍ وهى آلافُ السَّرَطانِ والأسَدِ والسُّنْبُلَةِ الى أنْ ظَهَرَتِ الشُّرورُ باهرمنَ وذلك أنّ كيومرثَ انّما سُمِّىَ كرشاه لأنّ كر هو الجَبَلُ بالفَهْلَوِيّةِ فكان فى الجبالِ وقد رُزِقَ من الحُسْنِ ما لم يقع عليه

a R نوشاه L كوشاد b R تغبير c R وعونه d Mss ادخور e P شابور L نيشابور

بغير حيوان الا بنت وغشى عليه قال وكان لاهرمن ابن يسمى خزورة وانه تعرض لكيومرت فقتله وحينئذ تظلّم اهرمن الى الله من كيومرث وأراد الله أن يقصّه به حفظا للعهود التى بينهما فأراه اوّلا عواقب الدنيا والقيامة وغيرها حتى آشتاق الى الموت ثم قتله فتقطّر حينئذ من صلبه قطرتان فى جبل دامداد باصطخر ونبت منها شجرتا ريباس ظهر عليهما الاعضاء فى اوّل الشهر التاسع وتمّت فى آخره وتأنّستا وهما ميشى وميشيانه ومكثا خمسين سنة مستغنيين عن الطعام والشراب متنعّمين غير متأذّيين بشىء الى أن ظهر لهما اهرمن فى صورة شيخ فحملهما على تناول فواكه الأشجار وابتدأ بها وأكل فعاد اليه الشباب فأكلا وحينئذ وقعا فى البلايا والشرور وظهر فيهما الحرص حتى انهما آجتمعا وولد لهما فأكلاه حرصا ثم ألقى الله فى قلوبهما رأفة فولد لهما بعد ذلك ستة أبطن وأسماؤهم فى كتاب ابستا معلومة ثم كان البطن السابع سيامك وفراواك وتزاوجا فولد لهما اوشهنج☼

ولهم فى تواريخ القسم الأوّل وأعمار الملوك وأفاعيلهم المشهورة عنهم ما يشتفز عن آستماعه القلوب وتمجّه الآذان ولا تقبله العقول ولكن المقصد فيما نحن بسبيله هو تحصيل التواريخ لا آنتقاد الأخبار وأنا مثبت ما آجتمع عليه علماء الفرس وهرابذة المجوس وموابذتهم والمأخوذ بقولهم منها ومجملها فى جداول على هيئة ما تقدّم ليكون الامر متّسقا على سننه الممهّد فى تواريخ سائر الأمم وملحق بأسمائهم ألقابهم اذ هم المختصّون بذلك دون سائر الملوك فان غيرهم وان وجد له لقب فهو عامّ لطبقته يشترك هو فيه وغيره من القائمين مقامه والألقاب العامّة توازى لقب الشاهانشاهيّة للفرس ومثل تلك[a] الألقاب العامّة هو ما فى هذا الجدول☼

انواع الملوك[b]	الألقاب الواقعة على أشخاص تلك الأنواع
ملوك الفرس الساسانيّة	شاهنشاه وكسرى
ملوك الروم	باسلى وهو قيصر
ملوك الاسكندريّة	بطلميوس
ملوك اليمن	تبّع

a Mss. ذلك b Diese Tabelle fehlt in L.

ملوك التُّرْك الخَزَرِ والتغزغز[a]	خاقان
ملوك التُّرْك الغُزِّيّة	حنويه[b]
ملوك الصِّين	بَغْبُور
ملوك الهِنْد	بلهرا
ملوك قِنَّوج	راى
ملوك الحَبَشة	النَّجاشيّ
ملوك النُّوبة	كابيل
ملوك جزائر البَحْر الشرقيّ	مهراج
ملوك جِبال طَبَرِسْتان	اصْفَهْبَذ
ملوك دنباوند[c]	مَصْمَغان
ملوك غَرْجِسْتان	شار
ملوك سَرَخْس	زادويه
ملوك نَسا وأَبِيوَرْد	بهمنه
ملوك كَشّ	نيدون
ملوك فَرْغانة	اخْشِيد
ملوك أُسْرُوشَنَة	أُفْشين
ملوك الشّاش	تدن
ملوك مَرْو	ماهويه
ملوك نَيْسابور	كنبار[d]
ملوك سَمَرْقَنْد	طرخون
ملوك السَّرير	الحجّاج
ملوك دَهِسْتان	صول
ملوك جُرْجان	اذعبذ

a *PR* الخزرج والتغزغز *b* *P* حبويه *c* *R* دنيادند *d* *P* كنمار

ملوك الصّقالبة	قبّار
ملوك السُّريانيّين	نِمْرود
ملوك القِبْط	فِرْعَوْن
ملوك باميانَ	شِير باميان
ملوك مِصْرَ	العَزيز
ملوك كابُلَ	كابل شاه
ملوك التِرْمِذ	ترمذ شاه
ملوك خُوارزمَ	خوارزم شاه
ملوك شِرْوانَ	شروان شاه
ملوك بُخارا	بخارخداه
ملوك كوزكانان	كوزكان خذاه

وأمّا الألقابُ الخاصّة فليست قبل دولة الاسلام الّا للفرس، والقِسْمُ الاوّل منهم يَنْقَسِمُ ثلثة أقسامٍ أَحدُها البِيشداديّة وهم الذين مَلَكوا الدنيا كلَّها وبَنَوا المُدُنَ واستنبطوا المعادنَ واستخرجوا أصولَ الصِّناعات وعَدَلوا في الارض وعَبَدُوا اللهَ حقَّ عبادته والثانى ملوكُ أيْلانَ ومعناه العُلْويّون ولم يَمْلِكوها بأَسْرِها والمُبْتَدِئُ في قِسْمة ممالكها افريدونُ الشاعر[a] فانّه قسمها بين أولاده كما ذكر بعضُ أبناء الأكاسرة في شعره

فقَسَمْنا مُلْكَنا في دَهْرِنا ... قِسْمَةَ اللَّحْمِ على ظَهْرِ وَضَمْ
فجَعَلْنا الشَّأْمَ والرُّومَ الى ... مَغْرِبِ الشَّمْسِ لِغِطْرِيفٍ سَلَمْ
ولِطُوجَ جعلَ التُّرْكُ لهُ ... فبلادُ الترك يَحْوِيها ابْنُ عَمْ
ولِأَيْرانَ العراقُ عَنْوَةً ... فازَ بالمُلْكِ وحُزْنا بالنِّعَمْ

والثالثُ الكَيانيّة وهم الجبابرة وقد انْقَسَمَ مُلْكُ الدنيا في ايّامهم بين الأُمَمِ المُتَبايِنَة وفيما بين هذه الأصناف فَتَرات يَشْتَبِهُ لأجْلِها انْتِظامُ التاريخ واتِّساقُه، وهذا ملوكُ القِسْمِ الاوّل على رأْيِ جُمْهورِ الفُرْسِ

a L. الشاعر

اصناف الملوك	اسماء القسم الاول من ملوك الفرس[a]	القابهم	ما ملك كل واحد منهم	جملة السنين
الناس الاولى	كيومرث	كرشاه	ل	٣٠
	والى ميشى وميشانه وتُسَمَّى أُمّ البنين والبنات وهما عند الفرس بمنزلةِ آدم وحَوّا		م	٧٠
	والى ان تزاوجا		ن	١٢٠
	والى اوشهنك		صج	٢١٣
البيشداذية العادلون	اوشهنك بن افراواك بن سيامك بن ميشى	بيشداذ	م	٢٥٣
	طهمورث بن ويجهان بن اينكهذ بن اوشهنك الى ان ظهر بوداسف	زيباوند	ا	٢٥٤
	وبعد ذلك		كط	٢٨٣
	جمّ بن ويجهان امر بصُنْعةِ الأَسْلِحَةِ الى ان امر بالغزْل والنَّسْج	شيذ	ن	٣٣٣
	والى ان امر بتصنيف الناسِ اربعَ طبقات		ن	٣٨٣
	والى ان حارَبَ الشياطينَ وقَهَرَها		ن	٤٣٣
	والى ان وَكَّلَها بقَطْعِ الصُّخورِ وحَمْلِها		ق	٥٣٣
	والى ان امر بصُنْعةِ العَجَلةِ فصُنِعَتْ وركِبَها		سو	٥٩٩
	ومكث الناس بعد ذلك أَصِحّاءَ مُنَعَّمين ثمّ توارى		ش	٨٩٩
	ومكث متواريًا حتى ظَفِرَ به الضحّاك فامْتَلَخَ أَمْعاءه ونَشَرَه بالمِنْشار		ق	٩٩٩
	الضحّاك بن علوان من العمالقة وهو بيوراسب بن اروندراسب ابن زينكاو بن بريشنك بن غار[b] وهو ابو العرب العاربة ابن افرواك بن سيامك بن ميشى	اژدهاك	غ	١٩٩٩

a In *L* fehlt das Namensverzeichniss. *b* *P* قار

	افريذون بن اثفيان كاو بن اثفيان نيكاو بن اثفيان بن شهركاو بن اثفيان اخنبكاو[a] بن اثفيان اسبيذكاو بن اثفيان ديزه كاو بن اثفيان نيكاو بن نيفروش بن جم الملك	المبذ	ر	٣١٩٩
ملوك ايران وهم العلوفيون	ايرج فقتله اخواه سلم وطوج وملكا وهم اولاد افريذون	المصنفى	ش	٢٤٩٩
	منوشجهر بن كوزن ابنة ايرج الى ان قتل طوج وسلم وهو بالفارسية شرم	بيروز	ك	٢٥١٩
	والى ان تغلّب ابن طوج على ايرانشهر ونفى منوشجهر		س	٢٥٧٩
	فراسياب بن بشنك بن اينت بن ريشمن بن ترك بن زبن اسب بن ارشسب بن طوج حتى أُديل منه منوشجهر ونفاه ثمّ اصطلحا بالرَّمْيَة المعروفة		يب	٢٥٩١
	منوشجهر حتى مات		كج	٣١١٩
	توز التركيّ المتغلّب على العراق	فراسياب	يب	٣٦٠٣
	زاب بن تيماسب بن كمجهوبر بن زو بن هوشب بن ويدينك بن دوسر بن منوشجهر وكرشاسب وهو سام بن نريمان بن تهماسب بن اشك بن نوش بن دوسر[b] بن منوشجهر	الشريكان	ه	٣٦٣٦
الكيانية وهم الجبابرة	كيقباد بن زغ بن نوذكا بن مايشو بن نوذر بن منوشجهر	الأوّل	ق	٢٧٣٦
	كيكاوس بن كينية بن كيقباد الى ان عَصَى فأَسَرَه شِمْرُ ثمّ استنقذه رستمُ بن دستان بن كرشاسب الملك	نمرد	عه	٢٨١١
	وبعد ذلك الى ان مات		عه	٢٨٨٦
	كيخسرو بن سياوش بن كيكاوس الى ان ساح واستتر	حمايون	س	٣٩٤٦
	كيلهراسب بن كيوجى بن كيمنش بن كيقباد الى ان أَرْسَلَ بُخْتَنَصَّرَ الى بيت المقدس فخرّبه	البلخى	س	٣٠٠٦

a *P* اخسنكاو   b *Mss.* دورسر

وبعد ذلك		س	٣٠٦٦
كيبشتاسب بن لهراسب الى ان ظهر زرادشت	الهربذ	ل	٣٠٩٦
وبعد ذلك		ص	٣١٨٦
كى اردشير بهمن بن اسفنديار بن بشتاسف	طويل الباع	قيب	٣٢٩٨
خمانى بنت اردشير بهمن	جهرازاد	ل	٣٣٢٨
دارا بن اردشير بهمن	الكبير	يب	٣٣٤٠
دارا بن دارا الى ان قتلَه الاسكندرُ اليونانىّ	الثانى	يد	٣٣٥٤

وقد يُوجَدُ ما ذكرناه من تواريخ هذا القِسْمِ فى كتاب السِّيَرِ مُخْتَلِفَةَ الحالِ جِدًّا الّا أَنَّ الذى أَوْرَدْتُه هو الأَقْرَبُ الى ما أَجْمَعُوا عليه ووَجَدْتُها فى كتاب لحَمْزَةَ بن الحَسَنِ الاصْبهانىِّ سَمّاه كتابَ تواريخ كِبارِ الأُمَمِ مَنْ مَضَى منهم ومن غَبَرَ على حالةٍ أُخْرَى وذكر هو أَنَّه اَجْتَهَدَ فى تصحيحها من كتابِ ابستا الذى هو كتابُ الدِّينِ فنَقَلْتُها الى هَهنا وهى هذه

الجدول الثانى من القسم الاوّل

اسماء الملوك البيشداذيّة[a]		ما ملك كل واحد منهم	جملة السنين
	من ابتدا من لدن كيومرث		
كيومرث	وهو الانسان الاوّل	م	۴۰
	فترة قدرُ مائة وسبعين سنة		
اوشهنج		م	۸۰
طهمورث		ل	۱۱۰
جم		خكو	۷۳۶
بيوراسب		غ	۱۷۳۶
افريذون		ث	۲۲۳۶
منوشجهر		قك	۲۳۴۶
فراسياب		يب	۲۳۵۸
	فترة لا يُدْرَى مقدارُها		
زاب		ط	۲۳۶۷
كرشاسب مع زاب		ج	۲۳۷۰
فترة			

a In *L* fehlt das Namensverzeichniss.

اسماء ملوك الكيانية	ما ملك كل واحد منهم	جملة السنين[٧]
كيقباد	قكو	٢٩٩١
كيكاوس	قن	٣١٤١
كيخسرو	ف	٢٧٣١
كيلهراسب	قك	٢٨٤١
كيبشتاسب	قك	٢٩١٩
كى اردشير	قيب	٣٠٧٨
جهرازاد	ل	٣١٠٨
دارا بن بهمن	يب	٣١٢٠
دارا بن دارا[a]	يد	٣١٣٤

a *I'* داراب

ثمّ ذكر حمزة أنّه وجدها فى نسخة المُوبَذ على ما فى هذا الجدول

الجدول الثالث من القسم الاوّل

اسماء ملوك البيشداديّة[a] من نسخة الموبذ	ما ملك كلّ واحد منهم	جملة السنين
كيومرث	ل	٣٠
ميشى وميشانه الى ان وُلِدَ لهما	ن	٨٠
والى ان ماتا	ن	١٣٠
وبقيت الارض من غير تملّك	صند	٢٢٤
اوشهنج	م	٢٦٤
طهمورث	ل	٢٩٤
جم الى ان اختفى	خيو	٩١٠
وبقى مختفيا	ق	١٠١٠
بيوراسب	غ	٢٠١٠
فريدون	ث	٢٥١٠
منوشجهر	قك	٢٦٣٠
زو وكرشاسب	د	٢٦٣٤

a In *L* fehlt das Namensverzeichniss.

اسماء ملوك الكيانيّة	ما ملك كل واحد منهم	جملة السنين
كيقباد	ك	٢٧٣٤
كيكاوس	قن	٢٨٨٤
كيخسرو	س	٢٩٤٤
لهراسب	قك	٣٠٦٤
بشتاسب	قك	٣١٨٤
اردشير	قيب	٣٢٩٦
جهرازاد	ل	٣٣٢٦
دارا بن بهمن	يب	٣٣٣٨
دارا بن دارا[a]	يد	٣٣٥٢

a P داراب

ونُكِرَ فى كُتُبِ السِّيَرِ والأَخْبارِ المنقولةِ من كُتُبِ أَهْلِ المَغْرِبِ ملوكُ الفرسِ وبابِلَ من لدن افريدون وهو يُسَمَّى عندهم كما يقال بافول[a] الى لدن دارا آخِرِ ملوكِهم فوَجَدْناها تَخْتَلِفُ فى عَدَدِ الملوكِ وأَسامِيهم ومقاديرِ مُلْكِهم وفى اخبارِهم واحوالِهم والسابِقُ الى الوَهْمِ أَنّهم أَثْبَتُوا ملوكَ الفرسِ مع عُمّالِهم ببابِلَ واذا أَعْرَضْنا عن ذِكْرِ للملك أَصْلًا تَحَسّنا الكتابَ حَظَّه[b] وشَغَلْنا قَلْبَ الناظرِ فيه عنه[c] ونحن نُودِعُها جَدْوَلًا مُفْرَدًا كَيْلا تَخْتَلِطَ الآراءُ والاقاويلُ وهو هذا

ملوك فارس من لدن افريدون[d] على قول اهل المغرب	ما ملك كل واحد منهم	جملة السنين
بافول وهو افريدون	له	٣٥
تغلاث فلاصر[e]	له	٧٠
سلمناصر وهو سلم	يد	٨٤
سنحاريب بن سلمناصر وهو بالفارسيّة سنارفت	ط	٩٣
سارذم[f] وهو زو بن تو‌ماسب	ج	٩٦

a *P* باقول *R* بافول *L* بافول = פול *b* *LR* ختله *c* عنه fehlt in *Mss.*
d In *L* fehlt das Namensverzeichniss. *e* *PR* بلاغاث فلاصر *f* *PR* ساروم (aus سارحدوم)

ثم ملك ملوك كبار	ما ملك كلّ واحد منهم	جملة السنين
كيقباد	مط	١٤٥
سنحاريب الثانى	لا	١٧٦
ماجم	لج	٢٠٩
بختنصر وهو كيكاوس	نز	٢٦٦
اولاد[a] بن بختنصر	ا	٢٦٧
بلطشاصر بن اولاد[b]	ب	٢٦٩
دارا الماذى الاوّل وهو داريوس	ط	٢٧٨
كورش وهو كيخسرو	ح	٢٨٦
قورس وهو لهراسب	لد[c]	٣٢٠
قمبوزس	ف	٤٠٠
دارا الثانى	لو	٤٣٦
اخشويرش بن دارا وهو خسرو الاوّل	كو	٤٦٢
اردشير بن اخشويرش وهو الملقّب بمقروشر[d] اى طويل اليدين	ما	٥٠٣
خسرو الثانى	ل	٥٣٣
صغد ناتوس[e] بن خسرو	ط	٥٤٢
اردشير بن دارا الثانى	ما	٥٨٣
اردشير الثالث	كز	٦١٠
ارسيس بن اخوس[f]	يب	٦٢٢
دارا آخِرُ ملوك الفرس	يو	٦٣٨

a PR اولاق *b PR* اولاق *c PR* لز *d PR* بمقدوشى *e R* صعد
ساذوس , *P* (undeutlich , radirt) صغد سالوحى *f PR* ارسيجسياجوا

واخبار اليهود والمجوس والنصارى واصنافهم المنسوبين اليهم فى المبادئ وسياقهم[a] التواريخ من لدنها انّما هو بعد اقرارهم بها وحصولها لديهم امّا متّفقًا عليها او مختلفًا فيها فامّا من لم يقرّ بها فانّه لا يأخذ بما هو مبنىّ عليها الّا بعد تأويلات يُلحقها تلك بها أرّخ بآدم وحوّا وزعم أنّ فى الازمنة أدوارًا يبيد المواليد فى آخرها وتنشأ فى اوائلها فكلّ دور فهو مخصوص بآدم وحوّا وتاريخ ذلك الدور منوط بهما او كمن يزعم انّ آدم وحوّا فى كلّ دور متّفق لكلّ بقعة على حدتها فلذلك تختلف هيآتهم وطبائعهم ولغاتهم او كمن يعتقد هذا الاعتقاد المحال اعنى أنّ لا نهاية للماضى من الازمنة من أوّلها ويأخذ من اصحاب الاثنين ما هم عليه[b] فيخرج[c] منها تأويلا وقد عمل ذلك كثير من هذه الطبقة ولا يوجد احسن تلفيقا ممّا عمله سعيد بن محمّد الذهلىّ فى كتابه فانّه ذكر أنّ الناس كانوا يتهارشون ويتنازعون وأنّ الأخيار منهم كانوا مظلومين مقهورين من جهة أشرارهم حتّى نقلهم[d] الملك العادل بيشداذ الى الموضع[e] المسمّى بالفردوس[f] وهو من عدن الى سرنديب وفيه منبت العود والقرنفل وانواع الطيب وضروب النعم ومكثوا هناك الى أن عثر عليهم عفريت وهو ملك الأشرار واخذ فى منازعتهم وأنّ بيشداذ وجد فى ذلك الموضع غلامًا وجارية لا يعرف لهما والد ولا والدة فربّاهما وسمّاهما ميشى وميشانه وزوّج بعضهما من بعض ثمّ أخذلت فأخرجهما من تلك الارض والأخبار كما ذكر تطول جدًّا وقال أنّ من وقت نزولهم الفردوس وهو اوّل التواريخ الى أن عثر عليهم عفريت سنة واحدة والى أن وجد ميشى وميشانه سنتين والى ان زوّج احدهما من الآخر احدى واربعين سنة والى ان هلكا ثلثين سنة والى ان هلك بيشداذ تسعا وتسعين سنة ثمّ ترك سائر التواريخ ولم يوردها على سياقها ☆

وامّا القسم الثانى من تواريخ الفرس وهو من لدن الاسكندر الى قيام اردشير بن بابك ففى[g] هذه المدّة كانت ملوك الطوائف وهم الملوك الذين ملّكهم الاسكندر على بلاده ليس ولا واحد منهم يتبع آخر وفيها[h] كانت مملكة الأشكانيّة وهم الذين ملكوا العراق وبلاد ماه وهى الجبال

a R وسامهم P وسياقتهم b عليه fehlt in Mss. c R نخرج d R بعلمهم P بعلتهم L يعلهم e Mss. موضع f RP الفردوس g Mss. وفى h R وقتها

وكانوا أَحْرَى[a] ملوكِ الطوائف ولم يُجِبْهم سائرُهم وانّما كانوا يُعَظِّمونهم[b] فقط لأَجْلِ أَنّهم من اهلِ بيتِ مَمْلَكةِ الفرسِ وذلك أَنَّ اوّلهم اشك بن اشكان ولقبه افغور شاه[c] ابن بلاش بن سابور ابن اشكان بن اس انكمار[d] بن سياوش بن كيكاوس، وقد وَصَلَ أَكْثَرُ اصحابِ التواريخ من الفرس بين[e] مُلْكِ الاسكندر وبين اوّلهم فنقص نُقْصانًا فاحِشًا وزعم بعضُهم أَنّ هؤلاء مَلَكوا بعد الاسكندر بزمانٍ وبعضُ خَلَطَه من غيرِ معرفة، وانا حاكٍ من أَقاويلهم ما بَلَغَنى ومُجْتَهِدٌ على قَدْرِ الطاقة فى اصْلاحِ الفاسدِ وإبْطالِ الباطلِ وتحقيقِ الحَقِّ وأَبْتَدِئُ بما هو بالاتّصالِ بالجدولِ الاوّلِ فى القسمِ الاوّلِ أَوْلَى وأُسَمّيه الجَدْوَلَ الاوّل ايضا وهو هذا ۞

اسماء الملوك الاشكانية[f] على حسب ما يتّصلُ بالجدول الاوّل	القابهم	ما ملك كل واحد منهم	جملة السنين
الاسكندر الرومىّ		يد	١٤
اشك بن اشكان	حوسده[g]	يج	٢٧
اشك بن اشك بن اشك	اشكان	كه	٥٢
سابور بن اشك	زرين	ل	٨٢
بهرام بن سابور	حورون[h]	كا	١٠٣
نرسى بن بهرام	كيسور[i]	كه	١٢٨
هرمز بن نرسى	سالار	م	١٦٨
بهرام بن هرمز	روشن	كه	١٩٣
فيروز بن بهرام	بلاد	يز	٢١٠
كسرى بن فيروز	براده	ك	٢٣٠
نرسى بن فيروز	شكارى	ل	٢٦٠
اردوان بن نرسى	الاخير[k]	ك	٢٨٠

a *Mss.* احدى *b* *Mss.* يعلمونهم *c* *R* افغفور شاه *d* *R* بن انكنار *e* *Mss.* من
f In *L* fehlt das Verzeichniss der Namen und Beinamen. *g* Oder حوسده
h *P* حودون *i* *R* كيور *k* *PR* الاحمر

وأَرْدَفُه بما يَتَّصِلُ بالجدولِ الثانى فى ذلك القسم وهو الذى ذَكَرَه حَمْزةُ من ابستا وأُسَمِّى هذا الجدول الثانىَ ايضا ليَلْحَقَ من الأَقْسامِ السُّمِىُّ بسَمِيِّه فينْتَظِمَ الجداول ولا يُحْتاجُ الى تكريرِ ذكرِ ذلك وهو هذا الجدول ۞

الجدول الثانى من القسم الثانى[a]

اسماء الملوك الاشغانيّة

على ما ذكره حمزة فى سياقة الجداول

	ما ملك كلّ واحد منهم	جملة السنين
الاسكندر الرومىّ	يد	١٤
اشك بن بلاش بن سابور بن اشكان بن اش الجبّار	نب	٦٦
سابور بن اشك	كد	٩٠
جوذر بن ويجن بن سابور	ن	١٤٠
ابن اخيه ويجن بن بلاش بن سابور	كا	١٦١
جوذر بن ويجن بن بلاش	يط	١٨٠
نرسه بن ويجن	ل	٢١٠
عمّه هرمزان بن بلاش	يز	٢٢٧
فيروزان بن هرمزان	يب	٢٣٩
خسرو بن فيروزان	م	٢٧٩
بلاش بن فيروزان	كد	٣٠٣
اردوان بن بلاش بن فيروزان	نه	٣٥٨

وأُتْبِعُ هذا الذى ذكرتُ ما هو فى سياقةِ الجداولِ الثالثُ الذى ذَكَرَ حمزةُ الاصْفهانىُّ انّه نَسَخَه من نُسْخةِ المُوبَذِ ليَطَّرِدَ الأَمْرُ كما اطَّرَدَ فى المُتَقَدِّمِينَ، هذا هو الجدولُ الثالث من القسمِ الثانى ۞

a In *L* fehlt das Namensverzeichniss.

الجدول الثالث من القسم الثانى[a]

اسماء ملوك الاشكانية

على ما ذكر حمزة انه اخذها من نسخة الموبذ

	ما ملك كل واحد منهم	جملة السنين
الاسكندر الرومى	يد	١٤
ثم مَلَكَ جماعةٌ من الروم ووزراءهم من الفرس عِدّتُهم يد مَلِكًا	سح	٨٢
اشك بن دارا بن دارا بن دارا	ى	٩٢
اشك بن اشكان	ك	١١٢
سابور بن اشكان	س	١٧٢
بهرام بن سابور	يا	١٨٣
بلاش بن سابور	يا	١٩٤
هرمز بن بلاش	م	٢٣٤
فيروز بن هرمز	يز	٢٥١
بلاش بن فيروز	يب	٢٦٣
خسرو بن ملاذان	م	٣٠٣
بلاشان	كد	٣٢٧
اردوان بن بلاشان	يج	٣٤٠
اردوان الكبير ابن اشكانان	كج	٣٦٣
خسرو بن اشكانان	يه	٣٧٨
بهافريد بن اشكانان	يه	٣٩٣
جوذر بن اشكانان	كب	٤١٥
بلاش بن اشكانان	ل	٤٤٥
نرسى بن اشكانان	ك	٤٦٥
اردوان الأخير	لا	٤٩٦

a In *L* fehlt das Namensverzeichniss.

ثمّ أُورِدُ ما وجدتُه في كتاب التاريخ لأبي الفرج إبراهيم بن أحمد بن خلف الزنجانيّ الحاسب وقد كان اجتهد الرجل في المقايسة بين الاقاويل المختلفة لمجاء بملوك الطوائف ومُدد مُلكهم على ما في هذا الجدول وزعم أنّ الفرس انّما قيّدت سيَر الملوك الاشكانيّة من بين ملوك الطوائف والملوك الاشكانيّة انّما ملكوا العراق والجبال في سنة ستّ واربعين ومائتين لموت الاسكندر☼

الاشكانيّة على ما في كتاب ابى الفرج	ما ملك كلّ واحد منهم	جملة السنين
الاسكندر الروميّ	يد	١٤
ملوك الطوائف	رمو	٢٦٠
افغور شاه[a]	ى	٢٧٠
سابور بن اشكان	س	٣٣٠
جوذر الاكبر	ى	٣٤٠
بيزن الاشكانيّ	كا	٣٦١
جوذر الاشكانيّ	يط	٣٨٠
نرسى الاشكانيّ	م	٤٢٠
هرمز	يز	٤٣٧
اردوان	يب	٤٤٩
خسرو	م	٤٨٩
بلاش	كد	٥١٣
اردوان الاصغر	يج	٥٢٦

ووجدنا تواريخ هذا القسم الثانى في كتاب شاهنامه المعمول لابى منصور ابن عبد الرزّاق على ما وضعناه ايضا في هذا الجدول☼

a *R* افغفور شاه , daneben die Correctur افغور

الاشكانيّة على ما فى كتاب الشاهنامه	ما ملك كلّ واحد منهم	جملة السنين
اشك بن دارا وقيل من وند ارش	يج	١٣
اشك بن اشك	كه	٣٨
سابور بن اشك	ل	٦٨
بهرام بن سابور	نا	١١٩
نرسى بن بهرام	كه	١٤٤
هرمز بن نرسى	م	١٨٤
بهرام بن هرمز	ه	١٨٩
هرمز ،	ز	١٩٦
فيروز بن هرمزد	ك	٢١٦
نرسى بن فيروز	ل	٢٤٦
اردوان	ك	٢٦٦

وفى هذا القسم من التاريخ من ما يَظْهَرُ فى المُقايَسة بين هذه الجداول وهذه مدّة طَرَفُها المتقدِّمُ غَلَبَةُ الاسكندرِ على فارسَ وطرفُها التالى قيامُ اردشيرَ بن بابك وآنتزاعُه المُلْكَ من[a] يَدَيِ الاشكانيّة وكِلا الطَّرَفَيْنِ معلومان مُتّفَقٌ عليهما فكَيْفَ يَذْهَبُ علينا ما بينهما بل لا يُمْكِنُنا قياسًا ان نَسْتَخْرِجَ مُدّةَ ما مَلَكَ كلُّ واحد من الاشكانيّة وسائرِ ملوكِ الطوائف ولا كَمِّيَّةَ عَدَدِ الأشخاص القائمين بالمُلْكِ فانّ ذلك متعلِّقٌ بالنَّقْلِ وقد وَقَعَ فيه ما وَقَعَ فلا أَقَلَّ من أنْ نجْتَهِدَ فى تصحيحِ مدّة القسمِ الثانى ما أَمْكَنَ، فنقول أنّ من الظاهر الذى لا يَخْفَى ولا يُجْهَلُ أنّ تاريخَ الاسكندرِ للسَّنَةِ[b] التى مَلَكَ فيها يزدجردُ كان تسعمائة وثلثا واربعين فنجْعَلُ هذا الذى لا يُنْكَرُ أَصْلًا محفوظا ومِعْيارًا منصوبًا اليه نَقِيسُ جميعَ ما ذكروه، فنَأْخُذُ اوّلًا ما يَجْتَمِعُ فى الجدولِ الاوّلِ فى القسم الثانى[c] وهو مائتان وثمانون سنة ونجْمَعُها الى ما سنُبَيِّنُه فى

a PR فى   b R والسنة   c Mss. الثالث

الجدول الاوّل فى القسم الثالث لتقاس النظائر من أوّل مُلْك اردشير الى اوّل مُلْك يزدجرد وهو فيه اربعمائة وعشر سنين بالتقريب فيجتمع ستّمائة وتسعون سنة وهى تنقص عن المِعْيار بقريب من[a] مائتى سنة وثلث وخمسين سنة، نُسْقِط ذلك ولا نلتفت اليه ونقصد ما فى الجدول الثانى فى القسم الثانى ايضا وهو ثلثمائة وثمان وخمسون سنة فنجمعها الى ما[b] سيشتمل عليه الجدول الثانى فى القسم الثالث من نظير المدّة المذكورة فيجتمع ثمانمائة وثمانى عشرة سنة وهى تنقص عن المعيار ايضا بقريب من مائة وخمس وعشرين سنة، فلنلقها ايضا ونجىء الى الجدول الثالث فى القسمين ونفعل به ما فعلنا بالاوّل والثانى فيجتمع تسعمائة وثلثون سنة وهى تنقص عن المعيار ثلث عشرة سنة بالتقريب، نُلْقيها ولا نعتدّ بها فانّ التواريخ لا تحتمل هذا التفاوت وان كان قريبا من الحقّ، وكذلك اذا عملنا مثل ذلك بما وجدناه فى كتاب أبى الفرج النظير بالنظير اجتمع تسعمائة وتسع واربعون سنة وهى تزداد على المعيار ستّ سنين، نتركها ايضا وان جمعنا ما اشتمل عليه كتاب الشاهنامه فى هذا القسم الثانى الى مقتضى أحد الجداول التى فى القسم الثالث كان بعيدا عن المعيار[c] فلنترك جميعها ونأخذ فى تصحيحها من كتاب مانى المعروف بالشابورقان اذ هو من بين كتب الفرس معوّل على عقب خروج اردشير ومانى ممّن يدين بتحريم الكذب وليس به حاجة الى افتعال التاريخ، فنقول أنّه قال فى هذا الكتاب فى باب مجىء الرسول أنّه وُلد ببابل فى سنة خمسمائة وسبع وعشرين من تاريخ منجّمى بابل يعنى تاريخ الاسكندر ولأربع سنين خلون من مُلْك آذربان[d] الملك وأظنّ أنّه اردوان الأخير وزعم فى هذا الباب أنّ الوحى أتاه وهو ابن ثلث عشرة سنة وذلك فى سنة خمسمائة وتسع وثلثين من تاريخ منجّمى بابل وسنتين خلتا من سنى اردشير ملك الملوك فنصّ بذلك على أنّ المدّة التى بين الاسكندر واردشير فى خمسمائة وسبع وثلثون سنة وأنّ المدّة التى بين اردشير ومُلْك يزدجرد اربعمائة وستّ سنين وهذا هو الصحيح المأخوذ لشهادة كتاب مخلّد[e] يُدان به، ولأجل أنّ الحكايات قد صحّت بالتطابق أنّ آخر الكبائس عُمِلت فى أيّام يزدجرد بن سابور وأنّ اللواحق وُضعت فى آخر الشهر الذى كانت

a من fehlt in *Mss.* b ما fehlt in *Mss.* c R فلنشرك P فنشرك d R ادربان P ادربان e PR مخلد L مجلّد

اليه نوبة الكبيسة وهو الثامن فاذا عملنا على أنّ ما بين الاسكندر واردشير خمسمائة وسبع وثلثون سنة كان بين زرداشت ويزدجرد بن سابور تسعمائة وسبعون سنة بالتقريب يلزمها ثمانية أشهر بالكبيس كما فعلوا لكلّ مائة وعشرين سنة شهرا واذا عملنا على أنّ هذه المدّة مائتان ونيف وستون سنة او أكثر الى ثلثمائة كما ذكر اكثرهم كان مبلغ السنين ستمائة سنة بالتقريب ويخصّها من شهور الكبس خمسة أشهر وقد وضعنا من قولهم أنّها ثمانية هذا خلاف[a]، وكذلك قد دُوّن فى كتب المنجّمين أنّ طالع السنة التى قام فيها اردشير النصف من الجوزاء بالتقريب وطالع السنة التى قام فيها يزدجرد سُدس برج العقرب فاذا ضربنا ثلثة وتسعين جزءا وربع جزء وهو زيادة الدور الشمسىّ على الأيّام الصحاح عند الفرس فى أربعمائة وسبع سنين اجتمع مائة واثنان وخمسون جزءا وثلثة أرباع جزء فاذا نقصنا بذلك من مطالع درجة طالع السنة التى ملك فيها يزدجرد وقوّسنا الباقى فى مطالع اقليم العراق الذى كان دار مملكة الأكاسرة كان الطالع نصف برج الجوزاء بالقرب ممّا ذكروا واذا زادت السنون او نقصت لم يتّفق الطالع فاذا ما شهد له شاهدان أولى ممّا شهد عليه شهود كثيرة، فاذا زدنا على اربعمائة وسبعة[b] التى ذكرها المنجّمون خمسمائة وسبعا وثلثين سنة التى نطق بها الشابورقان اجتمع تسعمائة واربع واربعون سنة وهى تاريخ الاسكندر لملك يزدجرد وزيادة السنة الواحدة انّما هى لتفاوت سنى الروم والفرس فى الأوائل والمبادئ فى حكاية الحاكى بغير تحقيق فى الشهور والكسور، وأمّا حمزة الاصفهانىّ فانّه حكى عن موسى بن عيسى الكسروىّ أنّه لمّا نظر هذا النظر وتنبّه للتخليط الذى ذكرناه قال انّ ما بين الاسكندر وبين ملك يزدجرد تسعمائة واثنتان واربعون سنة فاذا نقصنا من ذلك مائتين وستّا وستّين سنة لمدّة ملك الأشغانيّة حصل ملك الساسانيّة من لدن اردشير الى ملك يزدجرد ستّمائة وستّا وسبعين سنة ولم نجدها فى أقاويلهم كذلك قال فنظرنا واعتبرنا عدد ملوكهم فاذا انّهم قد نسوا أسامى نفر منهم لم يذكرها الناقلون وانّما اولوا[c] فيها لتشابهها وأنا أسوقها على الحقيقة، فزاد اعنى موسى فى مددهم وفى عددهم[d] كما سنحكيه عنه اذا انتهت نوبة الحكاية اليه ان شاء الله تعالى،

a Mss. خلف *b Mss.* وسبعين *c Mss.* اولوا *d* وفى عددهم fehlt in *R.*

ونرجع الى ذكر القسم الثالث من تاريخ الفرس لمبدئه من قيام اردشير بن بابك من نسل بهمن بن اسفنديار لأنه ابن بابك شاه بن ساسان بن بابك بن ساسان بن بهافريد بن مهرمش بن ساسان الاكبر ابن بهمن بن اسفنديار، وليس هذا القسم من التواريخ بسليم عن مثل ما كان ذكر القسمين الاولين الا أن ذلك فيه أقل وأنا أبتدئ منه بالجدول الاول النظير[a] للجداول التى تقدمت فى كل واحد من القسمين وتاليه بالثانى ثم الثالث لكن اذا جمع من كل واحد منها فى الاقسام الثلثة اتساق[b] التاريخ الفارسى وهذا هو الاول

a Mss. النظر b PR الساق

اسماء الملوك الساسانيّة[a]

على حسب ما يتّصل بالجدول الاوّل

		القابهم	ما ملك كلّ واحدٍ منهم: سنون	شهور	ايّام	جملة السنين: سنون	شهور	ايّام
اردشير بن بابك	ويلقّب بالجامع لجمعه مُلْكَ الفرس	بابكان	يد	ى	٠	١٤	ى	٠
سابور بن اردشير	نقل الكتب اليونانيّة وفى زمانه استخرج العود	برده	ل	و	يب	٤٥	د	يب
هرمز بن سابور		البطل	ا	ى	٠	٤٧	ب	يب
بهرام بن هرمز	قاتلُ مانى	بردحان[c]	ج	ج	ج	٥٠	٠	يه
بهرام بن بهرام		ساعمده	يز	٠	٠	٦٧	٠	يه
بهرام بن بهرام بن بهرام		سكانشاه	٠	د	٠	٦٧	ط	يه
نرسى بن بهرام بن بهرام		نخجيركان	ط	٠	٠	٧٦	ط	يه
هرمز بن نرسى		كوبذ	ز	٠	٠	٨٤	ب	يه
سابور بن هرمز ذو الاكتاف		هويه سنبا	عب	٠	٠	١٥٦	ب	يه
اردشير بن هرمز		الجميل	د	٠	٠	١٦	ب	يه
سابور بن سابور		سابور الجنود	ه	د[d]	٠	١٦٥	و	يه
بهرام بن سابور		كرمان شاه	يا	٠	٠	١٧٦	و	يه
يزدجرد بن سابور[b]		الاثيم	كا	٠	يز	١٩٨	٠	ب
بهرام بن يزدجرد		كور	يح	ى	٠	٢١٦	ى	ب
يزدجرد بن بهرام		شاه دوست	يح	ج	كح	٢٣٥	ب	٠
فريدون بن يزدجرد		مردانه	كز	٠	٠	٢٦٢	ب	٠

a In *L* fehlen die Namen und Beinamen. *b* *R* يزدجرد بن يزدجرد بن شابور *c* *R* بردحار *d* *P* ح *LR* ج

بلاش بن فيروز		كرمان ملك	د	.	.	٢٩٩	ب	.
قباد بن فيروز	الى ان بغى في الدين فخلع	نيك راى	لج	.	.	٣٠٤	ب	.
جاماسب بن فيروز	وهو اخوه	مكاربو[a]	ب	.	.	٣٠٦	ب	.
قباد بن فيروز	ثانية	زنديق	د	.	.	[h]٣١٠	ب	.
كسرى انوشروان	الى ان ولد النبيّ صلّى الله عليه وسلّم	الملك العادل	ما	.	.	٣٥١	ب	.
وبعد الملك			ز[b]	ز	.	[i]٣٥٨	ط	.
هرمز بن كسرى	الى ان خلع وخنق	مول زاد	ط	ز	ى	٣٦٨	د[l]	ى
كسرى	الى ان اخرج خشبة الصلب من ايليا	ابرويز الملك العزيز	لج	.	.[g]	[k]٤٠١	د[m]	ى
وبعد ذلك	الى ان هجر النبيّ صلّى الله عليه وسلّم		.	ا	ح	٤٠١	ه	يح
وبعد ذلك	الى ان خلع وسمل وقتل		د[c]	ى	كب	٤٠٦	د	ى
قباد بن كسرى	الى ان هلك في الطاعون	شيرويه	.[d]	ح	.	٤٠٧	.	ى
اردشير بن شيرويه	وله سبع سنين	كوچك	ا	و	.	٤٠٨	و	ى
شهربراز	الّذى كان كسرى وجّهه لمحاصرة قسطنطينيّة	حرمان	.	ا	ح	٤٠٨	ز	يح
بوران بنت كسرى ابرويز	وامّها مريم ابنة قيصر	السعيده	١[e]	د[f]	.	٤٠٩	يا	يح
كسرى بن قباد بن هرمز بن كسرى ابرويز		كوتاه	.	ى	.	٤١٠	ط	يح
فيروز بن حعرا محسس بن مركلسه بن منوزاد		حوسديد[aa]	.	ا	ك	٤١٠	يا	ح
ازرميدخت بنت ابرويز	حتّى سمّت	العادلة	.	و	.	٤١١	ه	ح
فرّخزاد خسرو	وهو طفل		.	ا	.	٤١١	د	ح
يزدجرد بن شهريار بن كسرى ابرويز وهو ابن خمس عشرة سنة ثمّ ملك العرب		الملك الاخير	ك	.	.	٤٣١	و	ح

a P مكاربق *aa P* خوسيلا *b Mss.* كو *c Mss.* ١ *d R* ٨ *e Mss.* ٠ *f Mss.* و *g R* ح *h Mss.* ٣٠٩ *i Mss.* ٣٥٦ *k Mss.* ٣٩٢
l Mss. و *m Mss.* و

واما الجدول الثانى المضاف الى ما ذكر حمزة انه مصحَّح من كتاب ابستا ومنقول من كتاب السِّيَر الكبير فهو هذا ☼

الجدول الثانى من القسم الاوّل

اسماء الملوك الساسانيّة[a] على حسب ما ذكر حمزة فى سياقة الجدول المصحّح من ابستا		ما ملك كلّ واحد منهم			جملة السنين		
		سنون	شهور	ايّام	سنون	شهور	ايّام
اردشير بابك		يد	و	٠	١۴	و	٠
سابور بن اردشير		ل	٠	كح	۴۴	و	كح
هرمز بن سابور		ا	ى	٠	۴٦	د	كح
بهرام بن هرمز		ج	ج	ج	۴٩	ح	١
بهرام بن بهرام		يز	٠	٠	٦٦	ح	١
بهرام بن بهرام بن بهرام		٠	د	٠	٦٧	٠	١
نرسى بن بهرام		ط	٠	٠	٧٦	٠	١
هرمز بن نرسى		ز	٠	٠	٨٣	٠	١
سابور بن هرمز	ذو الاكتاف	عب	٠	٠	١٥٥	٠	١
اردشير بن هرمز		د	٠	٠	١٥٩	٠	١
سابور بن سابور		ن	د	٠	٢٠٩	ط	١
بهرام بن سابور		يا	٠	٠	٢٢٠	ط	١
يزدجرد بن بهرام	الاثيم	كا	٠	ح	٢۴٢	ب	ط
بهرام بن يزدجرد	كور	كج	٠	٠	٢٦٥	ب	ط
يزدجرد بن بهرام		يح	د	كح	٢٨٣	ز	ز

a In *L* fehlt das Namensverzeichniss.

فیروز بن یزدجرد	کز[b]	۰	ا	۳۹۰	ز	ح
بلاش بن فیروز	د	۰	۰	۳۱۴	ز	ح
قباد بن فیروز	مج	۰	۰	۳۵۷	ز	ح
انوشروان بن قباد	مز	ز	۰	۴۰۵	ب	ح
هرمز بن انوشروان	یا	ز	ی	۴۱۹	ط	یح
ابرویز بن هرمز	لح	۰	۰	[c]۴۵۴	ط	یح
شیرویه بن ابرویز	۰	ح	۰	۴۵۵	=	یح
اردشیر بن شیرویه	ا	و	۰	۴۵۶	یا	یح
بوران[a] بنت ابرویز	ا	د	۰	۴۵۸	ج	یح
خشنشبنده	۰	ب	۰	۴۵۸	=	یح
ازرمیدخت بنت ابرویز	ا	د	۰	۴۵۹	ط	یح
خرزاد خسره	۰	ا	۰	۴۵۹	ی	یح
یزدجرد بن شهریار	ک	۰	۰	۴۰۹	ی	یح

a P بوران دخت   *b Mss.* ک   *c Mss.* ۴۵۳

وامّا الجدول الثالث فى هذا القسم وهو الذى يَزْعُم حمزة انه نقله من نسخةِ الموبذ فهو هذا*

اسماء الملوك الساسانيّة[a] على حسب ما ذكر حمزة انه اخذها من نسخة الموبذ	ما ملك كلّ واحد منهم			جملة السنين		
	سنون	شهور	ايّام	سنون	شهور	ايّام
اردشير بن بابك بعد ان حارب ملوك الطوائف	يد	ى	.	١٤	ى	.
سابور بن اردشير	ل	.	يه	٤٤	ى	يه
هرمز بن سابور	ج	ج	.	٤٨	ا	يه
بهرام بن هرمز	يز	.	.	٦٥	ا	يه
بهرام سكان شاه	م	د	.	١٠٥	ه	يه
نرسه بن بهرام	ط	.	.	١١٤	ه	يه
هرمز بن نرسه	ز	.	.	١٢١	ه	يه
سابور ذو الاكتاف	عب	.	.	١٩٣	ه	يه
اردشير بن هرمز	د	.	.	١٩٧	ه	يه
سابور بن سابور	ه	.	.	٢٠٢	ه	يه
بهرام بن سابور	يا	.	.	٣١٣	ه	يه
يزدجرد الاثيم	كا	ه	يح	٣٣٤	يا	ج
بهرام كور	يط	يا	.	٣٥٤	ى	ج
يزدجرد بن بهرام	يد	د	يح	٣٦٩	ب	كا
فيروز بن يزدجرد	يز	.	.	٣٨٦	ب	كا
بلاش بن فيروز	د	.	.	٣٩٠	ب	كا
قباد بن فيروز	ما	.	.	٤٣١	ب	كا

a In *L* fehlt das Namensverzeichniss.

انوشروان	مح	.	.	٣٧٩	ب	كا
هرمز بن انوشروان	يب	.	.	٣٩١	ب	كا
ابرويز	لح	.	.	٤٢٩	ب	كا
قباد شيرويه	.	ح	.	٤٢٩	ى	كا
اردشير بن شيرويه	ا	و	.	٤٣١[a]	د	كا
بوران بنت ابرويز	ا	د	.	٤٣٢[b]	ح	كا
فيروز المسمّى بخشنشبنده	.	ا	.	٤٣٣[c]	ط	كا
ازرمى دخت مع المسمّى بخشنشبنده	.	و	.	٤٣٣	ج	كا
خره داذ خسره	ا		.	٤٣٤	ج	كا
يزدجرد بن شهريار	ك	.	.	٤٥٤	ج	كا

وقد وَجَدْنا فى كتاب ابى الفَرَج الزَّنْجانىّ تواريخ هذا القسم على خلاف ما أَوْرَدْناه فى الجداول الثلاثة وعلى حَسَب ما عملنا فى القسمين من الثلثة من قبله وضعناها هاهنا[d] ونُتِمّ به جدول التاريخ وهو هذا ☆

a Mss. ٤٣٣ *b Mss.* ٤٣١ *c P* ٤٣١ *d* وضعناها هاهنا fehlt in *Mss.*

اسماء الملوك الساسانيّة[a] على ما فى كتاب ابى الفرج الزنجانىّ	ما ملك كلّ واحد منهم			جملة السنين		
	سنون	شهور	ايّام	سنون	شهور	ايّام
اردشير بن بابك	يد	ى	٠	١٤	ى	٠
سابور بن اردشير	لا	و	يح	٤٦	د	يح
هرمز بن سابور	ا	و	٠	٤٧	ى	يح
بهرام بن هرمز	ج	ج	ج	٥١	ا	كا
بهرام بن بهرام	يز	٠	٠	٦٨	ا	كا
بهرام بن بهرام بن بهرام	د	د	٠	٧٢	٥	كا
فرسى بن بهرام	ط	٠	٠	٨١	٥	كا
هرمز بن فرسى	ط	٠	٠	٩٠	٥	كا
سابور بن هرمز ذو الاكتاف	عب	٠	٠	١٦٢	٥	كا
اردشير بن هرمز	د	٠		١٦٦	٥	كا
سابور بن سابور	٥	د	٠	١٧١	ط	كا
بهرام بن سابور	يا	٠	٠	١٨٢	ط	كا
يزدجرد الاثيم	كا	٥	يح	٢٠٤	ج	ط
بهرام كور	يح	يا	ج	٢٣٣	ب	يب
يزدجرد بن بهرام	يح	د	يح	٢٤١	ز	٠
هرمز	ز	٠	٠	٢٤٨	ز	٠
فيروز بن يزدجرد	كز	٠		٢٧٥	ز	
بلاش بن فيروز	د	٠		٢٧٩	ز	٠
قباد وجاماسب ابنا فيروز	مج	٠	٠	٣٢٢	ز	٠
انوشروان بن قباد	مز	ز	٥	٣٧٠	ب	٥

a In *L* fehlt das Namensverzeichniss.

هرمز بن انوشروان	يا	ز	يه	٣٨١	ط	ك
ابرويز بن هرمز	لح	.	.	٤١٩	ط	ك
شيرويه بن ابرويز	.	ز	.	٤٢٠	د	ك
اردشير بن شيرويه	.	ه	.	٤٢٠	ط	ك
خرهان المحاصر للروم	.	.	كب	٤٢٠	ى	يب
كسرى بن قباد	.	ج	.	٤٢١	ا	يب
بوران بنت ابرويز	ا	و	.	٤٢٢	ز	يب
خشنشبنده	.	ب	.	٤٢٢	ط	يب
ازرمى دخت بنت ابرويز	.	د	.	٤٢٣	ا	يب
فرّخزاد خسرو وهو طفل	.	ا	.	٤٢٣	ب	يب
يزدجرد بن شهريار	ك	.	.	٤٤٣	ب	يب

ثم نعود لاتمام ما وعدناه من ذكر سياقة الكسروى تاريخ هذا القسم لما فطن للاضطراب العارض فى القسمين الأخيرين بعد أن نتعجّب طويلا منه ومن عمله فانه عند التجربة والامتحان نقص من المدة التى بين الاسكندر ويزدجرد مائتين وستا وستين سنة لمدة ملك الاشغانية ولم يثبت حمزة الا الرأى الذى ذكر أنه صححه من ابستا والرأى الذى زعم انه أخذه من نسخة الموبذ وفى كليهما تزداد هذه المدة على ثلثمائة وخمسين سنة فكان يجب أن نعمل بأحدهما او نقرن الذى صح عند الكسروى اليهما لئلا يعمل على غير ما ذكره الّلهم الا أن يكون اعتمد ما ذكرناه نحن منقولا من الشاهنامه، ثم لما فعل الكسروى ذلك وصح عنده حصول التخاليط فليت شعرى لم حملها على مدة ملوك الساسانية دون الأشغانية ومدة الاشغانية أحق بدخول الخلل فيه لتشتت حال الفرس فيها واهتمامهم لأنفسهم واشتغالهم بما يشغلهم عن حفظ التواريخ لما لحقهم من جهة الاسكندر وخلفائه من الروم وبعده من احراق جميع ما يرغب فيه من العلوم وهدم ما يتنفّس[a] به ويتنافس[b] فيه من الصنائع البديعة حتى انه أحرق اكثر كتاب الدين وخرّب الأبنية العجيبة كالتى فى جبال اصطخر المعروفة فى زمننا بمسجد سليمان بن داود وألقى النار فيها فيقال أن آثار الحرق باقية فى مواضع منها الى يومنا هذا ولأجل ذلك أغفلوا صدرا من المدة التى بين الاسكندر وأردشير حتى كان يسوسهم الروم وأخذوا فى اثبات التواريخ من حين سكون روعتهم وذهاب الوجل عنهم بتملك الأشكانية عليهم، ولأن هذه المدة المتقدمة أحق بأن يقع فيها التفاوت لانتظام الملك والولاية فى آل ساسان واضطرابه فى أيام أولئك وقد نثق بذلك شهاداتنا التى استشهدنا فى ذلك بها، وهذا هو شكل الجدول المتضمن اصلاح[c] الكسروى بزعمه

a *LR* تنفس *P* ينفس b *R* تنافس c *Mss.* الاصلاح

اسماء الملوك الساسانيّة[a] على ما حكى حمزة عن الكسروىّ انّه صحّحها	ما ملك كلّ واحد منهم سنون	شهور	ايّام	جملة السنين سنون	شهور	ايّام
اردشير بن بابك	يط	ى	٠	١٩	ى	٠
سابور الجنود	لب	د	٠	٥٢	ب	٠
ابنه هرمز	ا	ى	٠	٥٤	٠	٠
ابنه بهرام	ط	ج	٠	٦٣	ج	٠
بهرام بن بهرام	كج	٠	٠	٨٦	ج	٠
بهرام بن بهرام بن بهرام	يج	د	٠	٩٩	ز	٠
نرسه بن بهرام	ط	٠	٠	١٠٨	ز	٠
ابنه هرمز	يج	٠	٠	١٢١	ز	٠
سابور ذو الاكتاف	عب	٠	٠	١٩٣	ز	٠
اخوه اردشير	د	٠	٠	١٩٧	ز	٠
سابور بن سابور ذى الاكتاف	فب	٠	٠	٢٧٩	ز	٠
ابنه بهرام	يب	٠	٠	٢٩١	ز	٠
ابنه يزدجرد الالين صاحب شروين	فب	٠	٠	٣٧٣	ز	٠
يزدجرد الخشن ابنه	كج	٠	٠	٣٩٦	ز	٠
ابنه بهرام كور	كج	٠	٠	٤١٩	ز	٠
ابنه يزدجرد	يح	٠[b]	٠[c]	٤٣٧	٠	٠
ابنه بهرام	كو	ا	٠	٤٦٣	ا	٠
ابنه فيروز	كط	٠	ا	٤٩٢	ا	ا
ابنه بلاش	ج	٠	٠	٤٩٥	ا	ا
اخوه قباد	سح	٠	٠	٥٦٣	ا	ا

a In *L* fehlt das Namensverzeichniss. *b Mss.* · *c Mss.* ٥

انوشروان بن قباد	مز	ز	٠	٩١٠	ح	ا
هرمز بن انوشروان	كج	٠	٠	٩٣٣	ح	ا
ابرويز بن هرمز	لح	٠	٠	٩٧١	ح	ا
شيرويه بن هرمز	٠	ح	٠	٩٧٢	د	ا
اردشير بن شيرويه	ا	٠	٠	٩٧٣	د	ا
شهربراز	٠	ا	ح[b]	٩٧٣	٥	ط
بوران بنت كسرى ابرويز	ا	٠	٠	٩٧٤	٥	ط
خشنشبنده	٠	ب	٠	٩٧٤	ز	ط
خسرو بن قباد بن هرمز	٠	ى	٠	٩٧٥	٥	ط
فيروز من ولد اردشير بن بابك	٠	ب	٠	٩٧٥	ز	ط
ازرمى دخت بنت ابرويز	٠	د	٠	٩٧٥	يا	ط
فرّخزاد بن خسرو بن ابرويز وامّه كرديه[a] اخت بهرام شوبين	٠	ا	٠	٩٧٦	٠	ط
يزدجرد بن شهربار	ك	٠	٠	٩٢١	٠	ط

a P كرديه *b* Mss. ٠

وعند المنجمين أنّ خلفآء الاسلام وملوك هذه الملّة ليس ولا واحدٌ منهم يملك أكثرَ من اربع وعشرين سنة فامّا امتداد أيّام المُطيع الى قريب من ثلثين سنة فذلك لأجل أنّ عندهم أنّ الدَّوْلة والمُلك قد انتقل فى آخرِ أيّام المتّقى وأوّلِ ايّام المستكفى من آلِ العبّاس الى آلِ بُوَيه والذى بَقِىَ فى أيدى العباسيّة انّما هو أمْرٌ دينىٌّ اعتقادىٌّ لا مُلْكٌ دُنياوىٌّ كمِثْلِ ما لرأس الجالوت عند اليهود من امر الرِّياسة الدّينيّة من غيرِ مُلْكٍ ولا دولة فالقائمُ من وَلَدِ العبّاس الآنَ انّما هو رئيس الاسلام عند أصحاب النُّجوم لا مَلِكٌ وقديمًا كانوا يُنذِرون بذلك كما وُجِدَ فى كتاب أحمدَ بن الطّيّب السَّرَخْسىّ فى قِران النَّحْسَيْن فى بُرْجِ السَّرطان وما صَرَّحَ بذلك تصريحَ كنكه الهندىّ منجّمِ الرّشيد فانّه زعم أنّ مُلْكهم ينتقل الى رَجُلٍ يَخْرُجُ من اصبهان ونصَّ على الوقت الذى خَرَجَ فيه علىُّ بن بُوَيه الملقّبُ بعماد الدّولة باصبهان، وبنو العبّاس لمّا لقّبوا أعوانهم بالألقاب الكاذبة وسَوَّوا فيها بين الموالى والمعادى وتَسَبّوهم الى الدولة بأسرهم ضاعت دَوْلتُهم فانّهم أفرطوا فى ذلك حتّى احتيج للقائم بحضرتهم الى فرقٍ بينه وبين غيرهم فنعتوا له التّلقيبَ ورَغِبَ فى مثلِ ذلك غيرُهم وكان الراغبُ يُنجِحُ حاجتَه بالبَذْل وبنزاح[a] علّته بالأدلاء فاحتيج ثانيًا الى الفرق بين هؤلاء وبين المختصّ بحضرتهم فثلّثوا له التلقيبَ وألحقوا به الشاهانشاهيّة وبَلَغَ الأمرُ غايته من التكليف والتثقيل حتّى انّ الذاكرَ لهم يَمَلُّ ذِكْرهم قبل أن يبتدئ به والكاتب يُفْنى زمنًا وأسطرًا والخاطبُ لهم على خَطَرٍ من فَوْتِ وقتِ الصّلوة، ولا بأس بأنْ يجىء ما خرج الى زماننا من الألقاب الصادرة عن حضرة الخلافة ونحصرها فى جدولٍ هذه صورته

a R وبتزاح

اسماء الملقبين وهى	الالقاب الصادرة عن حضرة الخلافة
القسم بن عبيد الله	ولىّ الدولة
ابنه	عميد الدولة
ابو محمّد ابن حمدان	ناصر الدولة
ابنه	سعد الدولة
ابو الحسن علىّ بن حمدان	سيف الدولة
علىّ بن بويه	عماد الدولة
ابو الحسن احمد بن بويه	معزّ الدولة
الحسن بن بويه	ركن الدولة
ابو منصور بختيار بن ابى الحسن	عزّ الدولة
ابو اسحق بن الحسين	عمدة الدولة
ابو حرب الحبشى ابن ابى الحسين	سند الدولة
ابو منصور بيستون بن وشمكير	ظهير الدولة
ابو منصور بويه بن الحسن	مؤيّد الدولة
المرزبان بن بختيار	اعزاز الدولة
قابوس بن وشمكير	شمس المعالى
ابو احمد حارث بن احمد	ولىّ الدولة
ابو شجاع فناخسره بن الحسن	عضد الدولة وتاج الملّة
ابو كالنجر بن فناخسره	فخر الدولة وفلك الأمّة
ابو كالنجر مرزبان بن فناخسره	صمصام الدولة وشمس الملّة
ابو الفوارس بن فناخسره	شرف الدولة وزين الملّة
ابو طالب رستم بن علىّ	مجد الملّة وكهف الأمّة

ابو القسم محمود بن سبكتكين	يمين الدولة وامين الملّة
ابو نصر خرّه فيروز بن فناخسره	بهاء الدولة وضياء الملّة وغياث الامّة
ابو الحسن محمّد بن ابراهيم	ناصر الدولة
ابو العبّاس تاش الحاجب	حسام الدولة
ابو الحسن فائق الخاصّة	عميد الدولة
ابو علىّ محمّد بن محمّد بن ابراهيم	ناصر الدولة
سبكتكين اوّلا	مُعين الدولة
ثمّ نُقِّبَ بعد ذلك	ناصر الدين والدولة
محمود بن سبكتكين	سيف الدولة
ابو الفوارس بكتوزون الحاجب	سنان الدولة
ابو القسم محمّد بن ابراهيم	نصير الدولة
ابو منصور الب ارسلان البالوى	مُعين الدولة

وكذلك وُزرآء الخلافة قد لُقِّبوا بالأذواء كذى اليمينَيْن وذى الرئاستَيْن وذى الكفايتَيْن وذى السَيْفَيْن وذى القلمَيْن وأمثالِ ذلك وتشبَّهَ بهم آل بُوَيْه لمّا كانت الدولةُ مُنْتَقِلَةً اليهم كما ذكرنا وبالغوا فيه واستغرقهم الكذب فسمَّوْا وُزرآءهم بكافى الكفاة والكافى الأوحد وأوحد الكفاة، ولم ترغب السامانيّة وُلاةُ خُراسانَ فى هذه الألقاب بل آكتفوا بالتكنية وكانوا يُذكَرون فى حياتهم بالملك المؤيِّد الموفَّق والمنصور والمُعَظَّم والمنتصر وبعد وفاتهم بالحميد والشهيد والسعيد والسديد والرضىّ وأمثالِ ذلك ولكنّهم لقَّبوا جُيوشَهم بناصرِ الدَّوْلة وعمادها وحسامها وعميدها وسيفها وسنانها ومُعينها ونصيرها آقتدآء بفعلِ الخُلفآء وكذلك فعل بُغراخانُ لمّا خرج فى سنة اثنتين وثمانين وثلثمائة من تلقيبِ نفسه بشهاب الدولة، وجاوزَ نفرٌ منهم هذا الحدّ فسمَّوا أنفسهم بأميرِ العالَمِ وسيِّدِ الأمرآء فأذاقهم الله الخزى فى الحيوة الدنيا والأكبرَ لهم ونُغَيِّرُهم مُجْزِمُ، فأمّا الأميرُ السيّدُ الأجلّ أدامَ اللهُ سلطانَه فقد كوتِبَ من حَضْرَةِ الخلافة وعُرِضَت عليه الألقابُ المنسوبةُ الى الدولة فتعالى عنها وتنزّه عن التشبيه بالملقَّبين مجازًا وآختار لنفسه ما

لم يَعْدُه فيه الحقُّ واللهُ يُديمُ قُدْرَتَه صار بين مُلوكِ العالَمِ كالشمسِ تُضيءُ، تُظْلَمُهم بشُعاعِ مَعالِيه وارْتضاه الخلفآءُ أميرَ المؤمنين وأَحَبّوا تَثْبيتَه والزيادةَ فيه فأَتى ذلك لعُلوِّ هِمَّتِه فأطال اللهُ بَقآءه ونَوَّرَ بعَدْلِه آفاقَ العالَمِ وعَمَّ بنَظَرِه أَقْطارَ الدُّنْيا وجَعَلَ أَسْبابَه واسبابَ العِبادِ في نَمآءٍ مُتَرَقِّيَةٍ الى الكمالِ غيرَ بالغةٍ نِهايَتَها انّه على ذلك قَديرٌ وبمَصالحِ عِبادِه خَبيرٌ بَصيرٌ ✿

ونَعُودُ الى ما أَخَذْنا عنه من الشُّغْلِ[a] السلوكِ في هذا ونقولُ اذْ قد حَصَلَ ما قدّمناه في الجداولِ من التواريخِ فيَجِبُ أَنْ نَصْرِفَ العِنايةَ الى انْجازِ ما وعدناه من[b] الإرْشادِ الى معرفةِ كيفيّةِ استخراجِ التواريخِ المستعمَلةِ في الزيجاتِ والأرْصادِ وغيرِها من الشُّروطِ والمُعامَلاتِ ونُقَدِّمُ له تَمْثيلاً مُضَعَّفًا يَتَضَمَّنُ أَبْعادَ ما بين كلِّ واحدٍ منها وبينَ الآخرِ بالمقدارِ الذى لا يَخْتَلِفُ وهو الايّامُ والتى في النصفِ الاسفلِ من السَّطْرِ الأخيرِ هى ايّامُ الأبْعادِ مكتوبةً بأَرْقامِ الهندِ والتى في النصفِ الاعلى جنسانِ الاعلى منهما [c]هو تلك الايّامُ بعَيْنِها[c] مرفوعةً ستّين ستّين الى ما ارْتَفَعَتْ لَمْبه والاسفل هو تلك الايّامُ بعينها في مَراتبِها من ارقامِ الهندِ منقولةً الى حُروفِ الجُمَّلِ، مِثالُ ذلك بشَيْءٍ غيرِ مجهولٍ وهو أنّا متى ضَرَبْنا مال مال مالِ مالِ الستّةَ عَشَرَ في نَفْسِه وأَسْقَطْنا من المَبْلَغِ واحدًا كان ذلك هو ما يَجْتَمِعُ في جميعِ بيوتِ رُقْعَةِ الشِّطْرَنْجِ من التَّضاعيفِ اذا ابْتُدِئَ في الاوّلِ منها بواحدٍ ويكونُ ذلك بارقامِ الهندِ

١٨٤٤٦٧٤٤٠٧٣٧٠٩٥٥١٦١٥

ويكونُ مرفوعًا بستّين الى ما ارْتَفَعَ

ل ل كز ذ ۰ ج ن م لا ۰ يه

ويكونُ منقولاً الى حروفِ الجُمَّلِ

ها واحطع جزمدزوددحا

فاذا نَقَلْتَ هذه الحروفَ على وِلائِها الى ارْقامِ الهندِ حَصَلَ العَدَدُ المذكورُ، فلْيُفْهَمِ التَّمْثيلُ بهذا المثالِ وانّما فَعَلْنا ذلك ليكونَ كلُّ واحدٍ من الأجْناسِ الثلثةِ شاهدًا على نَظيرِه عند وُقوعِ شكٍّ في بعضِ حروفِ الأعْدادِ والأرْقامِ، ونَذْكُرُ العَمَلَ كُلِّيًّا غيرَ مبسوطٍ فانّ الناظرَ في

a *Mss.* السنين   *b* *Mss.* الى   *c–c* Von هو bis بعينها fehlt in *R.*

هذا الكتاب لا بُدّ من أنْ يكون مُترفّعًا عن مرتبة المبتدئين فى الحساب ونقول اذا أراد مريد معرفة التواريخ من واحد معلوم عنده فليجعل المعلوم كلّه ايامًا ويسمّى ما آجتمع الأصل ويأخذ ما بين مبدإ التاريخين اعنى المعلوم والمطلوب ونسمّيه التعديل فان كان التاريخ المعلوم متقدّمًا للتاريخ المطلوب نقص التعديل من الأصل وان كان التاريخ المعلوم متأخّرًا عن التاريخ المطلوب زاد التعديل عليه فما آجتمع فهو ايام التاريخ المطلوب فليقسمها على مقدار السنة المنسوبة الى ذلك التاريخ فما خرج فسنون تامّة وما بقى فأيام تنقل الى شهورها على حسب استحقاقها [a] بالمقادير التى ذكرنا لكلّ واحد من أجناس الشهور وهذه ايّام ما بيّنها فى [b] الخيلسان المضعّف والله اعلم

a R استحقاقاتها *b* *Mss.* من

الطيلسان المضعف

الطوفان على راى ابى معشر وسنوه وشهوره قبطيّة	ج نح نو يح جزا سح	د ما نه لح° جحجطد اى	دمح ز لد دزبطاى	° يب يد كح حومبا ا	° كح لد لح جزحجا ا	° مد ب نو° واهحجبا°	و يز مو يه هزطلهجا	و يح مولح حطهجوجا	و مه كز لح جهوطهد ا
٨٦٠١٧٣	بختنصّر وسنوه وشهوره قبطيّة	مب نط كه سزد ها	مد يا ما ايطها	ا يح يح يه هطحجوب	ا كط لح ك لببح	ا مد ° مح جد حزح	ب يح ن ب ر بف ططد	ب يط ن كه هبد جن	ب مو لا كه ند طلطه
١٠١٤٣٣٣[a]	١٥٤٧٦٠	بيلبس وسنوه وشهوره قبطيّة	ايب كا اد جد	ل يح نه هجاطى	مولط . معلزوا	ا ب و كح حهجبب	ا له ن مب بد ند ج	ا لونا ° هو وحد ج	ب ج لب . كزددد
١٠١٩٧٤	١ ٩١٠١	٤٣٤١	الاسكندر وسنوه وشهوره سريانيّة	كط و لد دحلزدى	مه كو لط طلطهجوا	ا . ند ب بد بطا ب	ا لد لح كا اعح	ا له لح مد د بجدد ج	بب يط لط طز جمد
١١٢٤٠٦٨	٣٢٣٨٩٥	١٠٩١٣٥	١٠٤٧٩٤	اغسطس وسنوه روميّة وشهوره قبطيّة	يو كا ° هفحه	لا مز كح حددا ا	ا ° لا مز زصهجب	ا و لب ى لهطلجب	ا لح يح ° هحههجح
١١٨٤٨٧٣	٣٢٢٧٠٠	١٦٧٩٤٠	١٩٣٥٩٩	٥٨٨٠٥	انطنيس وسنوه روميّة وشهوره قبطيّة	يه كز كح جد و هد	مط يا مب بيزز ا	ن يب ° هبزفا	ا يونح . فز و زب
١١٣٨٥١٩[b]	٣٧٨٣٤٣	٢٣٣٥٨٣	٢١٩٣٤٢	١١٤٤٤٨	٥٥٦٤٣	دقلطيانوس وسنوه وشهوره روميّة	لح مد يط طهدابا	لد مد مب بحنبا	اا كه لز زجا ا بب
١٣٥٩٩٧٥	٤٩٩٨٠٢	٣٤٥٠٤٤	٣٤٠٧٠١	٣٣٥٩٠٧	١٧٧١٠٢	١٣٤٥٩	الهجرة وسنوه قمريّة وشهوره عربيّة	ا . كح جبوج	كز ما يح حز و طط
١٣٣٣٥٩٨	٥٠٣٤٢٥	٣٤٨٦٩٥	٣٤٤٣٢٤	٣٣٩٥٣٠	١٨٠٧٢٥	١٢٥٠٨٢	٣٦١٣	يزدجرد وسنوه وشهوره فارسيّة	كوم نه هبسط
١٤٥٩٦٥٣	٥٩٩٤٨٠	٤٤٤٧٢٠	٤٤٠٣٧٩	٣٣٥٥٨٥	٢٧٦٧٨٠	٣٢١١٣٧	٩٩٦٧٨	٩٦٠٥٥	المعتضد وسنوه روميّة وشهوره فارسيّة

a R ١٠١٩٧٤ *b* Mss. ١١٣٨٥١٣ *c* Mss. دمح رند *d* Mss. ° مد ب مح *e* Mss. جبهحجبا *f* Mss. ب نح نا مب ن ب

انّ لِتَضْعيف الشطرنج وحسابه أَصْلَيْن احدهما أنّه متى ضُرِبَ ما فى بَيْتٍ مّا من البيوت الاربعة والستّين فى نفسه وَقَعَ المُرْتَفِعُ فى البيتِ الذى بُعْدُه منه كَبُعْدِ البيتِ المضروب من الواحد، مِثالُه أنّا متى ضَرَبْنا ما فى البيتِ الخامس فى نفسه وهو يو كان المُرْتَفِعُ[a] منه رنو وهى تَقَعُ فى البيتِ التاسع وبُعْدُ البيتِ التاسعِ من الخامس كَبُعْدِ البيتِ الأوّلِ منه، وأمّا الأصْلُ الثانى فهو أنّا متى أَخَذْنا ما فى بيتٍ من البيوتِ وأَسْقَطْنا منه واحدًا كان الباقى مُساوِيًا لجميع ما فى البيوتِ التى قَبْلَه، مِثالُه أنّا متى[b] اخذنا ما فى البيتِ السادسِ وهو لب ونَقَصْنا منه واحدًا فَبَقِيَ احدٌ وثلثون وهو مُساوٍ لِما فى البيوتِ التى قَبْلَه اذا اَجْتَمَعَتْ وهى ا ب د ح يو، ومَعْنَى ضَرْبِ مالِ مالِ مالِ الستّةَ عَشَرَ فى نفسه[c] هو ضَرْبُ ما فى البيتِ الثالثِ والثلثين فى نفسه لِيَحْصُلَ ما فى البيتِ الخامسِ والستّين واذا أُسْقِطَ منه واحدٌ يَحْصُلُ جميعُ ما فى الرُّقْعَة ومالُ لج الذى يَرْتَفِعُ من ضَرْبِ ما فى بيتِ يز ومالُ يز ما يَرْتَفِعُ من ضَرْبِ ما فى بيتِ ط ومالُ ط ما يرتفع من بيتِ ه وهو الستّةَ عشرِ المذكورة، قال ابو رَيْحانٍ فى كتابِ الأرْقامِ أُرِيدُ أُبَيِّنُ[d] الطريقَ الى حِسابِ الشطرنج لِيَتَدَرَّبَ فى مُزاوَلَته ومِمّا يَجِبُ أنْ يُقَدِّمَ له هو أنْ تَعْرِفَ أنّ تَضاعِيفَ زَوْجِ الزَّوْجِ مَهْما أُخِذ مُتَباعِدَةً مُتَوالِيَةً[e] فإنْ كانت فَرْدًا كان لها واسطةٌ واحدةٌ وضَرْبُنا احْدَى الحاشِيَتَيْنِ فى الأُخْرَى مُساوٍ لِضَرْبِ احدى الواسطتَيْنِ فى الأُخْرَى، فهذا أحَدُ ما يَجِبُ أنْ يُعْرَفَ قَبْلَه والآخَرُ أنّا اذا أَرَدْنا جَمْعَ تلك العِدّةِ المفروضة من تَضاعيفِ زَوْجِ الزَّوْجِ أَضْعَفْنا أَعْظَمَها وهو الأَخِيرُ وأَلْقَيْنا[f] منه أَصْغَرَها وهو الأوّلُ فيَبْقَى مجموعُ تلك التضاعيف، واذا تَقَرَّرَ ذلك زِدْنا فى بُيُوتِ رُقْعَةِ الشطرنج بَيْتًا يكون خامسًا وستّين ومعلومٌ أنّ عَدَدَه الذى فيه من تضاعيف زَوْجِ الزَّوْجِ المُبْتَدِئةِ من الواحدِ مُساوٍ لمجموعِ ما فى جميعِ بيوتِ العَرْصَةِ وزيادةِ أوّلِها الذى هو الواحدُ الأوّلُ فاذا نُقِصَ منه واحدٌ بَقِيَ ما فى جميعِ البيوتِ، فاذا جَعَلْنا هذا البيتَ والأوّلَ حاشِيَتَيْنِ كان البيتُ الذى فيه لج واسطةً لهما وهى الواسطةُ الأولى واذا جَعَلْنا بيتَ لج والبيتَ الأوّلَ حاشيتين كان بيتُ يز واسطةً لهما وهى الثانيةُ واذا جعلنا بيتَ يز والبيتَ الأوّلَ حاشيتين كان بيتُ ط واسطةً لهما وهى

a P ما لمرتفع R ما لم يرتفع b متى fehlt in *Mss.* c *Mss.* ومعنى مال مال المال فى نفسه d *PR* اثنين d. i. أُبَيِّنُ e Sic *Mss.* f *R* والقينا *PL* وأَلْقَيْنا

الثالثة واذا جعلنا بيت ط والبيت الاول حاشيتين كان بيت ه واسطة وهى الرابعة واذا جعلنا بيت ه والبيت الاول حاشيتين كان بيت ج واسطة وهى الخامسة واذا جعلنا بيت ج والبيت الاول حاشيتين كان بيت ب واسطة وهى السادسة وفيه آثنان، واذا ضربنا الاثنين[a] فى نفسهما اجتمع مضروب[b] البيت الاول فى بيت ج لكن فى الاول واحد لما اجتمع اثنن هو الواسطة الخامسة فى بيت ج وهى اربعة نضربها فى مثلها فيكون ستة عشر وهى الواسطة الرابعة فى بيت ه فنضربها فى مثلها فيكون ٢٥٦ وهى الواسطة الثالثة[c] فى بيت ط واذا ضربناها فى مثلها اجتمع ٦٥٥٣٦ وهى الواسطة الثانية فى بيت يز واذا ضربناها فى مثلها اجتمع ٤٢٩٤٩٦٧٢٩٦ وهى الواسطة الاولى فى بيت لج فاذا ضربناها فى مثلها اجتمع ١٨٤٤٦٧٤٤٠٧٣٧٠٩٥٥١٦١٦ فاذا اسقطنا منه واحدا وهو الذى فى البيت الاول بقى جميع ما فى بيوت العرصة اعنى العدد الذى مثلنا به اولا، ولا يضبط كثرته الا بأن يقسم على عشرة آلاف حتى يصير بدرا ويقسم البدر على ثمانية لتصير اوقارا ويقسم عدد الاوقار على عشرة آلاف ليصير بغالها[d] قنطعانا كل قنيبع عشرة آلاف ثم يقسم القنطعان على الف لترعى على شطوط اودية على شط كل واحد منها الف بغل[e] ثم يقسم عدد الاودية على عشرة آلاف لتخرج [f]من كل واد منها عشرة آلاف جبل[f] فعلى[g] عظم المساحة فى القسمة يكون عدد تلك الجبال الفين وثلثمائة وخمسة اجبل وهى صفات يضيق عنها المعمورة والله اعلم واحكم

a *RL* الاثنان *P* الابنان *b* *Mss.* بضروب *c* الثالثة fehlt in *Mss.* *d* *LR* بعالها *P* يعالها *e* *Mss.* رغل *f–f* *Mss.* من كل جبل عشرة الف واد منها *g* *P* فعل

ثمّ نفصّل القول فى ذلك تفصيلا لا يُستغنى عن مثله ونؤخّر القول فى استخراج تاريخ آدم والطوفان على قول اهل الكتاب لانّهما[a] يتعلّقان بسنى اليهود وشهورهم ولها من الالتواء والاضطراب وصعوبة الادراك[b] بالحساب ما قدّمنا شطرا منه فلأجل ذلك لا غنية[c] عن تجريد العناية وافراد القول فيهما، والآن نبتدئ بتفصيل القول فى التواريخ ونعمل فيها على أنّ ما بين أوائلها ويومنا المطلوب من الايّام معلومة ونسمّيها محصّلة،

فاذا أردنا تاريخ الطوفان على قول أبى معشر المستعمل فى زيجه قسمنا ايّامه المحصّلة على ثلثمائة وخمسة وستّين يوما فتخرج سنون تامّة وما يبقى من الايّام نجعلها شهورا قبطيّة وقد يتّفق اوّل شهر توت من هذا التاريخ للطوفان مع اليوم الثامن عشر من بهمن ماه فى تاريخ يزدجرد غير المكبوس،

فان أردنا احد تاريخى بختنصّر وفيلفس قسمنا الايّام المحصّلة على ثلثمائة وخمسة وستّين فتخرج سنون تامّة ويبقى ايّام يُقسم لكلّ شهر حصّته[e] منها ونبتدئ بتوت وقد يوافق اوّله اوّل[d] دى ماه من تاريخ يزدجرد غير المكبوس،

واذا اردنا تاريخ الاسكندر قسمنا ايّامه المحصّلة على ثلثمائة وخمسة وستّين يوما وربع يوم هو أن نضرب تلك الايّام فى اربعة حتى تصير أرباعا ونقسم المجتمع على الف واربعمائة واحد وستّين التى هى أرباع سنة فتخرج سنون تامّة وما يبقى ارباع تُقسم على اربعة لتعود ايّاما ونطرح منها لكلّ شهر عدد ايّامه ونبتدئ من تشرين الاوّل وما يبقى لا يفى بشهر فهو ما مضى منه ولنطرح لشباط فى السنة الكبيسة تسعة وعشرين يوما وفى غيرها ثمانية وعشرين يوما، ومعرفة الكبيسة هو أن ننظر الى ما بقى من قسمة الأرباع على اربعة فان كان بقى اثنان فالسنة المنكسرة كبيسة وان بقى أقلّ او اكثر فليست بكبيسة وهذا لأجل أنّ الكبيسة قد تقدّمت اوّل التاريخ بسنتين وكان اجتمع من الارباع فى اوّل التاريخ ربعا يوم واذا بقى ما بعد التاريخ

a R لانها   b R ادراك   c R غنية بها   d اوّل fehlt in *Mss.*   e RL حصة

ربعان كَمُلَ منهما اذا أُضيفا الى لُبَيْنَك الرُّبْعَيْنِ بومٌ تامٌّ وأَنْجَبَرَ فكانت السنةُ كبيسةً، وان كان عَمَلُنا فى هذا التاريخ على مذهب الروم أَلْقَيْنا من جُمْلةِ الايّام المحصّلة اثنَيْن وتسعين يوما بسَبَبِ تفاوُتِ اوّلِ السنة عند الروم والسُّرْيانيّين ونَعْمَلُ ما بَقِيَ عَمَلَنا لتاريخه على مذهبِ السُّرْيانيّين وما بَقِيَ من الأَرْباع نَجْعَلُها ايّامًا ونُلْقِى لكلّ شهرٍ عَدَدَ ايّامه ونَبْتَدِئُ من يَنواريوس اعنى كانونَ الآخِرَ ومعرفةُ الكبيسة على مِثالِ ما تَقَدَّمَ،

وانْ اردنا تاريخَ اغسطلسَ فانّا نَعْمَلُ ايّامَه المحصّلةَ عَمَلَنا فى تاريخ الاسكندرِ حتّى تَخْرُجَ السنون التامّةُ ويَبْقَى الأَرْباعُ فنُصَيِّرُها ايّامًا ونُلْقِى لكلّ شهرٍ من شهورِ القِبْطِ عَدَدَ ايّامه ونبتدئُ من توت[a] فانْ كانت السنةُ كبيسةً أَلْقَيْنا لابوغمنا وهو الشهرُ الصغيرُ ستّةَ ايّامٍ وانْ لم تكن كبيسةً أَخَذْنا له خمسةَ ايّامٍ، ومعرفةُ السنةِ الكبيسةِ هو أَنْ لا يَبْقَى من الارباع شىءٌ اذا صَيَّرْناها ايّامًا وذلك لِأَنَّ الكبيسةَ تَقَدَّمَتْ اوّلَ التاريخ وليس فيه كثيرُ الْتِباسٍ اذْ هو فى آخِرِ السنة ويَتَّفِقُ اوّلُ توت ابدًا مع اليوم التاسع والعشرين من آبَ السريانىّ،

وامّا تاريخُ انطنيسَ فاذا نُحَصِّلُ سِنيه التامّةَ على مِثْلِ ما تَقَدَّمَ فى تاريخ اغسطسَ ونَقْسِمُ الباقىَ على اربعةٍ ونُمَيِّزُ ممّا[b] خَرَجَ حِصّةً[c] كلِّ شهرٍ ونبتدئُ من توت ونُلْقِى فى السنةِ الكبيسةِ لابوغمنا ستّةَ ايّامٍ ومعرفةُ الكبيسةِ أَنْ يَبْقَى من الارباع رُبْعُ يومٍ واحدٍ،

وامّا تاريخُ دقلطيانوسَ فنَعْمَلُ بايّامه المحصّلةِ كما[d] عَمِلْنا فى تاريخ اغسطسَ وغيرِه حتّى تَخْرُجَ السنون التامّةُ وتُعادَ ارباعُها صِحاحًا ونَقْسِمُ من الشهورِ حِصَصَها ونبتدئُ من ينواريوس وهو كانونُ الآخِرُ فانْ كانت السنةُ كبيسةً أَلْقَيْنا لفبراريوس وهو شُباطُ تسعةً وعشرين يوما وفى غيرِها ثمانيةً وعشرين يوما ومعرفةُ الكبيسةِ أَنْ يَبْقَى من الارباعِ رُبْعانِ كما هو[e] فى تاريخِ الاسكندرِ،

وامّا تواريخُ العرب وشهورُهم وأَبْنِيَةُ[f] النَّسِىء فيها وتَرْتيبُهم[g] فى الجاهليّة لها فأَمْرٌ أَهْمَلَ وكانوا أُمّيّين ولم يُعَوِّلوا فى تَخْليدِ الآثارِ الّا على الحِفْظِ والأَشْعارِ فلمّا انْقَرَضَ مُسْتَعْمِلوها انْقَطَعَ ذِكْرُها ولا سَبيلَ الى عِلْمِ مِثْلِ ذلك،

a L تَوْشِقان b R ما c R حصته d كما fehlt in *PR*. e هو fehlt in *RL* f *PL* وابنية *R* وانبيه g *R* وتربتهم

وامّا تاريخ الهجرة فى الاسلام فانّا اذا اردناه قسّمنا ايّامه المحصّلة على سنة القمر الوسطى وهى ثلثمائة واربعة وخمسون يوما وخُمس وسُدس بأن نضربها فى ثلثين وهو اقلّ عدد له خُمس وسُدس ونقسم المجتمع على عشرة آلاف وستّمائة واحد وثلثين وهو مضروب ثلثمائة واربعة وخمسين فى ثلثين مضافًا الى ما اجتمع أحد عشر التى فى مجموع خُمسها وسُدسها فما خرج فسنون تامّة قريبة وما بقى فايّام مضروبة فى ثلثين فاذا قسّمناها على ثلثين عاد القسم ايّاما فنأخذ منها لشهر ثلثين يوما ولشهر تسعة وعشرين ونبدأ من المحرّم وما بقى لا يتمّ شهرا فهو ما مضى من ذلك الشهر، وعلى هذا يُعمل فى استخراج التواريخ فى الزيجات فان سلك فيه طرق مختلفة فهى راجعة الى معنى واحد فامّا على رؤية الهلال فيمكن أن يتوالى فيه شهران ناقصان وثلثة أشهر تامّة ويمكن أن تزيد سنة القمر على المقدار المذكور وتنقص منه بسبب اختلاف الحركة،

وامّا تاريخ يزدجرد فانّا نقسم الايّام المحصّلة له[a] على ثلثمائة وخمسة وستّين فما خرج فسنون تامّة وما بقى نعطى[b] كلّ شهر ثلثين المذكور ونبتدئ بفروردين ماه فنقف[c] من ذلك على تاريخ ملكه المستعمل فى الزيجات،

وان أردنا تاريخ المجوس نقصنا من تاريخ ملك يزدجرد عشرين سنة فيبقى تاريخهم لأنّهم يؤرّخون من سنة قتله وانقطاع دولتهم لا من سنة ملكه،

وامّا تاريخ المعتضد بالله فانّا نعمل فيه عملنا فى[d] تاريخ الاسكندر ونعطى كلّ شهر نصيبه على مثال شهور الفرس ونبتدئ من فروردين ماه حتّى ننتهى[e] الى آذرماه فان كانت السنة كبيسة وهو أن يبقى من الارباع ربعان كما هو فى تاريخ الاسكندر ستّة[f] ايّام وان لم تكن ألقينا لها[g] خمسة ايّام ويوافق النيروز فيه ابدًا اليوم الحادى عشر من حزيران للعلل التى قدّمنا ذكرها بعون الله وتوفيقه ☆

ومن الصواب أن نذكر بابًا قد عدمته الزيجات ولم يذكره احدٌ الّا ابا[h] العبّاس الفضل بن حاتم التبريزى فى تفسيره للمجسطى ولقد يكثر وقوعه ويتحيّر[i] فيه عاملوه[k] وهو أن نطالب

a له fehlt in *R* *b* *Mss.* بعطى *c* *RL* فيقف *d* فى fehlt in *RP* *e* *Mss.* ينتهى
f *R* وستة Sic! *g* *L* القيناها für القينا لها *h* *Mss.* ابو *i* *P* ويتخيّر *k* *PR* علموه

باستخراج التواريخ لوقت تكون معلوماته انواعًا لا يجمعها جنس واحد كيوم عرف موضعه من شهر رومىّ او عربىّ او فارسىّ مجهول الاسم وعرف اسم شهر آخر قد اتّفق معه وعرف تاريخ ليس ذاتك[a] الشهران منه او الذى جهل اسمه فيه، مثال ذلك أن يقال روز هرمز فى شهر تموز سنة احدى وتسعين وثلثمائة للهجرة فالطريق الى ذلك أن نستخرج تاريخ الاسكندر لأوّل المحرّم سنة احدى وتسعين وثلثمائة فلا يخفى علينا حينئذ اوّل تموز مع أىّ شهر وأىّ يوم يتّفق من شهور العرب ونستخرج لأوّل تموز تاريخ يزدجرد فيظهر موقع هرمز من ايامه وتصير التواريخ الثلثة بانواعها واجناسها معلومة، واذا عرف مع ذلك اسم اليوم فى الأسبوع كان أعون على درك الحقّ واسهل لاصابته ومثال ذلك يوم الجمعة غرّة شهر رمضان سنة سبعين وثلثمائة ليزدجرد والوجه فيه أن نستخرج تاريخ العرب لنوروز هذا التاريخ ونحسب من ذلك غرّة شهر رمضان ونعتبر روس الشهور بايام الأسبوع فيتّضح المطلوب، وكذلك ان كان اليوم من الأسبوع وكميّته من شهر ما معلومًا مع تاريخ ما واسم الشهر معلوم[b] فانّه يمكن معرفته بمثل ما قلنا، والمحيط بهذه الجملة سيقف على ما يعتاه من ذلك الفنّ كيف ما كان السؤال ولا يخفى عليه شىء منها اذا تأمّلها حقّ تأمّل ولو كانت المعلومات فى كميّات أعدادها مختلفة الجمل متباينة الآحاد والعقود اعنى بذلك أن يقال فى اليوم خمسة وعشرون[c] مثلا تلى الخمسة من شهر فارسىّ والعشرون من شهر رومىّ معلوم احدهما او مجهولان كلاهما او يقال سنة خمس واربعين وثلثمائة فيكون الخمسة من تاريخ رومىّ والاربعون من تاريخ عربىّ والثلثمائة من تاريخ فارسىّ فانّ فضل المتأمّل لذلك يبين[d] عن المطلوب وانّ ضلّ الحساب فى استخراجه والله الموفّق للصواب ✿

a *R* ذلك   *b* معلوم fehlt in *PR*   *c* *Mss.* وعشرين   *d* *R* سمين

القول على الادوار والتقوفات ومواليد السنين والشهور وكيفياتها وكبائسها فى سنى اليهود وسائر السنين

وانّ قد تبيّن ما اوردناه من استخراج التواريخ بعضها من بعض ولم يبق منها الّا تاريخ آدم عليه السلام وتاريخ الطوفان على قول اهل الكتاب فقد يلزمنا أن نبيّن الطريق الى معرفتهما ونقدّم لذلك معرفة سني اليهود وشهورها وادوارهم واوائل سنيهم ونتبعها معرفة اوائل سنى غيرهم ايضا ونلحق بها اشياء تكون عونًا على ادراك المطلوب بالسهولة، فنقول أنّ تاريخ آدم عليه السلام هو الذى يستعمله اليهود وتاريخ الاسكندر هو الذى يعمل عليه النصارى ولو كان أوّل تشرى يوافق اوّل تشرين الاوّل لكان تاريخ آدم هو تاريخ الاسكندر يزاد[a] عليه ثلثة آلاف واربعمائة وثمان واربعون سنة وهى[b] ما بين آدم والاسكندر على قول اليهود ولكنّ تشرى يقع ابدًا فيما بين اليوم السابع والعشرين من آب الى اليوم الرابع والعشرين من ايلول على الامر الاوسط فيكون تاريخ الاسكندر الناقص لوقت تحويل اليهود هو تاريخ آدم التامّ اذا زيد عليه ما بينه وبين الاسكندر، وانّما صار اوّل تشرى يدور[c] فى تلك الايام لأنّ فصح اليهود ابدًا يدور من اليوم الثامن عشر من آذار السريانى الى اليوم الخامس عشر من نيسان على الامر الاوسط وهو مدّة كون الشمس فى برج الحمل فانّ الاستقبال الكائن فى هذه المدّة يقتضى الاحوال الموجبة للفصح وهو امر جرى على تقريب لانّه لو كانت السنة الشمسيّة مفردة مع ايام سنة الروم[d] ولكن كيف وقد وجدنا هذا القدر بالرصد خمس ساعات وستّا[e] واربعين دقيقة وعشرين ثانية وستّا[f] وخمسين ثالثة فيتقدّم بلوغ الشمس بالمسير الرصدى موضعًا ما من فلك البروج بلوغها اليه بالمسير الذى عملها عليه[g] فى كلّ مائة وخمس[h] وستّين يوما تمامًا[i]،

a PL مزاد R مراد b L وهو c R مدور d Sic Mss. e Mss. وستّة
f Mss. وستّة g R اليه h R وخمسين i fehlt in L.

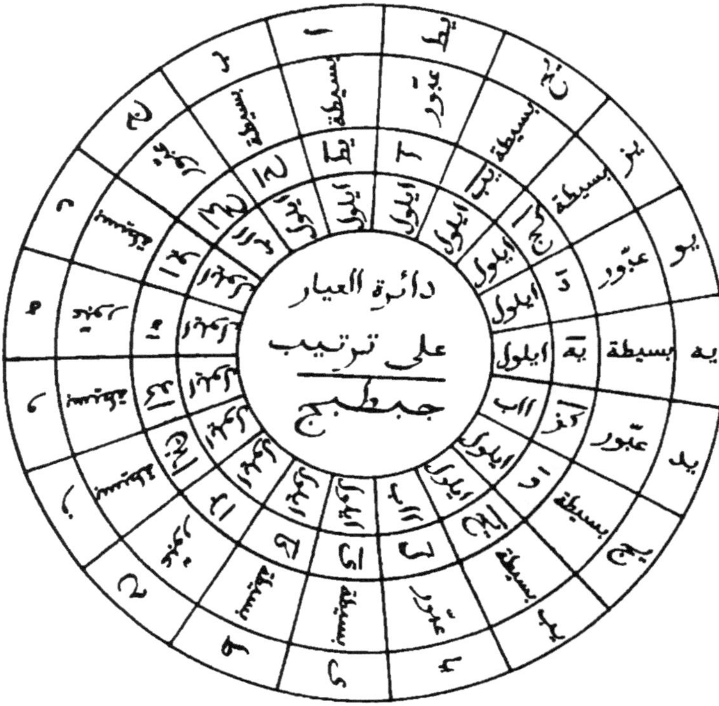

دائرة العيار
على ترتيب
جبطبج

ولكنّا نَعْمَلُ على ما هم عليه ونَصِفُ الآن كيف استخراجُ أوّلِ سنتِهم والطريقُ الى معرفةِ حالها أَيْ بسيطةٌ ام عِبُورٌ ثمّ هي ناقصةٌ ام مُعْتَدِلةٌ ام تامّةٌ، ونقول اذا أَرَدْنا ذلك زِدْنا على تاريخ الاسكندرِ لأوّلِ تشرين الاوّلِ السريانيِّ ثلثةَ آلافٍ واربعمائة وثمانيةً واربعين فيجتمعُ تاريخُ آدَمَ لأوّلِ تشرى[a] الواقعِ فى آخرِ آبَ او ايلولَ اللذَيْنِ قبلَ تشرينَ الاوّلِ الذى أَخَذْنا منه التاريخ، فان أَرَدْنا أَنْ نَعْرِفَ السنةَ التى خَرَجَ لنا التاريخُ لأوّلِها أَيْ بسيطةٌ ام عبورٌ أَخَذْنا هذا التاريخ فنَقَصْنا منه سَنَتَيْنِ وقَسَمْنا ما بَقِيَ على تسعةَ[b] عَشَرَ فما خَرَجَ فهى مَحازيرُ صُغْرَى صحيحةٌ وما بَقِيَ نَدْخُلُ[c] به فى دائرةِ العيارِ فى الطَّبَقةِ الأُولَى منها فنَجِدُ فى الطبقةِ الثانيةِ بحِيالِ سنتِها كيفيّتَها أَيْ بسيطةٌ ام عبورٌ وفى الطبقةِ الثالثةِ مَوْقِعَ أَوّلِها من الشهرِ السريانيِّ وفى الرابعةِ اسْمَ ذلك الشهرِ وهذا شَكْلُ دائرةِ العيارِ،

S. die gegenüberstehende Kreisfigur.

ولولا ما ذكرناه من أَنَّ دَوْرَ[d] التسعةَ عَشَرَ غيرُ راجعٍ عند تمامه الى ما بَدَأَ منه من ايّامِ الأُسْبوعِ لأَثْبَتْنا لمواقعِها من الأَسابيعِ طَبَقةً خامسةً فى دائرةِ العيارِ غَيْرَ أَنَّ ذلك ليس بمُتَأَتٍّ، وانْ أَرَدْنا معرفةَ اليومِ الذى خَرَجَ لنا من الطبقةِ الثالثةِ أَيُّ يومٍ هو من ايّامِ الأُسْبوعِ استخرجنا مَدْخَلَ آبَ او ايلولَ لتلك السنةِ أَيُّهما[e] كان اليومُ منه بالأَعْمالِ التى تَجِيءُ ذِكْرُها فيما يُسْتَأْنَفُ[f] فاذا حَصَلَ ذلك عُرِفَ[g] منه المطلوبُ، وهذا الذى خَرَجَ لنا من امرِ تشرى[h] هو على الامرِ الأوسطِ من غيرِ تَعْديلٍ فربّما وَقَعَ فى الايّامِ التى ذكرنا أَنّهم لا يُجيزونه فيها فاحْتِيجَ له الى تقديمِ يومٍ او تأخيرِه فاذا قَصَدْنا هذا التعديلَ احْتَجْنا أَنْ نَعْرِفَ أَوّلًا اجتماعَ الشمسِ والقمرِ لرَأْسِ تشرى على مَذْهَبِهم لا على مذهبِ أصحابِ الأَرْصادِ فانَّ بين المذهَبَيْنِ خِلافاتٍ منها أَنَّ الشهرَ القمريَّ من الاجتماعِ الى الاجتماعِ عندهم تسعةٌ وعشرون يومًا واثنتا عشرةَ ساعةً وسبعمائةٍ وثلثةٌ وتسعون حَلْقًا يكونُ ذلك اربعًا واربعين دقيقةً وثلثَ ثوانٍ وعشرين ثالثةً[i] واثنَتَيْ عشرةَ خامسةً يكونُ الفَضْلُ بينهما ثانيةً واحدةً وثالثتَيْنِ وثمانيا وثلثين رابعةً وثمانيًا

a Mss. تشرين b Mss. سبعة c Mss. يدخل d R ادور e PL انهما f PR نف g L يعرف h من امر اوّل تشرى — ? i Lücke in Mss., die etwa in folgender Weise zu ergänzen ist: وقد وجده الحَدَثُ من اصحاب الارصاد تسعة وعشرين يوما واثنتى عشرة ساعة واربعا واربعين دقيقة وثانيتين وست عشرة ثالثة واحدى وعشرين رابعة

واربعين خامسة من ساعة ومنها أنّ سنة الشمس عندهم بالتدقيق ثلثمائة وخمسة وستون يوما وخمس ساعات وثلثة آلاف وسبعمائة واحد وتسعين جزءا من اربعة آلاف ومائة واربعة أجزاء من ساعة وقد وجدها الحدث من أصحاب الأرصاد أقلّ من ذلك والثالث أنّ الماضى من الليل والنهار الى وقت الاجتماع[a] يختلف عند علماء اليهود على اختلاف أطوال البلاد وعروضها وهؤلاء القوم يحسبونها[b] فى جميع البلدان بحساب واحد لا يُعرف لأيّ بقعة وقع الحساب الّا أنّه يُنسَب الى الوقت أنّه معمول ببيت المقدس او حواليه دانيا كانت مجمعهم ومنها أنّ استعمالهم إيّاه هو بالساعات الزمانيّة ومن المعلوم أنّ حساب الاجتماعات غير جائز بهذه الساعات[c] الّا فى معدّل النهار ومنها أنّهم يعملونها بالحركة الوسطى دون المرئيّة فربّما وقع الفصح لذلك بعد مضيّ يومين من الاستقبال الحقيقيّ بسبب التعاديل يوم[d] وبسبب تأخيرهم إيّاه من يوم[e] لا يجوز فيه يوم فاذا أردنا ميلاد السنة وهو اجتماع النيّرين لأوّل تشرى وقد جرت عادتهم على تسمية اجتماع كلّ شهر ميلاده والاجتماع الذى فى أوّل كلّ محزور ميلاده فانّا نأخذ سنى آدم التامّة أعنى الى نهاية السنة التى يتقدّمها تشرى المقصود له فنعملها محازير صغرى ونضرب عددها فى يومين[f] وستّ عشرة ساعة وخمسمائة وخمسة وتسعين حلقا وهو باقى أيّام المحزور الصغير اذا ألقيت أسابيع ونحفظ ما اجتمع ثمّ ننظر الى ما بقى من السنين ممّا لم يف بمحزور فنعلم كم بسائطها وكم عبورها على حساب بهزيجوح ونضرب عدد البسائط فى اربعة ايّام وثمانى ساعات وثمانمائة وستّة وسبعين[g] حلقا ونضرب عدد العبور فى خمسة أيّام واحدى وعشرين ساعة وخمسمائة وتسعة وثمانين حلقا ونجمع ما اجتمع من الضربين الى ما حفظنا ونزيد على ما حصل خمسة ايّام واربع عشرة ساعة ابدا وهو بعد وقت الاجتماع من أوّل ليلة الأحد لأوّل سنة من سنى آدم ثمّ نرفع كلّ ألف وثمانين حلقا[h] الى الساعات ساعة وكلّ اربعة وعشرين ساعة الى الايّام يوما ونطرح ما حصل من الايّام أسابيع وما يبقى أقلّ من أسبوع بعده من أوّل ليلة الأحد حيث ما انتهى الحساب فهو وقت الاجتماع

a الماضى من الليل والنهار من وقت الاجتماع الى رؤية الهلال — ? b L. تحسبونها L. يجلسونها P يحبسونها c Mss. الساعة d Mss. يوما e من يوم fehlt in Mss. f Mss. يوم g Mss. وتسعين h Mss. حلف

لأوّل تشرى ۞ وقد حسبنا ذلك لسنةٍ من سنى الاسكندر تسهيلًا للعمل وتخفيفًا للمؤونة ومن أراد معرفة الاجتماع لأوّل تشرى يأخذ سنى الاسكندر وينقص منها اثنتى عشرة سنة ابدًا وهى بقيّة المحزور الاصغر بعد الاسكندر على حساب جبطلبج ويقسم الباقى على تسعة عشر فما خرج فهو محازير صغرى فليعملها عظمى ان وقت[a] بها وليحفظ ما يبقى من السنين فهى الماضية من المحزور على جبطلبج ويدخل المحازير العظمى ان كانت فيه فى جدولها المخصوص بها ويأخذ ما يجد بحيالها من الايام والساعات والحلق ويدخل الصغرى فى[b] جدولها المعمول لها ويأخذ ما بحيالها ويزيد كل باب على بابه ثمّ يجمع ذلك الى الأصل الموضوع فى أوّل الجدول وهو ميلاد السنة الثانية عشرة من تاريخ الاسكندر وترفع كلّ الف وثمانين حلقًا[c] ساعة وكلّ اربعة وعشرين ساعة يومًا وتطرح الأيام أسابيع فما بقى فهو الماضى من أوّل ليلة الأحد الى وقت الاجتماع على مذهبهم، وانما ابتدأنا فيه من أوّل الليلة لأنّ مجموع اليوم والليلة عندهم من وقت غروب الشمس على ما ذكرناه فى أوّل الكتاب ۞

وهذا شكل الجدول المحسوب على ما أوردناه من الحساب ۞

a *R* وقت *b* *Mss.* من *c* *Mss.* حلف

اعداد المحازير الصغرى	سنو المحازير الصغرى	ايّام	ساعات	حلق
ا	يط	ب	يو	٥٩٥
ب	لح	ه	ط	١١٠
ج	نز	ا	ا	٧٠٥
د	عو	ج	يح	٢٢٠
ه	صه	و	ى	٨١٥
و	قيد	ب	ج	٣٣٠
ز	قلج	د	يط	٩٢٥
ح	قنب	٠	يب	٤٤٠
ط	قعا	ج	د	١٠٣٥
ى	قص	ه	كا	٥٥٠
يا	رط	ا	يد	٦٥
يب	ركح	د	و	٦٦٠
يج	رمز	و	كج	١٧٥
يد	رسو	ب	يه	٧٧٠
يه	رفه	ه	ح	٢٨٥
يو	شد	ا	٠	٨٨٠
يز	شكج	ج	يز	٣٩٥
يح	شمب	و	ط	٩٩٠
يط	شسا	ب	ب	٥٠٥
ك	شف	د	يط	٢٠
كا	شصط	٠	يا	٦١٥
كب	تيج	ج	د	١٣٠
كج	تلز	ه	ك	٧٢٥
كد	تنو	ا	يج	٢٤٠
كه	تعه	د	ه	٨٣٥
كو	تصد	و	كب	٣٥٠
كز	ثيج	ب	يد	٩٤٥
كح	ثلب	ه	ز	٤٦٠

السنون المبسوطة	ايام	ساعات	حلق	العبور
ا	ه	كا	٥٨٩	
ب	ج	و	٣٨٥	
ج	٠	يه	١٨١	ع
د	و	يب	٧٧٠	
ه	ج	كا	٥٦٦	ع
و	ب	يط	٧٥	
ز	٠	ج	٩٥١	
ح	د	يب	٧٤٧	ع
ط	ج	ى	٢٥٦	
ى	٠	يط	٥٢	
يا	ه	ج	٩٣٨	ع
يب	د	ا	٤٣٧	
يج	ا	ى	٢٣٣	
يد	ه	يط	٢٩	ع
يه	د	يو	٦١٨	
يو	ب	ا	٤١٤	ع
يز	٠	كب	١٠٠٣	
يح	ه	ز	٧٩٩	
يط	ب	يو	٥٩٥	ع

الحازیر العظمی

اعدادعا	سنوعا	ایّام	ساعات	حلف
ا	٥٣٢	ه	ز	٤٦٠
ب	١٠٦٤	ج	ید	٩٢٠
ج	١٥٩٦	ا	کب	٣٠٠
د	٢١٢٨		ه	٧٦٠
ه	٢٦٦٠	ه	یج	١٤٠
و	٣١٩٢	ج	ک	٦٠٠
ز	٣٧٢٤	ب	ج	١٠٦٠
ح	٤٢٥٦	٠	یا	٤٤٠
ط	٤٧٨٨	ه	یح	٩٠٠
ی	٥٣٢٠	د	ب	٢٨٠
یا	٥٨٥٢	ب	ط	٧٤٠
یب	٦٣٨٤	٠	یز	١٢٠
یج	٦٩١٦	و	٠	٥٨٠

وان احد من الحاسبين احب ان يعرف وقت الاجتماع المحقق بالارصاد دون ما اورده هولاء فعليه بالجدول الذى قصدنا لاستنباطه على حسب ما ادتنا اليه الارصاد الصحيحة القريبة العهد بنا على مثال الذى تقدم[a] وهو انا نظرنا الى قول بطلميوس فى مقدار شهر القمر الاوسط وقول خلد بن عبد الملك المروروذى على ما قسه بدمشق وقول بنى موسى بن شاكر وقول غيرهم فوجدنا اولى[b] الاقاويل بان يوخذ به ويعمل عليه ما اورده بنو موسى بن شاكر لبذلهم المجهود فى ادراك الحق وتفردهم فى عصرهم بالمهارة فى عمل الرصد والحذق به ومشاهدة العلماء منهم ذلك وشهادتهم له بالصحة وبعد عهد رصدهم بارصاد القدماء وقرب عهدنا به، فاستخرجنا الاصل على ما ذكروه وهو وقت الاجتماع مضى اثنتى عشرة سنة من تاريخ الاسكندر فكان عند[c] مضى احدى وعشرين ساعة وعشرين دقيقة وخمسين ثانية واربع عشرة ثالثة وتسع وعشرين رابعة من لدن نصف النهار [d]يوم الثلثاء بمدينة السلام ولان فلك نصف نهار بيت المقدس يتاخر عن فلك نصف نهار[d] بغداد الى جهة المغرب باربعة عشر زمانا نقصنا حصتها وهى ست وخمسون دقيقة من دقائق الساعات من وقت ذلك الاجتماع فبقى الاصل لبيت المقدس عشرين ساعة واربعا وعشرين دقيقة وخمسين ثانية واربع عشرة ثالثة وتسعا وعشرين رابعة ماضية من بعد نصف النهار به[e]، والعامل على ذلك ينقص من سنى الاسكندر الناقصة اثنتى عشرة سنة ابدا ويعمل الباقى محازير عظمى وصغرى ويأخذ حصة كل واحد منهما وما بقى من السنين يدخله فى السنين المبسوطة ويأخذ ما بحيالها ويجمع ذلك ويزيده على الاصل ويرفع الساعات وكسورها الى ما ارتفعت اليه ويلقى الايام اسابيع فما بقى فهو الماضى من نصف نهار الاحد فى[f] بيت المقدس الى وقت الاجتماع لاول[g] تشرى، وهذا هو الجدول المبنى على الارصاد ☙

a *P* يتقدم   *b* *R* الى   *c* *R* عندى   *d*-*d* Von يوم الثلثاء bis عن فلك نصف النهار fehlt in *R*.   *e* *LR* النهارية   *f* فى fehlt in *Mss*.   *g* *R* الاول

اعداد المحازير الصغرى	سنو المحازير الصغرى	ايام	ساعات	دقائق	ثوان	ثوالث	روابع
الاصل	[illegible]	[illegible]	[illegible]	[illegible]	[illegible]	[illegible]	[illegible]
ا	يط	ب	يو	كح	لز	نز	نج
ب	لح	ه	ح	نز	نه	نه	مو
ج	نز	ا	ا	كو	نج	نج	لط
د	عو	ج	يز	نه	نا	نا	لب
ه	صه	و	ى	كد	مط	مط	كه
و	قيد	ب	ب	نج	مز	مز	يح
ز	قلج	د	يط	كب	مه	مه	يا
ح	قنب	٠	يا	نا	مج	مج	د
ط	قعا	ج	د	ك	ما	م	نز
ى	قص	ه	ك	مط	لط	لح	ن
يا	رط	ا	يج	يح	لز	لو	مج
يب	ركح	د	ه	مز	له	لد	لو
يج	رمز	و	كب	يو	لج	لب	كط
يد	رسو	ب	يد	مه	لا	ل	كب
يه	رفه	ه	ز	يد	كط	كح	يه
يو	شد	٠	كج	مج	كز	كو	ح
يز	شكج	ج	يو	يب	كه	كد	ا
يح	شمب	و	ح	ما	كج	كا	ند
يط	شسا	ب	ا	ى	كا	يط	مز
ك	شف	د	يز	لط	يط	يز	م
كا	شصط	٠	ى	ح	يز	يه	لج
كب	تيح	ج	ب	لز	يه	يج	كو
كج	تلز	ه	يط	و	يج	يا	يط
كد	تنو	ا	يا	له	يا	ط	يب
كه	تعه	د	د	د	ط	ز	ه
كو	تصد	و	ك	لج	ز	د	نح
كز	ثيج	ب	يج	ب	ه	ب	نا
كح	ثلب	ه	ه	لا	ج	٠	مد

السنون المبسوطة	ايام	ساعات	دقائق	ثوان	ثوالث	روابع
ا	ه	كا	لب	كط	مه	له
ب	ج	و	ك	نو	يج	مط
ج ع	٠	يه	ط	كد	مب	ج
د	و	يب	ما	ند	كز	لح
ه ع	ج	كا	ل	كا	نه	نب
و	ب	يط	ب	نا	ما	كز
ز	٠	ج	نا	يط	ط	ما
ح ع	د	يب	لط	مو	لز	نه
ط	ج	ى	يب	يو	كج	ل
ى	٠	يط	٠	مج	نا	مد
يا ع	ه	ج	مط	يا	يط	نح
يب	د	ا	كا	ما	ه	لج
يج	ا	ى	ى	ح	لج	مز
يد ع	ه	يح	نح	لو	ب	ا
يه	د	يو	لا	ه	مز	لو
يو ع	ب	ا	يط	لج	يه	ن
يز	٠	كب	نب	ج	ا	كه
يح	ه	ز	م	ل	كط	لط
يط ع	ب	يو	كح	نز	نز	نج

المحازیر العظمی

اعدادها	سنوها	ایام	ساعات	دقائق	ثوانی	ثوالث	روابع
ا	۵۳۲	٠	٠	لا	ج	٠	مد
ب	۱۰۶۴	ج	یا	ب	و	ا	کح
ج	۱۵۹۶	ا	یو	لج	ط	ب	یب
د	۲۱۲۸	و	کب	د	یب	ب	نو
ه	۲۶۶۰	٠	ج	له	یه	ج	م
و	۳۱۹۲	ج	ط	و	یح	د	کد
ز	۳۷۲۴	ا	ید	لز	کا	٠	ح
ح	۴۲۵۶	و	ک	ح	کد	٠	نب
ط	۴۷۸۸	٠	ا	لط	کز	و	لو
ی	۵۳۲۰	ج	ز	ی	ل	ز	ک
یا	۵۸۵۲	ا	یب	ما	لج	ح	د
یب	۶۳۸۴	و	یح	یب	لو	ح	مح
یج	۶۹۱۶	د	کج	مج	لط	ط	لب

وانّما عملنا البُعْدَ من عند نصف النهار لأنّ التعديل للميلاد به أَسْهَلُ من المستعمل بالآفاق، وساعات النهار الأطول لعرض بيت المقدس اربع عشرة ساعة وشىء فلا يستقيم عمل[a] اليهود بالساعات الزمانيّة الّا أنْ يكون الاجتماع لرأس تشرى واقعًا مع الاعتدال الخريفيّ وليس يقع معه ابدًا بل يتقدّمه ويتأخّر عنه مقدارًا كثيرًا كما بيّنّا فيما تقدّم، فاذا استخرجنا وقت الاجتماع بالحساب الذى أوردته اليهود او بالجدول الذى حلّلناه على رأيهم ترقّينا من ذلك الى علم أوّل السنة ومعرفة كيفيّتها فى النقصان والاعتدال والتمام وقد تقدّم لنا المعرفة بها أهى بسيطة ام عبور فنطلب فى جدول الحدود مدّة من أيّام الأسبوع يتضمّن حدّاها وطرفاها الوقت الذى خرج لنا الاجتماع فيه فى جانب العبور ان كانت عبورًا وفى جانب البسائط ان كانت بسيطة فاذا وجدناه ألفينا بحذائه أوّل السنة من الأسبوع وكيفيّتها واذا علمنا أوّل السنة وكيفيّتها وركّبنا تلك الكيفيّة مع البساطة او العبور عرفنا من ذلك مضى[b] أوّل السنة المقبلة[c]، وهذا جدول الحدود

a *R* على   *b* Fehlt in *L*   *c* Fehlt in *LR*

اطراف الحدود المقسومة فى الاسبوع فى السنين البسائط ۞	كيفيات	اول السنة
من نصف نهار يوم السبت الى مائتين واربع حلق من الساعة العاشرة من ليلة الاحد	ناقصة	ب
من مائتين واربع حلق من الساعة العاشرة من ليلة الاحد الى خمسمائة وتسع وثمانين حلقا من الساعة الرابعة من نهار يوم الاثنين ان كانت التى تتقدمها عبورا والى نصف يوم الاثنين ان كانت التى تتقدمها بسيطة	تامة	ب
من خمسمائة وتسع وثمانين حلقا من الساعة الرابعة من نهار يوم الاثنين او من نصف نهاره الى مائتين واربع حلق من الساعة العاشرة من ليلة الثلثاء	معتدلة	ج
من مائتين واربع حلق من الساعة العاشرة من ليلة الثلثاء الى مائتين واربع حلق من الساعة العاشرة من ليلة الخميس	معتدلة	ه
من مائتين واربع حلق من الساعة العاشرة من ليلة الخميس الى نصف نهار يوم الخميس	تامة	ه
من نصف نهار يوم الخميس الى مائتين وثمانى[a] حلق من الساعة الاولى من ليلة[b] الجمعة ان كانت التى تتلوها بسيطة والى مائتين واربع حلق من الساعة العاشرة من ليلة الجمعة ان كانت التالية عبورا	ناقصة	ز
من مائتين وثمانى حلق من الساعة الاولى من ليلة الجمعة او من مائتين واربع حلق من الساعة العاشرة من ليلة الجمعة الى نصف نهار يوم السبت ۞	تامة	ز

a *Mss.* وثمانين   *b* *Mss.* يوم

اشراف الحدود المقسومة فى الاسبوع فى سنى العبور✿	أول السنة	كيفيات
من نصف نهار يوم السبت الى اربعمائة واحد وتسعين حلقا من الساعة التاسعة من نهار يوم الاحد	ب	ناقصة
من اربعمائة واحد وتسعين حلقا من الساعة التاسعة من نهار يوم الاحد الى نصف نهار يوم الاثنين	ب	تامة
من نصف نهار يوم الاثنين الى نصف نهار يوم الثلثاء	ج	معتدلة
من نصف نهار يوم الثلثاء الى ستمائة وخمس وتسعين حلقا من الساعة الثانية عشرة من ليلة الاربعاء	ه	معتدلة
من ستمائة وخمس وتسعين حلقا من الساعة الثانية عشرة من ليلة الاربعاء الى نصف نهار يوم الخميس	ه	تامة
من نصف نهار يوم الخميس الى اربعمائة واحد وتسعين حلقا من الساعة التاسعة من نهار يوم الجمعة	ز	ناقصة
من اربعمائة واحد وتسعين حلقا من الساعة التاسعة من نهار يوم الجمعة الى نصف نهار يوم السبت✿	ز	تامة

ومن هذه الأحوال والكيفيات ما يختص به السنة اذا اتفق أولها في يوم من الأسبوع لا يمكن غيره وحالات لا تمكن فيها واذا استظهر لذلك كان عونا على درك المطلوب، وهذه صورة ما ذكرناه على طريق التقسيم والتشجير[a]

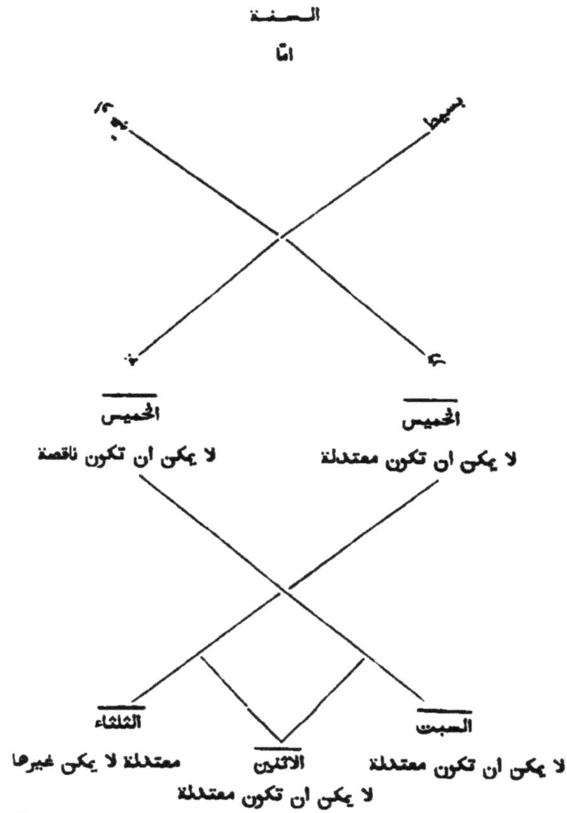

a R والتسخير

ومن هذه الأحوال ايضا ما يمكن أن يتوالى فى سنتين ومنها ما لا يمكن أن يتوالى واذا أحضرناها فى طيلسان أعان على الاستظهار وسهل العمل فلننظر الى البيت المشترك لكيفيتي السنتين فانه قد يوجد امكان توالى السنتين المتكيفتين بهما وامتناعه ✿

الكيفيات	ناقصة		
ناقصة	ممتنع ان تتوالى	معتدلة	
معتدلة	ممكن ان تتوالى	ممتنع ان تتوالى	تامة
تامة	ممكن ان تتوالى	ممتنع ان تتوالى	ممكن ان تتوالى

فأمّا امتناعُ توالى سنتَيْن معتدلتَيْن فهو لِتَنافُرِ أَواخِرِها وأَوائلِها كما يُلَخّصه جدول التعديل فى أَواخرِ الكتاب، وأمّا امتناعُ توالى سنتين ناقصتين فلِغَلَبَة[a] الثمانيّة فى شهورِ المحزورِ على النُقْصانِ وذلك لأنّ المحزورَ الصغيرَ يَشْتَمِلُ على ستّةِ آلافٍ وتسعمائة[b] واربعين يومًا يكون ذلك مائةً وخمسةً وعشرين شهرًا تامّةً ومائةً وعَشَرَةَ أَشْهُرٍ ناقصةً ولهذه العِلّة تَتَوالَى ثلثةُ أَشْهُرٍ تامّةٍ بالرؤية ولا يَتَوالَى من النواقصِ أَكثرُ من شهرَيْن ولا يكونُ تواليهما الّا لاختلافِ حركاتِ النَيِّرَيْن واختلافِ غُروبِ البروجِ، ولو كان اجتماعُ رأسَيْ محزورَيْن كبيرَيْن متواليَيْن متّفقَيْن لأَمْكَنَنا لِاستخراجِ كيفيّاتِ سنى اليهودِ عَمَلُ جَدْوَلٍ مُشْتَمِلٍ على سنى محزورٍ كبيرٍ كهيئةِ خرانيقونِ النصارى ولكنّ مواليدَ المحازيرِ لا تَعودُ الى أَمْكِنَتِها من الأُسبوعِ الّا فى ستّمائةٍ وتسعةٍ وثمانين أَلْفًا واربعمائة واثنتين[c] وسبعين سنةً وذلك لأنّ الباقىَ من المحزورِ الصغيرِ اذا أُلقيتْ أَسابيعَ هو يومان وستَّ عَشْرَةَ ساعةً وخمسمائة وخمسةٌ وتسعون حلقةً[d] وهى لا تنجبرُ الّا[e] فى محازيرَ عِدَّتُها مُساوِيَةٌ لحلقِ يومٍ بليلته وهى ٢٥٩٢٠ لأنّ الكسور لا تَنْجَبِرُ الّا فى التضاعيف التى عِدَّتُها مساوِيَةٌ لجُمْلَةِ كسرِ الواحدِ من ذلك الجنسِ ولكنّ عَدَدَ حلقِ اليومِ بليلته يُشارِكُ حلقَ الكسورِ الباقيةِ من المحزورِ بالأَخماسِ فاذن يكونُ انجبارُها فى محازيرَ مساويةٍ لخُمْسِ حلقِ اليومِ بليلته وهى خمسةُ آلافٍ ومائةٌ واربعةٌ وثمانون، ثمّ لا يعودُ الى مكانه من الأُسبوعِ الّا فى ضِعْفِ ذلك سَبْعَ مرّاتٍ وهو ستّةٌ وثلثون أَلْفًا ومائتان وثمانيةٌ وثمانون وذلك محازيرُ يكون سِنُوها ما تقدّمَ ذِكْرُه، وأمّا الاجتماعُ والاستقبالُ بالاطلاق[f] فانّه يَعودُ الى مكانه فى مائةٍ واحدٍ وثمانين أَلْفًا واربعمائة واربعين شهرًا وذلك هو مضروبُ حلقِ اليومِ بليلته فى سبعةٍ، واذْ لم يُمْكِنْ ذلك لم يُسْتَحْسَنِ الخُروجُ عن العادةِ فى تقريبِ البعيدِ وتسهيلِ العسيرِ وتخفيفِ الثقيلِ حَسَبْنا أَوائلَ السنين وكيفيّاتِها ومَواقِعَها من الشهورِ السريانيّةِ بسنينَ لا يَحْتاجُ العاملُ الى أَكثرَ منها فى أَغلبِ الأَحوالِ، وأَوْدَعْنا ذلك جَداوِلَ ثلثةً الأَوّلُ منها لأَوائلِ السنين وهو جدولُ العَلاماتِ والثانى جدولُ الكيفيّاتِ لكيفيّاتِ السنين فعَلامةُ الحاء فيه هو النُقْصانِ لأنّها بلغتِهم حساريِن وعَلامةُ الكافِ فيه الاعتدالُ لأنّهم يَدْعُونها كسدران وعَلامةُ

a Mss. فلعلته   b Mss. سبعمائة   c PL واثنتى   d Mss. حلق   e الا fehlt in Mss.   f Fehlt in L.

الشيء فيه التّمامُ لتسميتهم[a] اياها شلاميم والثالثُ جدول المالات والتّميّات فيه مَواقعُ أوّل السنة من آب انْ كان بحُمْرَة او ايلول انْ كان بسَواد، والعاملُ بها جميعًا يأخُذُ تاريخَ الاسْكَنْدَر للسَّنَة الناقصة بتشرين[b] الأوّل التالى لتشرى ويَدْخُل بمجموعته فى الطُّول ومبسوطته فى العَرْض فيَجدُ فى البَيْت المُشْتَرَك لهما مطلوبَه بإذن اللّه جلّ وعزّ وهو حَسْبُنا كافيا ❁

a Mss. لتمام تسميتهم b Mss. تشرين

جدول العلامات

سطر العرض للمبسوطة	٠	ا	ب	ج	د	ه	و	ز	ح	ط	ى	يا	يب	يج	يد	يه	يو	يز	يح
سطر العلول للمجموعة			عبور		عبور			عبور			عبور			عبور		عبور			عبور
غشه	ج	ز	ه	ه	ب	ز	ه	ب	ب	ه	ب	ب	ز	ج	ب	ز	ه	ب	ز
غشكد	ز	ج	ز	ز	ه	ج	ز	ه	ه	ب	ه	ه	ب	ز	ه	ب	ب	ه	ب
غشمج	ب	ز	ج	ب	ز	ه	ج	ز	ز	ه	ب	ز	ه	ب	ز	ه	ه	ب	ه
غشسب	ه	ب	ز	ه	ب	ب	ه	ج	ب	ز	ج	ب	ز	ه	ج	ز	ز	ه	ب
غشفا	ز	ه	ب	ز	ه	ه	ب	ه	ه	ب	ز	ه	ب	ز	ز	ج	ب	ز	ه
غت	ج	ز	ه	ج	ز	ز	ه	ب	ز	ه	ب	ب	ه	ب	ب	ز	ه	ب	ز
غتيط	ه	ج	ز	ز	ج	ب	ز	ه	ج	ز	ه	ه	ب	ه	ه	ب	ز	ه	ب
غتلج	ب	ه	ج	ب	ز	ه	ب	ز	ه	ج	ز	ز	ه	ب	ز	ه	ج	ز	ه
غتنز	ه	ب	ه	ه	ب	ز	ه	ب	ب	ه	ج	ب	ز	ج	ب	ز	ز	ج	ز
غتعو	ز	ه	ب	ز	ه	ج	ز	ه	ه	ب	ه	ه	ب	ز	ه	ب	ب	ز	ج
غتصه	ب	ز	ه	ج	ز	ز	ه	ب	ز	ه	ب	ز	ه	ب	ب	ه	ه	ب	ز

غخكج	ز	٠	ب	ر	٠	٠	ب	٠	٠	ب	ر	٠	ب	ر	ز	ج	ب	ر	٠
غخمز	ج	ز	٠	ج	ز	ر	٠	ب	ر	٠	ب	ب	٠	ب	ب	ر	٠	ب	ر
غخسو	٠	ج	ز	ز	ج	ب	ز	٠	ج	ر	٠	٠	ب	٠	٠	ب	ر	٠	ب
غخفه	ب	٠	ج	ب	ر	٠	ب	ز	٠	ج	ر	ز	٠	ب	ر	٠	ج	ز	٠
غذد	٠	ب	٠	٠	ب	ز	٠	ب	ب	٠	ج	ب	ز	ج	ب	ز	ز	ج	ز
غذكج	ز	٠	ب	ر	٠	ج	ز	٠	٠	ب	٠	٠	ب	ر	٠	ب	ب	ر	ج
غذمب	ب	ز	٠	ج	ز	ز	ج	ز	ز	٠	ب	ر	٠	ب	ب	٠	٠	ب	ز
غذسا	٠	ب	ر	٠	ج	ب	ز	ج	ب	ز	٠	ج	ر	٠	٠	ب	ز	٠	ب
غذف	ز	٠	ب	ب	٠	٠	ب	ز	٠	ب	ز	٠	ج	ز	ر	ج	ب	ر	٠
غذصط	ج	ز	٠	٠	ب	ز	٠	ب	ر	٠	ب	ب	٠	ج	ب	ز	٠	ب	ز
غضيج	ز	ج	ز	ز	٠	ج	ز	٠	٠	ب	٠	٠	ب	ز	٠	ب	ب	٠	ب

جدول الكيفيات

سطر العرض المبسوطة	٠	ا	ب	ج	د	ه	و	ز	ح	ط	ى	يا	يب	يج	يد	يه	يو	يز	يح
سطر الحلول للمجموعة		.	عبور		عبور			عبور			عبور			عبور		عبور			عبور
غشه	ك	ش	ش	ك	ح	ش	ك	ش	ح	ك	ش	ش	ح	ك	ش	ح	ك	ش	ش
غشكد	ح	ك	ش	ش	ح	ك	ش	ش	ك	ح	ش	ك	ش	ح	ك	ش	ح	ك	ش
غشمج	ش	ح	ك	ش	ح	ش	ك	ش	ش	ك	ح	ش	ك	ح	ش	ش	ك	ح	ش
غشسب	ك	ش	ح	ك	ش	ح	ش	ك	ش	ح	ك	ش	ش	ح	ك	ش	ش	ك	ح
غشفا	ش	ك	ح	ش	ش	ك	ح	ش	ك	ش	ح	ك	ش	ش	ح	ك	ش	ش	ح
غت	ك	ش	ح	ك	ش	ش	ك	ح	ش	ك	ش	ح	ك	ش	ش	ح	ك	ش	ح
غتيط	ش	ك	ش	ح	ك	ش	ش	ح	ك	ش	ش	ك	ح	ش	ك	ح	ش	ك	ش
غتلح	ح	ش	ك	ش	ح	ك	ش	ح	ش	ك	ش	ش	ك	ح	ش	ح	ك	ش	ش
غتنز	ك	ح	ش	ك	ح	ش	ك	ش	ح	ش	ك	ش	ح	ك	ش	ش	ح	ك	ش
غتعو	ش	ك	ح	ش	ح	ك	ش	ش	ك	ح	ش	ك	ش	ح	ك	ش	ش	ح	ك
غتصه	ش	ش	ح	ك	ش	ش	ك	ح	ش	ك	ح	ش	ك	ش	ح	ش	ك	ش	ح
[illegible]	[illegible]	[illegible]	[illegible]	[illegible]	[illegible]	[illegible]	[illegible]	[illegible]	[illegible]	[illegible]	[illegible]	[illegible]	[illegible]	[illegible]	[illegible]	[illegible]	[illegible]	[illegible]	[illegible]

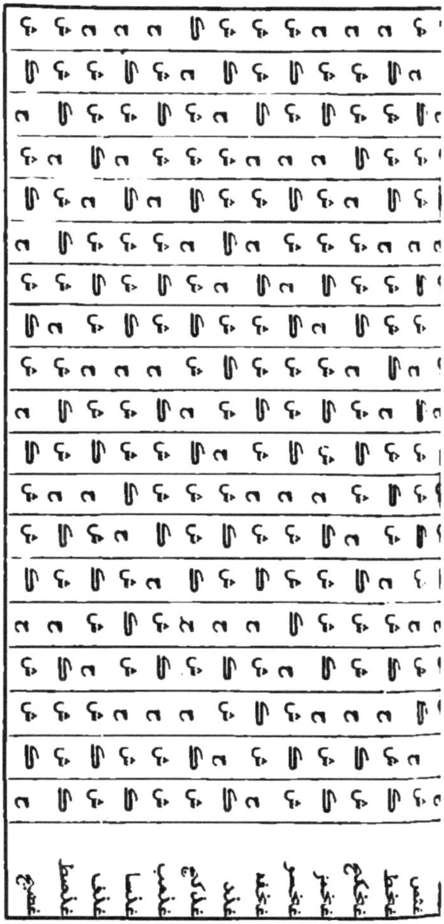

جدول اللميات

سطر العرض للمبسوطة	٠	ا	ب	ج	د	ه	و	ز	ح	ط	ى	يا	يب	يج	يد	يه	يو	يز	يح
سطر الطول للمجموعة	ايلول	ايلول	آب	ايلول	ايلول	ايلول	ايلول	ايلول	ايلول	ايلول	آب	ايلول	ايلول	آب	ايلول	ايلول	ايلول	ايلول	ايلول
غشه	يط°	ح	كط	يز	و	كد	يد	ب	كب	ى	ل	يح	ح	كز	يه	د	كب	يا	ا
غشكد	ك	ح	كح	يز	و	كد	يج	ج	كب	يا	ل	يط	ز	كح	يه	د	كج	يا	لا*
غشمح	ك	ط	كح	يو	و	كج	يج	ب	كب	يا	لا	يح	ح	كز	يد	د	كد	يب	لا*
غشسب	ك	ط	كد	يو	ه	كه	يب	ب	كا	يا	كط	يز	ز	كح	يد	ج	كج	يج	ا
غشفا	يط	ط	كط	يه	ه	كه	يد	ا	كا	ى	لا	يز	و	كز	يو	ج	كب	يب	ب
غت	يط	ح	كد	يو	د	كد	يد	ج	ك	ى	ل	يط	و	كو	يه	ه	كب	يا	ا
غتيط	يط	ح	كح	يز	ه	كج	يج	ج	كا	ط	ل	يط	ح	كو	يه	د	كب	يا	لا*
غتلح	ك	ح	كح	يو	و	كد	يب	ب	ك	ى	كط	يح	ح	كح	يد	د	كب	يا	لا*
غتنز	ك	ط	كح	يو	ه	كج	يج	ا	كا	ط	ل	يز	ز	كو	يد	ج	كج	يا	لا*
غتعو	يط	ط	كط	يو	ه	كج	يب	ب	كا	ى	كط	يح	و	كز	يد	ج	كب	يب	لا*
غتصه	يط	ح	كط	يو	ه	كد	يد	ج	كا	ى	ل	يز	ز	كو	يه	ج	كج	يا	ا
غثيد	يط	ح	كح	يه	ه	كد	يج	ا	ك	ى	ل	يز	و	كز	يه	د	كب	يب	لا*
غثلج	يح	ح	كج	يو	د	كد	يح	ب	ك	ط	ل	يو	و	كو	يه	ب	كا	يا	ا
[illegible]	[illegible]	[illegible]	[illegible]	[illegible]	[illegible]	[illegible]	[illegible]	[illegible]	[illegible]	[illegible]	[illegible]	[illegible]	[illegible]	[illegible]	[illegible]	[illegible]	[illegible]	[illegible]	لا*

غثص		يط	ط	كز	يه	•	كج	يب	ا	كا	يا	ل	يز	ز	كز	يج	ج	كج	يب	ل*
غخط		يد	ح	كط	يه	د	كد	يب	ا	ك	ى	كط	يو	و	كز	يد	ب	كب	يب	ا
غخكج		يح	ح	كج	يه	د	كد	يج	ا	ك	ط	ل	يز	•	كو	يه	ج	كا	يا	ا
غخمز		يط	ز	كج	يه	د	كج	يج	ب	ك	ط	كط	يح	و	كه	يد	د	كب	ى	لا*
غخسو		يح	ح	كز	يو	د	كج	يب	ب	ك	ط	كط	يح	ز	كو	يد	ج	كا	يا	ل*
غخفه		يط	ز	كج	يه	•	كج	يب	ا	يط	ط	كط	يز	ز	كز	يد	ج	كا	ى	لا*
غذد		يط	ح	كز	يو	د	كب	يب	ا	ك	ح	كط	يز	و	كه	يج	ج	كب	ى	ل*
غذكج		يد	ح	كج	يه	•	كب	يا	ا	كا	ط	كج	يز	و	كو	يج	ب	كب	يا	ل*
غذمب		يح	ح	كج	يه	د	كد	يا	لا*	ك	ى	كط	يو	و	كو	يد	ب	كب	يا	لا*
غذسا		يح	ز	كج	يد	د	كج	يج	لا*	يط	ط	ل	يو	•	كو	يه	ج	كا	يا	لا*
غذف		يز	ز	كز	يو	ج	كج	يب	ب	يد	ح	كط	يو	•	كه	يد	ب	ك	ى	لا*
غذصط		يح	و	كز	يو	•	كب	يب	ا	يط	ح	كج	يز	•	كه	يج	ج	كا	ط	ل*
غضج		يط	ز	كو	يه	•	كج	يا	ا	كا	ى	كج	يز	د	كز	يج	ب	كب	ى	كذ*

Anm. Die mit einem * bezeichneten Zahlen beziehen sich auf den Monat Âbh.

a Mss. ك

ولو لم تخرج لنا موقع رأس السنة من آب او ايلول بالحقيقة[a] من جدول اللميّات بل تقرّر عندنا يومه[b] في الأسبوع من جدول العلامات وتقدّمت معرفتنا بوقوعه في آب او ايلول من دائرة العيار[c] لما خفي علينا ما نحتاج اليه من تقديمه في الشهر السرياني يومًا او تأخيره ان عسى لم يتّفق لذلك اليوم من الاسبوع فيه حتى يتّفق[d] لا سيّما والأعياد الثلثة محصّلة بالحقيقة في الجداول الثلثة المتقدّمة فيما ذكرناه[d] يتوصّل الى معرفة تاريخ اليهود وأوّل سنتهم وكيفيّتها المركّبة ويترقّى[e] بذلك الى معرفة أوائل شهورهم امّا بالقسمة لكلّ واحد منها خطّه[f] على ما توجبه الكيفيّتان المنسوبتان الى تلك السنة وامّا بجدول رؤوس الشهور وهو أن ندخل برأس السنة في جدول علامة تشرى ان كانت السنة بسيطة ففي جدول البسائط وان كانت عبورًا ففي جدول العبور ونطلب قبالته كيفيّة السنة في النقصان والاعتدال والتمام فاذا وجدناها ألفينا حيالها رأس كلّ شهر تامّ ورأسَيْ كلّ شهر ناقص ولذلك أنّهم يجعلون لكلّ شهر يتقدّمه شهر تامّ رأسين أحدهما اليوم الذي هو رأسه بالحقيقة والآخر اليوم الذي قبله وهو اليوم الثلثون من الشهر التامّ الماضي ويجب أن يُعلم هذا فانّه من ألفاظهم ممّا يُخبر والله اعلم واحكم، وهذا صورة أشكال الجدول.

[a] R من حقيقة [b] LR يوم [c] R العباد [d] Sic Mss. [e] R ويطرق [f] R خطّه

جدول رؤوس الشهور في السنة

جدول البسائط

علامة راس تشرى	كيفيّة السنة	مرحشوان	كسليو	طيبث	شغط	الدار	نيسن	ايّر	سيون	تمّز	اوب	ايلل
ز	تامّة	اب	جد	هو	ز	اب	ج	ده	و	زا	ب	جد
ز	ناقصة	اب	ج	د	ه	وز	ا	بج	د	هو	ز	اب
ب	تامّة	جد	هو	زا	ب	جد	ه	وز	ا	بج	د	هو
ب	ناقصة	جد	ه	و	ز	اب	ج	ده	و	زا	ب	جد
ج	معتدلة	ده	و	زا	ب	جد	ه	وز	ا	بج	د	هو
ه	تامّة	وز	اب	جد	ه	وز	ا	بج	د	هو	ز	اب
ه	معتدلة	وز	ا	بج	د	هو	ز	اب	ج	ده	و	زا

جدول العبّور

علامة راس تشرى	كيفيّة السنة	مرحشوان	كسليو	طيبث	شفط	الدار الأوّل	الدار الثانى	نيسن	ايار	سيون	تمّز	اوب	ايلل
ز	تامّة	اب	جد	هو	ز	اب	جد	ه	وز	ا	بج	د	هو
ز	ناقصة	اب	ج	د	ه	وز	اب	ج	ده	و	زا	ب	جد
ب	تامّة	جد	هو	زا	ب	جد	هو	ز	اب	ج	ده	و	زا
ب	ناقصة	جد	ه	و	ز	اب	جد	ه	وز	ا	بج	د	هو
ج	معتدلة	ده	و	زا	ب	جد	هو	ز	اب	ج	ده	و	زا
ه	تامّة	وز	اب	جد	ه	وز	اب	ج	ده	و	زا	ب	جد
ه	ناقصة	vz	ا	ب	ج	ده	از	ا	بج	د	هو	ز	اب

Anm. In *Mss.* bietet die Columne des Nisân die Zahlen 3.1.5.6 (für 3). 5.1.7; dem entsprechend alle Zahlen der folgenden Columnen bis zum Schluss.

وانّما دعاهم الى ذلك على ما يَخْطُرُ ببالى أَنّهم جَعَلُوا الشهرَ التامَّ تسعةً وعشرين يوما خالصةً وهى الصِّحاحُ مِمّا بين الاجتماع الى الاجتماعِ فأَمّا الثلثون فقد يَقَعُ فيه الكسورُ للاجتماع فأَضافوه الى الشهرِ التامِّ حتّى تَمَّ به والى الناقصِ حتّى صار له رأسان والله اعلمُ بغَرَضِهم، فانْ أُرِيدَ وَقْتُ الاجتماعِ لِأَوائلِ الشهورِ او وَقْتُ الاستقبالِ فى أَنْصافِها على رَأْيِ اليهودِ أَخَذْنا من جدولِ المَواليدِ والأَرباعَشَراتِ انْ أَرَدْنا الاجتماعَ ما بازآء ميلادِ ذلك الشهرِ وانْ أَرَدْنا الاستقبالَ ما بازآء أَرباعَشَرِ ذلك الشهرِ انْ كانت السنةُ بسيطةً فمِنْ جدولِها وانْ كانت عبورا فمن جدولِها ونَزِيدُ[a] ذلك على ميلادِ تشرى وهو الاجتماعُ لرأسِه ونَرْفَعُ الكسورَ الى ما ارْتَفَعَتْ ونُلْقِى الأَيّامَ أَسابيعَ فننْتَهِى[b] الى المطلوب، وانْ أَرَدْناه على رَأْيِ اصحابِ الأَرْصادِ عَمِلْنا هذا العَمَلَ من جدولِ الاجتماعاتِ والامتلاآتِ انْ كانت السنةُ بسيطةً فمِنْ جدولِها وانْ كانت عبورًا فمن جدولِها واجتماعِ رَأْسِ تشرى على رَأْيِهم ايضا فننْتَهِى الى ما أَرَدْناه من الاجتماعِ والاستقبالِ، وهذه هى الجداول۞

a P وَنْرِيدُ b Mss. فينتهى

جدول المواليد والاربعشرات

السنة البسيطة			مواليد الشهور واربعشراتها	السنة العبور			
ساعات	حلق			ايام	ساعات	حلق	
٠	٠		ميلاد تشرى	٠	٠	٠	
يح	٣٩٦	ونصف	اربعشراه	٠	يح	٣٦٦	ونصف
يب	٧٩٣		ميلاد مرحشوان	١	يب	٧٩٣	

میلاد نیسن	ب	د	٤٣٨	
ارباعشراه	ب	كب	٨٣٤	ونصف
میلاد ایر	ج	یز	١٥١	
ارباعشراه	د	یا[a]	٥٤٧	ونصف
میلاد سیون	ه	ه	٩٤٤	
ارباعشراه	و	٠	٣١٠	ونصف
میلاد تمز	و	یح	٦٥٧	
ارباعشراه	٠	یب	١٠٥٣	ونصف
میلاد اوب	ا	ز	٣٧٠	
ارباعشراه	ب	ا	٧٣١	ونصف
میلاد ایلل	ب	ك[b]	٨٣	
ارباعشراه	ج	ید	٤٧٩	ونصف

[illegible] الثانی	ب	د	٤٣٨	
ارباعشراه	ب	كب	٨٣٤	ونصف
میلاد نیسن	ج	یز	١٥١	
ارباعشراه	د	یا[a]	٥٤٧	ونصف
میلاد ایر	ه	ه	٩٤٤	
ارباعشراه	و	٠	٣١٠	ونصف
میلاد سیون	و	یح	٦٥٧	
ارباعشراه	٠	یب	١٠٥٣	ونصف
میلاد تمز	ا	ز	٣٧٠	
ارباعشراه	ب	ا	٧٣١	ونصف
میلاد اوب	ب	ك[b]	٨٣	
ارباعشراه	ج	ید	٤٧٩	ونصف
میلاد ایلل	د	ح	٨٧٩	
ارباعشراه	ه	ج	١٩٣	ونصف

a *Mss.* ط   b *Mss.* كه   c *Mss.* ٨٢٥

جدول الاجتماعات والامتلاآت

اجتماعات الشهور وامتلاآتها	السنة البسيطة ايام	ساعات	دقائق	ثوان	ثوالث	روابع
اجتماع تشرى	.	.	.	.	.	.
امتلاؤه	.	يح	كب	ا	ح	م
اجتماع مرحشوان	ا	يب	مد	ب	يز	كا
امتلاؤه	ب	ز	و	ج	كو	ا
اجتماع كسليو	ج	ا	كح	د	لد	مب
امتلاؤه	ج	يط	ن	ه	مح	كج
اجتماع طيبث	د	يد	يب	و	نب	ج
امتلاؤه	ه	ح	لد	ح	.	مد
اجتماع شفط	و	ب	نو	ط	ط	كد
امتلاؤه	د	كا	يح	ى	يح	ه
اجتماع الدر	.	يه	م	يا	كو	مو
[illegible]	ا	[illegible]	[illegible]	[illegible]	[illegible]	[illegible]

اجتماعات الشهور وامتلاآتها	السنة العبور ايام	ساعات	دقائق	ثوان	ثوالث	روابع
اجتماع تشرى	.	.	.	.	.	.
امتلاؤه	.	يح	كب	ا	ح	م
اجتماع مرحشوان	ا	يب	مد	ب	يز	كا
امتلاؤه	ب	ز	و	ج	كو	ا
اجتماع كسليو	ج	ا	كح	د	لد	مب
امتلاؤه	ج	يط	ن	ه	مح	كج
اجتماع طيبث	د	يد	يب	و	نب	ج
امتلاؤه	ه	ح	لد	ح	.	مد
اجتماع شفط	و	ب	نو	ط	ط	كد
امتلاؤه	د	كا	يح	ى	يح	ه
اجتماع الدر الاوّل	.	يه	م	يا	كو	مو
[illegible]	ا	[illegible]	[illegible]	[illegible]	له	مو

امتلاؤه	ب	كب	مو	بد	نب	مز
اجتماع ایر	ج	یز	ح	یو	ا	كح
امتلاؤه	د	یا	ل	یز	ی	ط
اجتماع سیون	ه	ه	نب	یح	یح	مط
امتلاؤه	و	.	ید	یط	كز	ل
اجتماع تمز	و	یح	لو	ك	لو	ی
امتلاؤه	.	یب	لح	كا	مد	نا
اجتماع اوب	ا	ز	ك	كب	لح	لب
امتلاؤه	ب	ا	مب	كد	ب	یب
اجتماع ایلل	ب	ك	د	كه	ی	نح
امتلاؤه	ج	ید	كو	كو	یط	لح

امتلاؤه	ب	كب	مو	بد	لب	مز
اجتماع لیسن	ج	یز	ح	یو	ا	كح
امتلاؤه	د	یا	ل	یز	ی	ط[a]
اجتماع ایر	ه	ه	لب	یح	یج	مط
امتلاؤه	و	.	ید	یط	كز	ل
اجتماع سیون	و	یح	لو	ك	لو	ی
امتلاؤه	.	یب	نح	كا	مد	نا
اجتماع تمز	ا	ز	ك	كح	نح	لب
امتلاؤه	ب	ا	مب	كد	ب	یب
اجتماع اوب	ب	ك	د	كه	ی	نح
امتلاؤه	ج	ید	كو	كو	یط	لح
اجتماع ایلل	د	ح	مح	كز	كح	ید
امتلاؤه	ه	ج	ی	كح	لو	له

a PL ما *R* ما *b Mss.* ما *c Mss.* ما *d Mss.* ما

وقد يُتَوَصَّلُ الى ما اردناه من معرفة سنى اليهود بأنْ تَحْسُبَ الاستقبال الذى بعد الاعتدال الربيعيّ الواقع فى الحدّ الذى يدور فيه الفصح بين طرفيه وتَنْظُرَ أىَّ يَوْم يقعُ فيما بين طلوع الشمس فيه الى طلوعها من الغد فانْ كان فى الايّام التى يُجيزون[a] فيها الفصحَ فهو هو وانْ كان فيما لا يُجيزونه[b] فيها وهى الأيّام المنسوبة الى الكواكب الثلثة السُّفليّة أخّرناه الى اليوم الثانى ويُسمّى تأخيرُ الفصح بلغتهم الدُّحِىّ ويُعْمَلُ مثلُ ذلك للفصح[c] المقدَّم حتى تقفَ عليه وتزيدُه[d] على علامته اثنَيْن فتجتمعُ أوّل تشرى المتوسّط للفصحَيْن وتأخذ ما بين الفصحين من الايّام فانْ كانت اكثرَ من ايّام سنة الشمس فالسنة التى فيها الفصح الأخير عبّورٌ وانْ كانت اقلّ فليست بعبّورٍ، وبهذا الباب يُمْكِنُ معرفة هذه الكيفيّة الأوّليّة دون الثوانى فانّ الفصحَ ربّما أُخِّرَ والواجبُ عند اليهود تقديمُه او قُدِّمَ والواجبُ عندهم تاخيرُه فلذلك لا يَتَبَيَّنُ حالُها فى النُّقصان والاعتدال والتمام على الحقيقة بل ربّما وقعَ الاستقبال قريبًا من احد طرفَيِ الحدّ الذى يدورُ فيه الفصحُ وخالفَ كُلُّ واحدٍ من موضعَيِ النيّرَيْن بالرؤية موضعَه الأوسطَ متبادلَيْن فى التقدّم والتأخّر بمقدار مجموع تعاديلهما اللّيّة فلم يَصْلُحْ ذلك الاستقبال للاستعمال وأخِذَ بالذى قبلَه او بعدَه فيقعُ من أجلِ ذلك بين حساب اليهود وهذا العمل خلافٌ حتّى انّ السنة ربّما كانت عبّورًا عند اليهود وينعلقُ هذا الحسابُ بأنّها بسيطةٌ او بالعكس، وكذلك يقعُ بين اليهود والنصارى فى العبّور خلافٌ كما سنُبَيِّنُه فى باب صومهم ان شاء الله واذا وقعَ بينهم خلافٌ ورَضُوا بحكمنا[e] نظرْنا الى آستقبالَى فصحَيْهما فالذى يقعُ القمرُ فيه فى أواسط السُّنبلة او أواسط العقرب او تخرجُ فيه الشمسُ عن برج الحَمَل هو المرذول فى القولَيْن وخلافُه هو المقبول ولا يَخْفَى على طالب الحقّ صوابُ الأمرَيْن اذا حُقِّقَتِ الشرائطُ المذكورة۞

ولليهود ادوارٌ أُخَرُ منها دورُ يوبيلَ وهو خمسون سنةً ودورُ الشابوع وهو سبعُ سنين وأوائلُها تُسمّى سنى الرَّجْعَة وذلك لأنّ دورَ الشابوع قد قال اللهُ تعالى فى السِّفْر الثالث من التوراة اذا دخلْتم أرضَ كنعانَ فازرَعوا واحصُدوا واقطَعوا كرومَكم ستَّ سنين وفى السنة السابعة لا تزرَعوا ولا تقطلفوا[f] أعنابَكم وذَرُوها لعبيدكم وامائكم[g] والسُّكّانِ الذين معكم والدوابِّ والطيور

a P يُجَبِّرُونَ R يجبرون b P يُجَبِّرُونَهُ R يجبرونه c L الفصح d PL ويزيد R وتزيد e R محكمنا f LR تقطعوا P يقطلفوا g R بعبيدكم وايمانكم

وكرّر ذلك فى السِفر الثانى فقال وستّ سنين فازرع أرضك واجمع غلّتها[a] والسابعة فلا تعملها واترك غلّتك[b] تلك السنة للمساكين والدوابّ، وكذلك يجوز فى دينهم وشريعتهم أن يبيع ذو الحاجة منهم ولده للأغنياء منهم على وجه الاجارة[c] للخدمة لا الوطى فانّ ذلك غير جائز الّا بمهر وعقد فيخدم له دور الشابوع ثمّ يصير حرّا الّا أن يأبى[d] كما قال اللّه سبحانه فى السفر الثالث من التورية انا اشترى احدكم عبدًا من بنى اسرائيل فليخدم له ستّ سنين وفى السابعة يخرج من ملكه ويصير حرّا يذهب حيث يشاء وامرأته ان كانت له فان قال العبد انّى أحبّ مولاى ولست بخارج من رقّه فليقرّبه المولى الى أسكفة الباب ويثقب أذنيه بمثقب وليتّخذه عبدًا ما بقى يرضى لنفسه ذلك

وأمّا دور يوبيل فقد احتاجوا اليه لما أمرهم اللّه به فى السفر الثالث حيث قال ازرعوا الأرض سبع شوابيع يكون ذلك تسعًا واربعين سنة ثمّ انفخوا بالبوق فى أرضكم كلّها وطهّروها لسنة خمسين ولا تزرعوها ولا تحصدوها وتكون الرجعة فى سنة خمسين ولا يباع[e] الأرض لمحتف[f] الدهر لأنّ الأرض لى وأنتم سكّانها معى وأضيافى تكون رجعة البيوع[g] فى سنة خمسين وليكن البيع على قدر السنين يعنى الباقية من دور يوبيل وقال اللّه تعالى فى هذا السفر وان افتقر أخوك فاشتريته فلا تستعمله عمل[h] العبيد ولكن ليكن كالأجير والضيف حتّى سنة الرجعة، فلهذه الأحوال المشروعة لهم احتاجوا الى هذين الدورين لتكون البيوع[i] فى قلّة الثمن وكثرته على قدر ما بقى من الدور وغير ذلك من أحكام بينهم فانّ العبد اذا أبى الحرّيّة وبقى مملوكا تملّم دور يوبيل لا يجوز بعد ذلك أن يمسك، فمن أراد معرفة سنيه كم هى من كلّ واحد من الدورين فليأخذ سنى آدم مع الناقصة وينقص منها ألفا وعشرة او يزيد عليها سبعمائة واربعين ويقسم الحاصل على ثلثمائة وخمسين ويطرح ما خرج من القسم[k] وما بقى فليدخل به[l] فى سطر[m] العدد من جدول الأحكام فتجد[n] بحياله كمّيّة سنته[o] من كلّ واحد من الدورين، وهذا جدول الأحكام

a *Mss.* عليها *b* *R* عليك *c* *PR* الاجازة *d* *PL* يأتى *e* *R* يباع *f* *PR* يمحق *L* بمحف *g* *R* السبوع *h* *R* على *i* *R* السبوع *k* *P* القسيم *l* به fehlt in *R* *m* *R* شطر *n* فتجد fehlt in *L* *o* *R* سنة

جدول الاحكام

دور الشابوع	سطر العدد	دور يوبيل	دور الشابوع	سطر العدد	دور يوبيل	دور الشابوع	سطر العدد	دور يوبيل	دور الشابوع	سطر العدد	دور يوبيل	دور الشابوع	سطر العدد	دور يوبيل	دور الشابوع
ه	نا	ا	ب	عو	كو	و	قا	ا	ج	قكو	كو	ز	قنا	ا	د
و	نب	ب	ج	عز	كز	ز	قب	ب	د	قكز	كز	ا	قنب	ب	ه
ز	نج	ج	د	عح	كح	ا	قج	ج	ه	قكح	كح	ب	قنج	ج	و
ا	ند	د	ه	عط	كط	ب	قد	د	و	قكط	كط	ج	قند	د	ز
ب	نه	ه	و	ف	ل	ج	قه	ه	ز	قل	ل	د	قنه	ه	ا
ج	نو	و	ز	فا	لا	د	قو	و	ا	قلا	لا	ه	قنو	و	ب
د	نز	ز	ا	فب	لب	ه	قز	ز	ب	قلب	لب	و	قنز	ز	ج
ه	نح	ح	ب	فج	لج	و	قح	ح	ج	قلج	لج	ز	قنح	ح	د
و	نط	ط	ج	فد	لد	ز	قط	ط	د	قلد	لد	ا	قنط	ط	ه

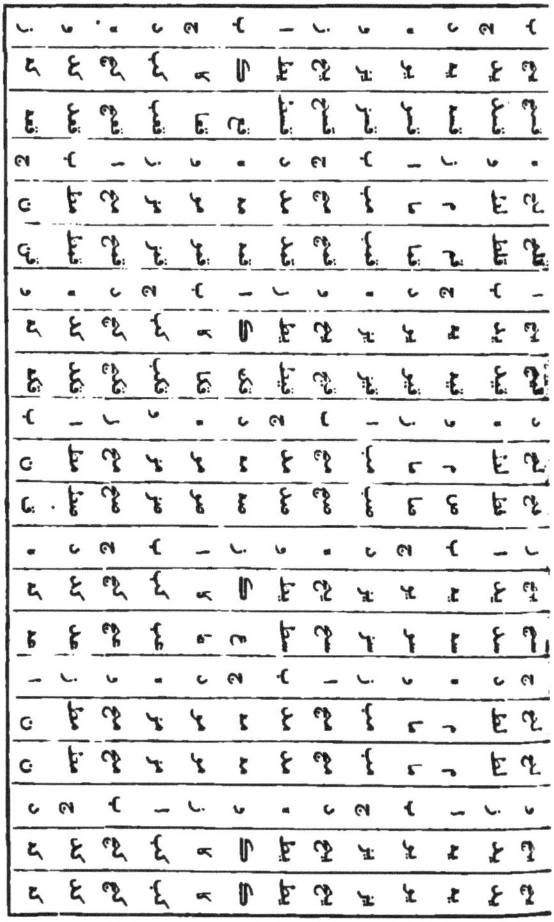

بقية جدول الاحكام

سطر العدد	دور يوبيل	دور الشابوع	سطر العدد	دور يوبيل	دور الشابوع	سطر العدد	دور يوبيل	دور الشابوع	سطر العدد	دور يوبيل	دور الشابوع	سطر العدد	دور يوبيل	دور الشابوع	سطر العدد	دور يوبيل	دور الشابوع	سطر العدد	دور يوبيل	دور الشابوع
قعو	كو	ا	را	ا	ه	ركو	كو	ب	رنا	ا	و	رعو	كو	ج	شا	ا	ز	شكو	كو	د
قعز	كز	ب	رب	ب	و	ركز	كز	ج	رنب	ب	ز	رعز	كز	د	شب	ب	ا	شكز	كز	ه
قعح	كح	ج	رج	ج	ز	ركح	كح	د	رنج	ج	ا	رعح	كح	ه	شج	ج	ب	شكح	كح	و
قعط	كط	د	رد	د	ا	ركط	كط	ه	رند	د	ب	رعط	كط	و	شد	د	ج	شكط	كط	ز
قف	ل	ه	ره	ه	ب	رل	ل	و	رنه	ه	ج	رف	ل	ز	شه	ه	د	شل	ل	ا
قفا	لا	و	رو	و	ج	رلا	لا	ز	رنو	و	د	رفا	لا	ا	شو	و	ه	شلا	لا	ب
قفب	لب	ز	رز	ز	د	رلب	لب	ا	رنز	ز	ه	رفب	لب	ب	شز	ز	و	شلب	لب	ج
قفج	لج	ا	رح	ح	ه	رلج	لج	ب	رنح	ح	و	رفج	لج	ج	شح	ح	ز	شلج	لج	د
قفد	لد	ب	رط	ط	و	رلد	لد	ج	رنط	ط	ز	رفد	لد	د	شط	ط	ا	شلد	لد	ه
قفه	له	[illegible]	[illegible]	[illegible]	[illegible]	[illegible]	[illegible]	[illegible]	[illegible]	[illegible]	[illegible]	[illegible]	[illegible]	[illegible]	[illegible]	[illegible]	[illegible]	شله	له	[illegible]

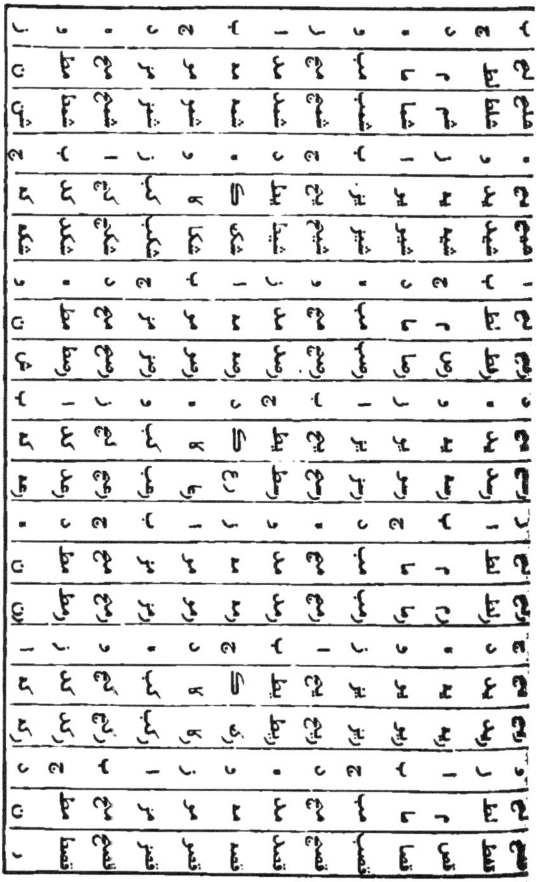

ولهم سوى ما ذكرنا أدوار يسمّونها التقوفات والتقوفة عندهم أوّل كلّ ربع من ارباع السنة فتقوفة نيسن هو الاعتدال الربيعيّ وتقوفة تمّز هو الانقلاب الصيفيّ وتقوفة تشرى هو الاعتدال الخريفيّ وتقوفة طيبت هو الانقلاب الشتويّ، وعندهم أنّ من التقوفة الى التى تتلوها ربع ايّام السنة الشمسيّة سواء وهو احد وتسعون يوما وسبع ساعات ونصف ساعة وعليه بنوا حسباناتهم في استخراجها فانّ كهنتهم نهوا العوامّ عن تناول طعام ساعة التقوفة وزعموا أنّ ذلك مضرّ بالبدن وليس هذا الّا من الحبائل والشباك التى نصبوها لهم حتى استعبدوهم[a] بها وسخّروهم[b] حتى صاروا لا يصدرون الّا عن رأيهم ولا ينبعثون الّا بهمّهم[c] دون استئمارهم كأنّهم أرباب من دون اللّه واللّه حسيبهم، وذكروا أنّ الماء يتكدّر ساعة مواليد الشهور وخبّرني[d] بعض من ينتسب منهم الى علم ومعرفة أنّه عاين ذلك ولئن صدق فليكوننّ على ما أدّت اليه الأرصاد دون حسابهم ولا ينكر ذلك اذ هو ممكن فقد زعم الطبيعيّون أنّ المخاخ والأدمغة والبيض واكثر الرطوبات يزداد بزيادة النور في القمر ويتناقص بنقصانه وأنّ الشراب في الدنان والأوعية يتقلّب[e] حتى يتكدّر بدرديّة وأنّ الدم في زيادته فيه يبرز من البدن الى ظواهره ويغور في نقصانه الى بواطنه، وخاصّيّة حجر القمر أعجب من ذلك كلّه فانّه كما ذكر ارسطوطاليس حجر عليه نقطة صفراء تزداد[f] اذا ازداد نور القمر حتى تنبسط[g] على جميعه اذا امتلأ القمر ثمّ تتناقص[h] بنقصانه والحاكي موثوق بقوله غير متّهم في الحكايات فالأمر فيما قالوه غير ممتنع، وامّا مدّة ما بين التقوفات عند محصّليهم فانّها كما عند بطلميوس اعنى انّ من تقوفة تشرى الى تقوفة طيبت ثمانية وثمانين يوما وثمنا [i]ومنها الى تقوفة نيسن تسعين يوما وثمنا ومنها الى تقوفة تمّز اربعة وتسعين يوما ونصفا[i] ومنها الى تقوفة تشرى اثنين وتسعين يوما ونصفا فتكون الجملة ثلثمائة وخمسة وستّين يوما وربعا، ولا يدقّقون في كمّيّة السنة عند عمل التقوفات وقد قدّمنا انّهم اذا دقّقوا كانت سنة الشمس ثلثمائة وخمسة وستّين يوما وخمس ساعات وثلثة آلاف وسبعمائة واحدا وتسعين جزءا من اربعة آلاف ومائة واربعة اجزاء

a P اصطادوا *b P* وسخروهم *c P* بهمهم *d P* وخبّرى *RL* وخبرى *e R* ينقلب *f Mss.* يزداد *g Mss.* ينبسط *h Mss.* يتناقص *i–i* Von ومنها الى تقوفة نيسن bis ونصفا fehlt in *Mss.*

من ساعة؛ وحتى كانت ايام ارباع السنة معلومة فان موضع اوج فلك الشمس يكون معلوما فاذا اردنا معرفة الاوج فى زمان ارصادهم احتجنا الى تحصيل حركة الشمس الوسطى ليوم فضربنا اجزاء اليوم بليلته وهى ٨٦٤٠٠ ويسمّونها دور الشمس فى ثلثمائة وستّين فقسمنا المجتمع من الضرب على مقدار سنة الشمس بعد التجنيس وهى ٣٥٠١٧٥٣٥١ ويسمّونه الاصل فتخرج بهذا العمل على ما ذكروه[a] حركة الشمس الوسطى ليوم بليلته . نط ح يز ز مو[b] بالتقريب وذلك لانّ نسبة اليوم الواحد[c] الى ايام سنة الشمس كنسبة حصّة اليوم[c] من درج الفلك الى الدور كلّه؛ ثمّ لندر دائرة ابجد لفلك الشمس الممثّل بفلك البروج على مركز ه ولتكن نقطة ا اوّل الحمل وب اوّل السرطان وج اوّل الميزان ود اوّل الجدى ولنخرج قطرى اج ب‍ د، وقد تقدّم من حكايتنا لقولهم انّ الشمس تقطع ربع اب فى زمان اعظم ممّا تقطع فيه سائر الارباع فواجب من ذلك انّ مركز الفلك الخارج المركز فى هذا الربع ولتكن نقطة ح فندير عليها دائرة مماسّة للفلك الممثّل لتكون شبيهة الفلك الخارج المركز وهى دائرة صطلفن ونقطة التماسّ ط ونصل طح ونجيز على نقطة[d] ح قطر رح م ك موازيا لقطر اج ونصف قطر لح موازيا لقطر ب‍ د[e] ونخرجه على استقامة الى س، فلانّ الشمس تقطع بمسيرها الاوسط نصف دائرة ابج الذى هو مجموع الربع الربيعى والصيفى فى مائة وسبعة وثمانين يوما تكون قطعة صفن من الفلك الخارج المركز فقد بح نب مج يب فاذا نقصنا منها نصف دائرة رط فك وهى مائة وثمانون درجة بقى مجموع صر كن وهو د بح نب مج يب لكنّهما متساويان لتوازى القطرين فلاجل ذلك[f] يكون كلّ واحد من صر كن ب[g] ط كو كا لو وجيبه خطّ حس يكون بالمقدار الذى به نصف قطر لح درجة واحدة . ب يه ل نز، ولانّها تقطع ربع اب فى اربعة وتسعين يوما ونصف يوم تكون قطعة صطلف من الفلك الخارج المركز صح ح لد لح مد ولانّ صل هو مجموع صر المعلوم ورل الذى هو ربع دائرة فانّا اذا نقصنا صل من صف بقى لف[h] . نط ح يز ح وجيبه بذلك المقدار ١١ نه له وهو خطّ حم المساوى لسه ففى مثلث حسه القائم الزاوية ضلعا حس سه معلومان

a على ما ذكروه steht in *L* am Rande. b *Mss.* نط در مو ح. c–c Von اليوم bis الواحد fehlt in *R*. d *Mss.* قطر e *Mss.* اهد f *L* ان g ب fehlt in *Mss.* h *Mss.* اب

والضلعُ الأطْوَلُ مجهولٌ فنضربُ كلَّ واحدٍ من ضلعَىْ حس سه[a] فى مثله ونجمعُ مُرَبَّعَيْهما فيكون ٢٨٧٧٠٤٤٣٣٧٤[b] ثوانى ونأخُذُ جَذْرَها فيكون . ب كح نط م وهو بُعْدُ ما بين المركزين المساوى لجَيْبِ التعديلِ الاعظمِ فاذا قوّسناه فى جداولِ الجيوب خَرَجَ قوسُه ب كب يح يب يو وهو التعديلُ الاعظمُ[c] درجة واحدة وذلك لان نصف مح بالمقدار الذى به حط درجةٌ واحدةٌ والى حط[d] فانا اردنا معرفةَ خطِّ حه بالمقدار الذى به خطُّ حط درجةٌ واحدةٌ ضَرَبْنا حه[e] فى درجةٍ واحدةٍ وقسمنا المجتمعَ على مجموعِ هح[f] ودرجةٍ واحدةٍ فيَخرُجُ حه بالمقدار الذى به طه درجةٌ واحدةٌ وذلك لانّ نسبةَ مح[g] بالمقدار الذى به حط[h] درجةٌ واحدةٌ الى حط كنسبةِ مح بالمقدار الذى به حط[i] درجةٌ واحدةٌ الى مجموعِ مح[k] ودرجةٍ واحدةٍ اعنى حط[l] فيَصيرُ بذلك بُعْدُ ما بين المركزين معلومَ النسبةِ الى كلِّ واحدٍ من قُطْرَيِ الفلكِ المُمثّلِ والخارجِ المركزِ ثمّ نُخرِجُ طع قائمًا على قطرِ اعح فيكون مثلثا طعه حسه متشابهان متناسِبا الأضلاعِ وقد تَبيّن لمن نظر فى الهندسة انّ نسبةَ الضلعِ الى الضلعِ فى المثلّث كنسبةِ جَيْبِ الزاويةِ المقابلةِ للضلعِ المنسوبِ الى جيبِ الزاويةِ المقابلةِ للضلعِ المنسوب اليه فلذلك تكون نسبةُ مح المعلومِ الى حس المعلومِ كنسبةِ جَيْبِ زاويةِ حسه القائمةِ وهو حط الجيبُ كلُّه الى جيبِ زاويةِ سهح وهو طع المطلوبُ فنستخرجه استخراجَ العَدَدِ المجهولِ من الأعدادِ الاربعةِ المتناسبةِ فيَخرُجُ . لد لد يط مح ل وقوسُه سه كو كط لب[m] وهو اط الذى هو بُعْدُ الأوجِ عن الاعتدال الربيعىّ ولذلك ما اردنا ان نُبيّن وهذا شكلُ الدائرة

S. die gegenüberstehende Kreisfigur.

وهذه طريقةُ القدماء فى استخراج الاوج واما المُحْدَثُون فانّهم لمّا علموا انّ الوقوفَ على اوقات الانقلابَيْن صَعْبٌ جدًّا وشِبْهُ الممتنعِ آثروا فى أرصادِهم لنُقَطِ ا ب ج د أوساطَ الأرباع اعنى أنصافَ البروج الثوابتِ واستخراجُ أُستاذى ابى نَصْر منصور بن على بن عِراقٍ مَوْلَى اميرِ المؤمنين طريقةٌ لاستخراجِ ما تقدّم ذكرُه يَحتاجُ الى رَصَدِ ثلثِ نُقَطٍ من فلك البروج كيف

[a] *Mss.* سهس [b] *Mss.* ١٨٧٧٠٤٣٣٧٤ [c] Lücke. [d] Lücke. [e] *Mss.* حط
[f] *Mss.* مط [g] *R* طه [h] *L* حط *R* حه [i] حط in *PL*, fehlt in *R*. [k] *R* قط [l] *R* قط [m] Sic *Mss.*

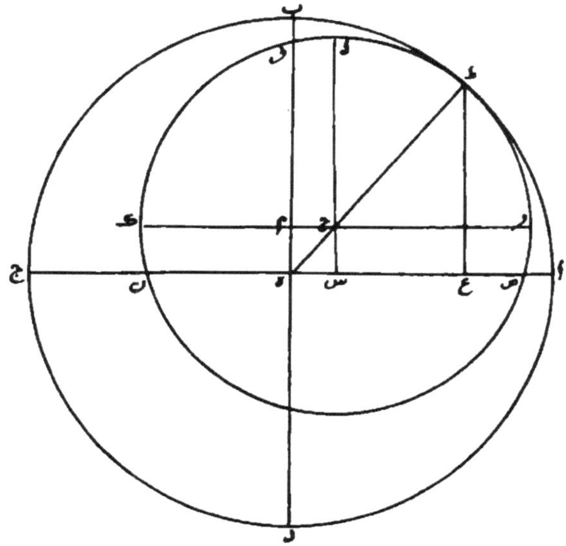
ب
ل
ق
ط
ك
م
ح
ز
ج
ن
ه
س
ع
ص
ا
د

اتفقت بعد تحصيل مقدار سنة الشمس وقد ثبت فى كتاب الاستشهاد باختلاف الارصاد ان فضل هذه الطريقة على ما اورده المحدثون كفضل ما اوردوه على القدماء، واتما اخوض فى اشياء خارجة عن نظم الكتاب ليتصرّف الناظر فيه بين حدائق الحكمة فلا يملّ خاطره ولا يسأم ناظره وارجو ان يكون هذا العذر مقبولا عنده ✿

ونرجع فنقول اذا اراد اليهود معرفة الارباع وهى التقوفات اخذوا سنى آدم مع الناقصة وطرحوها محازير شمسية وما بقى اخذوا لكلّ سنة ثلثين ساعة اعنى يوما وربع يوم[a] ويلقون[b] ما اجتمع اسابيع حتى يبقى اقلّ من سبعة فيعدّونها من اوّل ليلة الاربعاء او يزيدون عليها ثلثة ايام ويعدّون المجتمع من اوّل ليلة الاحد فينتهون الى تقوفة نيسن وهو الاعتدال الربيعى فى السنة، وقد بيّنّا فيما تقدّم ابعاد ما بينها على الرأى العامّى والخصل كليهما فاذا عرف احدى التقوفات عرف منها سائرها، واتما القوا العدد من اوّل ليلة الاربعاء لأنّ بعضهم زعم أنّ الشمس خلقت يوم الاربعاء السابع والعشرين من ايلل وأنّ تقوفة تشرى اتفقت فى آخر الساعة الثالثة من يوم الاربعاء الخامس من تشرى وعندهم أنّ الشمس تقطع ربعى الربيع والصيف فى مائة واثنين وثمانين يوما وخمس عشرة ساعة اذا لم يدقّقوا كما ذكرنا فاذا ألقينا تلك اسابيع فنيت الايام وبقيت الساعات [c]الخمس عشرة فاذا رجعنا من وقت تقوفة تشرى الى وراء وعددناه[d] هذه الساعات[c] انتهينا الى اوّل الساعة[e] الأولى من ليلة الاربعاء ومنه الابتداء فى الحساب المذكور، وبعضهم زعم أنّ الشمس خلقت فى اوّل الحمل فى هذا الوقت الذى منه ابتدأ الحساب للتقوفات وأنّها اجتمعت مع القمر بعد الخلق بتسع ساعات وستمائة واثنين واربعين خلقا[f] لميلاد نيسن وسنة الشمس اذا لم يدقّق فى كمّيّتها ثلثمائة وخمسة وستّون يوما وربع يوم فاذا طرحناها اسابيع بقى يوم وربع يوم وهى زيادة كلّ تقوفة على نظيرتها فى السنة المتقدّمة فلذلك تأخذها لكلّ سنة من السنين البواقى واذا ابتدى فى اوّل المحزور الشمسى من اوّل يوم او ليلة عاد الحساب الى مثله عند تمام المحزور، وقد حسبنا على هذا الحساب تقوفات محزور شمسى لمن اخذ سنى آدم مع الناقصة وعملها محازير شمسية والقاها

a يوم fehlt in *Mss.* *b* *P* وثلثون *c–c* Von الخمس عشرة bis الساعات fehlt in *RP* *d* *L* وعددناها *e* *Mss.* السابعة *f* *Mss.* حلق

وأَنْخَلَ الباقِىَ فى سَطْرِ المحرورِ حَتّى وَجَدَ ما يُوافِقُه صادَفَ قُبالتَه بَعْدَ تقوفةِ نيسنَ عن أَوّلِ ليلةِ الاحَدِ فى تلك السنةِ الناقصةِ والتقوفاتِ الثلثَ التاليةَ لها بَعْدَها ورَبُّ الساعـةِ الـتى يكونُ فيها[a] التقوفةُ لِأَنَّهم يَذْكُرونها عندها ويُسَمّونها طَوالِعَ الساعات فانْ كانت الساعاتُ[b] اقلَّ من آثْنَتَىْ عشرةَ فهى بالليلِ وإنْ كانت اكثرَ فهى بالنّهارِ فَلْيُنْقَصْ منها اثنتا عشرةَ ساعةً وما بَقِىَ فهو الماضى من النّهار٭

a *PR* يكون فيها *b* فان كانت الساعات fehlt in *R*.

سطر المحزور الشمسىّ	شهور التقوفات الاربعة	ابعاد التقوفات من ليلة الاحد			ارباب الساعات التى يتفق فيها التقوفات
		ايّام	ساعات	حلق	
الاولى	نيسن	د	يح	٠	شبثى
	تمز	٠	ا	٥٤٠	شبثى
	تشرى	٠	ط	٠	صيدق
	طيبث	٠	يو	٥٤٠	صيدق
الثانية	نيسن	و	٠	٠	ماديم
	تمز	و	ز	٥٤٠	ماديم
	تشرى	و	يه	٠	حمّو
	طيبث	و	كب	٥٤٠	حمّو
الثالثة	نيسن	٠	و	٠	نوغه
	تمز	٠	يج	٥٤٠	نوغه
	تشرى	٠	كا	٠	كوكب حمّو
	طيبث	ا	د	٥٤٠	كوكب حمّو
الرابعة	نيسن	ا	يب	٠	لفانه
	تمز	ا	يط	٥٤٠	لفانه
	تشرى	ب	ج	٠	شبثى
	طيبث	ب	ى	٥٤٠	شبثى
الخامسة	نيسن	ب	يح	٠	صيدق
	تمز	ج	ا	٥٤٠	صيدق
	تشرى	ج	ط	٠	ماديم
	طيبث	ج	يو	٥٤٠	ماديم
السادسة	نيسن	د	٠	٠	حمّو
	تمز	د	ز	٥٤٠	حمّو
	تشرى	د	يه	٠	نوغه
	طيبث	د	كب	٥٤٠	نوغه

بقية جدول التقوفات

سطر الحزور الشمسي	شهور التقوفات الاربعة	ابعاد التقوفات من ليلة الاحد: ايام	ساعات	حلق	ارباب الساعات التي يتفق فيها التقوفات
السابعة	ليسن	٠	و	٠	كدحو حمو
	تمز	٠	يج	٥٤٠	كدحو حمو
	تشرى	٠	كا	٠	لفالة
	طيبث	و	د	٥٤٠	لفالة
الثامنة	نيسن	و	يب	٠	شبتى
	تمز	و	يط	٥٤٠	شبتى
	تشرى	٠	ج	٠	صيدق
	طيبث	٠	ى	٥٤٠	صيدق
التاسعة	ليسن	٠	يح	٠	ماليم
	تمز	ا	ا	٥٤٠	ماليم
	تشرى	ا	ط	٠	حمو
	طيبث	ا	يو	٥٤٠	حمو
العاشرة	ليسن	ب	٠	٠	لوغه
	تمز	ب	ز	٥٤٠	نوغه
	تشرى	ب	يه	٠	كدحو حمو
	طيبث	ب	كب	٥٤٠	كدحو حمو
الحادى عشرة	نيسى	ج	و	٠	لفالة
	تمز	ج	يج	٥٤٠	لفالة
	تشرى	ج	كا	٠	شبتى
	طيبث	د	د	٥٤٠	شبتى
الثانية عشرة	نيسن	د	يب	٠	صيدق
	تمز	د	يط	٥٤٠	صيدق
	تشرى	٠	ج	٠	ماليم
	طيبث	٠	ى	٥٤٠	ماليم

بقية جدول التقوفات

سطر الحزور الشمسي	شهور التقوفات الاربعة	ابعاد التقوفات من ليلة الاحد ايام	ساعات	حلق	ارباب الساعات التي يتفق فيها التقوفات
الثالثة عشرة	نيسن	٠	يج	٠	حمو
	تمز	و	ا	٥٤٠	حمو
	تشري	و	ط	٠	نوغه
	طيبث	و	يو	٥٤٠	نوغه
الرابعة عشرة	نيسن	٠	٠	٠	كجهو حمو
	تمز	٠	ز	٥٤٠	كجهو حمو
	تشري	٠	يه	٠	لفانه
	طيبث	٠	كب	٥٤٠	لفانه
الخامسة عشرة	نيسن	ا	و	٠	شبثي
	تمز	ا	يج	٥٤٠	شبثي
	تشري	ا	كا	٠	صيدق
	طيبث	ب	د	٥٤٠	صيدق
السادسة عشرة	نيسن	ب	يب	٠	مالبيم
	تمز	ب	يط	٥٤٠	مالبيم
	تشري	ج	ج	٠	حمو
	طيبث	ج	ي	٥٤٠	حمو
السابعة عشرة	نيسن	ج	يج	٠	نوغه
	تمز	د	ا	٥٤٠	نوغه
	تشري	د	ط	٠	كجهو حمو
	طيبث	د	يو	٥٤٠	كجهو حمو
الثامنة عشرة	نيسن	٠	٠	٠	لفانه
	تمز	٠	ز	٥٤٠	لفانه
	تشري	٠	يه	٠	شبثي
	طيبث	٠	كب	٥٤٠	شبثي

بقيّة جدول التقوفات

سطر الحزور الشمسيّ	شهور التقوفات الاربعة	ابعاد التقوفات من ليلة الاحد: ايّام	ساعات	حلق	ارباب الساعات التي يتّفق فيها التقوفات
التاسعة عشرة	نيسن	و	و	٠	صيدق
	تمز	و	يج	٥٤٠	صيدق
	تشري	و	كا	٠	مالئيم
	طيبيث	٠	د	٥٤٠	مالئيم
العشرون	نيسن	٠	يب	٠	حمّو
	تمز	٠	يط	٥٤٠	حمّو
	تشري	ا	ج	٠	نوغه
	طيبيث	ا	ى	٥٤٠	نوغه
الحادية والعشرون	نيسن	ا	يح	٠	كبحو حمّو
	تمز	ب	ا	٥٤٠	كبحو حمّو
	تشري	ب	ط	٠	لغانه
	طيبيث	ب	يو	٥٤٠	لغانه
الثانية والعشرون	نيسن	ج	٠	٠	شبثى
	تمز	ج	ز	٥٤٠	شبثى
	تشري	ج	يه	٠	صيدق
	طيبيث	ج	كب	٥٤٠	صيدق
الثالثة والعشرون	نيسن	د	و	٠	مالئيم
	تمز	د	يج	٥٤٠	مالئيم
	تشري	د	كا	٠	حمّو
	طيبيث	ه	د	٥٤٠	حمّو
الرابعة والعشرون	نيسن	ه	يب	٠	نوغه
	تمز	ه	يط	٥٤٠	نوغه
	تشري	و	ج	٠	كبحو حمّو
	طيبيث	و	ى	٥٤٠	كبحو حمّو

بقيّة جدول التقوفات [a]

سطر المحزور الشمسيّ	شهور التقوفات الاربعة	ابعاد التقوفات من ليلة الاحد: ايّام	ساعات	حلق	ارباب الساعات التى يتّفق فيها التقوفات
الخامسة والعشرون	نيسن	و	يح	٠	لغانه
	تمز	٠	ا	٥٤٠	لغانه
	تشرى	٠	ط	٠	شبثى
	طيبث	٠	يو	٥٤٠	شبثى
السادسة والعشرون	نيسن	ا	٠	٠	صيدق
	تمز	ا	ز	٥٤٠	صيدق
	تشرى	ا	يه	٠	مأذيم
	طيبث	ا	كب	٥٤٠	مأذيم
السابعة والعشرون	نيسن	ب	و	٠	حمّو
	تمز	ب	يج	٥٤٠	حمّو
	تشرى	ب	كا	٠	نوغه
	طيبث	ج	د	٥٤٠	نوغه
الثامنة والعشرون	نيسن	ج	يب	٠	كوخو حمّو
	تمز	ج	يط	٥٤٠	كوخو حمّو
	تشرى	د	ج	٠	لغانه
	طيبث	د	ى	٥٤٠	لغانه

a In *L* fehlt die ganze Tabelle der Teḳûfôth.
In *PR* sind die Zahlen für die Jahre 1—14 inclus. richtig überliefert; die Zahlen für die Jahre 15—28 sind theils falsch theils gar nicht überliefert.

فامّا أسامى الكواكب التى أثبتناها فى جدول التقويمات فهى بالعِبْرانيّة لأنّ استعمالهم ايّاها كذلك وكلّ[a] أمّة من الأمم اذا آحتاجت الى ذكر الكواكب فلا بُدّ من أنْ تذكُرها بلُغتها وهذا الجدول يَنْطِق بأسامى الكواكب باللّغات المختلفة والناظرُ فيه يُحيط بما ذكرناه[b] من أسمائها بالعِبْرانيّة وبغيرها من الألْسُن وهذا هو۞

هذا جدول الكواكب السبعة[c]

بالعربيّة	زحل	المشترى	المريخ	الشمس	الزهرة	عطارد	القمر
بالروميّة	قرونس	زاوس	الرس	ايليوس	افروديطى	هرمس	سيلينس
بالفارسيّة	كيوان	هرمزد	بهرام	مهر خورشيد	ناهيد	تير	ماه
بالسريانيّة	كاون	بيل	نرغال	شمشا	استرا بلتى[d]	نفو	سهرا
بالعبرانيّة	شبثى	صيدق	ماليم	حمّو	نوغه	كذخو حمو	لفانه
بالهنديّة	سنسجر	برهسبتى[e]	منكل	ادبد	شرك	بد	سوم
بالخوارزميّة		ريمژد	اريغز	اخير	ناهيج[f]	جيرى	ماه

ومن حقّ البيت الطبيعىّ وإنْ لم يُوجِبه الموضعُ من الكتاب ولم نحتَجْ اليه فيه أنْ نَفعل للبروج ما عملناه للكواكب من تخطيط جدول نُضمّنه ما تقرّر لدَيْنا من أساميها بصنوف اللّغات فإنْ المحتاجَ الى ذلك مُضطَرٌّ الى مثله فى البروج، وهذا الجدول يَشتمل على ذلك۞

a PR وللّ b P ذكرنا c Diese Tabelle fehlt in L d P كمباد
e P برهشت R بهشتى برهسبتى R f برهس بهرى R ماهيج R اسرا بلتى ذكر P نكماد اسرا بلتى نتو

العربيّة [a]	الروميّة	الفارسيّة	السريانيّة	العبرانيّة	الهنديّة	الخوارزميّة
الحمل الكبش	قريوس	بره	امرا	طونه	ميش	ورن
الثور	طورس	كاو	تورا	شور	برش	غاو
الجوزاء التوءمان	دوديمو	دوپيكر	تامى	توميم	مثون	الدو بچركريك [c]
السرطان	قرقانس	كرزنك	سرطان	سرطون	كركر	خرچنك [d]
الاسد	لاان	شير	اريا	ارى	سنك	سرغ [e]
السنبلة العذراء	برثانس	خوشه	شبلتا بتلتا	بشولو	كن	ووفيك
الميزان	زوغاس	ترازو	ماسانا [b]	موزنيم	تل	ترازك
العقرب	اسقربيس	كژدم	عقربا	عقروب	وشچك	درمچيك
القوس الرامى	طكسوطس	نيماسب	قشتا صلما ربّا	قيشت	دهن	ننيك [f]
الجدى	اغوقرس	بهى	كذيا	كذى	مكر	تارنيك [g]
الدلو	ادريخوس	دول	دولا	ديلو	كم	دور
الحوت السمكة	اكثييس	ماهى	نونا	دوغ	مين	كيب [h]

a Diese Tabelle fehlt in *L*. b *P* ماذانا *R* مانشانا c *P* اذو بچرمريك *R* ارو بچركرنك d *P* خرحنك e *R* سحغ f *R* دنّيك g *R* تارنيل h *P* كتب

ونعود فنقول أنّ الذى قدّمناه من الحساب والجداول يخرج موقع التقوفة من ايام الأسبوع وليْن الذى ينتجه من موضعها فى الشهر السريانيّ بعيدٌ عن الحقيقة بمقدارٍ غير محتمل، مثال ذلك انّا اذا أخذنا تاريخ آدم لأوّل تشرى الواقع ميلاده يومَ الأحد اوّل يوم من ايلول سنة الف وثلثمائة واحدى عشرة للاسكندر كانت سنو آدم التامّة اربعة آلاف وسبعمائة وتسعا وخمسين سنة وهى تكون ثمانية[a] محازير كبار[b] وستّة وعشرين محزورا صغيرا وتسع سنين تامّة مرتّبة على حساب بهرجوج يكون منها ستّ سنين بسيطة وثلث سنين عبورا فاذا ضربنا كلّ واحد من ذلك فى أيّامه اجتمع من ذلك ألف الف وسبعمائة وثمانية[c] وثلثون الفا ومائتا يوم وسبع ساعات ومائتان وثلثة وخمسون حلقا وهى ما بين ميلاد أوّل سنة من سنى آدم وميلاد سنتنا المذكورة، وقد قلنا أنّ موضوعهم على أنّ تقوفة تشرى اعنى الاعتدال الخريفى اتّفقت فى اوّل تاريخ آدم بعد ميلاد السنة بخمسة ايّام وساعة واحدة فاذا نقصناها ممّا حصل لنا بقى ما بين تقوفة تشرى فى اوّل التاريخ وبين ميلاد سنتنا فاذا قسمناها على ثلثمائة وخمسة وستّين يوما وربع يوم خرج اربعة آلاف وسبعمائة وثمان وخمسون سنة وبقى[d] ثلثمائة وخمسة وثلثون يوما وثلثة أرباع يوم والى أن يتمّ السنة الشمسيّة ويعتدل الليل والنهار تسعة وعشرون يوما واحدى عشرة ساعة وثمانمائة وسبعة وعشرون حلقا فاذا زدنا ذلك على ميلاد سنتنا وهو يوم الأحد بعد مضىّ سبع ساعات ومائتين وثلثة وخمسين حلقا انتهينا الى تسع ساعات من ليلة الثلثاء اوّل يوم من تشرين الاوّل فيتأخّر عن الاعتدال الموجود بالرصد مقدار اربعة عشر يوما وهذا وما هو أقلّ منه غير جائز وانّ كان عليه عمل القوم وبه بنينا الجدول على مذهبهم، فاذا أخذنا هذه المدّة التى هى بين اوّل التقوفات وميلاد سنتنا وهى ألف الف وسبعمائة وثمانية وثلثون الفا ومائة وخمسة وتسعون يوما وستّ ساعات ومائتان وثلثة وخمسون حلقا[e] فضربناها فى هذا ٩٨٤٣١ التى هى أجزاء اليوم بالتحقيق عندهم فى سنة الشمس اجتمع[f] [g] ١٧١٢٨٠٣٠٥ وخمسمائة جزء ثمّ قسمناها وعلامات الكبائس، وهذا جدول شهور السريانيّين والروم ✿

[a] Mss. ثمان   [b] Mss. كبارا   [c] Mss. وثمان   [d] Mss. وخمسين

[e] Mss. حلقا يوما وهى   [f] Fehlt in PR.   [g] Sic Mss. Grosse Lücke.

جدول اوائل الشهور بالسرياني والرومي

سطر الكرور الشمسي		ا	ب	ج	د	ه	و	ز	ح	ط	ي	يا	يب	يج	يد
تشرين الاول	طمريوس	ب	ج	د	و	ز	ا	ب	د	ه	و	ز	ب	ج	د
تشرين الثاني	نوامبريوس	ه	و	ز	ب	ج	د	ه	ز	ا	ب	ج	ه	و	ز
كانون الاول	دمبريوس	ز	ا	ب	د	ه	و	ز	ب	ج	د	ه	ز	ا	ب
كانون الثاني	ينواريوس	ج	د	ه	ز	ا	ب	ج	ه	و	ز	ا	ج	د	ه
شباط	فبراريوس	و	ز	ا	ج	د	ه	و	ا	ب	ج	د	و	ز	ا
آذار	مرتيوس	و	ز	ب	ج	د	ه	ز	ا	ب	ج	ه	و	ز	ا
نيسان	افليريوس	ب	ج	ه	و	ز	ا	ج	د	ه	و	ا	ب	ج	د
ايار	مائيوس	د	ه	ز	ا	ب	ج	ه	و	ز	ا	ج	د	ه	و
حزيران	يونيوس	ز	ا	ج	د	ه	و	ا	ب	ج	د	و	ز	ا	ب
تموز	يوليوس	ب	ج	ه	و	ز	ا	ج	د	ه	و	ا	ب	ج	د
اب	اغسطس	ه	و	ا	ب	ج	د	و	ز	ا	ب	د	ه	و	ز
ايلول	سطمبريوس	ا	ب	د	ه	و	ز	ب	ج	د	ه	ز	ا	ب	ج
كبائس السنين				ك				ك				ك			

سطر الكرور الشمسي		يه	يو	يز	يح	يط	ك	كا	كب	كج	كد	كه	كو	كز	كح
تشرين الاول	طمريوس	ه	ز	ا	ب	ج	ه	و	ز	ا	ج	د	ه	و	ا
تشرين الثاني	نوامبريوس	ا	ج	د	ه	و	ا	ب	ج	د	و	ز	ا	ب	د
كانون الاول	دمبريوس	ج	ه	و	ز	ا	ج	د	ه	و	ا	ب	ج	د	و
كانون الثاني	ينواريوس	و	ا	ب	ج	د	و	ز	ا	ب	د	ه	و	ز	ب
شباط	فبراريوس	ب	د	ه	و	ز	ب	ج	د	ه	ز	ا	ب	ج	ه
آذار	مرتيوس	ج	د	ه	و	ا	ب	ج	د	و	ز	ا	ب	د	ه
نيسان	افليريوس	و	ز	ا	ب	د	ه	و	ز	ب	ج	د	ه	ز	ا
ايار	مائيوس	ا	ب	ج	د	و	ز	ا	ب	د	ه	و	ز	ب	ج
حزيران	يونيوس	د	ه	و	ز	ب	ج	د	ه	ز	ا	ب	ج	ه	و
تموز	يوليوس	و	ز	ا	ب	د	ه	و	ز	ب	ج	د	ه	ز	ا
اب	اغسطس	ب	ج	د	ه	ز	ا	ب	ج	ه	و	ز	ا	ج	د
ايلول	سطمبريوس	ه	و	ز	ا	ج	د	ه	و	ا	ب	ج	د	و	ز
كبائس السنين		ك				ك				ك				ك	

وان اردنا معرفة ذلك فى تاريخ اغسطس أخذنا سنيه التامّة وزدنا عليها ربعها ثمّ على ما اجتمع ستّة ابدًا وألقينا المجتمع أسابيع فيبقى علامة أوّل توت ثمّ زدنا عليها لسائر الشهور لكلّ شهر تمّ مضى قبل المطلوب اثنين ونلقى ما اجتمع اسابيع فيبقى علامة الشهر المطلوب، ومعرفة الكبيسة فى هذا التاريخ أن نزيد على سنيه التامّة واحدًا ابدًا ونلقى المجتمع أرابيع فإن بقى شىء فالسنة المنكسرة غير كبيسة وان فنيت فهى كبيسة ❀

فان اردنا ذلك فى تاريخ انطينس زدنا على سنيه التامّة مثل ربعها وعلى ما اجتمع اربعة وثلثة[a] ارباع ونعمل ما عملناه قبل ومعرفة الكبيسة فى هذا التاريخ أن نزيد على سنيه التامّة ثلثة ابدًا ونلقى المجتمع ارابيع فان فنيت فهى كبيسة والّا فلا ❀

وامّا تاريخ دقلطيانوس فانّا نزيد على سنيه التامّة ربعها وعلى[b] ما اجتمع اربعة وربعا[c] ابدًا ونعمل فى الباقى ومعرفة أوائل الشهور ما عملناه فى تاريخ الاسكندر على مذهب الروم ومعرفة الكبيسة فيه أن نزيد على سنيه التامّة اثنين ابدًا ونلقى المجتمع ارابيع فان فنيت فهى كبيسة وان بقى شىء فليست بكبيسة ❀

وأمّا تاريخ الهجرة فان اردنا معرفة أوائل سنيه وشهوره بحساب[d] التواريخ أخذنا سنى الهجرة التامّة ووضعناها فى ثلثة مواضع وضربنا الأوّل فى ثلثمائة واربعة وخمسين يوما والثانى فى اثنتين وعشرين دقيقة والثالث فى ثانية واحدة وزدنا على الدقائق اربعًا وثلثين دقيقة ابدًا ثمّ نرفع ما فى المنازل الى ما ارتفع ونجبر الدقائق ان كانت اكثر من خمسة عشر ونطرحها ان كانت اقلّ فلا نعتدّ بها فما اجتمع فهو ما مضى من أوّل سنة الهجرة الى اوّل تلك السنة أيامًا فنزيد[e] عليها خمسة ونطرحها أسابيع فما بقى دون سبعة فهو علامة المحرّم، فان اردنا غيره من الشهور أخذنا لما مضى قبل المطلوب من الشهور التامّة لشهر يومين ولشهر يومًا ونزيد المجتمع على علامة المحرّم ونلقى المبلغ أسابيع فيبقى علامة ذلك الشهر بحساب التواريخ المستخرج بالمسير الأوسط، فأمّا رؤية الهلال ففى تحقيقه من الطول والصعوبة ما يحتاج معه الى أعمال صنعة وجداول كثيرة ويكتفى منه بما فى زيج محمّد بن جابر البتّانى وزيج حبش الحاسب فليقصدهما ان احتاج اليها الطالب ❀

وعلى ما ذكرناه عملت الفرقة المدّعية للبواطن المنتحلة لتشيّع الآل فأوردت حسابا زعمت أنّه من

a R وثلثون b Mss على c Mss. وربع d R بحسب e R فزيد

أسرار النبوة وهو هذا، اذا أردت أن تعلم أول رمضان فخذ سنى الهجرة التامة واضربها فى اربعة وزد على ما اجتمع من الضرب خمس سنى الهجرة وسدسها فان بقى من كلا القسمين كسر[a] فاجبره بالاتمام يوما ان كان احدهما او مجموعهما اكثر من نصف مخرج احد الكسرين ثم زد على ما اجتمع اربعة واطرح ما بقى أسابيع لما بقى دون سبعة فهو علامة شهر رمضان، وهو مبنى على ما[b] نذكره فان أيام كل سنة من سنى القمر وهى ثلثمائة واربعة وخمسون يوما اذا ألقيت[c] أسابيع بقى اربعة فاذا ضرب سنو[d] الهجرة فى اربعة صار كأنه طرح أيام كل سنة اسابيع وجميع بواقى ذلك واذا أخذ خمس سنى العرب وسدسها صار كأنه أخذ لكل واحد من السنين خمس يوم وسدسه فناب أخذ خمس السنين وسدسها عن ضربها فى خمس يوم وسدسه وقسمتها[e] على مخرجيهما[f] فاذا ألقى الجميع أسابيع وعدّ[g] ما بقى من يوم الجمعة الذى هو أول الهجرة انتهى الى علامة المحرم واذا زدنا عليه ستة وعدّ المجتمع من يوم الأحد آل الى معنى واحد، وانما زاد فوق ذلك اربعة لانه ان أخذ آخذ لشهر[h] يومين ولشهر يوما كان الذى يجتمع الى أول شهر رمضان خمسة واذا زادها على علامة المحرم انتهى الى علامة شهر رمضان وقد كان زاد للمحرم ستة فجمع اليه الخمسة اللازمة الى شهر رمضان فصار الجميع أحد عشر وألقى منها سبعة فبقى اربعة وهو ما يبقى من مجموع الزيادتين، وأما تخلف الحساب الملقى من يوم الجمعة والذى ذكرناه قبيل اعنى الملقى من يوم الخميس بسبب انجبار اليوم من الاربع والثلثين دقيقة هناك حين لا ينجبر[i] فهنا من الكسور شىء، والى هذا الحساب وأخواته[k] ذهب أصحاب الرأى المستحدث فى هذا المذهب المعروفون[l] بخوارزم بالبغدادية نسبة الى داعيهم وهو شيخ يستوطن بغداد، ووجدت بعض رؤسائهم أخذ[m] الجدول المجرد الذى وضعه حبش فى زيجه لتصحيح التأريخ المستعمل فى حساب الكواكب فزاد على كل واحد مما فيه وفى علامة المحرم خمسة للعلة التى ذكرناها وغيّر الصورة فجعل الاستقامة فى الجدول تحديبا لوليبيا كهيئة الحية الملتوية كما أداره بعض أهل طبرستان دائرة بعود العدد فيها عند الاستقامة الى مبدئه، واكتفى اثر القوم بوضع كتاب طعن فيه على طالبى الهلال بالرؤية وشبههم

a R كر   *b* ما fehlt in *R.*   *c LR* لقيت   *d Mss.* سنى   *e P* وقسمتهما
f R مخرجهما   *g Mss.* وعدد   *h Mss.* لانّه اخذ لشهر   *i R* لا نجبر   *k R* اخواته
l Mss. المعروفين   *m L* اخذوا

وغيرهم[a] بالاستغناء[b] اليهود والنصارى عن طلب الهلال للصيام وأوائل الشهور بما عندهم من الجداول واشتغال المسلمين بالمتشابه من الأحوال ولو جاوز موضع الجدول المجرّد من زيج حبش حتى انتهى الى أعمال اصحاب الهيئة فى رؤية الهلال ووقف على كيفياتها وعلى حقائق ما عليه اليهود والنصارى لعلم أنّ الذى ذهب اليه أهل الكتب هى الشبهة بعينها، وعسى الواقف على ما قدّمنا يتحقّق ذلك على أنّ علماء الهيئة مجمعون على أنّ المقادير المفروضة فى أواخر أعمال رؤية الهلال هى أبعاد[c] لم يوقف عليها الّا بالتجربة وللمناظر أحوال هندسية يتفاوت لأجلها المحسوس بالبصر فى العظم والصغر وفى الأحوال الفلكية ما اذا تأمّلها متأمّل منصف لم يستجز بتّ الحكم على وجوب رؤية الهلال او امتناعها وخاصّة حين يقع قريبًا من نهاية ذلك البعد المفروض، وهذا اللولب المنقول من الجدول المجرّد ❁

Hier folgt die gegenüberstehende Schnecken-Figur.

وعلى أنّ فى الجدول المجرّد الذى أورد الحكيم حبش فى زيجه المعروف بالممتحن ونقل هذا الرجل المذكور ما فيه من اللولب بزيادة خمسة فى مواضع قد جبر حبش فيها كسورها الى الصحاح ولم يجب ذلك فيه وعمله مثله فى جداول الأوساط حتى لم يتأدّ لذلك الى غلط، ومن أراد معرفة[d] صحّة ما قلناه فليقس بين هذا اللولب فانه الجدول المجرّد بعينه مزادًا عليه خمسة ما لبصير لرمضان وبين الجدول المصحّح الذى حسبناه لعلامة المحرّم وأثبتنا الكسور التابعة للصحاح ارادة أن تقع تحت حسّ[e] البصر وتدرك عيانًا[f] فيستعان به على أمر غيره، والعامل به يسقط من سنى الهجرة مع السنة الناقصة مائتين وعشرة ان كانت أكثر ويدخل بالباقى سطر العدد ويأخذ ما بحياله من الأيام والدقائق ويزيد على الدقائق خمسة أيام واربعًا وثلثين دقيقة أبدًا ويرفع منها الى الايام ما ارتفع ويلقى[g] منه سبعة ان كانت فيه فتجتمع علامة اول المحرّم واذا زدنا عليها خمسة حصلت علامة رمضان، فليقس ذلك الى هذا اللولب فانه يقع فى بعضها خلاف بسبب جبر الدقائق التى لم تتمّ ستين دقيقة الى الأيام يومًا ويتبيّن عيانًا لم رتّب لمائتين[h] وعشر سنين دون ما هو أولى منها او أكثر ان تأمّل فضل تأمّل، والله أعلم وهو حسبنا كافيًا ومعينًا ❁

a Mss. وغيرهم *b PR* بالاستغناء *c* Sic *Mss.* Lücke. *d* معرفة fehlt in *R.* *e PR* حسن *f P* عينا *g Mss.* ونلقى *h Mss.* لماتتى

وهذا هو الجدول المصحح

سطر العدد	ايام	دقائق	سطر العدد	ايام	دقائق	سطر العدد	ايام	دقائق	سطر العدد	ايام	دقائق	سطر العدد	ايام	دقائق	سطر العدد	ايام	دقائق	سطر العدد	ايام	دقائق
ا	د	لب	لا	ب	كب	سا	.	كب	صا	ه	كب	قكا	ج	كب	قنا	ا	كب	قفا	و	كب
ب	ا	مد	لب	و	مد	سب	د	مد	صب	ب	مد	قكب	.	مد	قنب	ه	مد	قفب	ج	مد
ج	و	و	لج	د	و	سج	ب	و	صج	.	و	قكج	ه	و	قنج	ج	و	قفج	ا	و
د	ج	كح	لد	ا	كح	سد	و	كح	صد	د	كح	قكد	ب	كح	قند	.	كح	قفد	ه	كح
ه	.	ن	له	ه	ن	سه	ج	ن	صه	ا	ن	قكه	و	ن	قنه	د	ن	قفه	ب	ن
و	ه	يب	لو	ج	يب	سو	ا	يب	صو	و	يب	قكو	د	يب	قنو	ب	يب	قفو	.	يب
ز	ب	لد	لز	.	لد	سز	ه	لد	صز	ج	لد	قكز	ا	لد	قنز	و	لد	قفز	د	لد
ح	و	نو	لح	د	نو	سح	ب	نو	صح	.	نو	قكح	ه	نو	قنح	ج	نو	قفح	ا	نو
ط	د	يح	لط	ب	يح	سط	.	يح	صط	ه	يح	قكط	ج	يح	قنط	ا	يح	قفط	و	يح
ى	ا	م	م	و	م	ع	د	م	ق	ب	م	قل	.	م	قس	ه	م	قص	ج	م
يا	و	ب	ما	د	ب	عا	ب	ب	قا	.	ب	قلا	ه	ب	قسا	ج	ب	قصا	ا	ب
يب	ج	كد	مب	ا	كد	عب	و	كد	قب	د	كد	قلب	ب	كد	قسب	.	كد	قصب	ه	كد
يج	.	مو	مج	ه	مو	عج	ج	مو	قج	ا	مو	قلج	و	مو	قسج	د	مو	قصج	ب	مو
يد	ه	ح	مد	ج	ح	عد	ا	ح	قد	و	ح	قلد	د	ح	قسد	ب	ح	قصد	.	ح

يه	ب	ل	مه	.	ل	عه	ه	ل	قه	ج	ل	قله	ا	ل	قسه	و	ل	قصه	د	ل
يو	و	نب	مو	د	نب	عو	ب	نب	قو	.	نب	قلو	ه	نب	قسو	ج	نب	قصو	ا	نب
يز	د	يد	مز	ب	يد	عز	.	يد	قز	ه	يد	قلز	ج	يد	قسز	ا	يد	قصز	و	يد
يح	ا	لو	مح	و	لو	عح	د	لو	قح	ب	لو	قلح	.	لو	قسح	ه	لو	قصح	ج	لو
يط	ه	نح	مط	ج	نح	عط	ا	نح	قط	و	نح	قلط	د	نح	قسط	ب	نح	قصط	.	نح
ك	ج	ك	ن	ا	ك	ف	و	ك	قى	د	ك	قم	ب	ك	قع	.	ك	ر	ه	ك
كا	.	مب	نا	ه	مب	فا	ج	مب	قيا	ا	مب	قما	و	مب	قعا	د	مب	را	ب	مب
كب	ه	د	نب	ج	د	فب	ا	د	قيب	و	د	قمب	د	د	قعب	ب	د	رب	.	د
كج	ب	كو	نج	.	كو	فج	ه	كو	قيج	ج	كو	قمج	ا	كو	قعج	و	كو	رج	د	كو
كد	و	مح	ند	د	مح	فد	ب	مح	قيد	.	مح	قمد	ه	مح	قعد	ج	مح	رد	ا	مح
كه	د	ى	نه	ب	ى	فه	.	ى	قيه	ه	ى	قمه	ج	ى	قعه	ا	ى	ره	و	ى
كو	ا	لب	نو	و	لب	فو	د	لب	قيو	ب	لب	قمو	.	لب	قعو	ه	لب	رو	ج	لب
كز	ه	ند	نز	ج	ند	فز	ا	ند	قيز	و	ند	قمز	د	ند	قعز	ب	ند	رز	.	ند
كح	ج	يو	نح	ا	يو	فح	و	يو	قيح	د	يو	قمح	ب	يو	قعح	.	يو	رح	ه	يو
كط	.	لح	نط	ه	لح	فط	ج	لح	قيط	ا	لح	قمط	و	لح	قعط	د	لح	رط	ب	لج
ل	ه		س	ج	.	ص	ا	.	قك	و	.	قن	د	.	قف	ب	.	رى	.	.

a Diese Tabelle fehlt in *L*.

Inhaltsverzeichniss.

قريش — ٣٥, 16 l. قطاعا — ٣٨, 10 l. باسل — 11 l. باسل — ٣٩, 6 l. الجيل für
الجبل — 9 l. بيت المُلك — 13 l. وكمثّل — 19 l. العَلَوِيّة — ٤٠, 20 l. يُنْعِمَ —
٤١, 3 l. حَمَا — 5 l. الاخيرَ — ٤٤, 15 l. وانفاقِ — ٤٨, 14 l. يُعَوِّلون — ٥١, 17 l.
المتقدّمَ — ٥٧, 21 l. في حسابهم من مكايد — ٥٩, 9 l. أخذ — ٦٣, 1. 3 l. جُنّة —
٦٤, 6 فيها, l. منها — ٦٥, 14 l. واللحيرة — 15 l. انْ — ٦٨, 4 l. وأصلد — 6 l.
موجبات — 9 l. تُميّز und فتخصّه — 10 l. المُتَعَلِي — ٧٣, 15 l. نُثْبِتْ und وتجمعْ
— ٧٥, 1 l. ثبتة — ٨٠, 7 l. كان, l. كانت — 9 l. أنْ تُشَقَّ — 12 l. والاتمام, l. والاثلم
— ٨٢, 21 l. تَتَّصِلْ — ٨٣, 1 l. ومحنجين — ٨٤, 10 l. صَبَق — ٨٥, 3 l. سُور — ٩٨,
10 l. سَقَطَ — ١٠٠, 7 l. الشَّبابُ für الشراب — 11 l. يَسْتَنْفِرُ — 13 l. والماخوذُ —
١٠٣, 11. 15 l. بصنعة — ١١٢, 4 l. بآدم — ١١٣, 1 l. اختفى — ١١٤, 1 l. وأردفه — ١١٧,
13 l. من التاريخ ما يظهر — ١١٨, 3 l. وتقصد — ١١٩, 5 l. خَلْفْ — ١٢٢, 7 l. وخنق
— ١٣١, 2 l. تتعجّب — 9 l. يشغلهم — 11 l. ينفس — 14 l. حين für حتى —
١٣٢, 10 l. الموالى والمعادى — 12 l. يتنجّح جاحته — 13 l. بالادلاء für بالأدلاء —
١٣٤, 22 l. الخزى — ١٤٢, 21 l. ابو für ابا — ١٤٣, 12 l. تعنّاه für يُعطاه — ١٧٦, 21
l. واقطفوا für واقطعوا — ١٧٧, 10 l. أنفخوا — ١٨٢, 12 l. بذربيه — ١٩٧, 15 l. قبيل
— ١٩٨, 22 l. أقلّ für اولى — Ich füge hinzu: ٩, 15 l. الاربع für الاربعة — ٩٠,
4 l. كانون حراى لا — ١٤٥ Anm. l. Z. l. وسبع عشرة ثالثة — ١٩٨, 10 In der Schneckenfigur fehlt unter ا das erste Carré mit schwarz د — Unter roth ط fehlt schwarz د — Unter كه schreib د für و — Unter كلا schreib د für و

Bezüglich der höchst beklagenswerthen, mannigfachen Lücken dieser Chronologie verdient erwähnt zu werden, dass es möglich sein dürfte, sie zu einem grossen Theil aus anderen Werken Albîrûnî's wie auch anderer Verfasser zu ergänzen, eine Aufgabe, welche ich späteren Publicationen vorbehalte.

Für alles andere, was noch in einer Einleitung zu erwähnen ist, ganz besonders die Anerkennung desjenigen, was die Unterstützung von Regierungen und öffentlichen Anstalten, wie von Freunden und Bekannten zu dem Zustandekommen dieser Arbeit beigetragen, verweise ich auf die zugleich mit der zweiten Hälfte erscheinende Einleitung der ganzen Publication.

Ed. Sachau.

Berlin 20. Juli 1876.

Vorwort.

Die vorliegenden 25 Bogen dieser Publication bilden ungefähr die erste Hälfte des ganzen Werkes. Die zweite Hälfte wird hoffentlich in anderthalb bis zwei Jahren nachfolgen und in einer ihr vorauszuschickenden grösseren Einleitung werde ich über den Verfasser und sein Werk, über die Quellen dieser Ausgabe und die bei Benutzung derselben befolgte Methode Auskunft geben. Meine Englische Uebersetzung des ganzen Werkes, welche der Oriental Translation Fund veranlasst hat, wird zugleich mit den einzelnen Bogen dieser Textausgabe für den Druck vorbereitet.

Ein Verzeichniss von Druckfehlern und nachträglichen Berichtigungen, ferner die Gründe, warum ich an manchen Stellen Lücken vermuthe, Versuche zur Emendation besonders verderbter Stellen, überhaupt alles dasjenige, was ich noch über die von mir gegebene Textgestalt zu bemerken habe und was mir nicht geeignet schien als Note unter den Text gesetzt zu werden, behalte ich mir vor in meiner Uebersetzung mitzutheilen. Einstweilen aber möge folgendes Verzeichniss von Berichtigungen, welche ich der Güte meines hochverehrten Lehrers, Herrn Geh. Hofraths Prof. **Fleischer's** verdanke, hier Platz finden.

S. ٧, Z. 13 ذلك zu tilgen — ٨, 13 قَصْرِه, besser قِصَرِه — ٩, 3 اين l. فاين — ١٢, 14 l. يَصِلُ — ١٣, 3 l. وجُفُورَه — 16 l. غَنَى — ١٤, 4 l. له مشفوعٌ — ١٨, 1 l. أَلَا, l. الذى — ١٩, 13 l. فى فيه — ٢١, 2 l. رجلين, l. رجل — 3 l. ترجمتها — 6 l. تقول — ٢٢, 20 l. منها لا بنين له — ٢٣, 6 l. كانّ — 15 l. طفا — ٢٤, 9 l. بتخليد — 10 l. منها — ٣٣, 12 l. احذها — 13 l. والشهرُ الآخَرُ — ٣٤, 12 l. لقريش — 13 l.

Göttingen,
Druck der Dieterichschen Univ.-Buchdruckerei.
W. Fr. Kästner.

CHRONOLOGIE ORIENTALISCHER VÖLKER

VON

ALBÎRÛNÎ.

IM AUFTRAGE

DER DEUTSCHEN MORGENLÄNDISCHEN GESELLSCHAFT

HERAUSGEGEBEN

VON

Dr. C. EDUARD SACHAU,

ORD. PROFESSOR FÜR ORIENTALISCHE SPRACHEN AN DER UNIVERSITÄT IN BERLIN,
CORRESP. MITGLIEDE DER KAISERLICHEN AKADEMIE DER WISSENSCHAFTEN IN WIEN.

ERSTE HÄLFTE.

LEIPZIG,
IN COMMISSION BEI F. A. BROCKHAUS.
1876.

وقد وجدتُ عند احمد بن محمّد بن شِهاب وكان احد المعدودين من اصحاب الجزائر وكبار الدعاة جدولا زعم انّ العمل به أنْ يُؤخذ سنو الهجرة التامّة ويزاد عليها اربعةٌ ويُطرَح ما اجتمع ثمانيةً ثمانيةً لما بقى اقلّ يَدْخُلُ به فى سطر العدد ويأخذ ما بحياله من اىّ شهر اراد هو اوّله من الاسبوع ۞

جدول الشهور[a]

العدد	المحرم	صفر	ربيع الاول	ربيع الآخر	جمادى الاولى	جمادى الآخرة	رجب	شعبان	رمضان	شوال	ذو القعدة	ذو الحجة
ا	ج	ه	و	ا	ب	د	ه	ز	ا	ج	د	و
ب	ز	ب	ج	ه	و	ا	ب	د	ه	ز	ا	ج
ج	ه	ز	ا	ج	د	و	ز	ب	ج	ه	و	ا
د	ب	د	ه	ز	ا	ج	د	و	ز	ب	ج	ه
ه	و	ا	ب	د	ه	ز	ا	ج	د	و	ز	ب
و	د	و	ز	ب	ج	ه	و	ا	ب	د	ه	ز
ز	ا	ج	د	و	ز	ب	ج	ه	و	ا	ب	د
ح	و	ا	ب	د	ه	ز	ا	ج	د	و	ز	ب

وهو لعَمْرى مستخرَج من هذا الجدول المجرَّد ايضا ولو تأمّل متأمّلٌ دَوْرَ الثمانية الذى هو عُمِلَ عليه فى هذا الجدول لوجد اوائلَ السنين فيها راجعةً الى يومها من الاسبوع وينْقُصُ كسورُها اربعَ دقائق فلا يُخالِفُ هذا الجدول الجدولَ المجرَّد المصحَّح الّا اذا دارَ دورُ الثمانية مرارًا عند تَطاوُلِ المُدّة فحينئذ يَضْطَرِبُ اضطرابًا فاحشًا وذَكَرَ هذا الداعى المُمَوِّهُ أنّ الجدول من عَمَلِ جَعْفَرِ بن محمّدٍ الصادقِ عليه السلام حين أَعْلَمَ زَعَمَ ما كان الناسُ[b] فيه من الخِلافِ والشكِّ فى شهرِ رمضانَ فقال زَعَمَ والذى بَعَثَ مُحَمَّدًا بالحقِّ[c] نَبِيًّا ما فارَقَ أُمَّتَه حتّى أَنْضى

a Diese Tabelle fehlt in *L*. *b* *P* للناس *c* *L* بالحق محمّدا

اليْنا ما كان وما يكون الى آخرِ الدنيا وأقلُّ ذلك عِلمُ الصَّوْمِ فى كلِّ سنة وفى كلّ يومٍ منها وأنّه كان يقول ما تمّ شعبانُ قطُّ ولا نقص رمضانُ من ثلثين يوما، ولقد آفترى هذا الناظرُ على ذلك السيّد العالمِ افضلِ الأشرافِ واعلمِ الأئمّة صلواتُ الله على ذكرِهم حيثُ أضاف اليه شيئا غيرَ جائزٍ فى دينِ جدّه وقد قام البرهانُ على بتحنة ضدّه وكان ذلك الامامُ الورِعُ أبعدَ من[a] أنْ يتلوّث بأقاويلِ أمثالِ هؤلاء ويتدنّس بآنتسابهم بَغْيًا اليه صلوات الله عليه، ومعرفة علامة المحرّم وجهانِ ذكرهما ابو جعفرٍ الخازنُ فى المدخلِ الكبيرِ الى علمِ النجومِ أحدُهما أنْ يؤخذ لكلِّ ثلثين سنةً تامّةً مضتْ من سنى الهجرةِ خمسةُ أيّامٍ وما يبقى أقلُّ من ثلثين فلكلِّ عشرِ سنين يومٌ وثلثا[b] يومٍ يعنى ستَّ عشرةَ ساعةً وما يبقى أقلُّ من عشرِ سنين فلكلّ خمسةٍ منها عشرون ساعةً ولكلِّ سنةٍ واحدةٍ تامّةٍ اربعةُ أيّامٍ وثمانى ساعاتٍ واربعةُ أخماسِ ساعةٍ ويُزادُ على ما آجتمع خمسةُ أيّامٍ او يُنقصُ[c] منه يومانِ ويُلْقى الحاصلُ أسابيعَ لما بقِىَ فهو اوّلُ المحرّمِ، وهو صحيحٌ مطّردٌ على سَنَنِ الأعمالِ المذكورةِ والذى تُؤخذ من الأيّامِ وكسورِها لأعدادِ السنين انّما هو باقى ذلك العددِ اذا جُعِلَ أيّاما وأُلْقِى أسابيعَ وذلك ظاهرٌ فى الجدولِ المصحّحِ ويزيدُ على المجتمع خمسةً ليصيرَ مبدأُها من يومِ الأحدِ كما قدّمنا ذكرَه آنفا وسواءٌ زادَ خمسةً او نقصَ باقيَه من السبعةِ اذا كان الدَّوْرُ بالأسابيعِ ويجبُ أنْ يلحقَ به فانْ أُريدَ غيرُه من الشهورِ زِيدَ على أصلِ السنةِ لكلِّ شهرٍ فردٍ فى العددِ يومانِ ولكلِّ شهرٍ يُوافِقُه زوجٌ فى العددِ يومٌ واحدٌ ونُلْقى الجميعَ اسابيعَ فيبقى أوّلُ ذلك الشهرِ، والثانى أنْ يؤخذ نصفُ السنينَ التامّةِ انْ كانت زوجًا وانْ كانت فردًا نُقِصَ منها واحدٌ وحُفِظَ له اربعةُ أيّامٍ واثنتان وعشرون دقيقةً وأُخِذَ نصفُ ما يبقى من السنين فوُضِعَ فى مكانَيْنِ وضُرِبَ أحدُهما فى ثلثةٍ وقُسِمَ على اربعةٍ[d] فتخرجُ أيّامٌ وضُرِبَ الآخرُ فى ثمانيةٍ وزيدَ المجتمعُ على تلك الأيّامِ بزيادةِ خمسةٍ ثمّ نُقِصَ عن الجملةِ بمثلِ عددِ نصفِ السنين دقائقَ أيّامٍ لما بقِىَ أُضيفَ اليه المحفوظُ انْ عسى كانت السنون أفرادًا فانْ كان فيه كسرٌ أكثرُ من ثلثين دقيقةً جُبِرَ او أقلُّ طُرِحَ ثمّ أُلْقِىَ الجميعُ أسابيعَ فيبقى علامةُ المحرّمِ، وهو صحيحٌ ومبنىٌّ على الأحوالِ المذكورةِ فانّ المحفوظَ هو حصّةُ السنةِ المنقوصةِ من جملةِ السنين بعدَ إلقاء

a من fehlt in *LP* b *Mss.* يوما وثلثى c *Mss.* ايام وينقص d *Mss.* اربعة وقسم على ثلثة .

أيامه أسابيعَ واذا ضَرَبَ نصف السنين الباقية فى ثمانية فكأنّه ضَرَبَ جميعَها[a] فى اربعة وهى الأيامُ الصحاحُ الباقيةُ من سنة القمر اذا أُلقيَتْ أسابيعَ وبَقِىَ عليه أنْ يأخُذَ[b] خُمْسَ يوم وسُدْسَه لكلّ سنة ولكنّ كلّ[c] عَدَدٍ ثلثةَ أرباعِ نِصْفِه تزيدُ على خُمْسٍ وسُدْسٍ كلّه بما نِسْبَتُه الى الواحدِ نِسْبَةُ نصف ذلك العَدَدِ الى ستّين فلكنّ اذا ضَرَبَ نِصْفَ عَدَدِ السِّنينَ[d] فى ثلثة وقَسَمَه على اربعة[e] فقد أخَذَ ثلثةَ أرباعه وهى تَزِيدُ على خُمْسٍ وسُدْسٍ جميعِ السنين بقَدْرِ نِسْبَةِ نِصْفِ الأعوامِ الى ستّينَ فاذا آحْتَسَبَ بها أجزآءً من ستّين اعنى دقائقَ ونَقَصَها من الجملة كان قد حَصَلَ له خُمْسُ السنين وسُدْسُها وسائرُ الأعمالِ ظاهرةُ الآطّراد على ما تقدّمَ ذِكْرُه ❁

وأمّا تاريخ يزدجردَ فانّا اذا اردنا علامةَ أوّلِ كلِّ سنة من سنيه فانّا نأخُذُ عددَ التامّةِ منها ونَزِيدُ عليها ثلثةً ابدًا ونُلْقِى المجتمعَ أسابيعَ فيَبْقَى علامةُ فروردين ماهَ فانْ اردنا غيرَه من الشهور أخذنا لِما مَضَى من التامّةِ منها لكلّ شهرٍ يومَيْن الّا آبان ماهَ فانّا لا نأخُذُ له شيئًا ونَزِيدُ المجتمعَ على علامةِ فروردين ماه ونُلْقِى ممّا آجْتَمَعَ سبعةً إنْ كانت فيه فيَبْقَى علامةُ ذلك الشهرِ ❁

وفى تاريخ المجوسِ من مَقْتَلِ يزدجردَ نَزِيدُ على السنين التامّةِ خمسةً ابدًا ونَعْمَلُ فى سائرِ ذلك العَمَلَ المتقدِّمَ إنْ كُنّا نَستعمِلُ فيه شهورَ الفُرْسِ وانْ كنّا نستعمل شهورَ أهلِ السُّغْدِ او خوارزمَ زِدْنا على السنين التامّةِ ثلثةً ابدًا وألقَيْنا المجتمعَ أسابيعَ فيَبْقَى عَلامةُ نوسردَ او ناوسارجى ثمّ نَزِيدُ لكلّ شهرٍ مَضَى يومَيْن على عَلامةِ نوسردَ فنَنْتَهى[f] الى علامةِ الشهرِ وانْ اردنا معرفةَ الكبيسةِ التى كان الفُرْسُ يستعملونها قبلَ زَوالِ مُلْكِهم أخَذْنا سنى الفرسِ من زَوالِ مُلْكِ يزدجِرْدَ وهو تاريخ المجوسِ وزِدْنا عليها سبعين سنةً للعِلّةِ المذكورةِ فى أوائلِ الكتابِ وقَسَمْنا ما اجتمع على [g]مائةٍ وعشرين لما خَرَجَ فهو[g] عَدَدُ شهورِ[h] الكبائسِ من لدن وَقْتِ الاكمال فنُمَيِّزُ من جملةِ التاريخ شهورًا على عددِ الكبائسِ ونَنْظُرُ فانْ نَفِدَ السّنونَ ولم يَبْقَ منها شىءٌ فالسنةُ كبيسةٌ

a P جميعا b Mss. ناخذ c R لكل d Mss. الستين e Mss. اربعة وقسمه على ثلثة f Mss. فينتهى g Von مائة bis فهو fehlt in R. h شهور fehlt in RP.

بالتقريب [a] لاضطراب التواريخ وإنْ بَقِيَ لم تكُنْ كبيسةً ثمّ نَزيدُ ما خَرَجَ من شهورِ الكبائس على أوّلِ سنتِنا ونجعَلُ النيروزَ حيثُ ما ينتهي بِنا فيكونُ مَوْقِعُه بحيثُ كان يَقَعُ في زمانِ الأكاسرةِ وقد كان يتّفقُ حينئذٍ مع الانقلابِ الصَّيْفيّ المحسوبِ بزيجاتِهم ۞

وامّا تاريخ المُعْتَضِد فانّ معرفةَ علامةِ فروردين ماه فيه أنْ نَزيدَ على سنيه التامّةِ رُبْعَها وعلى المجتمع اربعةً ورُبْعًا ابدًا ونُسْقِطَ الجميعَ أسابيعَ فيَبْقى علامةُ فروردين ماه، فاذا وَقَفْنا على علامةِ أوّلِ السنةِ واردناها لغيره من الشهورِ زِدْنا عليها لكلّ شهرٍ مضى قبلَه يومَيْن [b] الّا آبانَ فانّا نأخُذُ له في السنةِ الكبيسةِ يومًا واحدًا ونُهْمِلُه في سائرِها ولا نَلْتَفِتُ اليه ونُلْقي المجتمعَ أسابيعَ فيَبْقى علامةُ ذلك الشهرِ، ومعرفةُ الكبيسةِ فيه أنْ يُلْقى سنوه التامّةُ أرابيعَ فانْ لم يَبْقَ شيءٌ فالسنةُ كبيسةٌ وإنْ بَقِيَ فلا، ونظُنُّ أنّ في هذا التطويلِ كفايةً والحمدُ للّهِ حقَّ حمدِه حمدًا كثيرًا ۞

القول على تواريخ المُتَنَبّئين وأُمَمِهم المخدوعين عليهم لعنةُ ربّ العالمين ۞

ونقول على تأريخ المتنبّئين فقد خرج فيما بين ما أوردناه من الأنبياء والملوك نَفَرٌ من المتنبّئين
١ يَقْصُرُ الكتاب عن تَعْدادهم والابانة عن أخبارهم لِأنّهم من هلك غيرَ مُتَّبَعٍ ولم يَبْقَ الّا الذِّكْرُ بعده فقط ومنهم من اتّبعه أُمّةٌ وبَقِيَتْ نواميسه عندها وهم مستعملون تاريخَه فمن الواجب أنْ نذكُرَ تواريخ المشهورين منهم فانّ في ذلك مَنْفَعَةً في علم أحوالهم أيضا، وأوّل المذكورين منهم بُوذاسف وقد ظهر عند مُضِيّ سنةٍ من مُلْكِ طهمورث بأرض الهند وأتى بالكتابة الفارسيّة ودعا الى مِلّة الصابئين فاتّبعه خلقٌ كثير وكانت الملوك البيشداديّة وبعض الكيانيّة ممّن كان يستوطنون بَلْخَ يعظّمون النَّيِّرَيْن والكواكب وكلّيّات العناصر ويقدّسونها الى وقت ظهور زرادشت عند مضيّ ثلثين سنة من مُلْك بشتاسف، وبقايا اولئك الصابئة بحَرّانَ يَنْتَسِبون [c] الى موضعهم فيقال لهم الحرّانيّة وقد قيل أنّها نِسْبَةٌ الى هاران بن ترح اخي ابرهيم عليه السلام وأنّه كان من بَيْنِ رؤسائهم أوغلهم في الدين وأشدّهم تمسّكا به وحكى عنه ابن سنكلا النصراني

a *R* بالتعريف   b *Mss.* يومان   c *R* ينتسبون

في كتابه الذى قصد فيه نَقْضَ نِحْلَتِهم لحشاه a بالكذب والأباطيل أنّهم يقولون أنّ ابرهيم عليه السلام انّما خرج عن جُمْلتهم لانّه ظهر في قُلْفته بَرَصٌ وأنّ من كان به ذلك فهو نَجِسٌ لا يخالطونه فقطع قُلْفته بذلك السبب يعنى اختتن ودخل الى بيت من بيوت الاصنام فسمع صوتا من الصنم يقول له يا ابرهيم خرجتَ من عندنا بعَيْب واحد وجئتنا بعَيْبَيْن اخرج ولا تُعاوِد المجيء الينا فحمله الغيظ على ان جعلها جُذاذا وخرج من جُملتهم ثمّ انّه نَدِمَ بعد ما فعله واراد ذَبْحَ ابنه لكوكب المشترى على عادتهم في ذبح اولادهم زعمَ فلمّا علم كوكبُ المشترى صِدْقَ توبته فداه بكَبْش، وكذلك حكى عبد المسيح بن اسحق الكندى النصرانيّ عنهم في جوابه عن كتاب عبد الله بن اسمعيل الهاشميّ أنّهم يُعرَفون بذبح الناس ولكنّ ذلك لا يُمْكِنُهم اليومَ جَهْرا، ونحن لا نَعْلَمُ منهم الّا أنّهم أناس يُوَحِّدون الله وينزّهونه عن القبائح ويصفونه بالسَّلْب لا الايجاب كقولهم لا يُحَدُّ ولا يُرَى ولا يَظْلِمُ ولا يَجُورُ ويسمّونه بالأسماء الحُسْنَى مجازا اذ ليس عندهم صفة بالحقيقة ويَنْسُبون التدبيرَ الى الفلك وأجرامه ويقولون بحياتها ونُطْقها وسَمْعها وبَصَرها ويُعَظِّمون الأنوارَ، ومن آثارهم القُبّة التى فوق المحراب عند المقصورة في جامع دمشق وكان مُصَلّاهم أيّامَ كان اليونانيّون والروم على دينهم ثمّ صارت في أيدى اليهود فعَمِلوها كنيستهم ثمّ تغلّب عليها النصارى فصيّروها بيعةً الى أن جاء الاسلام وأهلُه فاتّخذوها مَسْجدا، وكانت لهم هياكلُ وأصنامٌ بأسماء الشمس معلومةُ الأشكال كما ذكرها ابو مَعْشَر البلخيّ في كتابه في بيوت العبادات مِثْلُ هيكلِ بَعْلَبَكّ كان لصنم الشمس وحَرّان فانّها منسوبة الى القمر وبِناؤها على صورته كالطَّيْلسان وبقربها قريةٌ تُسمّى سلمسين واسمها القديم صنم سين اى صنم القمر وقريةٌ أخرى تسمّى ترع عوز اى باب الزهرة ويذكرون أنّ الكعبة وأصنامها كانت لهم وعَبَدَتُها كانوا من جُمْلتهم وأنّ اللاتَ كان باسم زُحَل والعُزّى باسم الزُّهَرة، ولهم أنبياء كثيرة أكثرهم فلاسفة يونانَ كهرمس المصريّ واغاذيمون وواليس وفيثاغورس وبابا وسوار جدّ افلاطون من جهة أمّه وأمثالهم ومنهم من حرّم عليه السَّمَك خوفا أن يكون رِعادة والفَرْخ لانّه ابدا محموم والثُّومَ لانّه مُصَدِّعٌ مُحْرِق للدم او المَنِيّ الذى منه قوام العالم والباقلاء فانّه يُغلِّظ الذِّهْنَ ويُفْسِده وانّه في أوّل الأمر انّما نَبَتَ في جُمْجُمة انسان، ولهم

a L فحيساه P فحيثاه R فحيشاه

صلوات ثلث مكتوبات أولها عند طلوع الشمس ثماني ركعات والثانية قبل زوال الشمس عن وسط السماء خمس ركعات والثالثة عند غروب الشمس خمس ركعات[a] وفي كل ركعة في صلوتهم ثلث سجدات ويتنفلون بصلاة في الساعة الثانية من النهار وأخرى في التاسعة من النهار وثالثة في الساعة الثالثة من الليل ويصلّون على طهر ووضوء ويغتسلون من الجنابة ولا يختتنون اذ لم يؤمروا بذلك زعموا، واكثر أحكامهم في المناكح والحدود مثل أحكام المسلمين وفي التنجّس عند مسّ الموتى وأمثال ذلك شبيهة بالتورية ولهم قرابين متعلّقة بالكواكب وأصنامها وهياكلها وذبائح يتولّاها كهنتهم وفاتنوهم ويستخرجون من ذلك علم ما عسى يكون المقرّب وجواب ما يسأل عنه، وقد يسمّى هرمس بادريس الذي ذكر في التورية اخنوخ وبعضهم زعم أنّ بوذاسف هو هرمس وقد قيل أنّ هؤلاء الحرّانية ليسوا هم الصابئة بالحقيقة بل هم المسمّون في الكتب بالحنفاء والوثنية فانّ الصابئة هم الذين تخلّفوا ببابل من جملة الأسباط الناهضة في أيام كورش وأيام ارطحشست الى بيت المقدس ومالوا الى شرائع المجوس فصبوا الى دين بختنصّر فذهبوا مذهبا ممتزجا من المجوسيّة واليهوديّة كالسامرة بالشأم، وقد يوجد أكثرهم بواسط وسواد العراق بناحية جعفر والجامدة ونهري الصلة منتمين[b] الى انوش بن شيث ومخالفين للحرّانية عائبين مذاهبهم لا يوافقونهم الا في أشياء قليلة حتى انهم يتوجّهون في الصلوة الى جهة القطب الشمالي والحرّانية الى الجنوبي ۞ وزعم بعض اهل الكتاب أنه كان لمتوشالح ابن غير لمك تسمّى صابي وأنّ الصابئة سمّوا به وكان الناس قبل ظهور الشرائع وخروج بوذاسف شمنيين سكّان الجانب الشرقي من الأرض وكانوا عبدة أوثان وبقاياهم الآن بالهند والصين والتغزغز ويسمّيهم أهل خراسان شمنان وآثارهم وبهارات أصنامهم وفرخاراتهم ظاهرة في ثغور خراسان المتّصلة بالهند ويقولون بقدم الدهر وتناسخ الأرواح وهويّ الفلك في خلاء غير متناه ولذلك يتحرّك على استدارة فانّ الشيء المدوّر اذا أزيل ينزل مع دوران زعموا ومنهم من أقرّ بحدوث العالم وزعم أنّ مدّته ألف الف سنة مقسومة باربعة أقسام أولها اربعمائة الف وهو زمان الصلاح والخير[c] فيجتمع له ثلثة آلاف واربعمائة وسبعة وخمسون ونظنّ أنهم يلاحوننا فيما نورده من

a Die Worte والثالثة bis خمس ركعات fehlen in *Mss.*, ergänzt aus Chwolsohn, Sabier II, 6, 1, 2. *b* *R* منتهين *c* Sic *Mss* Grosse Lücke.

معنى نجومي لاشتراكنا معهم[a] في علمه فالآن ليس لاعتلال المعتل وتأويل المتأول معنى بوجه من الوجوه، هذا الذي ذكرناه من أمر القسمة يشهد لأهل مصر في أمر الحدود فان مدة حد الزهرة في الحوت اربعمائة سنة على قولهم ومائتان وستة وستون على قول بطلميوس وقد قدمنا أن المدة التي بين الاسكندر واردشير تجاوز الاربع مئة سنة واجتهدنا في تصحيح ذلك، ونعود الآن فنقول أن الفرس كانوا يدينون بما أورده زرادشت من المجوسية لا يفترقون فيها ولا يختلفون الى ارتفاع عيسى وتفرق تلامذته في الأقطار للدعوة وأنهم لما تفرقوا في البلاد وقع بعضهم الى بلاد الفرس وكان ابن ديصان ومرقيون ممن استجاب وسمعا كلام عيسى واخذا منه طرفا ومما سمعا من جهة زرادشت طرفا واستنبط كل واحد من كلا القولين مذهبا يتضمن القول بقدم الأصلين وأخرج كل واحد منهما انجيلا نسبه الى المسيح وكذب ما عداه وزعم ابن ديصان أن نور الله قد حل قلبه ولكن الخلاف لم يبلغ بحيث يخرجهما وأصحابهما من جملة النصارى ولم يكن انجيلاهما متباينين في جميع الاسباب لانجيل النصارى بل زيادات ونقصان وقع فيهما والله اعلم ✿

ثم جاء من بعدهما ماني تلميذ فادرون وكان عرف مذهب المجوس والنصارى والثنوية فتنبأ وزعم في أول كتابه الموسوم بالشابرقان وهو الذي ألفه لشابور بن اردشير أن الحكمة والأعمال هي[b] التي لم يزل رسل الله تأتي بها في زمن دون زمن فكان مجيئهم[c] في بعض القرون على يدي الرسول الذي هو البد الى بلاد الهند وفي بعضها على يدي زرادشت الى ارض فارس وفي بعضها على يدي عيسى الى ارض المغرب ثم نزل هذا الوحي وجاءت هذه النبوة في هذا القرن الاخير على يدي انا ماني رسول اله الحق الى ارض بابل، وذكر في انجيله الذي وضعه على حروف الابجد الاثنين والعشرين حرفا أنه الفارقليط الذي بشر به المسيح وأنه خاتم النبيين وأخبر عن كون العالم وهيئته بما يضاد نتائج البراهين والدلالات ودعا الى ملك عوالم النور والانسان القديم وروح الحيوة وقال بقدم النور والظلمة وأزليتهما وحرم ذبح الحيوان وايلامه وايذاء النار والماء والنبات على أبلغ وجه وشرع نواميس يفترضها الصديقون وهم أبرار المانوية وزهادهم على أنفسهم من ايثار المسكنة وقمع الحرص والشهوة ورفض الدنيا والزهد فيها ومواصلة

a L معنا b هي fehlt in *Mss.* c R محبتهم

الصوم والتصدّق بما أمكن وتحريم اقتناء شىء خلا قوت يوم واحد ولباس سنة وترك السفاد وادامة التطواف[a] فى الدنيا للدعوة والارشاد ورسومًا أخر يفرضونها على السمّاعين أعنى أتباعهم والمستجيبين لهم من المتّصلين بالأسباب الدنياوية من التصدّق بعشر الملك وصوم سُبع العمر والاقتصار على امرأة واحدة ومواساة الصدّيقين وازاحة عللهم، ويحكى عنه أنّه حلّل قضاء الشهوة فى الغلمان ان احتاجت على الانسان ويستشهد على ذلك باختصاص كلّ واحد من المنانية بخادم يخدمه أمرد اجرد[b] غير أنّى لم أجد فيما وقفت عليه من كتبه ذكرا لما يشبه ذلك بل سيرته تدلّ على خلاف ما حكى، وكانت ولادة مانى ببابل فى قرية تدعى مردينو من نهر كوثى الأعلى على ما حكاه فى كتاب الشابورقان فى باب مجىء الرسول فى سنة خمسمائة وسبع وعشرين من سنى منجّمى بابل يعنى تاريخ الاسكندر ولأربع سنين خلون من سنى الربان الملك وجاء الوحى وهو ابن ثلث عشرة سنة فى سنة خمسمائة وتسع وثلثين من سنى منجّمى بابل ولسنتين خلتا من سنى اردشير ملك الملوك وقد صحّحنا هذا الفصل فيما تقدّم مدّة ملك الأشكانية وملوك[c] الطوائف، واسم مانى عند النصارى على ما ذكره يحيى بن النعمان النصرانى فى كتابه على المجوس قوربيقوس بن فتق ولمّا ظهر كثر مصدّقوه وأتباعه وألّف كتبا كثيرة كالانجيل والشابورقان وكنز الاحياء وسفر الجبابرة وسفر الأسفار ومقالات كثيرة زعم فيها أنّه بسط ما رمز به المسيح، ولم يزل أمره يزداد أيّام اردشير وابنه سابور وهرمز ابنه الى أن ملك بهرام بن هرمز فطلبه حتّى وجده وقال انّ هذا خرج داعيًا الى تخريب العالم فالواجب أن نبدأ بتخريب نفسه قبل أن يتهيّأ له شىء من مراده فالمشهور من حاله أنّه قتله وسلخ جلده وحشاه تبنًا وعلّقه من باب مدينة جنديسابور يعرف الى زماننا هذا بباب مانى وقتل خلقًا ممّن استجاب له، وقد حكى جبرئيل بن نوح النصرانى فى جوابه عن ردّ يزدانبخت على النصارى أنّ لأحد تلامذة مانى كتابا يخبر فيه عن منيّته وأنّه حبس بسبب قرابة للملك كان زعم أنّ به شيطانا ووعد شفاءه فلم يقدر عليه فجعلت القيود فى رجليه والجوامع فى يديه حتّى مات فى الحبس فنصب رأسه بباب السرادق وطرحت جثّته فى المدرجة تنكيلاً وتمثيلا

a *P* التطواق *L* الطلواف *R* التطوف *b* *L* اجرد *P* احرّ *R* جرد *c* *Mss.* الاشكانيّة والطوايف

به، ويبقى من مستجيبيه بقايا منسوبة اليه مفترقة الديار لا يكاد يجمعهم موضع واحد فى بلاد الاسلام الّا الفرقة التى بسمرقند المعروفة بالصابئين فامّا خارج دار الاسلام فانّ أكثر الاتراك الشرقية وأهل الصين والتبّت وبعض الهند على دينه ومذهبه وهم فى أمره على قولين فرقة تقول أنّه لم يكن لمانى معجزة وتحكى عنه أنّه أخبر بارتفاع الآيات عند مضىّ المسيح وأصحابه وأخرى تزعم أنّه كان ذا آيات ومعجزات وأنّ سابور الملك آمن به حين رفعه مع نفسه الى السمآء ووقفا بينها وبين الارض فى الهوآء وأراه بذلك الأعجوبة قالوا وانّه كان يصعد من بين أصحابه الى السمآء فيمكث فيها أيّاما ثمّ ينزل اليهم، وسمعت الاصبهبذ مرزبان بن رستم يحكى أنّ سابور أخرجه من مملكته أخذا بما سنّه لهم زرادشت من نفى المتنبّئين عن الارض وشرط عليه أن لا يرجع فغاب الى الهند والصين والتبّت ودعا هناك ثمّ رجع فجيئ به أخذه بهرام وقتله لأنّه نقض الشريطة وأباح الدم ✿

وظهر بعد هؤلآء رجل يسمّى مزدك بن همداذان [a] من اهل نسا وكان موبذان موبذ اى قاضى القضاة فى أيّام قباذ بن فيروز فدعا الى الاثنين وخالف زرادشت فى كثير من مذهبه وقال باشتراك الناس فى الأموال والحرم فاتّبعه خلق لا يحصى، وآمن قباذ به فزعم بعض الفرس أنّه لم يتّبعه الّا اضطرارا حين لم يأمن كثرة متّبعيه على ملكه وزعم بعضهم أنّ مزدك هذا كان من الدهاة وأنّه لمّا علم أنّ قباذ تعجبه امرأة كانت تحت ابن عمّه احتال بابتداع هذا المذهب واظهاره فسارع قباذ الى قبوله وأمره بالكفّ عن ذبح البهائم حتى يأتى [b] عليها أجلها وقال لا يكمل لك ما أنت فيه دون تمكينى من أمّ انوشروان حتى أتمتّع بها فأجابه الى ذلك وأمر بدفعها [c]

الى محمّد رسول الله سلام عليك أمّا بعد فانّى أشركت فى الأمر معك وانّ لنا نصف الأرض ولقريش نصف الارض ولكنّ قريشا قوم يعتدون [d] وأنفذه مع رسولين فقال لهما رسول الله ما تقولان قالا نقول كما قال فقال عليه الصلوة والسلام لولا أنّ الرسول لا يقتل لضربت عنقكما ثمّ أجابه من محمّد رسول الله الى مسيلمة الكذّاب سلام على من اتّبع الهدى أمّا بعد فانّ الأرض لله يورثها من يشآء من عباده والعاقبة للمتّقين، فافتتن به اهل اليمامة على ما حكى بسبب ادخاله البيضة المنقوعة فى خلّ فى الزجاجة [e] وتوصيله أجنحة الطيور بريش ملائم

a L همدان *b* L اتى *c* Grosse Lücke. *d* Mss. يعبدون *e* R فى خل والزجاجة

لها بعد أن قصها وأمثال ذلك من التمويه والخرافات، وتمسك بنو حنيفة باليمامة الى أن قتله خلد بن الوليد سنة استخلف أبو بكر الصديق فرثي بأشعار منها قول بعض بنى حنيفة

لبيكى عليك أبا ثمامه ❊ كالشمس تطلع من غمامه

وكان بنو حنيفة قبل مسيلمة اتخذوا فى الجاهلية صنما من حيس فعبدوه دهرا ثم أصابتهم مجاعة فأكلوه فقال رجل من بنى تميم

أكلت ربها حنيفة من جو ❊ ع قديم بها ومن اعواز

وقال آخر

أكلت حنيفة ربها ❊ زمن التقحم والمجاعه[a]

لم يحذروا من ربهم ❊ سوء العواقب والتباعه

ثم خرج أيام أبي مسلم صاحب الدولة العباسية رجل يسمى بهافريذ بن ماه فروذين وظهر برستاق خواف من رساتيق نيسابور بقصبة تدعى سيراوند[b] وكان من اهل زوزن غاب فى بدء أمره الى الصين سبع سنين ثم رجع وحمل من طرفها مع نفسه قميصا أخضر يجمع مطويا قبضة[c] الانسان دقة ونعومة وصعد الى ناووس ليلا ثم نزل منها بالغداة وبصر به رجل حراث يكرب[d] أرضا له فأخبره أنه كان فى السماء مذ غاب عنهم وأن الجنة والنار عرضتا عليه وأوحى الله اليه وألبسه ذلك القميص وأنزله الى الأرض فى تلك الساعة فصدقه الحراث وأخبر الناس بأنه شاهده وهو ينزل من السماء فتبعه خلق كثير من المجوس لما تنبأ ودعا، وخالف المجوس فى أكثر الشرائع وصدق زرادشت وادعى على اهل نحلته ما كان جاء به وزعم أنه يوحى اليه فى السر وفرض عليهم سبع صلوات صلوة فى توحيد الله وصلوة فى خلق السموات والارض وصلوة فى خلق الحيوان وأرزاقه وصلوة فى الموت وصلوة فى البعث والحساب وصلوة فى أهل الجنة والنار وما[e] أعد لهم وصلوة فى تحميد اهل الجنة ووضع لهم كتابا بالفارسية وامرهم بالسجود لعين الشمس على ركبة واحدة والتوجه نحوها فى الصلوة حيثما كانت وارسال الشعور والجمم وترك الزمزمة عند الطعام وذبح الأنعام الا ما هرم منها وشرب الخمور وأكل الميتة ونكاح الأمهات

a Zwischen den beiden Versen haben *PR* die Worte فى مرثيته, die in *L* am Rande stehen. *b Mss.* سزاوند *c R* قبحته *d Mss.* يكرث *e R* ما

والبَنات والأَخوات وبنات الأخ والاقتصار فى المهور على الاربعمائة درهمٍ وامرهم بتعمير الطُرُق واصْلاح القناطر من سُبْع أَموالهم وكَسْب أَعمالهم، فلمّا وَرَدَ ابو مسلم نيسابورَ اجْتمع اليه الموابذة والهرابذة وأَعلَموا انّه قد أَفْسَدَ دينَ الاسْلام ودينَهم فأَنْفَذَ اليه عبدَ الله بن شُعْبة حتّى أَخَذه فى جبالِ باذغيسَ وحمله اليه فقتله ومن ظَفِرَ به من قومه وبَقِىَ أَتْباعه المنسوبون اليه بالبهافريذيّة يَدينون بما جاء به ويُعادُون الزَمازِمَة من المجوس عَداوةً شديدة ويَزْعُمون أنّ خادِمَه أَخْبَرَهم أنّه صَعِدَ الى السماء على بِرْذَونٍ سَمَنْدٍ وأنّه سَيَنْزِلُ اليهم[a] كما صعد ويَنْتَقِمُ من أَعدائه ✿

وظهر بعده هاشم بن حكيم المعروف بالمُقَنَّع بمَرْو بقَرْيَة تُدْعَى كاوه كيمردان وتَبَرْقَعَ بحَرير أَخْضَرَ لعَوَرِه وادّعى الالهيّة وأنّه تَجَسَّدَ اذ ليس لأَحدٍ أَنْ يَنْظُرَ اليه قبل التَجَسُّد، وعَبَرَ نَهرَ جَيْحون الى نواحى كَشّ ونَسَف وكاتَبَ خاقانَ واسْتَنْجَدَه واجتمع اليه المُبَيِّضَة والترك فأَباح لهم الأَموال والفروجَ وقَتَلَ من خالَفَ وشَرَعَ لهم جميعَ ما أَتى به مزدك وفَضّ جُموعَ المَهْدِىّ واسْتَوْلَى اربعَ عشرةَ سنة حتى حُوصِرَ وقُتِلَ فى سنة تسع وستّين ومائة للهجرة وكان أَحْرَقَ نفسه لمّا أُحِيطَ به ليَتلاشى جَسَدُه فيَتَحَقَّقَ اصحابُه قولَه فاحْتَرَقَ ولم يَتَأَتَّ له ما أَرادَ من التلاشى بل وُجِدَ فى التَنُّور وقُطِعَ رأسُه وأُنفِذَ[b] الى المَهْدِىّ امير المؤمنين وهو يومئذ بحَلَب، وله شيعةٌ بما وراء النهر يَدِينون بدِينه مُسْتَخْفِين مُنْتَحِلين فى الظاهر للاسلام وقد تَرْجَمْتُ أَخبارَه من الفارسيّة الى العربيّة وهى مُسْتَقْصاةٌ فى كتابى فى أَخبار المُبَيِّضَة والقرامطة ✿

ثمّ ظهر رجل مُتَصَوِّفٌ من اهل فارس يُعْرَف بالحُسَين بن منصور الحلّاج فدعا الى السَمَّيْدِىّ اوّلا وزعم أَنّه يَخْرُجُ من الطالقان الذى بالديلم فأُخِذَ وأُدْخِلَ مدينةَ السلام مُشَهَّرًا وحُبِسَ فاحتال حتى تَخَلَّصَ من السِجْن وكان رجلا مُشَعْبِذا ومُتَمَنِّعًا مازجًا نفسَه بكلِّ انسان على حَسَب اعتقاده ومذهبه ثمّ ادّعى حُلولَ رُوحِ القُدُس فيه وتَسَمّى بالاله وصارت له الى اصحابه رِقاعٌ مُعَنْوَنَة بهذه الأَلفاظ من الهُوَ هو الأَزلىّ الأَوّل النورِ الساطع اللامع والأَصل الأَصلىّ وحُجّة الحُجَج وربّ الأَرباب ومُنْشِئ السَحاب ومِشْكوة النور وربّ الطُور المُتَصَوِّر فى كلّ صورة الى عَبْده فلان وكان اصحابه يفتتحون كُتُبَهم اليه بسبحانك يا ذاتَ الذات ومُنْتَهَى غاية اللَذّات يا عظيمُ يا كبير

a Mss. اليه b Mss. وانفذه

أشْهَدُ أنّك البارئُ القديمُ المُنيرُ المُتَصَوِّرُ فى كلّ زمان وأوانٍ وفى زماننا هذا فى صورةِ الحسينِ بن منصورٍ عُبَيْدُك ومِسْكينُك وفقيرُك والمستجيرُ بك والمُنيبُ اليك الراجى رحمتَك يا علّامَ الغُيوبِ يقول كذا وكذا وصنّف كُتُبًا فى دَعْواه مثل كتاب نُور الأصْل وكتاب جَمّ الاكبر وكتاب جمّ الاصغر، فعثَرَ عليه المُقْتَدِرُ بالله فى سنة احدى وثلثمائة للهجرة وضَرَبه ألْفَ سَوْطٍ وقَطَعَ يَدَيْه ورِجْلَيْه وضرب عنقه ثمّ زرّقه بالنّفط حتى أحترقتْ جُثّتُه ورَمَى برَماده الى دجلة ولم يَتَكلّمْ بحَرْف فيما فُعِلَ به ولم يُقطّب وَجْهَه ولم يُحَرِّكْ شَفَتَه، وبَقِيَتْ بَقِيّةٌ من أتْباعه منسوبين اليه يَدْعُون الى المَهْدِيّ وأنّه يَخْرُجُ بالطالَقان وهو الذى ذُكِرَ فى كتاب المَلاحِمِ أنّه يَمْلأ الارضَ عَدْلا كما مُلِئَتْ جَوْرًا وذُكِرَ فى بعضها أنّه يكون محمّدَ بن عبد الله وفى بعضها محمّدَ بن علىّ حتى إنّ المختارَ بن ابى[a] عُبَيْد الثّقَفيّ لمّا دعا الى محمّد بن الحَنَفِيّة أسْتَشْهد بالخَبَر المأثور وزعم أنّه المهدىُّ المذكور والى زماننا هذا يَنْتَظِرُه بعض الناس ويقولون بحياته وكَوْنه فى جبلِ رَضْوى وذلك كما يَنْتظر بنو أُميّة خروجَ السفيانىّ المذكور فى المَلاحم وكذلك ذُكِرَ فيها خروجُ الدّجّالِ المُضِلّ من ناحية اصفهان وحَكَمَ اصحاب النجوم بخروجه من جزيرة رَطانِيَلَ[b] عند تمام اربعمائة وستّ وستّين سنة ليزدجرد بن شهريار، وفى الأنجيل ذِكْرُ العَلاماتُ المُنْذِرَةُ بخروجه وسُمّىَ باليونانيّة فى كُتُب النصرانيّة انطيخرسطوس كما ذكر مار ثاذورس أُسْقُفُ المَصِّيصة فى تفسير الانجيل۞ وقد روى اصحاب السِّيَرِ أنّ عمر بن الخطّاب لمّا دخل الشامَ تلقّاه يهودُ دمشق فقالوا السلامُ عليك يا فاروقُ أنتَ صاحب ايليا والله لا تَرْجِعْ حتى تَفْتَحَه وسألهم عن الدجّال فقالوا يكون من سِبْطِ بنيامين وأنْتُمْ والله يا مَعْشَرَ العرب تَقْتُلونه على بِضْعَةَ عَشَرَ ذِراعا من باب لُدّ۞ وبعدَ ما ذكرناه قَوِىَ أمْرُ القَرامِطَةِ وتحرّك ابو طاهرٍ سليمانُ بن ابى[c] سعيد الحسنِ بن بهرامَ الجَنّابىُّ ووافى مكّةَ فى سنة ثمانِ عشرةَ وثلثمائة للهجرة وقتل الناس فى الطّواف قتْلا ذريعًا وطَرَحَ الجِيَفَ فى بئرِ زَمْزَمَ ونَهَبَ كِسْوةَ البيتِ الحَرام واسْتلب ذَهَبَه وقَلَعَ ميزابَه واخذ الحَجَرَ الاسود وكَسَرَه وعلّقه بعد ذلك فى مسجد الكوفة ورجع الى بلده۞

a ابى fehlt in *Mss.* *b* برطاييل? Kazwînî, Kosmographie II, 53, 22.25.
c ابى fehlt in *Mss.*

وظهر فى اوّل شهر رمضان سنة تسع عشرة وثلثمائة ابن ابى زكريّا الطمامى وكان غلاما فاجرا[a] مواجرا[b] فدعا الى ربوبيّته فتبعوه وسنّ لهم هذا الغلام ان تشقّ[c] بطون الموتى وتغسل وتحشى خمرا[d] وقطع يد من اطفأ نارا بيده وقطع لسان من اطفأها بنفخه والفجور بالغلمان على ان لا يفرّط فى الايلاج ومن افرط فى ذلك جرّ على وجهه اربعين ذراعا ومن امتنع من الغلمان ذبح عند الغضاب وامرهم بعبادة النيران وتعظيمها ولعن من مضى من الانبياء واصحابهم فانّهم كانوا محتالين ضالّين وغير ذلك ممّا سقت شرحه سياقة شافية فى اخبار المبيّضة والقرامطة، ومكثوا على ذلك ثمانين يوما الى ان سلّط الله عليه من كان تولّى اظهاره فذبحه ذبحا وارتدّ كيدهم فى نحورهم ❀ ولئن كان هذا الوقت هو الذى عناه جاماسف وزرادشت فقد اصابا فى الوقت فقد كان ذلك فى آخر سنة الف ومائتين واثنتين واربعين للاسكندر وقد تمّ لزرادشت الف وخمسمائة سنة ولكن اخطأ فى عود الدولة الى المجوس كما اخطأ ابو عبد الله العدىّ المتعصّب للمجوسيّة جهلا والراجى لخروج القائم ذقرا[e] وذلك انّه صنّف كتابا فى الادوار والقرانات ذكر فيه انّ القران الثامن عشر من مولد محمّد عليه السلام يوافق الالف العاشر وهو للمشترى والقوس فحكم على انّه يخرج انسان يعيد دولة المجوسيّة ويستولى على الارض كلّها ويزيل ملك العرب وغيرهم ويجمع الخلق على دين واحد وامر واحد ويزيل الشرّ ويملك مدّة سبع قرانات ونصف ونصّ على انّه لا[f] يملك من العرب ملك بعد الذى يجلس فى القران السابع عشر وليس يقتضى الوقت الذى اشار اليه الّا المكتفى والمقتدر ولم يف بالموعود بعدهما، وقد قيل انّ دولة الساسانيّة فى القرانات الناريّة وظهرت دولة الديلم لعلىّ بن بويه الملقّب بعماد الدولة فى القرانات الناريّة وهذا هو الوعد الذى كانوا يتواعدون به فى عود الدولة الى الفرس وان لم تكن سيرتهم هى الاولى، ولست ادرى كيف آثروا دولة الديلم ودلالة انتقال الممرّ الى المثلّثة الناريّة اظهر دلالة على دولة بنى العبّاس وهى دولة خراسانيّة شرقيّة ثمّ كلاهما تبعدان عن تجديد دولتهم وابعد عن اعادة دينهم، وقد كانت القرامطة قبل ظهور هذا الغلام يعتقدون بعض مذاهب اهل الباطن

a *P* جرا   b مواجرا fehlt in *P*.   c *Mss.* يشقوا   d *Mss.* خمرا
e *R* وهرا   f *Mss.* لم

وينتسبون الى تشيّع[a] الآل عليه السلام ويتواعدون ظهور المنتظر في القران السابع في المثلثة النارية حتى قال ابو طاهر سليمان بن الحسن في ذلك

أغرّكم منّي رجوعي الى هجر   فعمّا قليل سوف يأتيكم الخبر
اذا طلع المرّيخ من ارض بابل   وقارنه[b] النجمان فالحذر الحذر
ألستُ أنا المذكور في الكتب كلّها   الستُ انا المنعوت في سورة الزمر
سأملك اهل الارض شرقا ومغربا   الى قيروان الروم والترك والخزر
وأعمر حتى يأتي[c] عيسى بن مريم   فيحمد آثاري ويرضى بما أمر
ففي جنّة الفردوس لا شكّ مرتعي   وغيري يصلّى في الجحيم وفي سقر

ثمّ ظهر بعد هؤلاء رجل يعرف بابن ابي الغراقر وهو محمّد بن علي بن شلمغان فادّعى حلول روح القدس فيه ووضع كتابا سمّاه بالحاسّة السادسة في رفض الشرائع[d]

a *LR* تشبيع   *b* *PR* وقارنه   *c* *R* مات *L* بات *P* تات

d In *L* die folgende Note am Rande: ظاهر آنست كه در نسخهٔ اصل ازين موضع افتاده شد چراكه از لفظ وقسم تا آخر از احكام فروردين ماه باشد بقرينه ما بعد وما قبل ربطى ندارد والله اعلم Lücke.

[القول على ما فى شهور الفرس من الاعياد]

وقسّم الجامَ بين أصحابه وقال ليتَ لنا كلّ يوم نوروز وقال بعض الحشويّة أنّ سليمان بن داود عليهما السلام لمّا آفتقد خاتمه وذهب عنه مُلكه ثمّ رُدّ اليه بعد اربعين يومًا عاد اليه بهاؤه وأتته الملوك وعكفت عليه الطُيور فقالت الفرس نَوْرُوزْ آمَدْ اى جاء اليوم الجديد فسُمّى النوروزُ وأمَرَ سليمانُ الريحَ فحملته وآستقبله خُطّاف فقال ايها الملك إنّ لى عُشًا فيه بُيَيْضات[a] فاعْدِلْ لا تحطِمْها فعدَلَ ولمّا نزل حمَلَ الخطّاف فى مِنقاره ماء فرشّه بين يديه وأهدى له رِجْلَ جرادة فذلك سَبَبُ رَشّ الماء والهدايا فى النوروز، وقالت علماء العجم أنّ فيه ساعةً يَزْجُرُ فَلَكُ فيروزَ بالأرواح لانشاء الخلق قال وأسعدُ ساعاته ساعات الشمس وفى صَبيحته[b] يكون الفجر أدنى ما يُمكن ويُتبرّك بالنظر اليه وهو يوم مختار لأنّه مُسمّى بهرمز وهو اسم الله عزّ وجلّ الخالق الصانع المُنشئ المربّى للدنيا واهلها الذى لا يَقدِرُ الواصفون على وصف جُزْء من أجزاء نِعَمه واحسانه، وقال سعيد بن الفضل جبلُ دما وهو بفارس يُرى عليه كلّ ليلة نوروز بُروق تَسطَعُ وتَلمَعُ على صحو الهواء وتغيّمه على كلّ حال من الزمان وأعجبُ من هذا نيرانُ كلواذا وانْ كان القلبُ لا يَطمئنّ اليها دونَ مُشاهدتها فقد أخبرنى ابو الفرج الزّنجانى الحاسب أنّه شاهد ذلك مع جماعة قصدُوا كلواذا سنةَ دُخولِ عَضُدِ الدولة بغدادَ وأنّها نيرانٌ[c] وشموع لا تُحصَى كثرةً تظهرُ فى الجانب الغربىّ من دجلة بازاء كلواذا فى الليلة التى يكون فى صَبيحتها[d] النوروز فانّ السلطان وضع هناك رَصَدَه ليتجسّسوا[e] الحقيقة كَيْلا يكونَ ذلك من المجوس أمرًا مُموّهًا[f] فلمْ يقفوا الّا على أنّهم كلّما قرُبوا منها تباعدت وكلّما تباعدوا قرُبَتْ فقلتُ لأبى الفرج إنّ يومَ النوروز[g] زائلٌ عن مكانه لاهمال الفرس كبيستهم فلِمَ لا يتأخّرُ عنه هذا الأمرُ وانْ لم يجبْ تأخُّرٌ فهل كان يتقدّمُ وقتَ استعمال الكبيسة فلمْ يكُنْ عنده جوابٌ مُقنع، وقال اصحاب

a L بيصات b P صبحته c R ميزان d P صبحتها e Mss. يتجسسوا
f Mss. امر مموه g L النيروز

النيرنجات من لعق[a] يوم النوروز[b] قبل الكلام اذا أصبح ثلاث لعقات عسل وتخمر[c] بثلث قطاع من شمع كان ذلك شفاء من الأدواء، وقد قال بعض علماء الفرس أن السبب فى تسمية هذا اليوم بالنوروز أن الصابئة ظهرت أيام طهمورث فلما ملك جم شيذ جدد الدين فسمى للملك الصنيع[d] وكان النوروز يوما جديدا فصيّر عيدا وان كان قبله معظما وقد قيل فى تعييده ايضا أن جم شيذ لما اتخذ العجلة ركبها فى هذا اليوم وحملته الجن والشياطين فى الهواء من دباوند الى بابل فى يوم واحد فاتخذه الناس عيدا لما رأوا فيه من الأعجوبة وترجحوا بالأرجوحات[e] تشبها به، وزعم بعضهم أن جم كان طوافا فى البلاد وأنه لما أراد دخول آذربيجان جلس على سرير من ذهب وحمله الرجال على أعناقهم فلما وقع عليه شعاع الشمس ورآه الناس استعظموه وفرحوا به وعيدوا ذلك اليوم، وكان النوروز فيه جرى الرسم بتهادى الناس فيما بينهم السكر والسبب فيه كما حكى آذرباد موبذ بغداد أن قصب السكر انما ظهر فى مملكة جم يوم النوروز[f] ولم يكن يعرف قبل ذلك الوقت وهو أنه رأى قصبة كثيرة الماء قد مجت شيئا من عصارتها فذاقها فوجد فيها حلاوة لذيذة فأمر باستخراج مائها وعمل منها السكر فارتفع فى اليوم الخامس وتهادوه تبركا به وكذلك استعمل فى المهرجان، وانما خصوا وقت الانقلاب الصيفى بالابتداء فى السنة لأن الانقلابين أولى أن يوقف عليهما بالآلات والعيان من الاعتدالين وذلك أن الانقلابين هما أوائل اقبال الشمس الى أحد قطبى الفلك وادبارها عنه بعينه واذا رصد الظل المنتصب[g] فى الانقلاب الصيفى والظل البسيط فى الانقلاب الشتوى فى أى موضع اتفق من الأرض لم[h] يخف على الراصد يوم الانقلاب ولو كان من علم الهندسة والهيئة بأبعد البعد لأن تفاضل الظل البسيط مع قلة اختلاف الميل اذا كان الارتفاع كثيرا[i] فأما الاعتدالان فانه لا يوقف على يوميهما[k] الا بعد تقدم المعرفة بعرض البلد والميل الكلى ثم لا يكون ذلك ظاهرا الا لمن تأمل الهيئة وشدا من علمها وعرف آلات الرصد ونصبها والعمل بها فكان الانقلابان لهذه الأسباب أولى بالابتداء من الاعتدالين وكان الصيفى منهما أقرب الى سمت الرؤوس الشمالية فآثروه على الشتوى وايضا فلأنه وقت ادراك الغلات فهو أصوب

a R لقع *b* L النيروز *c* R وتحم *d* PR الضيع *e* R بالارجوهات *f* L النيروز *g* R المنصب *h* Mss. ولم *i* Sic. Mss. *k* LR يومنهما P يومها

لافتتاح الخراج فيه من غيره، وكثيرٌ من العلماء وحكماء اليونانيّين أقاموا الطالعَ لوقتِ طلوعِ كلبِ الجبّار واستفتحوا به السَّنَةَ دونَ الاعتدالِ الربيعيّ مِنْ أجْلِ أنْ طلوعَه كان فيما مضى موافقًا لهذا الانقلاب او بالقرب منه، وقد زال هذا اليومُ أعني النوروزَ عن وقته حتّى صار في زماننا يُوافِقُ دخولَ الشمس برجَ الحَمَل وهو أوّلُ الربيع فجرى الرَّسْمُ لملوك خراسانَ فيه أنْ يخلعوا على أساورتهم الخِلَعَ الربيعيّةَ والصيفيّة، واليومُ السادس منه وهو روز خرداذ النوروزُ الكبيرُ وعند الفرس عيدٌ عظيمُ الشأنِ قيل أنّ فيه فرغَ الله من خَلْقِ الخلائق لأنّه آخرُ الايّامِ الستّةِ المذكورة وفيه خلق المشتريَ وأسعدُ ساعاته ساعاتُ المشتري قالوا وفيه وَصَلَ سَهْمُ زرادشت الى مُناجاةِ الله وعَرَجَ كيخسرو الى الهوآء وفيه تُقْسَمُ السعاداتُ لاهل الأرض ولذلك يُسمّيه العَجَمُ يومَ الرَّجاء وقال اصحاب النيرنجات من ذاق صبيحةَ[a] هذا اليوم قبلَ الكلام السُّكَّرَ وتدهّنَ بالزيت دُفِعَ عنه في عامّة سَنَتِه أنواعُ البلايا، وقالوا أنّه يُرى في صبيحته على جَبَلِ بوشنج شخصٌ صامتٌ بيده طاقةُ مَرْوٍ فيظهرُ ساعةً ثمّ يغيبُ لا يُرى الى مثله من الحَوْلِ وذكر زادويه في كتابه أنّ السببَ فيه طلوعُ الشمس من ناحية الجَنوبِ وهو الافاقة[b] وذلك أنّ اللَّعينَ ابليسَ كان أزالَ البَرَكَةَ حتّى صار الناس لا يفترقون[c] عن الطعام والشراب ومَنَعَ الريحَ عن أنْ تهبّ[d] فيبست الأشجارُ وكادت الدنيا تبطُلُ فصار جمٌ بأمر الله وإرشاده الى ناحيةِ الجنوبِ وقصد مَثْوَى ابليسَ وأشياعِه وبَقِيَ فيها مُدّةً حتّى أزال ذلك فرجع الناسُ الى الاعتدال والبَرَكةِ والخِصْبِ وتخلّصوا من البَلاء فعند ذلك رجع جمٌ الى الدنيا وطَلَعَ في هذا اليوم كالشمس سَطَعَ منه النُّورُ لأنّه كان نيّرًا مِثْلَها وتعجّبَ الناسُ من طلوع شمسَيْن واخضرّ كلُّ عودٍ يابسٍ فقال الناس روزِ نو اى يومٌ جديدٌ وزرعَ كلٌّ منهم الشعيرَ في مِرْكَنٍ او غيرِه تبرُّكًا به ثمّ بَقِيَ الرَّسْمُ بأنْ يُزْرَعَ في هذا اليوم حوالَى صَحْنٍ سَبْعَةُ أصنافٍ من الغَلّات على سبع أسطوانات وكان يُعْتَبَرُ بما يَنْبُتُ منها على غَلّاتِ السنةِ وقُوّتِها ورَدآءتِها، وفيه نادَى جمُ شيذُ فيمن حَضَرَ وكتب الى من نأَى بأنْ[e] يُخرِبوا النواويسَ العتيقةَ ولا يَبْنُوا فيه ناووسا جديدا فقد سار فيهم سيرةً ارتضاها الله وكان من جرائه[f] اياه عليها أنْ جنّبهم الأسقامَ والهَرَمَ والحَسَد

a P صبحة   b LP الافاقة   c Mss. يفترون   d R تهبا   e L ان   f L خرابه R حرابه P جرائه

والفناء والغموم والمصايب فلم يعتلّ ولم يمت شيء[a] من الحيوان مدّة ملكه الى أن نجم بيوراسف ابن أخته فقتله وتغلّب على ملكه فكان العدد يكثر حتّى ضاقت بهم الارض فوسّعها الله ثلثة أضعاف ما كانت عليه وأمرهم أن يغتسلوا بالماء ليتطهّروا من الذنوب ويفعلوا ذلك فى كلّ سنة ليدفع الله عنهم آفات السنة، وزعم بعض الناس أنّ جمّ كان أمر بحفر أنهار وأنّ الماء أجرى فيها فى هذا اليوم فاستبشر الناس بالخصب واغتسلوا بذلك الماء المرسل فتبرّك الخلف بمحاكاة[a] السلف وقال بعض أنّ المرسل للمياه فى الأنهار هو زوّ بعد تخريب افراسياب عمارات ايرانشهر، وقيل بل السبب فى الاغتسال هو أنّ هذا اليوم لهرودا وهو ملك الماء والماء يناسبه فلذلك صار الناس يقومون فى هذا اليوم عند طلوع الفجر فيعمدون الى ماء القنى والحياض وربّما استقبلوا المياه الجارية فيفيضون على أنفسهم منها تبرّكا ودفعا للآفات، وفيه ترشّ الناس الماء بعضهم على بعض وسببه هو سبب الاغتسال وقيل بل هو احتباس[b] المطر عن ايرانشهر زمانا طويلا وأنّ جمّ شيذ لمّا جلس مبشّرا بما لكرنا مطروا مطرا غزيرا فتبرّكوا به وصبّه بعضهم على بعض فبقيت سنّة لهم وقيل ايضا أنّ رشّ الماء انّما هو بمنزلة التطهّر ممّا اكتسبته الأبدان من دخان النار والتزق بها من أدناس الايقاد ولأنّه يدفع عن الهواء فساده المولّد للأوبئة والأمراض، وفى هذا اليوم أخرج جمّ مقادير الأشياء فتيمّنت الملوك بعده وكانوا يعدّون ما يحتاجون اليه من الكاغد والجلود التى يكتب بها الرسائل الى[c] الآفاق وما وجب أن يختم على آخره ختم عليه وكان يسمّى بالفارسيّة اسفيدانوشت[d] ✿ ولمّا كان بعد جمّ جعلت الملوك هذا الشهر أعنى فروردين ماه كلّه أعيادا مقسومة فى أسداسه فالخمسة الأولى للملوك والثانية للأشراف والثالثة لخدم الملوك والرابعة لحواشيهم[e] والخامسة للعامّة والسادسة للرعاة وقد قيل أنّ الواصل بين النوروزين هو هرمز بن سابور البطل فانّه عيّد جميع الأيّام التى بينهما ورفع النيران على المواضع العالية تيمّنا بها وتصفية للجوّ باحراقها ما فيه من غلظ الاشياء وترقيقها العفونات المولّدة للفساد وتجديدها ✿ وكان من آيين الاكاسرة فى هذه الايّام الخمسة أن يبدأ الملك يوم النيروز فيعلم الناس بالجلوس لهم والاحسان اليهم وفى اليوم الثانى يجلس لمن هو أرفع مرتبة وهم الدهاقين وأهل البيوتات وفى اليوم الثالث يجلس

a *Mss.* لمحاكاة b *LP* احبلس c *R* فى d *P* اسفيد نوشت e *Mss.* لحواشيه

لأساورته وعظماء موابذته وفى اليوم الرابع لأهل بيته وقرابته وخاصّته وفى هذا اليوم الخامس لولده وصنائعه فيصل الى كلّ واحد منهم ما استحقّه من الرتبة والاكرام ويستوفى ما استوجبه من المبرّة والانعام فاذا كان اليوم السادس كان قد فرغ من قضاء حقوقهم فنوّرز لنفسه ولم يصل اليه الّا اهل انسه ومن يصلح لخلوته وأمر باحضار ما حصل من الهدايا على مراتب المهدين فيتأمّلها ويفرّق منها ما شاء ويودع الخزائن ما شاء ❁ واليوم السابع عشر هو سروش روز وسروش[a] أوّل من[b] أمر بالزمزمة وهو الايماء بالغنّة لا بكلام مفهوم ولذلك انّهم اذا[c] صلّوا وسبّحوا الله وقدّسوه تناولوا الطعام فى وسط ذلك فلا[d] يمكنهم الكلام وسط الصلوة فيفهمون ويشيرون ولا يتكلّمون وهذا على ما اخبرنى به آدرخورا[e] المهندس وقال غيره بل لذلك لئلّا يصل بخار الأفواه الى الأطعمة وهو يوم مبارك فى كلّ شهر لأنّ سروش اسم رقيب الليل من الملائكة ويقال انّه جبرئيل وهو اشدّ الملائكة على الجنّ والسحرة وهو يطّلع على الخلق بالليل ثلثا فيقمع الجنّ ويزجر السحرة ويضىء الليل لطلوعه فيبرد الجوّ وتعذب المياه[f] وتشقع الديكة وتلتهب شهوة النكاح فى الحيوان ومن تلك المرّات الثلث طلوع الفجر فيه يهتزّ النبات وينمى الزهر ويصوّت الطير ويتروّح العليل ويتنفّس المكروب ويأمن المسافر ويطيب الزمان وتصدق الرؤيا وتفرح الملائكة والجنّ ❁ واليوم التاسع عشر وهو فروردين ماه ويسمّى فروردكان لذلك للموافقة بين اسمه واسم الشهر الذى هو فيه وجرى لهم مثل ذلك فى كلّ شهر ❁

اردیبهشت ماه اليوم الثالث منه وهو روز اردیبهشت ماه عيد يسمّى اردیبهشتكان لاتّفاق الاسمين ومعنى هذا الاسم الصدق خير[g] وقيل بل هو منتهى الخير واردیبهشت هو ملك النار والنور وهما يناسبانه وقد وكّله الله بذلك وبازالة العلل والأمراض بالأدوية والأغذية وباظهار الصدق من الكذب والمحقّ من المبطل بالأيمان التى ذكروا انّها بيّنة فى الابستا ❁ واليوم السادس والعشرون منه وهو اشتاد روز اوّل الكهنبار الثالث وهو خمسة ايّام آخرها آخر الشهر وفيها خلق الله الارض واسم الكهنبار فيشههيم گاه والكهنبارات ستّة وكلّ واحد منها خمسة ايّام وواضعها زرادشت ❁

a وسروش fehlt in *Mss.* b *Mss.* منه c اذا fehlt in *Mss.* d *PR* لا
e *P* ادرخور f *Mss.* الامياد g *R* سبانه

خرداد ماه اليوم السادس منه وهو روز خرداد عيد يسمّى خردادكان لاتّفاق الاسمين ومعنى هذا الاسم ثبات الخلق وهرودا هو الملك الموكّل بتربية الخلق والأشجار والنبات وازالة النجاسات عن المياه ❁ واليوم السادس والعشرون وهو اشتاد روز اوّل الكهنبار الرابع وآخره آخر الشهر وفيه خلق الله الأشجار والنبات واسمه اياثرم كاه ❁

تير ماه اليوم السادس منه وهو خرداد عيد يسمّى جشن نيلوفر وهو مستحدث ❁ واليوم الثالث عشر منه وهو روز تير عيد يسمّى التيركان لاتّفاق الاسمين وله سببان احدهما زعموا أنّ افراسياب لمّا تغلّب على ايرانشهر وحاصر منوشجهر بطبرستان طلب منه أمرا فأنعم به عليه على أن يردّ اليه من ايران شهر رمية نشابة فى مثلها فحضر ملك من الملائكة اسمه اسفندارمذ وأمر أن يتّخذ قوسا ونشابة على مقدار مثّله لصانعها على ما بيّن فى كتاب الابستا وأحضر ارش وكان شريفا ديّنا حكيما وأمر بأخذ القوس ورمي النشابة فقام وتعرّى وقال ايها الملك وايها الناس أبصروا بدنى فانّى برىء من كلّ جراحة وعلّة وانّى موقن بأنّى اذا رميت بهذه القوس والسهم تقطّعت قطعا وتلفت نفسى وقد جعلتها فداءا لكم ثمّ تجرّد ومدّ القوس بما اعطاه الله من القوّة فرمى بها وتقطّع قطعا وأمر الله الريح حتّى اختطفت النشابة من جبل الرويان وبلغ بها أقصى خراسان بين فرغانة وطبرستان فأصابت أصل شجرة من شجر الجوز كبيرة لم يكن لها فى الدنيا شبه من الأشجار كبرا ويقال أنّ من[a] موضع الرمية الى موقع النشابة ألف فرسخ فاصطلحا على تلك الرمية وكانت فى هذا اليوم فاتّخذه الناس عيدا، وقد كان نال منوشجهر واهل ايرانشهر الضرّ فى ذلك الحصار بحيث لم يقدروا على طحن الحنطة وخبز الخبز استبطاءا لمدّتيهما حتّى طحنوا الحنطة والفواكه الفجّة التى لم تدرك وأكلوها فصار طبخ الحنطة والفواكه فى هذا اليوم سنّة، وقد قيل أنّ يوم الرمية هو هذا اليوم وهو روز تير وأنّه التيركان الصغير وأنّ اليوم الرابع عشر وهو[b] كوش روز هو التيركان الاكبر وأنّ الخبر فيه ورد بموقع السهم وفى روز تير تكسر المطابخ والكوانين اذ فيه[c] تخلّص الناس من افراسياب ومضى كلّ واحد الى عمله، والسبب الثانى أنّ الدهوفذية التى معناها حفظ الدنيا وحراستها والتنّاء فيها والدهقنة التى معناها عمارة الدنيا وزراعتها وقسمتها هما توءمان بهما يتمّ الدنيا ويدوم

a من fehlt in *Mss.* b *Mss.* هو وهو c *Mss.* هو

قوامها ويصلح فسادها والكتابة تلوها مقترنة بهما فأمّا الدهوفذية فقد صدرت عن اوشهنج واما الدهقنة فصدرت عن اخيه وبكرد واسم هذا اليوم تير وهو عطارد نجم الكتاب وفيه نوه اوشهنج باسم اخيه فى ذلك الوقت وقسمت له الدهقنة وهى والكتابة شىء واحد فصيّروا هذا اليوم عيدا اجلالا له واعظاما وفيه أوعز الى اهل الدنيا بأن يتزيّوا بزىّ الكتاب [a]والدهاقين فبقى [b] الملوك والدهاقنة والموابذة وغيرهم يتزيّون بلباس الكتاب[a] الى ايام بشتاسف اجلالا للكتابة واعظاما للدهقنة، وفيه يغتسل الفرس والسبب فيه أنّ كيخسرو لمّا انصرف من حرب فراسياب اجتاز فى هذا اليوم بناحية ساوه وصعد الجبل المطلّ عليها ونزل على عين ماء منفردا عن معسكره فترايا له الملك ففزع وأغمى عليه ووافق [c] ذلك وصول بيژن بن جودرز اليه وقد أفاق فرشّ على وجهه من ذلك الماء وأسنده الى صخرة هناك وقال له ايها الملك مانديش اى لا تخف وأمر ببناء قرية العين وسمّاها مانديش فخفّف وجعل انديش وجرى رسم الاغتسال بهذا الماء وجميع مياه العيون تبرّكا وقد يخرج اهل آمل الى بحر الخزر فيلعبون فى الماء ويتلهّون ويتغامسون يومهم هذا كلّه ❁

مرداد ماه اليوم السابع منه وهو روز مرداد عيد يسمّى مردادگان لاتفاق الاسمين ومعنى مرداد دوام الخلق أبدا من غير موت ولا فناء ومرداد هو الملك الموكّل بحفظ الدنيا واقامة الأغذية والأدوية التى اصلها النبات المزيلة للجوع والضرّ والأمراض والله اعلم ❁

شهريور ماه اليوم الرابع منه وهو روز شهريور عيد يسمّى شهريورگان لاتفاق الاسمين ومعناه[d] [e]السمنى والمحبّة[e] وشهريور هو الملك الموكّل [d] بالجواهر السبعة التى هى الذهب والفضّة وغيرهما من الفلزّات ممّا به قوام الصناعات والدنيا واهلها، وذكر زادويه أنّه يسمّى آذرجشن وهو عيد النيران التى فى دور الناس وكان ابتداء الشتاء وفيه كانوا يوقدون النيران العظيمة فى بيوتهم ويكثرون من عبادة الله وتحميده ويجتمعون على الأكل والفرح ويزعمون أنّ ذلك لرفع البرد واليبس الحادث فى الشتاء وأنّ انتشار حرارتها يدفع غوائل المضرّ[f] بالنبات فى الدنيا وكان

a-a Von والدهاقين bis بلباس الكتاب fehlt in *R.* *b* *PL* فنبقى *c* *P* ففزع عليه ووافق *d* *Mss.* ومعناه الملك الموكّل على المنى والمحبّة *e-e* Von على المنى bis الملك الموكّل steht in *L* am Rande. *f* *L* البصر *P* اليضرّ

سبيلهم فى ذلك سبيل من يمضى الى محاربة عدوّه بالجيش العظيم، ولكن خورشيد الموبذ أنّ آذرجشن هو اليوم الاوّل وهو للخاصّة وليس هو من ايّام الفرس وان كان يستعمل فى شهورهم ذلك من الايّام الطخاريّة والرسم عندهم لتغيّر الهوآء واوّل الشتاء وفى زماننا صيّره اهل خراسان اوّل الخريف وهذا اليوم هو روز مهر اوّل الكهنبار الخامس وآخره روز بهرام منه وفيه خلق الله البهائم واسمه مدعايريهم[a] كاه ✿

مهر ماه اليوم الاوّل منه وهو هرمزد روز وهو خزان الثانى وهو للعامّة على مثال ما تقدّم ذكره ✿

واليوم السادس عشر وهو روز مهر عيد عظيم الشأن ويعرف بالمهرجان واسمه موافق لاسم الشهر وتفسيره محبّة الروح وقد قيل أنّ مهر هو اسم الشمس وأنّها ظهرت فى هذا اليوم للعالم فسمّى بها والدليل على ذلك أنّ من آئين الأكاسرة فى هذا اليوم التتوّج بالتاج الذى عليه صورة الشمس ومجلتها الدائرة عليها وفيه يقوم للفرس سوق، وزعموا أنّ تخصيصهم اياه بالتعظيم بسبب استبشار الناس لمّا سمعوا خروج افريدون بعد أن وثب كابى على الضحّاك بيوراسف وطرده ودعا الى افريدون وكابى هو الذى تيمّن ملوك الفرس بعلمه ورايته وكانت من جلد دبّ ويقال أسد وسمّى درفش كابيان ورصّع بعده بالجواهر والذهب، قالوا وفيه نزلت الملائكة لعون فريدون وجرى الرسم بملك فى دور الملوك أن يقف فى صحن الدار رجل شجاع وقت اسفار الصبح ويقول بأعلى صوته[b] يا ايّها الملائكة انزلوا الى الدنيا واقمعوا الشياطين والأشرار وادفعوهم عن الدنيا، قالوا وفيه دحا الله الارض وخلق الأجساد قرارا للأرواح وفى ساعة منه يتنفّس فلك افرنجوى لتربية الأجساد قالوا وفيه كسا الله القمر بهاءه وجلاه[c] بضوءه بعد أن كان خلقه كرة سوداء لا ضوء لها ومن أجله قيل أنّ القمر فى المهرجان يوفى على الشمس وأسعد ساعاته ساعات القمر، وقال سلمان الفارسىّ كنّا على عهد الفرس نقول أنّ الله أخرج زينة لعباده من الياقوت فى النوروز ومن الزبرجد فى المهرجان ففضّلهما على غيرهما من الايّام كفضل الياقوت والزبرجد على سائر الجواهر، وقال الايرانشهرىّ أخذ الله ميثاق النور والظلمة يوم النوروز والمهرجان وكان سعيد بن الفضل يقول علماء الفرس تقول أنّ قلّة جبل شاهين

a L مدعايرم R مدعايرىم P مدعايم b R صعوبة c وجلاه fehlt in PR.

ترى ظل ايام الصيف سوداء ابدا وفي صبيحة[a] المهرجان ترى بيضاء كأن عليها ثلجا وذلك على صحو الهواء وتغيمه وعلى كل حال من الزمان وقال الكسروي سمعت الموبذ المتوكلي يقول اذا كان يوم المهرجان طلعت الشمس بهامين[b] الوسط بين النور والظلمة فيفنى الارواح في الاجساد ولذلك سمته الفرس ميركان ، وقال اصحاب النيرنجات من طعم يوم المهرجان شيئا من الرمان وشم ماء الورد دفع عنه آفات كثيرة ، واما اصحاب التاويلات من الفرس فقد استخرجوا الامثال من هذه الايام تاويلات فجعلوا المهرجان دليلا على القيمة وآخر العالم لتناهي النامي فيه الى غايته وانقطاع مواد النمو عنه ولتوقف[c] الحيوان عن[d] التناسل كما جعلوا النوروز دليلا لابتداء العالم لكون اضداد هذه الحالات فيه وقد فضل المهرجان قوم على النوروز بمثل ما فضلوا الخريف على الربيع ومعولهم في الاحتجاج لذلك على جواب ارسطوطلس للاسكندر حين سأله عنهما فقال ايها الملك في الربيع ابتداء نشوء الهوام وفي الخريف ابتداء ذهابها فالخريف من هذه الجهة افضل ، وكان هذا اليوم فيما مضى يوافق اول الشتاء ثم تقدم عند اهمال الكبس فجرى الرسم لملوك خراسان فيه في زماننا ان يجعلوا على الاساورة كسوة الخريف والشتاء ✿ واليوم الحادي والعشرون وهو رام روز هو المهرجان العظيم وسببه ظفر افريدون بالضحاك واسره اياه قالوا ولما أتي به وقدم اليه قال الضحاك لا تقتلني بجدك فاجابه افريدون منكرا لقوله أطمعت[e] أن تكون كفوا لجم بن ويجهان في القود كلا بل أقتلك بثور كان في دار جدي ثم أوثقه وحبسه في جبل دماوند[f] فتخلص الناس من شره وعيدوه وأمرهم افريدون بشد الكساتيج في أوساطهم واستعمال الزمزمة والكف عن الكلام عند الطعام شكرا لله بما أقامهم من الأمر في تصرفهم ووقت أكلهم وشربهم بعد أن كانوا خائفين ألف سنة وبقي ذلك الأمر سنة فيه وعادة ، وكل الفرس مجمعون على أن بيوراسف عاش ألف سنة وإن كان قال بعضهم أنه عاش اكثر وانما الالف سنة مدة تملكه وتغلبه وقد قيل أن كلام الفرس بعضهم لبعض بتعمير ألف سنة اعني قولهم هزار سال بزى انما هو من حينئذ لجوازه لديهم من جهة ما شاهدوه[g] من الضحاك وامكان ذلك عندهم والله اعلم ، وقد أمر

a P صبحة   b LR نبهامين   c Mss. وليتوقف   d Mss. من   e P وطمعت
f L دماوند   g P شهدوه

زرادشت أنْ يكونَ سبيلُ المهرجان ورام روز واحدًا فى التعظيم فعيّدوهما معا حتّى وَصَلَ بينهما هرمزُ بن شابور البَطَلُ وعيَّدَ ما بينهما من الايّام كما فَعَلَ فى التوصّل بين النوروزين ثمّ جَعَلَ الملوكُ واهلُ ايرانشهر من لدن المهرجان الى تمامِ ثلثين يوما أعيادا بين طبقات الناس على مثال[a] ما تَقدّمَ ذكره فى النوروز ولكلّ طبقة خمسة ايّام۞

آبان ماه اليوم العاشر منه وهو روز آبان ماه عيد يسمّى آبانكان لاتّفاق الاسمين وفيه مَلَكَ زوّ بن طهماسف وأمَرَ بحَفْرِ الأنهار وعِمارتها وفيه اتّصَلَ الخبرُ بالاقاليم السبعة بأسرِ افريدونَ بيوراسف وتَمَلُّكِ افريدون وما أمَرَ به الناسَ من تملّك[b] دورِهم وأهاليهم وأولادهم وتسميَتِهم بالكذخداه اى ربّ هذه الدار وتأمُّرَ على اهله وولَدِه ومُلْكه وأمَرَ ونَهَى فيها بعد أنْ كانوا فى أيّام بيوراسف مُهْمَلين يَنْتابُ[c] دورَهم الشياطينُ والمَرَدَةُ فلا يَقْدِرون على دَفْعِهم عنها وقد أزالَ الناشرُ الأطروش ذلك الرسمَ وأعاد اشتراكَ المَرَدَة مع الناس فى الكذخداهيّة والخمسة الاواخر من هذا الشهر اوّلها روز اشتاذ منه يسمّى الفروردجان وفيه كانوا يضعون[d] الأطعِمَةَ فى نواويس الموتى والأشرِبَةَ على ظُهورِ البيوت ويزعمون أنْ أرواحَ موتاهم تخرُجُ فى هذه الايّام من موضع ثَوابها وعِقابها فتأتيها وتَنْشَفُ[e] قوّتها وتَرْشِفُ طُعومها ويدخّنون بُيوتهم بالرأسَن ليَسْتَلِذَّ الموتى برائحته وأنّ أرواح الابرار تَلِمُّ بالاهل والولَد والأقارب وتُباشِرُ أمورَهم وإنْ كانوا لا يَرَوْنها۞ وقد اختلفوا فيها فيما بينهم فزعم بعضٌ أنّها الخمسة الاواخر من آبان ماه وزعم [f]الآخرون أنّها الاندرگاه وهى الخمسة اللواحق التى بين آبان ماه[f] وآذر ماه فلمّا كَثُرَ الاختلافُ فيهم وتنازعوا فيها أخذوا بجميعها تأكيدًا للأمرِ اذ هو رُكْن من أركانِ دينهم واحتياطًا حينَ لم يَفْصِلِ اليقينُ بينهم فسمّوا الخمسة الأولى الفروردجان الاوّلَ والأخرى الفروردجان الثانىَ وهى افضلُ من الاولى، واوّل هذه اللواحق الزائدة هو اوّل الكهنبار السادس وفيه خلق الله الناسَ ويسمّى[g] همشفثميديكاه، وقد قيل أنّ سبب الفروردجان أنّ قابيلَ لمّا قتل هابيلَ واشتدّ جَزَعُ أبَوَيْه[h] عليه دَعَوا اللّه أن يَرُدَّ روحَه[i] عليه فردّها روز اشتاذ من آبان ماه وأقامتْ فيه عَشَرَةَ ايّام فقعَدَ هابيلُ منتصِبا يَنْظُرُ الى أبَوَيْه ولا يُسوّدُنْ له

a مثال fehlt in *RP* b *Mss.* تمليك c *R* تنتاب *P* تيتاب *L* تمتاب
d *L* يصنعون e *LP* وينشف f–f Von وزعم bis آبان ماه fehlt in *P*. g ويسمّى fehlt in *Mss.* h *PR* ابواه i *P* زوجه

بالكلام لجمع أبواه[a]

وأَسْعَدُ ساعاته ما كان الحَمَلُ فيه طالعا ويتبرّكون بساعة السَّحَرِ اصحابُ النيرنجات ويزعمون أنّ ما يُذْكَرُ فيها هو موجود على كلّ حال ويقولون من طَعِمَ صبيحة[b] هذا اليوم قبل الكلام سفرجلاً وشمّ أُتْرُجًّا سُعِدَ فى عامه[c] وقال طاهر بن طاهر كانت العجم فى قديم الايّام تشْرَبُ العسلَ فى هذا اليوم انْ كان القمرُ فى منزلةٍ ناريّة وتَشْرَبُ الماء انْ كان فى منزلة مائيّة تَبَعًا له فى حالاتِ منازله، وقال الايرانشهرىُّ سَمِعْتُ عِدّةً من علماء ارمينيةَ يقولون اذا كانت صبيحةُ يومِ الثَّعْلَب يُرى على الجَبَل الاعظم بين الارض الداخل والارض الخارج كَبْشٌ أبيضُ لا يُرى من السنة الّا فى مثل هذا الوقت من هذا اليوم فيَسْتَدِلُّ اهلُ ذاك الصُّقْع على يُمْنِ الزمان عليهم انْ هو ثَغَا وعلى هُزاله انْ لم يَثْغُ وكانت العجم صبيحة[d] يوم الثعلب تتيمّنُ بالنظر الى السَّحاب وتَسْتَدِلُّ بصفائه وكُدورته ولَطافته وكثافته على سَعادة الزمان ونُحوسه وخِصْبه وجُدوبته ✿

والبيم التاسع وهو يوم آذر عيدٌ يسمّى آذَرْ جَشْن لاتّفاق الاسمين وفيه يُحْتاج الى الاصطلاء بالنار لانّه آخِرُ شهور الشتاء كان بالبَرْد فى آخِرِ الفصل أَكْلَبَ والقُرّ حينئذ اغلبُ وهو عيد النار ويسمّى بآسم الملك الموكّل بجميع النيران وقد أَمَرَ زرادشت أنْ تُزارَ فى هذا اليوم بيوتُ النيران وتُقَرَّبَ بها القرابينُ ويُتَشاوَرَ فى امور العالم ✿

دى ماه ويسمّى ايضا خور ماه واليوم الاوّل منه يسمّى خُرّم روز وهو والشهر[e] مُسَمَّيان باسم الله يعنى هرمزد اى ملك حكيم وذو رأى خالق وكان الملك فيه ينْزِل عن سرير المُلْك ويَلْبَسُ الثيابَ البيضَ ويَجْلِسُ على الفُرُش البيض فى الصَّحْراء ويَرْفضُ الحَجَبَةَ وهَيْبَةَ المُلْك ويَتَفَرَّغُ للنظر فى امور الدنيا واهلها ومَن آحتاج أنْ يُكَلِّمه فى شىْء دنا منه رَفيعًا كان او وضيعا وخاطَبه غيرَ ممنوع عن ذلك ويُجالِسُ الدهاقينَ والمزارعينَ ويُؤاكِلهم ويُشارِبهم ويقول أنا اليوم كواحدٍ منكم وانا اخوكم لأنّ قوامَ الدنيا بالعمارة التى تَجْرى على أيْديكم وقوامَ العمارة بالمُلْك ولا آستغناء بأَحَدِهما عن الآخَرِ واذا كان كذلك فنحن كأَخَوَيْن متلائمَيْن سيّما وذلك صادرٌ عن اخوين متلائمين اوشهنج وويكرد، وقد يسمّى هذا اليوم نُوَدْ روز وبُعَيْدُ لأنّ بينه وبين

a Sic *Mss.* Lücke. b *P* صبحة c *L* ساعته d *P* صبحة e *Mss.* الشهر

النوروز تسعين يوما ۞ واليوم الثامن والخامس عشر والثالث والعشرون أعياد لاتفاق أساميها واسم الشهر كما قدّمنا ۞ واليوم الحادى عشر وهو روز خور اوّل الكهنبار الاوّل[a] وآخره اليوم الخامس عشر وهو روز دى بمهر ويسمّى هذا الكهنبار مديوزرم كاه وفيه خلق الله السماء ۞ واليوم الرابع عشر منه وهو روز كوش يسمّى سير سور[b] وفيه يؤكل الثوم والخمر ويُتّبّخ النبات باللحوم التى يُتحرّز بها من[c] الشيطان والسبب فيه تكذّع أذاهم حين غلبوا لقتل جم شيد وكان الناس حزنوا وحلفوا على أنْ لا يقربوا دسمه ويقى ذلك سنّة فيهم وبها يتداوون[d] من العلل المنسوبة الى أرواح السوء ۞ واليوم الخامس عشر وهو روز دى بمهر يسمّى دميكان كان يُتّخذ شخص من عجين او طين على قيئة انسان ويوضع فى مداخل الأبواب ولم يكن يستعمل ذلك فى دور الملوك وتُرِك الآن لما فيه من التشبّه بالشرك والضلال ۞ وليلة اليوم السادس عشر وهو روز مهر يسمّى درامزينان[e] ويسمّى كاكثل ايضا وسببها انفراق[f] ايران شهر وتخلّصهم من بلاد الترك وسياقهم البقر التى سُبيت منهم الى بيوتهم وايضا فانّ افريذون لمّا أزال بيوراسف أطلق عن بقر اثفيان[g] التى كانت حين حاصرها فى بعض المواضع ومنع اثفيان[g] عنها فرجعت الى داره وكان اثفيان[g] رجلا جليل القدر رفيع الهمّة منعما على الفقراء متفقّدا لأحوال اهل الخلّة ومتعاهدا لهم جوادا على الراجين[h] فلمّا أطلق افريذون عن أمواله عيّد الناس لما رجوا من عطاياه ونواله، وفى هذا اليوم اتّفق فطام افريذون وهو اوّل يوم ركب فيه الثور فى ليلة يظهر الثور الجرّار لعجلة القمر وهو ثور من ضوء قرناه من ذهب وقوائمه من فضّة يظهر ساعة ثمّ يغيب والموفّق[i] لرؤيته مجاب الدعوة فى ساعة نظره اليه، وفى هذه الليلة يرى على الجبل الاعظم[k] زعموا خيال ثور أبيض يخور مرّتين ان أخصب الزمان ومرّة[l]

ويتحرّون ليدفعوا مضرّته حتّى صار فى رسوم الملوك فى ليلته ايقاد النيران وتأجيجها وارسال الوحوش فيها وتطيير الطيور فى لهبها والشرب والتلهّى حولها أنتقم الله من كلّ متلذّذ بايلام غيره من الحاسّين[m] غير المجرمين، وقد كانت الفرس بعد زوال اللبس من شهورهم يترجّون

a الاوّل fehlt in *Mss* *b* *L* سيرسو *PR* سيرسوا *c* *LP* عن, fehlt in *R*. *d* *RL* يتداووا *P* يتداوو *e* *P* درامربنان *f* *R* انعراف *PL* انصراف *g* *P* افتنان *R* افشذن *L* افتتان *h* *Mss.* الجارين *i* *Mss.* والموافق *k* *R* الاعجم *l* Lücke. *m* *P* الحاسبين

انصرامَ البرد وانقضاءه فى هذا الوقت لأنّهم كانوا يَعُدّون اوّل الشتاء من خمسة ايّام تَمضى من آبان ماه فيكون آخِره لعشرة ايّام تَمضى من بهمن ماه وسمّى أهْلُ الكرج ليلة هذا اليوم شب كرزه أى الليلة العاضّة وذلك لبَرْدها، وقيل أنّ السبب فى رفع النيران فى هذه الليلة أنّ بيوراسف لمّا وَظَّفَ على الناس كلّ يوم نَفَرَيْن ليُطعمَ أنْمِغَتهما حَيّتَيْه كان الموكّل بذلك بعد اوّل تقدُّمه يسمّى ارماييلَ فكان هذا الموكّل يُعتِق احدَ النفريْن ويُعطيه زادًا ويأمُره أنْ يسكنَ الجبلَ الغربيّ من دنباوند ويَبْنيَ لنفسه هُنالك بُنيانًا ويُطعمُ الحيّتيْن دماغ كبْش بموضع الأسيرِ المُخلّى يَخلطُه بدماغ الآخرِ المقتول فلمّا ظفرَ افريذون بيوراسفَ أمرَ بارماييل فأُخذ ليُعاقبَه على قتله الناسَ فأخبَرَه خبرَ المُعتَقين وصدّقه عن ذلك وسأله أنْ يُخرجَ رسولا معه ليُرِيَهم ايّاه ففعلَ وأمَرَ ارماييل المُعتَقين أنّ يوقدوا النيرانَ على سطوح دورهم ليُرى عدّتُهم وكان ذلك فى الليلة العاشرة من بهمن ماه فقال له الرسول كم اهلِ بيتٍ قد أعتقتَهم[a] فجزاك الله خيرا وانصرفَ فأخبر افريذونَ بذلك فسُرّ به سُرورا شديدا وقصد دنباوند بنفسه حتّى عاينَ ذلك ثمّ شرّفَ ارماييلَ وأقطعه دنباوندَ وأجلسَه على سرير من ذهب وسمّاه مصمغان، وقد قيل فى حيّتَيْ بيوراسف أنّهما كانتا بارزتَيْن من منكبَيْه يتغذّيان بالأدمغة وقيل بل كانتا سلعتَيْن تتوجّعان وكان طليهما بالأدمغة يسكّنُ عنهما، فأمّا الحيّتان فشىءٌ عجيب وممكنٌ بعيدٌ فمن اللحم يتولّدُ الدودُ وفيه يَصيرُ القمّلُ[b] وحيواناتٌ أُخرُ ومن الحيوانات ما لا يَخرجُ بكماله من مَعدِنه كالذى يُحكَى أنّه فى بلاد الهند يَطْلُعُ من حَيا أمّه ويَرعَى الحشيشَ ويَعودُ الى ما منه طلَعَ ولا يَخرُجُ الّا بعدَ أنْ يتقوّى ويثِقُ من نفسه بسَبْقِ الأمّ فى العَدْوِ وانْ عدَتْ خَلْفَه ثمّ حينئذ يَثِبُ ويَهرُبُ دلوا وذلك لأنّ لِسانَ الأمّ أَخشَنُ شىء فمنه يَخافُ فانّها ان وجدَتْه لحسَتْه لحسًا دائمًا حتّى يَمتازَ لحمُه عن عظمه ومن شعارِ[c] الرؤوس المنتوفة بأصْلها ذلك الأبيَضُ الذى يكون داخِلَ اللحم يتولّدُ حيّاتٌ اذا وَقعَتْ فى الماء او فى مواضعَ نَديّة فى صَميم الصّيف فى مُدّة ثلثة أسابيعَ او أقلَّ، ولا يُمكِنُ انكارُ ذلك اذ[d] شُوهِدَ هذا وعُويِنَ تولُّدُ الحيوانات من الاشياء الأُخَرِ فقد حكَى ابو عثمان الجاحظ أنّه رأى بعُكْبَرا مَدَرةً قد صار نِصفُها بعضَ بدنِ

a Mss. اعتقهم b L القمْل c Mss. شعر d Mss. اذا

جُرَدٍ[a] والنصف مَدَرةٌ على حالها لم يَسْتَحِلْ بَعْدُ واخبرني بجُرْجانَ جَماعةٌ قد عاينوا مثل ذلك ايضا بها وحَكى الجَيْهانيُّ أنَّ في بَحْرِ الهند عُروقَ شَجَرةٍ تَنْبَسِطُ على ساحلِ البحر في الرَمْل فتَلْتَفُّ الوَرَقةَ ثمّ تَنْبَتِكُ من أَصْلِها وتَصيرُ يَعْسوبا ويَطيرُ وكَوْنُ العَقاربِ من التِّين والباذَروجِ والنَّحْل من لحمِ البَقَرِ والزَّنابيرِ من لحوم الخَيْلِ معروفٌ عند الطبيعيّين وقد شاهَدْنا نحن حَيَوانات كثيرة مُتناسِلةً تَوَلَّدَتْ من النباتِ وغيرِه تَوَلُّدًا واضحا ثمّ تَناسَلَتْ بعد ذلك✿

واليوم الثاني والعشرون وهو باذ روز يسمّى بهذا الاسم[b] ويُسْتَعمل فيه بقُمّ ونواحيها رسومٌ[c] تُشْبِهُ رسومَ الأَعْياد من شُرْب ولَهْوٍ كما يُفْعَلُ باصفهان ايّامَ النوروز من اقامة السُّوقِ والتَّعْييد ويسمّى ذلك باصفهان كُرْبين[d] الّا أنّ باذ روز يومٌ واحد وكُرْبين[e] يكون أُسْبوعًا✿ واليوم الثلثون انيران يسمّى آفريجكان[f] باصفهان وتفسيره صَبُّ الماء والسبب فيه انّ القَطْرَ احْتَبَسَ في زَمَنِ فيروز جَدِّ انوشيروان وأَجْدَبَ الناسُ بايرانشهر فتَرَكَ فيروزُ لهم الخَراجَ تلك السنين وفَتَحَ أَبْوابَ خزائنه واسْتَدان من أَموالِ بيوتِ النيران وجادَ بها على اهلِ ايرانشهر وتَفَقَّدَ الرعيّةَ تَفَقُّدَ الوالدِ أَمْرَ وَلَدِه حتّى لم يَفُتْ في تلك السنين أَحَدٌ جُوعًا ثمّ سار فيروز الى بيت النار المعروفة بآذرخورا وهي بفارس فصلّى وسَجَدَ ودعا اللّه بازالةِ ذلك عن اهل الدنيا ثمّ ارْتَفَعَ الى الكانون فوجد الشَّذَنَةَ والهرابذةَ وُقوفا على رَأْسِها ولم يُسَلِّموا عليه تسليمَ الملوك فوقَعَ في نفسه منهم شيءٌ فأَقْبَلَ على النار وأَدارَ يَدَيْه وساعِدَيْه حَوالَيِ اللَّهيب وضَمَّه الى صَدْرِه ثلاثَ مَرّاتٍ ضَمَّ الصديقِ صديقَه عند المُسائلة وبَلَغَ اللَّهيبُ لِحْيَتَه ولم تَحْتَرِقْ ثمّ قال فيروزُ يا الٰهي تبارَكَتْ أَسْماؤُك انْ كان احتباسُ المَطَرِ من أَجْلى وسُوءِ سِيرَتي فبَيِّنْ[g] لي حتّى أَخْلَعَ نَفْسي وانْ كان غيرَه فأَزِلْه وبَيِّنْ لي ولأَهْلِ الدنيا ذلك وجُدْ عليهم بالمَطَرِ ثمّ نَزَلَ عن الكانون وخرج من القُبّة وجلس[h] على الدنبكا هو المُتَّخَذُ من ذَهَبٍ شِبْهُ السرير أَصْغَرُ منه وكان الرسمُ أَنْ يكونَ في بيتِ نارٍ جليلٍ دنبكا هو من ذهبٍ حتّى اذا دَخَلَ المَلِكُ اليه جلس عليه فدَنا منه الشَّذَنَةُ والهرابذةُ وسلّموا عليه كما يُسَلَّمُ على الملوك فقال لهم ما أَغْلَظَ قُلوبَكم وأَجْفاكم وأَتْهَمَكم لِمَ لَمْ تُسَلِّموا عَلَيَّ في ذلك الوقت فقالوا لأنّا كُنّا وُقوفا على راسِ مَلِكٍ أَجَلَّ منك ولم يَجُزْ لنا أَنْ نُسَلِّمَ عليك ونحن وُقوفٌ

a *L* جرد b Sic *Mss.* Lücke. c *Mss.* رسوما d *P* كربين *R* كثربن
e *P* وكثربين *R* كثربن f *Mss.* افرنجكان g *R* فتبين h *Mss.* وخرج

على رأسه فصَدَّقهم ووصَلهم ثمّ خرج عن مدينة آذرخورا متوجّها نحو مدينة دارا فلمّا انتهى الى الموضع الذى فيه فى هذا الوقت الرستاق المعروف بكامفيروز من فارس وكان حينئذ صحراء لا عمارة فيه ارتفعت سحابةٌ واقبلت بأمطار لم يُعهَد مثلُها غزارةً حتى جرت المياه فى السرادق والخيام وأيقن فيروز بأنّ دعوته قد أُجيبت فحمِدَ الله وأمر بأن تُضرَب مضاربه فى ذلك الموضع وتصدّق وجادَ بالأموال واتّخذ المجالس وفرح ولم يبرح منه حتى أنشأ هذا الرستاق الجليل وسمّاه كامفيروز وفيروز اسمه وكام هو الارادة اى أنّه بلغ ارادته وكان كلّ انسان من السرور الذى لحقه من ذلك صَبّ على صاحبه الماء فجرى هذا الرسم فى ايرانشهر منذ[a] ذلك الوقت وفى كلّ بلد يتعيّدون بهذا العيد فى اليوم الذى مُطِروا فيه ومُطِرَ اهل اصفهان فى هذا اليوم ❊ اسفندارمذ ماه اليوم الخامس منه وهو روز اسفندارمذ عيدٌ لاتّفاق الاسمين[b] ومعناه العقل[c] والحلم واسفندارمذ هو الموكّل بالارض والموكّل بالمرأة الصالحة العفيفة الفاعلة للخير والمحبّة لزوجها، وكان فيما مضى هذا الشهر وهذا اليوم خاصّةً عيدَ النساء وكان الرجال يجودون عليهنّ وقد بقى هذا الرسم باصفهان والرىّ وسائر بلدان فهلة ويسمّى بالفارسيّة مردكيران[d]، ويُعرَف هذا اليوم بكتبة الرقاع وهو أنّ العوامّ يستفّون فيه زبيبًا وحبّ رمّان مدقوقين ويقولون أنّه ترياقٌ يدفع مضرّة لدغ العقارب ويكتبون من لدن وقت طلوع الفجر الى طلوع[e] الشمس هذه الرقية على كواغذ مربّعة بسم الله الرحمن الرحيم اسفندارمذ ماه واسفندارمذ روز بستم رم ورفت زبر وزبر[f] از همه جز ستوران بنام يزدان وبنام جم وافريذون بسم الله بآدم وحوّا حسبى الله وحده وكفى ويلزقون فى هذا اليوم ثلثةً منها على الجدارات الثلثة من البيت ويتركون جدارَ البيت المقابل لصدر البيت ويقولون اذا أُلزِق على الجدار الرابع شئٌ من ذلك تحيّرت الهوامُّ ولم تجد منفذًا ورفعت رؤوسها نحو الكُوّة متهيّئةً للخروج من البيت فهذه هى الخاصيّة فى هذا الطلسم، وقد يوجد مواضع مطلسمة لا يلدغ فيها عقربٌ ككدينار رازى[g] من جرجان على عشرة فراسخ الى جهة خراسان فانّ تحت كلّ حجر منها عدّة عقارب سود كبار تلمس

a *R* مذ b *Mss.* القسمين c *P* الفعل d *RP* مردكيران e Die Worte الفجر الى طلوع fehlen in *PR.* f *R* وزبر g *R* كدسار رازى *L* كرببارازى *P* كدمارازى

ويُلْعَبُ بها فلا تَلْدَغ فاذا أُخِذتْ وأُخْرِجَت من حَدِّ ذلك الموضع وهو قَنْطَرَةٌ على رَأْسِ غَلْوَه[a] منها لَدَغَتْ لَدْغًا يَقْتُلُ من ساعته، وقيل أَنّ بحَدِّ طُوس قَرْيَةً لا يَلْدَغ فيها العقاربُ واخبرنى ابو الفرج الزَّنْجانى أَنّ ببلدة زَنْجان لا يُرى عَقْرَبٌ اِلّا فى موضع يسمّى مَقْبَرَة الطَّبَريّين وأَنّه اذا قصدها قاصدٌ بالليل وجَمَعَ منها شَيْئًا فى اِجّانةٍ ثمّ خَلّاها فى موضع آخَرَ وَجَدَها تَـعُـودُ مُسْرِعَةً الى مواضعها، فأمّا هذه الرِّقاعُ المذكورة فظاهرةُ البُطْلانِ لاسْتحالة تَعَدّى قُوّةِ العَزْمِ وان اشْتَدَّ نَفاذُها الى المعزوم عليه ومُخالفةِ أَدْوارِ الكواكب سنةَ الفُرْسِ وعَدَمِ شرائط الطِّلَّسْمات فيها ولعلّنا نَتَكَلَّمُ على العَزائم والنِّيرَنْجات والطِّلَّسْمات فى كتاب العجائب الطبيعيّة والغرائب الصِناعيّة بما نَغْرِسُ[b] به اليقينَ فى قلوب العارفين ونُزِيلُ[c] الشُّبْهَةَ عن أَفْئِدَة المُرْتادين إنْ شاء الله فى الأَجَلِ وأَزالَ الحوادثَ النفسانيّةَ بمَنّه انّه قديرٌ عليه، واليوم الحادى عشر وهو روز خور أوّل الكهنبار الثانى وآخِره روز ديبمهر ويسمّى مديوشم كاه وفيه خلق اللهُ الماء فاليوم السادس عشر هو روز مهر يسمّى مسك تازه، اليوم التاسع عشر وهو روز فروردين يسمّى نوروزَ الأنهار والمياه الجارية يَطْرَحون فيها القَليبَ والماوَرْدَ وغيرَ ذلك،

وليس للمجوس صَوْمٌ بَتّةً ومن صام فقد أَثِمَ وكَفّارتُه اطْعامُ جَماعةٍ من المساكين ولهم فى أيّامِ الشهورِ المذكورة أَسْواقٌ ولكنّها تختلف باختلاف البلاد فلذلك لا تُضْبَطُ كالسَّيّالة فى[d] المسايل لا يُمكِنُ حَصْرُها، ولعَضُدِ الدولة فيها يومانِ يسمّى كلُّ واحدٍ منهما جشن[e] كرد فنا خُسْرُو وأَحَدُهما روز سروش من فروردين ماه وهو وصولُ المياه المستنبَطة من اربعةِ فراسخَ الى المدينة التى ابْتَناها دون قَصَبَةِ شيرازَ بفرسخٍ وسمّاها كرد فنا خسره والآخَرُ روز هرمز من آبان ماه وهو يوم الابتداء فى ابْتناء تلك المدينة وذلك فى سنةِ ثلث وثلثين وثلثمائة ليزدجرد وفى كِلَيْهما يَقومُ سوقٌ سبعةَ ايّامٍ واجتماعٌ على اللَّهْو والشُّرْب، وللفرس فى ايّام السنة كلّها ايّامٌ مختارةٌ مسعودة وايّامٌ منحوسة مكروهة وايّام أُخَرُ هى بلسمها النعمُ لها فى كلّ شهر عيدٌ لطَبَقَةٍ دون طبقة ولهم أَحْكامٌ على رُؤْيةِ الحَيّةِ فى ايّام الشهر ونحن نَجْمَعُ ذلك فى هذا وهو جدول الاختيارات،

a PR علوه b Mss. يغرس c Mss. ويزيل d Mss. من e LP جش

<table>
<tr><th>اسماء ايام الشهور</th><th>فروردين ماه</th><th>ارديبهشت ماه</th><th>خرداد ماه</th><th>تير ماه</th><th>مرداد ماه</th><th>شهريور ماه</th><th>مهر ماه</th><th>آبان ماه</th><th>آذر ماه</th><th>دى ماه</th><th>بهمن ماه</th><th>اسفندارمذ ماه</th><th>احكام الحَبْة ورُؤْيتها فى ايّام الشهر</th></tr>
<tr><td>هرمزد</td><td colspan="12">مختار
لانّه باسم الله</td><td>قبل نصف النهار سلطان</td></tr>
<tr><td>بهمن</td><td colspan="10">وسط</td><td>نحس</td><td>وسط</td><td>علّة ومَرَض</td></tr>
<tr><td>ارديبهشت</td><td>وسط</td><td>سعد</td><td>سعد</td><td>سعد</td><td>وسط</td><td>نحس</td><td>وسط</td><td>وسط</td><td>سعد</td><td>وسط</td><td>وسط</td><td>سعد</td><td>موت او ذهاب شىء من اهل البيت</td></tr>
<tr><td>شهريور</td><td>وسط</td><td colspan="2">سعد</td><td>وسط</td><td colspan="2">سعد</td><td colspan="6">وسط</td><td>منفعة ومعونة من اهل بلده</td></tr>
<tr><td>اسفندارمذ</td><td>وسط</td><td colspan="3">سعد</td><td>وسط</td><td>سعد</td><td>وسط</td><td colspan="2">سعد</td><td colspan="2">وسط</td><td>نحس</td><td>ذكر ونَحْمِدَة</td></tr>
<tr><td>خرداد</td><td colspan="2">وسط</td><td colspan="3">سعد</td><td>سعد</td><td>وسط</td><td>سعد</td><td>وسط</td><td>سعد</td><td>وسط</td><td>سعد</td><td>سفر فيه منفعة كثيرة</td></tr>
<tr><td>مرداد</td><td colspan="4">وسط</td><td colspan="2">سعد</td><td>وسط</td><td>سعد</td><td>وسط</td><td>سعد</td><td>وسط</td><td>سعد</td><td>علّة ومرض</td></tr>
<tr><td>ديبآذر</td><td colspan="12">وسط</td><td>دخول على السلطان</td></tr>
<tr><td>آذر</td><td>نحس</td><td>وسط</td><td colspan="4">سعد</td><td colspan="3">وسط</td><td colspan="2">سعد</td><td>نحس</td><td>مثلُ أَمْسِهِ</td></tr>
<tr><td>آبان</td><td colspan="7">وسط</td><td>نحس</td><td colspan="4">وسط</td><td>تزويج ونكاح</td></tr>
<tr><td>خور</td><td colspan="2">وسط</td><td>نحس</td><td colspan="9">وسط</td><td>مال بلا تَعَب</td></tr>
<tr><td>ماه</td><td colspan="12">مختار
لانّه باسم القمر</td><td>قبل نصف النهار جيّد وبعده رَدِىّ</td></tr>
</table>

تير	سعد وسط نحس وسط	زيادة في المال
جوش	وسط سعد وسط سعد وسط	رزق وحده من ذوات الاربع
ديبمهر	وسط نحس وسط سعد وسط	علّة تتبعها صحّة
مهر	وسط سعد وسط سعد وسط سعد	ملكه شيء لم يملكه قبل
سروش	وسط سعد وسط سعد وسط	سفر ورجوع منه
رشن	وسط سعد وسط	سفر وعلّة فيه
فروردين	سعد وسط سعد وسط سعد وسط	زيادة في المال
بهرام	وسط نحس وسط نحس وسط سعد	موت رجل من اهل البيت
رام	سعد وسط سعد وسط سعد	سفر وظفر بالخصماء
باذ	نحس وسط سعد وسط سعد نحس وسط	اتهام بسرقة
ديبدين	وسط سعد وسط	علّة ومرض
دين	سعد وسط سعد	اصابة مال
ارد	سعد سعد وسط سعد وسط سعد	ردىء مذموم
اشتاد	وسط سعد وسط سعد وسط سعد وسط	بناء بناء جديد
اسمان	وسط سعد وسط سعد وسط سعد وسط	قلق بالكذب
زامياد	وسط سعد وسط	نكبة في المال والاهل
مارسفند	وسط	سفر غير بعيد
انيران	وسط نحس وسط	اخذ على الزناء

وانّما جعلوا روز ماه مختارا لانّه مسمّى باسم القمر الذى فطرَه الله على قسْمة الخير والنعيم فى الدنيا ولذلك تزيدُ المياهُ وينْمى الحَيوانُ والأَشجارُ والنباتُ من حينٍ يُهِلّ الى أَنْ يأخُذ فى النُقْصان، وقد قالوا فى يومَى الاجتماع والاستقبال انّهما منحوسان أمّا الاجتماعُ ففيه وَلوعُ الجنّ والشياطين بالمزاج الفاسد فى العالم فيكون الجُنونُ والتخبُّط وفيه تجْزِرُ البحارُ وتَنْقُص المياهُ وتُضْرِعُ ذُكرانُ الوَراشين والماء الذى يَسْتَقِرُّ فيه فى الرَّحِم يكون الولدُ منه ناقصَ الخِلْقة والشَّعْرُ الذى يُقْلَعُ فيه من الجَسَد ضعيفُ العَوْدِ والغَرْسُ الذى يُغْرَسُ فيه يكون متناثرَ الحَمْلِ ولا سِيَّما انْ كان فيه كُسوفٌ وما أَقَلَّ القمرُ زعموا على بَيْض دَجاجٍ محضونٍ الّا فَسَدَ ولا على نَرْجِس الّا ذَبَلَ وقال الكَنْدى انّما كُرِهَ الاجتماعُ لاحْتراق القمر فيه الذى هو دليل الأَجْساد ولأجْله يُخاف عليها البَلاءُ والفَناءُ، وأمّا الاستقبالُ ففيه زعموا وَلوعُ الغيلانِ والسَّحَرة بالارواح الكَدِرَة فيكْثُر لذلك الصَّرْعُ وفيه تَمُدُّ البحارُ وتزيدُ المياهُ وتُضْرِعُ اناثُ الوَرَشانِ والماءُ الذى يَسْتَقِرُّ فيه فى الرَّحِمِ يكون منه الوَلَدُ زائدَ الخِلْقة والشَّعْرُ الذى يُقْلَعُ فيه قوىُّ العَوْدِ والغَرْسُ المغروس فيه مُدَوَّدُ الثَّمَرِ كثيرُ العُفونات لا سيّما اذا كان فيه كسوفٌ وقال الكَنْدى انّما كُرِهَ الامتلاء لأنّ ضَوْء القمر فيه مُسْتَمَدٌّ من نور الشمس الذى هو دليل الأرْواح ومن أَجْله يُخاف على الأرْواح مُفارَقَتُها للأجْساد؛

القول على ما فى شهور السغد من الاعياد

وامّا اهل السُّغْد فكانت شهورهم ايضا مقسومة على ارباع السنة وكان اوّل نوسرد من شهور السغد اوّل الصيف ولم يكن بينهم وبين الفرس فى اوائل السنين وبعض الشهور اختلافٌ سوى موضع الايّام الخمسة اللواحق كما قدّمنا بيانه وانّما فعلوا ذلك لانّهم عظّموا الملوك فلم يُساووا انفسَهم بهم فى افعالهم وآثروا رجوعَ جم الملكِ مُنْجِحَ الحاجة لابتداء رأس السنة كما آثروا الملوكَ نهوضَه[a] له، وقد زعم بعض الناس انّ السبب فى الاختلاف بين رأسَى السنتين هو تفاوتُ مَا وُجِدَ من الأرْصاد وذلك ان[b] الفرس الأُوَل كانوا يَعْمَلون على انّ سنة الشمس ثلثمائة وخمسة وستون يوما واكثر من رُبع يوم بجُزْءٍ من ستّين جزءا من ساعة ويتعاهدون جَبْرَ تلك

a *R* نهضه *b* انّ fehlt in *Mss.*

الزيادة على ربع يوم اليه فلمّا ظهر زرادشت وجاء بالمجوسيّة وانتقل الملوك من بلخ الى فارس وبابل واعتنوا بامور دينهم جدّدوا الارصاد فوجدوا الانقلاب الصيفيّ يتقدّم اوّل السنة الثالثة للكبس بخمسة ايّام فتركوا حسابهم الاوّل وعملوا على ما اداهم اليه الرصد وبقى اهل ما وراء النهر على ما كانوا عليه واهملوا[a] تلك السنة التى كانوا يراعون احوالها فاختلفت اوائل سنيهم لذلك، وبعضهم زعم ان ابتداء سنة الفرس وابتداء سنة اهل السغد كان واحدا الى وقت ظهور زرادشت فلمّا اخذ الفرس بعده ينقلون الخمسة الايّام الى آخر كلّ شهر من شهور الكبيسة كما ذكرنا فيما تقدّم تركها اهل السغد فى مواضعها ولم ينقلوها فبقيت لهم فى آخر شهور سنتهم ولاولئك بعد اهمال الكبيسة فى آخر آبان ماه والله اعلم، ولاهل السغد فى شهورهم اعياد كثيرة وايّام معلومة معظّمة على مثال ما للفرس والذى بلغنا منهم فى هذه ۞

نوسرد اليوم الاوّل منه نوروزهم وهو النوروز الكبير واليوم الثامن والعشرون منه عيد لمجوس بخارا يسمّى رامش آغام يجتمعون فيه فى بيت نار بقرية رامش وهذه الآغامات اعزّ الاعياد لهم فى كلّ قرية عند كلّ رئيس يجتمعون اليه فى الاكل والشرب وذلك لهم على نوب ۞

جرجن لم يتّصل بنا فيه شىء ۞

نيسنج[b] اليوم الثانى عشر منه ماخيرج الاوّل ۞

بساكنج اليوم السابع منه نكج[c] اغام وهو عيد لهم ببيكند[d] يجتمعون هناك واليوم الثانى عشر ماخيرج الثانى واليوم الخامس عشر عمس خواره يأكلون فيه الخمير[e] بعد تركهم الطعام والشراب وما مسّته النار الّا الثمار والنبات ۞

اشناخندا اليوم الثامن عشر منه بابه خواره ويقال بامى خواره وهو شرب العصير الجيّد الصرف واليوم السادس والعشرون كرم خواره ۞

مزيخندا اليوم الثالث منه عيد كشمين وفيه قيام سوق بقرية كمججكت وفى اليوم الخامس عشر منه تقوم سوق بالطواويس ويجتمع بها التجّار من الآفاق ويقيمونها سبعة ايّام ۞

فغكان اوّل يوم منه يسمّى نيم سرده ومعناه نصف السنة واليوم الثانى منه عيد يسمّونه

a R واهملوا   b L ببسنج P ىمسنج R يبسنج   c Sic R; P بكج, L نكج
d P ببسكند   e R الخمر

من عيد خوارہ يجتمعون فى بيوت نيرانهم ويأكلون شيئا يتّخذونه من دقيق الجاورس والسّمن والسّكّر وبعض الناس يجعل نيم سرده قبل هذا بخمسة وهو اوّل مهر ماه ليكون على رأى الفرس وكان الواجب ان يكون نصف السنة اذا مضى من رأسها ستّة اشهر ويومان ونصف واليوم التاسع منه تسيس[a] اغام واليوم الخامس والعشرون منه اوّل كرم خوارہ ۞

آبانج اليوم التاسع منه آخر كرم خوارہ ۞

فوغ لم يتّصل بنا فيه شىء ۞

مسافوغ لهم فيه عيد من اليوم الخامس منه الى اليوم الخامس عشر ثمّ يقوم للمسلمين سوق بالشّرغ[b] سبعة ايّام ۞

زيمذنج اليوم الرابع والعشرون منه ماذ[c] امكام ۞

خشوم فى آخر هذا الشهر يبكى اهل السغد على موتاهم القدماء وينوحون عليهم ويقطعون وجوههم ويضعون لهم الاطعمة والاشربة فعل الفرس فى الفروردجان وذلك لانّ الخمسة الايّام التى المسترقة لاهل السغد انّما هى فى آخر هذا الشهر كما تقدّم ذكره ۞ ولهم قيام اسواق فى القرى فى الايّام التى اساميها فى كلّ شهر واحدة تستعمل فى رساتيق بخارا والسغد ۞

القول على ما لاهل خوارزم فى شهورهم من مثل ذلك

واهل خوارزم موافقون لاهل السغد فى اوائل السنين والشهور ومخالفون للفرس فيها والعلّة فى ذلك هى بعينها ما وصف لاهل السغد ورسومهم فيها كانت شبيهة برسومهم واوّل الصيف عندهم كان اوّل ناوسارجى ولهم اعياد فيها كانوا يعظّمونها قبل الاسلام ويزعمون انّ المعبود جلّ وعزّ أمرهم بتعظيمها ويستعملون ايّاما أخر ماخوذة من آثار متقدّميهم والآن لم يبق من مجوسهم الّا بقيّة لم تغل فى دينه واقتصرت بمعرفة[d] ظواهره دون التفحّص عن حقائقه ومعانيه حتّى انّها استعملت الاعياد بمعرفة[d] الابعاد دون مواضعها المنسوبة الى الشهور فامّا ايّامهم واعيادهم التى ليست متعلّقة بامر دينهم فهى هذه ۞

ناوسارجى اوّل يوم منه عيد رأس السنة وهو اليوم الجديد كما ذكرناه ۞

a *P* يسيس *b* *Mss.* بالتسرع *c* *L* يإذ *P* ماذ *d–d* Von ظواهره bis بمعرفة fehlt in *R*.

اردوشت لم يذكروا فيه شيئا ۞

هروداد اوّل يوم منه يسمّى ارجحا سوان وكان هذا اليومُ قبل الاسلام وقتَ اشتداد الحَرّ ولذلك قيل انّه فى الاصل ارجهاس جوزان وترجمته سخرج من اللباس اى انّه وقتُ التّعرّى والتكشّف فامّا فى زماننا هذا فقد وافق وقتَ زرعِ السّمسم وما يُبذَرُ معه فوُقّتَ به ۞

جيرى اليوم الخامس عشر منه يسمّى اجغار وتفسيره الوَقود واللّهيب وكان فيما مضى اوّل وقت يُحتاج فيه الى الاصطلاء[a] بالنار لتغيُّر الهواء فى الخريف وفى زماننا يوافق وَسَطَ الصيف ويُعَدُّ منه سبعون يوما ثمّ يُبْتَدَأُ فى زرع الحِنطة الخريفيّة ۞

همداد لم يذكروا فيه شيئا ۞

اخشريورى اوّل يوم منه يسمّى فغبريه ويقال انّه فى الأصل فغربه اى مَخرج الشاه اذ كان ملوك خوارزم فى مثل هذا الوقت يَخْرجون لانقشاع الحَرّ واقبال البَرْد فيُشَتّون خارجَ البلد دافعين الأتراكَ الغُزّيّة عن ثغورهم وحامين اطراف ممالكهم عنهم ۞

اومرى اوّل يوم منه ازدا كند خوار[b] وتفسيره يومُ أَكْلِ الخُبْزِ المشحَّم وكانوا يَتحجّرون فيه من البَرْد ويجتمعون على أكل الخبز المشحّم حوالَى الكوانين المُوقدة واليوم الثالث عشر عيد جيرى روج[c] وهم فى التعظيم له بمنزلة الفرس للمهركان وكذلك اليوم الحادى والعشرون عيد يسمّى رام روج[d] ۞

ياناخن لم يذكروا فى هذا الشهر شيئا ۞

ادو وكذلك لم يذكروا فى هذا الشهر ايضا ۞

ريمژد اليوم الخامس عشر يسمّى نيمخب ويقال انّه مينج اخيب فصُحّف تخفيفا لكثرة ما يَجْرى على الالسنة وتكون ترجمتُه ليلة مينه[e] فزعم بعضهم انّ مينه[f] كانت احدى ملوكهم او عظمائهم وانّها خرجت من قصْرها سَكرانةً فى لِباسٍ من حرير والأوانُ ربيعٌ فوقعت خارجَ القصر وغلَبَتْها عينُها فنامت وضَرَبَها بَرْدُ الليل فماتت وتَعجّب الناسُ من اهلاك البُرودة انسانا فى مثلِ هذا الوقت من فصلِ الربيع فصيّروه كالتاريخ لشَىْءٍ عجيب خارجٍ عن العادة كثير

a R الاصلاء b P ازدا كندر خوار c Mss. روح d Mss. روح e PR منية
f Mss. منيه

فى غير وقته وقد تقدّم هذا اليوم لذلك الوقت الى زماننا فجعلته العامّة منتصف الشتاء وفيه وحواليه يستعمل اهل خوارزم التبخور والدخنة وابراز روائح الأطعمة التى وضعوها لدفع غوائل الجنّ والأرواح السوء وهو امر واجب من طريق الحزم والاحتياط اذا أضيف اليه شىء من الاسباب النفسانيّة اعنى العزائم والرقى والأدعية التى اقرّ بها افاضل الحكماء وجوّزوها لمّا شاهدوا تأثيراتها كجالينوس وأمثاله وان قلّوا وكذلك اذا أستعين فيها بشىء من امور الكواكب كالاوقات المستعدّة والاختيارات بالاشكال المذكورة لذلك والحزم يوجب أن لا[a] نلتفت الى من لا يحتجّون لابطال ذلك والتكذيب به الّا بالسخريّة والضحك وليّ الأشداق فقد أقرّ بالجنّ والشياطين جلّ الفلاسفة والعلماء كارسطوطاليس فى وصفه ايّاهم بالهوائيّة والناريّة وتسميته لهم بالأنّاس وكمثل يحيى النحوىّ فى اقراره بها وكغيره فى وصفه لها أنّهم خبائث الأنفس المتردّدة بعد انفصالها من أجسادها الممنوعة عن وصولها الى ما هى منه بعدمها معرفة الحقيقة واستعمال الخيرورة ولا أظنّ مانى فى كتبه الّا مشيرا الى مثل ذلك وان كانت اشاراته بألفاظ وعبارات ركيكة ٭

اخشن لم يذكروا فى هذا الشهر شيئا ٭

اسبندارمجى اليوم الرابع منه يسمّى خيشم[b] وترجمته القيام واليوم العاشر منه عيد لهم يسمّى وخشنكام ووخش هو اسم الملك الموكّل بالماء وخاصّة بنهر جيحون واليوم العشرون منه يسمّى ابايجه[c] وتفسيره الأصيحة[d] ٭

ولهم بعد ذلك اعياد يحتاجون اليها فى احوال دينهم وهى ستّة اعياد امّا الاوّل فيسمّى بخجاجى[e] ريد وهو اليوم الحادى عشر من ناوسارجى ويعرفه عامّتهم بناوسارجكانيك اضافة اليه اى هو فيه وامّا الثانى فيسمّى ميث سخن ريد وهو اليوم الاوّل من چيرى ويدعى ايضا حاوردمينيك اى القرعى ويقال له ايضا اجغارمينيك اضافة الى اجغار لانّه قبله بخمسة عشر يوما وامّا الثالث فيسمّى مذبان ريد وهو اليوم الخامس عشر من مداد ويدعى ايضا اخجمرذكانيك[f] وامّا الرابع فيسمّى ميث زرمى ريد وهو اليوم الخامس عشر من اومرى ويدعى

a لا fehlt in *Mss.* b *LP* خيشر c *P* ابايجه d *R* الاصحة e *P* بخخجاجى *L* بخجلجى f *P* ابحمرذكانيك *L* اخجمرذكانيك

ايضا خير روجكانيك واما الخامس[a] وهو اول يوم من ريمژد ويعرف بكنجذريكانيك واما السادس فيسمى ارثمين[b] ريد ويعرف بارثمين دكانيك وهو اليوم الاول من اخمن[c]، وهم يفعلون فى الخمسة الاواخر من اسبندارمجى والخمسة اللواحق التى تتلوها ما يفعله اهل فارس فى ايام الفروردجان من وضع الاغذية فى النواويس لارواح الموتى ۞

وقد كانوا يستعملون منازل القمر ويستنبطون منها الاحكام ولها بلغتهم أسام حفظوها وانقرض من كان يستعملها ويحسن كيفية النظر فيها والاستدلال عليها ومن الدليل الواضح على ذلك ان المنجم يدعى باللغة الخوارزمية اخروينيك وتفسيره الناظر الى منازل القمر لان اختر المنزلة من منازله، وكانوا يقسمون هذه المنازل على البروج الاثنى عشر ويسمون البروج بأسام مفردة بلغتهم وهم[d] أعرف بها كانوا من العرب يدلك على ذلك موافقة تسميتهم لها للاسماء التى اسماها متولى تصويرها ومخالفة فى ذلك فى العرب وتصورهم اياها بغير صورها حتى انهم عدوا الجوزاء فى جملة البروج مكان التوءمين والجوزاء هو صورة الجبار وقد يسمى اهل خوارزم هذا البرج الدويچكربك[e] وتفسيره ذو الصنمين وهو مقتضى معنى التوءمين وكذلك صور العرب الأسد من عدة صور فستولى فى الطول على ثلثة ابراج وشىء سوى ما له فى العرض وذلك انهم جعلوا رأسي التوءمين ذراعه المبسوطة والمطخة التى فى صدر السرطان أنفه اعنى النثرة وصدر العذراء اعنى العواء وركبه[f] ويد العذراء اعنى السماك الأعزل احدى ساقيه والرامح ساقه الأخرى وانبسطت صورة الاسد على رأيهم على برج السرطان والأسد والعذراء وبعض الميزان وعدة صور من الشمالية والجنوبية وهو بالحقيقة غير ما ذهبوا اليه، وكذلك لو تأملت أساميهم للكواكب الثابتة لعلمت انهم كانوا من علم البروج والصور بمعزل وان كان ابو محمد عبد الله بن مسلم بن قتيبة الجبلى[g] يهول ويطول فى جميع كتبه وخاصة فى كتابه فى تفضيل العرب على العجم وزعم ان العرب اعلم الأمم بالكواكب ومطالعها ومساقطها ولا أدرى أجهل ام تجاهل ما عليه الزراعون والأكرة فى كل موضع وبقعة من علم ابتداء الأعمال وغيرها ومعرفة الاوقات على مثل ذلك فان من كان السماء سقفه ولم يكنه غيرها ودام عليه طلوع الكواكب

a Lücke. *b* *PR* ان ثمين *c* *Mss.* اخبير *d* *Mss.* وفى *e* *PR* الدويچكرنك *L* الدوچجكرنك *f* *Mss.* وركبه *g* *Mss.* الحبلى

وغروبها على نظام واحد علّق مبادئ أسبابه ومعرفة الأوقات بها بل كان للعرب ما لم يكن لغيرهم وهو تخليد ما عرفوه او حدسوه حقّا كان او باطلا حمدا كان او ذمّا بالاشعار والأرجوزة والأسجاع وكانوا يتوارثونها فتبقى عندهم او بعدهم ولو تأمّلتها من كتب الأنواء وخاصّة كتابه الذى سمّاه بعلم مناظر النجوم وممّا أوردنا بعضه فى آخر الكتاب لعلمت أنّهم لم يختصّوا من ذلك باكثر ممّا اختصّ به فلاحو كلّ بقعة ولكنّ الرجل مُفرِط فيما يخوض فيه وغير خالٍ عن الأخلاق الجبليّة[a] فى الاستبداد بالراى وكلامه فى هذا الكتاب المذكور يدلّ على احنٍ وتِراتٍ بينه وبين الفرس اذ لم يرضَ بتفضيل العرب عليهم حتّى جعلهم أرذل الامم وأخسّها وأنذلها ووصفهم بالكفر ومعاندة الاسلام باكثر ممّا وصف الله به الاعرابَ فى سورة التوبة ونَسَبَ اليهم من القبائح ما لو تفكّر قليلا وتذكّر اوائلَ من فضّل عليهم لكذّب نفسه فى اكثر ما قاله فى الفريقين تفرّطا وتعصّباء وهذه اسماء منازل القمر بلغة اهل السغد واهل خوارزم وسنَصِفُ فيما بعدُ صُوَرَها المرتّبة عند ذكرنا طلوعها وسقوطها فى شكل هذا الجدول*

a RL الحبلية

جدول منازل القمر[a]

اسماء منازل القمر بلغة العرب	اسماؤها بلغة اهل السغد	اسماؤها بلغة اهل خوارزم	اسماء منازل القمر بلغة العرب	اسماؤها بلغة اهل السغد	اسماؤها بلغة اهل خوارزم
الثُّريّا	پروى	پروى	الاكْليل	غنوند	اغنوند
الدَّبَران	بابرو	بابرو	القَلْب	بغنوند	بغنوند
الهَقْعة	مرازنه	اخماه	الشَّوْلة	مغن سدويس	ذاريند
الهَنْعة	رشنوند	خويا	النَّعائم	بستم	سرنيو
الذِّراع	غثف	غوثف[d]	البَلْدة	وززيك[g]	مرخشيك
النَّثْرة	غنب	جيرى	سَعْدُ الذابح	ونند	خچمن[i]
الطَّرْف	خمشريش	خمشيش	سعدُ بُلَع	يوغ	يوغ
الجَبْهة	مغ	اجير[e]	سعد السعود	شدمشير[h]	سدمسيچ
الزُّبْرة	وده[b]	امغ	سعد الاخبية	شوشت	مشتوند
الصَّرْفة	ويذو	ويذيو	الفَرْغ المقدَّم	فرشت باث	فرخشبيت
العَوّاء	فستشت[c]	افسست[f]	الفرغ المُؤَخَّر	برفرشت	وبير
السِّماك	شغار	اخشفرن	بَطْن الحُوت	ربوند	زداذ
الغَفْر	سرو	شوشك	الشَّرَطان	بشبيش	ربوند
الزُّبانيان	فسرو	سرافسريو	البُطَيْن	برو	فرنخند

a Diese Tabelle fehlt in *L*. *b* *R* ود *c* *P* نششت *d* *R* غوسف
e *R* احير *f* *R* افسست *g* *P* وژرتك *h* *R* سدمشر *i* *R* خجمق

القول على مذهب خوارزم شاه فى اعياد اهل خوارزم

وقد اقتفى ابو سعيد احمدُ بن محمّد بن عِراقٍ أثرَ المعتضدِ بالله فى كَبْس شهورِ اهلِ خوارزم وذلك انّه لما أُنشِطَ من عِقاله وحُلَّ من رِباطه ببخارا ورجع الى دارِ مُلكه سَأَلَ من كان بحضرته من الحُسّاب عن يوم اجغار[a] فدلّوه عليه وسال عن موضعه من تمّوز فأشاروا اليه لحفظ ذلك وذِكْره بمثله بعدَ سبع سنين وأنكرَ ذلك الحسابَ ولم يكن خوارزم شاه قد وَقفَ على الكبائس واحوالِها فامر باحْضار الخراجيّ والحمدكيّ وغيرِهما من المنجّمين فى ذلك العَصْر وسالهم حقيقةَ الحال فى ذلك فشرحوها له مفصّلةً واخبروه بأفاعيلِ الفرس واهلِ خوارزم بالسنين فقال ذاك أمرٌ قد فَسَدَ ونُسِيَ والعامّةُ تعْتمِدُ على هذه الايّام ويجدون بها مراكزَ الفصول الاربعة ظنًّا منهم أنّها تثْبت ولا تتغيّر وأنّ اجغار[b] هو وَسَطُ الصيف ونيمخب[c] وسطُ الشتاء ويستعملون أبعادا عنها مفروضةً لاوقات الزّراعة والفِلاحة ولا يُفْعَلُ مثلُ هذا الّا فى سنين كثيرة وذلك ممّا دعاهم ايضا الى الآختلاف فى أخْذِ الأبعاد عنها حتّى يزْعُمُ بعضُهم أنّ وقتَ بَذْرِ الحِنْطة عند مضيّ ستّين يوما من اجغار وبعضُهم يقول باكثرَ وبعضهم باقلّ والصوابُ ان تحتالَ لاثباتها على حال واحدة واوقاتٍ غيرِ مختلفةٍ من السنة كيْلا تختلفَ الأحايينُ لها فاخبروه بأنْ لا حِيلةَ فى ذلك أبلغُ من وضع مبادئِ الشهور الخوارزميّة فى ايّام مفروضة من شهور الروم والسريانيّين كما فعل المعتضدُ فتنْكَبِسَ بكبائسهم ففعلوا ذلك فى سنةِ الف ومائتين وسبعين للاسكندر واتّفقوا على أنْ يكونَ اوّلُ ناوسارجى اليومَ الثالثَ من نيسانَ السريانىّ حتّى يكونَ وقوعُ اجغار فى النصف من تمّوز ابدا وعَمِلوا عليها اوقاتَ الفلاحة كقَطْف العِنَب للتزبيب فانّ وقته من اربعين يوما يمضى من اجغار الى خمسين يوما وكقَطْفه للتعليق واجْتناء المُشْتَرى فانّ وقته من خمسة وخمسين الى خمسة وستّين وكذلك جميعَ اوقات الزّراعة والألْقاح والغَرْس والوَصْل وغيرِ ذلك فاذا كانت السنةُ عند الروم كبيسةً كانت الايّامُ اللواحق بعد اسبندارمجى ستّةَ ايّام ولو آسْتُعْمِلَ لهذا من فِعْلِ خوارزم شاه تأريخٌ لألْحَقْناه بسائرِ ما تقدّم ذكرُه ❊

a Mss. احفار b Mss. اجعار c P وسمخت R وسمخت L ونيمخت

وامّا شهور القِبْط غيرُ المكبوسة فانّه وانْ كان لهم فيها أَمْثالُ ما لغيرهم من الأُمَم فلم يتّصل بنا خَبَرٌ من ذلك وكذلك فى المكبوسة التى تُسْتعمل فى زماننا لم تتناهَ الأَخْبارُ بما يُسْتعمل فيها سوى ما يُذْكَرُ من انّ نوروزَ القبط هو اوّل يوم من شهر توت وأَنّ النِيل يَتنفّسُ ماؤُه ويبتدئ بالزيادة فى اليوم السادس عشر[a] من شهر بوونه وقيل فى العشرين منه ويُوشِك أَنْ يُستعمَلَ ما يَستعمله الرومُ والسريانيّون لتوسُّطِ مِصْرَ فيما بين هؤلاء ولاتّفاقهم فى السنين اللّهمّ الّا أَنْ يختصّوا بأَشْياء دونهم كاختصاص مَسْكَنِهم اعنى مصرَ باحوالٍ لا يُشارِكه فيها مسكنٌ آخرُ من احوال المِياه والأَهْوِية والأَمْطار وغيرها ✿

والذى يَسْتعمله الرومُ والسريانيّون من ذلك صِنْفان فيصير نوعٌ منهما لأَسْباب[b] مَعاش وتصرّفٍ فى الدنيا واحوالٍ حادثةٍ فى الاهوية وغيرها كما ذكرناه ونوعٌ منهما[c] لأَسْباب دينهم النَصْرانيّةِ ونحن نَصِفُ من كلا النوعين ما وَصَلْنا اليه واتّصل بنا فى موضعه ان شآء الله ✿

القول على ما فى شهور الروم من الايّام المعلومة عندهم وعند غيرهم

لمّا كانت سنةُ الروم موافقةً لسنة الشمس ثابتةً مع فصولها الطبيعيّة دائرةً معها بالتوازى غيرَ زائلة عن مُحاذاةِ أَجْزائها الّا بالمقدار الذى يُلْحَق بها قبلَ أَنْ يَظْهَرَ للحِسّ ويُجْبَرُ انيها[d] بالكبس[e] قيّدَ[f] الرومُ والسريانيّون ومَنْ تابَعَهم احوالَهم الدائرةَ مع السنة على نُوَبٍ بها واحوالَ الايّام التى استخرجوها بتجارِبهم على طُول المدّة وهى التى تسمّى الأَنْوآء والبوارح وقد اخْتَلف العلماء فى سببها فنَسَبَها بعضهم الى طلوع الكواكب الثوابت واختفائها والعربُ من هذا الصنف

أُولئك مَعْشَرِى كبَناتِ نَعْش خَوالِفُ لا تَنُوء مع النُجوم

اى لا خَيْرَ عندهم كما أنّه لا نَوْءَ فى طلوع كواكبِ بنات نَعْشٍ وسقوطها ونَسَبَها بعضهم الى الايّام أَنْفُسِها بأَنّها خاصّيّةٌ فيها مطبوعةٌ على الامر الاوسط ثمّ يَزِيدُ فيها سائرُ الاسباب ويَنْقُصُ منها كما أَنّ طبيعةَ فصلِ الصَيْف الحَرُّ وطبيعةَ فصلِ الشتاء البَرْدُ ثمّ يَتناقَصُ ذلك مِرارا

a Mss. اليوم العشرين b Mss. منها اسباب c Mss. وغيرهم منها d Mss. اليها
e L للكبس قبل ان يظهر بالكبس f LP فبدا R فبدا, corrigirt in فبدا, فب auf einer Rasur.

ويتزايد أخرى، وذكر الفاضل جالينوس أنّ الحكم بين هؤلاء الفرق انّما هو بالتجربة والامتحان وأنّ امتحان هذا الخلاف لا يمكن الّا فى دهور طويلة لخفآء حركة الثوابت وقلّة الاختلاف فى طلوعها واختفائها فى اليسير من الزمان فتعجّب منه سنان بن ثابت بن قرّة وقال فى كتابه الذى الّفه للمعتضد فى الأنواء لا أدرى كيف ذهب على جالينوس مع قوّته فى امر حساب النجوم فانْ كان طلوع الكواكب واختفاؤها مختلفا فى البلدان اختلافا عظيما بيّنا كسهيل يَطلُع ببغداد لخمس بقين من ايلول ويطلع بواسط قبل ذلك بيومين وبالبصرة قبل واسط قالوا والأنواء تختلف باختلاف البلدان بل تحفظ أيّامًا بعينها وذلك دليل على أنّه ليس للنجوم مَدْخلٌ فى هذا ولا لطلوعها واختفائها ثمّ كذّب نفسه بعد ذلك وانْ كان الأولى ما قاله من سقوط امر طلوع الكواكب وغروبها فى التأثيرات بوجود شرائط لا باطلاق ذلك قال واكثر ما يَصحّ من أنواء العرب بالحجاز وما قرب منه وانواء القبط بمصر وسواحل البحر وأنواء بطلميوس ببلاد الروم والجبال التى تليها فمتى قصد المجرّب موضعًا واحدا من هذه المواضع كان ما ذكره جالينوس من تعذّر امر التجربة لها فى القليل من الزمان قائما وصحّ قوله فى ذلك وكان جالينوس يذكر ما يصحّ عنده صحّة برهانيّة ويعتقده ويعرض عمّا أطاق به الشبهة، وحكى سنانٌ عن والده أنّه رصد احوالها بالعراق نحو ثلثين سنة ليحصّل أصولا يقيسها بالانواء فى سائر البلدان فأدركته المنيّة قبل أنْ يتمّ غرضه، وأىّ القولين من نسبتها الى ايّام السنة او نسبتها الى طلوع المنازل وغيبوبتها كان الصواب فانّ الثالث ساقطٌ وللمستصاب من الآخرين شرائط يتعلّق بها صحّة الأنواء وهى[a] تقدمة المعرفة بحال السنة والربع والشهر فى يبوستها ورطوبتها وخلفها وايجابها من الدلائل التى مُلئت بها كتب النجوم المؤلّفة فى أحداث الجوّ فانّ النوء اذا طابق تلك الدلالات صدق وظهر بتمامه وانْ ضادّها أختلف والأمر فيما بينهما على حسب ذلك وأوصى سنان بن ثابت أنْ يعتبر اتّفاق العرب والعجم على النوء فانّهم اذا اتّفقوا عليه قوى وظهر والّا فبالعكس، وسأذكر فى هذا الباب جوامع ما ذكره سنان فى كتاب الانواء وما فى شهور الروم من اوقات الاسباب الدنياويّة واما طلوع المنازل وسقوطها فسيجيى ذكرها فى بابها المخصوص بها فى آخر الكتاب فانّ المنجّمين لمّا وجدوها على امر واحد مرتّب فى

a Mss. وهو

هذه الشهور منتظم وضعوها على ايّامها لتأتلف ولا تختلف والله الموفّق والمعين ❀

تشرين الاوّل في اليوم الاوّل منه يُرْجَى مطرٌ على قول اوقتمين وفيلفس ويَكْدَرُ الهواء على قول القبط وقاليبس وفي اليوم الثاني هواء متكدّر شاتٍ على قول قاليبس والقبط واوقتيمين ومطر على قول اودكسس ومطرودورس ولم يَذْكُروا[a] في الثالث شيئا وفي الرابع مطر وريح منتقلة[b] على قول اودكسس وهواء شاتٍ عند القبط وفي الخامس هواء شاتٍ على قول ذيموقريطس وهو اوّل وقت الزراعة وفي السادس ريح شماليّة عند القبط وفي السابع جنوبيّة عند ابرخس ولم يذكروا في الثامن شيئا وذكر سنان انّ فيه الهواء الشاتي وفي التاسع نوءٌ على قول اودكسس وريحٌ صَبًا عند ابرخس ودَبور عند القبط وليس في العاشر شيء مذكور وفي الحادي عشر نوء عند اودكسس وذوسيثاوس وفي الثاني عشر مطر عند القبط وفي الثالث عشر ريح مضطربة ونوء ورعد ومطر عند قاليبس وريح شمال او جنوب عند اودكسس وذوسيثاوس وشهد له سنان بانّه كثيرا ما يَصْدُق وفي هذا اليوم لا بُدّ مِنْ أن يَتَحَرَّكَ أمواجُ البحر وفي الرابع عشر نوء وريحُ شمال عند اودكسس وفي الخامس عشر تَغَيُّرُ الرياح عند اودكسيس وليس في السادس عشر شيء مذكور وفي السابع عشر مطر ونوء عند ذوسيثاوس وريح دبور او جنوب عند القبط وليس في الثامن عشر شيء مذكور وفي التاسع عشر عند ذوسيثاوس مطر ونوء وعند القبط ريح دبور او جنوب وليس في العشرين ولا في الحادي والعشرين قول لهم مذكور وفي الثاني والعشرين رياح مضطربة مختلفة عند القبط وفي هذا اليوم يَبْتَدئ الهواء يَبْرُدُ ويَنْقَطِعُ زمانُ شُرْبِ الدواء والفَصْد الّا عن حاجة فانّ الاختيارات لامثال هذه الاسباب تكونُ اذا قُصِدَ بها حِفْظُ الصحّة على البدن فامّا اذا اضطُرّ اليها فلا[c] على المضطرّ ان يَتَرَبَّصَ لها ليلا او نهارا او حَرًّا او بَرْدًا او سَعْدًا او نَحْسًا بل يُبادِرُ اليها قبل أَنْ يَسْتَحْكِمَ الامرُ فيَتَعَذَّرَ تلافيه ويَصْعُبَ تداركه وفي اليوم الثالث والعشرين نوء عند اودكسس وريح شمال او جنوب عند قسم وفي الرابع والعشرين نوء عند قاليبس والقبط وفي الخامس والعشرين نوء عند مطرودورس واختلاف في الهواء عند قاليبس واوقطيمن وليس لهم في السادس والعشرين قول وفي

a Mss. يذكر   *b P* منقلة *L* معقلة *R* متعلة   *c Mss.* ولا

السابع والعشرين هواء شاتٍ عند القبط والثامن والعشرون مُهْمَلٌ من اقاويلهم وفيه يُسْتَحَبُّ دخولُ الحَمّام واكلُ الحِرّيف[a] ويُكْرَه المالحُ والحامضُ وفي التاسع والعشرين بَرْدٌ او جَليدٌ على قول ديموقريطس وريحٌ جنوب متتابع عند ابرخس ونَوْء وهواء شاتٍ عند القبط وفي اليوم الثلثين ريحٌ عظيمة عند اوقطيمن وفيلفس وفيه تَنْقَلِعُ الحِدَء[b] والرَّخَمُ والخطاطيف الى الغَوْر ويَسْتَكِنُّ النَّمْلُ وفي الحادي والثلثين رياحٌ عَواصفُ عند دالبس واوقطيمن وريح وهواء شاتٍ عند مطرودورس وكاسر وريح جنوب عند القبط والله اعلم ❊

تشرين الآخِرُ في اليوم الاوّل منه رياح غيرُ ممتزجة على قول اوذكسس وقونون وفي الثاني هواء غير ممتزج فيه شمالٌ وجنوب باردة وفي الثالث تَهُبُّ ريحُ جنوبٍ على قول بطلميوس ودبور على قول القبط وشمال او جنوب عند اوذكسس ومطر عند اوقطيمن وفيلفس وابرخس وفي الرابع نَوْءٌ عند اوقطيمن ومطر عند فيلفس وفي الخامس هواء شاتٍ ومطر عند القبط وفي السادس جنوب او دبور عند القبط وهواء شاتٍ عند ذوسيثاوس وشَهِدَ له سنانٌ بالصِّدْق في التجربة وفي اليوم السابع مطر مع زَوْبعة عند ماطن وريح باردة عند ابرخس وهذا اليومُ هو اوّل اوقات المطر وهو حين يَنْزِلُ الشمسُ الدرجةَ الحادية والعشرين من العقرب والمنجّمون يُقيمون الطالعَ لهذا الوقت ويَسْتنبطون منه الدلالة على كَثْرة أمطار السنة وقِلّتها واعتمادُهم فيها على حال الزُّهَرة في شروقها وغروبها وأظُنّ أنّ هذا امرٌ يَخْتَصُّ به هواء العراق والشأم دون غيرها فكثيرا ما تَمْطُرُ السماء عندنا بخوارزم قبل ذلك وحكى ابو القاسم عُبَيْد الله بن عبد الله بن خرداذبه في كتابه في المسالك والممالك أنّ مَطَرَ الحجاز واليمن في حزيران وتموز وآب وبعض ايلول وقد مكثتُ بجرجان شهورَ الصَّيْف فما مَضَتْ منها عشرة ايام متوالية تَصْحُو السماء فيها وتَنْقَشِعُ السحابُ وينْقَطِعُ المطرُ وهو بلد مَطِيرٌ فقد حُكِيَ أنّ بعض الخلفاء وأظنّه المامونَ مكث به اربعين يوما لم يُقْلِعْ فيها المطرُ فقال أَخْرِجُونا من هذه الارض البَوّالة الرَّشّاشة وكُلّما كانت البقعة أقربَ الى طبرستان كانت[c] أرْطَبَ هواءً واغزرَ مَطَرا وبَلَغَ من رطوبة جبال طبرستان انه يُدَقّ الثوم في قِلالها فيَجيء المطرُ وقد عَلَّلَ هذا البابَ الكاتبُ الآمُليُّ صاحبُ كتاب الغُرّة بأنْ قال انّ هواءها رَطْبٌ متكاثفٌ ببخارات راكدة

a *P* الحريف *b* *Mss.* الحداة *c* *Mss.* كان

فاذا انتشرت رائحة الثوم فى خلالها حللت بحدتها وعصرت تكاثف الهوآء فلذلك يعقبه المطر ، وقد ان هذه علة ما يظهر من ذنى الثوم فما السبب فى العين المعروفة فى جبال فرغانة انه اذا طرح فيها شى‌ء نجس مطر وفى الدكان المعروف بدكان سليمان بن داود فى المغارة المعروفة باصبهبذان فى جبل ضاق بطبرستان فانه اذا لطخ بشى‌ء من الاقذار والالبان تغيمت السماء ومطرت حتى تطهره وفى الجبل الذى بارض الترك فانه اذا اجتاز عليه الغنم شدت ارجلها بالصوف لئلا تصطك حجارته فيعقبه المطر الغزير وقد يحمل منها الاتراك فيحتالون منها فى دفع مضرة العدو اذا احيط بهم فينسب من لا يعرف ذلك الى السحر منهم ويشبهه امر الحوض المعروف بالطاهر فى اسفل جبل بمصر بلزق[a] كنيسة ويسيل اليه من عين فى اصل الجبل ماء عذب طيب الرائحة اذا مسه جنب او حائض نتن حتى يفرغ ما فيه وينظف[b] فيعود طيب الرائحة وايضا الجبل الذى بين هراة وسجستان وسط رمل متنح عن الطريق قليلا اذا القى العذرة او البول سمع منه دوى بين وصوت شديد وهذه خاصيات مطبوعة فى الموجودات ينتهى اسبابها الى الجواهر البسيطة واول التاليف والخلق وما كان كذلك لم يمكن الوصول الى علمه ، ومن البقاع ما هى على خلاف جبال طبرستان كفسطاط مصر وما يحاذيه فانها لا تمطر واذا مطرت فسد هواءها ووبى واضر ذلك بالحيوان والنبات والامر فى امثال ذلك متعلق بطبيعة الموضع ومحله من الجبال والبحار ومكانه من الارض فى الارتفاع والانخفاض ومقدار عرضه فى الشمال والجنوب ❁ وفى اليوم الثامن مطر وهواء شات على قول اوقطيمن وهواء شات وزوابع عند مطرودورس وريح جنوب او اوروس[c] وهى بين الجنوب والصبا عند اوقطيمن والصبا عند القبط وليس فى التاسع حالة لهم مذكورة وفى العاشر هواء شات وزوابع عند اوقطيمن وفيلفس وريح شمال او جنوب باردة ومطر عند ابرخس وفى الحادى عشر نوء عند قاليس وقونون ومطرودورس وشهد لهم سنان بالصحة فى التجربة وفى الثانى عشر هواء شات عند اوذكسس ولوسيثاوس وفى الثالث عشر نوء عند اوذكسس وهواء شات فى البر والبحر عند ذيموقريطس وفيه ترفق السفن من حيث ادركها هذا اليوم ويغلق البحر الى فارس والى الاسكندرية لان للبحر اياما معلومة

a Mss. يلزق   b Mss. وينعلف   c Mss. جنوب عند اواوروس

يَتَغَطْمَط فيها ويَكْدَرُ هواؤه وتشتدّ أمواجُه وتَكْثُرُ ظُلْمَتُه فلا يُستطاعُ لذلك سلوكُه ويُذْكَر انّه يَقَعُ فى قَعْرِه ريحٌ تُهَيِّجُ ذلك ويُسْتَدَلُّ عليه بنوع من السَّمَك يَظْهَرُ فيكون طَفْوُه فى أعالى البحر ووجهِ الماء انْذارًا بتحرُّكِ تلك الريح فى قَعْرِه قالوا وربّما يَتقدّمُه بيومٍ ولكلّ واحد من البَحْرَيْنِ فى بحره علامةٌ لذلك فقد قيل أنّ ببَحْرِ الصين يُسْتَدَلُّ عليه ويُعْرَف هَيَجانُ البحر بارتفاع الشِّباك من ذاتها من قعر البحر الى وجه الماء ويَسْتدلّون على سكونه بأفراخ طائرٍ يَبيض ويُفْرِخ فى مجتمَع القَذَى والخَشَب فى البحر ولا يَصيرُ الى الارض ولا يَقَعُ عليها ووقتُ بَيْضِه فى سكون البحر لا فى غَيْرِه وفيه زعموا انّ قُطَعَ الخَشَبِ لم يَتَسَوَّسْ ولم يَقَعْ فيه الأَرَضَةُ ولعلّ ذلك خاصّيّةٌ فى كيفيّةِ مزاجِ الهواء فى ذلك اليوم دون غيره وفى اليوم الرابع عشر هواء شاتٍ عند قاسر وريح جنوب او اورس وفى النَّكْبَآء عند القبط وليس فى الخامس عشر شىء مذكور وفى السادس عشر هواء شات على قول قاسر وفى السابع عشر مطر عند اوذكسس وهواء شاتٍ عند قاسر وشمال بالليل والنهار عند القبط وليس فى الثامن عشر امر مُدَوَّنٌ وفى التاسع عشر هواء شات صَعْبٌ عند اوذكسس وفى العشرين ريح شمال عند اوذكسس وهواء شاتٍ شديد عند القبط وقد قيل أنّ فى هذا اليوم يَهْلِكُ كلُّ دابّة لا عَظْمَ لها وهذا مُخْتَلِفٌ باختلاف المواضع فقد كُنْتُ أتأذّى بالبَعُوضِ وهو ممّا لا عَظْمَ له بجرجان والشمس فى برج الجدى وفى الحادى والعشرين هواء شات ومطر عند اوقطيمن ودوسيثاوس وفى الثانى والعشرين هواء شاتٍ جدًّا عند اوذكسس وفيه يُنْهَى عن شُرْبِ الماء البارد بالليل خَوْفًا من الماء الاصفر وفى الثالث والعشرين مطر عند قاليبس وهوآء شاتٍ عند اوذكسس وقونون وريح جنوب مُتَّصِل عند ابرخس والقبط وهو عِيدُ لَقْطِ الزَّيْتون وفيه يُعْصَرُ زَيْتُ الأَنْفاق وفى الرابع والعشرين رَشٌّ عند القبط وليس فى الخامس والعشرين ولا السادس والعشرين أمرٌ مُثْبَتٌ وفى السابع والعشرين اضطراب فى البَرِّ والبحر فى اكثر الامر عند ذيموقريطس ونوء عند دوسيثاوس وريح جنوب ومطر عند القبط وليس فى الثامن والعشرين امر مذكور عنهم وقيل بأنّ أمواجَ البحر فيه تَشْتَدُّ ويَقِلُّ صَيْدُه وفى التاسع والعشرين هواء شاتٍ عند اوذكسس وقونون وريحُ دبور او جنوب ومطر عند القبط وليس فى الثلثين حال منقول عن المذكورين ولا عند غيرهم ✿

كانون الأوّل فى اليوم الأوّل هواء شاتٍ على قول ڤاللبس واوقطيمن واوذكسس وڤاسر وفيه تقوم سوقٌ بدمشق وتعرف بسوق قُضُب البانِ   وفى اليوم الثانى رياح غير ممتزجة عند اوقطيمن وفيلفس وهواء شاتٍ صَعْب عند مطرودورس   وفى الثالث هواء شاتٍ عند قونون وڤاسر وعند القبط رَشٌّ   وفى اليوم الخامس هواء شاتٍ عند ديموقريطس ودوسيثاوس وشَهِدَ سِنانٌ بمثل ذلك   وفى السادس هواء شاتٍ عند اوذكسس وشمالٌ عاصف عند ابرخس   وليس فى الثامن شىء مذكور   وفى التاسع هواء شاتٍ ومطر عند ڤاللبس واوقطيمن واوذكسس   وفى العاشر هواء شاتٍ صَعْبٌ عند ڤاللبس واوقطيمن ومطرودورس ورَعْد وبَرْق ورياح ومطر عند ديموقريطس   وفى الحادى عشر جنوب ونوء عند ڤاللبس وهواء شاتٍ ومطر عند اوذكسس والقبط ويَشْهَدُ سنانٌ بذلك مجرَّبا وفيه تُكْرَهُ المُواظَبَةُ على الجِماع ولا أَدْرِى كيف ذلك فانّ الباءة[a] فى الخريف واوائل الشتاء وفى ازمنة الوَباء غير محمود بل ضارّ جِدًّا هادٌّ للبدن فَذَا وان كانت شروطه تَتَعَلَّقُ باسباب أُخَرَ كثيرة من السِّنّ والزمان والمكان والعادة والمزاج والغِذاء والامتلاء والخَواء والشَّهْوة والمستنهِض وغير ذلك   وفى اليوم الثانى عشر هواء شاتٍ عند القبط   وفى الثالث عشر جنوب عاصف او شمال عند ابرخس   وفى الرابع عشر هواء شاتٍ عند اوذكسس ومطر مع رياح عند القبط   وفى الخامس عشر شمال باردة او جنوب ومطر عند القبط   وفى السادس عشر هواء شاتٍ عند ڤاسر   وفى السابع عشر لم يُذْكَرْ منهم شىء وفيه يُنْهَى عن تناوُلِ لُحومِ البقر والأَتْرُجّ والباذَروج وشُرْب الماء بعد النَّوم وعن تَطَلّى النُّورة والحِجامة الّا مَن احتاج به الدم وذلك لبُرودة الوقت ورطوبته ويُسَمُّون هذا اليومَ الميلادَ الاكبرَ يعنون الانقلابَ الشتوىّ ويقولون أنّ فيه يَخرُجُ النورُ من حَدّ النقصان الى حَدّ الزيادة ويأخُذُ الانْسُ فى النُّشوء والنَّماء والجِنُّ فى الذُّبول والفَناء   وقال كَعْبُ الأَحْبارِ أنّه رُدّت[b] فيه الشمسُ على يوشع بن نون ثلث ساعات فى يوم مُحاقٍ ومثلُ ذلك فى رَدّها يَحْكيه بُلْهُ الشيعة فى امير المومنين علىّ بن ابى طالب عليه السلام ولئن كان لهذا اصلٌ فقد تَوَهَّمَ مَن استطال مدّة الشدّة التى حلّت به واستبطأ انكشافها عنه كعلىّ بن الجَهْم وقد خرج فى غَزْوة الروم وأُثْخِنَ فَأَسْهَرَتْه ليلته فقال

a *LP* الباءة   *b* *R* رُدّت

أسال بالصبح سيل ام زبد في الليل ليل

ثم لما تأتيه الفرج لم تخل عن أوهام أباطيل او تمويهات أضاليل ويقع كثيرا مثله في ايام الصوم اذا تغيمت اواخرها وأظلمت حتى يفطر الناس ثم ينكشف الغيوم او يتجلى بعضها والشمس فوق الارض غير غاربة، وقال اصحاب النيرنجات أن من عيافة هذا اليوم القيام من الرقاد على الجنب الأيمن والتبخر في صبيحته باللبان قبل الكلام ويستحب استقبال المشرق مع طلوع الشمس اثنتى عشرة خطوة متوالية، وذكر يحيى بن على الكاتب النصرانى الأنبارى أن مشرق الشمس عند الانقلاب الشتوى هو المشرق الصحيح وطلوعها من وسط الفردوس وفي هذا اليوم يوشّس الحكماء المذابح[a] وكان اعتقاد هذا الرجل في الفردوس أنه في النواحى الجنوبية ولم يكن له علم باختلاف السموت ثم موضوع دينه يكذب قوله وهو أنهم أمروا بالتوجه في الصلوة نحو المشرق ولكن لهم ان الشمس تطلع في الفردوس فلم يتوجهوا من المشارق الا الى مشرق الاعتدال وبه قوموا الهياكل وليس هذا بأعجب مما قاله في الشمس فانه زعم أن الدرج التى فيها ترتفع وتنحط ثلثمائة وستون درجة على ايام السنة فأما الخمسة التى هي تمام السنة فان الشمس فيها لا ترتفع ولا تنحط وهي يومان ونصف من حزيران ويومان ونصف من كانون الاول، وشبهه فحجس في قلب الى العبس الآملى فقال في كتابه في دلائل القبلة أن للشمس مائة وسبعة وسبعين مطلعا ومغربا ظنا منه أن سنة الشمس هي ثلثمائة واربعة وخمسون يوما ومن تكلف ما لا يحسن افتضح فيه وهذه الهوسات مضافة الى ما تقدم من تعليل الخمسة الزائدة في سنة الشمس والستة الناقصة في سنة القمر، وليس في الثامن عشر حالة مذكورة وفي التاسع عشر ريح جنوب عند اوذكسس وذوسيثاوس والقبط وفي العشرين هواء شات عند اوذكسس وفي الحادى والعشرين نوء عند القبط والثانى والعشرون خال عن الاقاويل والثالث والعشرون خال كذلك وفي الرابع والعشرين هواء شات عند قاسر والقبط ونوء ومطر عند ابرخس وماطن وفي الخامس والعشرين هواء شات متوسط عند ذيموقريطس وليس في السابع والعشرين شيء مذكور وفي الثامن والعشرين هواء شات عند ذوسيثاوس وفي التاسع والعشرين نوء عند قالبس واوقطيمن وذيموقريطس

a P المذابح

وفيه يُنْهى عن شُرْب الماء البارد بعد النوم ويقولون أَنّ الجِنّ تقىء في الماء فيَغْلب على طبيعته[a] البَلَهُ والبَلْغَم وهو تحذيرٌ للعوامّ ممّا هم عنه أَقْيَب وأَخْوَف وذلك لبرودة الهواء ورطوبته وفي اليوم الثلثين هواء شات في البحر عند القبط وفي الحادى والثلثين هواء شات عند اوقطيمن والسلام

كانون الآخر لم يُذْكَر في اليوم الأوّل من ايّامه شىء لأَصحاب الانوآء وفي الثاني نوء عند ذوسيثاوس وذَكَر قومٌ انّه انْ قُطِعَ فيه خَشَبٌ لم يَجِفّ سريعا وفي الثالث هواء مختلف عند القبط وفي الرابع نوء عند القبط وريح جنوب عند ذيموقريطس يَشْهَدُ لها بالصحّة سِنانٌ ولم يَذْكُروا في الخامس ولا في السادس شيئا وقيل أَنّ في السادس ساعةً تَعْذُب فيها جميعُ مياهِ الارض المالحة والأَعْراض الموجودة في المياه انّما هي على حَسَب الأَماكن من الارض التي تَحْتَصِر فيها انْ كانت راكدةً والتي تجرى عليها انْ كانت جاريةً وهي لازمةٌ لها غيرُ متغيّرةٍ الّا على مَراتبِ الاستحالات من التَّدَرُّج بالوسائط فلا وَجْهَ لما ذكروه من كَوْنِ المياه عَذْبَةً في تلك الساعة والتجربةُ المتواليةُ في آناء الزمان ستُظْهِر للمُجَرِّب كِذْبَ ذلك ولو عَذُبَتْ لبَقِيَتْ مُدّةً مّا على ذلك بل لو طُرِحَ في الآبارِ المالحة المياه في تلك الساعة وفي غيرها أَرْطالٌ من الشَّمْع المُصَفّى المقبّب[b] فعَسَى أَنْ يَنْقص مُلوحتُها فقد ذكر ذلك اصحابُ التجارب حتّى انّهم قالوا انْ عُملت آنيةٌ رقيقةٌ من شَمْع وأُلْقِيَتْ في ماء البحر بحيث يَبْقَى فَمُها بارزًا لا يَعْلُوه الماء فانّ ما يَرْشَح فيها يكون عَذْبًا ولو كان تمزّج المياهُ المالحةُ ما يَغْلبها من ماء عَذْب لتحقّق قولهم وذلك كبُحَيْرة تِنّيس فقد يَعْذُب ماؤها في الخريف والشتاء لكثرة مِزاجِ النّيل بها ويَمْلُح في غيرها لقلّة ذلك بها وفي اليوم السابع هواء شات عند اوذكسس وابرخس وفي اليوم الثامن ريح جنوب عند قاليس واوقطيمن وفيلفس ومطرودورس وعند القبط جنوب ودبور وفي البحر هواء شات وفي التاسع جنوب شديدة ومطر عند اوذكسس والقبط وزعم اصحاب الطِّلَسْمات انّه انْ صُوّر عِنَبٌ على مائدة فيما بين اليوم التاسع منه الى السادس عشر وصُيّر في الكَرْم كَنَقْرُبان عند مَغيب السُّلَحْفاة وهو النَّسْر الواقع سَلِمَت الثِّمارُ من كلّ آفة وفي العاشر ريح جنوب شديدة ونَوْء عند قسر والقبط

a RP طبيعة   b L المقبّب P المعيّب R المعمس

وفى الحادى عشر ريح جنوب عند اوذكسس وقوسيثاوس وعند ابرخس رياح ممتزجة ولم يذكر فى الثانى عشر شىءٌ وفى الثالث عشر هواء شات عند ابرخس وتهبّ شمال او جنوب عند بطلميوس والرابع عشر خالٍ عن ذكر شىء فيه وفى الخامس عشر ريح صَبًا عند ابرخس ولم يذكروا فى السادس عشر شيئًا وفى السابع عشر ريح شديدة عند ذاسر وفى الثامن عشر هواء شاتٍ عند اوقطيمن وفيلفس وعند مطرودورس اختلاف الهوآء وفى التاسع عشر هواء شات عند اوذكسس وذاسر وعند القبط اختناقٌ فى الهوآء وفى العشرين صَحْوٌ عند اوقطيمن وذيموقريطس وشمال عند ابرخس وهواء شات ومطر عند القبط وفى الحادى والعشرين هواء شاتٍ متوسّط عند اوذكسس وفى الثانى والعشرين نوء عند ابرخس ومطر عند القبط ولم يذكروا فى الثالث والعشرين عنهم شيئًا وقيل أنّ فيه ترفع النُّورة والحجامة الا لِمَن لا بُدَّ له منهما وفى الرابع والعشرين صَحْوٌ عند ذاليس واوقطيمن وهواء شات متوسّط عند ذيموقريطس وقيل فيه ما قيل فى أمسه من أمر النورة والحجامة وفى الخامس والعشرين ريح صبا عند ابرخس وفى السادس والعشرين مطر عند اوذكسس ومطرودورس وهواء شات عند ذسيثاوس وفى السابع والعشرين شِتاآء شديد عند القبط وفى الثامن والعشرين تهبّ ريح جنوب ويكون نَوْء عند بطلميوس وليس فى التاسع والعشرين منها ذِكْرٌ وفى الثلثين ريح جنوب عند ابرخس والحادى والثلثون خالٍ عن ذكر شىء؛

شباط وهو شهر الكَبْس والذى يقع لى فى تخصيصهم اياه بالنقصان الذى صار له ثمانية وعشرين يوما ولم يُجْعَل تسعة وعشرين او ثلثين او احدا وثلثين أنّه والله اعلم لو صُيِّر تسعة وعشرين يوما ثمّ كُبِسَ لبلغ ثلثين يوما ولاختلط بسائر الشهور فى السنة الكبيسة وكذلك لو كان ثلثين لمَا تميّز عنها سوآء كانت السنة كبيسة او لم تكن وكذا الحالُ لو كان احدا وثلثين يوما من اشتباهه بالشهور فى سائر السنين فلهذه العلّة جُعِل ثمانية وعشرين يوما ليكون مميّزا من بين الشهور فى سنى الكبس وغيرها ولهذا السبب وَجَبَ فى شهورهم توالى شهرين زائدَيْن على الثلثين لأنّهم عمدوا[a] فى اوّل الامر فقسموا الشهور ثلثين ثلثين وأفرزوا من شباط يومين لتحصّل[b] لديهم سبعة ايّام فاضلة واحتيج الى تفريقها[c] بين احد عشر شهرا لسقوط

a Mss. عمدا *b* Mss. يحصل *c* Mss. تفرّقها

شباط من بينها فلم يمكن ان يُجْعَلَ الشهورُ التى أَعْدادُها ثلثون تامّةً وسائط فيما بين الزائدة العددِ عليها لقصورها عنها وَاضْطُرَّ حينئذ الى توالى الزائدة وهو[a] ما دَبَّرُوا فى الحاقها بأحَقِّ المواضع بها حتّى صارت جملةُ ايّامِ الرُّبعِ الربيعىّ والصيفىّ اكثرَ من جملةِ ايّام الربع الخريفىّ والشِّتوىّ كما نَطَقَتْ به الأَرْصاد القديمةُ والحديثةُ وايضا فقد صارت شهورُهم متكافئةَ النظائرِ فى أَغْلَبِ الاحوال اعنى أَنّ مجموعَ ايّامِ كلِّ شهرٍ وايّام سابعه يكونُ احدا وستّين يوما مساويةً بالتقريب لمَسيرِ الشمس بالوَسَط من حركاتها بُرْجَيْنِ فامّا آب وشباط فمجموعُهما تسعةٌ وخمسون يوما ولم يمكن غيرُه لما بَيَّنّا فى شباط فلانّه لو جُعِلَ آب أَزْيَدَ من احد وثلثين يوما لتَمَيَّزَ من جملة الشهور فتُوُهِّمَ فيه حالُ الكبس خُصَّ به وامّا تموز وكانون الآخر فانّ مجموع أيّامهما اثنان وستّون يوما وذلك ضرورةٌ ايضا لزيادة عدد الشهور الزائدة على الشهور التامّة وأَيْنَما جُعِلَ اليومُ الفاضل فى العدد آلَ الى مثل ذلك وانّما أُضِيفَ الكبسُ الى شباط دون غيره من الشهور لأنّ آذار الاوّل وهو شهر كَبْسِ اليهود فى العبّور يَقَعُ فيه وحَوالَيْه، وفى هذا اليوم الاوّل من هذا الشهر مطر على قول اودكسس وفيه يَنْكَسِرُ البَرْدُ قليلا وفى الثانى دبور او جنوب ويَسْقُطُ فيما بين ذلك بَرَد عند القبط وقال سِنانٌ كثيرا مّا يَصْدُقُ وفى الثالث صَحْوٌ وربّما هَبَّتْ دبورٌ عند اودكسس وفى الرابع صحو وربّما هبّت دبور عند ابرسيثاوس وعند القبط هواء شاتٍ صَعْبٌ ومطر ورياح غير ممتزجة ولم يذكروا فى اليوم الخامس شَيْئًا وقيل انْ فيه تَهِيجُ الرياحُ الاربع وفى السادس مَطَرٌ عند كلسر ورياحٌ عند القبط ويَبْتَدِئُ هُبوبُ الدبور عند ديموقريطس وفى السابع اوّل هبوب الدبور وربّما كان شاتيا عند اودكسس والقبط وفيه تَسْقُطُ الجَمْرَةُ الأُولَى التى تسمّى الصغرى وفى الثامن وقت هبوب الدبور عند كاللبس ومطرودورس وابرخس ومطر عند اودكسس والقبط وشَهِدَ سِنانٌ له من تجاربه والتاسع والعاشر خاليانِ عن ذكر شىء فيهما وفى الحادى عشرِ هواء شات عند كاللبس ومطرودورس وريح دبور عند اودكسس والقبط وفى الثانى عشر شمال وصبا عند ابرخس وصبا وَحْدَه عند القبط ولم يذكروا فى الثالث عشر ولا فى الرابع عشر شيئا من هذه الحالات وسقوط الجمرة الثانية وتسمّى الوسطى يكون فى الرابع

a Mss. وهم

عشر كما قال الأوّل

اذا ما مَضَى الميلادُ والذَبْحُ بعده · وعَشْرٌ وعَشْرٌ ثمّ خَمْسٌ كَوامِلُ
وخمسٌ وستٌّ من شُباطَ وأربعٌ · فانّ صَمِيمَ القُرِّ لا شكَّ زائلُ
وذاك سُقوطُ الجمرتينِ وانّما · بَقَآء الذى يَبْقَى لَيالٍ قلائلُ

وفى الخامس عشر هواء شات عند اوقطيمن وفيلفس وذوسيثاوس ورياحٌ متنقّلة عند القبط وريح جنوب عند ابرخس وفى هذا اليوم برودة عند العرب فيها نُفِخَت الجمرة ويقول الأعاجمُ أنْحَلّ الصيفُ يَدَه فى الماء وفيه يَجْرِى الماء فى العُود من أسافل الشجر الى أعاليها وتَنِقّ الضفادعُ وفى السادس عشر اختلاف فى الرياح وأمطار عند القبط وقيل ان فيه يَسْخُن جَوْفُ الارض وتَخْرُجُ الكَمْأة بالشأم لما قَرُبَ من أصلِ الزَيْتون فهو سَمّ قاتلٌ زعموا ويُوشِكُ أنْ يكونَ لذلك حقّا فانّ الكَمْأة والفُطْرَ غيرُ محمودِ الاستكثارُ منه والمتولّدُ من ذلك فعِلاجُه مذكور فى اكثرِ كُنّاشاتِ الطبّ فى اثباتِ السُموم منها وليس فى اليوم السابع عشر أثرٌ مذكور وفى الثامن عشر دبور ويَسْقُطُ بَرَدٌ او مَطَر عند القبط وفى التاسع عشر شمال باردة عند ابرخس وفى العشرين رياح عند القبط والحادى والعشرون خالٍ عن ذكر شىء فيه وفيه تَسْقُطُ الجمرةُ الثالثةُ التى تُسَمَّى الكبرى وبين وقوع كلّ جمرتين منها اسبوعٌ تامّ وسمّيت جِمارًا لانّها ايّامٌ مرسومة بخروج الدِّفْأ من بطن الارض الى ظاهره على رأيِ من يَعْتقد ذلك فامّا من يَرى خِلافَه فمن استبدال الهواء حَرًّا ببَرْده من جهة جِرْم الشمس[a] اذ جِرْمُها هو السببُ الاوّل للحرّ واقترابُ عَمُودِ شُعاعاتِ والمُثَلّثة[b] فى حَرارةِ جَزْء[c] الأشراب[d] ومياهِ الآبار فى الشتاء وبرودتها فى الصيف تتعلّق بهذا وبين ابى بكر محمّد بن زكريّا الرازىّ وابى بكر حُسَين التمّار مسائلُ وجواباتٌ ومُطالَبات ومُناقَضات تُقْنِعُ وتُوقِفُ الطالبَ على الحقّ وكانت العربُ تَسْتعملها فى شهورها حتّى اختلفت كما ذكرنا وتَفاوتَتْ أوقاتُهم فصُرِفَتْ حينئذ الى شهور الروم التى هى ثابتةٌ غيرُ زائلة وقيل أنّ فى الاولى منها يَدْفأ الاقليمُ الاوّل والثانى ويَدْفأ فى الثانية الثالثُ والرابعُ ويدفأ فى الثالثة بقيّةُ الاقاليم وقيل ايضا أنّه يرتفع من الارض بخاراتٌ فى

a Mss. جرمس für جرم الشمس   b P والمثله   c RL حرّ   d L الاشراب

الجمرات تحمى الارض فى الاولى منها والماء فى الثانية والاشجار فى الثالثة   وقيل انّها ايام موسومة لطلوع منازل او مواضع منها مخصوصة وذكر غيرهم من اصحاب الدقائق انّها غايات البرودة فى فصل الشتاء ولما هو معلوم من تفاوت اوائل الحرّ والبرد فى البقاع المختلفة حمل هذه الجمار بعض المتعسّفين المتكلّفين من القدماء بخوارزم فكان وقوع الاولى منها فى اليوم الحادى والعشرين من شباط والثانية بعد الاولى بأسبوع والثالثة بعد الثانية باسبوعين، وفى اليوم الثانى والعشرين يبتدئ ريح نكباء باردة ويظهر الخطاطيف على قول اوقطيمن وابرخس   وفى الثالث والعشرين تهبّ رياح وتظهر الخطاطيف على قول قاليس وفيلفس والقبط ومطر عند ظهور الخطاطيف وريح نكباء اربعة[a] ايّام عند اودكسس وقونون وقاليس وفيلفس   وفى الرابع والعشرين شمال باردة ودبور عند ابرخس ونكباء مع رياح أخر عند القبط وهى الايّام المختلفة الهواء عند ذيموقريطس   وفى الخامس والعشرين هواء شات عند قسر وذوسيثاوس   ولم يذكر[b] فى اليوم السادس والعشرين ولا السابع والعشرين شئ منقول منهم   وفى الثامن والعشرين شمال باردة عند ابرخس   وفى هذا الشهر ايّام العجوز واوّلها اليوم السادس والعشرون منه وهى سبعة متوالية فاذا كانت السنة كبيسة كان اربعة ايّام منها من شباط وثلثة من آذار واذا لم تكن كبيسة فثلثة من شباط واربعة من آذار ولها عند العرب أسامٍ فاوّلها الصِّنّ وهو شدّة البرد والثانى الصِّنَّبْر وهو الذى يترك الاشياء كالصَّنَّبْرة وهى ما غلظ وخثر وقد يكون النون زيادة كما قالوا فى جمع البلصوص بلنصى والثالث أخوهن الوَبْر لانّه وبّر آثار[c] هذه الايّام اى قصّها والرابع الآمر يأمر الناس بالحذر منه والخامس المؤتمر اى انّه يأتمر بأذى الناس والسادس المعلّل يعنون به انّه علّل الناس بشىء من تخفيفه والسابع مُطفئ الجمر وهو أشدّها كان فيه ينطفئ الجمر ويقال له ايضا مُكفئ القدر يعنون من شدّة ريحه الباردة وقد نظم هذه الأسامى احد الشعراء فقال

كُسِع[d] الشتاء بسبعة غُبْرٍ   أيّام شَهْلتنا من الشَّهرِ
فاذا انقضت ايّام شَهْلتنا   بالصِّنّ والصِّنَّبر والوَبْرِ
وبآمرٍ وأخيه مُؤتمِرٍ   ومُعلّلٍ وبمُطفئ الجمرِ

a RL بعد له für اربعة   *b* Mss. يذكروا   *c* Mss. اثر   *d* Mss. كسح

فهناك وَلّى البَرْدُ مُنْسَلِخًا   وأَتَتْكَ وامدنة[a] من البَحْرِ[b]

وقد يسمّى السادسُ شَيْبانَ والسابعُ مِلْحانَ وهذه الايّام لا تكادُ تخلو من بَرْد ورياح وكُدورة وتلوُّنٍ فى الهوآء بل البَرْدُ يَشْتدّ فيها فى الاكثر لانصرافه وبه سمّيت الصُّرْفَة لأنّ سقوطها قريب منها، ولا يَتَعَجَّبَنّ متعجّبٌ من قوّة البرد عند آخِره واهتياجه عند انصرافه فانّ ذلك للحَرّ مثله كما سنذكُرُ ويُوجَدُ امثاله فى الطبيعيّات المُعتادة كالسِّراج فانّه اذا قَرُبَتْ من الانطفاء العارضِ لها من فَنآء مادّة الدُّهْنِ توقّدَ واشتدّ ضوءها دَفَعات[c] متواليات شبيهةً بالاختلاج وكالأَعلال وخاصّةً من يَفْنى منهم بدِقّ اوسِلّ او بَطْنٍ او أمْثالِ ذلك فانّهم يَقْوَوْن بالقُرْب من مَوْتِهم قُوّةً ويَرْجُوهم مَنْ لا يكون له معرفةٌ بهذه الاحوال عندها وييأَسُ منهم من جَرَّبها، ورايتُ ليعقوب ابن اسحق الكِنْديّ مقالةً فى علّة هذا الحادث فى هذه الايّام وجُمْلَةُ ما اعْتَلّ به هو بلوغ الشمس تربيعَ أَوْجِها وهو موضع التغيّر وتأثيرُ الشمس فى الهوآء اكثرُ من غيره فيَجِبُ أَنْ يَتَناسَبَ التغيُّرُ العارضُ لها فى فلكها والتغيُّرُ الحادث فى الهوآء لها وأَنّ ذلك التأثيرَ ثابتٌ فى اكثر الاحوال مُدّةَ كَوْنِ القمرِ فى الرُّبْع الذى اتّفق فيه اوّله والربعِ من الشمس الذى اتّفق فيه، وسمعتُ أنّ عبد الله بن علىّ الحاسب ببخارا لمّا وَقَفَ على رسالة الكندىّ هذه سَيَّرَ تلك الايّامَ ونَقَلَها على حَسَبِ ما اقْتَضَتْه حركةُ الأَوْجِ فسُمِّيَتْ ايّام عجوزِ عبد الله قِلَم[d] وانّه ما كاد يُخْطِئُ فيها وفى التأثير القوىّ يُظْهِرُه[e]، وانّما سُمّيت هذه الايّامُ بايّام العجوز على ما حكاه القدماء لأنّها هى التى ذكرها الله فى كتابه سَبْعَ لَيالٍ وثمانيةَ أيّامٍ حُسُومًا وأنّ عادًا هلكوا بريحها الصَّرْصَرِ وأعاصيرها وأعوانها فبَقِيَتْ من جملتهم عجوزٌ تَرْثيهم وتَنُوحُ عليهم وأخبارُها مشهورة قالوا فلذلك سمّيت ايّامَ العجوز وذكروا أنّ الريح التى اهلكتهم كانت دبورًا قال رسول الله صلّى الله عليه وآله   نُصِرْتُ بالصبا يعنى يومَ الخَنْدَقِ وأُهْلِكَتْ عادٌ بالدَّبور وقال الشاعر

أَهْلَكَتِ الدَّبُورُ حيالَ عادٍ   فبادُوا كالجُذوعِ مُنَتَّرِجينا

وقالوا أنّ الايامَ النَّحِساتِ المذكورةَ فى القران كُلّ اربع تُوافِقُ من الشهر يوما موافقا لأَربعة كاربع خَلَوْن او بَقِين واربع عشرة خَلَتْ او بقيت واربع وعشرين خلت او بقيت   وزعم بعضُ

a PL والدنة *b* RL الحرّ P الجزّ *c* Mss. فعادت *d* Sic Mss. *e* R مظهره

انّ ذلك لأنّ عجوزا رأت الحرّ فطرحت الحشا عنها[a] فماتت فى برد هذه الايام وزعم بعض العرب أنّ ايام العجوز سُمّيت بهذا الاسم لأنّها عجز الشتاء اى آخره، وقد يوجد للايام الخمسة المسترقة التى بين آبان ماه وآذر ماه أسماء[b] عند العرب كاسامى ايام العجوز فالاوّل الهنبر والثانى الهنزبر ومعناهما الأذى بالبرد والثالث قالب الفهر اى من شدّة الريح والرابع حالق الظفر يعنون أنّ الريح تشتدّ حتى تحلق الظفر مثلا والخامس مدحرج البعر يعنون فى الصحارى حتى يلغ المنازل من شدّة الريح قال القائل ينظمها

أوّلها الهنبر يومٌ قارط   وبعده الهنزبر يأتى خابط   تخبطه حتى يجيء القاسط
وقالب الفهر يسمّى حقّا   وحالق الظفر المبين الحلقا   يفلق بالبرد الصخور فلقا
وبعدها آخرهنّ الخامس   مدحرج البعر العضوض اللاحس   وما له فيما يسمّى سادس

الدار امّا اليوم الاوّل فلم يذكر فيه اصحاب الانواء شيئا وقيل أنّ فيه تخرج الجراد والدبيب[b] وأنّ حرّ السماء يلتقى فيه مع حرّ الارض وهذا من قول القائل مبالغة فى اللفظ والعبارة عن ابتداء الحرّ وقوّته وانتشاره وتهيّؤ الهوآء لقبوله فانّ حرّ السمآء ليس الّا شعاع الشمس المنبعث من جرمها الى الارض او الجسم الحارّ المماسّ لباطن فلك القمر وهو المسمّى نارا، فامّا شعاع الشمس فقد قيل فيه اقاويل كثيرة فمن قائل أنّه أجزاء ناريّة مشابهة لذات الشمس تخرج من جرمها ومن قائل أنّ الهوآء يحتدم بمحاذاة الشمس كاحتدامه بمحاذاة النار ايّاه وذلك عند من قال أنّ الشمس حارّة ناريّة ومن قائل أنّ الهواء يحتدم بسرعة سلوك الشعاع فيه حتى كأنّه بلا زمان وذلك عند من قال بخروج طبيعة الشمس عن طبائع الأسطقسّات الاربعة، واختلف ايضا فى حركة الشعاع فبعض قال انّها بلا زمان اذ ليس بجسم وبعض قال انها بزمان سريع لكنّه ليس شىء أسرع منها فيحسّ السرعة به كما أنّ حركة القرع الصوتى فى الهوآء كانت أثقل من حركة الشعاع فيقيس اليه وعرف به زمانه وقد قيل فى سبب الحرارة الموجودة مع شعاع الشمس أنّه[c] احتداد زوايا انعكاسه وليس لذلك كذلك بل هو موجود معه وامّا الجسم المماسّ لباطن الفلك وهو النار زعموا انّه أصلىّ طبيعىّ كالارض والماء والهوآء وأنّ شكله كرىّ وعندنا أنّه احتدام الهوآء باحتكاك الفلك ايّاه وتسخيجه[d] ومماسّته له مع سرعة

a Mss. الحشو عنها   *b L* والدسّة *PR* والدسه   *c Mss.* انّه سبب   *d Mss.* وتسحيحه

الحركة وأنّ شكله شِبْهُ جِسْمٍ متولّدٍ من ادارة الشكلِ الهلالىّ على وَتَرِه ولذلك مُطَّرِدٌ على ما يُذْهَب اليه مِنْ أنّه ليس ولا واحدٌ من الاجسام الموجودة كائنٌ فى موضعه الطبيعىّ وأنّ كَوْن جميعها حيثُ وُجِدَت انّما هو بالقَسْرِ والقَسْرُ لا يُمْكِنُ أنْ يكون أزليًّا • وقد ذكرتُ لذلك فى موضع آخر أليَقَ به من هذا الكتاب وخاصّةً فيما جرى بينى وبين الفتى الفاضل ابى علىّ الحُسَيْن بن عبد الله بن سينا من المذاكرات فى هذا الباب وكِلا الحَرَّيْن مُتكافِئُ الوصولِ الى الارض فى الأَزْمِنَة الاربعة وأمّا حَرُّ الارض فامّا أن يكون ما يَنْعَكِسُ من شُعاعات الشمس من سَطْحِها وامّا أنْ يكونَ بُخاراتها التى يُثِيرُها الحَرُّ المُسْتَكِنُّ فى باطنها على مذهبِ قومٍ او الطارئ عليها من خارجٍ على مذهبِ آخرين فانّ حركة البُخار فى الهوآء تُكْسِبُه حَرارةً فامّا حَرارةُ النار فانّها لا تَقْرُبُ ولا تَبْعُدُ لأنّ الفلك لا يزيدُ سُرْعَةً ولا بُطْئًا وأمّا الشُعاعاتُ المنعكسةُ فانّها غيرُ منسوبة الى الارض وامّا البُخاراتُ فلها حَدٌّ تَنْتَهِى اليه ولا تتجاوزه وما أظُنُّ القائلَ الّا معتقدًا أنّ فى الارض حَرًّا مُحْتَقِنًا[a] يَخْرُجُ من باطن الارض الى ظاهرِها[b] وقد أحْتَمَى الهوآء بشُعاعات الشمس فيلتقيان هذا وَجْهٌ إن كان ولا بدّ • وفى اليوم الثانى شمال باردة عند ابرخس وجنوب وسقوط بَرَدٍ عند القبط واليوم الثالث خالٍ عن ذكر شىء وفى الرابع شمال باردة عند اوقطيمن وشَهِدَ له سِنانٌ بأنّه كثيرا مّا يَصْدُقُ وفى الخامس هواء شاتٍ عند القبط وهو ابتداء الرياح الخَطّافِيّة عند قاسر وهُبوبُها عشرةُ ايّام وفى السادس اضطراب فى الهوآء عند القبط وهو ابتداء رياح اوريسا الباردة تسعة ايام عند ديموقريطس وليس فى السابع شىء منقول منهم وذُكِرَ فيه اختلافُ الرياح العواصف وفى الثامن نَوْءٌ وشمال باردة عند اوقطيمن وفيلفس ومطروذورس وفيه يَظْهَرُ الخُطّافُ والحِدَأَةُ عند اولكسس وفيه عيد تَجْبيرِ الاسكندريّة وفى التاسع شمال عند اوقطيمن ومطرودورس وجنوب شديدة عند ابرخس ورَشٌّ عند القبط وظهور الحِدَأة فيه عند لوسيثاوس واليوم العاشر خالٍ عن ذكر شىء فيه وفى الحادى عشر لم يذكر القدماء أنّه يكون فيه تغيُّرٌ واضحٌ وقال سنانٌ انّه كثيرا مّا يكون فيه هوآءٌ شاتٍ وفى الثانى عشر شمال معتدلة عند قاليس وذكر ان فيه يَنْسَلِخُ آثارُ الشتاء ويُؤمَرُ بالحجامة وفى الثالث عشر يَبْتَدِئُ اوريسا بالهبوب ويظهر

a P متحقنا   b Mss. ظاهره

الجدآء عند اوقطيمن وفيلفس   وفى الرابع عشر شمال باردة عند اوقطيمن وابرخس ودبور او جنوب عند القبط ويبتدئ اوريسا بالهبوب عند اودرساوس   وفى الخامس عشر شمال باردة عند اوقطيمن والقبط   وفى السادس عشر شمال عند قلبس وشهد له سنان من تجاربه   وليس فى السابع عشر شىء مذكور عنهم وقيل انّ فيه يَطيب ركوب البحر وتتفتّح الحيّات اعينها لانّها ايّام البرودة كما وجدتها بخوارزم تجتمع[a] فى بطن الارض وتلتوى بعضها على بعض التواء يكون اكثرها باردة وتصير كالكرة وتمكث على ذلك ايّام الشتاء الى هذا الوقت فى السنة الكبيسة   وفى الثامن عشر فى غيرها استواء الليل مع النهار ويسمّى الاستواء الاوّل وهو اوّل يوم من ربيع العجم وخريف الصين كما ذكرنا وليس من ذلك شىء فانّ تناوب الربيع والخريف او الشتاء والصيف فى وقت واحد لا يمكن الّا فى بلاد شماليّة وجنوبيّة عن خطّ الاستوآء وبلاد الصين مع قلّة عروضها ليست جنوبيّة عنه بل شماليّة فى اقاصى العمران من جهة المشرق وليس يعرف ما ورآء معدّل النهار الى الجنوب فانّ خطّ الاستواء من الارض محترق[b] غير مسكون وتنقطع العمارات دونه من جهة الربع المسكون بمسيرة ايّام ويغلظ ماء البحار فيه لشدّة تبخير الشمس لطائف اجزائه ويصير بحيث يتنحّى عنه السمك والحيوانات ولم يتّصل بنا ولا باحد من المثبتين بذلك انّه سلك او تجاوزه متجاوز الى الجنوب،   وقد اغترّ بعض الناس بلفظة معدّل النهار وخطّ الاستواء وظنّوا انّ الهوآء فيه يعتدل كما انّ النهار والليل فيه يستويان فصيّره اصلا لانفعالاته ووصفه بصفات الجنّة ونسبه الى العمارة بسكّان كالملائكة، وامّا ما ورآءه فقد قال بعض الناس انّه غير مسكون لانّ الشمس اذا بلغت الحضيض من فلكها الخارج المركز كانت بالتقريب فى غاية الميل الجنوبى فاحرقت ما يسامته من المواضع والذى[c] عرضه خمسة وستّون درجة فى الجنوب يكون على طبيعة وسط الاقاليم فى الشمال ومن لدنه الى ما يسامت القطب يمكن فيه العمارة ولا يجوز ان يوجبها[d] لانّ الاسباب المانعة عنها ليست الحرّ والبرد المفرطين فقط ولذلك انّهما معدومان فى الربع الثانى من ربعى الشمال ثمّ ليس هو بمعمور ايضا على انّ اوج الفلك الخارج المركز وحضيضه واقتراب الشمس وتباعدها عنها قد اوجبه اختلاف الحركة لا غير   وقد استخرج لها ابو جعفر الخازن

a RP وتجتمع L وتجمع   b PR محرق   c Mss. الذى   d LR يوجبها

هيئة غير الفلك الخارج المركز وفلك التدوير يتساوى فيه أبعاد الشمس عن الارض مع اختلاف الحركة فيصير للفلك ناحيتا الشمال والجنوب متكافئتين فى الحرّ والبرد، ويوم الاستواء اذا حسبه الهند بزيجهم الذى يقولون جهلا انّه الأزلى القديم وسائر الزيجات مستفادة منه يكون لوروزهم عيدا عظيما لهم يسجدون فى اوّل ساعة منه للشمس ويدعون للأرواح بالسعادة والغبطة وفى نصفه يسجدون لها ويدعون للمعاد والآخرة وفى آخر النهار يسجدون لها فيدعون للاجساد بالسلامة والصحّة وفيه يتهادون كلّ علف للتيس وحيوان أنيس ويقولون انّ ما يهبّ فيه من الرياح روحانيّات عظيمة النفع ويتلاحظ اهل الجنّة والنار بعضهم بعضا تلاحظ مودّة ويتوازن النور والظلمة وفى ساعته توقد النيران فى الأماكن الطاهرة، ومن عيافته القيام من الرقاد مستلقيا على الظهر ونجر الخلاف والتدخّن بعوده قبل الكلام فانّه أمان لصاحبه من الأوجاع وقيل أنّ العقيم من الرجال اذا نظر الى السها فى ليلة هذا اليوم ثمّ جامع أهله ولد له، وزعم محمّد بن مطيار أنّ فى ساعة زواله يكون ظلّ كلّ شىء نصفه وهذا أمر جزئى غير كلّى فانّه لا يكون الّا فى البلدان التى عروضها بالتقريب سبعة وعشرون جزءا   وفى هذا اليوم يخاف التمساح بنواحى مصر والتمساح يقال انّه الضبّ المائى اذا عظم وهو حيوان ضارّ خصّ به النيل كما خصّ بالاسقنقور دون سائر الأنهار ويقال انّه كان لجبال فسطاط مصر طلسم معمول لها فكان لا يستتبع الاضرار حوله بل اذا كان بلغ حدوده انقلب واستلقى على ظهره يعبث به الصبيان الى أن يجاوز نهاية المدينة ثمّ يعود فيستوى ويذهب بما يظفر به الى الماء وأنّ ذلك الطلسم كسر فبطل فعله، وفى اليوم الثامن عشر هواء شات ورياح باردة عند ديموقريطس والقبط   وفى التاسع عشر شمال على قول ابرخس ورياح وبرد بالغداة عند القبط   وفى العشرين شمال عند كلسر   وفى الحادى والعشرين شمال عند اودكسس ولم يذكر فى الثانى والعشرين شىء   وفى الثالث والعشرين شمال عند كلسر ومطر عند ابرخس   وفى الرابع والعشرين مطر ورشّ عند دالبس واوقطيمن وفيلفس ونوء عند ابرخس ورعد ونوء عند القبط وفيه يستحبّ تطهير الولدان بالختان وقيل أنّ فيه تهبّ الرياح اللواقح[a]   وفى الخامس والعشرين شمال على قول اودكسس ونوء على قول ماطن

a R واللواقح

وقونون والقبط   وفى السادس والعشرين مطر او نَمَقٌ عند قالبس وريح عند القبط وفى السابع والعشرين مطر على قول قالبس واوذكسس وماطن   وفى باقى الشهر لم يذكروا شيئا وزعم سنانٌ أنّ اليوم الثلثين منه كثيرا مّا يأتى بنَوْء والله اعلم

نيسان فى اليوم الأوّل منه مطر على قول قالبس واوقطيمن وماطن ومطرودورس   ولبس فى الثانى ذكر شىء   وفى الثالث ريح عند اوذكسس ومطر عند القبط وقونون   وفى الرابع دبور او جنوب وينْزل بَرْدٌ وقال سنانٌ كثيرا مّا يَصْدُق   وفى الخامس جنوب ورياح مختلفة عند ابرخس   وفى السادس نوء عند ابرخس ودوسيثاوس وشهد له سنان بالصحّة وليس فى السابع ذكر شىء   وفى الثامن مطر عند اوذكسس وجنوب عند القبط   وفى التاسع مطر عند ابرخس ورياح غيرُ ممتزجة عند القبط   وفى العاشر رياح غير ممتزجة عند اوقطيمن وفيلفس ومطر عند ابرخس والقبط وصَدَّق سنانٌ المطرَ من تجاربه   وفى الحادى عشر دبور ورَشٌ عند اوذكسس   ولبس فى الثانى عشر ذكر شىء   وفى الثالث عشر مطر عند قاسر ودوسيثاوس   وفى الرابع عشر جنوب ومطر ورعد ورَشٌ عند القبط وقال سنانٌ كثيرا مّا يَصْدُق   وفى الخامس عشر مطر وبَرَد عند اوقطيمن واوذكسس ورياح غير ممتزجة عند القبط   وفى السادس عشر دبور عند اوقطيمن وفيلفس وينْزل بَرْدٌ عند مطرودورس   وفى السابع عشر دبور ومطر عند اوذكسس وقاسر وينزل بَرْدٌ عند قونون والقبط   وفى الثامن عشر رياح ورَشٌ عند القبط   والتاسع عشر خالٍ عن ذكر شىء وفى العشرين ريح امّا جنوب او غيرها يكون الهواء غيرَ ممتزج عند بطلميوس   وفى الحادى والعشرين جنوب باردة عند ابرخس وزعم سنانٌ أنّه يَصْدُق كثيرًا وفيه يَبْتدئ المآء بالزيادة وفى الثانى والعشرين مطر عند اوذكسس وهوآء شاتٍ عند قاسر والقبط وفيه يُنْقى على السُّفُن[a] فى البحار   وفى الثالث والعشرين جنوب ومطر عند القبط وفيه يقومُ سُوقُ بدَيْر أيّوبَ وقال ابو يحيى بن كُناسة يَغيبُ الثريّا اربعين يوما تحتَ شعاع الشمس وقيامُ هذا السوق انّما جُعِلَ على طلوعه فيُطْلِعُه اهلُ الشام قبل أن يَطْلُعَ بخمسة عشر يوما استعجالا لقيام سُوقهم[b] وقيامُهم سبعةُ أيام ثمّ يَعْدُون منه سبعين يوما الى سوق بُصْرَى ويقيام هذه الأسواق على

a L السفر   b RP سوقهم

النُّوَب فى مواضعَ محدودةٍ نَفَقَتْ تجاراتُ اهل نواحيها ونَمَتْ اموالهم وعُدّ له خَيْرٌ على الناس بِعُمّ الشُّراة والباعة وفى الرابع والعشرين ربّما نزل بَرَدٌ على قول قالبس ومطرودورس ونوء عند ذيموقريطس وجنوب او ما يَقْرُبُ منها ومطر عند القبط وفيه يَمُدّ الفُراتُ وفى الخامس والعشرين رشّ ومطر عند اولكس والقبط وفى السادس والعشرين مطر وربّما نزل بَرَدٌ على قول قالبس واوقطيمن ونوء ودبور عند القبط وفى السابع والعشرين نَدًى وسَكُونٌ عند قسر ورياح عند القبط وفى الثامن والعشرين ريح عند القبط ومطر عند اودكسس وسنانٌ شَهِدَ له بالمطر من تجاربه وفيه زعموا تَهُبُّ جنوب فتَمْتَدُّ الأَوْدِيَةُ والأَنْهارُ وليس أَمْرُ المَدّ جاريًا فى جميع الاودية والانهار على حالة واحدة بل يَخْتلف فيها اختلافا كثيرا كجَيْحون فانّه يَمْتَدُّ حين تَقِلُّ المياهُ بدِجْلَةَ والفرات وغيرِهما وذلك أنّ ما كان مَخْرَجُه من الأَوْدية فى مواضعَ أَبْرَدَ كان ماؤُه فى الصيف أَزْيَدَ وفى الشتاء انقصَ والعلّة فى ذلك انّ اكثرَ مياهه الاصليّة مجتمعةٌ من عيون وانّما يَقَعُ الزيادةُ والنقصانُ فيها من جهة وقوع الأَنْداء فى الجبال التى تَخْرُجُ منها او تَمُرّ عليها فتَنْصَبُّ سُيُولُها اليها ولا يَخْفَى أَنّ وقوعَ الأَنْدِيَة فى الشتاء واوائل الربيع اكثرُ منها فى غيره من الاوقات وهى تَجْمُدُ فى هذه الأَحايين بتلك المواضع لِوُغُولِها الى الشمال واشتداد البرودة فيها فاذا اَحْتَدم الهوآء ذابت الثلوجُ حينئذ فامتدّ جيحونُ، وأمّا ماء دِجْلَةَ والفُراتِ فمَخْرَجُهما من مواضعَ أَقَلَّ وُغولاً فى الشمال فلذلك[a] يكون مُدودُهما فى الشتاء والربيع بسبب سَيَلانِ الواقع من الأَنْداء اليهما فى وقت نزولها وٱنحلالِ[b] ما عسى كان جامدًا منه فى اوائل الربيع، وامّا النيل فيَمْتَدُّ حين يَنْقُصُ دجلةُ والفراتُ وذلك أَنّ مَنْبَعَه من جبل القمر كما قيل وراء أُسْوانَ مدينةِ الحَبَشَةِ فى نواحى الجنوب امّا من مُعَدِّلِ النهار وامّا من وَرائه وذلك مشكوكٌ فيه لأَنّ حَوالَيْه غيرُ مسكون كما ذكرنا فيما تَقَدَّمَ ومن الظاهر أَنّ جُمودَ الرُّطوبات هناك معدومٌ البَتّةَ فان كانت مدودُ النيل من جهة الأَنْداء الواقعة فانّها لا تَلْبَثُ بعد نزولها او تَجْرِى وتَسِيلُ اليه وانْ كانت من جهة العيون فمياهُها تكون فى الشتاء أَغْزَرَ فلذلك يَمُدُّ النيلُ فى الصيف لأَنّ الشمس اذا قَرُبَتْ منّا ومن سَمْتِ رُؤُوسِنا بَعُدَتْ عن المواضع التى منها يَخْرُجُ النيلُ فكان لذلك شتآؤها، فأمّا لِمَ صارت

a Mss. فذلك b R واغلال

مياهُ العيون فى الشتاء اغزرَ فلانّ الغرضَ فى احداث الجبال للمُتْقِن الحكيمِ عزّ وجلّ منافعُ منها ما ذكره ثابتُ بن قُرّة فى كتابه فى السببِ الّذى له خُلِقت الجبال وهذا السبب هو الذى يُتَمِّمُ الغرَضَ فى تصييرِ مياهِ البحور مالحةً ومن البيّن أنّ وقوع الأنداء فى الشتاء أكثرُ منه فى الصيف وفى الجبال اكثرُ منه فى السّهل فاذا وقعت فيها وسال ما سال بالسُّيول غاصَ الباق فى المجارى الّتى فى تجاويف الجبال وخُزِنَ هناك ثمّ يأخُذُ فى الخروج عن المَنافذِ الّتى تسمّى العيونَ فلذلك صارت فى الشتاء أغزرَ لأنّ مادّتها اكثرُ فانْ كانت تلك التجاويفُ طيّبةً نقيّةً خرجت المياهُ كما هى عَذْبَةً وانْ لم يكن ذلك آكْتَسَبَتْ فيها صنوفَ الكيفيّات وتلبّستْ بصنوف الخواصّ الّتى تخفى علينا عِلَلها، وامّا فَوَرانُ العيون وصُعود المياهِ الى فوق فلذلك لأَجْلِ أنّ خِزانتَها أعْلَى منها كالفوّاراتِ المعمولة فانّ المآء لا يَصْعَدُ عُلُوًّا الّا لذلك وكثيرٌ من الناس ممّن يُعيرُ عِلْمَ[a] الله ما جَهِلوه من علم الطبيعيّات نازعونى فى هذا المعنى واستشهدوا بمُعايَنَتِهم صُعودَ الماء فى أنهار ومجارى مياهٍ كلّما تباعدت مع جَرْيِ الماء تصاعدت ولم يكن ذلك الّا لجَهْلِهم الأسبابَ الطبيعيّةَ وقِلّةِ تمييزهم بين الاعلى والاسفل وذلك أنّهم رأوا المياهَ الجاريةَ وَسْطَ الأوْدِيَة فى الجبال وهى تتسافلُ فى مقدارِ مِيل من الارض خمسين ذراعًا الى مائةٍ واكثرَ واذا حَفَرَ الزُرّاعُ من موضع منه جَدْوَلًا وجعلَ يُمايِلُه شيئًا يسيرًا لم يَجْرِ فيه الماء الّا قليلا حتّى يَعْلُوَ على مياه الوادى عُلُوًّا مُفْرِطًا فاذا آعْتَقَدَ مَنْ لا رياضةَ له أنّ مَجْرَى الوادى على استقامة او بمَيْلٍ قليلٍ يُخَيَّلُ اليه ضرورةً أنّ الجدول يَصْعَدُ عُلُوًّا ولا يمكن ازالةُ هذا الشكّ عن قلوبهم الّا بعد أنْ يتمهّروا بالآلاتِ الّتى بها تُوزَنُ الارضون وتُسَوَّى وتُحْفَرُ الانهارُ وتُكْرَى فانّهم اذا وَزَنوا الارضَ الّتى بها تجرِى تلك المياهُ تبيّنَ لهم خِلافُ ما آعتقدوه أو بعد أنْ يُزاوِلوا العلومَ الطبيعيّةَ ويَعْرِفوا حركةَ الماء الى المركز والى الموضع الأقْرَبِ منه لا جَرَمَ أنّ الماء يَصْعَدُ الى حيث أُرِيدَ ولو الى قُلَلِ الجبال بعدَ أنْ يُوجَدَ النزولُ الى اسفلَ من مَصْعَدِه ويُمْنَعَ منه ما يُبادِلُه المكانَ اذا اخلاه[b] فلا يعينه[c] على فعله الطبيعيّ الّا مشاركةُ[d] القَسْرِيّ الصناعىّ وهو الهواء ولذلك كثيرا مّا عُمِلَ فى الانهارِ الّتى تَوَسَّطُها جبالٌ لم يمكن قَطْعُها ومِثالُه الآلةُ الّتى تسمّى سارقةَ الماء فانّك اذا مَلَأْتَها ماءا ووضعت كلا طرَفيها فى آنيتَيْن سَطَحَ ما فيهما من المآء سَطْحٌ

a Mss. يعزّ على für يعير   b R اخلاء   c P يعنيه   d Mss. بمشاركة

واحدٌ فانّ الّذى فيها من الماء يَقِفُ ولو دهرا لا ينصبّ[a] الى احدى الآنيتَيْنِ لأنّها ليست بأَوْلَى من الاخرى ولا يمكن أنْ يَتكافأ الانصبابُ الى الآنيتَيْن كليهما لأنّ الآلة تخلو حينئذ والخلاء امّا غيرُ موجود كما عليه بعضُ الفلاسفة وامّا موجود مُمْسِكٌ للأجْسام كما عليه بعضهم فاذا كان ممتنعَ الوجود لم يُوجَدْ واذا كان مُمْسِكا للأجْسام أمْسَكَ الماء ولم يَتْرُكْه يَسيلُ الّا بعدَ أنْ يُبادِلَه[b] جسمٌ آخر ثمّ اذا صُيِّرَ احدُ طَرَفَيْها فى موضعٍ اسفلَ قليلا سال اليه ما فى الآنية وذلك انّه لمّا سَفَلَ صار اقربَ الى المركز فسال اليه ثمّ اتّصل السَّيَلانُ بتجاذُب أجْزاء الماء واتّصالِها الى أنْ يَفْنَى ما فى الآنية المجذوبِ ماؤها او يُوازِىَ سَطْحُ ماء المَسيلِ اليها سَطْحَ الماء المجذوبِ فتَؤُولَ المسئلةُ الى الحالة الأُولَى وعلى هذا المثال عُمِلَ فى الجبال بل قد يَصْعَدُ الماء فى الفوّارات من الآبار بعد أنْ يُوجَدَ فيها مياهٌ فوّارةٌ فانّ من مياه الآبار ما يَجْتَمِعُ بالرَّشْحِ من الجوانب فذلك لا يَصْعَدُ ويكون مَأْخَذُها من المياه القريبة اليها وسطوحُ ما يَجْتَمِعُ منها مُوازِيةٌ[c] لتلك المياه الّتى هى مادّتها ومنها ما يَفُورُ فى القعر فذاك هو المَرْجُوُّ الممكن أنْ يَفُورَ الى الارض ويَجْرِىَ على وجهها وأكْثَرُ ما يُوجَدُ هذا فى الارضين القريبة من جبالٍ بحيث لا يَتَوَسَّطُها بُحَيْراتٌ ولا أنهارٌ مياهٍ عميقةٍ فاذا كان مَأْخَذُه من خِزانةٍ أعْلَى من سَطْحِ الارض صَعِدَ الماء بالفَوَران اذا حُصِرَ وإنْ كانت خِزانتُه اسفلَ لم يَتِمَّ ارتفاعُه اليها ولم يَنْجَحْ وربّما كانت الخِزانةُ اعلى بأُلوف أذْرُعٍ فى جبالٍ فيمكن أنْ يَصْعَدَ الى القِلاع ورؤوسِ المَنارات مَثَلًا، وقد سمعتُ انْ باليمن ربّما حَفَرُوا فبلغوا صَخْرَةً يَعْرِفون أنّ تحتها ماء فيَنْقُرُونها نَقْرَةً يعرفون بتصوّتها مقدارَ الماء ثمّ يَثْقُبونها ثُقْبةً صغيرة ويَمْرُونها فانْ كانت سليمةً فوّروها الى حيث فارَتْ واذا خافوها حَلّلوا الحامَها بالجِصّ والكِلْس وكَبَسَ الموضعَ عَوْدًا على بَدْءٍ فانْ منها ربّما يُخْشَى شِبْهُ سَيْلِ العَرِمِ، فامّا الماء الّذى على راس الجبل بين أبَرْشَهْرَ وطوس وهو بُحَيْرةٌ استدارتُها فرسخٌ وتسمّى سَبْزَرُود فلا يُشَكُّ أنّ مادّتها امّا من خِزانةٍ أعْلَى منها ولو بَعُدَتْ عنها والسَّيَلانُ اليها يَسيرٌ بقَدْرِ ما يُكافِئُ نَشْفَ الشمس وتَبْخيرَها منها فلذلك يَبْقَى على حاله راكدًا وامّا من خزانةٍ مُوازِيةٍ[d] لها فلا يَزْدادُ عليها وامّا أنْ[e] فى مَخارجِها سببٌ شبيهٌ بالّذى فى مياه الدَّخْمِ

a P لا ينصبّ دمنة الا R دهرا لا نصب   b P بادله   c L موازنة P موازمة
d Mss. موازنة   e Mss, وامّا فى انّ

والسراج الخادم نفسه وهو أنّه يؤخذ جرّة الماء او دبّة الدهن وتثلم فى عدّة مواضع من شفتها ثلما لطافا وتثقب ثقبة ضيّقة اسفل من ثلمها بالقدر الذى يقترح أن يبقى الماء فى الآنية او الدهن فى السراج ويملأ وينكس الجرّة فى الطشت والدبّة فى السراج فانّ الماء والدهن يخرج بالثلم حتى يعلو الثقبة فقط ثمّ اذا فنى منه ما تكاد الثقبة أن تظهر خرج منه ما يخفها[a] فيبقى لذلك على حالة واحدة، ومثل هذه البحيرة عين ماء عذب[b] فى بلاد كيماك فى جبل يسمّى منكور مقدارها كترس كبير قد استوى سطح مائه مع حافّته فربّما يشرب منه عسكر ولا ينقص اصبعا وعند هذه العين أثر رجل انسان واثر كفّيه بأصابعهما وركبتيه كان ساجدا هناك وأثر قدم صبىّ وحوافر حمار ويسجد لها الأتراك الغزيّة اذا رأوها، ومثلها بحيرة بجبال الباميان مقدار ميل فى ميل على قلّة الجبل وماء القرية التى على سفحه منها يتحدر من ثقبة صغيرة بقدر ما يستعملونه ولا يمكنهم زيادة تفجير منها، وربّما كان الفوران فى ارض سهلة قد اخذت فى خزانة عالية وقد علا الفوران ما منعه عن فعله فاذا زال العائق فار كالقرية التى بين بخارا والقرية الحديثة كما ذكر الجيهانى وفيها تلّ قد قطعه طلّاب الكنوز والدفائن فاستقبلهم مياه لم يقدروا على مراجعتها وجرت دائما الى هذه الغاية، وان كنت تتعجب فتعجّب من موضع يسمّى فيلوان بقرب المهرجان كصفّة محفورة فى الجبل يترشّح من سقفها ماء دائما واذا برد الهواء جمد عليه بالطول سائلا وسمعت اهل المهرجان يزعمون انهم كثيرا ما ضربوه بالمعاول فييبس موضع الضرب ولم يزدد الماء والقياس يوجب ان يبقى على حاله ان لم يزدد، بل أعجب من هذا ما حكى الجيهانى فى كتاب المسالك والممالك من امر الأسطوانتين اللتين فى الجامع بقيروان ولا يدرى جوهرها ما هو فزعم انهما ترشحان ماء كلّ يوم جمعة قبل طلوع الشمس وموضع التعجب من كونه يوم الجمعة فلو قيل يوم من الأسبوع مطلقا يحمل على بلوغ القمر موضعا من الشمس مفروضا او ما يشبه ذلك ولكن يوم الجمعة مشترطة لا يحتمل ذلك وقد قيل أنّ ملك الروم أنفذ لابتياعهما وقال اذا انتفع المسلمون بثمنهما خير من أن يكون حجران فى المسجد فكره اهل القيروان ذلك وقالوا لا نخرجهما من بيت الله الى بيت الشيطان، وأمر الأسطوانة المتحرّكة التى بالقيروان اعجب من هذا

a P يخففها R يجففها   b Mss. عذبة

فانّها تميل الى ناحية من نواحيها ويُوضَع تحتها شئ[a] اذا مالت فاذا آستوت لم يمكن اخراجه واذا كان زجاجا سُمِع تكسُّره وتفرُّقه وهو لا شكّ شئٌ[a] معمول مصنوع وموضعه يدلّ على ذلك ونعود الى ما كنّا فيه فنقول   وفى التاسع والعشرين من هذا الشهر هوآء شات عند قاسر ورياح او نداوة ومطر عند القبط   وفى اليوم الثلثين نوء عند القبط ورياح وأنداء[a] وبلل ورشّ عند قالبس واوقطيمن[a]

ايار فى اليوم الاوّل رشّ عند القبط   ولم يذكر فى الثانى شىء   وفى الثالث ريح ورشّ وندى وبلل ورعد عند القبط   وفى الرابع مطر عند اوذكسس ورشّ عند القبط   وفى الخامس مطر عند ذوسيثاوس وقال سنان كثيرا ما يَصْدُق ويأتى بنوءه قويّ   وفى السادس رياح عند القبط ومطر عند اوذكسس ورشّ وندوة[a] فيه[a] بَعْضُ الناس باجْراه[b] اوان المطر وهو حين تَقْطَعُ الشمسُ من برج الثور عشرين درجة والامر فيه كما ذكرنا فى اوّل أوقاتها فى برج العقرب   وفى السابع رياح عند القبط وقال سنان كثيرا ما يصدق وخاصّة انْ أخْيَلَ[c] الذى قبله   وفى الثامن أمطار عند اوذكسس وذوسيثاوس ومطر عند القبط   وفى التاسع مطر عند القبط   وفى العاشر نوء وريح عند قالبس واوقطيمن ومطر عند القبط   وفى الحادى عشر نوء عند ذوسيثاوس وشهد له سنان بالصدق   وفى الثانى عشر نوء عند اوذكسس ومطرونورس وابرخس ومطر عند قاسر ودبور عند القبط وقيل بأنه يُوَنّن فيه وفيما بعده على الثمار من الجليد ويجب أنْ يختصّ هذا بموضع دون موضع فلا يمكن ان يكون مُطْلقا   وفى الثالث عشر مطر عند اوذكسس وشمال وبرد عند القبط   وفى الرابع عشر نوء عند قالبس واوقطيمن والقبط   وفى الخامس عشر مطر عند قاسر   وفى السادس عشر نوء عند قاسر وقيل بأنّ فيه يبْدو اوّل السمائم   وفى السابع عشر جنوب او صبا ومطر عند ابرخس والقبط   وفى الثامن عشر نوء عند اوذكسس ومطر ورعد عند القبط   وفى التاسع عشر نوء ورشّ عند ابرخس والقبط   ولم يذكر فى العشرين شىء   وفى الحادى والعشرين نوء عند قاسر وجنوب عند ذوسيثاوس ودبور عند القبط   وليس فى الثانى والعشرين ولا الثالث والعشرين شىء مذكور   وفى الرابع والعشرين نوء عند قالبس

a Sic *Mss.* Lücke.   *b* *R* اجراء   *c* *L* احلّ *PR* احمل

واوقطيمن وفيلفس ورياح عند القبط وفى الخامس والعشرين نوء عند اوقطيمن وفيلفس وابرخس وفى السادس والعشرين نوء عند قاللبس واوقطيمن وشمال باردة عند القبط وفى السابع والعشرين ندى وبلل عند قاللبس واوقطيمن ونوء عند القبط وفى الثامن والعشرين مطر عند مطرودورس والقبط وفى التاسع والعشرين جنوب او دبور عند ابرخس وفى الثلثين جنوب عند قسر وليس فى الحادى والثلثين شىء مذكور ❁

حزيران فى اليوم الأوّل ندى وبلل عند اوذكسس وذوسيثاوس ودبور عند القبط وفى الثانى دبور عند القبط وفى الثالث ريح ورشّ عند القبط ورعد وفى الرابع مطر عند قسر وفى الخامس رَشّ عند القبط وقال سنان كثيرا مّا يصدق وليس فى السادس ولا السابع ولا فى الثامن شىء منقول عنهم وفى التاسع دبور ورعد عند القبط ولم يذكروا فى العاشر ولا الحادى عشر ولا الثانى عشر شيْئًا فأمّا الحادى عشر فهو نوروز الخليفة يُفْعَل فيه ببغداد من رَشِّ الماء وحَثْوِ التُّراب والمَلاعِب ما هو مشهورٌ[a] وامّا الثانى عشر فقد ذكر سنان انّه كثيرا مّا يكون فيه تَغَيُّرٌ وفى الثالث عشر دبور ورشّ عند القبط وليس فى الرابع عشر شىء مذكور وفى الخامس عشر رشّ عند القبط ولم يذكروا فى السادس عشر شيئًا وقيل انْ فيه تَغُورُ المياهُ ويَمُدُّ النيلُ وذلك لِما قدّمنا من اختلافِ مَنابعها وسائر أسْبابها الكائنة على طَرَفَىْ نقيضٍ وفيه فى[b] السنة البسيطة[c] وفى السابع عشر فى غيرها الامتلاء الاكبرُ الّذى يُعَظِّمُه العربُ والعجمُ فتُسَمّيه ميرين ومعناه امتلاء الشمس وهو الانقلاب الصيفىّ وفيه يَغْلِبُ النورُ على الظلمة ويَقَعُ ضَوْءُ الشمس فى الآبار على ما ذكر محمّد بن مِطْيار وذلك غيرُ كائنٍ الّا فى البلدان الّتى عروضُها مثلُ المَيْلِ الاعظمِ فتُسامِتُها الشمسُ وفيه زعمت الحَيَوانيّة تَتَنَفَّسُ الشمسُ فى وَسَطِ السمآء فيَتعارَفُ الارواحُ لذلك فى الحَرِّ الكلّىّ وفيه يُتيمَّنُ بالنظر الى القِبط[d] وبؤكل الرُّمّانُ على الرِّيق وذكروا عن ابقراط انّه قال من اكل رُمّانَةً فيه على الريق أضاء كَيانُه وصَفا كيموسُه اربعين صباحًا وحَكَوْا عن حَنَّنَةَ الهندىّ انّه قال لكسرى أبْرويزَ النومُ فى ظلّ الرمّان يَشْفِى من الداء الدَّوِىّ وصاحبُه معصومٌ من الجنّ ومن عِيافَةِ هذا اليومِ القيامُ من الرُّقاد فى صَبيحته على الجنب الايسر والتَبَخُّرُ بالزعفران قبلَ الكلام وفى السابع عشر من هذا الشهر

a *Mss.* وفى b *Mss.* الكبيسة c *R* يلتمس d *LP* القبط

نوء عند ذوسيثاوس وحرّ عند القبط وفى الثامن عشر دبور وحرّ عند القبط وفى التاسع عشر مطر عند القبط وفى العشرين دبور ومطر ورعد عند القبط والحادى والعشرون خالٍ عن ذكر شىء فيه وفى الثانى والعشرين نوء عند ذيموقريطس وفى الثالث والعشرين جنوب او دبور عند ابرخس ولم يذكروا فى الرابع والعشرين شيئا وقيل فيه انّه يبتدئ السمائم فى الهبوب احدا وخمسين يوما ويمدّ نهر جيحون وربّما أخذ فى الاضرار بالشطوط وساكنيها وفى الخامس والعشرين دبور وحرّ عند القبط وفى السادس والعشرين دبور عند ذيموقريطس والقبط ولم يذكروا فى السابع والعشرين شيئا وفى الثامن والعشرين نوء عند اوذكسس وعند ذيموقريطس دبور وجنوب ومطر ثمّ يبتدئ الشمال سبعة ايّام والتاسع والعشرون خالٍ عن ذكر شىء فيه وقيل أنّ اصحاب التجارب ينظرون فيه الى النّدى فإن كثر مدّ النيل وان قلّ لم يمدّ وكانت سنةً جدبةً وفى الثلثين رياح عند القبط والهواء غير ممتزج ولم يذكروا فى الحادى والثلثين شيئا ✿

تموز لم يذكر المذكورون فى اليوم الاوّل ولا الثانى شيئا وفى الثالث جنوب وحرّ عند قلس والقبط وفى الرابع ريح عند القبط وربّما كان مطر فى بلدهم وفى الخامس جنوب عند قاليس ومطرودورس وابرخس ودبور ورعد عند القبط وفى السادس جنوب عند قاليس ومطرودورس ودبور ورعد عند القبط وفى السابع نوء عند بطلميوس وذكر سنان انّ الهوآء كثيرا ما يتغيّر وفى الثامن ندى وبلل على ما ذكره ماطن فى بلده وفى التاسع ندى عند اوقطيمن وفيلفس وريح دبور وما يليها عند القبط وفى العاشر هوآء ردىء عند القبط وفيه تقوم سوق بصرى خمسة وعشرين[a] يوما وكانت تقوم فى ايّام بنى أميّة ثلثين يوما الى اربعين يوما وليس فى الحادى عشر شىء مذكور عنهم وفى الثانى عشر دبور عند مطرودورس ورياح عند القبط وفى الثالث عشر رياح غير ممتزجة عند ابرخس وذكر سنان انّه كثيرا ما يكون للهوآء فيه تغيّر وفى الرابع عشر ريح شديدة عند قسر وابتداء هبوب الشمال عند ابرخس وحرّ عند القبط وليس فى الخامس عشر شىء مذكور عنهم وفى السادس عشر ربّما كان مطر فى البلدان المطيرة عند بطلميوس ويكون

a R خمسة عشر

مطر وزوابع عند ديموقريطس وريح شديدة عند القبط وفى السابع عشر ندى وحرّ عند دوسيثاوس والقبط وفى الثامن عشر ابتداء هبوب الرياح الحَوْليّة عند ابرخس وهو اوّل أيّام الباحور باتّفاقٍ مِنْ مَنْ ذكرها من اهل البحر والفلّاحين ومن جَرى لهم التجاربُ وذلك أنّها سبعةُ ايّام متواليةٍ آخِرُها الرابع والعشرون من الشهر ويَسْتدلّون بكلّ يوم منها على شهرٍ الخريف والشتاء وبعضِ الربيع من تغيُّراتٍ ويكونُ اكثرُ ظهورِها فى العَشيّات والأَسْحار وزعموا أنّها للسَّنَة كايّام البُحْران فى الأَمراض الحادّة فيها يَظْهَرُ دَلائِلُها والبشارةُ والانْذارُ فى العواقب من حوادثِ احوالِها واسمُ الباحور والبُحْران مشتقٌّ فى اللغة اليونانيّة والسريانيّة من حُكْمِ الحُكّام وقيل أنّ البُحْران مشتقّ من البحر لانّ بحران المريض شبيهٌ بالهَيْج العارض فى البحر المسمّى مَدًّا وجَزْرًا وهو قريبٌ لأنّ العلّة فى كليهما حركاتُ القمر وأَنْواره وأَشكاله امّا فى دَوْرة الفَلَكِ كالمدّ يُوجَدُ اوّله عند بلوغ القمر شَرْقه وغَرْبه من الأُفُق وكالجَزْر يوجد اوّله عند بلوغه فلكَ نصفِ النهار والليلِ وامّا فى دَوْرة له امّا من نُقْطَة اليها بعينها[a] وامّا من الشمس اليها فقد تُوجَدُ المدودُ فى النصف الاوّل من الشهر القمرىّ أَقْوى وفى الثانى اضعف وكذلك يوجد للشمس فى ذلك فِعْلٌ، والعَجَبُ مّما يُحْكَى عن بحر المغرب أنّه يَمُدُّ من ناحية الاندلس عند كلِّ مَغيبٍ للشمس فيَنْقُصُ زُهاء خمسةِ فراسخ او ستّةٍ فى قَدْرِ ساعة ثمّ يَجْزِرُ ولا يُخالِفُ ذلك الوقتَ، قالوا فانْ كان عِشآءَ اليوم الثامنِ عشر غَيْمٌ فى الآفاق ذلك ترى بردا ومطرا فى رأس تشرين الاوّلِ وانْ كان مثلُ ذلك فى نصف الليل كان البردُ والمطرُ فى نصف الشهر وانْ كان فى وَجْهِ الصُّبْحِ كان فى آخِرِ الشهر وكذلك الامر فى الايّام الّا أنّ التغيّر فيها بالليل أَظْهَرُ وحَيْثُ تَراه من الجوانب الاربع كان ذلك فيه ولياليى الايّام محسوبة بعد ايّامها كما ذكرنا فى اوّل الكتاب ولأَجْله ظَنَّ مَنْ يُقدِّمُ الليالىَ على الايّامِ أنّ ليلةَ اليومِ الثامن عشر هى التاسع عشر فجَعَلَ اوّلَ البواحير من اليوم التاسع عشر وآخِرَها اليومَ الخامس والعشرين فاليومُ الاوّلُ من هذه الايّام السبعة دَليلٌ على تشرين الاوّل والثانى على الثانى والثالثُ على كانون الاوّل وكذلك الى أنْ يكون السابعُ دليلا على نيسان، وقد ذكر اصحابُ التجارب انّه اذا تُقُدِّمَ قَبْلَ ذلك فعُمِدَ الى لَوْحٍ وزُرِعَ عليه من كُلِّ زَرْعٍ ونَباتٍ حتّى اذا كانت الليلةُ الخامسةُ والعشرون

a Mss. بعبينه

من تموز وهى آخرها وُضِعَ اللوحُ بارزًا لِطلوع الكواكب وغروبها بحيث لا يحول بينه وبين السمآء شئ، فانّ كلّ ما يَزْكو فى تلك السنة من الزروع يُصْبِحُ أَصْفَرَ وما لا يَصْلُحُ[a] رَبْعه[b] منها يَبْقى أَخْضَرَ وكذلك كان القبط تفعل ذلك، وقد أَكْثَرَ اصحابُ التجارب من الاحتيالات لتقدمة المعرفة بأحوال السنة من هذه الايّام حتّى خرجوا الى جنس العزائم والرُّقى فزعم بعضهم انّه اذا عُمِدَ الى أَوْراقٍ اثنتى عشرة من شجرِ الزيتون وكُتِبَ على كلّ وَرَقةٍ اسْمُ شهر من شهور السريانيّين ثمّ وُضِعَتْ فى هذه الليلة المذكورة فى موضع نَدِيٍّ فما جَفَّ منها تلك الليلةَ لم يكن فى الشهر الذى كُتِبَ عليها مَطَرٌ، وزعم بعضهم أنّ فيها يُوقَفُ على كَثْرَةِ أمطار السنة وقلّتها بأن يُنْظَرُ موضعٌ مُسْتَوٍ ليس حوله شئ يَمْنَعُه عن وصول الندى والريح والطلّ اليه ثمّ يُؤْخَذُ قَدْرُ ذِراعَيْن من ثَوْبِ كتّان فيُوزَنُ ويُحْفَظُ مقدارُ وَزْنه ثمّ يُبْسَطُ على ذلك الموضع ويُتْرَكُ فيه من اوّل الليل الى اربع ساعات منه فاذا تمّت وُزِنَ ثانيةً فما زاد فيه فكلُّ زِنَةِ مثقالٍ يزيدُه الوَزْنُ الثانى على الاوّل هو يوم مَطِيرٌ فى الشهر المنسوب الى ذلك اليوم كما قدّمت ذكره، وهذه الايّام اعنى ايّامَ البواحير هى مرسومةٌ بطلوعِ[c] كَلْبِ الجبّارِ وهو الشِّعْرَى اليمانيةُ العَبُورُ وقد نَهَى بُقْراطُ فى كتاب الفصول عن تَناوُلِ الأدْوِيَةِ الحارّة والفَصْدِ حَوالَى طلوعها فى زمانه بعشرين يوما متقدّمة وعشرين أُخَرَ متأخِّرة لأنّ ذلك زمانُ اشتدادِ القَيْظِ وانتهاء الحرّ مُنْتهاه والصيف نفسه مُسَخِّنٌ مُحَلِّلٌ مُخْرِجٌ للرطوبات وما نهى عنه بقراط فى اقلالها فاذا جاء الخريف ببرودته ويُبْسه لم يُؤْمَنْ فيه انطفاء الحرارة الغريزيّة وقد ظنّ قومٌ ممّن لم تكن لهم دُرْبَةٌ بالعلوم الطبيعيّة ولا بَصَرٌ بالاحوال العُلْويّة أنّ التأثير المذكور منسوبٌ الى جرم هذا الكوكب وطلوعه مع انتقاله وحتّى أَوْهَموا فيه وقالوا انّه لِعِظَمِ جِرْمه يُسَخِّن الهوآء فنحتاجُ الى أنْ نُشيرَ ونُعَرِّفَ موضعَه ونُحَقِّقَ عليه وقتَ طلوعه كما قال ابو نوّاس

مَضَى أَيْلُولُ وٱرْتَفَعَ الحَرُورُ ‎ ‎ ‎ ‎ وأَخْبَتْ نارَها الشِّعْرَى العَبُورُ

فزعم علىّ بن علىّ الكاتب النصرانىّ لأَجْلِ ذلك أنّ أوّل البواحير اليوم الثانى والعشرون من تموز اشارةً الى انّها نُقِلَتْ بٱنتقال الكوكب وهو اعنى الشعرى دائرٌ طُولَ السنةِ فى مَدارٍ واحد مُوازٍ لمعدّلِ النهار وانّما أَراد بُقْراطُ بذلك الوقت صميمَ الصيف واشتدادَ الحرّ بقُرْب الشمس من

a *Mss.* وما يصلح ‎ ‎ ‎ b *R* ربعة *P* اربعة ‎ ‎ ‎ c *Mss.* لطلوع

سَمْتِ الرُّؤوس مع ابتدائها فى الانحدار فى الفلك الخارج المركزِ عن الأَوْج وكان ذلك فى زمانه موافقًا لطلوع الشعرى فأَطْلَقَ القول به عِلْمًا منه انّ حقيقة الحال لا تَخْفَى على من ارْتاضَ بالعلوم فلَوْ أَنّ كوكب الشعرى تحرّكَ حتى بَلَغَ رأْسَ الجَدْى او الحَمَلِ لما انتقلَ معها الزمانُ المَنْهِىُّ فيه عن تَناوُلِ الأَدْوِية، وذكر سِنانٌ فى كتاب الأَنْواء أَنّ للرُّعاة خاصّةً سبعةَ ايام معدودة من اوّل تموز تجرى مَجْرَى ايام الباحور فى الاستدلال بها على احوالِ شهرٍ شهرٍ من شهور الشتاء وتُعْرَف ببَواحير الرُّعاة ويَقَعُ فيها احوال الهوآء مُباينةً لما قبلها وبعدَها ولعلّخ مِنْ غيم لا تكادُ تَخْلو منه كلُّها او بعضُها، وفى التاسع عشر دبور او حرّ عند القبط وفيه تَشْتدُّ كِلابُ البَحْر ويَعْظُمُ ضَرَرُها، وفى العشرين دبور او ما يُشْبِهه عند القبط وذكر اصحاب التجارب أَنْ فيه يَكْثُرُ الرَّمَدُ، وفى الحادى والعشرين تَهُبُّ الرياحُ الحوليّةُ عند اوقطيمن وابتداء الحرّ عند[a] قالبس واوقطيمن ومطرودورس وفى الثانى والعشرين هواء رَدِىٌّ عند اوقطيمن وابتداء الحرّ عند ابرخس ودبور وحرّ عند القبط وفى الثالث والعشرين هواء شاتٍ فى البحر ورياح عند فيلفس ومطرودورس وابتداء الرياح الحوليّة عند القبط، وفيه ابْتَدَأَ ابو جعفر المنصور ببناء مدينة السلام وهى التى تسمّى مدينة المنصور فى الجانب الغربىّ من دجلة ببغدادَ وذلك فى سنة الف واربع وسبعين للاسكندر واصحابُ احكام النجوم يحتاجون الى معرفة امثال هذا الوقت والتاريخ بمعرفة التحاويل والانتهاءات والأَدْوار والتَّسْيِيرات من لدنه حتّى يَسْتَنْبِطون الحُكْمَ لأَهْلها وكان نَوْبَخْتُ تولّى اختيارَ الوقت واتّفقت هيئة الفلك التى يَتَشكّل بها ومَواقِعُ الكواكب التى يحتوى عليها على مثلِ شكلِ هذه الصورة؛

a اوقطيمن وابتداء الحرّ عند fehlt in *PL*.

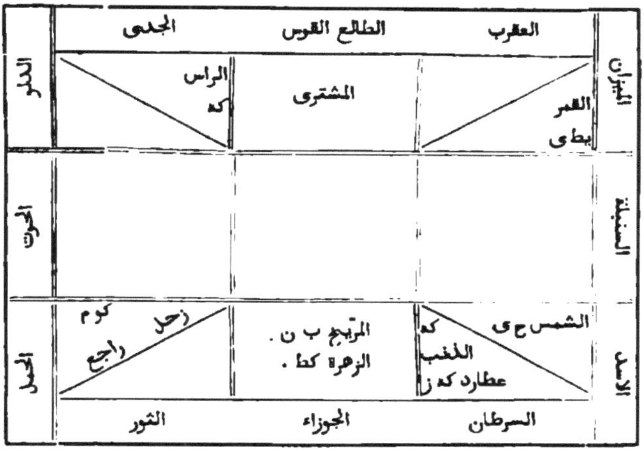

وفى الرابع والعشرين رياح عند فيلفس ومطرودورس وتهبّ الرياحُ الحوليّة عند اولكسس وفى الخامس والعشرين جنوب عند اودكسس وقاسر وعند القبط دبور او جنوب وفيه يُنْهى عن الجماع والتّعب لانّه صَميمُ الحرّ ويَمُدُّ نهرُ جَيْحونَ فيه   وفى السادس والعشرين جنوب وحرّ عند فيلفس وماطن ومطرودورس وديموقريطس وابرخس   وفى السابع والعشرين ندى ٥ وبَلَلٌ وهواء مختنِق عند اوقطيمن ودوسيثاوس وهذا الاختناقُ فى الهواء يَعْرِضُ اكثرُه من أطباق السماء مع رُكودِ الهوآء وربّما يكون لذلك طبيعةٌ للموضع مع خلائه عن هذا السبب مثلَ ما ورآء القنطرة ألّتى ذكر الجَيْهانىّ انّه نَصَبَها أهْلُ الصين فى الدَّهْر الاوّل من رَأْسِ جَبَلٍ الى راس جبل آخَرَ فى الطريق ألّذى من خُتَنَ الى ناحية بيتِ خاقانَ فانّ من جاوَزَها يَدْخُلُ فى هوآءٍ يأخُذُ بالأنفاس ويُثْقِلُ اللسانَ فيَموتُ فيه كثيرٌ من المارّين عليه ويَنْجُو كثيرٌ واهلُ ١٠ التُبّتَ يسمّونه جَبَلَ السَّمّ   وفى الثامن والعشرين لم يذكر شىء   وفى التاسع والعشرين ابتداء الرياح الحوليّة عند دوسيثاوس [a] وحرّ عند القبط وفيه تَقُومُ سوقُ بصرى شهرا وتَقُوم

a R مطرودورس P وس

سوق بسلبية[a] اسبوعين وفى الثلثين تهبّ الرياح الحوليّة عند اولكسس ودبور وحرّ عند القبط ' وفى الحادى والثلثين جنوب عند قاسر

اب فى اليوم الاوّل حرّ عند ابرخس ولم يذكر فى اليوم الثانى شىء وفى الثالث ربّما سقط ندًى عند اوذكسس ودوسيثاوس وفيه نوء عند قاسر وفى الرابع حرّ شديد عند اوذكسس وفى الخامس حرّ وركود الهواء واختناقه ثمّ تهبّ رياح عند دوسيثاوس والقبط وفيه تقوم سوق بأذرعات خمسة عشر يوما وكذلك بالأردنّ ونواحى فلسطين ولم يذكر فى السادس ولا فى السابع شىء وفى الثامن يركد الهواء ويختنق عند قاللبس وريح وحرّ شديد عند القبط وذكر سنان انّ الهواء فيه كثيرا مّا يتغيّر وفى التاسع حرّ وهواء راكد عند اوقطيمن وقاسر وعند القبط جنوب وكدورة فى الهواء وفى العاشر حرّ وهوآء راكد عند اوذكسس ومطرودورس ودوسيثاوس ونوء عند ذيموقريطس وهو وقت اشتداد الحرّ جدًّا وفى الحادى عشر يسكن هبوب الرياح الشماليّة عند قاللبس واوقطيمن وفيلفس وريح ضعيفة جدًّا عند اوذكسس وتهبّ رياح مختلفة معًا عند ابرخس ورعد عند القبط وزعم سنان انّه لا يخلى فى التغيّر وقال ما أعلم أنّه صحّ لى ولمن عنّى بتجربة التغيّرات دلالة يوم مثل هذا فانّه لا يكاد يعدم فيه تغيّر الهواء الى التّليبة وهو اوّل يوم يبتدئ فيه هوآء العراق أن يطيب فربّما كان واضحا وربّما كان يسيرا فامّا أن يخلو منه فلا يكاد يقع قال ومن القدماء من جعله ابتداء الهواء الخريفيّ ومنهم من جعل ذلك فى اليوم الّذى بعده قال وكان ثابت يقول متى لم يقع ما وصفناه فى هذا اليوم فى السنة النادرة فليس يكاد أن يقع فى الثانى عشر ولا الثالث عشر ولكنّ فى النصف من آب ومتى وقع فى الحادى عشر فلا بدّ للنصف من أن يتجدّد فيه فضل طيبة الهوآء وإن قلّ وفى الثانى عشر حرّ عند اوقطيمن والقبط وفى الثالث عشر نوء وهواء راكد عند قاسر وقال سنان ربّما كان للهوآء فيه تغيّر فى الشاذّ وليس فى الرابع عشر ولا فى الخامس عشر ذكر شىء وفى السادس عشر نوء عند قاسر وفى السابع عشر نوء عند اوذكسس والثامن عشر خال عن ذكر شىء وقيل بأنّ فيه ينقطع السمائم وفى التاسع عشر نوء ومطر وريح عند ذيموقريطس ودبور عند القبط وفى العشرين نوء عند دوسيثاوس

a PL بسليمة R بسملة

وحرّ وكدورة فى الهوآء عند القبط ولم يُذكَرْ فى الحادى والعشرين شىء وفى الثانى والعشرين دبور ورعد عند اوذكسس ونوء وهواء رَدِىء عند قسر والقبط وفى الثالث والعشرين دبور عند القبط وفى الرابع والعشرين نوء عند اوذكسس ومطرودورس ويَفْتُرُ فيه الحرُّ قليلا وذلك حينَ تقطعُ الشمسُ من برج السنبلة ستَّ دَرَج وفى الخامس والعشرين نوء عند اوذكسس وجنوب عند ابرخس وحرّ عند القبط وفى السادس والعشرين رياح تَسْتَدِيرُ عند ابرخس وبينَه وبينَ اوّل ايّام العَجُوز نصف سنةٍ سَواء وفيه يَكْثُرُ الحرُّ لانصرافه كما يَكْثُرُ القُرُّ هناك عند انصرافه وهى سبعة ايّام آخِرُها اوّل ايلول وتُسَمّيها العربُ وَقْدَةَ سُهَيْل وهى رياحُ طلوعِ الجَبْهَةِ لكنّ سهيلًا يَطْلُعُ قريبا منه فيَغْلِبُ ذكرُه على ذِكْرِها ويكون الهواء فى هذه الايّام أحَرَّ مِمّا قبلها وبعدها ثمّ تَطِيبُ الليالى عقيبَ ذلك وهو أمْرٌ متعارَفٌ عند العامّة لا يكاد يُخْطِئُ قال محمّد بن عبد الملك الزيّات

بَرَدَ الماء وطال اللَّيْلُ وٱلْتَذَّ الشرابُ ومَضَى عنك حَزيرانُ وتمّوزُ وآبْ

وفى السابع والعشرين نوء عند فيلفس وفى الثامن والعشرين دبور عند القبط وفى التاسع والعشرين امطار ورعد وتَسْكُنُ الرياحُ الحوليّة عند اوذكسس وابرخس وفى الثلثين نوء عند ابرخس وفى الحادى والثلثين تَسْكُنُ الرياحُ الحوليّة عند بطلميوس وفيه عند اوذكسس رياح مُتَنَقِّلَة وعند قسر رياح ومطر ورعد وعند ابرخس ريحُ الصَّبا[a]

ايلول فى اليوم الاوّل منه نوء وسكون الرياح الحوليّة عند قاليس وفيه تقومُ سوق بمَنْبِجَ وفى الثانى كُدورة فى الهواء عند مطرودورس وذكر قونون أنّ الرياح الحوليّة تَنْقَضِى فيه وفى الثالث ريح ورعد وكُدورة فى الهواء عند اوذكسس وبَلَلٌ ونَدًى عند ابرخس وضَبابٌ وحرّ ومطر ورعد عند القبط وفيه يُبْتَدَأُ بايقاد النيران فى الأرَضِين الباردة وفى الرابع كدورة فى الهواء واختلاف عند قاليس واوقطيمن وفيلفس ومطرودورس ومطر ورعد وريح متنقّلة عند اوذكسس وفى الخامس رياح متنقّلة[b] وامطار وتَسْكُنُ الرياحُ الحوليّة عند قسر وأمطار وهواء شاتٍ فى البحر وريح جنوب عند القبط وفيه يَتَصَرَّمُ القيظُ[c] ويَجِىءُ زمانُ الفَصْدِ[d] وشُرْبِ

a R العسا b R منقلة c P تصرّم القبط L تتصرم القبط R تصرم القيظ
d Mss. الفصل

الدوآء الى اربعين يوما   وفى السادس دبور عند القبط   وفى السابع كدورة فى الهوآء عند فيلفس ونوء عند ذوسيثاوس   وفى الثامن دبور ونوء عند القبط   وليس فى التاسع شىء مذكور   وفى العاشر الهواء غير ممتزج عند ذوسيثاوس   وفى الحادى عشر تسكن الرياح الشمالية عند قسر   وفى الثانى عشر جنوب عند اوذكسس   وفى الثالث عشر نوء عند قاليس وقونون   وفى الرابع عشر تسكن الرياح الشمالية عند اوذكسس ونوء عند ذيموقريطس ومطروذورس ولا يظهر الخطاف بعد هذا الوقت   وفى الخامس عشر بلل وندى عند ذوسيثاوس وامطار ونوء عند القبط   وفى السادس عشر كدورة فى الهوآء ومطر فى البحر عند ابرخس وفيه فى السنة البسيطة[a] وفى السابع عشر فى غيرها يكون الاستواء الثانى وهو اول يوم من خريف العجم وربيع الصين زعموا وقد بيّنّا استحالة ذلك قالوا فما يهبّ فيه من الرياح فهو نفسانى والنظر الى السحاب الذى يرتفع فيه يهزل الجسد ويضنى الروح واحسن ان ذلك لاستشعار الخوف من البرد وادبار الطيبة   ومن عيافته القيام من الرقد ساجدا والتدخّن قبل الكلام بالعلّوآء وقيل ان العاقر العقيم اذا نظرت فيه الى السُّها ثم نكحت حبلت وقالوا أنّ فى ليلته تعذب مياه البحار وقد تقدّم امتناع ذلك   وهذا الاستواء الثانى بزيج السند عند عيد عظيم للهند بمنزلة المهرجان للفرس يتهادون فيه كلّ مال جليل وجوهر رفيع ويجتمعون فى الهياكل وبيوت العبادات الى نصف النهار ثم يخرجون الى متنزّهاتهم ويجتمعون فى مجالسهم ويخضعون للزمان ويتواضعون لله عزّ وجلّ   وفى السابع عشر امطار فى البحر وكدورة فى الهوآء عند مطروذورس   وفى الثامن عشر دبور ثم صبا عند القبط   وفى التاسع عشر بلل وندى عند اوذكسس ودبور ورش ومطر عند القبط وفيه يرجع الماء من أعلى الشجر الى عروقها   ولم يذكروا فى الثانى والعشرين شيئا   وفى الثالث والعشرين مطر عند اوذكسس ودبور او جنوب عند ابرخس   ولم ينقل عنهم فى الرابع والعشرين شىء وفيه تقيم سوق ثعالبة وزعم اصحاب التجارب أنّ فيه ينظر فأىّ ريح ثبتت على هبوبها الى الليل او الى الزوال فانّها تكون أدوم رياح السنة وسمّوا هذا اليوم بانقلاب الرياح وفيه يجىء الغربان البقع فى اكثر البلدان   وفى الخامس والعشرين نوء عند ابرخس واوذكسس[b]

a وفيه فى السنة البسيطة fehlt in *Mss.*   b واوذكسس fehlt in *LP.*

ودبور او جنوب عند القبط[a] وفى التسع والعشرين نوء عند اوقطيمن واودكسس ودبور او جنوب عند ابرخس ولم يذكر احد القدماء فى اليوم الثلثين شيئًا لا فى الهواء ولا فى غيره ۞ فهذه هى الايّام المستعملة فى الروم وقد رتّبنا فيها جميع ما ذكره سنان فى كتاب الانواء فهذه كانت[b] جوامعه ولم ندخل[c] بشىء مما اتّصل بنا فيها[d] وانّما نسمّيها باسماء السريانيّين[e] لتعارف الناس بها ولانّ ذلك راجعٌ الى معنى واحد فلنذكر الآن ما يستعمله اليهودُ فى شهورهم باذن الله عزّ وجلّ ۞

القول على ما يستعمله اليهود فى شهورهم

فنقول اذ قد بان لنا كيف السبيلُ الى معرفة رأس سنتهم وكيفيّتها وفرغنا من تحصيل ذلك بالحساب والجداول وترتيب شهورهم برؤوسها وأعداد ايّامها فقد وجب ضرورةً ان نبيّن اعيادهم وايّامهم المشهورة فانّ مع المعرفة بها نعاين[f] العلّة التى لأجلها لا يجوز أنْ[g] يكون رأسُ السنة فى ايّام مفروضة فلنبتدئ باوّل شهورهم

تشرى هو ثلثون يوما وله راس واحد ولا يكون اوّله كما قدّمنا يومَ احد ولا اربعاء ولا جمعة واذا وقع الحساب فى احدها أُخّرَ وجُعلَ اوّله اليومَ الذى يليه انْ صَلَحَ او اليومَ الذى يتقدّمه انْ كان التالى لا يصلُحُ بالشرائط المشروطة فى جدول الحدود[h] المُثبَت فيما تقدّم وهذا من فعلهم يسمّى الدّحِىّ، واوّل يوم منه عيد راس السنة يُنْفَخ فيه بالبُوق والسوافر وهى قرون الكباش ويُبْطَلُ فيه العمل كما يبطل فى السبوت وفيه زعموا قرّبَ ابرهيمُ ابنَه اسحق عليهما السلام ففُدِىَ بالكبش والذبيح عند اهل الكتاب اسحق وفى القران نصٌّ على انّه اسمعيلُ وذلك فى سورة والصّافّات ورُوِىَ عن النبىّ صلّى الله عليه وسلّم انّه قال أنَا ابنُ الذّبيحَيْن يعنى عبدَ الله بنَ عبد المطّلب واسمعيلَ ويتشعّب الكلامُ فى المسئلة ثمّ الله اعلم، وفى اليوم الثالث صومُ كدليا وهو ابن أحيقامَ خليفة بُخْتَ نَصَّرَ على بيت المَقْدِس وقُتِلَ فى هذا اليوم مع اثنين

a R ابرخس für القبط   b Mss. كان   c Mss. نحل   d Für بنا فيها L سقها P سدميا R دفنها   e Mss. اليونانيّين   f R معاين   g Mss. وان
h Mss. الحدد

وثمانين نفرا فى بئر أجشت عليهم فاغتمّ بنو اسرائيل وصاموا يوم مقتله، وفى اليوم الخامس صوم[a] عقيبا وسببه انه أُكرِهَ على عبادة الصنم فأبى فجلس فى صندوق حتى مات جوعا وحوله اصحابه عشرون نفرا محبوسين، وفى اليوم السابع صوم العذاب وذلك أنّ داود لمّا عدّ بنى اسرائيل أعجب بعدّتهم وخيّر[b] اولئك بكثرتهم فغضب الله عليهم وأرسل ناثان النبىّ الى داود وجماعة الشعوب ينذرهم بالسيف والقحط وموت الفجاءة وظهر الذارّ فخافوا وصاموا هذا اليوم، وفيه قتل بنو اسرائيل بعضهم بعضا بسبب عبادتهم العجل وعندهم أنّ هرون هو الذى عمله وكذلك ذكر فى التورية وحدّثنى يعقوب بن موسى النقرسى[c] اليهودى بجرجان[d] انّ موسى عليه السلام لمّا اراد الخروج مع بنى اسرائيل عن مصر وكان يوسف النبىّ عليه السلام اوصاهم أن يخرجوا تابوته معهم وكان مدفونا فى قعر النيل وماؤه يجرى فوقه فلم يمكن موسى اخراجه فاخذ كاغذة وقطع منها شيئا كهيئة السمكة وقرأ عليها ونفث وكتب وطرحها فى النيل ومكث قوتا ينتظر[e] ولم يتبيّن له اثر فأخذ كاغذة اخرى وقطع ما صورته[f] عجل وكتب عليها وقرأ ونفث واراد ان يلقيها فى الماء كما فعل اوّلا اذا التابوت قد ظهر فطرح ما كان فى يده من صورة العجل فاخذها بعض من حضر فلمّا كان وقت غيبته الى الجبل لمناجاة الربّ وضجر بنو اسرائيل بطول مقامه فيه ولازموا هرون ونسبوه بان يقيم لهم نبيّا عن موسى لا شكّ هنالك أعيت عليه الحيل وقال ائتونى بجميع حلىّ نسائكم وكان ذلك منه تاخيرا لعلمه أنّ النساء لا يعجّلن المسامحة بحليّهنّ فعسى أن يرجع موسى قبل ذلك واتّفق انهنّ أعطينها أعجل ما أمكن وأحضروا هارون فاذابها وسبكها فما كانت الّا كسائر السبائك[g] واعاد ذلك تعجيلا ورجاء لرجوع موسى والوقوف على خبره وكان معه صورة ذلك العجل حاضرا فقال فى نفسه انه كان ظهر من صورة السمكة آية عجيبة فانظر ما ذا يكون من صورة العجل واخذها وطرحها فى الذهب المذاب فلمّا فرغ وصبّ تشكّل منه عجل له خوار فافتتن الناس حينئذ وما كان هرون تعمّده، وفى اليوم العاشر منه صوم الكبّور ويدعى العشوراء وهو الصوم

a Mss. صوما b PR وحمر c P النعرمى R المقرمى d R بهرجان
e R ومكث قوتا ينتظره f Mss. صورة g P كسائر السائك R كيابير السايك L كسائر السبائك

المفروض من بين سائر الصيام فانّها نوافلُ ويُصامُ هذا الكبّورُ من قبلِ غروب الشمس من اليوم التاسع بنصفِ ساعة الى ما بعدَ غروبها فى اليوم العاشر بنصف ساعة تمامَ خمسٍ وعشرين ساعة وكذلك سائرُ الصيام النوافل تُصامُ على مثل ذلك ولاجله لا يمكن ان يَتوالىَ عندهم يومًا صوم فانّ ساعةً بينهما تَشْتَرِكُ[a] ويُعْدَمُ الافطارُ وزعم يعقوب النقرسىّ[b] انّ ذلك مخصوص بهذا اليوم فامّا سائرُ الايّام فانّه يجوز أنْ يُصامَ على مثلِ ما عليه المسلمون وفى هذا اليوم كَلَّمَ الله موسى بن عمران وصومُه كفّارةٌ لكلّ ذنبٍ على وجه الغلط ويَجِبُ على من لم يَصُمْه من اليهود القتلُ عندهم وفيه يُصَلّى خمسُ صَلَوات ويُسْجَدُ فيها وليس ذلك فى سائر الاعياد، واليوم الخامس عشر عيد المَظالِ وايّامُه سبعةٌ متوالية فيها يَستظلّون بأغصانِ الخِلاف والقصب[c] وغيرها فى صحونِ دُورهم وذلك فريضةٌ على المقيم دون المُسافر ويُبْتَذَلُ فيها الأعمالُ لانّ الله تعالى يقول فى السفر الثالث من التورية وفى خمسة عشر من الشهر السابع عيدُ المظلّ فلا تَعْمَلوا سبعةَ ايّام وحُجّوا قُدّامَ الله حَجًّا واَجْلِسُوا فى المظلّ بَيْتَ آلِ اسرائيلَ كُلَّهم سبعةَ ايّامٍ ليَعْلَمَ أحقابُكم انّى اَجْلَسْتُ بنى اسرائيل فى المظالّ اذ أَخْرَجْتُهم من مِصْرَ ويَسْتعمله جماعةُ اليهود وذكر ابو عيسى الورّاقُ فى كتاب المقالات أنّ السامرة لا تُعَيِّده، وآخِرُ يوم من عيد المظلّ وهو اليوم السابع منه والحادى والعشرون من الشهر يسمّى عرافا وفيه وَقَفَ الغَمامُ على رؤوس بنى اسرائيل فى التيه وفيه عيدُ الجَمْع لانّ اليهود تَجْتَمِعُ فى عارهرا من بيت المَقْدِس حاجّين ويَطوفون باورون الذى فى كنائسهم شِبْهُ المِنْبَر[d]، واليوم الثانى والعشرون عيد التبريك[e] وهو استكمال الاعياد ويُبْتَذَلُ فيه الاعمال ويزعمون انّ التورية فيه اُسْتُتِمَّ نزولُها وسُلّمت الى أئمّتهم لتُوضَعَ فى الصلوات وفى الكنائس وفيه يُخرِجون التورية ويَتَبَرَّكون بها ويتفاءلون بنَشْرِها وقرآءتها ❊

مرحشوان له رأسان ابدا وعددُ ايّامه ثلثون فى السنة التامّة وتسعة وعشرون فى المعتدلة والناقصة وليس فيه[f] عيدٌ، وفى السادس منه صومُ صيدقيا وسَبَبُه انّ بختنصّر قتل اولادَ صيدقيا وهو بين أيديهم فيَصْبِرُ ويَتَجَلَّدُ ولم يَبْكِ ولم يُظْهِرِ الجَزَعَ ففُقِئَتْ[g] عيناه فاغْتَمَّ بنو

a L يشترك R مشترك   b PR المعرسى   c R والتعصب   d R المبسر P المُسر
e LP الشريك R السرول   f Mss. فيهم   g R فعمست P فقعنت L ففقئت

اسرائيل فصاموا ومنهم[a] من يُخالف فيَجعَلُه يومَ الاثنين الذى يقع بين ثمانٍ تَخْلو منه وبين الثالث عشر وهو مّا لا[b] يُشْبِهُ طريقةَ لاثقة[c] بمذاهب اليهود بل هى بتأويل النصارى أشْبَهُ وانْعَتَمَدَ عند الجمهور فى صيامهم ما ذُكِرَ مَوْقِعه من الشهر دونَ الاسبوع ✿

كسليو له راس واحد فى السنة التامّة وعدد ايّامه ثلثون يوما فى السنة المعتدلة والتامّة وتسعة وعشرون فى الناقصة، وفى اليوم الثامن صومٌ سببه احْراق يهوياقيم الفراطيس المسمّاة قينوث وتفسيره النياح[d] وكان فيها وَعْدُ الله جاء بها ارميا النبىّ فى حال وَصْفِ بنى اسرائيل فى مستقبَلِ[e] الزمان وما يُصيبُهم من المكروهِ وانْفَذَها على يدى بوروخ بن نريون[f] فرمى بها يهوياقيم الى النار فضوعفت عليهم النياحة ومنهم من يُخالف فيَجعَلُه يومَ الخميس الواقع بين التاسع[g] من الشهر والخامس عشر منه، وليلة الخامس والعشرين اوّل عيد الحنكة ومعناه التنظيف وهو ثمانية ايّام يُسْرِجُون فى الليلة الاولى باسم كلِّ مَنْ فى الدار سراجا واحدا على الباب فى الدهليز وفى الثانية سراجَيْن وفى الثالثة ثلثة الى أنْ يكونَ فى الثامنة يُريدون بذلك انّهم يُريدون الشكر للّه يوما فيوما بتنظيف بيت المَقْدِس وتقديسه وذلك أنّ اخشذيونس ملك اليونانيّين غلب عليهم وقهرهم سبْيًا[h] وكان يفرعُ النساءَ قبل اهْداء الى أزواجهنّ فى سِرداب أخْرِجَ منه حَبْلَيْن الى خارج عليهما جُلجُلانِ معلَّقانِ[i] فإن احتاج الى أمرأةٍ حَرَّكَ الأيمَنَ فتُدْخَلُ عليه فاذا فرغ منها حرّكَ الأيسَرَ لتُخَلّى سبيلُها وكان فى بنى اسرائيل رجلٌ له ثمانيةُ بنين وابنة واحدة قد خَطَبَها اسرائيلىٌّ فلمّا استُهْدِاها قال له ابوها أمْهِلْنى فإنّى بين أمْرَيْن إنْ نَقَلْتُها اليك أفرَعَها هذا الملعونُ فلا تَحِلُّ لك بعد ذلك فإن امتَنَعْتُ عليه أهْلَكَنى ثمّ عيّرَ وَلَدَه بذلك فاغتاظوا وأنِفوا وانتزى[k] اصغرهم فلبس ثيابَ النساء وخَبأ خَنْجرا بثيابه[l] وأتى بابَ الملك مُتَشَبِّهًا بالزوانى فلمّا حَرَّكَ الحَبْلَ الأيمن أُدْخِلَ عليه فحينَ خلا به قتَلَه واحتزّ راسه وحرّك الحَبْلَ الأيسر فأُخْرِجَ ونصب راسه فعيَّدَ بنو اسرائيل لذلك اليومَ وبعدده على عدد اخوة لذلك الفتى والله اعلم ✿

a Mss. منهم   b لا fehlt in Mss.   c لاثقة fehlt in R.   d PR السام L النبيام   e Mss. معمىل   f RP بوروح مرىون L بوروح سريون   g Mss. التاسع عشر   h Mss. سبب   i Mss. جلجلين معلقين   k Mss. وانبرى   l Mss. بيابه

طيبث له راس واحد في السنة الناقصة وراسان في التامّة والمعتدلة وعدد ايّامه تسعة وعشرون يوما ، واليوم الخامس فيه هو اوّل ظهور الظُّلْمَة وذلك انّ تلما ملك[a] الروم طالبهم بالتورية وأَمرهم على نقلها الى اليونانيّة وحَمْلها الى خزانته فزعموا انّها المعروفة بتورية السبعين وأظلمت الدنيا لذلك ثلثة ايّام بلياليها ، وفي الثامن صومٌ وهو آخر الايّام الثلثة المُظْلِمة لهذا السبب المذكور ، وفي التاسع صيمٌ أُمِروا به ولا يُعْرَف سببُه ، وفي اليوم العاشر منه صومٌ وهو اليوم الّذي ورد فيه بختنصّر وحاصر بيتَ المَقْدِس ❁

شفط له راس واحد وهو ثلثون يوما وصَوْمه هو اليوم الخامس منه سببُه موتُ الصِّدّيقين في ايّام يوشع بن نون ومنهم من يَجْعَله يوم الاثنين الّذي يقع بين العاشر والخامس عشر منه ، وفي اليوم الثالث والعشرين صوم الفتنة[b] والسببُ فيه أَنّ سِبْط بِنْيامين طَغَوْا وبغوا وعملوا عَمَلَ قومِ لوط وٱجتاز عليهم رجلٌ مع آمرأته وجاريته الى بيت المقدس للحجّ فأضافه رجلٌ من اهل بَلَده فلمّا جَنَّ الليلُ أخذ اهلُ القرية بابَ الدار يطلبون الضيفَ للفاحشة فعَرَض عليهم صاحبُ الدار ابنتَه فقالوا لا حاجةَ لنا فيها ثمّ اعطاهم جاريةَ الضيف فوطئوها كلَّ الليلة وقضتْ نَحْبَها عند ٱبتلاج الصُّبْح فقطعها صاحبُها ارْبا اربا على عدد الأَسْباط وأَنْفَذ الى كلّ سِبْط منهم واحدا من أَعضائها ليَغيظَهم بذلك فآجتمعوا وحاربوا ذلك السبط فلم يَقْوَوْا بهم ثمّ صاموا هذا اليومَ وتضرّعوا اليه حتّى نُصِروا عليهم وقُتِل من سِبْطه اربعون[c] الفا ومن سائر الاسباط سبعون[d] الفا ❁

اذار الاوّل وهو شهر اللبس في السنة العبور ويُعْدَم[e] في البسائط فلا يكون فيها معدودا وله راسان وعددُ ايّامه ثلثون وليس فيه صَوْمٌ ولا عيد ❁

اذار الثاني وهو الاصليّ ويُخْتَلَف في البسائط ولا يُضاف الى شُبْهة[f] ذكرْنا في تقدّم الاوّل وله راسان وعدد ايّامه تسعة وعشرون ، وفي اليوم[g] الّذي مات فيه موسى بن عمران وانقطع المَنّ والسَّلْوى بموته ، وفي اليوم التاسع صوم قرّره بنو اسرائيل على انفسهم حين وقعت المنازعة

a R المسالك für ملما الملك   b L الغيبة PR العسه   c L سبطه اربعين PR سبط واربعين   d Mss. سبعين   e PL وتقدّم R وتعدم   f RP سمه L شبهة
g Lücke, zu ergänzen السابع صومٌ وهو اليوم

بين اهل شمّا وبين اهل بيت هلال وقُتِل منهم ثمانيةٌ وعشرون الف رجل ومنهم من يجعل صومه الاثنين الواقع بين العاشر والخامس عشر من هذا الشهر، واليوم الثالث عشر صوم البورى ومعناه المُساهمة والسبب فيه أنّ هامان كان من ضعفاء الناس فارتحل الى تُسْتَر ليَبْلى به عملاً وعرض له فى الطريق ما راث به[a] عن البلوغ الى المقصد فى اليوم الذى يتقلّد فيه الأعمال ففاته ذلك وأعيت عليه الحِيَل فجلس عند النواويس يأخذ من كلّ ميت ثلثة دراهم وثلثا[b] الى ان ماتت ابنة اخشورش الملك وجيء بها فطلب من حامليها[c] شيئًا ولم يُعْطَ ولم يُخَلِّ سبيلهم حتى أُعْطِىَ ما كان يريده فلم يَرْضَ به وجعل يَزيدُه ويَزيدون الى ان بلغ مالا عظيما وأُعلِمَ الملكُ بذلك فأمر بإطلاق مطلوبه ثمّ احضره بعد سَبْع[d] وسأله عمّن قلّده ذلك العمل فلم يَزِدْ على أنْ قال مُجيبًا له ومن نهانى عنه الى أنْ كرّر الملكُ قولَه فقال هامان إنْ كنتَ منبيًا الآن عنه فقد أمسكتُ وانعزلتُ ووهبت لك بعَيْبَتِه من نفسى كذا وكذا بَدْرة من الدنانير وتعجّب الملكُ من مقدار المال الّذى ذكر اذ لم يكن له مع الأمر والنّهى والحلّ والعقد مثله وقال حقيقٌ بمَنْ جمع هذا من امارة الموتى ان يُسْتَوْزَر ويُسْتشار فناط الأمور كلّها به وأمر اهل المملكة بطاعته وكان هامان عدوًّا لليهود فسأل اصحابَ الفألِ والتَّنْجيم عن أشْأم وقت لبنى اسرائيل فقالوا فى اذار مات صاحبهم موسى وأشْأمُ يوم فيه الرابع عشر والخامس عشر فكتب الى الآفاق بالقبض على اليهود فى ذلك اليوم وقتْلهم وكان اهلُ المملكة يَسْجُدون له ويُكفّرون بين يديه سوى مرتخا الاسرائيليّ اخى استر امرأة الملك فحقد عليه هامانُ وأضمر له الشرَّ فى ذلك اليوم وفُتِنَتْ امرأةُ الملك له فأضافتْه مع وزيره هامانَ ثلثة ايّام فلمّا كان الرابعُ سألها الملكُ أنْ ترفع حوائجها فاستوهبتْه نفسَها واخاها من القتل فقال ومن الّذى اجترأ عليكما فاشارتْ الى هامان فقام الملك ضَجِرًا من مجلسه وأهوى هامانُ الى المرأة يَسْجُدُ لها ويُقبّل رأسها وهى تدفعه فتخيّل الى الملك انه يُراوِدُها عن نفسها فالتفت وقال أوَقد بلغ من جرأتك أنْ طمعتَ فيها فأمر بقتله وسألته استير أنْ يَصْلِبَه على الخشبة التى كان هيّأها لأخيها ففعل به وكتب الى الآفاق بقتل اصحاب هامان فقُتِلوا فى اليوم الّذى اراد قتلَ اليهود فيه وهو اليوم الرابع عشر ففيه الفرح بقتل هامان ويسمّى عيد الجَكْنَة ويسمّى ايضا هامان سور لانّهم يعملون

a R ما راتبه P ما راتبه   b Mss. وثلث   c RP رحايلها L حاملها   d P شبع

فيها تماثيل يضربونها ثم يحرقونها تشبيها باحراقهم هامان وكذلك الخامس عشر مثله ✿

نيسن له راس واحد وعدد ايامه ثلثون يوما واليوم الاول منه صوم موت ناداب وابيهوا[a] ابنى هارون بسبب ادخالهم نارا غريبة فى قبّة[b] الله؛ واليوم العاشر صوم موت مريم بنت عمران وغؤور الماء الذى جعل كرامة لها كما انقطع المنّ والسلوى بموت موسى بن عمران ومنهم من يجعله يوم الاثنين الواقع بين الخامس والعاشر منه؛ واليوم الخامس عشر منه عيد الفصح وقد آتينا من ذكره ما يغنى عن الاعادة وهو اول ايام الفطير التى لا يجوز فيها اكل الخمير وذلك أنّ الله تعالى امرهم فى السفر الثالث من التورية بذلك فقال فى خمسة عشر من هذا الشهر عيد الفطير لله فكلوا سبعة ايام فطيرا ولا تعملوا فيه وانقضاء هذه الايام من غروب الشمس من اليوم الحادى والعشرين وفيه اغرق الله فرعون ويسمّى المكس[c]؛ وفى اليوم السادس والعشرين صوم وفاة يوشع بن نون عليه السلام ✿

ايّر له رأسان وعدد ايامه تسعة وعشرون واليوم العاشر صوم التابوت وهو اليوم الذى أُخذ فيه من بنى اسرائيل وقُتل منهم ثلثون نفرا وكان على الكاهن يتولّى امرهم فانشقّت مرارته وخرّ من سريره ميّتا لمّا سمع الخبر ومنهم من يجعله يوم الخميس الواقع بين السادس والحادى عشر؛ واليوم الثامن والعشرون ايضا صوم وفيه مات اشمويل النبىّ عليه السلام ✿

سيون له رأس واحد وعدد ايامه ثلثون واليوم السادس منه عيد العنصرة[d] وهو عيد عظيم وحجّ من حجوج بنى اسرائيل وفيه حضر مشايخ بنى اسرائيل طور سيناء فسمعوا قول الله تعالى مع موسى من الجبل بالامر والنهى والوعد والوعيد وأُمروا أن يتّخذوا فيه عيدا شكرا لله على سلامتهم فى ارضهم وغلّاتهم من الصواعق والبَرَد والرياح وقال تعالى فى السفر الثانى من التورية وحجّوا الىّ ثلث مرّات فى كلّ سنة الاول فى حين الفطير والثانى حين نزلت التورية وهو حجّ العنصرة والثالث فى آخر السنة حين تُدخلون ثماركم من المزارع ويكون حجاجكم[e] وذكركم الله فى بيوت مقدّسة وفى هذا اليوم يؤتى بالباكور من الغلّات فيقرأون عليها ويدعون لها بالبركة ومن اوّل ايام الفطير الى العنصرة خمسون يوما وفى الاسابيع المعظّمة التى فُرض عليهم فيها الفرائض وكُمّل دينهم وتأدّبوا بآداب الله؛ وصوم يوم الاثنين الذى يقع بين التاسع والرابع

a Mss. هارات وابهوا *b R* فيه *c R* المكس *d P* الغصرة *e Mss.* حجابكم

عشر واليوم الثالث والعشرون صوم ذكروا أنّه اليومُ الّذى فَرَض فيه على الاسباط العشرة يوربعام بن نبط عبادة عجلَيْن معمولين من ذهب فعبدوهما وملّكهم اولاده زهاء مئتين وخمسين سنةً حتى غزاهم سلمانُ الاعشر ملك الموصِل وسباهم فحينئذ آتحدوا[a] مع سائر الاسباط وذلك فى ايّام حزقيا وهذا المذكور كان من عَبيدِ سليمانَ بن داود قرّبَ منه وملّكه بنو اسرائيل عليهم فتعبّهم عن حجّ بيت المقدس بعبادة هذين العجلَيْن علمًا منه انّهم اذا دخلوا بيتَ المقدس بدا لهم فيما صنعوا من تمليكه وعرّفوا حقيقة حاله فخلعوه وقتلوه، وفى اليوم الخامس والعشرين صومٌ فتلِ شمعون واشمويل وحنينا، وفى السابع والعشرين صومٌ سببُه أنّ أحدَ ملوك الروم أكرَه ربّا حنينة بن ترديون[b] على عبادة الصنم فلم يَفْعل فلفّ عليه التورية وأحرقه وحَبَس ربّا عقيبا ونَفى العوامَّ عن آتباعه وآجتهد فى ابطال السَّبْت ✿

تمّز له رأسان وعدد ايّامه تسعة وعشرون وليس فيه عيد وصومه اليوم السابع عشر منه وفيه كسَرَ موسى الألواحَ وفيه ابتداء حِصْنِ بيت[c] المقدس فى الانهدام أيّامَ محاصرة[d] بختنصّرَ ايّاهم وفيه اتّخذ صنمٌ ببيت المقدس ووُضِعَ فى المحراب جُرأةً على الله وطغيانا وفيه أُحرِقت التورية وفيه بَطَلت القرابينُ ✿

اوب له رأس واحد وعدد ايّامه ثلثون وصومه اليوم الاوّل منه وهو الّذى مات فيه هرون بن عمران ورُفِعَ الغمامُ الّذى جُعِلَ كرامةً له، وفى اليوم التاسع صوم وفيه أُخبِروا فى التيه بأنّهم غيرُ داخلين بيتَ المقدس فاغتمّوا وفيه فُتِح بيتُ المقدس ودخله بختنصّرُ وخرّبه بالحريق وفيه خُرِبَ البيتُ خرابه الثانى وحُرِثَ ارضه، وفى اليوم الخامس عشر صومُ زوالِ النار عن البيت وهو خروجُ بختنصّرَ عنه ورفع الحريق عن خزانته[e] وهياكله، وفى اليوم الثامن عشر منه صومٌ سببهُ آنطفاء سِراج الهيكل ببيت المقدس فى ايّام احوز[f] النبىّ وكان ذلك علامةً لغضب الله عليهم ✿

ايلل له رأسان وعدد ايّامه تسعة وعشرون وليس فيه عيدٌ، وفى اليوم السابع منه صوم الجواسيس[g] وهو اليوم الّذى رَجَعَ فيه الطلائعُ الى موسى وأخبروه خبرَ الجبّارين فاغتمّ بنو

a *P* اتخذوا b *RL* بدريزن *P* بدرزن c *Mss.* ببيت d محاصرة fehlt in *Mss.* e *L* خزانته f *L* ابنون *R* ابنون *P* انون g *Mss.* الخواميس

اسرائيل وكذّبهم يوشع بن نون فأثبت لذلك ومنهم من يجعل صوم هذا الشهر يوم الاثنين او الخميس

[Lücke, angezeigt in *LR*, nicht in *P*.]

الذى يلى راس السنة التالية بأقلّ من سبعة ايام وانّما لم يُجيزوا أنْ يكون اوّل تشرى ادو والكبّور اجو والبورى اعنى هامان سور ب د ز[a] والفصح ب د و[b] والعنصرة ج ه ز لانّهم ارادوا أنْ لا يُجيئهم يومُ عَمَلٍ فى سبت فيَعْجزوا[c] عنه اذْ لا يَحِلُّ لهم العَمَلُ فى السبت فقد قال اللّه تعالى فى السفر الثانى مَنْ عَمِلَ فى السبت فَلْيُقْتَلْ وفى السفر الرابع أنّه وُجِدَ فى البَرِّيّة رجلٌ من بنى اسرائيل يَعْمَلُ يومَ السبتِ ويَلْتَقِطُ الحَطَبَ فجاؤوا به الى موسى وهرونَ لحبساه[d] وقال اللّه تعالى لموسى اقتلاه فرُجِمَ بالحجارة حتّى مات ولا أنْ يَتوالى عليهم يوم سبت ويومٌ تَبْطُلُ فيه الاعمال، امّا يومُ الاحد فانّما لم يُجَوِّزوا أنْ يكونَ راسَ السنة لانّ اللّه تعالى قال فى السفر الثالث وفى اوّلِ يوم من الشهر السابع لكم راحة وذكر القرينة[e] فلا تَعْمَلوا فيه وقَرِّبوا القرابينَ فاذا كان تاليا للسبت تَوالىَ على اليهودىّ يومَا فراغٍ وٱختلَّتْ اسبابُ مَعاشه وأدّته الى ما يَصْعُبُ عليه تَدارُكه وتَلافيه ويقع حينئذ عرابا يومَ السبتِ فتَبْطُلُ الصَّدَقَةُ وما رُسِمَ فيه من الاعمال ولاجلِ ذلك لا يَجوزُ أنْ يكونَ الكبّورُ يومَ الثلثاء ولا الفصحُ المتقدّمُ يومَ الجمعة والعنصرةُ المتقدّمة يومَ السبت فانّ مُوجَبَ هذه أنْ يكونَ راسُ تشرى يومَ الاحد، وانّما لم يُجَوِّزوا أنْ يكونَ راسُ السنة ايضا يومَ الاربعاء لانّ اللّه تعالى قال فى السفر الثالث وفى عَشْرٍ من الشهر السابع تكونُ المَغْفِرَةُ فلا تَعْمَلوا فيه أدْنَى شَىْء من عِشاء تسعٍ من الشهر الى العشاء فتكون الاعمالُ مُعَطَّلة يومَ الكبّور ويَتْلوه السبتُ معطّلا كذلك ولاجله لا يَجوزُ أنْ يَقَعَ يومَ الجمعة الفصحُ المتقدّمُ يومَ الاثنين والعنصرةُ المتقدّمة يومَ الثلثاء، وانّما لم يُجَوِّزوا وقوعَ راسِ السنة يومَ الجمعة لانّه يَتوالَى مع السبت ويكونُ الكبّورُ يومَ الاحد متواليا مع السبت وعيدُ التبريك يومَ الجمعة فيَتوالَى مع السبت وقد شُرِطَ ازالةُ ذلك ولاجلِ هذا لا يجوز الكبّورُ يومَ الاحد والفصحُ المتقدّمُ يومَ الاربعاء والعنصرةُ المتقدّمة يومَ الخميس لانّ لذلك يُحْوِجُ الى أنّ

a R رب دو *LP* رب ج   *b* ب دو fehlt in *R*.   *c Mss.* فيعجزون   *d P* لحبسا ما *R* لحبسا   *e Mss.* القرية

يكون راس السنة يوم الجمعة ويلزم منه ما ذكرنا ❀ فلذلك اجتهدوا فى تأليف الحساب على أن لا يتّفق يومًا فراغ متواليين ولئلّا يكون يوم عرابا يوم السبت لانّه يوم يحتاجون فيه الى التصدّق والطواف على المنبر المسمّى اورون ويقال له الملواذ ولئلّا يتّفق البورى يوم السبت ايضا فيعجزوا[a] عن احراق هامان فيه والفرح به وحتّى لا[b] يتّفق العنصرة يوم السبت فلا يمكنهم اتيان الزروع والجنى بالباكور وغير ذلك ممّا هو مفروض عليهم ❀

وحكى ابو عيسى الورّاق فى كتاب المقالات عن نوع من اليهود يقال لهم المغاربة[c] انّهم يزعمون أنّ الاعياد لا تصحّ الّا بأن يكون القمر فى ليلة الاربعاء وهى الّتى تتلو نهار الثلثاء عند غروب الشمس يطلع بدرًا ويكون فى ارض بنى اسرآئيل فذلك راس السنة ومنه تعدّ الايّام والشهور وعليه تدور الاعياد لانّ الله تعالى خلق النيّرين العظيمين فى يوم الاربعاء كانّهم لا يجيزون الفصح الّا يوم الاربعاء ولا يوجبون شرائعه وسننه الّا على من حلّ ارض بنى اسرائيل وذلك خلاف ما عليه جمهورهم وضدّ ما نطق به التوراة ❀ وامّا العنانيّة[d] فانّها تأخذ اوائل الشهور من رؤية الهلال بالعيان ويستخرجون العبور بما ذكرناه من تقدمة المعرفة فلا يبالون بهذه الاعياد كيف اتّفقت من الاسبوع الّا فى السبوت فانّهم يؤخّرونها الى يوم الاحد الّذى يتلوه ويسمّون هذا التأخير دحيا ولا يتناولون يوم السبت عملا البتّة حتّى الختان للمولودين فى السبوت فانّهم يؤخّرونه الى اليوم التابع[e] خلاف ما تعمل عليه الربّانيّة فى ذلك ❀ ويتعلّق ببطلان العمل فى السبت اشياء يتعجّب منها فلولا ما حكى الله تعالى فى القرآن اذ تأتيهم حيتانهم يوم سبتهم شرّعا ويوم لا يسبتون لا تأتيهم وما حكى الجيهانىّ فى كتاب المسالك والممالك أنّ فى شرقىّ مدينة الطبريّة مدينة بليناس ومنها منبع الاردنّ وعليه ارحية تقف يوم السبت ولا تطحن لنضوب مآئها حتّى ينقضى يوم السبت، ولا اجد لهذا فى الطبيعيّات مأخذا لانّ مداره على اسابيع الايّام فامّا ما كان على السنين فيعلّل من الشمس وشعاعه وما كان على الشهور فمن القمر وضيائه كما كان المذبح المحرق للقرابين فى يوم معلوم واحد من السنة ببلاد يونان معولا بشعاع الشمس المنعكسة المجتمعة فى موضع من المذبح وامثال ذلك ❀ وذكر ابو عيسى الورّاق فى كتاب المقالات انّ الالفانيّة من اليهود تدفع

a Mss. فيعجزون b PR لان c R المقاربة d Mss. العيانيّة e Mss. التاسع

جميع الاعياد وتزعم أنّه لا يوقف عليها الّا من جهة نبيّ ويتمسّك بالسبت وحده ۞ وهذا الجدول وهو جدول التعليل يفصح بما قدّمتُ ذكره من امر الاعياد ويبيّن[a] كيفيّة استحالة اوّل السنة فى الايّام المذكورة اعنى يوم الشمس ويومَى كوكبيها فالحمرة فيه دليل على الاستحالة والسواد دليل على الجواز فكلّما اتّفق ما بحيالة من الاعياد المرسومة على رؤوس الجداول اسود[b] من اوّله الى آخره فهو جائز وقتما اختلط ما بحيالة من الاعياد[c] بحمرة او اتمّ كلّه فغير جائز وقد رسمنا الوجوب والامكان والامتناع فيها بازائها فالوجوب والامتناع ممّا لا يحتاجان الى تفسير وامّا الامكان فهو أن يكون رأس السنة فى ايّام تصلح أن يكون فيها لم تختلط[d] الاعياد فيها بحمرة فلا تصلح فى البسائط وتصلح فى مثل تلك الكيفيّة فى غيرها وبالعكس ومنه يظهر بالعيان لم صار بعض الكيفيّات مع بعضها يتوالى ومع الاخرى لا يتوالى كما قدّمنا ولذلك أنّه ان كان رأس السنة التالية لتلك الكيفيّة ممّا لا يجوز لأن يكون راسًا للكيفيّة الاخرى ممكن أن يتوالى والّا ممتنع الّا فى النواقص فانّ امتناع توالِيها من جهة اخرى وقد تقدّم ذكر ذلك ۞ وهذا جدول التعليل[e]

a *LP* ويتبيّن. b *Mss.* سواد. c *Mss.* للاعياد für من الاعياد. d *LR* لا يخلط *P* لا يختلط.

e Die beiden folgenden Tabellen fehlen in *L*; die mit einem Sternchen bezeichneten Zahlen sind in *P* und *R* mit rother Dinte geschrieben.

In der Columne 2 in beiden Tabellen haben die *Mss.* überall — und n u r — neben dem ممتنع der folgenden Columne den Buchstaben ح d. i. محال. Indess die Ueberschrift dieser Columne, sowie die Intervalle zwischen den beiden Jahresanfängen (in Coll. 4 und 10) erfordern die von mir vorgenommene Aenderung, d. i. die Eintheilung der 21 Jahre in 7 Jahre ח, 7 Jahre כ und 7 Jahre ש.

جدول التعليل .I

1	2	3	4	5	6	7	8	9	10
الكيفيات الأُوَل	الكيفيات الثانية	الأقسام	أى تشرى المعتبر عليه	ا ى من تشرى البرز	كا من تشرى عرانا	ا يط من الدار البيرى	ا يه من نيسن القمح	ا و من سيون الغفرة	اَ من تشرى أى السنة الثالثة
	ح	ممتنع	اح	٣*	٧*	٧*	٢*	٣*	٤*
ط	ح	واجب	ب	د	ا	ا	ج	د	٥
	ح	ممتنع	ج	ه	ب	٢*	٤*	٥*	٦*
	ح	ممتنع	٤*	٦*	ج	ج	ه	د	ز
	ح	ممكن	ه	ز	د	٤*	٦*	٧*	اح
	ح	ممتنع	و*	اح	ه	ه	ز	ا	ب
	ح	واجب	ز	ب	و	و	ا	ب	ج
	ك	ممتنع	اح	٣*	٧*	ا	ج	د	ه
ا	ك	ممتنع	ب	د	ا	٢*	٤*	٥*	٦*
	ك	واجب	ج	ه	ب	ج	ه	و	ز
	ك	ممتنع	٤*	٦*	ج	٤*	٦*	٧*	اح
	ك	ممكن	ه	ز	د	ه	ز	ا	ب
	ك	ممتنع	٦*	اح	ه	و	ا	ب	ج
	ك	ممتنع	ز	ب	و	٧*	٢*	٣*	٤*
	ش	ممتنع	اح	٣*	٧*	٢*	٤*	٥*	٦*
	ش	واجب	ب	د	ا	ج	ه	و	ز
	ش	ممكن	ج	ه	ب	٤*	٦*	٧*	اح
	ش	ممتنع	٤*	٦*	ج	ه	ز	ا	ب
ا	ش	واجب	ه	ز	د	و	ا	ب	ج
	ش	ممتنع	٦*	اح	ه	٧*	٢*	٣*	٤*
	ش	واجب	ز	ب	و	ا	ج	د	٥

جدول التعليل .II

1 التقيفات الأُولى	2 التقيفات الثانية	3 الأقسام	4 أول تشرى المعتبر عليه	5 ا ى من تشرى الكبور	6 كا من تشرى عرابا	7 يد من اذار البورى	8 ا يه من نيسن الفصح	9 ا و من سيون العنصرة	10 اَ من تشرى أول السنة التالية
ر	ح	ممتنع	اح	٣*	٧*	٢*	٤*	٥*	٦*
	ح	واجب	ب	د	ا	ج	٠	و	ر
	ح	ممتنع	ج	٠	ب	٤*	٦*	٧*	اح
	ح	ممتنع	٤*	٦*	ج	٠	ز	ا	ب
	ح	ممكن	٠	٧	د	و	ا	ب	ج
	ح	ممتنع	٦*	اح	٠	٧*	٢*	٣*	٤*
	ح	واجب	ز	ب	و	ا	ج	د	٠
	ك	ممتنع	اح	٣*	٧*	ج	٠	و	ز
	ك	ممتنع	ب	د	ا	٤*	٦*	٧*	اح
	ك	واجب	ج	٠	ب	٠	ز	ا	ب
	ك	ممتنع	٤*	٦*	ج	و	ا	ب	ج
	ك	ممكن	٠	ز	د	٧*	٢*	٣*	٤*
	ك	ممتنع	٦*	اح	٠	ا	ج	د	٠
	ك	ممتنع	ز	ب	و	٢*	٤*	٥*	٦*
	ش	ممتنع	اح	٣*	٧*	٤*	٦*	٧*	اح
	ش	واجب	ب	د	ا	٠	ر	ا	ب
	ش	ممكن	ج	٠	ب	و	ا	ب	ج
	ش	ممتنع	٤*	٦*	ج	٧*	٢*	٣*	٤*
	ش	واجب	٠	ز	د	ا	ج	د	٠
	ش	ممتنع	٦*	اح	٠	٢*	٤*	٥*	٦*
ا	ش	واجب	ر	ب	و	ج	٠	و	ز

القول على ما يستعمله النصارى الملكائية فى الشهور السريانية

والنصارى مفترقون فِرَقًا فالاولى منهم الملكائية وهم الروم وانّما سُمّوا بذلك لانّ مَلِكَ الروم على قولهم وليس بالروم سواهم والثانية النسطوريّة منسوبون الى نسطورس المُظْهِر لرأيهم فى سنة سبعمائة وليّف وعشرين للاسكندر والثالثة اليعقوبيّة وهذه مُعاظِمُ فِرَقِهم وفيما بينهم فى الاصول التى هى الاقانيم واللاهوتيّة والناسوتيّة والاتّحاد اختلافاتٌ[a] يَتبايَنون لها ومنهم فرقة تسمّى الاريوسيّة ورأيهم فى المسيح اقرب الى ما عليه اهل الاسلام وابعدُ عمّا يقول به كافّة النصارى وفِرَقٌ أُخَرُ كثيرة وليس هذا موضعُ ذِكْرِ ذلك وكُتُبُ المقالات والآراء والدّيانات والرّدّ على هولاء الفِرَق اَسْتغرقت ذلك وتَتبّعتْ زواياه وكوامنه والملكائية والنسطوريّة اكثرهم عددا لانّ الروم وحواليها كلّها ملكائيّة ومن بالشأم والعراق وخراسان اكثرهم نسطوريّون[a] فامّا اليعاقبة فاكثرهم القبط ومَنْ حوالَي مِصْرَ ولهم ايّامٌ يستعملونها فى شهور السريانيّين يَتّفقون فى بعضها ويختلفون فى الاخرى أمّا الاتّفاق فمن جهة اشتهارها[b] قبل حُدوث التّبايُنِ فى المذاهب وأمّا الاختلاف فلاختصاص المذهب والبُقعةِ[c] بذلك دون الآخرِ وايّامٌ أُخَرُ مُضافةٌ الى صَوْمِهم الاكبرِ والاسابيعُ المنسوبة الى مشاهيرِ الايّام وفيها اتّفاق واختلاف كما فى الاولى وانا ذاكرٌ ما عليه الملكائيّة من استعماله فى شهور السريانيّين فى خوارزم فانّه قلّما تُوجَدُ أُمَمُ النصارى واليهودِ والمجوسِ تَتّفق فى استعمال الاعياد والايّام فى البلاد المختلفة الّا فى الاعياد العُظْمى المشهورة وتَختلف فى غيرها على أَعَمِّ الاحوال ثمّ أُرْدِفُها ذِكْرَ صومهم وما يُضافُ اليه من الايّام المُتّفَق عليها ثمّ اَذْكُر بعده ما عليه النسطوريّة من الاعياد والذكارين ان شاء اللّه

تشرين الاوّل فى اليوم الاوّل منه ذِكْران حنينا الاسقف الشهيد تلميذ بولس ومن رسومهم فى هذه الذكارين أنّهم يَذْكُرون صاحبَه ويَدْعُون له ويُثْنُون عليه ويَتضرّعون الى اللّه باسمه ويُسَمّون كلَّ مولود يُولَدُ فيه وبعده الى الذكران الآخر باسمه وربّما قسَمَ الذكارينَ بعضهم على بعض فيقولون فلانٌ[a] صاحبُ ذكرانِ فلان فاذا كان الذكرانُ اجتمعوا عنده فاضافهم وأطْعَمهم وفى اليوم الثانى ذكران حيرث النّجرانىّ الشهيد مع الشهداء وفى اليوم الثالث ذكرانُ مارية

a Mss. نسطوريّة b Mss. اشتهاراتها c R والتبعة

الراهبة التى لبست ثياب الرجل وترهّبت وأخفت أنوثتها على الرهبان ثمّ رُميت بالزنا مع امراة فاحتملت الأذى ولم تُظهِر الأنوثة حتى ماتت وعُرفت حالها وبرآءتها من الزناء حين ارادوا غسلها فتبيّن لهم بضعها وفى اليوم الرابع ذكران ديونسيوس الاسقف المتحمر تلميذ بولس، وهذه النسب هى مراتب دينية وذلك لأنهم فى دينهم على تسع مراتب فصاحب المرتبة الاولى فسلفس[a] والثانية قروءا والثالثة ابوقدياقن والرابعة مشمشانا وهو الشماس والخامسة قشيشا وهو القس والسادسة بسقوفا وهو الاسقف ويكون من تحت يد المطران والسابعة مطرابوليطا وهو من تحت يد الجاثليق ومقام مطران خراسان للملكائية بمرو والثامنة قثوليقا وهو الجاثليق ومقام جاثليق الملكائية من بلاد الاسلام بمدينة السلام وهو من تحت يد بطريك انطاكية فامّا جاثليق النسطورية فيكون من عند الخليفة امير المومنين على رضى من جمهورهم له والتاسعة بطريارخا وهو البطريق وهذه المرتبة للملكائية فقط والبطارقة فى الدين اربعة ابدا كلما مات احدهم أقيم بدله آخر باتفاق من الباقين والجثالقة وغيرهم من أرباب المناصب واحد البطارقة يقيم بالقسطنطينية والثانى برومية والثالث بالاسكندرية والرابع بانطاكية ويسمّون هذه البلدان كراسى وليس فوق البطريق مرتبة ولا دون فسلفس[b] بل ربّما عدّوا المراتب الى عند الشماس ولم يعدّوا ما دونه من اصحاب الالحان وخدم المذابح فى اصحاب المراتب ولكل واحدة من هذه المراتب حدود ورسوم واحوال ليس هذا موضع شرحها، وحكى ابو الحسين احمد بن الحسين الاهوازى الكاتب فى كتاب معرفة الروم ما عاينه بالقسطنطينية وبلاد الروم من المراتب الدينية والسياسية فذكر أنّ اوّل الدينية البطريرخس وهو نافذ الأمر فى الملك ثمّ خرنسخس وهو صاحب الدير الاعظم ثمّ بسقبس وهو الاسقف ثمّ مترابليتس وهو الحاكم ثمّ غومنس وهو صاحب دير معظم عندهم ثمّ قلوجرس وهو قريب المرتبة منه ثمّ پپاس وهو القس ثمّ الديقن وهو الشماس والاعتماد فى ذلك على ما ذكرنا أوّلا فانّ ابا الحسين خلط باهل المراتب المرسومة قوما وان عظموا فليسوا من اصحابها وربما كانوا من احدبيها[c] وليس تلك الصفة منها، واما المراتب الدنيوية السياسية فاولها بسيليوس وهو قيصر ملك الروم ثمّ اللغثيط وهو وزيره والمترجم عن كل لغة

a *Mss.* فشيفشا b *Mss.* پشيشا c *L* أحدثها

وبعده برکمومنس[a] حاجب الحجّاب ثمّ الدمستق صاحب الجيش ثمّ اكسيوطس وهو ثقة الملك في الجيش ونظير الدمستق لا يَنْزل احدهما لصاحبه ثمّ أَرْخن بترخن[b] وهو الذى البطارقة تحت يده ثمّ البطريقيس وهو البطريق والبطارقة في الجيش شِبْهُ عظماء القوّاد لا كما ذكرناهم في المراتب الدينيّة ومَن خاف اشتباه الاسمَين سمّى الدينىّ بطرك ثمّ الرغاطر وهو عارض الجيش ومطلق الأطماع ثمّ مرتبة اصرالغوس وهو نصف بطريق ثمّ برتس بتارس وهو ثقة الملك في عسكر البطريق واليه يرجع البطريق فيما فعله ثمّ مغلاويتس صاحب مِقْرَعة الملك ثمّ اكسيرخس صاحب الف رجل ثمّ قطلنطارس صاحب مائة رجل ثمّ بنتقنطارس صاحب خمسين رجلا ثمّ تسرقنطارس[c] صاحب اربعين ثمّ تريبنطارس صاحب ثلثين ثمّ ايقسيطارس صاحب عشرين ثمّ ديقرخس صاحب عشرة رجال. ونعود فنقول أنّ في اليوم الخامس من هذا الشهر ذكران اصحاب الكهف بمدينة افسس وهو المذكور في القرآن العزيز وقد وَجّه المعتصمُ مع رسوله الى ملك الروم من شاهَدَ موضعهم ولمسهم بيده والخبرُ معروفٌ وإنْ كان اللامسُ وهو محمّد بن موسى بن شاكر يُشكّك في انّهم هم ام امواتٌ أُخَر وأمرٌ مموّه وحكى علىّ بن يحيى المنجّم انّه لمّا قفل من غزاته دَخَلَ ذلك الموضعَ وهو جبل صغير قُطْرُ أسفله اقلُّ من الف ذراع وله سَرَبٌ في وجه الارض يَدْخُلُ فيمُرُّ في خَسْف من الارض مقدارَ ثلثمائة خُطْوَة فيُخرِجك الى رواقٍ في الجبل على أسطوينَ منقورة وفيه عِدّةُ بيوت وذكر انّه رأى هنالك ثلثةَ عشر رجلا وفيهم غلام أمْرَدُ عليهم جِبابُ صُوف وأكْسِيَةُ صوف وخِفافٌ ونعالٌ وتناوَلَ شَعَرات في جَبْهَةِ احدهم ومَدّها لم تتبعه منه شيء والزيادة على السبعة عند المسلمين والثمانية عند النصارى ربّما كانت من رَهابِنَة ماتوا عندهم فإنّ أجساد الرهابنة خاصّةً تَبْقى طويلا لانّهم يعذّبون انفسهم حتى تَفْنى رطوباتهم ولا تَبْقى بين عظامهم وجلودهم واسمنة الّا قليلا فيَخْمُدون خمودَ السراج اذا انتفت مادّته وربّما يَبْقَوْن مُتّكئين على عِصِيّهم أحقابا وذلك امر مُشاهَدٌ في ديراناتهم ومَكَث هؤلاء الفِتْيَةُ المذكورة في الكهف عند النصارى ثلثمائة واثنتين وسبعين سنة وعندنا ثلثمائة سنين شمسيّة كما ذكر الله تعالى في القرآن في السورة المخصوصة بقِصّتهم وامّا زيادةُ التسع سنين فهي ما يَلْحَقها اذا حُوّلَتْ قمريّةً وذلك بالتحقيق تسعُ سنين وخمسة وسبعون يوما وستّ عشرة ساعة واربعة اخماس ساعة وامّا على ما كانوا يعملون عليه في ذلك الزمان فهو أنّ الثلثمائة

a *Mss.* برکمونس b *RP* ارخن تيرحن c *Mss.* سربنطارس

سنة في خمسة عشر محزورا صغرى وخمس عشرة سنة من المحزور السدس عشر وحُذِفَت من شهور الكبس[a] مائة وعشرة أشهر على أيّ الترتيبات عُمِل في بَواقي السنين يكون ذلك تسع سنين وشهرَيْن وامثال هذا من الكسور تُلغَى عند الحكاية وفي اليوم السابع ذكران سرجيس وبكيس الشهيدين وفي العاشر ذكران زكرياء النبيّ وهو بشارة الملائكة ايّاه بابنه يحيى على ما ذُكِر في القرآن العزيز وفُصِّل في الانجيل وفي الحادى عشر ذكران قبريانوس الاسقف الشهيد وفي الرابع عشر ذكران اغريغورس التّوسيّ[b] الاسقف وفي السابع عشر ذكران قوزما وذاماى الطبيبَيْن الشهيدين وفي الثامن عشر ذكران لوقا صاحب الانجيل الثالث وفي الثالث والعشرين ذكران اسطاسيا الشهيدة وفي السادس والعشرين ذكران وَضْع رأس يحيى بن زكرياء في القبر●

تشرين الآخر في اليوم الاوّل منه ذكران قرنوتس[c] الشهيد وفي الحادى عشر ذكران مينا الشهيد وفي الخامس عشر ذكران سمونا وغوريا وحبيب الشهداء وفي السادس عشر اوّل الصوم لميلاد عيسى بن مريم المسيح وهو اربعون يوما متوالية[d] تُصام قبله وفي السابع عشر ذكران اغريغورس صاحب الاعاجيب المُعْجِزة وفي الثامن عشر ذكران ارمانوس الشهيد وفي العشرين ذكران اسحق وتلميذه ابرهيم الشهيدين وفي الخامس والعشرين ذكران بطرس الاسقف بالاسكندريّة وفي السابع والعشرين ذكران يعقوب المقطوع إربا اربا وفي الثلثين ذكران اندريوس الشهيد وذكران اندريوس السليح●

كانون الاوّل في اليوم الاوّل منه ذكران يعقوب الاسقف الاوّل بايليا واليوم الثالث ذكران يوانيس الأب مؤلّف رسوم النصرانيّة والأبوّة عندهم غاية التعظيم في الجنس لأنّ أصولهم مبنيّة على ذلك ورسوم دينهم ليست مشروعة وانّما آستخرجها أئمّتهم المعظّمون على قوانين اقاويل المسيح والسليحين وهذا المذكور منهم وفي اليوم الرابع ذكران بربارا ويوليانى الشهيدتين وفي الخامس ذكران سابا رئيس الدَّيْر ببيت المقدس وفي السادس ذكران نيقولاوس البطريق بانطاكية وفي الثالث عشر ذكران الشهداء الخمسة وفي السابع عشر ذكران مودسطوا البطريق بايليا وفي الثامن عشر ذكران سيسيى[e] الجاثليق الخراسانيّ

a P الكبيس b RL الاوسى P الانوس c Mss. قونيس d Mss. سربا e L سبسين

وفي العشرين ذكران اغناطيوس البطريق الثالث بانطاكية وفي الثاني والعشرين ذكران يوسف الرامثاني البولوطاني الذي دفن جسد المسيح في قبر كان هيّأه لنفسه على ما ذكر في اواخر الاناجيل الاربعة وزعم المأمون بن احمد السلمي الهروي انه رآه في كنيسة القيامة ببيت المقدس في قبّة وهو قبر منقور في صخرة مسنّم[a] مَثْلي بالذهب وله خبر عجيب نذكره في باب صومهم ويقال انه لا يجوز الملك لاحد في الروم حتى يزور ذلك القبر وفي اليوم الثالث والعشرين ذكران جيلاسيوس الشهيد وفي الليلة التي يتقدّمها الخامس والعشرون من هذا الشهر وهي ليلته على مذهب الروم عيد يلدا وهو ميلاد المسيح وكانت وقفته ليلة الخميس فاكثر الناس يذهبون الى ان هذا الخميس كان الخامس والعشرين وليس كذلك انما هو السادس والعشرون ومن شاء أن يجرّب ذلك بالتأريخ المتقدمة لتلك السنة[b] فليفعل فان اوّل كانون الاوّل اتفق فيها يوم الاحد وفي السادس والعشرين ذكران داود النبي ويعقوب الاسقف بابليا وفي السابع والعشرين ذكران اسطفانوس رئيس الشمّاسين وفي الثامن والعشرين قتل هيرذوس الملك صبيان بلد الخليل وأنفذهم منتقدا للمسيح وقاصدا نفيه في الجملة كما ذكروا في أوّل الانجيل وفي التاسع والعشرين ذكران انطوليوس الشهيد زعموا انه ابو روح ابن عمر هرون الرشيد وانه تنصّر بعد الاسلام فصلبه هرون وله عندهم قصة طويلة عجيبة ما نجدها ولا قرأناها او مثلها في كتب الاخبار والتواريخ على أن النصارى قوم سمّاعون مصدّقون لمثل ذلك وخاصّة ما تعلّق بديانتهم غير ناظرين من جميع الجهات في تصحيح الاخبار وتحقيق الآثار

كانون الآخر في اليوم الاوّل منه ذكران باسيليوس وهو ايضا عيد القلنداس وتفسير قلندس خيرا كان وفيه يجتمع صبيان النصارى ويطوفون في بيوتهم ويخرجون من دار الى اخرى ويقولون قلندس قلندس بصوت عال ولحن فيعطون في كلّ دار ويسقون أقداحا من الشراب فبعض يزعم أن ذلك لانه رأس السنة عند الروم وهو تمام الاسبوع من ولادة مريم ويزعم بعض أن اريوس لما ظهر رأيه وتابعه من تابعه استولى على بيعة من بيعهم فخاصمه أهلها ثم تراضوا واصطلحوا على أن يغلقوا بابها ثلثة ايام ثم يجيئوه[c] معا ويقرأوا[d] عليه بالنوب فمن انفتح له الباب فهو مستحقّها ففعلوا ذلك ولم ينفتح لاريوس وانفتح لهم زعموا فلذلك يفعل صبيانهم ما

a *L.* مستتم   b *P* والسنة   c *Mss.* يجيئونه   d *Mss.* ويقراون

يفعلون تشبيهًا بالبشارة التى بُشِّروا بها فى ذلك الوقت وفى اليوم الثانى ذكران سيلبيسترس المطران الذى تنصّر اهل قسطنطينية على يده وفى الخامس صوم عيد الدنح وفى السادس دنحا وهو عيد الدنح نفسه ويوم المعمودية الذى صبغ فيه يحيى بن زكريا المسيح وغمسه فى ماء المعمودية بنهر الأردنّ عند بلوغ ثلثين سنة من عمره واتّصل به روح القدس شبه حمامة نزلت من السماء على ما ذُكر فى الانجيل وكذلك[a] يفعلون باولادهم اذا أتى للطفل منهم ثلث سنين او اربع فانّ اساقفتهم وقسوسهم يملأون اجانة ماء ويقرأون عليه ثم يغمسونه فيه فاذا فعلوا ذلك به فقد نصّروه[b] وهو قول نبيّنا عليه السلام كلّ مولود يُولَد على الفطرة حتى انّ أبويه ليهوّدانه او ينصّرانه او يمجّسانه وذكر ابو الحسين الأهوازى فى كتاب معارف الروم صفة[c] المتنصّر وهو أنّه يُقرأ عليه سبعة ايام فى البيعة غدوًّا وعشيًّا فاذا كان السابع عُرّى ودُهن جسده كلّه بالزيت ثم صُبّ الماء المسخّن[d] فى آنية رخام منصوبة فى وسط البيعة وينقط القسّ على وجه الماء بالزيت خمس نقط على مثال الصليب اربعا وواحدة وسطها ثم يُشال ويُحطّ رجلاه جميعا فوق النقطة الوسطى ويجلس فى الماء ويأخذ القسّ من احد جوانبه ملء كفّه ماء فيصبّه على رأسه ثم من جانب الى أن يأتى على الجوانب الاربعة على مثال الصليب ويتنحّى القسّ عنه ويجيء مَن يريد أن يأخذه من الماء وهو الذى أجلسه فيه فيغسله القسّ وجميع مَن فى البيعة يقرأون ثم يُخرَج من الماء ويُوشَّح بازار ويُحمَل حملا لئلا تمسّ رجله الارض ويصيح اهل البيعة كلّهم سبع مرّات كريا ليصن اى يا ربّ ارحمنا ويُلبَس ثيابه وهو محمول ثم يُحطّ عنه ويلزم البيعة او يتردّد اليها سبعة ايام فاذا كان اليوم السابع غسله القسّ بلا زيت ولا فى تلك الآنية الاولى وفى اليوم الحادى عشر من هذا الشهر ذكران ثاودسيوس الراهب المعذّب نفسه والمتقلّبا بالحديد وفى الثالث عشر تمام عيد الدنح وقتل الصلحاء القدّيسين بطور سينا وفى اليوم الخامس عشر ذكران بطرس بطريق دمشق وفى السابع عشر ذكران انطونيوس اوّل الرهابنة ورئيسهم وفى العشرين ذكران اوثيميوس الراهب المعلّم وفى الحادى والعشرين ذكران مكسيموس الراهب الفريد وفى الثانى والعشرين ذكران قوزما الذى استنبط قوانين النصارى ونواميسهم وفى الخامس والعشرين ذكران بوليقاربوس الاسقف الشهيد

a *Mss.* ولذلك b *Mss.* نصره c *R* صنعة d *P* المساخن

المحترق[a] بالنار وفي السابع والعشرين ذكران يوانيس الملقب بفم الذهب ويوانيس لفظة رومية لاسم يوحنا وفي الحادى والثلثين ذكران يوانيس وقورس الشهيدين ❁

شباط في اليوم الاول ذكران افريم المعلم وفي الثاني عيد الشمع وهو اتيان مريم هيكل بيت المقدس مع عيسى وقد مضى من ميلاده اربعون يوما وهذا عيد لليعقوبية[b] عندهم عيد عظيم ويقال أنّ في هذا اليوم تدخل اليهود اولادهم الكنائس ويقربونهم[c] من التورية ولئن كان ذلك كذلك فانّه في شفط دون شباط اذ اليهود لا تستعمل الشهور السريانية ومن هذا اليوم الى مضيّ ثمانية[d] ايام من اذار يكون وقت اول صومهم وسنذكره ان شاء الله واذا كانوا صائمين لم يستعملوا من الذكرانات التي نذكرها الّا ما وقع منها يوم السبت فانّهم يستعملونه فقط وفي اليوم الثالث ذكران بلاسوس الشهيد وهو قتله المجوس وفي الخامس ذكران سيس الجاثليق أول من أورد النصرانية الى خراسان وفي الرابع والعشرين ذكران وجود رأس المعمدان وهو يحيى بن زكرياء ❁

اذار في اليوم التاسع[e] منه ذكران الشهداء الاربعين المعذبين بالنار والبرد والجليد وفي اليوم الحادى عشر ذكران سوفرنيوس البطريق ببيت المقدس وفي الخامس والعشرين عيد السبار وهو دخول جبرئيل عليه السلام على مريم مبشّرا بالمسيح ومنه الى الميلاد تسعة اشهر وخمسة ايام وشئ لا وهو مكث طبيعي لاستقرار المولود في بطن الأم وعيسى وان عدم أبوة الانس وأيّد بروح القدس فلم يخل في العالم عن التقلّب في موجب الطبيعة فالاولى بمكثه[f] في البطن أن يكون طبيعيا ايضا، وموضع القمر المقوّم لنصف نهار هذا اليوم ببيت المقدس وهو يوم الاثنين الخامس والعشرون من اذار سنة ثلث وثلثمائة للاسكندر في قريب من خمسة أسداس الدرجة الاولى من برج الثور فيجب على من يذهب في النموذارات مذهب هرمس المصرى أن يكون طالع المسيح آخر الحمل واول الثور ولكنّ هذه البروج تطلع وقت الميلاد نهارا لأنّ موضع الشمس المقوّم لنصف نهار يوم الخميس الذى يلى ليلة الميلاد ببيت المقدس هو بالتقريب في درجتين وثلث من الجدى وهذا المكث المذكور يستحقه

a *R* المحترق   *b* *Mss.* اليعقوبية   *c* *L* ويقرّقونهم   *d* *Mss.* خمسة   *e* *L* السابع   *f* *P* فاولى بمكثه

على مذهبهم كل مولود ولد ليلة الميلاد والقمر تحت الارض يبعد عن درجة الطالع بقريب من عشر الدور فاذا علمنا ذلك من موضع القمر فى يوم الشبار كان الطالع قريبا من اربعة أخماس برج الحوت واذا قومنا القمر فى اليوم الخامس والعشرين من كانون الاول للوقت الذى يبعد عن الطالع الى تحت الارض بقدر عشر الدور كان الطالع ثلثى برج الحمل بالتقريب وكلا الامرين شنعان حيث يعلمنا اصحاب الميلاد بليل وتنتجه أعمالنا نهار وهذا احد الاعتبارات المطيرة لبطلان النموذارات وسنفرد للقول على أجناس النموذار وأنواعه كتابا يستغرقها ولا يخفى الحق فيها ان نسأ الله فى الاجل وكشف برحمته بقايا الأوصاب والعلل ان شاء الله تعالى ✿

نيسان فى اليوم الاول ذكران مريم الاغفطلية[a] الصائمة اربعين يوما متوالية لم تكن تفطر فيها والرسم فيه أن يستعمل اول جمعة تتلو الفطر ولا يتفق أن يكون فى اول نيسان لاشتراط الجمعة فيه الا فى كل محزور شمسى اربع مرات وهو فى السنة الرابعة والعاشرة والخامسة عشر والحادية والعشرين اذا عدت المحازير من اول تاريخ الاسكندر بالسنة الناقصة وفى اليوم الخامس عشر ذكران الشهداء المائة والخمسين وفى الحادى والعشرين ذكران السنودسات الستة ومعنى سنودس هو اجتماع علمائهم من القسوس والاساقفة وغيرهم من اصحاب المراتب المذكورة للدعاء على شأن حادث وسبب شبه المباهلة او نظر فى شىء مبهم من امر الأديان ولا يتفق هذا الا فى أزمنة واذا اتفق حفظ تاريخه وربما استعمل تبركا وتعبدا واول[b] السنادس الستة هو اجتماع ثلثمائة وثمانية عشر اسقفا بمدينة نيقية على يدى قسطنطين الملك بسبب اريوس المخالف لهم فى الاقانيم وتخليدهم ما كانوا أجمعوا عليه من القول فى أقنومى الاب والابن واتفاقهم على أن يعمل الفطر فى الاحد الذى بعد قيامة المسيح بعد أن تال بعضهم تعمله فى اربعة عشر من شهر فصح اليهود والسنودس الثانى هو اجتماع مائة وخمسين اسقفا بقسطنطينية على يدى تذوس بن ارقذس الملك الكبير بسبب الملقب بعدو الروح لمخالفته الجماعة فى صفة روح القدس وتخليدهم القول فى هذا الاقنوم الثالث والسنودس الثالث اجتماع مائتى اسقف بمدينة افسس على يدى تذوس الملك الصغير بسبب نسطورس

a *R* الاغعلية *PL* الاغعلفية   b *Mss.* واحد

بطرك القسطنطينيّة وصاحب النصارى النسطوريّة حيث خالفهم فى اقنوم الابن والسنودس الرابع اجتماع ستّمائة وثلثين بمدينة الخلقدونية على يدى مرقيان الملك بسبب اوطيخيس[a] لقوله أنّ جسد الربّ ايشوع من طبيعتين قبل التأحّد ثمّ بعده طبيعة واحدة والسنودس الخامس على يدى اسطينيان نفى صاحب المصيصة والرّها وغيرهم من المخالفين فى اصولهم والسنودس السادس بالقسطنطينيّة على يدى قسطنطين المؤمن وكانوا مائة وتسعة وثمانين اسقفًا بسبب قورس وسيمون الساحر وفى الثالث والعشرين ذكران مار جيورجس الشهيد المقتول مرارًا بألوان العذاب وفى الرابع والعشرين ذكران مارقس صاحب الانجيل الثانى وفى الخامس والعشرين ذكران ايليا[b] الجاثليق بخراسان وفى السابع والعشرين ذكران خريسطفوروس وفى الثلثين ذكران شمعون بن صبّاعى الجاثليق المقتول بخوزستان مع من كان معه من النصارى

ايّار فى اليوم الاوّل ذكران ارميا النبىّ وفى الثانى ذكران اثناسيوس البطريق وفى الرابع عيد الورد وهو على الرسم القديم وكذلك يستعمل بخوارزم وجاء فيه بالورد الجورى الى السبيع والسبب فيه أنّ مريم أتحفت فيه ايليشبع[c] والدة يحيى بالباكورة من الورد وفى السادس ذكران ايّوب النبىّ وفى السابع عيد ظهور الصليب على السماء وقد ذكر محصّلوهم أنّه ظهر فى زمان قسطنطين المظفّر شبه صليب من نار او نور على السماء فقيل للملك قسطنطين اجعل هذه العلامة رايتك فستغلب بذلك الملوك الذين احتوشوك ففعل وغلب وتنصّر لذلك وأنفذ والدته هيلانى الى بيت المقدس لطلب خشبة الصليب فوجدتها مع صليبى اللصّين المصلوبين مع المسيح بزعمهم فاشتبه أمرها عليهم ولم يهتدوا اليها دون أن وضعت كلّ واحدة منها على ميّت فلمّا مسّته خشبة صليب عيسى عاش فعلمت أنّها هى ومن غير المحصّلين منهم من أشار الى الصليب الذى فى صورة الدلفين الذى يسمّيه العرب القعود وهو اربعة كواكب عند النسر الواقع وقوعها شبيهة بزوايا المعيّن وذكر انه ظهر فى ذلك الوقت قبالة الموضع الذى صلب فيه المسيح والعجب منهم حيث لا يتدبّرون حتى يعرفوا أنّ فى العالم أممًا من شأنهم رصد الكواكب وامتحان اسبابها منذ أحقاب ودهور يتوارثون فيما بينهم

a *Mss.* ارطنطسيس   b *R* الميا   c *Mss.* ايليشع

خلف عن سلف أنّ كواكب الدلفين من الثوابت التى وجدها أسلافهم المعتنون بأمرها على هذه الهيئة بل كثيرا ما يستعمل هذه الفرقة من النصارى فى تعظيم أمر الصليب بصنوف التمويهات والهوس كاستدلالهم بما أمر الله بنى اسرائيل من عمل حيّة من نحاس وتعليقها من خشبة منصوبة لدفع أذى الحيّات لمّا كثرت عندهم فى التيه فيقولون انه بشارة على الصليب وذكر له وقالوا أنّ آية موسى كانت عصاه والعصا خطّ مستطيل فلمّا جاء المسيح طرح عصاه عليه فحدث منها صليب وقد كملت شريعة موسى بمجىء المسيح والكامل لا يقبل الزيادة ولا النقصان والدليل على ذلك أنّه لو أُلقى عصا ثالثة على الصليب من أىّ جهة كان صار منه حرف لا اى لا زيادة ولا نقصان وليس الّا امرا كمثل ما يتهوّس به الفرقة من المسلمين المشتغلة بالتأويلات من تشبيه اسم محمّد بصورة الانسان وقولهم أنّ الميم نظير رأسه والحاء نظير بدنه والميم الثانى نظير بطنه والدال نظير رجليه وأظنّ هؤلاء جاهلين بالتصاوير فى تسويتهم بين مقدار الراس والبطن وكمّيّة الأعضاء الذنبية[a] من جملة البدن ونسيانهم ما به قوام النسل ولعلّهم قصدوا الاناث دون الذكران وليت شعرى ما ذا يقولون فى الاسامى المشابهة صورها لصورة محمّد بنقصان حرف او زيادة آخر كحميد ومجيد وغيرهما ممّا لو شبّه بعضها بمثل تشبيههم لخرج الامر الى المزاح والسخرية وأعجب من هذا استشهاد تلك الفرقة من النصارى فى امر الصليب وتصحيحه بعود الفاوانيا الذى يوجد فى مقطع قطعه اذا قطع شبه الصليب المخطوط وحتى زعم بعضهم أنّه ظهر فيه من حينئذ وانتفع به فى التعليق بالمصروع كما له الدلالة على قيامة الموتى أفلا ينظرون فى كتب الطبّ ولا يسمعون من اقاويل من يحكى عنهم الفاضل جالينس فى كتبه من المتقدّمين زمان المسيح ذكر هذا العود والمستدلّ بآثار النفس والطبيعة فى المطبوعات على صنوف ما يعتقده من الآراء وان تضادّت ستجد أوله يطابق دعواه ومثاله[b] يشابه مراده ومغزاه غير أنّها لا تقبل الا بعلّة تجمع بين المقيس والمقيس[c] به والدليل والمدلول عليه فانّ الاثنين فى الأضداد موجودة والثواليث فى كثير من أوراق النبات وحبوبها موجود وكذلك الترابيع فى حركات الكواكب وايّام البحرانات والتخاميس فى أنواع الزهر وأوراق اكثر أورادها وعروقها والتساديس فى الدوائر مطبوع وفى كور النحل وأجزاء

a P الناتية R التامة L الثنية   b Mss. وامثاله   c Mss. والمقاس

الثلوج موجود وكذلك جميع الأعداد يوجد في المنبوتات من آثار النفس والطبيعة وخاصّة من الزهر والأوراد فإنّ أوراق كل وردة منها وأتباعها وعروقها تختصّ بعدد في كلّ جنس على حدة فلو استشهد كلّ معتقد لاعتقاده بجنس منها أمكنه لو قُبل عنه، وكذلك يوجد في المعادن اشياء طبيعيّة عجيبة ذاته يُحكى أنّ في مقصورة المسجد ببيت المقدس كتابة خلقة في حجر وهي محمّد رسول الله صلّى الله عليه وسلّم وفي ظهر القبلة ايضا حجر ابيض فيه[a] كتابة[b] خلقة بسم الله الرحمن الرحيم محمّد رسول الله نصره حمزة فامّا الفصوص التي عليها اسم امير المؤمنين فهي[c] كثيرة لانّ صورة اسم عليّ توجد في عروق الجبل كثيرا، ومن هذا الجنس ما يفتعل ويموّه لاحد دعاة الشيعة كان استخبرني شيئا ينتفع به فاستخرجت له من كتاب التلويح للكندي نسخة دواء مركّب من اشياء حادّة يقطّر ويكتب بمائها على العقيق ويدنى من النار فتتبيّن الكتابة فيها بيضاء فكان يكتب محمّد وعليّ وغير ذلك من غير أن يتنوّق في الكتابة او يحسّنها ويدّعي أنّها طبيعيّة قد جبلت من موضع كذا فكان يأخذ من الشيعة اموالا، بلى في خاصيّات الزهر شيء هو موضع التعجّب وهو أنّ عدد أوراقها التي تحوز أطرافها دائرة عند انفتاقها جارٍ في اغلب الامر على قضايا الهندسة وموافق في اكثر الاحوال الأوتار التي وجدت بالأصول الهندسيّة دون القطوع المخروطيّة فلا تكاد تجد زهرة من الأزهار يكون[d] عدد أوراقها سبعة او تسعة لامتناع عملها بالأصول الهندسيّة في الدائرة متساوية الأضلاع بل يكون ثلثة واربعة وخمسة وستّة وثمانية عشر وهذا امر اكثريّ الوجود ويمكن أن يوجد في الأحايين جنس للسبعة والتسعة او يوجد في خلال الأنواع المذكورة عدّة كذلك وإن كانت الطبيعة تحفظ الأجناس والانواع على ما هي[e] عليه فانّك لو عددت حبّات رمّانة من رمّان شجرتها لوجدت غيرها من حبّاتها على مثل عدد المعدودة وكذلك سائر الأشياء فربّما وقع في أفعالها التي تجري عليها غلط ليستدلّ به على أنّ الصانع المدبّر غيرها تعالى عمّا يصفه الظالمون علوّا كبيرا ❊ ونرجع فنقول أنّ في اليوم الثامن من هذا الشهر ذكران يوحنّا صاحب الانجيل الرابع وذكران ارسنيوس الراهب وفي اليوم التاسع ذكران اشعيا النبيّ

a فيه fehlt in *Mss.* *b* *Mss.* كتاب *c* فهي fehlt in *Mss.* *d* *Mss.* يكد يكون *e* هي fehlt in *Mss.*

وذكره داذ يشوع فى ترجمته للانجيل شعيا[a] والله اعلم وفى العاشر ذكران ديونسيوس الاسقف وفى الثانى عشر ذكران افيفانيوس رئيس الاساقفة وفى الثالث عشر ذكران يوليانس الشهيد وفى الخامس عشر عيدُ الوَرْد على الرَّسْم المُسْتَحْدَث وذلك لعِزَّة وجوده فى اليوم الرابع وعليه يُعْمَلُ بخراسان دون الاوّل وفى السادس عشر ذكران زكريّاء النبىّ وفى العشرين ذكران قريقوس[b] الراهب وفى الثانى والعشرين ذكران قسطنطينوس المظفَّر وهو اوّل من نزل بوزنطيا وبنى عليها سورا وسمّيت قسطنطينيّة باسمه ونزلها الملوك بعده وفى الرابع والعشرين ذكران شمعون الراهب الذى عَمِلَ الاعجوبة كبيرة ❁

حزيران فى اليوم الاوّل عيد السَّنابِل وهو انّهم يَجيئُون بالسنابل من زَرْعِ الحِنْطة فيَقْرَأُون عليها ويَدْعُون بالبَرَكة فيها وفيه ذكران يحيى بن زكريّاء يَتوسَّلون بذكره الى الله تعالى فى امر الحِنْطة ويُقيمون هذا اليومَ مَقامَ العَنْصَرة لليهود وفى الثالث ذكرانُ احْراقِ بُخْتَنَصَّرَ الصبيانَ وهم عزريا وحنينا وميشايل وفى هذا اليوم ايضا إِحْداثُ الهيكلِ وفى اليوم الخامس ذكران اثناسيوس البطريق وفى الثامن ذكران قيورلوس البطريق الّذى اخرج نسطورس صاحبَ النسطوريّة من الجماعة[c] ونفاه عنها وفى الثانى عشر ذكران مَتّى ومارقوس ولوقا ويوحنّا وهم اصحاب الاناجيل الاربعة وفى الثامن عشر ذكران ليونطيوس الشهيد وفى الحادى والعشرين ذكران برشيا القسّ الذى ورد مَرْوَ بالنصرانيّة بعد المسيح بزُهاء مائتَىْ سنة وفى الثانى والعشرين ذكران جبرئيل وميكائيل رؤساء الملائكة يَتقرَّبون الى الله بذكرهم ويَسْتَصْرِفونه أَذَى الحَرِّ عن الخلائق وفى الخامس والعشرين ذكران مَوْلِدِ يحيى بن زكريّاء ومن البشارة به الى مولده مائتان وثمانية وخمسون يوما وهى ثمانيةُ اشهرٍ ونصف وعُشْرُ شهرٍ وفى السادس والعشرين ذكران فيبرونيا[d] الشهيدة المعذَّبة وفى التاسع والعشرين ذكران موت بولس المعلِّم المُظْهِرِ للنصرانيّة وفى الثلثين ذكران بطرس وهو شمعون الصَّفَا رئيس السليحين وهم الحَواريّون ❁

تمّوز فى اليوم الاوّل ذكران السليحين الاثنى عشر تَلامذة المسيح وفى الثالث ذكران توما السليح الذى لم يُؤمِنْ بالمسيح لمّا عاد بعد صَلْبه حتى مَسَّ أَضْلاعَ جَنْبه فوجد فيها أَثَرَ طَعْنِ اليهود ايّاه وهو الذى تَنَصَّرَ مَنْ بالهند على يده وفى الخامس ذكران دوميطيوس الشهيد

[a] R شعيبا [b] Mss. فريقوس [c] من الجماعة fehlt in Mss. [d] Mss. نيفرونيا

وفى السابع ذكران بروقوبيوس الشهيد وفى الثامن ذكران مارتا والدة شمعون ذى الأعاجيب وفى التاسع ذكران إحراق بختنصّر الصبيانَ الثلثة ويزعمون أنّهم لو لم يذكروهم لأضرّ بهم حرّ تموز وفى العاشر ذكران الشهداء الخمسة والاربعين وفى الحادى عشر ذكران لوق الشهيد وفى الثالث عشر ذكران ثوتايل الشهيد وفى الرابع عشر ذكران يوحنّا المروزىّ الحديث المقتول فى زماننا وفى الخامس عشر ذكران قورياقوس وأمّه يوليطا وقد زعموا أنّه خارج مَلِكًا من الملوك وهو ابن ثلث سنين فجّج قطعة فتنصّر على يده اربعة عشر الف نفس وفى اليوم العشرين عيد العنب وهو مجيئهم بالباكور منه للدعاء بالبركة والنماء وكثرة الرَّيع والزكاء وفى الحادى والعشرين ذكران بفنوطيوس الشهيد وفى السادس والعشرين ذكران فنطيليمون[a] الطبيب الشهيد وفى السابع والعشرين ذكران شمعون الراهب صاحب العمود وفى الثلثين ذكران تلامذة المسيح وهم اثنان وسبعون نفرا

اب فى اليوم الاوّل منه صوم مرض مريم والدة المسيح وهو خمسة عشر يوما آخرها يوم وفاتها وفى اليوم الاوّل ايضا ذكران شمونى[b] مقبايا وقد قتل المجوس سبعة اولاد لها وقلوهم بالمقالى وفى الخامس ذكران موسى بن عمران عليه السلام وفى السادس عيد ضور تابور وله خبر مذكور فى الانجيل وهو أنّ موسى بن عمران وايليا الذى هو الياس النبيّين ظهرا للمسيح بطور تابور وكان مع المسيح ثلثة من اصحابه وهم شمعون ويعقوب ويوحنّا وكانوا نائمين فلمّا انتبهوا من نومهم وعاينوا ذلك فزعوا وقالوا ربّنا يعنون المسيح تأذن فى عمل ثلث مظلّات لك واحدة والأخريان لموسى والياس فلم يتمّ ذلك من قولهم حتّى أظلّتهم ثلث سحابات مشرقة عليهم وتخلّل موسى والياس الغمامَ ومضيا[c] وموسى كان ميّتا قبل ذلك بدهر والياس حىّ والى الساعة كذلك ذكروا ولكنّه مختفٍ عن الناس مستتر عن أبصارهم وفى السابع ذكران الياس الحىّ الذى ذكرناه وفى الثامن ذكران اليسع النبىّ تلميذ الياس وفى التاسع ذكران ربولا الاسقف وفى العاشر ذكران ماما الشهيد وفى الخامس عشر عيد وفاة مريم وبين اسم الذكران والعيد فرق فانّ العيد أجلّ مرتبةً والذكران أدون وفى السادس عشر ذكران اشعيا وارميا وزكريّاء وحزقيل الانبياء وفى السابع عشر ذكران سيلاقوس وخطيبته

a *Mss.* نيطليليميو b *R* شموسى *L* شموى c *Mss.* ومضوا

اسطراطانيقى الشهيدين وفى العشرين ذكران اشموئيل النبىّ وفى الحادى والعشرين ذكران لِقيوس الشهيد وفى السادس والعشرين ذكران سابا الراهب الشيخ الهَرِم وفى التاسع والعشرين ذكران مَقْتَلِ يحيى وقَطْعِ راسه وذَكَرَ المأمون بن احمد السَّلَمىّ[a] الهروى أنّه رأى ببيت المقدس صبارا[b] من الحجارة بباب يقال له باب العمود وقد جُمِعَتْ مثلَ التلال والجبال فقالوا أنّها كانت تُطْرَحُ على دمِ يحيى بن زكريّاء وكان الدمُ يَعْلُوها وهو يغْلِي[c] حتى قتل بختنصّرُ مَنْ قَتَلَ وصُبَّ دِماءَهم عليه فسَكَنَ حينئذ وليس من هذا فى الانجيل شىءٌ ولا أَدْرى ما ذا أقولُ فيه فانّ بختنصّرَ ورد بيتَ المقدس قبل قَتْلِ يحيى بقريب من اربعمائة وخمس واربعين سنة وكان الخرابُ الثانى على يدى اسبسيانوس وطيطوس مَلِكَيِ الروم كأنّ ساكنى بيت المقدس يُسَمُّون كلّ مُخَرِّبٍ له بختنصّرَ على أنّى سمعتُ بعضَ اصحاب التواريخ يقول أنّ هذا المذكور هو جودرز بن سابور بن افقورشا احدِ ملوك الاشكانيّة وفى الثلثين ذكران الانبياء كلّهم عليهم السلام ❀

ايلول فى اليوم الاوّل عيد اكليل السنة وفيه يُصَلُّون ويَدْعُون بختمِ السنة وافتتاحِ الاخرى الجديدة لانّ اختتام السنة يكون بهذا الشهر وفى الثالث ذكران الشهداء السبعة المقتولين بنيسابور وفى الثامن ذكران حنّة والدةِ مريم ويوياقيم والدِها وفى الثالث عشر عيد تَحْدِيثِ الهيكل بالصلوة وهو تجديدُ البِيَعِ وفى الرابع عشر عيدُ وجودِ قسطنطين الملك وهيلانى والدته الصَّليبَ وانتزاعها ايّاه من ايدى اليهود وكان مدفونا ببيت المقدس وقد مرّ له[d] ذكرٌ وفى خامس عشر ذكران السنودسات الستّة وفى السادس عشر ذكران اوفيميا الشهيدة وفى العشرين ذكران اوسطاثيوس وزوجته وولدِه الشهداء وفى الثالث والعشرين ذكران اوبنليبوس الشهيد وفى الرابع والعشرين ذكران تيقلا الشهيدة المحرَّقة بالنار وفيه عيد كنيسة القُمامة التى بايليا وفى الخامس والعشرين ذكران سبنيانوس وبولس الشهيدين وتدنيس الشهيدة وفى الثامن والعشرين ذكران خاريطنوس الراهب وفى التاسع والعشرين ذكران اغريغوريوس الاسقف الذى نصّرَ اهلَ ارمينية ❀ فهذا ما علمناه من ذكارين الملكائيّة واعيادهم وفيها ما لا يخالفهم النسطوريّة فيه وسنذكُرُ ما لهم بالانفراد بعد أنْ نجعَلَ ذكرَ

a Mss. السلمى b LR صبار P صباما c Mss. وهى تغلى d P وتقدم له für وقد مرّ

الصوم واسئلة بين المذهبين فانّه مشترك لهم وفيما بينهم ❀

القول على صوم النصارى وما وقع اتفاقُ كلّهم عليه من الاعياد الموصولة والايّام المتردّدة معه

قد تقدّم لنا من ذكر لوازم فصح اليهود وشرائطه وكيفيّة استخراجه وعلل ذلك ما يزيد على الكفاية ويبلغ اقصى الغاية وصومُ النصارى من توابعه والمتّصل اسبابُه باسبابه ونحن ذاكرون من احواله ما يُشْبِهُ الغرضَ المقصود فى أَعْمَّه بعون الله وحُسْن افضاله فنقول أنّ صوم النصارى ثمانية واربعون يوما اوّلها ابدا يومُ الاثنين وفِطرُهم يومُ الاحد التاسع والاربعون من اوّلِ صومهم[a] يسمّونه السعانين ومن الشرائط التى اشترطوها وقوعُ الفصح بين السعانين والفطر الّذى هو الاسبوع الاخير من اسابيع الصيم لا يتقدّم السعانينَ ولا يتأخّر عن اليوم الاخير من الصوم وقد ذكرنا الحدودَ التى فيها يدور فصحُ اليهود فيما تقدّم ولكنّ النصارى لم توافقهم فيها ولا فى أوائل الجياجل والجيجلُ هو الدَّوْر معرّبٌ من السريانيّة لانّه غيغل ومعناه ومعنَى المحزور واحدٌ لكنّ الاليق أنْ[b] نَذْكُرَ عند اهلِ كلّ طبقة ما هم عليه من المواضعات فهم يسمّون المحزورَ الكبير ابنديقوطيا غيرَ أنّه يثقُلُ فى التكرار عند الذكر فلْنسمّه[c] الجيجلَ الكبير، وانّما وقع هذا الاختلافُ لأنّ عند اليهود أنّ اوّل سنة من تاريخ الاسكندر هى العاشرة من المحزور وليس عند النصارى لذلك كذلك بل هى الثالثة عشر وذلك أنّهم ... اخذوا ما بين آدم والاسكندر وهو عند بعضهم خمسة آلاف وتسع وستّون وعند الآخرين خمسة آلاف ومائة وثمانون وعلى الاخير يَعْمَلُ الجُلُّ منهم وهو المشهور ايضا عند المحصّلين[d] قال خلد بن يزيد بن معوية بن ابى سفيان وكان اوّل فلاسفة الاسلام وحتّى قيل أنّ عِلْمَه من الّذى استخرجه دانيالُ من غارِ الكنز وهو الّذى أَوْدَعه آدمُ ابو البشر ما عَلِمَ

وفى تمامِ العَشْر من أعوامِ الى ثلثٍ مصعب بتمامِ
ومائةٍ معدودة قد جُمِعَتْ الى أُلوفٍ سُدِّسَتْ ونُظِمَت
أظْهَرَ دينَ ربّه الاسلاما فتمّ بالهجرة واستقاما

a Lücke zwischen صومهم und يسمّونه. Zu ergänzen etwa: ويومُ الاحد
المتقدّمُ لفطرهم هو الذى *b* *L* بن *c* *Mss.* فلنسمّيه *d* *P* المخلصين

وذلك أنّ الهجرة كانت فى سنة ثلث وثلثين وتسعمائة للاسكندر فاذا أُلقى ذلك ممّا ذُكر من تاريخ العالم وهو ستّة آلاف ومائة وثلث عشرة بَقِىَ خمسة آلاف[a] ومائة وثمانون ثمّ أَلقَوا تلك السنين جباجلَ صغرى بَقِىَ اثنا عشر وهى السنون الماضية من اوّل الجبجل الى اوّل التاريخ، فرتّبوا العبّور فيها على حساب بهز يجوح لانّه الترتيب القائم بذاته المستغنى عن نقصان شىءٍ من التواريخ وجعلوا الفصحَ فى اوّل سنة من الجبجل فى خمسة وعشرين يوما من اذار لأنّ فصح السنة التى فيها صُلِبَ المسيحُ يُوجِبُ ذلك وركّبوا عليه فصوحَ سائرِ السنين فكان غاية تقدُّمه اليومَ الحادىَ والعشرين من اذار وغاية تأخُّره اليومَ الثامنَ عشر من نيسان يكون ذلك ثمانية وعشرين يوما، فصار غاية تقدُّم الفصح متأخّرًا عن الاعتدال الربيعىّ الّذى شَهِدَ له العيانُ بمقدارِ يومَيْن استظهارا واحترازا عمّا فى القانون السابع من قوانين السليحين وهو ايّما أُسقف او قسّ او شمّاس عَمِلَ عيدَ الفصح قبل استوآء الليل والنهار مع اليهود فَلْيُقْطَعْ عن دَرَجَته، ولو كان فِطْرُ النصارى هو الفصحَ بعينه او يَبْعُدُ عنه بُعْدا مفروضا غيرَ متغيّرٍ لتردّدَ معه او موازيًا له فى مثلثٍ من الايّام ولكنّه لمّا كان غيرَ متقدّم للفصح صار غاية تقدُّمه متأخّرا عن غاية[b] تقدُّمِ الفصح بيومٍ واحد وهو اليوم الثانى[c] والعشرون من اذار وامّا غاية تأخُّره فتتأخّرُ عن غاية تأخُّرِ[d] الفصح باسبوعٍ لانّه اذا اتّفق بيومٍ واحدٍ كان الفطرُ فى الاحد الّذى يتلوه فيتأخّرُ عنه اسبوعا فاذا كان الفصحُ فى غاية تأخّره كان الفطرُ ايضا فى غاية تأخّره فى اليوم الخامس والعشرين من نيسان فلذلك صارت الايّامُ التى يتردّدُ فيها فِطْرُهم خمسة وثلثين يوما واوّل الصوم لاجلِ ذلك متردّدٌ بموازاة مع الفطر فى مثلثٍ من الايّام اوّلها اليومُ الثانى من شباط وآخرُها اليومُ الثامن من اذار فيصيرُ اعظمُ البُعْدَيْن بين اوّلِ الصومِ والفصحِ تسعة واربعين يوما واصغرُه اثنين واربعين يوما، وبين استقبالِ الفصحِ واجتماعِ اذار فى السنة البسيطة او اجتماعِ اذارَ الثانى فى السنة العبّور اربعةٌ واربعون يوما وسَبْعُ ساعات وعُشْرُ ساعةٍ فصار هذا الاجتماعُ يتخلّلُ ابدا فيما بين اوّلِ البعد الاصغرِ واوّل البعد الاعظم ويقع قريبا من اوّل الصوم

a Die Worte خمسة الاف بقى ثلث عشرة ومائة fehlen in *R.* b غاية fehlt in *Mss.* c *Mss.* وانى für الثانى d Die Worte عن غاية تأخر fehlen in *P.*

واعْتَمِدَ على الاعتبار به وهو أنْ يُنْظَرَ الى الاجتماع الذى فى شباط ويُتصفَّحُ فى[a] اقربِ الأثنينِ اليه من جهتَيْه اعنى قبله وبعده فانْ[b] كان فى حَدّ الصوم الذى هو الثانى من شباط الى الثامن من اذار فهو اوّلُ الصومِ وانْ قصُرَ عنه فوَقَعَ خارجا عن الحدّ أُهْمِلَ الاجتماعُ وفُعِلَ بالذى يتلوه ما فُعِلَ بالمتقدّمِ فيُتَّفَقُ بذلك على اوّل الصوم والفصح كما بيّنّا يتراجع[c] الى الحادى والعشرين من اذار وهو غايةُ تقدّمه فاذا اتّفق الاستقبال فيه وكان يومَ السبت كانت السنةُ بسيطةً وكان الاجتماعُ المُعْتَبَرُ بعد ما مضى اربعةُ ايّام من شباط والاثنينُ الذى يتقدّمه اقربَ اليه ومع ذلك هو اوّل حَدِّ الصومِ انْ لم تكن السنة بسيطة[d] فيكون اوّله وانْ كانت بسيطة[e] فهو الثانى[f] من شباط وهو فى حَدّ الصومِ فيكون اوّله ايضا وغايةُ ما يتأخّر الفصح أنْ يكونَ فى اليوم الثامن عشر من نيسان فاذا اتّفق الاستقبال فيه وكان يومَ الاحد كانت السنةُ عبورا وكان الاجتماعُ المعتبَرُ عليه وهو اجتماعُ اذار الثانى يقع فى اليوم الخامس من اذار السريانى والثامنُ منه الاثنين[g] الذى يتلوه اقربَ اليه لأنّ اوّلَ اذار السريانى يكونُ يومَ الاثنين فيصيرُ اوّلُ الصومِ اليومَ الثامن من اذار الذى هو آخرُ حَدّ الصوم ولو رجَعْنا الى اجتماع اذار الاوّل وجدناه يَقَعُ فى اليوم الخامس من شباط فى السنة الكبيسة واوّلُ شباط يتّفق يومَ الاحد فيكون الاثنين المتقدّمُ اقربَ اليه وهو اوّل حَدِّ الصوم فيَصْلُحُ أنْ يكونَ اوّله لو كان يُوجَدُ فيه سائرُ الشرائط وهو أنّا اذا جعلناه اوّلَ الصوم وقع الفطرُ قبلَ الفصح بمقدار شهر وذلك يستحيل على حَسَبِ ما أصّلوا وايضا ولو لم تكن السنةُ كبيسةً لكان الاجتماعُ [h]يَقَعُ فى اليوم الرابع من شباط فالمتقدّمُ من الأثنينِ أقربَ اليه هو[i] اوّلُ شباط وقد خرَجَ عن الحَدّ فيجبُ أنْ نُهمِله ونرجِعَ الى الاجتماع[h] الذى يتلوه وقد كان اصحابُ المسيح عليه السلام يحتاجون الى تقديم المعرفة بفصح اليهود ليستنبطوا منه اوّلَ الصوم فكانوا يَسْتَفْتُون اليهودَ فيه ويَسْألونهم عنه وهم للعَداوة بينهم وبينهم كانوا يُخْبِرونهم بخلافِ الحقيقة ليُضِلّوهم ومع ذلك لم تكن تواريخهم

a Mss. عن b P فاذا c Mss. تراجع d بسيطة fehlt in PR.
e Mss. كبيسة f Mss. الثالث g Die Worte والثامنُ منه الاثنين fehlen in Mss. h-h Die Worte von يقع فى اليوم الخ bis ونرجع الى الاجتماع fehlen in R.
i LP وهو

مَتَّفِقَةً الى أَنْ تُجَرِّدَ لحسابه كثيرٌ من حُسّابهم فحَسَبوه على أَدوار مختلفة وأَعمالٍ متنوِّعة والذى أَجْمعوا على استعماله هو الجدول[a] الّذى يسمّونه خرانيقون وزعموا أَنّ اوسيبيس اسقف قيسارية حَسَبَه مع ثلاثمائة وثمانية عشر نفرا من الاساقفة فى السنودس الاوّل[b] ۞

a الجدول الاوّل in *L.* *b* الاوّل fehlt in *Mss.*

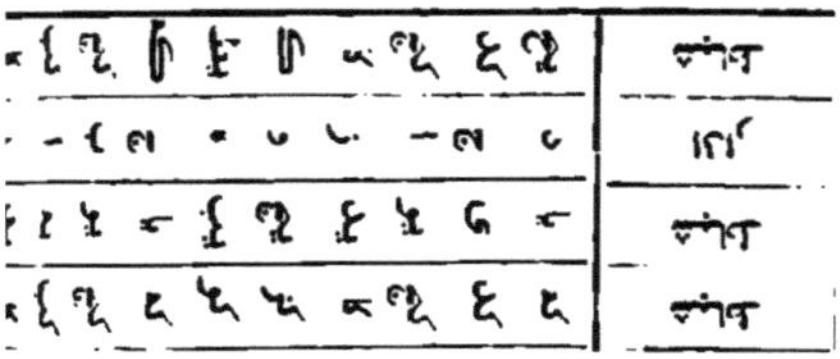

كد	ج	ى	كد	ج	يز	كد	ى	يز	ج	ى	كد	ج	يز	كد	ج	يز	ج	ى	يج	
كج	ب	يو	كج	ب	يو	ب	ط	يو	ب	ط	كج	ب	يو	كج	ط	يو	ب	ط	يد	
كب	ز	يه	كب	ح	يه	كط	ح	كب	كط	يه	كب	ز	يه	كط	ح	يه	كط	ح	يه	ك
ك	و	يج	كز	و	يج	كز	و	ك	كز	يج	ك	و	يج	كز	و	ك	كز	و	يو	
يط	ه	يب	كو	ه	يط	كو	ه	يط	ه	يب	يط	ه	يب	كو	ه	يط	كو	يب	يز	
يح	د	يا	كه	د	يح	كه	يا	يح	د	يا	كه	د	يا	كه	د	يح	كه	يا	يح	
كد	ب	يز	كد	ج	يز	ب	ى	يز	ب	ى	كد	ب	يز	كد	ى	يز	ب	ى	يط	ك
كب	ا	يه	كب	ح	يه	ا	ح	كب	ا	ح	كب	ح	يه	كب	ح	يه	ا	ح	ك	
كا	ز	يد	كا	ز	يد	كح	ز	كا	كح	يد	كا	ز	يد	كح	ز	يد	كح	ز	كا	
ك	و	يج	كز	و	يج	كز	و	ك	كز	يج	ك	و	يج	كز	و	ك	كز	و	كب	
يط	د	يب	كو	ه	يط	كو	يب	يط	د	يب	كو	د	يب	كو	ه	يط	كو	يب	كج	ك
كد	ج	ى	كد	ج	يز	كد	ى	يز	ج	ى	كد	ج	يز	كد	ج	يز	ج	ى	كد	
كج	ب	يو	كج	ب	يو	ب	ط	يو	ب	ط	كج	ب	يو	كج	ط	يو	ب	ط	كه	
كب	ا	يه	كب	ح	يه	ا	ح	كب	ا	ح	كب	ح	يه	كب	ح	يه	ا	ج	كو	
كا	و	يد	كح	ز	يد	كح	ز	كا	كج	يد	كا	و	يد	كح	ز	كا	كح	ز	كز	ك
يط	ه	يب	كو	ه	يط	ده	ه	يط	ه	يب	يط	ه	يب	كو	ه	يط	كو	يب	كح	

[a] Diese Tabelle fehlt in *L*.

[Lücke.]

الى الخروج عن دينهم فخرجوا هاربين ليلاً وماتوا عن آخرهم وتُسمّى هذه الجمعةُ ايضا السعانينَ الصغيرَ، واوّل احدٍ بعد الفطر يسمّى الاحدَ الحديثَ وفيه لبسَ المسيحُ البَياضَ وقد يجعلونه مَبْدَءا للأعمالِ وتاريخا للشروطِ والقبالاتِ لانّه بمنزلةِ اوّلِ الآحاد اذ الاحدُ المتقدّمُ له مختصٌّ باسم أشهَرَ وهو الفطرُ والآحادُ كلُّها معظَّمةٌ عند النصارى لاتّفاقِ السعانين والقيامةِ فيها كما أنّ السبوتَ معظّمةٌ عند اليهود لِما ذُكر فى التورية أنّ الله تعالى قد استراح فيه بعد الفراغ من الخليقة وقد حكى بعضُ علماء الاسلام انّ تعظيمَ الجمعة هو لفراغِ البارى عن خلق العالم ونَفْخِهِ الروحَ فى آدم وعند المنجّمين أنْ تعظيم الايّام فى المِلَلِ انّما هو لاستيلاء أصحابها من الكواكب على مواليد أنبيائها وأدلّةِ القِراناتِ الدالّةِ على ظهورهم، وبعدَ الفطر باربعين يوما عيدُ السُّلّاقا ويتّفق ابدا يومَ الخميس وفيه تَسلَّقَ المسيحُ مُصْعِدا الى السماء من طور زيتا وأمَرَ التلاميذَ بلزومِ الغُرْفةِ التى كان أفصَحَ فيها ببيت المَقْدِس الى أنْ يَبْعَثَ لهم الفارقليطَ وهو روحُ القُدْس، وبعد السُّلّاق بعشرة ايّام وهو ابدا يوم الاحد عيدُ البنطيقسطى وهو يومُ نزولِ الفارقليطِ وتجلّي المسيحِ لتلاميذه وهم السليحون ثمّ اختلفت ألسِنَتُهم فتفرّقوا ومَضَتْ كلُّ فرقةٍ الى موضعِ اللغةِ التى أُلهِمَتْها وتَكَلّمَت[a] بها وفى عشيّة هذا اليوم يَسْجُدُ النصارى الى الارض اذ لا يسجدون من لدن الفطر بل يصلّون وهم قيامٌ لنَصٍّ على ذلك وفى جميعِ ايّام الآحاد يَنْطِقُ به آخِرُ قوانين السنودس الاوّل، واوّل صومِ السليحين وهم الحَواريّون عند النصارى الملكائيّة هو يوم الأربعاء بعد البنطيقسطى بعشرة ايّام وفطرُه ابدا يومُ الاحد بعد ستّة واربعين يوما من اوّله، واليوم الثالث من ايّامِ هذا الصوم وهو يوم الجمعة يسمّى جمعةَ الذهب وذلك لأنّ الحواريّين مَرُّوا فيها على رَجُلٍ مُقْعَدٍ ببيت المقدس يَسْأَلُ الناسَ شيئا فناشدهم اللهَ بالتصدّقِ عليه فقالوا له ما معنا ذهبٌ ولا فضّةٌ ولٰكنْ قُمْ وآحْمِلْ سريرَك وآمضِ لأمرك فهذا جُلُّ ما نَقْدِرُ عليه لك فقام مُعافًى وحَمَلَ سريرَه ومضى لشأنه واكثرُ هذه الاعياد قد رُسِمَتْ فى جدول الصوم الّذى يُعْمَلُ فيه بالسبعةِ الأسطر فاذا آستُخْرِجَ منه الصومُ وُقِفَ عليها ايضا دَفْعَةً ان شاء الله

a *Mss.* الهمها وتكلّم

القول على اعياد النصارى النسطورية وذكاريناتهم وصيامهم

انّ نسطورس المنسوبَ اليه هذه الفرقةُ خالَفَ الملكائيّةَ وأظهر قولا فى الاصول أوجَبَ المباينةَ بينهم وبينه وذلك ممّا يَحُثّ على النظرِ والتفحّص والتفريع والقياس استعدادا لمخالفةِ الخصوم ومجادلتِهم وخروجا عن التقليد لهم وقد فعل نسطورس ذلك وشَرَعَ لمَن اتّبعه ما خالف فيه الملكائيّةَ من جهة نَظَرِهِ وتَتَبُّعِهِ واذا ذاكر ما بلغنى من اعيادهم وسائر ايّامهم فاقولِ أنّ النسطوريّةَ وافقت الملكائيّةَ فى بعض الايّام المشهورة وخالفتها فى بعضها فامّا الّتى خالفتها فيها فتنقسم قسمين منها ما تركته اصلا ومنها ما لم تتركه[a] ولكنّها استعملته فى وقتٍ آخر وعلى غير وجهه عند الملكائيّة وامّا الّتى وافقتها فيها فقد قيّدت بها ايّاما لم تستعملها[b] الملكائيّةُ ومن ايّامهم قسمٌ رابع وهو الّذى لم تستعمله الملكائيّةُ ولم يُقيّدْ[c] بما تستعملُ ✩

فامّا الّتى وافقت فيها الملكائيّةَ فالميلادُ والدِّنْح وعيد الشَّمْع واوّل الصوم والسعانين الكبير وغَسْل أَرْجُلِ الحواريّين وفصح المسيح وجمعة الصَّلَبُوت والقيامة والفطر والاحد الحديث والسُّلّاقا والبنطليقسطى وصوم مارت مريم وبعضُ ما ذكر فى ذكارين الملكائيّة وامّا الّذى وافقتها فيه وخالفتها فى وقته واستعماله فكماعلثا وهو انتقالهم من صُحون الهياكل الى سقوفها وانّما عُمِلَ ذلك على رجوعِ بنى اسرائيل الى بيت المقدس ويسمّى قدس عتا وهو اوّل احدٍ فى تشرين الآخر انْ كان اوّله يومَ الاربعاء وما بعده الى يوم الاحد وانْ كان يومَ الاثنين او يوم الثلثاء فانّه آخرُ احدٍ فى تشرين الاوّل وعبارة على ما سَمِعْتُ يوحنّا المُلْفَنَ يَذْكُرُه أنّه يومُ الاحد الواقعُ بين اليوم الثلثين من تشرين الاوّل الى اليوم الخامس من تشرين الآخر وكالشُّبّار وهو بشارةُ مريم بحَمْلِ المسيح فانّه اوّل احدٍ فى كانون الاوّل انْ كان اوّله فيما بين الجمعة والاحد او آخِرُ احدٍ فى تشرين الآخر انْ كان بين الاثنين والخميس وعلى كلّ حال فهو خامس الآحاد من أحد ماعلثا وقد كان اوّل كانون الاوّل من[d] سنة الميلاد يومَ الاحد فبينه وبين الميلاد خمسةٌ وعشرون يوما وهم يقولون كما أنّ المسيح مُخالِفٌ للناس من جهة التولّد بالتناسل فكذلك

a Die Worte ومنها ما لم تتركه fehlen in *Mss.* b *PL* به ايّاما لم تستعملها *R* به ايّام يستعملها c *R* يعتقد d *Mss.* منه

مَكْثه جنيننا على خِلافِ العادة بل قد يجوز ان تقع البشارة وقتَ الاستقرار فى البدن ويجوز أَنْ تقع قبله وبعده وحُكى انّ السُّبّار عند اليعقوبيّة هو العاشر من نيسن العبرانىّ وقد وافق هذا اليومُ فى السنة المتقدّمة لسنةِ الميلاد السادسَ عشر من اذار السريانىّ وكصومِ مارت مريم فانّه يومُ الاثنين الّذى يتلو يومَ السُّبّار وفِطْره يومُ الميلاد ومَقْتَل يحيى المعمدان عند النسطوريّة فى اليوم الرابع والعشرين من آب وذكران شمعون بن صبّاعى اى ابن الصبّاغ فى السابع عشر من آب وعيد التصليب فانّه عندهم اليوم الثالث عشر من ايلول وذلك أنّ هيلانى استخرجته فى هذا اليوم ثمّ أظهرته للناس فى اليوم الرابع عشر فاجتمع الناس عليه فهؤلاء اخذوا يومَ استخراجه وأولئك اخذوا بيوم اظهارها اياه ❁

وامّا الّتى تستعملها الملكيّة وقد قَيّدَتْ[a] بما تَسْتَعْمِله فمثل ذكران يوحنّا التشكرانى فانّه فى اوّل يوم من تشرين الاوّل وذكران مار فثيون فى الخامس والعشرين منه وعيد دَيْرِ يوحنّا فى اليوم السادس من كانون الاوّل وعيد كنيسةِ مريم ببيت المقدس فى اليوم السابع من كانون الآخر وذكران مار فونيا[b] فى الخامس والعشرين من حزيران واوّل عيد التجلّى وهو آخِرُ ظهورِ المسيح للناس فى السادس من آب وفيه عيد دير الناعر وآخِرُ عيدِ التجلى السادس عشر من آب وعيد مر مارى فى اليوم الثانى عشر من آب وذكران كرسين وكرساس فى اليوم الثالث من ايلول ❁

وامّا الّتى قَيّدَتْها بأيّام الاسابيع من غير أنْ يكونَ بينهم فيها اشتراكٌ او وُصْلةٌ فمثل ذكران قوطا[c] الراهب وهو مار سرجس فانّه فى اليوم السابع من تشرين الاوّل إن كان اوّله يومَ الاحد وان لم يكن أُخِّرَ الى الاحد الّذى يتلو السابع ومثل ذكران اشمونى فانّه فى الاحد الّذى يتلوه على مذهب نصارى بغداد وكعيد دَيْرِ ابى خالد فانّه فى الجمعة الاولى من تشرين الثانى وعيد دير القادسيّة فى الجمعة الثالثة من هذا الشهر وعيد دير النحّال فى الجمعة الرابعة منه وكذكران برسفا[d] فانّه آخِرُ احدِ ايلول وكعيد دير الثعالب فانّه آخِرُ سبتٍ[e] فى ايلول الّا أنْ يكونَ اوّلُ تشرين الاوّل من السنة الآتية يومَ الاحد فيتأخّرُ العيدُ اليه ويَخْرُجُ من ايلول فتتعرّى تلك السنة ويتكرّر فى الآتية مرّتين فى اوّلها وآخرها ❁

a P ولا قيّد LR وقد قيّد   b L قوبنّا P فونّا   c L قوطا   d PR برسفا
e R احد

وامّا التي قيّدناها بالايّام المشتركة فيما بينهم فقد تنقسم ثلثة اقسام الاوّل منها ما وُصل بالصوم الكبير او بفطره والثاني ما وُصل بالميلاد والثالث ما وصل بالدنح فالتي وُصلت بالصوم الكبير امّا باوّله او بآخره فكجمعة احادر وهو الثاني عشر من اوّل الصوم وكالفاروقة وتفسيرها النجاة وهو يوم الخميس الرابع والعشرون من اوّل الصوم وذكران مار ترسيا وذكران مار فرياقوس الطفل الذي قُتل ولم يرجع عن النصرانيّة فانّه يوم الجمعة العشرون من الفطر وذكران سُورين [a] ودوران الارمنيّين المقتولين على يد سابور الملك فانّه يوم الاحد التاسع والعشرون من الفطر وصوم السليحين فانّ اوّله عند النسطوريّة ابدا يومُ الاثنين بعد الفطر الكبير بسبعة اسابيع ويتلو يومَ البنديقسطى وايّامُ الصوم ستّة واربعون يوما ويكون فطرُه يوم الجمعة ابدا وذكران مر عبدا تلميذ مر ماري فانّه يوم الخميس الرابع عشر من فطر السليحين وفطرهم هذا موصول بالفطر الكبير وكذكران مر ماري فانّه يوم الجمعة الخامس عشر من فطر السليحين وكصوم ايليا فانّ اوّله يوم الاثنين بعد احد وعشرين اسبوعا من الفطر الكبير وايّامه ثمانية واربعون يوما وفطره يوم الاحد وكصوم نينوى فانّه يوم الاثنين الذي قبل اوّل الصوم الكبير باثنين وعشرين يوما وهو ثلثة ايّام وذكروا انّ قومَ يونس لما أظلّهم العذابُ ثمّ كشفه الله عنهم وأمِنوا صاموا هذه الثلثة ايّام وامّا ليلة الماشوش وهي ليلة جمعة زعم الذاكرون لها انّهم يتكلّبون فيها المسيح فقد اختلفوا فيه فبعضهم قال انّها ليلة الجمعة التاسعة عشر من صوم ايليا وبعضهم قال انّها الجمعة التي صُلبَ فيها المسيح وهي الصُّلْبُوت وبعضهم قال انّها جمعة الشهداء وهي بعد الصلبوت باسبوع والترجيح للقول الاوّل بين الثلثة الاقاويل واذا عُرف اوّل الصوم في السنة المقصودة وأُدخل في جدول صوم المستوية انْ كانت السنة مستوية او في جدول صوم الكبيسة انْ كانت كبيسةً وُجِدَ بحياله في جدول الاعياد الموصولة بالصوم ما بعده ممّا ذكرنا وصومُ نينوى المتقدّم له وهذا هو الجدول

a R سورس

جدول الاعياد الموصولة بالصوم

ب	ب	و	ه	و	ا	د	ب	و	ه	و	ب	و	ب	ب
صوم السنتونية	صوم الكبيسة	جمعة الحاضر	الفاروقة	ذكران مار مريا ومار قرياقوس	ذكران سرجيس وبكار	صوم السليحين عند الملكانية	صوم السليحين عند النسطورية	جمعة الذهب	ذكران مر عبدا	ذكران مر ماري	صوم ايليا	ليلة الكاشوش	صوم موسى	صوم نينوى المتقدم للصوم الكبير
شباط	شباط	شباط	شباط	نيسان	نيسان	ايار	ايار	ايار	تموز	تموز	آب	ايلول	تشرين الاول	كانون الآخر
ب	ج	يج يد	كو كز	ى	يط	ك	يا	كب	ط	ى	يز	د	يب	يب يج
ج	د	يد يه	كز كح	يا	ك	كا	يب	كج	ى	يا	يح	ه	يج	يج يد
د	ه	يه يو	كح كط	يب	كا	كب	يج	كد	يا	يب	يط	و	يد	يد يه
ه	و	يو يز	اذار ا	يج	كب	كج	يد	كه	يب	يج	ك	ز	يه	يه يو
و	ز	يز يح	ب	يد	كج	كد	يه	كو	يج	يد	كا	ح	يو	يو يز
ز	ح	يح يط	ج	يه	كد	كه	يو	كز	يد	يه	كب	ط	يز	يز يح
ح	ط	يط ك	د	يو	كه	كو	يز	كح	يه	يو	كج	ى	يح	يح يط
ط	ى	ك كا	ه	يز	كو	كز	يح	كط	يو	يز	كد	يا	يط	يط ك
ى	يا	كا كب	و	يح	كز	كح	يط	ل	يز	يح	كه	يب	ك	ك كا
يا	يب	كب كج	ز	يط	كح	كط	ك	لا	يح	يط	كو	يج	كا	كا كب
يب	يج	كج كد	ح	ك	كط	ل	كا	ا حزيران	يط	ك	كز	يد	كب	كب كج
يج	يد	كد كه	ط	كا	ل	لا	كب	ب	ك	كا	كح	يه	كج	كج كد
يد	يه	كه كو	ى	كب	ا ايار	ا حزيران	كج	ج	كا	كب	كط	يو	كد	كد كه
يه	يو	كو كز	يا	كج	ب	ب	كد	د	كب	كج	ل	يز	كه	كه كو

ك	كا	ج	يو	كح	ز	ر	كط	كط	كز	كح	د	كب	ل	ل	لا
كا	كب	د	يز	كط	ح	ح	ل	ى	كح	كط	ه	كج	لا	لا شباط	ا
													تشرين الاخر		
كب	كج	ه	يح	ل	ط	ط	لا	يا	كط	ل	و	كد	ا	ا	ب
كج	كد	و	يط	ايار ا	ى	ى	حزيران ا	يب	ل	لا	ز	كه	ب	ب	ج
كد	كه	ز	ك	ب	يا	يا	ب	يج	لا	ا اب	ح	كو	ج	ج	د
كه	كو	ح	لا	ج	يب	يب	ج	يد	اب ا	ب	ط	كز	د	د	ه
كو	كز	ط	كب	د	يج	يج	د	يه	ب	ج	ى	كح	ه	ه	و
كز	كح	ى	كج	ه	يد	يد	ه	يو	ج	د	يا	كط	و	و	ز
كح	كط	يا	كد	و	يه	يه	و	يز	د	ه	يب	ل	ز	ز	ح
												تشرين الاوّل			
ا	ا	يب	كه	ز	يو	يو	ز	يح	ه	و	يج	ا	ح	ح	ط
ب	ب	يج	كو	ح	يز	يز	ح	يط	و	ز	يد	ب	ط	ط	ى
ج	ج	يد	كز	ط	يح	يج	ط	ك	ز	ح	يه	ج	[illegible]	ى	يا
د	د	يه	كح	ى	يط	يط	ى	كا	ح	ط	يو	د	يا	يا	يب
ه	ه	يو	كط	يا	ك	ك	يا	كب	ط	ى	يز	ه	يب	يب	يج
و	و	يز	ل	يب	كا	كا	يب	كج	ى	يا	يح	و	يج	يج	يد
ز	ز	يح	لا	يج	كب	كب	يج	كد	يا	يب	يط	ز	يد	يد	يه
ح	ح	يط	ا نيسان	يد	كج	كج	يد	كه	يب	يج	ك	ح	يه	يه	يو

a Diese Tabelle fehlt in *L* *b* *R* سورس *c* *R* حايرسا *P* حارثرتا

وامّا ما وَصَلْتُه بالميلاد فكعيد الهيكل وهو يوم الاحد الّذى يتلو الميلاد وكذكران مارت وتفسيرُ مارت الحرّةُ السيّدة وهو يوم الجمعة الّذى يتلو الميلاد الّا أنّ يكونَ الميلادُ يومَ الخميس فانّه انْ اتّفق ذلك أُخِّرَ الى الجمعة الثانية لِئلّا يتوالى الميلاد وهذا الذكران بسببِ أنّ ليلة الخميس هى المتوسّطةُ بين نهار الخميس ونهار الجمعة، فامّا ما وَصَلْتُه بالدنح فصوم العذارى فانّه يوم الاثنين الّذى يتلو الدنح وهو ثلثة ايّام وفِطْرُه يوم الخميس وتستعمله العِباديّون وعرب النصارى وذكروا أنّ السبب فيه أنّ ملك الحيرة قبل الاسلام اختار من أبْكار نساء العباديّين عددَ نِسْوَةٍ ليَتّخِذهنّ فصُمْن ثلاثةَ ايّام بالوِصال فمات ذلك الملك فى آخرها ولم يَمْسَسْهنّ وقيل بل صامَتْه العذارى النصرانيّات من العرب شُكْرا لله حيث انتصرت العرب من العجم يومَ ذى قارٍ فنُصِروا[a] عليهم ولا يُثْفَرُ الفرس بالعذراء[b] العنقفير بنت النعمان وربّما اجتمع هذا الصومُ مع صوم نينوى وذلك اذا اتّفق الصومُ الكبير اوّلَ حَدِّه فيكون الاثنين الّذى يتلو الدنح هو صومَ العذارى ومنه الى الصوم الكبير اثنان وعشرون يوما فيكون ايضا اوّلَ صوم نينوى كُلُّ واحد منهما ثلثةُ ايّام فيتّخذون ذكران مار يوحنّا فانّه فى يوم الجمعة الّتى تتلو الدنح وذكران بولس وبطرس يوم الجمعة الثانية وهى الّتى تتلو ذكران يوحنّا وبولس[c] كان يهوديّا فزعموا أنّ المسيح أَنْهَرَ آبنته فى اغْمِدَة عينه ثمّ فَتَحها فآمَنَ به ثمّ ارسله الى الشُّعوب ليَدْعُوَهم وبطرس هو شمعون الصفا وذكران اصحاب الاناجيل الاربعة فى الجمعة الثالثة وذكران اصطفانوس الشهيد فى الجمعة الرابعة وبعضُهم يجعله يوم الخميس قبلها بيوم وذكران الآباء السريانيّين فى الجمعة الخامسة وذكران اباهُتَ فى الجمعة السادسة وهو ذكران اليونانيّين ديودوروس وتيادوروس ونسطورس الاساقفة وذكران مر ابا الجاثليق فى الجمعة السابعة وذكران وُلْد آدم وهو ذكرُ مَنْ ماتَ من ولد آدمَ الى ذلك الوقت فى الجمعة الثامنة فانْ لم يكن فى الجمعات فَضْلٌ وأَظَلَّهم الصومُ الكبير ليَخْتَلوا ذكران الآباء السريانيّين وجعلوا مكانه ذكران مر ابا الجاثليق ثمّ سقوعا على النظم الاوّل وفى الصوم الكبير يَرْفَعون الجُمَع ويكون لهم فيه يومَ جمعة بالعشاء قُدّاسْ اى تعظيم ❁ وقد عملوا للايّام الموصولة بالميلاد والدنح وايّام الاسابيع جدولا يتضمّن مواقعها من شهور السريانيّين فمن اراد العمل به اخذ سنى الاسكندر مع المنكسرة وجعلها جياجلَ

a *Mss.* نصرت b *Mss.* بالعذارى c *Mss.* ونواس

شمسيّة وما بقى أدخلَه فى سطر العدد من جدولِ اعياد النصارى النسطوريّة فتجِدُ كلّ واحد منها بحِيالهِ إنْ كان بحُمْرة ففى الشهر المُوَقَّع بالحمرة على راس الجدول وإنْ كان بالسواد ففى الشهر المكتوب بالسواد على راسه وفوق ذلك يومُه من الاسبوع الّذى يقع فيه دائمًا ولو كُنّا عَلِمْنا ما للنصارى اليعقوبيّة لَامْتَثَلْنا فى رأيهم ما عَمِلناه فى رأى غيرهم إلّا أنّا لم نَفُزْ* بمن يَعْتقِدُ مذهبهم او يَعْرِفُ موضوعاتهم وهذا هو الجدول ٥

a نعر *R* نقير *P* نقر *L* a

هذا هو الجدول الذى حسبناه للاعياد فى الجدول الشمسى

العدد	الشهر	العيد	ا	ب	ج*	د	ه	و	ز*	ح	ط	ي
ا	تشرين الاول	ذكران مار سرجس	ز	يج	يب	ي	ط	ح	ز	يب	يا	ي
ا	تشرين الاول	ذكران الشمونى	يد كا	ك كز	يط كو	كد يز	يو كج	كب يه	يد كا	يط كو	يح كه	كد يز
ا	تشرين الاول تشرين الآخر	ملعثا	د	ج	ب	لا	ل	ه	د	ب	ا	لا
و	تشرين الآخر	عيد دير ابى خليل	ب	ا	ز	ه	د	ج	ب	ز	و	ه
و	تشرين الآخر	عيد دير القلاسية	يو	يه	كا	يط	يح	يز	يو	كا	ك	يط
و	تشرين الآخر	عيد دير الكحيل	كج	كب	كح	كو	كه	كد	كج	كح	كز	كو
ا	تشرين الآخر كانون الاول	عيد السبار	ب	ا	ل	كح	كز	ج	ب	ل	كط	كح
ب	تشرين الآخر كانون الاول	صوم مارت مريم	ج	ب	ا	كط	ه	د	ج	ا	ل	كط
ا	كانون الاول كانون الآخر	عيد الهيكل	ل	كط	كح	كو	ا	لا	ل	كح	كز	كو
و	كانون الاول كانون الآخر	ذكران مارت مريم	كح	ج	ب	لا	ل	كط	كح	ب	ا	لا
ب	كانون الآخر	صوم العبادنيين وهو صوم العذارى	ز	يج	يب	ي	ط	ح	ز	يب	يا	ي
و	كانون الآخر	ذكران يوحنا	يا	و	ط	ز	يج	يب	يا	ط	ح	ز
و	كانون الآخر	ذكران بولس وبطرس	يح	يز	يو	يد	ك	يط	يح	يو	يه	يد
و	كانون الآخر	ذكران كتبة الاناجيل	كه	كد	كج	كا	كز	كو	كه	كج	كب	كا
ق	كانون الآخر شباط	ذكران مار يوحنا الحبيلى	كط	د	ج	ا	لا	ل	كط	ج	ب	ا
و	كانون الآخر شباط	ذكران اصطفانوس	ا	لا	ل	كح	ج	ب	ا	ل	كط	كح
و	شباط	ذكران الآباء	ح	ز	و	د	ي	ط	ح	و	ه	د
و	شباط	ذكران الباعوثا	يه	يد	يج	يا	يز	يو	يه	يج	يب	يا
و	شباط	ذكران مار ابا الجاثليق	كب	كا	ك	يح	كد	كج	كب	ك	يط	يح
و	شباط اذار	ذكران ولد آدم	ا	كح	كز	كه	ج	ب	كط	كز	كو	كه
ا	ايلول	ذكران ابر سفا	ل	كط	كح	كو	كه	كد	ل	كح	كز	كو
ز	ايلول تشرين الاول	عيد دير الثعالب	كط ا	كح	كز	كه	كد		كط ا	كز	كو	كه

کز	کح	کو	ک	یح	و	ل	ج	کج	یو	ط	یب	ب	کح	ا	ل	کح	کا	ز	ب	کو یط	یب	ید
کو	کز	کو	یط	یب	•	کط	ب	کب	یه	ح	یا	ا	کز	ل	کط	کز	ک	و	ا	که یح	یا	*یه
کد	که	ج	کد	یز	ی	ج	لا	کز	ک	یح	ط	ل	ا	•	کز	که	یح	د	ل	کج یو	ط	یو
	کد	ب	کج	یو	ط	ب	ل	کو	یط	یب	ح	کط	لا	د	ج	کد	یز	ج	•	کب یه	ح	یز
کط ا	ل	ا	کب	یه	ح	ا	کط	که	یح	یا	ز	کح	ل	ج	ب	کج	یو	ب	د	کا ید	ز	یح
کح	کط	کح	کا	ید	ز	لا	د	کد	یز	ی	یج	ج	کط	ب	ا	کب	یه	ا	ج	کز ک	یج	*یط
کو	کز	کو	یط	یب	•	کط	ب	کب	یه	ح	یا	ا	کز	ل	کط	کز	ک	و	ا	که یح	یا	ک
که	کو	که	یح	یا	د	کح	ا	کا	ید	ز	ی	لا	کو	کط	کح	کو	یط	•	لا	کد یز	ی	کا
کد	که	ج	کد	یز	ی	ج	لا	کز	ک	یح	ط	ل	ا	•	کز	که	یح	د	ل	کج یو	ط	کب
	کد	ا	کج	یو	ط	ب	ل	کو	یط	یب	ح	کط	لا	د	ج	کد	یز	ج	•	کب یه	ح	*کج
کح ا	کط	کح	کا	ید	ز	لا	د	کد	یز	ی	یج	ج	کط	ب	ا	کب	یه	ا	ج	کز ک	یج	کد
کز	کح	کز	ک	یح	و	ل	ج	کج	یو	ط	یب	ب	کح	ا	ل	کح	کا	ز	ب	کو یط	یب	که
کو	کز	کو	یط	یب	•	کط	ب	کب	یه	ح	یا	ا	کز	ل	کط	کز	ک	و	ا	که یح	یا	کو
که	کو	که	یح	یا	د	کح	ا	کا	ید	ز	ی	لا	کو	کط	کح	کو	یط	•	لا	کد یز	ی	*کز
[f]	کد	ب	کج	یو	ط	ب	ل[e]	کو[d]	یط	یب	ح	کط[c]	لا[b]	د	ج	کد	یز	ج	•	کب یه	ح	کح

a Diese Tabelle fehlt in *L.* Die im سطر العدد von mir hinzugefügten Sterne sollen die Schaltjahre des Cyclus bezeichnen. b *Mss.* ا c *Mss.* ل d *Mss.* لا e *Mss.* لا f *Mss.* haben in dieser Columne folgende Zahlen: 29. 28. 26. 25. 24. 30 28 27. 26. 25. 30. 29. 28. 27. 25. 24. 30. 29. 27. 26. 25. 24. 29. 28. 26. 24 24. 30. Berichtigt nach S. ٣٩. Z 20—22.

القول على اعياد المجوس الاقدمين وصيام الصابئين واعيادهم

امّا المجوس الاقدمون فهم الّذين كانوا قبل ظهور زرادشت ولا يوجد منهم صِرْفٌ سالِجٌ لا يدين بما جآء به زرادشتُ بل هم من قومه ايضا او من[a] الشمسيّة ولكنّهم يذكرون اشياء قديمة ويُضيفونها الى دينهم وتلك الاشياء ماخوذةٌ من نواميس الشمسيّة وقُدَمآء الحرانيّة، وامّا الصابئون فقد قدّمنا انّ هذا الاسم يَقَعُ على من هم بالحقيقة اصحابُ هذا الاسم وهم المتخلّفون[b] من أُسَرى بابلَ الّذين نقلهم بختنصّرُ من بيت المَقْدِس اليها فانّهم لمّا تصرّفوا فى الارض وآعتادوا بقعةَ بابل آستثقلوا العَوْدَ الى الشام فآثروا المقامَ ببابل ولم يكونوا من دينهم بمكانٍ معتمَدٍ فسمعوا اقاويلَ المجوس وصَبَوْا الى بعضها فآمتزجت مذاهبهم من المجوسيّة واليهوديّة كحال المنقولين من بابل الى الشام اعنى المعروفين بالسامرة، ويوجد اكثرُ هذه الطبقة بسواد العراق وهم الصابئون بالحقيقة وهم متفرِّقون غيرُ مجتمِعين ولا كائنين فى بُلْدان مخصوصةٍ بهم دون غيرهم ومع ذلك غيرُ متّفِقين على حال واحدة كأنّهم لا يُسنِدونها[c] الى رُكْنٍ ثابتٍ فى الدين من وَحْىٍ او إلهام او ما يُشْبِهُهما ويَنتمون الى انوش بن شيث بن آدم، وقد يَقَعُ الاسمُ على الحرّانيّة الّذين هم بقايا اهل الدين القديم المغربىّ الباثنون[d] عنه بعد تَنَصُّرِ الروم اليونانيّين وينْتسِبون[e] الى اغاذيمون[f] وهرمس ووالنيس ومابا[g] وسوار ويتحدّثون بنُبُوّتهم ونبوّةِ أمثالهم من الحكمآء وهذا الاسمُ أشْهَرُ بهم من غيرهم وإنْ كانوا تَسَمَّوْا به فى الدولة العبّاسيّة فى سنةِ ثمان وعشرين ومائتين ليُعَدُّوا فى جملةِ من يؤخذ منه ويُرْعَى له الذِّمّةُ وكانوا قبلها يسمَّوْن الحنفآء والوثنيّة والحرّانيّة۞

وقد يسمّون الشهورَ بالاسماء السريانيّة ويَسْلُكون فيها شبيهَ طريقة اليهود هم المتشبّهون بهم اذْ هم أقدمُ بالاضافة اليهم أوْلى ويُلحِقون باسامى الشهور لفظةَ الهلال فيقولون هلالُ تشرين الاوّل وهلال تشرين الآخر ورأسُ سنتهم هو هلالُ كانون الآخر ولكنّهم يبتدئون فى العدد بهلال تشرين

a P ومن für او من b Mss. المختلفون c L يستندونها d Mss. الباثنين
e RL وينسبون f L اغاريمون g P وباما

الاوّل ومَبْدَأ اليوم عندهم من طلوع الشمس خلاف ما عليه العاملون بشهور الأهلّة ومبدأ الشهر الهلالىّ عندهم هو اليوم الثانى من الاجتماع متى كان الاجتماعُ قبل طلوع الشمس ولو بدقيقة فانّ مَبْدأ الشهر[a] اليومُ الّذى يليه[b] وانْ كان مع طلوع الشمس وبعدَ طلوعها كان مبدأ الشهر اليومَ الثانى[c] من الاجتماع واذا اجْتَمع لهم فى ثلث سنين شهرٌ واحدٌ زادوا فى شهورهم بعَقْب هلال شباط شهرا وسَمّوه هلال اذار الاوّل ۞ وقد أوْدَعَ محمّدُ بن عبد العزيز الهاشمىّ زيجَه المعروف بالكامل نَبَذًا[d] من اعيادهم على وجه الاخبار دون التفحّص عن أوائل أحوالها وتفصيلِ اسبابها فنَقَلْتُها الى هذا الباب وأضَفْتُ اليها ما سَمِعْتُه من جهةِ غيره وتصرّفتُ فى ظواهرها بالحُسْبانات على وجه الاستقرآء اذْ لم يكن لى من القوّة فيها مثلُ ما كان لى فى غيرها والله الموفِّق للصواب ۞

هلال تشرين الاول فى اليوم السادس منه عيد الذهبانة[e] وفى السابع مَبْدَأ تعظيم العيد وفى الثلث عشرِ عيد فودى[f] البغى وفى الرابع عشرِ عيد الثى فودى[g] وفى الخامس عشر عيد الأقسام ۞

هلال تشرين الآخِر فى اليوم الاوّل النحت[h] الكبير وفى اليوم الثانى مار شلاما وفى الخامس عيد داموا[i] ملاح لحَلْق الرأس وفى التاسع برسا[k] صَنَم الزهرة وفى السابع عشر عيد تَرْسا[l] وفيه الخروج الى بطنان[m] وفى الثامن عشر عيد سروج وهو يوم[n] تجديد الثياب وذكر ابو الفرج الزنجانى انّ الرابع من هذا الشهر اوّل عيد المظلّ والثامن عشر من اوّل الشهر آخِرُه ۞

هلال كانون الاوّل فى السابع عيد حطاب بُنْيان[o] صنم الزهرة وفى العاشر عيد الاصنام للمرّيخ وفى العشرين عيد الجنّ وفى الحادى والعشرين اوّل الصوم الاوّل وفطْرُه يومُ الاجتماع الّذى يتلوه ويُحَرِّمُ فيه اللحمَ والافطارُ فى الصيام عندهم بالصدقة والمُواساة وفى الثامن والعشرين عيد دَعْوَة الجنّ وفى التاسع والعشرين عيد المحجوب[p] للجنّ وفى الثلثين عيد المشاورة وذكر ابو

[a] الشهر fehlt in *RL*. [b] *R* يليه [c] الثانى fehlt in *R*. [d] *Mss.* نبدا
[e] *RP* الذهابة [f] *L* فودى [g] *P* فودى [h] *Mss.* النحت [i] *R* داحو [k] *R* درصا [l] *PR* برسا [m] *P* بطنان [n] يوم fehlt in *P* [o] Sic *L*; *PR* حطاب بنيان [p] *L* المنحوت

الفرج الزنجانى انّ الرابع والعشرين منه عيد الميلاد ❀

هلال كانون الآخر كلّ ما كان فى هذا الشهر من دَعْوَة وصوم وعيد فللجنّ وفى اليوم الاوّل منه عيدُ رَأْسِ السنة كالقلنداس للروم وفى الرابع عيد دير الجبل[a] وعيد بلتى يعنى الزهرة وفى اليوم الثامن صومُ سبعة ايّام فِطْرُه[b] الخامسَ عشر وفى الثانى عشر دَعْوَة وحسوا وفى اليوم العشرين يُصَلّى الى[c] بيل[d] حرّانَ وفى الخامس والعشرين عيد صنم ترّة[e] وفى السادس والعشرين عيد عُرْس السنة ❀

هلال شباط وفى اليوم التاسع اوّل الصوم الاصغر وهو سبعة ايّام وفطره[f] السادس عشر من الشهر ولا يَذُوقون فيه دَسَمًا ولا شيئًا من الاعياد والمتّخذ منها وفى العاشر عيد بيت[g] العروس للشمس وفى الثانى والعشرين عيد منطس[h] للشمس وفى الرابع والعشرين عيد شيخ الوقار يعنون[i] زُحَلَ وفى الخامس والعشرين عيد عرس علماءا ❀

هلال اذار فى اليوم الاوّل صومٌ اى وهو ثلثة ايّام وفِطْرُه الرابع من الشهر وفى اليوم السابع عيد هرمس عطارد وفى الثامن منه اوّل الصوم الاكبر وتَحْرُمُ فيه اللحم فقط ومِعْيارُه انّهم يَنُوحون فيه يوما يكون الشمسُ فيه فى برج الحوت الى[k] أَنْ يكون بعدَ احدٍ وثلثين يوما والشمس فى[l] برج الحمل والقمر فى برج السرطان بمثل أَجْزاء الشمس فيكون الاوّل اوّلَ[m] صومهم والآخرُ فِطرَهم وربّما كان هذا الصيام تسعةً وعشرين يوما اذا كان هلال اذار ناقصًا عن ثلثين وفى اليوم العاشر فطامُ الصِّبْيان ❀

هلال نيسان فى اليوم الثانى عيد دميس وفى الثالث عيد النَّخْلِ وفى الرابع تعظيم الغناء[n] وفى الخامس عيد بليان[o] صنم الزهرة وفى السادس عيد سمار[p] وحى القمر وفيه عيد دير كاذى والفطر الكبير يَقَعُ فى اغلب الاحوال فى اليوم الثامن منه وفيه عيد منشىّ[q] الارواح وفى التاسع عيد ارباب[r] الساعات وفى الخامس عشر عيد اسرار السماك وفى العشرين

a *P* الحمل *LR* الجبل *b* *Mss.* فطر *c* الى fehlt in *Mss.* *d* *PR* نمل *L* نيل *e* *PR* ترتا, *L* ترتّا oder ترتّا *f* فطره fehlt in *Mss.* *g* *P* بَنْت *R* بمت *h* *LP* منطس *i* *Mss.* معون *k* *Mss.* على *l* *Mss.* وفى für والشمس فى *m* اوّل fehlt in *R.* *n* *P* العشاء *o* *L* بليسان *R* مليان *p* *L* شمار *q* *P* بنشى *r* *P* ارباخ *LR* ارباح

عيد الجَمْع لدَيْر كاذى وفى الثامن والعشرين عيد دير سينى ✿

هلال ايار فى اليوم الثانى عيد سلوغا رئيس الشياطين وفى الثالث عيد بيت بغدادىّ وفى الرابع عيد النُّذُورِ[a] وفى السادس عيد اميصلح وهو عيد المعموديّة ايضا وفى السابع عيد ضحصاك صنم القمرِ وفى الحادى عشرِ عيد ضحصاك[b] وجروشيا وفى الثانى عشر عيد جرشيا[c] وفى الثالث عشر عيد برخوشيا[d] وفى الخامس عشر عيد برخروشيا وفى السابع عشر عيد باب التبن وفى العشرين عيد التمام لضحصاك[e] وهو صنمٌ أعمى وفيه عيد ترعوز[f] ✿

هلال حزيران فى السابع ذكران تموزا فيه نَوْح وبُكآء وفى الرابع والعشرين عيد الكرموس وهو عيد التبريك ايضا وفى السابع والعشرين عيد بيتِ القصّاب ✿

هلال تموز فى اليوم الخامس عشر عيد الفتية[g] وفى السابع عشر عيد عُرْس ددائق وفى الثامن عشر عيد ددّئق وفى التاسع عشر عيد ددائق ايضا ✿

هلال اب فى اليوم الثالث عيد ديلفتان[h] صنم الزهرة وقد يكون السابع ايضا ديلفتان[i] وفى الرابع والعشرين عيد الاغتسال فى حَمّة سَرُوجَ وفى السادس والعشرين عيد ايضا وفى الثامن والعشرين عيد كفرميسا[k] وفى اليوم الثلثين آخِرُ الاغتسال من حمّة سروجَ ✿

هلال ايلول فى الثالث عشر عيد عبيد[l] دورنا[m] للنسآء إفطارٌ وفى الرابع عشر صوم دخلنا[n] وفى الرابع والعشرين عيد رؤس مخرج الاهلّة وفى الخامس والعشرين عيد الشمع فى تلّ حَرّانَ ✿

وفى كلّ شهر من شهورهم صومُ ايّام مفروضة واجبٌ على كهنتهم وأظنّه اربعة عشر يوما من كلّ شهر او الرابع عشر ولا أُحقّقُ ذلك وحكى بعض الواصفين لمذاهبهم انّ اليوم السابع عشر من كلّ شهر عيدٌ لهم وعِلّته ابتدآء الطوفان فى مثله من شهر الهلال وأنّ ايّام الاعتدالَيْن والانقلابَيْن اعيادٌ لهم ايضا والشتوىّ من الانقلابَيْن هو مَوْلِدُ السنة[o] فهذا ما ذكره الهاشمىّ

a R النذر   b L ضحصال   c R خرشيا   d L يرخوشيا   e PL لصحصال
f R توعوز   g R القتنه P القَمِيّة L القتيبة   h Mss. ديلعتان   i Mss. ديلعتان
k R كفرميا P كفرميسا L كفرنيسا   l عبيد fehlt in PL   m R دو رنّا PL دورنا
n P دقلنا   o R مولداك für مولد السنة

وغيره جمعناها كما هى ناحين لها على هيئة أرقامها فقط واذا تهيّأ لنا تمامها من[a] اصحابها وتمييز ما للصابئين والحرانيين والمجوس الأقدمين بعضها من بعض سلكنا فيها طريقتنا المسلوكة فى غيرها ان شاء الله ۞ ولانّ صومهم الكبير يقع فى التربيع الاوّل من هلال اذار[b] والشمس والقمر فى برجين ذوى[c] جسدين وفطره فى التربيع الاوّل من هلال نيسان والنيّران معا فى برجين منقلبين مفروضين يوجب ذلك أن تدور شهورهم فى سنة[d] الشمس دور شهور اليهود وذلك على الامر الأوسط ويتعلّق سبب كلّ واحد منهما بالآخر فانّ شرط الفصح أن يتقابل النيّران فى برجى الاعتدالين أوّل تقابل فقد يمكن أن يتقابلا وكذلك مرّتين وشرط فطرهم ما ذكرناه فاذن التربيع المتقدّم للفصح هو فطرهم والاجتماع الأقرب الى الاعتدال الخريفى هو رأس سنتهم وليس يخرج عن ايلول ۞ واذا حسبنا ذلك لدور من ادوار التسعة عشر حصل ذلك بالامر الجليل فانهم يعدّلون ذلك بوقت الاجتماع كما ذكرنا واعمال اليهود والنصارى فى استخراج الفصح مبنيّة على الحركات التى ظهر لنا تأخّرها عن الحقيقة وخاصّة فى الشمس واذا اعتبرت الاستقبالات بالحركات المستخرجة من الأرصاد المستحدثة وجد بعضها يتقدّم اوائل الحدّ المحدود للفصح فى كلا الرأيين وهم يتركونه ولا يعبأون به وهو الحقّ بعينه ووجد بعضها يقرب من اواخر الحدّ المحدود ويأخذون به ويعتمدون عليه وهو الباطل بعينه والحقّ قد تقدّمه شهرا؛ ولمّا كان غرضنا فيما تقدّم اظهار الحقائق والوساطة بين الفريقين واصلاح ذات بينهم عملنا أعمال كلّ واحد من الفريقين على رأيهم ورأى غيرهم ليظهر لكلّ واحد منهم ما له وعليه وأريناه من انفسنا الأخذ بقوله والركون الى رأيه الى ان يظهر له الحقّ لتخرج الفريقان عن قلوبهم ايهامنا بالميل الى احدهما والمداهنة له ولا ينبو قلبه عن خلافنا عليه اذا تصفّحنا القوانين المذكورة فانّها اذا قرّت على حالها لم تخل عن تشاويش وتخاليط قد أنبأنا عن اكثرها ۞ فاذن اذا جعلنا اوّل حدود الفصح اليوم السادس عشر من اذار وجعلنا يوم استقبال يقع بالحقيقة فى برجى الاعتدالين وركّبنا عليه فصوح الدور على أن لا يتقدّم واحد منها ذلك الحدّ المحدود ولم[e] يقع فصح منها الّا والنيّران فيه متقابلان[f] على ما شرط ويكون آخر

a PL عن *b* اذار fehlt in *RP*, *L* statt dessen نيسان *c Mss.* ذى
d Mss. السنة *e L* لم *f Mss.* متقابلين

حدوثه اليومَ الثالثَ عشر من نيسان والشمس وانْ كانت بعدها فى بُرْجِ الحمل ايضا ولا يُقابِلُها القمر حينئذ الّا وقد قابَلَها فيه مَرّةً قبلَه ثمّ نَسْتخرجُ من هذه الفصوح المصحّحة بِفِطْرَ الصابئين ومنه رأسَ سنتهم وهو الاجتماع لهلال تشرين الاوّل، وقد فعلنا ذلك وركّبناه فى جداول فاذا اخذ آخِذٌ[a] سنى الاسكندر مع السنة الناقصة لرأسِ تشرين الاوّلِ الذى يَتْلُو اجتماعَ رأسِ سنتهم وزادَ عليها ستّةَ عشر او نقص منها ثلثةً وقَسَمَ الحاصِلَ على تسعة عشر وألْقَى القِسْمَ وأدْخَلَ الباقىَ فى سَطْرِ العَدَدِ من جدول الدَّوْرِ المُعَدَّلِ وَجَدَ بحِيالِه رأسَ سَنَتِهم وفِطْرَ صَوْمِهم الكبيرِ والفصحَ المصحّح والصومَ الاوسطَ للنصارى المستخرَجَ منه بمَواقِعِها من شهور السريانيّين وهذا جدول الدَّوْرِ المُعَدَّلِ

a Mss. اخذ für اخذ آخذ

جدول الدور المعدّل[a]

سطر العدد	عبور الدور	موقع راس سنة الصابئين من ايلول	فطر صومهم الكبير	شهر هذا الفطر	الفصح المتكئ	شهر هذا الفصح	الصوم الاوسط المستخرج منه النصارى	شهر هذا الصوم	راس تشرين الذى يتلو هذا الفصح	شهر تشرين هذا
		كح	ا	نيسان	ح	نيسان	ك	شباط	يح	ايلول
ب	ع	يز	كا	اذار	كح	اذار	ط	شباط	ز	ايلول
ج		و	ط	نيسان	يو	اذار	كح	كانون الآخر	كو	آب
د		كه	كط	اذار	د	نيسان	يو	شباط	يد	ايلول
ه	ع	يد	يز	اذار	كد	اذار	ه	شباط	ج	ايلول
و		ب	ه	نيسان	يب	نيسان	كد	شباط	كب	ايلول
ز	ع	كا	كه	اذار	ا	نيسان	يج	شباط	يا	ايلول
ح		ى	يج	نيسان	كا	اذار	ب	شباط	ل	آب
ط		كط	ب	نيسان	ط	نيسان	كا	شباط	يط	ايلول
ى	ع	يح	كب	اذار	كط	اذار	ى	شباط	ح	ايلول
يا		ز	ى	نيسان	يح	اذار	ل	كانون الآخر	كح	آب
يب		كو	ل	اذار	و	نيسان	يح	شباط	يز	ايلول
يج	ع	يه	يط	اذار	كو	اذار	ز	شباط	ه	ايلول
يد		د	ز	نيسان	يه	اذار	كز	كانون الآخر	كه	آب
يه		كج	كز	اذار	ج	نيسان	يه	شباط	يج	ايلول
يو	ع	يب	يو	اذار	كج	اذار	د	شباط	ب	ايلول
يز	ع	ا	د	نيسان	يا	نيسان	كج	شباط	كا	ايلول
يح	ع	ك	كد	اذار	لا	اذار	يب	شباط	ى	ايلول
يط		ط	يب	نيسان	ك	اذار	ا	شباط	ل	آب

a Diese Tabelle fehlt in *L*.

القول على ما كانت العرب تستعمله في الجاهليّة

قد تقدّم من قولنا أنّ شهور العرب اثنا عشر وانّهم كانوا يَكبِسونها فتدورُ مع سنة الشمس على منهاجٍ واحد وأنّ لأساميها معانيَ[a] تَعَنّتهم الى التواطؤ لاجلها عليه بعضُها كانت تَدُلّ على اوقاتها من السنة وبعضها على فِعْلهم فيها ولكنّا رأيَ بعض اللُّغَويّين ورُواة اخبار العرب فيها وسنذكر رأيا آخر من آرائهم فيها ✿ فالمحرّم سمّى بهذا الاسم لانّ من شهورهم اربعةً حُرُمٌ واحد افْرَدٌ وهو رجب وثلثةٌ سَرْدٌ وهي ذو القعدة وذو الحجّة والمحرّمُ كانوا يحرِّمون فيها القتالَ وسمّى صفرٌ[b] صفرا لوباء كان يَعْتريهم فيمرضون وتَصْفَرُّ الوانُهم ثمّ ربيع الاوّل وربيع الآخر وكانا يأتيان في الفصل المسمّى خريفا وتسمّيه العرب ربيعا ثمّ جُمادَى الاولى وجمادى الآخرة حين جاءت الشَّبَرات ووقع الجليدُ والضَّريب وجَمَدَ الماء وهو فصل الشتاء ثمّ سمّى رجب رجبا لانّه قيل فيه أرْجَبُوا اى كُفّوا عن القتال والغاراتِ لانّه شهر حَرامٌ وقيل بل لاستعجالهم قبله كانوا يَخافونه يقال رَجِبْتُ الشيء اى خِفْتُه ثمّ شعبان لانشعاب القبائل فيه الى المناهل وطلب الغارات ثمّ رمضان حين بدأ الحرّ وأرْمَضت الارضُ وكانوا يعظّمونه في الجاهليّة ثمّ شوّال لانّه قيل فيه شَوِّلوا اى ارتحلوا وقيل بل سمّى بذلك لانّ الابل كانت تُشَوِّل فيه في ذلك الوقت أذنابها من شهوة الضِّراب ولذلك كَرِهَت العربُ فيه التزويج ثمّ ذو القعدة لما قيل فيه اقْعُدُوا وكُفّوا عن القتال ثمّ ذو الحجّة لانّه الشهر الّذى كانوا يَحُجّون فيه ✿ فكانت الشهور مقسومة على فصول الازمنة الاربعة وكانوا يبتدئون منها بالخريف ويسمّونه الربيع ثمّ الشتاء ثمّ الربيع ويسمّونه صيفا وسمّاه بعضهم الربيع الثانى ثمّ الصيف ويسمّونه القَيْظ غيرَ أنّ تسميتَهم ايّاها عليها تُركت وأُهملت[c] فلم تُحْفَظْ ولم يُوقَفْ من تحديدهم الأزمنة الّا على أنّ اوّل الربيع وهو الخريف وكان عندهم لثلثِ يمضين من ايلول واوّل الشتاء لثلث يمضين من كانون الاوّل واوّل الصيف وهو الربيع لخمس يمضين من اذار واوّل القيظ وهو الصيف لاربع يمضين من حزيران وعُرِف ذلك منهم بقسمة منازل القمر في الطلوع والسقوط عليها ✿ ومبادئُ هذه الفصول الاربعة ممّا قد اخْتُلِف فيه فذكر بطلميوس في كتاب المدخل الى الصناعة المُريّة أنّ اليونانيّين جعلوها من حُلول الشمس

a *Mss.* معان b صفر fehlt in *Mss.* c *Mss.* ترك واهمل

نُقَط الاعتداليّن والانقلابين وحُكى عن الكلدانيّين انّهم جعلوا مبادئَها من بعد الاعتدالين والانقلابين ثمانيةَ أجْزاء وأحْسِبُ أنّ ذلك لتأخُّرِ حساباتهم فى الزيجات المنسوبة اليهم عمّا أَوْجَبَه امتحانُ اليونانيّين وزيجاتُهم وأنّه[a] انّما فُرض هذا المقدارُ ثمانى درج لاجلِ انّهم كانوا يَرَوْن هذا التفاوتَ من جهةِ حركةِ الفلك مُقْبِلا ومُدْبِرا وغايتُها ثمانى درج والله اعلم بمَغْزاهم وبيانُ هذه الحركة فى زيج الصفائح لابى جعفر الخازن وكتاب حركاتِ الشمس لابرهيم بن سنان على الوجه الاوّل والاخلق فى الامْكان، وامّا الروم والسريانيّون فقد قدّموها على النُّقَط الاربع بنصفِ بُرْجٍ فصارت مبادئُها من لَدُن دخولِ الشمس انصافَ البروجِ المتقدّمةِ لها ولذلك سُمِّيَتْ ذواتِ الأَجْسادِ وحكى سِنانٌ عن القبط وعن ابرخس فيها قولَيْن يَقْرُبُ كلاهما من تقديمها بُرْجا تمّا على النُّقَط الاربع وغُلاةُ الطبيعيّين قدّموها بُرّجا ونصفا والمفرطون منهم فى التباعد عن الحقيقة صَيّروا مبادئَها من حينَ تَميل الشمس عن مُعَدِّلِ النهار قدر نصف مَيْلها الكلّيّ فخرجوا بذلك عن تَعارُفِ الناس وبَعُدوا عن المَعانى التى وُضِعَ لها اسامى الارباع وهذه الآراء محصورة باختلافها فى هذا الجدول وهذا مِثال شكله

a Mss. انّهم

جدول الفصول على اختلاف الآراء[a]

اختلاف الآراء	الروم والسريانيين وجمهور المنجمين		اليونانيين على ما ذكر بطلميوس		الكلدانيين على ما حكى بطلميوس عنهم		العرب على ما ذكر عنهم في كتب الانواء		القبط على ما حكى عنهم سنان بن ثابت		ابرخس على ما حكى سنان بن ثابت عنه		غلاة الطبيعيين العازيين عن الحقيقة		المفرطين من الطبيعيين في التباعد[b]	
الفصل	مواقعها	من الشهور	مواقعها	من الشهور	مواقعها	من الشهور	مواقعها	من الشهور	مواقعها	من الشهور	مواقعها	من الشهور	مواقعها	من الشهور	مواقعها	من الشهور
الربيع	ا	اذار	يه	اذار	كج	اذار	ه	اذار	ز	شباط	يا	شباط	ا	شباط	يه	كانون الآخر
الصيف	ا	حزيران	يو	حزيران	كد	حزيران	د	حزيران	ى	ايار	يب	ايار	ا	ايار	يه	نيسان
الخريف	ا	ايلول	يز	ايلول	كه	ايلول	ج	ايلول	يه	آب	يو	ايلول	ا	آب	يز	تموز
الشتاء	ا	كانون الاوّل	يه	كانون الاوّل	كج	كانون الاوّل	ج	كانون الاوّل	يا	تشرين الآخر	يا	تشرين الآخر	ا	تشرين الآخر	يز	تشرين الاوّل

a Diese Tabelle fehlt in *L*. *b* *R* التبرّد *P* البرد

وقد كان يقوم للعرب فى اوقات من شهورهم المُنْسَأة[a] معلومةً أَسْوَاقٌ فى مواضع مخصوصة فمنها ما ذكره ابو جعفر محمّد بن حبيب البغدادىّ فى كتاب المُحَبَّر قال كان يقوم سوقُ دُومة الجندل اوّل يوم من ربيع الاوّل الى النصف وكانت مبايعة العرب فيها إلقاء الحجارة وهو أنّ يَجْتمعَ القومُ على السِّلْعة فمن أَلْجَبته ألقى حَجَرًا فربّما اجتمع النفرُ فى السِّلْعة الواحدة فاذا ألقى الرجلُ منهم الحجر فقد وَجَبَ البَيْعُ ثمّ سوقُ المُشَقَّر كانت تقوم من اوّل يوم من جمادى الآخرة وكان بيعُهم فيها[b] الملامسةَ وهو الايماء والهَمْهَمَة[c] مخافةَ الحَلْف والكذب ثمّ صُحَارُ تقوم سوقها لعشرٍ يمضين من رجب فتقوم خمسة ايام ثمّ دَبَا سوقها آخرَ يوم من رجب وكان بَيْعُهم فيها المساومة ثمّ الشِّحْرُ وكانت سوقها تقوم للنصف[d] من شعبان وبيعهم فيها إلقاء الحجارة ثمّ عَدَنُ تقوم سوقها اوّل يوم من شهر رمضان الى عشرة ايام منه ثمّ صَنْعاء تقوم سوقها فى النصف من شهر رمضان الى آخره ثمّ الرابيَة وعُكاظ والرابية بحضرموت وعكاظ بأعلى نجد قريب من عَرَفاتٍ وكانتا تقومان فى يوم واحد وهو النصف من ذى القعدة وكانت عُكاظُ من اعظمِ اسواق العرب وكانت قريش تنزلها وهوازنُ وغطفانُ وأَسْلمُ وعُقَيْلٌ والمُصْطَلِق والأحابيش وطائفةٌ من أفْناء الناس وكان يقوم سوقها فى النصف من ذى القعدة الى آخر الشهر فاذا أهلّ الهلال لذى الحجّة أتَوْا ذا المجاز وهو قريب من عكاظ فتقوم سوقها الى يوم التروية ثمّ يصْدُرون الى منى ثمّ تقوم سوق نَطاة بخَيْبَر وسوق حَجْر باليمامة اوّل المحرّم الى العاشر من الشهر وتركت اكثرُ هذه الرسوم حين جاء اللّه بالاسلام

القول على ما يستعمله اهل الاسلام

واما المسلمون فقد استعملوا شهور العرب غيرَ مُنْسَأة لما قدّمنا الاخبارَ عنه وعن سببه وحرّموا الاربعة الحُرُم منها لما قال اللّه تعالى منها اربعةٌ حُرُمٌ فلا تَظْلِمُوا فيهنّ أنفسكم وسمّوا شوّال وذا القعدة والعشر الاوّل من ذى الحجّة شهورَ الحجّ وهى التى قال اللّه فيها الحجُّ أشهرٌ معلوماتٌ فمن فرض فيهنّ الحجّ فلا رَفَثَ ولا فُسوقَ ولا جِدالَ فى الحجّ وانما سميت أشهرَ الحجّ لأنّ قبلها لا يجوز ان يُحْرِمَ الحاجّ ولاصحاب المذاهب من الفقهاء خلافاتٌ فيما بينهم فيها داخلة

a *Mss.* المنشاة   b *L* معهم für بيعهم فيها   c *R* والهمة   d *L* النصف

في باب الفقه يطول بذكرها الكتاب وجُمِعَت[a] أشهرا جَبْرًا للكسر الذي هو ثُلث شهر، وامّا شهور العَهْد التي قال الله فيها فسيحوا في الارض اربعةَ أشهرٍ فهي من لدن يوم الأضحى الى عشرٍ من ربيع الآخر لأنّ امير المؤمنين عليه السلام قرأ عليهم هذه السورة يومَ النَّحْر بالموسم ولهم[b] فيها ايّامٌ معظّمة وهي هذه

المحرّم اليوم الأوّل منه معظّم لانّه غرّة الحول ومفتتح السنة، واليوم التاسع منه يسمّى تاسوعاء على مثال عاشوراء وهو يوم يصلّي فيه الزُّهّادُ من الشيعة، واليوم العاشر منه يسمّى عاشوراء وهو يوم مشهور الفضل وروى عن النبيّ عليه السلام انّه قال ايّها الناس سارعوا الى الخيرات في هذا اليوم فانّه يوم عظيم مبارك قد بارك الله فيه على آدم وكانوا يعظّمون هذا اليوم الى ان اتّفق فيه قتْلُ الحسين بن عليّ بن ابي طالب رضي الله عنهم وفُعِل به وبهم ما لم يُفْعَلْ في جميع الامم بأشرار الخلق من القتل بالعَطَش والسيف والاحراق وصَلْب الرؤوس واجْراء الخيول على الاجساد فتشاءموا به فامّا بنو أُميّة فقد لبسوا فيه ما تجدّد وتزيّنوا واكتحلوا وعيّدوا وأقاموا الولائم والضيافات وطعموا الحلاوات والطيّبات وجرى الرسْم في العامّة على ذلك ايّامَ مُلكهم وبقي فيهم بعد زَواله عنهم وامّا الشيعة فانّهم ينوحون ويبكون أسفا لقتل سيّد الشهداء فيه ويُظْهرون ذلك بمدينة السلام وامثالها من المدن والبلاد ويزورون فيه التربة المسعودة بكربلا ولذلك كُرِهَ فيه العامّةَ من تجديد الاواني والأثاث ولمّا جاء نعيُه الى المدينة خرجت ابنة عَقيل بن ابي طالب وهي تقول

ماذا تقولون انْ قال النبيُّ لكم   ماذا فعلتم وانتم آخرُ الأُمَمِ
بعترتي[c] وباهلي عند مفتقدي   نصفٌ أُسارى ونصفٌ ضُرِّجوا بدمِ
ما كان هذا جزائي اذ نصحتُ لكم   أنْ تخلفوني بسوءٍ في ذوي رحمي

وفي هذا اليوم قُتل ابرهيمُ بن الأشتر ناصر آل رسول الله ويقال انّ الله تاب فيه على آدم واستوت سفينةُ نوح على الجوديّ وفيه وُلد عيسى ونُجّي موسى وابراهيم وبَرَدَ النارُ عليه ورُدّ على يعقوب بَصَرُه وأُخرج يوسف من الجبّ وأُعطي سليمانُ مُلكه ورُفع العذاب عن قوم يونس وكُشف الضرُّ عن ايّوب وأُجيبَ دعاءُ زكريّا ووُهب له يحيى وقيل بانّ يوم الزينة الذي هو موعد سحرة

a R وجمعت   b Mss. ولها   c R بعشرتي P بعثرتي

فرعون هو يوم عاشوراء وقت الزوال ووقوع هذه الاتّفاقات فيه وإنّ كان ممكنا فانّه مستنِدٌ الى من لا يَرْجِعُ الى تحصيل من مُحَقِّقي العوامّ او مُسامَةِ اهل الكتاب، وقد قيل انّ عاشوراء هو عبرانيّ معرَّب يعنى عاشور وهو العاشر من تشرى اليهود الذى صَوْمُه صوم الكِبُّور وانّه اعْتُبِرَ فى شهور العرب فجُعِلَ فى اليوم العاشر من اوّل شهورهم كما هو فى اليوم العاشر من اوّل شهور اليهود، وقد فُرِضَ صومُه فى اوّل سنة الهجرة ثمّ نَسَخَه صومُ شهر رمضانَ الآتى بعده وروى أنّ رسول الله صلّى الله عليه وسلّم لمّا قَدِمَ المدينة رأى اليهود يصومون عاشوراء فسألهم عنه فاخبروه انّه اليوم الذى أغرق الله فيه فرعون وآله ونجّى موسى ومن معه فقال عليه السلام نحن أَحَقُّ بموسى منهم فصام وامر اصحابه بصومه فلمّا فُرِضَ صومُ شهر رمضان فلم يأمُرْهم بصوم عاشوراء ولم يَنْهَهم، وهذه الرواية غير صحيحة لانّ الامتحان يَشْهَدُ عليها وذلك لانّ اوّل المحرّم كان سنة الهجرة يومَ الجمعة السادسَ عشر من تموز سنةَ ثلث وثلثين وتسعمائة للاسكندر فاذا حَسَبْنا اوّل سنة اليهود فى تلك السنة كان يومَ الاحد الثانى عشر من ايلول ويوافقه اليومُ التاسع والعشرون من صفر ويكون صومُ عاشوراء يومَ الثلثاء التاسعَ من شهر ربيع الاوّل وقد كانت هجرة النبىّ عليه السلام فى النصف الاوّل من ربيع الاوّل، وسُئل عن صوم يوم الاثنين فقال ذاك يوم وُلِدتُ فيه وبُعِثتُ فيه وأُنزل علىّ فيه وهاجرتُ فيه ثمّ اختُلِف فى أىّ الاثنين كانت الهجرة فزعم بعضهم انّها فى اليوم الثانى من ربيع الاوّل وزعم بعضهم انّها فى اليوم الثامن منه وزعم آخرون انّها فى اليوم الثانى عشر منه والمتّفق عليه انّها فى الثامن ولا يجوز ان يكون الثانى ولا الثانى عشر لانّهما ليسا بيوم اثنين من اجل انّ اوّل ربيع الاوّل فى تلك السنة كان يوم الاثنين فيكونُ على ما ذكرنا قُدومُ النبىّ عليه السلام المدينة قبل عاشوراء بيوم واحد وليس يَتّفق وقوعه فى المحرّم الا قبل تلك السنة ببضع سنين او بعدها بنَيِّف وعشرين سنة فكيف يجوز ان يقال انّ النبىّ عليه السلام صام عاشوراء لاتّفاقه مع العاشر فى تلك السنة الّا بعد ان يُنْقَل من اوّل شهور اليهود الى اوّل شهور العرب نَقْلا لاتّفاق معه وكذلك فى السنة الثانية من الهجرة كان العاشور يومَ السبت من ايلول والتاسع من ربيع الاوّل(!) فما ذكروه من اتّفاقهما حينئذ مُحالٌ على كلّ حال وامّا قولهم أنّ الله أغرق فرعون فيه فقد نطقت التورية بخلافه وقد كان غَرَقه فى اليوم الحادى والعشرين من نيسن وهو اليوم السابع من ايّام الفطير وكان

اوّل فِصْحِ اليهود بعد قدومِ النبىّ المدينةَ يومَ الثلثاء الثانى والعشرين من اذار سنةَ ثلث وثلثين وتسعمائة للاسكندر ووافقه اليومُ السابع[a] عشر من شهر رمضان واليومِ الّذى اغرق الله فيه فرعون كان اليومَ الثالث والعشرين من شهر رمضان فاذن ليس بما رووه وجهٌ البتّةَ، وفى اليوم السادس عشر جُعِلت القِبْلةُ بيتَ المقدس وفى السابع عشر قُدومُ اصحاب الفيل۞ صفر فى اليومِ الاوّل أُدْخِلَ راسُ الحسين عليه السلام مدينةَ دمشق فوضعه بين يديه ونَقَرَ ثناياه بقضيب كان فى يده وهو يقول

لَسْتُ من خِنْدِفَ انْ لم أَنْتَقِمْ   من بنى أَحْمَدَ ما كان فَعَلْ
ليتَ أَشياخى ببَدْرٍ شَهِدُوا   جَزَعَ الخَزْرجِ من وَقْعِ الأَسَلْ
فأَهَلُّوا واَسْتَهَلُّوا فَرَحًا   ثمّ قالوا يا يَزِيدُ لا تُسَلّ
قد قَتَلْنا القَرْنَ من أَشياخِهِم   وعَدَلْناه بِبَدْرٍ فاَعْتَدَلْ

وقد قُتِلَ الامام زيد بن علىّ وصُلِبَ على شاطئ الفرات ثمّ أُحْرِقَ وذُرّ رَمادُه فى المآء، وفى السادس عشر بَدَأَ المَرَض برسول الله صلى الله عليه وآله فاعتلّ عِلَّتَه الّتى قُبِضَ فيها، وفى العشرين رُدَّ راسُ الحسين الى جُثّتِه حتى دُفِنَ مع جثّته وفيه زيارة الاربعين وهم حرمة بعد انصرافهم من الشأم، وفى الثالث والعشرين ترك المامونُ بن الرشيد لُبْسَ الخُضْرة بعد أَنْ لَبِسَها خمسةَ اشهر ونصفا وعاد الى السّواد الّذى هو شِعار العباسيّة لمّا احتاجت عليه وفى الرابع والعشرين خرج

[Lücke.]

الله تعالى نحوها وامّا الحرّانيّةُ فتَوَجُّهُهم الى القُطْب الجنوبىّ والصابئة الى قطب الشمال واظنّ انّ المانيّةَ يتوجّهون الى هذا القطب ايضا لانّه عندهم وَسَطُ قُبّةِ السمآء وارفعُ موضع فيها ولكنّى وجدتُ صاحب كتاب الباه[b] وهو من جُمْلتهم والدُّعاة اليهم يَعيبُ اهلَ الأَدْيان الثلثة بالتوجّه الى سَمْتٍ دون آخر فى جملة ما يُكَثِّرُ عليهم وكانّه يُشيرُ الى استغناء المُصَلّى لله عن التوجّه الى قِبْلَةٍ۞

شهر رمضان وهو شهر الصيم المفروض وفى اليوم السادس منه وُلِدَ الحسينُ بن علىّ عليه السلام

a R التاسع   b R الما PL المآه

على ما ذكر غيرُ السُّلامىّ وفى السابع لَبِسَ المامون الخُضْرة وفى العاشر وفاة خَديجة وفى السابع عشر ضرب الملعون عبد الرحمن بن مُلْجِم المُرادىّ لعنه الله علىّ بن ابى طالب عليه السلام على هامته فدَمَغه وفى صبيحة السابع عشر وقعة بَدْر ويقال بل كانت فى اليوم التاسع عشر وذلك غير صحيح لأنّ الأخْبار قد تواترت انّها كانت يوم اثنين فى السنة الثانية من الهجرة فاذا حَسَبْنا له اوّل رمضان وجدناه يوم السبت والاثنينُ المطلوب يَقَعُ فى السابع عشر وفى التاسع عشر فُتِح مكّة ولم يُقِمْ رسول الله صلّى الله عليه وسلّم الحجّ لأنّ شهور العرب كانت زائلة بسبب النَّسىء وتربّص حتّى عادت الى مكانها ثمّ حجّ حِجّة الوَداع وحرّم النسىء وفى اليوم الحادى والعشرين قُبِضَ امير المؤمنين علىّ بن ابى طالب عليه السلام وفيه اتّفق وفاة علىّ الرِّضى ابن موسى الكاظم ابن جعفر الصادق ابن محمّد الباقر بن علىّ السَّجّاد زَيْن العابدين ابن الحسين سيّد الشهداء ابن امير المؤمنين علىّ بن ابى طالب عليه السلام وقيل انّ وفاته فى الثالث والعشرين من ذى القعدة وذكر السلامىّ أنّ فى اليوم الثانى والعشرين وُلِدَ امير المؤمنين علىّ بن ابى طالب عليه السلام وفى الخامس والعشرين اظهر ابو مُسْلِم عبد الرحمن ابن مُسْلِم الدَّعْوَة العباسيّة وفى السادس والعشرين خرج البُرْقُعِىّ بالبصرة وذُكِرَ أنّه علىّ بن محمّد بن احمد بن عيسى بن زيد بن علىّ بن الحسين بن علىّ بن ابى طالب وقيل انّه كان علىّ بن محمّد بن عبد الرحيم بن عبد القَيْس وحُكِىَ أنّ الحسن بن زيد صاحب طبرستان كَتَبَ اليه حين ظهر بالبصرة يَسْئَله عن نَسَبه ليَعْرِفَ له حقّه فاجابه ليَعْنِكَ من أَمْرِى ما عنانى من امرك والسلام وما[a] أَوْجَزَ هذا الجوابَ وأَسْكَتَه واشبهه بجواب ولىّ الدولة ابى احمد خَلَف بن احمد صاحب سجستانَ حين كَتَبَ اليه نوحُ بن منصور صاحب خراسان بالوعيد وصنوف التهديد فاجابه يا نوحُ قد جادلْتَنا فاكثرتَ جِدالنا[b] فأْتِنا بما تَعِدُنا انْ كنتَ من الصادقين وليلة السابع والعشرين تسمّى ليلة القَدْرِ التى قال الله تعالى فيها انّها خيرٌ من الف شهر وهو اتّفاقٌ من العوامّ لانّها مجهولة وقيل اُطْلُبوها ليلة السابع عشر وليلة التاسع عشر فانّ بينهما وقعة بَدْرٍ وفَتْحَ مكّة ونزول الملائكة امْدادًا مُسَوِّمين وعسى أَنْ يكون هذا صحيحا فانّ الله تعالى يقول تَنَزَّلُ الملائكةُ والروحُ فيها بإذْنِ رَبّهم من كلِّ أَمْرٍ سلامٌ ويقال أنّ

a RP واما b R جدامنا

فى اليوم الاوّل من شهر رمضان نزلت صُحُف ابراهيم وفى السادس نزلت التورية على موسى وفى الثانى عشر نزل الزبور على داود وفى الثامن عشر نزل الانجيل على عيسى وفى الرابع والعشرين نزل الفرقان على محمّد عليه وعليهم السلام فامّا القرآن[a] فقد قال الله تعالى شَهْرُ رَمَضَانَ الَّذِى أُنْزِلَ فيه القرآنُ فعُرِفَ يقينًا أنّ نزوله كان فيه ثمّ استشهد قومٌ بقوله وما أنزلنا على عَبْدِنا يومَ الفرقانِ يومَ ٱلْتَقَى الجَمْعانِ على أنّ نزول القرآن كان فى اليوم السابع عشر لالتقاء الجمعين فيه ببَدْر والله اعلم، فامّا التورية فقد قدّمنا انّ نزولها فى اليوم السادس من سيون وهو عيد العنصرة فانْ كان رمضانُ ٱتّفق حينئذ مع هذا الشهر فالامر كما قيل وليس الى معرفة ذلك سبيلٌ لخفآء السنة التى فيها نُزِلت التورية ولو كانت معلومةً لَامتحنّاه بالحساب فامّا ما ذُكِرَ فى امرِ الانجيل فقولُ مَنْ لم يَعْرِفْ كيفيّتَه ونَظْمَه ووَضْعَه وامّا نزول سائر الكتب فمجهول اصلًا لا يُمْكِن الوصولُ اليه والله اعلم ۞

شوّال اوّل يوم منه عيد الفطر ويسمّى يوم الرَّحْمة وفيه اصطفى الله جبرئيل للوَحْى وأَوْحَى الى النَّحْل فألهمها صَنْعة العَسَل وزعموا أنّ فيه خلق الله الجنّة ولم يُذْكَرْ فى قولهم مَعَها فيه ويلزمه حتى ألحقوا به التشبيهَ الفظيع[b] من قولهم أنّ فيه غرس شَجَرَةَ طُوبَى بيده ولم يأوّلوا ذلك بل اعتقدوه جَهْلًا كما هو وفى اليوم الثانى من هذا الشهر صومُ تَتَطَوّع ستّة ايام متوالية وفى الرابع مُباهلة النبى عليه السلام مع نصارى نَجْرانَ واخراجه الحسن والحسين مقامَ أبنائه وفاطمة مقام نسائه وعلىّ بن ابى طالب قرّبه الى نفسه ايتمارا بما امره الله تعالى به فى آية المباهلة وفى السابع عشر غزوة أُحُد ويقال انّها كانت للنصف منه وفيها قُتِلَ حمزةُ وفُجِعَ رسول الله صلّى الله عليه وسلّم به وفى التاسع عشر وفاة[c] ابى طالب وفى الثانى والعشرين زعموا التقم يونسَ الحوتُ ۞

ذو القعدة فى الخامس نزول الكعبة والرّحمة من السمآء على آدم وفيه رَفع ابرهيمُ واسمعيل القواعد من البيت وفى الرابع عشر زعموا خَرَجَ يونس من بطن الحوتِ ومقتضى هذا القولِ ان يكون مَكَثَ يونسَ فى بطنه اثنين وعشرين يوما وهذا عند النصارى ثلثة أيام كما ذكر فى الانجيل وفى التاسع والعشرين زعموا نَبتت شجرة اليَقْطِين على يونس ۞

ذو الحجّة فى اليوم الاوّل زَوَّجَ رسول الله ابنتَه فاطمةَ من ابن عمّه علىّ بن ابى طالب والعَشْر الاوّل

a *PL* الفرقان b *Mss.* القطيع c *LR* غرفاة *P* عرفاة

من هذا الشهر يسمّى المعلومات والحُرُمَ ايضا ويقال انّها هى التى أتمّ الله الوعدَ بها مع موسى وهو قوله وواعَدْنا موسى ثلثين ليلةً وهى ليالى ذى القعدة وأتممناها بعشرٍ وهى الحرم واليوم الثامن منه يسمّى التَّرْوِيَة لأنّ سِقايةَ الحاجّ بالمسجد الحرام كانت تملأ فى الجاهليّة والاسلام ويُسْقَى الحجيجُ منه حتّى يَرْوَوْن وقيل بل لأنّهم كانوا يَحْمِلون المآء من مكّة على الروايا وهى الجمال التى يُسْتَقَى عليها المآء وقيل بأنْ فيه فجّرَ الله لاسمعيل عَيْنَ زَمْزَمَ فشَرِبَ منها حتّى رَوِىَ وقيل بانّ فيه تجلّى الربّ للجبل كما ذكر فى قِصّةِ موسى واليوم التاسع يسمّى عَرَفَة وهو يوم الحجّ الاكبر بعَرَفات ويسمّى بذلك لتعارف الناس فيه وقتَ مجتمَعهم لقضآء المناسك وقيل بل سمّى لتعارفِ آدم وحوّا بعدَ هبوطهما من الجنّة فى موضعِ مجتمَعِ الناس فيه وهو عرفات وفيه اصطفى الله ابرهيم خليلا ويسمّى ايضا يومَ العَفْو واليوم العاشر يسمّى يوم الأَضْحَى ويوم النَّحْر لنحر القرابين والهَدْيِ فيه وهو آخرُ ايّام الحجّ وفيه فُدِىَ الذبيح بالكبش وقيل أنْ فيه خَلْق الصِّراطُ للحساب والقضاء واليوم الحادى عشر يوم القَرِّ لأنّ الناس يستقرّون فيه بمِنىً واليوم الثانى عشر يوم النَّفْر لأنّ الناس يَنْفِرون فيه متعجّلين وايّامُ التشريق هى اليوم الحادى عشر والثانى عشر والثالث عشر وسمّيت بذلك لأنّ لحوم الأَضاحِيّ تُشَرَّقُ فيها ويقال سمّيت بذلك من قولهم أَشْرِقْ ثَبِيرُ كَيْما نُغِيرْ وقال ابن الأعرابى سمّيت بذلك لأنّ الهَدْىَ لا يُنْحَرُ حتّى تَشْرُقَ الشمسُ وهى التى قال الله فيها وآذْكُروا الله فى ايّام معدوداتٍ ويكبّرُ عَقْبَها وقبلها عَقْبَ[a] كلّ صلوة وللفقهآء فيما بينهم اختلافاتٌ فى اوائل صلواتِ التكبير وأواخرها وحدودها متعلّقةٌ بصِناعتهم وفى السابع عشر قُتِلَ عثمان بن عفّان رضى الله عنه واليوم الثامن عشر يسمّى غَدِيرَ خُمّ وهو اسمُ مَرْحَلَةٍ نزل بها النبىّ عليه السلام عند مُنْصَرَفه من حجّة الوداع وجمع القَتَبَ والرِّحال وعلاها آخِذًا بعَضُدِ علىّ بن ابى طالب عليه السلام وقال أيّها الناس ألسْتُ أَوْلَى بِكُمْ من انفسكم قالوا بلى قال مَنْ كُنْتُ مَوْلاه فعَلِىٌّ مَوْلاه اللّهُمّ والِ من والاه وعادِ من عاداه وآنْصُرْ من نصره وآخْذُلْ من خَذَله وأدِرِ الحقّ معه حَيْثُما دار ويُرْوَى أنّه رفع راسه نحو السمآء وقال اللّهمّ هل بلّغتُ ثلثا

[Lücke]

a L عقيب

وفى الرابع والعشرين تَصَدَّقَ امير المؤمنين بخاتمه وهو راكع وفى الخامس والعشرين قُتِلَ عمر بن الخطاب وفيه نزلت سورة هَلْ أَتَى وفى السادس والعشرين نزل الاستغفار على داود وفى التاسع والعشرين وَقْعَةُ الحَرَّة وهى التى قُتِلَ فيها بنو أُمَيَّةَ اهلَ المدينة وَٱنْتُهِبَتْ اموالهم وهُتِكت سُتور المهاجرين والأنصار وفُضِحت نِساؤهم فلعن الله من لعنه رسول الله صلى الله عليه وآله من المُحْدِثِين فى المدينة وجعلنا غيرَ راضين بالفساد فى ارض الله انّه خيرُ موفِّق ومُعين وله الحمد بلا نهاية ✿

القول على منازل القمر وطلوعها وسقوطها وصورها

وقد آنَ ان نختِم القول فقد انجزنا الوعد من عِلْمٍ ما سُئلنا عنه على قدر الوُسْع وما أُوتينا من العلم بذلك وفوق كلّ ذى علم عليمٌ ولم يبق من استغراق هذا الفنّ الّا معرفةُ طلوع منازل القمر فى ايّام السنة الشمسيّة فانّه امر يُسْتعمل لما فيه من عموم المنفعة به فى تقديم المعرفة بالاحوال الطبيعيّة الّتى لا تخلو من الانتقال فيها والتردُّد بتردّدها فلنَصْرِف القول الى ذكر جوامع ذلك وعيونه ونُضيف اليها نيفًا[a] من امثالها ملتقَطةً من الكتب المؤلّفة فى هذا المعنى ككتاب الكلثومىّ وكتاب ابرهيم بن السَّرِىّ الزجّاج وابى يحيى بن كُناسة وابى حنيفة الدينورىّ فى الانواء وكتاب ابى محمد الجبلى[b] فى علم مناظر النجوم وكتاب ابى الحسين الصوفىّ فى الكواكب الثابتة وغيرِها من الكتب، ونقول انّ الهند قسمت الفلك على عدّةِ منازل القمر الّتى هى عندهم سبعة وعشرون منزلا فانقسم بمثلِ عدّتها واصاب كلُّ منزلة ثلث عشرة درجة وربعا[c] بالتقريب واستنبطوا الأحكامَ بحلول الكواكب فى رِباطاتها وهى المعروفة بالجفور المفروضة لكلّ حال وحاجة على حِدَة وحكاياتُها تُخْرِجُ الى التطويل بالقول بما لا يُشْبِهُ الغرَضَ وهى موجودة فى كتب الاحكام معروفة بها، وامّا العرب فقد قسموها بثمانية وعشرين قسما فاصاب كلُّ منزلة اثنتى عشرة درجة وخمسةَ أَسْداس بالتقريب ووَقَعَ فى كلّ برج منزلتان وثُلْث قال القائل

عِدّتُها لمن اراد عَدَّها[d] عشرون نجما وثمانٍ بعدها
تكون فى البُرْجِ من المنازلِ مَنْزِلتانِ بعد ثُلْثٍ كاملِ
لها حِسابٌ ولها أَنْواءُ يَدُورُ لها الصَّيْفُ والشِّتاءُ

واستعملوا منها غيرَ ما استعمله الهند اذ كان مقصودُهم منها معرفةَ احوال الهوآء فى الازمنة وحوادثِ الجوّ فى فصول السنة وكانوا أُناسا[e] أُمّيّين لم يُمْكِنْهم معرفتُها الّا بشىء يُعايَنُ فعلموا

a R شعا L نيفا P سقا b P الحبلى L الحيلى c Mss. وربع d R عدتها
e P ناسا

عليها بالكواكب الثابتة التى اتّفقت فيها وجعلوا طلوعها فى المشرق بالغداة بعد طلوع الفجر علما لحلول الشمس بعضها اذ كانت اعنى الكواكبَ غيرَ زائلة عنها الّا بعد مُضىّ قرون واحقاب ولم يكونوا ممّن يَتنبّهُ لمثل ذلك ثمّ قرضوا اشعارا وانشئوا أَسْجاعا ودوّنوا فيها التأثير الطبيعىّ المتناوب[a] الموافق لطلوع كلّ واحدة منها على ما وجدوه بالتجربة والامتحان ليَسْهُلَ حفظُها على الأُمّيّين ويتمثّلون بها فى احوالهم مثل قول احدهم

اذا ما قارنَ القمرُ الثُّرَيّا   لِثالثةٍ فقد ذهب الشّتاء

ولذلك لانّ موضع الثريّا من عَشْرِ دَرَجٍ من برج الثور الى خمس عشرة درجة منه بالتقريب واذا قارنه القمر ليلةَ الثالث كان البعدُ بين الشمس وبينه اربعين درجة بالتقريب فيكون الشمس فى اوائل الحمل وكقول الآخر

اذا ما البَدْرُ تَمَّ مع الثريّا   أتاك البَرْدُ أوّله الشّتاء

ولذلك لانّ القمر اذا قارن الثريّا فى الاستقبال كانت الشمس فى النصف من العقرب وتلك الايّام اوائل البرد وكقول الآخر

اذا ما[b] قارن الدَّبَرانَ يوما   لاربعَ عشرةٍ قمرُ التّمامِ
فقد حفّ الشتاء بكلّ ارض   فوارسُ مُوذِناتٌ باحْتِدامِ
وحلّقَ فى السماء البَدْرُ حتّى   يُقلّصَ ظلّ أَعْمِدَةِ الخِيامِ
وذلك فى انتصاف الليل شطرا   ويَصْفو الجوّ من كَدَرِ الغمامِ

لانّ الشمس تكون حينئذ فى العقرب مع قلبه وذلك أوان البرد والصّبَرات ويكون ميلُ درجة القمر الى الشمال وربّما كان له من العرض من فلكِ البروج الى جهة الميل ما يُسامِتُ به رؤوس الاعراب فتتلاشى اظلالُ الاشخاص وقتَ بلوغه وَسَطَ السماء وذلك نصف الليل وكقول قائلهم

اذا ما هلالُ الشهر اوّلَ ليلةٍ   بدا لعيون الناس بين النعائم
أتتك رياحُ القَرّ من كلّ وجهةٍ   وطاب قُبَيْلَ الصُّبحِ كَوْرُ العمائم[c]

لانّ الشمس تكون فى اوّل القوس حينئذ وكقول الآخر

وقد بَرَدَ الليلُ التّمامُ بأَهْله   وأَصْبحَتِ العَوّاء للشمس منزلا

a P المناوب   b Mss. اذا   c Mss. الغمايم

لانّ كواكب العوّاء في حوالي الاعتدال الخريفيّ كما سيلوّحه الجدول[a] المخصوص بهاء ولو ذهبتُ الى ايراد هذه الابيات وما قيل في طلوع كلّ منزلة من الأسجاع لاحتجتُ الى شرح معانيها وتفسير غرائب ما فيها من اللغة وذلك امرٌ قد كفاناه من ذكرناه من اصحاب كتب الانوآء، وانّما نسبت العربُ التاثيرات الى طلوع الكواكب وسقوطها من جَهْلِ العلوم الطبيعيّة أنّ التاثيرات متعلّقة باجرام الكواكب وطلوعها لا ببقاع[b] الفلك وحلول الشمس فيها فاعتقدوا شبهَ ما ذكرناه في الشِعْرى اليمانيّة عند نَهْيِ بقراط عمّا نهى عنه ايّام طلوعها في زمانه[d] وانّ هذا الفصل ليذكّرني حالا فيها مِصداقٌ لقول احمد بن فارس

قد قال فيما مَضى حكيمٌ ما المرْء الّا بأصغَرَيْهِ
فقلتُ قولَ امْرِءٍ لبيبٍ ما المرْء الّا بدرهَمَيْهِ
مَن لم يكن مَعَهُ درهَمَاه لم تَلْتَفِتْ عِرْسُه[c] اليه
وكان من ذُلِّه حقيرًا يَبُولُ سِنَّوْرُهم عليه

وذلك أنّي ايّامَ مفارقتي الحَضْرةَ العالية وحِرْماني سعادةَ الخِدْمة الشريفة شاهدتُ بالرىّ احدَ المعدودين في العلماء بصناعة النجوم وقد استعمل مقارناتِ الكواكب المنسوبة الى المنازل وجعل يُحَصِّلها ليَستخرجَ الاحكامَ من رباطاتها وجُفورِها ويَستنبطَ تقدِمَةَ المعرفة بأحْداث الجوّ منها فاعلمتُه انّ الصواب في خلافِ ما يعمله وأنّ الطبيعة المنسوبة الى المَنزلة الاولى وخواصَّها وما وصف الهندُ من ارتباطها مع الاخرى ليس بزائل عن اوائل برج الحمل بزوال كوكبها كما لم تَنتقِلْ احكامُ برج الحمل بانتقال صورتِه عنه فشمخ المذكور بأنْفه مستخفًّا بي وكان أدْوَنَ منّي مرتبةً في جميعِ ما عَلِمَه[e] وكذّب قولي وجبهني[f] واستطال عليّ بما كان بيننا من تفاضُلٍ[g] الغِنى والفقرِ الّذى يستحيلُ معه المناقبُ مثالبَ وتَصيرُ المفاخرُ مَعايبَ فانّي كنتُ في ذلك الوقت مُمتحَنًا من جميع الجهات مُخْتَلَّ الحالِ ثمّ صادَقَني بعد ذلك لما زالت اَعْنى بعضَ الزوال، وليس يَخْفَى انّه لو كان المعوّل في معرفة التاثيرات على طلوع اجرام هذه الكواكب بالرؤية لاختلفت الازمنةُ بانتقالها ولتَفاوتَ ذلك في الاقاليم ولاحتيج الى ما يُحتاج اليه في معرفة ظهور

a Mss. الجداول *b* L لانتفاع *PR* لا ببقاع *c* *P* عرسته *L* عرشه *d* *RP* لي *e* *P* علمه *f* Mss. وجبهني *g* *R* مفاضل

الكواكب المتحيّرة واختفائها من ضروب الاعمال المتْعِبة ولكنّ معنى طلوع المنازل انّ الشمس اذا حلّتْ احدَها ستَرتْها والّتى قبلها وطلعت الثالثةُ منها على نَكْس البروج بين طلوعَي الفجر والشمس فى الوقت الّذى وصفه ابن الرِّقاع فى شعره

وأَبْصَرَ الناظِرُ الشِّعْرَى مُبَيِّنَـــةً　　لمّا دَنا من صَلوة الصُّبْحِ تَنْصَـــرِفُ
فى حُمْرة لابْيِضاضِ الصُّبْحِ أَعْرِفُها　　فقد علا اللَّيْلُ عنها فَهْوَ مُنْكَسِفُ
لا يَمْلُسُ الليلُ منها حين تَتْبَعُه　　ولا النهارُ بها للّيْلِ يَــعْــتَــرِفُ

وقد سمّوا طلوع المنزلة نَوْءها اى نهوضها وسمّوا تاثير الطلوع بارحا وتاثير السقوط نَــوْءا ومن طلوع كلّ واحدة منها الى طلوعِ الّتى تَليها ثلثة عشر يوما سوى الجَبْهة فانّ بين طلوعها والّتى تليها اربعة عشر يوما وقال القائل

والدَّهْرُ فاعْلَمْ كُلُّه أَرْباعُ　　لكلِّ رُبْعٍ واحـدٍ أَسْبـــاعُ
وكلُّ سُبْعٍ نطُلوعِ كَوْكَـبْ　　ونَوْء نَجْمٍ ساقطٍ فى المَغْرِبْ
ومِنْ طلوعِ كلِّ نَجْمٍ يَطْلَعْ　　الى طُلوعِ ما يَليــه أَرْبَــعْ
من اللَّيالى ثُمَّ تِسْعٌ تَتْبَعْ

ثمّ اختلفوا فيها فزعم بعضهم انّ كلّ تاثيرٍ يكون بعد طلوع منزلة الى طلوعِ الّتى تتلوها فهو منسوب اليها وزعم الآخرون أنّ لطلوع كلِّ واحدة منها وسقوطِها مقدارًا من الزمان يُنْسَبُ اليها ما يكون فيه فاذا انْقَضَتْ تلك المدّة لم يُنْسَبْ اليها ما يكون بعدها وبالقول الاخير أَخَذَ الجمهورُ واختلفوا فى مقاديرِ تلك الازمنة وسنَصِفُها باختلافها واذا حُقِّقَ التاثير فلم يَظْهَرْ منه شىء فى تلك الازمنة قيل خَوَى النجمُ او خَوَت المنزلةُ يعنى مَضَت مُدّةُ نَوْءه ولم يكن فيه مَطَرٌ او حَرّ او بَرْدٌ او ريح ❊

ولهم فى جهات الرياح ومَهابّها واعدادها اختلافات فبعضهم يزعم انّ جهات الرياح ستٌّ كما حكى ابن كُناسة عن ابى محمود جعفر بن سَعْد بن سَمُرَة بن جُنْدُب الفَزارىّ واكثرهم يقولون انّها اربع كما حكى عن خالد بن صَفْوانَ وعلى هذا اكثر الأُمَم وان كانت المهابُّ مختلف عندهم وكلا[a] الرأيين للعرب مجموعٌ فى هاتين الدائرتين فالراى الاوّل فى داخلها والراى الثانى

[a] Mss. وكلى

فى خارجها بلسمتها وجهات مهابّها وهذا شكل الدائرة[a]

Siehe die gegenüberstehende Figur A.

وقد ذُكِرَ فى الراى الاوّل المَحْوَةَ عند الجنوب والمعروف انّ المَحْوَة فى الشمال لانّها تمحو السحاب فارغةً بعدَ أنْ تَسوقُها الجنوبُ ممتلئةً وذكر فى هذا الراى ايضا للنُّكْبَآء مَهَبًّا واحدا على حِدَة والمعروف انّ النكبآء هى كلّ ريح يكون مهبُّها بين مهبّى ريحَيْن من الرياح الاربعة المذكورة وقد ذكرها ذو الرمّة وذكر النكباء معها على هذه الصفة

أهاضِيبُ أنْواءٍ وهَيْفانِ جَرَّتا على الدارِ أعْرافَ الجِبالِ الأعافِرِ
وثالثةٌ تَهْوِى من الشَّأْمِ حَرْجَفٌ لها سَنَنٌ فوقَ الحَصَى بالأعاصِرِ
ورابعةٌ من مَطْلَعِ الشمسِ أَجْفَلَت[b] عليها بدَقْعاءِ المِعا فَقَراقِرِ
تَحَنَّتْهُ النُّكْبُ السَّوافِى فأكْثَرَتْ حَنِينَ اللِّقاحِ القارِباتِ العَواشِرِ

والهَيْفانِ الجنوب والدبور والّتى تهوى من الشأم الشمال والّتى تجيء من مطلع الشمس الصبا ومهبُّ الرياح عند الفرس كما هى عند اليونانيّين وجميع الطبيعيّين ومراكزها منسوبة الى الجهات الاربعة وهى فى هذه الدائرة[a]

Siehe die gegenüberstehende Figur B.

ثمّ ما كان من الرياح بين مركزَى مهبّين نسب الى اقرب مركزَى مهبّه ومنهم من يَنْسُبه الى مطلع الشمس ومغربها فى المنقلبَيْن ويسمّيه باسم يونانىّ ولمعرفة وقت تاثيرِ طلوعِ المنازل وسقوطها عَمَلٌ حسنٌ وهو أنْ يُؤخَذ من اوّل ايلول الى اليوم الّذى تُراد معرفة حاله ويُلقى ثلثة عشر ثلثة عشر فان لم يَبْقَ شىءٌ نُظِرَ فان كان القمر فى مقابلة الشمس او احد تربيعَيْه فانّه يكون مَطَرٌ ان كان زمانُ مطر او تَغَيُّرٌ فى الهوآء بريح او حرّ او برد وذلك انّه اذا لم يَبْقَ شىء كان فى ذلك الوقت طلوعُ منزلة وسقوط رَقيبها[c] وفى اوّلِ يوم من ايلول بارحُ الصَّرْفة ونَوْء سَعْدِ الأَخْبِيَة فيُعَدُّ من لدنه وانّما خُصَّ بالابتداء فى هذا العمل لانّه فى اوّل يوم من الشهر وهو اوّل فصلِ الخريف فاذا اجتمع مع ذلك كونُ القمر فى مواضع تأسيساته قوِىَ الامرُ وظهر التاثيرُ قال ابو مَعْشَرٍ قد جَرَّبْنا ذلك فى سنة تسع وسبعين ومائتين فى استقبالِ شوّال بأنْ

[a] Die Figur fehlt in *LR*.
[b] *Mss.* احملت [c] *P* وسقوطها رقيبها *L* وسقوطها رقبتيها *R* وسقوطها وقبتها

A.

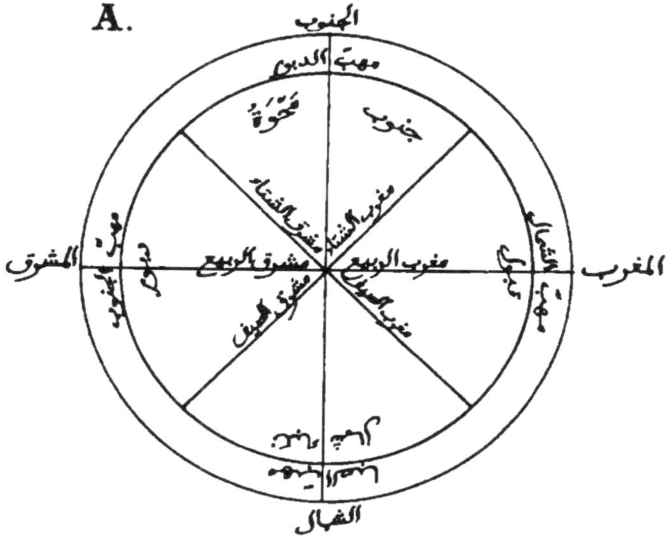
الجنوب
مهب الدبور
جنوب
مغرب الشتاء
مشرق الشتاء
المشرق
المغرب
مشرق الربيع
مغرب الربيع
مشرق الصيف
مغرب الصيف
مهب الشمال
الشمال

B.

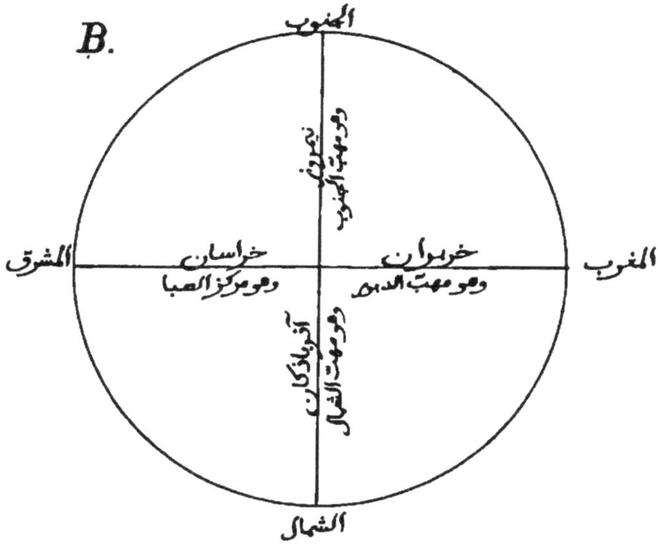
الجنوب
نيمروز
وهو مهب الجنوب
المشرق
خراسان
وهو مركز الصبا
المغرب
خيروان
وهو مهب الدبور
آذربادگان
وهو مهب الشمال
الشمال

اخذنا من اوّل ايلول الى يوم الاستقبال فكان مائة وثلثين يوما ألقيناها ثلثة عشر ثلثة عشر فلم يَبْقَ شىء وكان طالعُ الاستقبال الدلوَ فجآء المطرُ فى ذلك اليوم ولمّا صارَ القمر فى التربيع الايمن جآء المطر فى تلك اليوم ايضا قال وجرّبناه فى السنة التى تتلو التى ذكرناها [a] بان [b] اخذنا [c] من اوّل ايلول الى يوم الخميس الثالث عشر من كانون الاوّل والقيناها ثلثة عشر ثلثة عشر فلم يبق شىء وكان بين النيّرين نصف برج وكان القمر قد انصرف عن تسديس المرّيخ واتّصل بالزُهَرة من المقارنة فجآء المطرُ فى تلك الوقت بعينه فهذه شهادةٌ من ابى معشر على وقوع الصواب فى هذا العمل واذا استُعين فيه ببرهانات الهند وجفورهم قرُبَ الأمْرُ من الاصابة، وقد قلوا انّ أعلَمَ العرب بمناظر النجوم بنو ماريّة بن كَلْب وبنو مُرّة ابن همّام بن شَيْبانَ وابتدآء العربِ فى نجوم الأخْذ وهى المنازل بالشَرَطَيْن اذْ هما فى زمانهم كانتا فى اوائل برج الحمل وابتداء غيرهم من العجم بالثريّا ولا أدرِى اعملوا لذلك من اجلِ انّ الثريّا أظْهَرُ للعين واسهل ادراكا من غير تأمّل وتفحّص كثير من غيرها ام عملوه بما وجدتُه فى بعض كتبِ هرمس أنّ الاعتدال الربيعىّ هو الثريّا ويَجِبُ أنْ يكونَ ذلك معمولا قبل الاسكندر بمقدار ثلثة آلاف سنة او اكثرَ واللّه اعلم بعقولهم ولكنّا نعمل على ما عليه العرب فنبتدئ بما ابتدأوا به وهو

الشَرَطانِ وهما العلامتان وسمّى بذلك كما سُمّى اصحابُ السلاطين شُرَطا اذ عَلّموا انفسَهم بالسواد او غيره وفيه كوكبان من صورة الحمل وربّما أُضيف اليهما ثالث هو بقُرْبهما فتُسَمّى الأشراط وبين الشرطين مقدارُ ذراعين فى راى العين اذا صارا فى وسط السماء واحدهما شمالىّ والآخرِ جنوبىّ وكلُّ ما يُذْكَرُ من مقادير الابعاد بين الكواكب فى راى العين فهو لتوسّطها السمآء لا غيرِ ذلك من اجلِ انّ هذه المقادير تَعْظُمُ عند الآفاق لاشتدادِ انعطاف الشعاع فى البخار المتّصل المحيطِ بالارض كما ذُكِرَ فى كتب المناظر الهندسيّة وايضا فى البُعْد بين الكوكبين الأخْذُ من الشمال الى الجنوب وربّما صار عند مصيرهما الى الأُفق آخذا من المشرق الى المغرب او على احدى دوائر الارتفاع بالتقريب وذلك لميْلِ الأُكر عن الانتصاب الموجود فى معتدِل النهار وتسمّى الاشراط ايضا النَّطْح لانّ الشرطين هما على اصلِ قرنى الحمل واحكامُ هذه المنزلة لازمة للوَجْهِ الاوّل من برج الحمل غيرُ متعلّقة بالكواكب التى تُسَمّى بها فلقد انتقلت فى زماننا عنه الى

a L ذكرناه تتلوها PR ذكرناه تتلو b LP فان c Mss. اخذ

الوجه الثانى منه ❁

ثمّ البُطَيْن وهو ثلثة كواكب على آخِرِ بطنِ الحمل على هيئة مثلَّثٍ متساوى الاضلاع وهو تصغيرُ بَطْن لأنّهم صغّروه بالاضافة الى بطن الحوت ❁

ثمّ الثريّا وهى ستّة كواكب مجتمعة اشبهُ شىء بعُنقود من العِنَب وقد زعم العرب انّها أَلْيَة الحمل وليس كذلك فانّها على سَنام الثور وهو تصغير ثَرْوى واصله من الثَّرْوة وهو الاجتماع وكثرة العدّة وزعم بعضهم انّها سُمّيت بذلك لانّ المطرَ الّذى يَمْطُر بنَوْءها تكون منه الثَّرْوة وهو الغِنَى وتسمّى ايضا النَّجْم والّذى ذكر بطلميوس من كواكبها فى اربعة كواكب اذ لم يكن رصد غيرَه لتضايُق ما بينَه فى منظر الأبصار وايّام استتار هذه المنزلة تحت الشعاع وهى اربعون يوما عند العرب أَرْدَأُ الايّام وأَوْبَى اوقاتِ السنة قال الأَسْدىّ ما طَلَعَتِ الثريّا ولا ناءت ❁ الّا بعاهة وقال بعض متطبّبيهم اَضْمَنُوا لى ما بينَ مَغيب الثريّا الى طلوعها وأَضْمَن لكم سائر السنة ورُوى عن النبىّ عليه السلام انّه قال اذا طلع النجمُ ارتفعت العاهة من الارض وفى رواية اخرى رُفعت العاهة من كلّ بَلْدة ❁

ثمّ الدَّبَران وهو كوكب احمر نَيّر ويسمّى دبرانا لانّه استدبر الثريّا وهو على عينِ الثور الجنوبيّة ويسمّى ايضا الفَنيق وهو الجمل العظيم لانّهم يسمّون الكواكب الّتى حوله القِلاصَ ويسمّى ايضا تابعَ النجم وتاليَه لانّه يتبع الثريّا فى الطلوع والغروب ويسمّى ايضا المِجْدَح ❁

ثمّ الهَقْعة وهى ثلثة كواكب صغار متقاربة كانّها آثار الابهام والسَّبّابة والوسطى اذا نُكِتَ بها على الارض وهى مقبوضة وسُمّيت بذلك تشبيها بدائرة تكون على جنب الفرس عند مَفْصِل الرِّجْل يقال فَرَسٌ مهقوع وسمّاها بعضهم التّحَيّى وقد جعلها بطلميوس كوكبا واحدا سحابيّا وسمّاه السحابىّ الّذى على راس الجبّار وهو الجوزاء ❁

ثمّ الهَنْعة وهى كوكبان زاهران فى المَجَرّة بين الجوزاء وراس التَّوْءمَيْن بينهما قِيدُ سَوْط ويقال لاحدهما الزِّرّ وللاخر المَيْسان وهما على قَدَم التَّوْءم التالى قال الزجّاج الهنعة من هنعتُ الشىء اذا عطفتَه وثَنَيْت بعضه على بعض فكانّ كلّ واحد منهما يَنْعطف على صاحبه وقيل بل ذلك بقياس ثالث اليهما متخلّف عن وَسَطهما يُصَيِّرهما كالعُنُق المُنْحَنى وزعمت العرب انّ الهنعة مع

والاثات R ولاَ نأتْ P ولا ساءت L a

ستّة كواكب أُخَرَ هي قوسُ الجوزآء التي تَرْمِي بها الاسدَ ❁

ثمّ الذِّراع وهي كوكبان بينهما مقدارُ ذراع واحدهما الشعرى الغُمَيْصآء اى الرمصاء وهي الشآمية وهذه الذراع هي ذراع الاسد المبسوطةُ عند العرب والمقبوضة التي هي احد كوكبيها الشعرى العَبُورُ وهي اليمانية فامّا المبسوطة عند المنجّمين فهي راس التوامين والمقبوضة هي من كواكب الكلب المتقدّم وفيما بينهم فيها خلافات كثيرة وفي[a] تسميتها بما سمّوها به احاديثُ واخبارُ خرافاتٍ وطلوعُ الغُمَيْصاء لسنةِ الف وثلثمائة للاسكندر لِعَشْرٍ تخلو من تموز والعَبورِ التي هي اليمانية لثلث وعشرين ليلةً منه ❁

ثمّ النَّثْرَةُ وهي الموضع الذي بينَ فم الاسد ومَنْخِرَيْه وتُدْعَى هذه المنزلة ايضا باللَّهاة وهي كوكبان بينهما لَطْخةٌ سَحابيّة وكلُّها من صورة السَّرَطان ❁

ثمّ الطَّرْفُ ويعنون عَيْنَىِ الاسد وهما كوكبان متقاربان احدهما من صورة الاسدِ والثانى من الكواكب الخارجة عن صورة السرطان وقُدّامَها كواكبُ يقال لها الأَشْفارُ اى اشفار الاسد ❁

ثمّ الجَبْهَةُ جبهة الاسد وهي اربعة كواكب بين كلّ كوكبين منها قِيدُ سَوْط معترِضة من الشمال الى الجنوب على تعويج لا على استقامة وهي على موضع العُرف من الاسد عند المنجّمين ويسمّون الجنوبىّ منها قلب الاسد المَلِكِيّ ويَطْلُعُ بطلوع سُهَيْل بالحجاز وهو الرابع والاربعون من كواكب السَّفينة على مُحاذاتها وعَرْضه خمسة وسبعون درجة في الجنوب فلا يكون له من الافق كثيرُ ارتفاع فلذلك يُرَى مضطرِبا في رأى العين ويقال انّ بَصَرَ العين اذا وقع عليه مات كما يقال انّ بجزيرة رامين في حدود سرنديب حَيَوانا لا يَعيش مَنْ يراه بعدَ رؤيته اربعين يوما وليس من اتّصالِ الروحانيّات وتأثيرها بأَعْجَبَ من تاثيرِ السمكة المعروفة بالرِعّادة فانّ يد صائدها تَخْدَرُ وهي في الشَّبَكة ما دامت حَيّةً وحتّى قيل أنّ احدا لو أَخَذ قَصَبَةً ووضع طَرَفَها عليها وهي حَيّةٌ وامسك الآخرَ خَدِرَتْ يده وسقطت القصبةُ منها او كالدُّودِ الذى برُسْتاق رعد[b] من رساتيقِ جُرْجانَ الشرقيّة فانّ ببعض أَراضيهم دُودا صِغارا اذا وَطِئها مَنْ يَحْمِلُ ماء فَسَدَ ذلك الماءُ ونَتُنَ وان لم يَطَأْها سَلِمَ وكان طَيِّبَ الرائحة عَذْبَ الطَّعْم وكمُوتِ من عَضّه النَّمِرُ اذا بالت عليه فأرةٌ[c] وشِدّة طَلَبِهنّ وحرصهن عليه من أىّ جهة امكنهنّ الوصول اليه ❁

a Mss. ﻗ *b* رعد fehlt in *L.* *c* Sic *Mss.* Lücke.

ثمّ الزُبرة زبرة الاسد اى كاهله ومَغرِزُ عنقه وقال الزجّاج فى موضع الشَعْر الذى على اكتافه لانّه يزبئر[a] عند الغضب وقال النقّب الآملىّ انّ الزبرة هى القطعة من الحديد يشبّه بها كتفا الاسد وهى كوكبان بينهما قيدُ سَوْط ويسمّيان الخُرْتَيْن من الخُرْت وهو الثُقْب فكانّ كلّ واحد منهما يَنْفُذُ الى جَوْف الاسد وهما على الفَخِذ من صورة الاسد بالحقيقة واحدهما على مغرز الذنب وبطلوعهما يُرى سُهَيْلٌ بالعراق ❁

ثمّ الصَرْفة وهى كوكب ازهر عنده كواكب دُمُس تسمّى قُنْب الاسد والصرفة على طَرَف ذنبه وسمّيت بهذا الاسم لانصراف الحرّ عند طلوعه والبَرْدِ عند سقوطه ❁

ثمّ العَوّاء وهو خمسة كواكب على خطّ مُعقّف الطَرَف ولذلك سمّى بهذا الاسم يقال عَوَيْتُ الشىء اذا عَطَفْتَه قال الزجّاج ولا أعْرِفُ احدا غيرى فسّره على هذا وانّ مَنْ قال بانّها هى كلابٌ تتبَع الاسدَ وتَعْوِى غلطٌ وهى على صدر العذرآء وجناحها ❁

ثمّ السِماكُ الأعْزَل ويسمّى ساقَ الاسد والسماكُ الرامح ساقه الاخرى وانّما سُمّى أعْزَل لانّ مع الرامح كوكبا يقولون انّه رُمْحه وليس مع هذا مثله فهو أعْزَلُ من السِلاح قال سيبويه انّما سُمّى سِماكا لارتفاعه وقيل بل بانّ القمر لا يَنْزِله ولو كان لذلك كذلك لما استحقّ الاعزل هذا الاسمَ فانّ القمر يَنْزِل به وربّما يَكْسِفُه وهو كوكب ازهر على كفّ العذراء اليسرى وبعض الناس يسمّيه السُنْبلة وليس لذلك كذلك انّما السنبلة هى الهُلْبَة التى يسمّيها بطلميوس الضَفيرة وهى كواكب مجتمعة صغار خَلْفَ ذنب الدُبّ الاكبر اشبهُ شىء بورَقة اللَبلاب وسُمّى البرجُ كلّه بها وعند العرب انّ الهُلْبَة على طَرَف ذنب الاسد وهى الشُعَيْرات التى تكون على طرف الذنب ❁

ثمّ الغَفْر وهو ثلثة كواكب ليست بزُهْرٍ على ذَيْل العذراء ورِجْلِها اليُسْرى وتقول العرب انّه خير المنازل لانّه خَلْفَ الاسد وأمامَ العقرب وعاديةُ الاسد فى أنيابه وأظفاره وعاديةُ العقرب فى حُمَته ومِشْبَره قال راجزهم

خيرُ ليالٍ فى الأبَدْ بَيْنَ الزُبانَى والأسَدْ

وقيل انّ مواليد الانبياء قد اتّفقت فيه ولا اظنّ لذلك حقًّا الّا للمسيح الباقى عن الاذى اصلا فامّا ميلاد موسى فقياس قولهم يُوجب ان يكون اتّفاقه مع طلوع قلبِ الاسد وحلول القمر

a Mss. لانها تزابر

في أظفاره وسمّى غفرا لنقصان ضوء كواكبه يقال غفرت الشيء اذا غطّيته وايضا فلانه يعلو زباني[a] العقرب فيصير بمنزلة المِغفر وقال الزجّاج هو من الغَفَرة وهي الشَّعر الّذى على طرف ذنب الاسد ۞

ثمّ الزُّباني[b] وهي كوكبان مُضيآن مفترقان بينهما خمسة أذرع بموضع يَصلح ان يكون زبانيي[c] العقرب ولكنّها من صورة الميزان ويقال انّ اسمها مشتقّ من الزَّبْن وكلّ واحد منهما مندفع عن صاحبه غير مقترن ۞

ثمّ الاكليل وهو راس العقرب ثلثة كواكب وهي مصطفّة وزعم ابن الصُّوفي انّ ذلك مُحال وانّ الأَوْلى به أنْ يكون الثامن من صورة الميزان والسادس من الخارجة عنها وآخرُ لم يذكره بطلميوس في المجسطي وخطّأ من قال انّه الثلثة المصطفّة الزُّهر بان زعم أنّ الاكليل لا يكون الّا فوق الراس على انّ المشهور عند العرب انّه الثلثة المصطفّة دون ما ذكره ومثله[d] معهم كما قيل رضى الخصمان وأبى القاضي[e] ۞

ثمّ الشَّوْلة وهي ابرة العقرب ومِشْبرها وسمّيت بذلك لانّها مُشالة[f] ابدا اى مرفوعة وهي كوكبان ازهران متقاربان في طرف ذنب العقرب ۞

ثمّ النَّعائم وهي ثمانية كواكب اربعة منها في المجرّة على تربيع وهي النعام الوارد لانّها وردت النهر وهي المجرّة واربعة خارجها على تربيع ايضا وهي النَّعام الصادر لصدورها عن النهر[g] وقال الزجّاج هي النُّعائم بضمّ النون وهي الخشبات الّتي تكون على راس البئر ويعلّق فيها البكر والدلاء[g] فشبّهت بها كأنّ منها اربعة كذا واربعة كذا والنَّعام الوارد هو على قوس الرامي وسهمه والصادر على كتفه وصدره ۞

ثمّ البَلْدة وهي رُقعة من السماء قفر لا كواكب فيها وهي على جنب صورة الفرس من صورة الرامي وقال الزجّاج شبّهت بالفُرجة الّتي تكون بين الحاجبين اذا لم يكونا مقرونين ويقال رجل أبلد اذا كان غير مقترن ما بين الحاجبين ۞

ثمّ سَعْد الذابح وهو كوكبان احدهما شمالي والآخر جنوبي وبينهما قدر ذراع وعند الشمالي

a Mss. زبانا *b* Mss. الزبانا *c* Mss. زبانيا *d* R ومثلا *e* Lücke; fehlt der Abschnitt über القلب *f* L مشلاة *RP* مثلاة *g–g* interpolirt.

منهما كوكب صغير هو شاتُه التي يَذْبَحُها وهما على قرْنِ الجدي ۞

ثم سَعْدُ بُلَعَ وهو كوكبان بينهما ثلث خفيّ حتّى كأنّ احدهما ابتلعه فنزل من الحلق الى الصدْر ويقال بل سُمّي بذلك لانّه بمنزلةٍ من بلعه فاخذ ضوءه وستره وحكى ابو يحيى بن كُناسة انه سمّي بذلك لانّه طلع في الوقت الذي قيل فيه يا أَرْضُ ٱبْلَعِي مآءَكِ وهو استخراج ركيك جدّا وهذه الكواكب هي على يد ساكب المآء اليُسْرى وهو الدَّلْو ۞

ثم سَعْدُ السُّعُودِ وهو ثلثة كواكب احدها أَنْوَرُ من الباقيين وسمّي بذلك لاستسعادهم بطلوعه وتيمُّنِهم به لأنّ طلوعه يكون عند ادبار البرد وانقطاع الشتآء وابتدآء تواتر الأمطار ومن هذه الكواكب اثنان على مَنْكِبِ ساكب المآء الايسر والثالث على ذنبِ الجدي ۞

ثم سَعْدُ الأَخْبِيَةِ وهو اربعة كواكب ثلاثة منها على هيْئةِ مثلثٍ حادّ الزوايا وواحد في وسطه على مثالِ مركزِ الدائرة المحيطة به وهو السعد والتي حواليه أَخْبِيَتُه ويقال بل سُمّي بذلك لانّه اذا طلع خرج من الهوامّ ما كان مختبِئًا وهي على يد ساكب المآء اليُمْنَى والله اعلم ۞

ثم الفَرْغُ الأَوّلُ ويسمّى العَرْقُوَةُ العُلْيا وناهِزِي الدلو المقدّمين وهما كوكبان ازهران متفرّقان على مَتْنِ الفرس الاعظم ومَنْكِبَيْه والله اعلم ۞

ثم الفَرْغُ الثاني ويسمّى العرقوة السفلى وناهزى الدلوِ المؤخَّرَيْن وهما على هيئة العليا والدلو عند العرب هو هذه الكواكب الاربعة ۞

ثم بَطْنُ الحوتِ ويسمّى قلب الحوت ايضا وهو كوكب نيّر في احد شِقَّيْ بَطْنِ سمكة تسمّى الرِّشاء غيرِ السمكتَيْن اللتين هما من صُوَرِ البروج وهذه الكواكب هي فوق الميزان من المرأةِ المسلسلة التي لم ترَ بعْلا ۞

وقد اختصرنا ما قدّمنا واضفنا اليه غيرَه من احوالها ووضعناها في جدولِ احوال المنازل على اختلاف المذاهب والاقاويل ورسمنا طلوع كواكب المنازل فيها لسنة الف وثلثمئة للاسكندر على الامر الاوسط الذي ذكروه ووضعناها في جدول احوالِ كواكب المنازل والناظرُ فيهما يستغني بما هو موقّع على رأس كلّ جدولٍ منها عن تقديم مؤامرة لها والجدولان هما هذان ۞

a Mss. لاستتارهم

جدول احوال المنازل*

الفصول بسقوط المنازل	اسماء منازل القمر	ابعاد اوائلها عن اول الحمل بالحساب لا بموضع الكواكب: بروج	درج	دقائق	ثوان	سعادتها ونحوستها	دلالتها في الامطار لربطات الجفور	طلوعها في شهور السريانيين	وفي كم يوم منها	ايام بوارحها على ما ذكر في اكثر كتب الانواء	سقوطها في شهور السريانيين	وفي كم يوم منها	ايام انوائها على ما ذكر في اكثر الانواء	ايام انوائها على ما ذكر ابو يحيى بن كناسة	انواؤها على ما ذكرها ابو حنيفة الدينوري
منازل الخريف	الشرطين	.	.	.	.	متوسط	وسط	نيسان	ى	ا	تشرين الاوّل	ى	ا	ج	ج
	البطين	.	يب	نا	كو	سعد	يابس		كج	ا		كج	ج	ج	ج
	الثريّا	.	كه	مب	نب	سعد	معتدل	آيار	و	د	تشرين الآخر	*	ز	*	ز
	الدبران	ا	ح	لد	يح	نحس	رطب		يط	ا		يح	!	ج	ج
	الهقعة	ا	كا	كه	مد	نحس	رطب	حزيران	ا	ا	كانون الاوّل	ا	ا	و	و
منازل الشتاء	الهنعة	ب	د	يز	ى	سعد	وسط		يد	ج		يد	ج	ج	ج
	الذراع	ب	يز	ح	له	سعد	رطب		كز	ا		كز	*	ج	*
	النثرة	ج	.	.	.	ممتزج	وسط	تمّوز	ى	ا	كانون الآخر	ط	ا	ز	ز
	الطرف	ج	يب	نا	كو	نحس	يابس		كج	ا		كب	و	و	و
	الجبهة	ج	كه	مب	نب	سعد	رطب	آب	*	ا	شباط	د	ز	ز	ز
	الزبرة	د	ح	لد	يح	سعد	وسط		يط	ج		يز	ج	د	د

ـاء	الصرفة	د	كا	كه	مد	نحس	رطب		ا	ج		ب	ج	ز	ج
منازل الربيع	العوّاء	ه	د	يز	ى	سعد	وسط	ايلول	يد	ا	اذار	يه	ا	ا	ا
	السماك	ه	يز	ح	له	متوسّط	رطب وسط		كز	ا		كح	د	د	د
	الغفر	و	.	.	.	نحس	رطب		ى	ج		ى	ج	ج	ا
	الزبانى	و	يب	نا	كو	نحس	رطب معتدل	تشرين الاوّل	كج	ا	نيسان	كج	ج	ج	ج
	الاكليل	و	كه	مب	نب	نحس	رطب		ه	د		ز	د	د	د
	القلب	ز	ح	لد	يح	سعد	يابس	تشرين الآخر	يح	ا	ايار	يط	ا	ا	ا
منازل الصيف	الشولة	ز	كا	كه	مد	نحس	رطب		ا	ا		ا	ج	ج	ج
	النعائم	ح	د	يز	ى	نحس	رطب	كانون الاوّل	يد	ا	حزيران	يد	ج	ا	ا
	البلدة	ح	يز	ح	له	ممتزج	رطب		كز	ا		كز	ا	ج	ج
	سعد الذابح	ط	.	.	.	سعد	رطب		ط	ا		ى	ا	ا	ا
	سعد بلع	ط	يب	نا	كو	متوسّط	رطب قليل	كانون الآخر	كب	ا	تموز	كج	ا	ا	ا
	سعد السعود	ط	كه	مب	نب	نحس	وسط		د	ا		ه	ا	ا	ا
	سعد الاخبية	ى	ح	لد	يح	ممتزج	يابس معتدل	شباط	يز	ا	آب	يط	ا	ا	ا
	الفرغ المقدّم	ى	كا	كه	مد	سعد	يابس		ب	ا		ط	ج	ج	ج
	الفرغ المؤخّر	يا	د	يز	ى	ممتزج	رطب	اذار	يه	ا	ايلول	يد	د	د	د
	بطن الحوت	يا	يز	ح	له	سعد	رطب		كح	ا		كز	ا	ا	ا

a Diese Tabelle fehlt in *L*.

جدول احوال كواكب المنازل*

اسماء منازل القمر	كمّيّة كواكبها	طلوعها فى شهور السريانيّين لسنة الف وثلثمائة للاسكندر	وفى كم يوم منها	سقوطها فى شهور السريانيّين لسنة الف وثلثمائة للاسكندر الرومى	وفى كم يوم منها	مراتب صور كواكبها عند المنجّمين	مراتب صور كواكبها عند العرب
الشرطان	ب	نيسان	كب	تشرين الاوّل	كب	قرنا الحمل	قرنا الحمل
البطين	ج		•		د	الية الحمل	بطن الحمل .
الثريّا	و	ايار	يح	تشرين الآخر	يز	سنام الثور	الية الحمل
الدبران	ا		لا		ل	عين الثور	عين الثور
الهقعة	ج	حزيران	يح	كانون الاوّل	يح	راس الجبّار	راس الجوزاء
الهنعة	ب		كو		كو	قدما التوءم التالى	قوس الجوزاء
الذراع	ب	تمّوز	ط	كانون الآخر	ح	راسا التوءمين	ذراع الاسد المبسوط
النثرة	ج		كب		كا	السرطان	انف الاسد
الطرف	ب	آب	د	شباط	ج	رقبة الاسد	عينا الاسد
الجبهة	د		يز		يو	عرف الاسد وقلبه	جبهة الاسد

الزبرة	ب	آب	لا	الدار	ا	مغرز لذنب الاسد	كاهل الاسد
الصرفة	ا	ايلول	يح		يد	طرف جنب الاسد	لذنب الاسد
العوّاء	د		كو		كز	صدر العذراء	ورك الاسد
السماك	ا	تشرين الاوّل	ط	نيسان	ط	يد العذراء	ساق الاسد
الغفر	ج		كب		كب	ذيل العذراء	مغفر العقرب
الزبانى	ب	تشرين الآخر	د	ايار	ه	كفّة الميزان	زبانيا العقرب
الاكليل	ج		يز		يح	جبهة العقرب	راس العقرب
القلب	ا		ل		لا	قلب العقرب	قلب العقرب
الشولة	ب	كانون الاوّل	يح	حزيران	يح	مثبر العقرب	مثبر العقرب
النعائم	ج		كو		كو	قوس الرامى	نعام
البلدة	٠	كانون الآخر	ح	تموز	ط	بدن الرامى	بقعة قفرة
سعد الذابح	ب		كا		كب	قرن الجدى	لا فى صورة
سعد بلع	ب	شباط	ج	آب	د	يد سكب الماء اليسرى	لا فى صورة
سعد السعود	ج		يو		يز	منكب ساكب الماء الايسر	لا فى صورة
سعد الاخبية	د	الدار	ا		لا	ذراع ساكب الماء اليمنى	لا فى صورة
الفرغ المقدّم	ب		يد	ايلول	يح	منكب الفرس وبمينه	عرقوة الدلو العليا
الفرغ المؤخّر	ب		كز		كو	جناح الفرس وسرّته	عرقوة الدلو السفلى
بطن الحوت	ا	نيسان	ط	تشرين الاوّل	ط	جنب المراة المسلسلة	بطن الحوت

a Diese Tabelle fehlt in *L* und in *R*.

والقمر اذا قارن الكوكبَ او الكواكبَ التى تُعرف بها المنزلة وتُنسب اليها قالوا قد كالح القمرُ مكالحة وكرِهوه واذا اسرع فى سَيْره مجاوِزًا منزلةً او أبطأ عنها حتى راوه فى الفُرجة بين المنزلتين قالوا قد عَدَلَ القمرُ عن المنزلة عُدولا واستحبّوا ذلك، ومن هذه الفُرَج ما خُصّت باسمٍ على حِدَة كالفُرجة بين الثريّا والدبران فانّها تسمّى الضِّيقة ويستنحسونها ويتشاءمون بها وانّما سمّيت ضَيِّقة لسُرعة غروبها فانّ بين درجة غروب الثريّا ودرجة[a] غروب الدبران ستّ درج فى فلك البروج وسبع درجات بالتقريب فى معدّل النهار وقد ظنّ بعض مؤلّفى كتب الانواء انّ الضيقة هى الحادى والعشرون والثانى والعشرون من كواكب الثور اللّذان[b] تسمّيها العربُ كلبَ الدبران وليس ذلك كذلك، وربّما قصَّرَ عن الهنعة فنزل بالتَّحابِى وهو الرابع عشر والخامس عشر والسادس عشر من كواكب التوأمَين وقال قوم أنّ التَّحابِى هى الهقعة وقال آخرون انّها غيرها وغير تلك وربّما قصَّرَ عن السماك فنزل بعَرْشه الذى يُسمّيه بعض العرب عَجُزَ الاسد وهو الثالث والرابع والخامس والسابع من كواكب الغُراب وربّما قصَّرَ عن محاذاة الشولة لحالى بعض خَرَزاتِ ذَنَبِ العقرب وهى الفقرات وربّما قصر عن البلدة فنزل بالقِلادة وتسمّى الأُدْحِيّ وهى التاسع والعاشر والحادى عشر والثانى عشر والثالث عشر والرابع عشر من كواكب الرامى وظنّ بعض الناس انّها هى القوس وانّما هى راس الرامى وذُوابتاه[c] وربّما قصر عن سعد السعود فنزل بسعدِ ناشرةَ وهو الثالث والعشرون والرابع والعشرون من كواكب الجدى وربّما قصر عن الفرغ الثانى فنزل بالكَرَب يعنون مجمع العَرْقُوَتَين من الدلو حيث يُشَدُّ الحَبْلُ وهو الخامس والسابع من كواكب الفَرَس الاعظم او نزل بَلْدَةَ الثَّعْلَبِ وهى بُقعة بين الفرغ الثانى والسمكة فارغةٌ لا كوكبَ بها، وقد ظنّ بعض اصحاب كتب الأنواء انّ الأُنَيْسَيَيْن وهما الاوّل والثانى من كواكب المثلّث هما فيما بين بطن الحوت والشرطين حيث رآهما يَغْرُبان بعد الشرطين فزعم انّ القمر ربّما قصّرَ عن الشرطين فنزل بالانيسين وذلك باطل لانّ الانيسين اكثر درجا فى برج الحمل من الشرطين ولكنّ تأخّر غُروبهما هو بسبب عَرْضِهما فى الشمال ومن شأنِ ما هو أمْيَلُ الى الشمال من الكواكب أن يَطْلُعَ قبل طلوعِ ما مَيْلُه اقلّ فيَغْرُبُ بعد غروبه وفى الجنوب بعكس ذلك ❁ ولانّ هذه الكواكب الثابتة التى تُنْسَب اليها المنازل وتسمّى بها هى متحرّكة حركة

[a] Mss. ودرج [b] Mss. اللّذين [c] Mss. وذوابتيه

واحدة بحنيئة فيجب اذا سارت درجة واحدة وذلك فى كلّ ستّ وستّين سنة شمسيّة أنْ يُزاد على كلّ يوم من ايّام طلوعها وسقوطها يومٌ واحد ومن اراد أنْ يحقّق ذلك وقد اثبتنا مواضع كواكب منازل القمر لسنةِ الف وثلثمائة للاسكندر على ما سمّاها به اصحابُ الهيئة باحوالها وعروضها ومقاديرها من الاعظام الستّة فليُصَحّحْ مواضعَها لزمانه بالتسيير الذى ذكرناه وهو فى كلّ ستّ وستّين سنة درجةٌ واحدة ثمّ يعمل فى اختفائها فى الشعاع وظهورها منـــه عــلى ما ذُكر فى الزيجات وقام عليه البرهان فى كتاب المجسطى فانّ تشريقها وتغريبها يختلف بسبب عروض البلاد ومقادير اجرامها من الاعظام الستّة وتباعدِها عن فلك البروج وفى عملِ ذلك اذا عَرَضَ له عرضٌ كثيرٌ عن فلك البروج ما يُتعجّب منه كمثلِ الحال فى الزهرة اذا قارنـــت الشمسَ فى برج السمكة فانّ مدّة اختفائها تحت الشعاع يكون مدّةَ يومٍ او يومَيْن بالتقريب واذا قارنتها فى برج العذراء اختفت مقدارَ ستّة عشر يوما بالتقريب وعند ذلك يُرَى فى برج العقرب بالغَدَوات مُقبلا الى الشمس وبينهما اربعةُ اخماس برج ومُدبرا عنها ولا يرى فيه بالعَشيّـــات ويرى فى برج الثور على خلاف ذلك اعنى مقبلا الى الشمس ومدبرا عنها يرى فيه بالعشيّات ولا يرى بالغدوات وبرهانُ ذلك كلّه مكتوب ومشروح فى كتب المجسطى، الآن نذكر جدول مواضع كواكب المنازل

اسماء منازل القمر	مواضع كواكبها من الصور الثمانى والاربعين[a]	اى كوكب هو من الصور	الطول بروج	الطول درج	الطول دقائق	العرض درج	العرض دقائق	جهة العرض	الاقدار على ما ذكره ابو الحسين الصوفى
الشرطان	المقدّم من الاثنين اللذين قرنا الحمل	ا	٠	يح	يج	ز	ك	شمال	ج
	الثانى منهما	ب	٠	يط	يج	ح	ك	شمل	ج
البطين	الّذى على منشأ الالية من الحمل	ز	ا	ب	نج	د	ن	شمل	٠
	المتقدّم من الثلثة الّتى فى الالية	ح	ا	٠	كج	ا	م	شمل	د
	الّذى على الفخذ المؤخّرة من الحمل	يا	ا	ا	يج	ا	ى	شمال	٠
الثريّا	الطرف الشمالىّ من الضلع المقدّم من الثريّا فى الثور	كط	ا	يج	مج	د	ل	شمل	٠
	الطرف الاميل الى الجنوب من الضلع المتقدّم منها	ل	ا	يد	ج	ج	م	شمال	٠
	الطرف الثانى من الثريّا وهو اضيق موضع فيها	لا	ا	يه	يج	ج	ك	شمل	٠
	الخارج الصغير من ناحية الشمل من الثريّا	لب	ا	يه	يج	٠	٠	شمل	د
			ا					شمل	د
	لم يذكرهما بطلميوس ولا من تقدّمه		لم يرصدهما راصد						
	ولا من تأخّر عنه		ا					شمال	د
الدبران	الّذى على عين الثور الجنوبيّة	يد	ا	كد	يج	٠	ى	جنوب	ا
الهقعة	السحابىّ الذى على راس الجبّار وهو الجوزاء وقد اقام بطلميوس وسط المثلّث مقام كوكب واحد	ا	ب	ج	لج	يج	ن	جنوب	سحابى

a Diese Tabelle fehlt in *L*. Der Schluss von البلدة an fehlt auch in *R*.

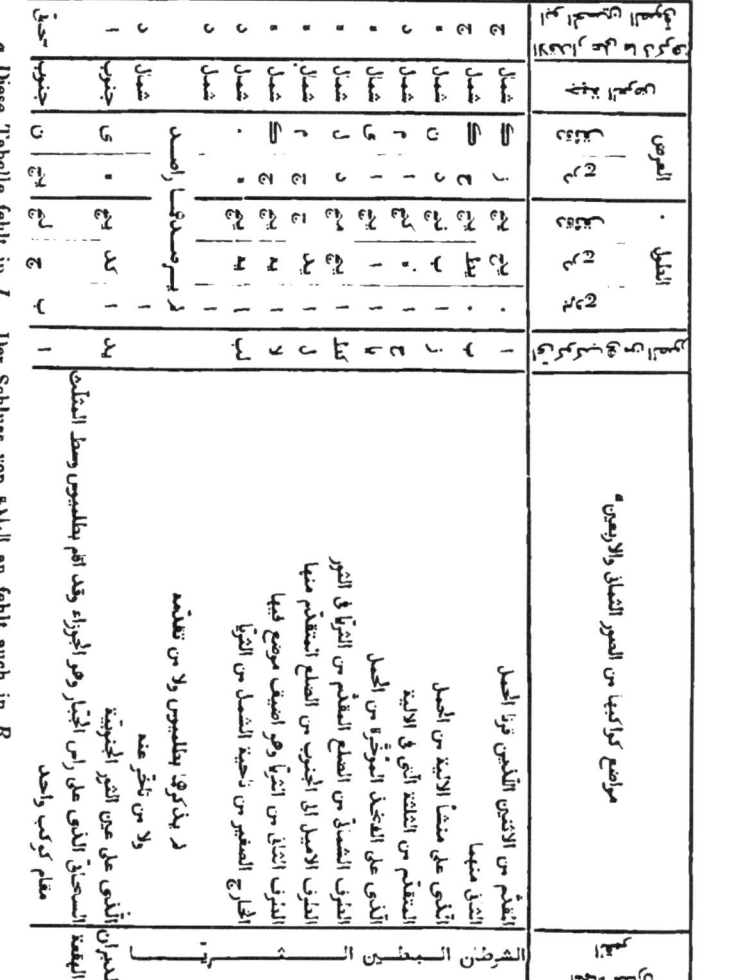

الهنعة	الذى على القدم اليسرى من التوءم التالى	يز	ب	كج	لج	ز	ل	شمال	ج
	الذى على القدم اليمنى من التوءم التالى	يح	ب	كو	يج	ى	ل	شمال	د
الذراع	الذى على راس التوءم المقدّم	ا	ج	د	نج	ط	م	شمال	ب
	الذى على راس التوءم التالى	ب	ج	ح	يج	و	يه	شمال	ب
النثرة	الوسط من الاشتباك السحابىّ الذى فى صدر السرطان	ا	ج	كا	نج	.	ك	شمال	سحابىّ
	الشمالىّ من الاثنين التاليين من ذى الاربعة الاضلاع	د	ج	كا	نج	ب	م	شمال	د
	اميل هذين الى ناحية الجنوب	٠	ج	كب	نج	.	ى	شمال	د
الطرف	التالى لطرف الزبانى الجنوبىّ من الاربعة الخارجة من السرطن	ب	د	ج	يج	٠	م	جنوب	ه
	الذى على موضع الخدّ من صورة الاسد	ب	د	ب	مج	ز	ل	شمال	د
الجبهة	الشمالىّ من الثلثة التى فى الرقبة من صورة الاسد	٠	د	يا	مج	يا	.	شمال	ج
	التبع وهو الوسط من الثلثة	و	د	يج	مج	ح	ل	شمال	ب
	الجنوبىّ منها	ز	د	يب	يج	د	ل	شمال	ج
	الذى على القلب ويقال له المَلكىّ	ح	د	يد	ج	.	ى	شمال	ا
الزبرة	التالى من الاثنين اللذين على البطن من الاسد	ك	د	نه	مج	يج	م	شمال	ب
	اميل الاثنين اللذين فى الحرقفتين الى الشمال	كب	د	نز	نج	ط	م	شمال	ج
الصرفة	الذى على طرف الذنب من الاسد	كز		و	ج	يا	ن	شمال	ا
العواء	الذى على طرف الجناح الايسر من العذراء	٠	٠	ى	لج	.	ى	شمال	ج
	التالى له	و	٠	يط	مح	ا	ى	شمال	ج
	التالى لهذا	ز	٠	كد	مج	ب	ن	شمال	ج
	الشمالىّ من الثلثة فى الجناح الايمن وهو المقدّم للقدّاف	يج	٠	كج	مج	يه	ى	شمال	ج

السماك	الذى على كف العذراء اليسرى	يد	٠	ح	يج	ب	٠	جنوب	ا
الغفر	الوسط من الثلثة التى على ذيل العذراء	كب	٠	يح	يج	ز	ل	شمال	د
	الجنوبى منها	كج	٠	يح	نج	ب	م	شمال	د
	الذى على القدم اليسرى الجنوبية من العذراء	كه	٠	كا	لج	٠	ل	شمال	د
الزبانى	اضوء الاثنين اللذين على طرف الزبانى الجنوبى وهو على الكفة الجنوبية	ا	و	كط	لج	٠	م	شمال	ج
	اضوء الاثنين اللذين على طرف الزبانى الشمالى وهو على الكفة الشمالية	ج	و	ج	مج	ح	ن	شمال	ج
الاكليل	الشمالى من الثلثة النيرة التى فى جبهة العقرب	ا	ز	يز	نج	ا	ك	شمال	ج
	الوسط منها	ب	ز	يز	يج	ا	ك	جنوب	ج
	اميل الثلثة الجنوبية	ج	ز	يز	يج	٠	٠	جنوب	ج
القلب	قلب العقرب	ح	ز	كد	يج	د	٠	جنوب	ب
الشولة	التالى من الاثنين اللذين فى حمة العقرب	ك	ز	ط	ج	يج	ك	جنوب	ج
	المتقدم منهما	كا	ز	ح	لج	يج	ل	جنوب	ج
النعام	الذى على نصل السهم من صورة الرامى	ا	ح	يو	ج	و	ك	جنوب	ج
	الذى فى مقبض اليد اليسرى منه	ب	ح	يط	يج	و	ل	جنوب	ج
الوارد	الذى فى الجانب الجنوبى من القوس	ج	ح	يط	لج	ى	ن	جنوب	ج
	الذى على العقب المقدم الايمن	كه	ح	يح	يج	يج	٠	جنوب	ج
النعام	الذى على المنكب الايسر من الرامى	و	ح	كو	لج	ج	ى	جنوب	ج
	المتقدم لهذا وهو على السهم	ز	ح	كد	لج	ج	ن	جنوب	د
الصادر	الذى على الكتف وهو الوسط من الثلثة التى على الظهر	كا	ح	كط	يج	د	ل	جنوب	د
	الذى تحت الابط من هذه الثلثة	كب	ح	كز	نج	و	مه	جنوب	د

البلدة	بقعة ليست فيها كواكب وهى جنوبيّة بالقرب من الكواكب الحادى عشر والثانى عشر من صورة الرامى								
سعد الذابح	الشمالىّ من الثلثة التى فى القرن التانى من صورة الجدى	ا	ط	يح	نج	ز	ك	شمال	ج
	الجنوبىّ منها	ج	ط	يح	نج	٥	.	شمال	ج
سعد بلع	الاوسط من الثلثة التى على يد ساكب الماء اليسرى	ز	ى	كز	مج	ح	.	شمال	٥
	المتقدّم منها	ح	ى	كو	يج	ح	م	شمال	د
سعد السعود	الذى فى المنكب الايسر من ساكب الماء	د	ى	ح	ج	ح	ن	شمال	ج
	الذى تحته فى الظهر وكانّه دون الابط	٥	ى	ح	نج	و	يه	شمال	٥
	الذى على طرف ذنب الجدى	كج	ى	ى	يج	د	ك	شمال	٥
سعد الاخبية	الذى فى الذراع اليمنى من ساكب الماء	ط	ى	لا	ج	ح	مه	شمال	ج
	الشمالىّ من الثلثة التى فى الكفّ اليمنى منه	ى	ى	نج	يج	ى	مه	شمال	د
	المتقدّم من الاثنين الباقيين	يا	ى	كج	نج	ط	.	شمال	د
	الجنوبىّ التالى منها	يب	ى	كد	نج	ح	ل	شمال	د
الفرغ المقدّم	الذى على المنكب الايمن من الفرس ومنشأ قائمته	ج	يا	يج	مج	لا	.	شمال	ب
	الذى على متن الفرس بين الكتفين	د	يا	ح	يج	يط	م	شمال	ب
الفرغ المؤخّر	الذى على سرّة الفرس وهو مشترك لها ولراس اندروميذا	ا	يا	لط	نج	نو	.	شمال	ب
	الذى على المتن ومرفق الجناح	ب	يا	كج	مج	يب	ل	شمال	ب
بطن الحوت	الجنوبىّ من الثلثة التى فوق المئزر من اندروميذا	يب	يا	يه	كج	كو	ك	شمال	ب

وقد جريتُ فى هذا الكتاب على عادة لا يكرهها المستفيد المسترشد فى هذا الفنّ من توفية كلّ باب حظّه ما أمكن وترك الاحالة على كتاب الّا بعد اشباع الاشارة الى ذلك الباب ومن حقّه ان أودعه فصلا فى كيفيّة تصوّر منازل القمر وسائر صُوَر الكواكب على البسائط المستوية لأنّ الانسن اذا كان عارفا باختلاف الطوالع فى الاوقات المختلفة تصوّر أوضاع فلك البروج وكفاه ما تقدّم من الاشارات يعرف[a] كواكب المنازل عيانا وأمكنه الايماء اليها ولكن ليس كلّ محتاج اليها يعرف اوضاع فلك البروج وفى تصويرها وتصوير سائر الكواكب التى تحوزها الصُوَر الثمانى والاربعون منافع كثيرة تعمّ جميع اهل المراتب فى العلم ومثلها تصوّر البلاد والمدن وغيرها ممّا على الارض فى بسيط مستوٍ ولم أجد لاحد قولا فى ذلك فأحكيه ولكنّى اذكر فيه ما يخطر ببالى فليعذر الناظر واقول انّ تسطيح ما فى الأكر من الدوائر العظام والصغار والنقط يمكن اذا[b] جُعِلَ احد قطبيها رأسا لمخروطات تمرّ بمحيطاتها عليها وتقاطع سطحا مفروضا فانّ الفصول المشتركة بين ذلك السطح وبين بسائط تلك المخروطات إنْ جازت على دوائر او الخطوط ان جازت على نُقَط هى تسطيحها فى ذلك السطح المستوى وهذا هو عمل الاصطرلاب فانّ فى الشمالى جُعل القطب الجنوبى راس المخروطات وفى الجنوبى جُعل القطب الشمالى راس المخروطات والسطح المقصود احد الموازية لسطح معدّل النهار فتتشكّلت دوائر وخطوطا مستقيمة، وقد نقل ابو حامد الصغانى راس المخروطات عن القطبين وجعله داخل الكرة او خارجا على استقامة المحور فتتشكّلت خطوطا مستقيمة ودوائر وقطوعا نواقص ومكافيات وزوائد كيف ارادها ولم يُسْبَق الى هذا السطح العجيب، ومنه نوع سمّيته الأسطوانى ولم يتشعّل فى أنّ احدا من اصحاب هذه الصناعة ذكره قبلى وهو أنْ يجوز على ما فى الكرة من الدوائر والنقط خطوط وسطوح موازية للمحور فيتشكّل فى سطح النهار خطوط مستقيمة ودوائر وقطوع ناقصة فقط وكتابى فى استيعاب الوجوه الممكنة فى صَنْعة الاصطرلاب يشتمل على جميع ذلك ولكنّها لا تتشكّل فى السطح كما هى فى الكرة فانّ الأبعاد المتساوية فى الكرة تختلف فى السطح اختلافا عظيما وخاصّة اذا قرُب بعضها من قطب وقرب البعض من الآخر وليس الغرض فى الاصطرلاب تشكيلها موافقة للعيان ولكنّ ليدور بعضها مع سكون البعض وتوافق نتائجه ما

a Pl. فعرف   b Mss. اذ

فى الفلك باختلاف الاوقات والغرض فى تصيير الكواكب والبلاد أنْ تقع موافقةً ـ عليه فى السماء ملحا له[a] بعد ان يعلم أنّ الخطوط المستقيمة لا تُناسِبُ المستديرة ولا السطوح الكريّة تُشابهُ المستوية المعتدلة، ولا بُدّ من تقريب يُدخِلها فاحذ الطُرُق التى تؤدّينا الى ذلك هو عمل الاصطرلاب المبطّح وذلك بأن تخطّ دائرةً كيف اتّفقت وكلّما عظمتْ كان اجودَ ونربّعها بقطرَيْن متقاطعَيْن على زوايا قائمة ونقسِمُ احدَ أنصافِ ذيْنك القطرَيْن بتسعين جزءً قسمةً مستوية ونجعلُ مركز الدائرة مركزا[b] وندير ببُعد كلّ واحد من الأقسام التسعين دائرة فتوازى تلك الدوائرُ ويتباعدُ بعضها من بعض بُعْدًا متساويًا ونقسِمُ محيطَ المحيطة بها بأقسام الدور ونَصِلُ بينَ كلّ جُزْء منها وبين المركز بخطوط مستقيمة فاذا فعلْنا ذلك توهّمنا محيطَ تلك الدائرة الاولى فلكَ البروج ومَرْكزَها احدَ قُطْبَيْه وعلّمْنا على فلك البروج نقطةً نجعلها اوّل برج الحمل وحصّلْنا مواضعَ الكواكب من كتاب المجسطى او زيج محمّد بن جابر البتّانى او كتاب الكواكب الثابتة لابى الحسين الصُوفى وسيّرْناها بمسيرِها الى الوقت المفروض ثمّ أخذْنا كوكبا من الكواكب التى فى النصف الذى قيّدْنا له تلك الدائرةَ وعددْنا من تلك النقطة المفروضة من جهة اليمين الى جهة اليسار مثلَ بُعْدِه من اوّلِ الحمل فيكونُ المنتهى درجةَ ذلك الكوكب فى الطول ونَعُدُّ منها على استقامة الخطِّ الممتدّ الى المركز مثلَ عددِ عرضِه من الدوائر التسعين فيكون المنتهى موضعَ جِرْم الكوكب فينقطُ هناك نقطةٌ صفراء او بيضاء على قدْرِ الكوكب وعِظَمِه من الأقدارِ الستّة، وكذلك نفعلُ بكلّ كوكب ممّا عرضُها فى جهة واحدة ما فعلْنا بهذا حتّى نفْرُغَ عمّا فى تلك الجهة ونُعيدُ مثلَ ذلك بما فى الجهة الاخرى حتى تحصُلَ كواكبُ الفلك كلُّها فى دائرتينِ ونُلوّنهما بلازوردٍ تبيانا[c] من بينها الكواكبَ ونُصوّرُ على كواكبِ كلّ صورةٍ شِبْهَ الصورة الموصوفة لها بعدَ أنْ تقعَ كواكبُها منها فى المواضع المذكورة لها فيحصُلُ المطلوب، ولكنّا نكرهُه من اجلِ أنّ الصور التى على فلكِ البروج لا يمكن فيه اتمامُ تصويرها بل يقعُ بعضُ اعضائها فى هذا النصف والباقى فى ذلك ولو أُديرَ على دائرة

a Hier ist eine Lücke (zwischen السماء und له) und vielleicht eine Corruptel in ملحا له (sic *P*, مليحا له *L*, ملحا له *R*) Conjectur فى السماء والارض فيخاله الناظر له بعد اللح *b R* ومركزا *c PL* تبلالا *R* سلالا

فلك البروج خارجها تسعون[a] دائرة متوازية متباعدة بمثل التباعد الاول على مثل ما يعمل فى الاصطرلاب المبتّح لخرج الامر على النظام خروجا ظاهرا ولان[b] تختلف مواقعها فى الصورة وفى السماء اختلافا كثيرا وذلك ان أبعاد الكواكب المتساوية فى المنظر كلما توغلت فى الجنوب وقعت فى الصورة اذا كان مركزها هو قطب الشمال اعظم واوسع حتى تخرج الى عظم غير محتمل وعلى مثل طريقة من اراد أن يصوره فى سطح دائرة مارة على قطبى فلك البروج فى مساقط أحجارها عليه على شبيه التسطيح الاصطرلابى فانها عند المحيط تضيق وحوالى المركز تتّسع؛ فلنحتل له حيلة اخرى نزيل عنها بعض ما كرهناه فى العمل المقدم ونُدير[c] دائرة ونربعها ونكتب على نقط أرباعها اسماء الجهات ونخرج الخطين المربعين لها فى جهاتها على استقامتها الى ما امتدت اليه غير محدودة ونقسم كل واحد من أنصاف الأقطار بتسعين جزء قسمة مستوية وندور الدوائر بثلثمائة وستين جزء ثم نطلب على خط المشرق والمغرب مراكز دوائر تمر كل واحدة منها على جزء من اجزاء القطر وعلى كل واحد من نقطتي الشمال والجنوب فاذا حصلت وأدرنا عليها ما يقع من تلك الدوائر داخل تلك الدائرة حصل مائة وثمانون قوسا تقسم القطر بأقسام متساوية وتتقاطع عند كل واحدة من نقطتي الشمال والجنوب وهى دوائر الطول ثم نعود الى الخط الخارج من نقطة الشمال على استقامة القطر فنطلب عليه مركز دائرة تجوز على بعد جزء واحد عن كل واحد من نقطتي المشرق والمغرب فى المحيط وعن المركز فى القطر ثم على بعد جزئين وثلثة حتى تتم التسعون دائرة ونعمل فى النصف الجنوبى مثل ذلك على الخط الخارج من نقطته على استقامة القطر فتحصل لنا دوائر العرض وهى مائة وثمانون دائرة تقسم كل واحدة من دوائر الطول بمائة وثمانين قسما؛ ثم نفرض نقطة المغرب اول الحمل وخط المشرق والمغرب منطقة البروج ونعد من اول الحمل مثل بعد الكوكب المفروض عنه فينتهى الى درجته ثم نعد مثل عرضه فى جهته على دائرة طوله فينتهى الى موضع الكوكب ونعمل صورة اخرى مثلها نفرض فيها نقطة المغرب اول الميزان فتتم الكواكب كلها فى كلتا الصورتين وتتمثل فى تصور الصور عليها ما قدمنا ذكره؛ وان أردنا تشكيل البلاد مثلنا صورة على مثل ما تقدم وعددنا فيها من نقطة المغرب مثل طول البلد المفروض ثم على دائرة

a *Mss.* تسعين   *b* *Mss.* ولا   *c* *Mss.* او ندير

الطول الّذى ينتهى اليه مقدارُ عَرْضِه فى جِهَتِه فينتهى الى موضعه وكذلك نعمل بغيره فهذا هو الطريق الصِّناعىّ لذلك ❊

ومن الناس من يَميل الى الحُسْبانات ويحصّلها فى جداول ويُؤثِرها على الاعمال الصناعيّة فلذلك يجب علينا ان نُرْشد الى معرفةِ أَقْطارِ دوائرِ الطول والعرض ومقدارِ بعدِ مراكزِها عن مركزِ الدائرة ليَتِمّ بذلك ما قصدناه فنُدير دائرة ابجد على مركزِ ه ونربّعها بقطرَىْ اهج بهد وليكن نقطة ا المغربَ ونقطةُ ب الجنوب ونقطة ج المشرق ونقطة د الشمال وليكن النصفُ الاقطار مقسومة بتسعين جُزْء والدورُ مقسوما بثلثمائة وستّين جزء، ونريد للمثال أَنْ نَعْلَمَ نصفَ قطرِ دائرة بزد الّتى هى احدى دوائرِ الطول وبُعْدَ مركزِها وليكن ح عن مركزِ ه فمن البيّن ان هز[a] معلوم اذ هو مفروض بالاجزاء الّتى بها نصف قطرِ هج تسعون جزء وكلّ واحد من به هد تسعون وضَرْبُ هز[b] المعلومِ فى مجموعِ هح حز[c] المجهولِ اعنى القطرَ المطلوبَ منقوصا منه زه مِثْلُ ضَرْبِ هب فى هد اعنى مربّعَ احدِهما فنضرب هب فى نفسه ونقسم ما اجتمع وهو ثمانية آلاف ومائة على هز[d] المعلومِ فيخرجُ مجموعُ هح حز[e] ونزيد عليه هز[f] ونأخذ نصفَ المجتمع[g] فيكون ذلك زح[h] هو نصفَ قطرِ الدائرة الّتى منها بزد، واذا عُلم ذلك وفُتح البركارُ بمِثْلِه وكانت نقطةُ ز[i] معلومةً وُضع احدى رِجْلَىِ البركار على ز[k] والاخرى حيث بلغ من خطّ ها المُخْرَجِ بلا نهاية فتنتهى الى مركز الدائرة الّذى هو ح وآستُغْنِىَ بذلك عن معرفةِ ما بين المركزَيْن وان لم يكن فيه[l] بعدٌ فليكن زه[m] المعلومُ ممّا خرج لنا من نصف القطر وما بقى فهو بعدُ ما بين المركزين فهذا وجهُه بالحساب ❊ ومن آحتاج الى استخراجِ بُعْدِ الجازِ اعنى النقطة من محيطِ الدائرة الّتى يَنْتهى اليها الخطُّ الواصلُ بين نقطتَىْ ب ح وهى قوس اط فانّا نَصِلُ لذلك بهح يَقْطَعُ المحيطَ على ط ونُخْرِجُ عَمُودَ طس على بد ونصل طد فلأنّ مثلّثَ بهح[n] معلومُ الأَضْلاع بالاجزاء الّتى بها نصفُ قطرِ الدائرة تسعون جزء فانّ تحويلَ كلِّ ضِلْعٍ منه الى المقدار الّذى به نصفُ قطرِ الدائرة ستّون أَنْ نَضْرِبَه فى ستّين ونَقْسِمَه على

[a] *P* هز [b] *PL* هد [c] *PL* دحح [d] *PL* هد [e] *PL* دحح [f] *P* هز, fehlt in *L* [g] *Mss.* الىدق [h] *PL* دح [i] *P* د [k] *PL* د [l] فيه fehlt in *R* [m] *PL* هد [n] *R* زاح

I.

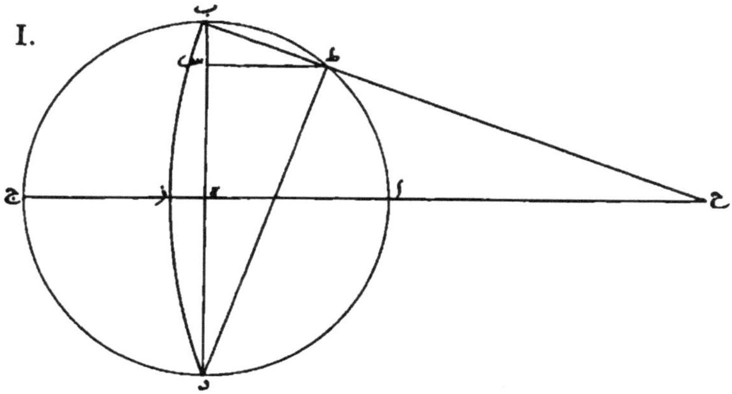

II.

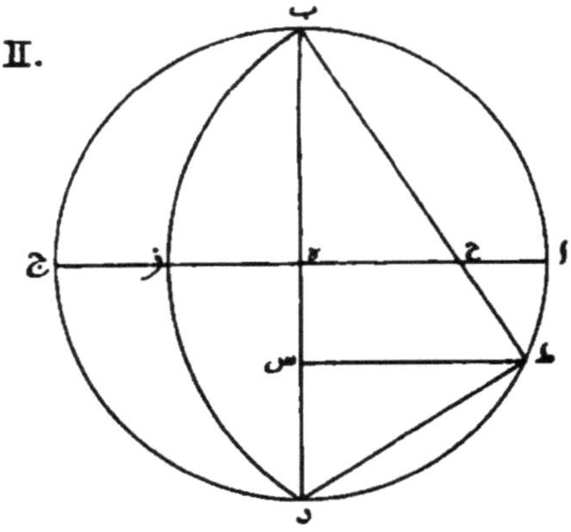

III.

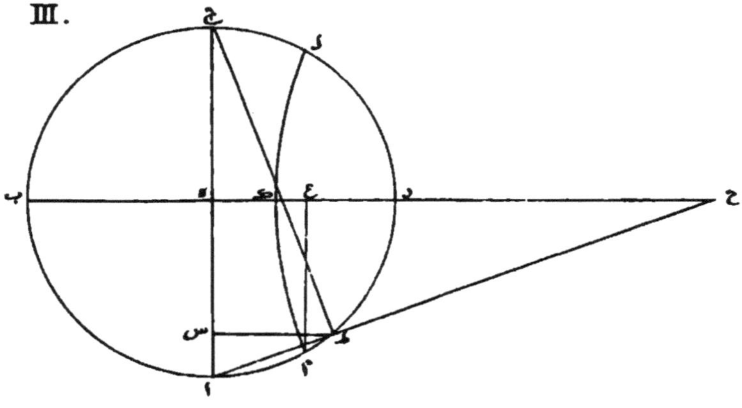

تسعين فيتحوّل الى المقدار الستينيّ ومثلثات بهج بحلد بسط متشابهةٌ فنضربُ حه فى بسد ونقسم المجتمعَ على حب فيخرج دط ثمّ نضرب دط فى حه ونقسم المجتمع على حب فيخرج دس[a] فاذا قوّسناه فى جدول الجيوب والقينا قوسه من تسعين بقى اط ه وان اردنا بُعْدَ الجاز بطريق أسهل فقد نُحوّل مثلث بهح المعلومَ الاضلاع الى المقدار الّذى به نصفُ قطرِ دائرة ابجد ستّون جزء فانّ زاويةَ طادب فى الصورة الاولى وزاويةَ طلبد فى الصورة الثانية هى الّتى[b] تُوتِرُ[c] تمامَ بعدِ الجاز واذا اردنا تحويلَ ذى ضلع من هذا المثلث الى المقدار الّذى به بح ستّون جزء ضربناه فى ستّين وقسمنا المبلغ على بح بالمقدار الّذى به نصفُ قطرِ الدائرة ستون فيخرج المطلوبُ ثمّ اذا حصّل لنا ضلعُ حه بذلك المقدار قوّسناه فى جدول الجيوب فيخرج قوسُ دط فبقيّ الطُّرُق شتّى[d] عملنا فانّ المقصود منه واحدٌ والنتائجُ[d] متطابقة متفقة۞ هذا شكل الدائرة

Siehe die beigefügten Figuren I und II.

ونعيد الصورةَ لنعرف به ما تقدّم ذكره فى دوائرِ العروض وليكن الدائرةُ الّتى نريد معرفةَ نصفِ قطرها هى الّتى منه مكل وكلّ واحدة من ام[e] هك جل[f] تكون متفقةً فى العدد ونخرجُ عمودَ مع وهو جيبُ دم المعلوم وهع هو جيبُ ام المعلوم فينقص هع مقدار هك بعد أنْ نحوّله من اجزاء التسعين الى الستّين فيبقى كع فيقسم عليه مربّعُ مع ونزيد على ما خرج كع ونأخذ نصفَ المبلغ فيكون كاح وهو نصفُ قطر الدائرة الّتى منه مكل بالاجزاء الّتى بها نصفُ قطر دائرة ابجد ستّون جزء ه وان اردنا بُعْدَ الجاز وصلنا اح يقطعُ محيطَ الدائرة على ط ووصلنا نح وانزلنا عمودَ نس على اج فنضرب اج فى مح[g] وقسمنا المجتمع على اح خرج نح واذا ضربنا هذا الخارج من القسمة فى مح وقسمنا ما اجتمع على اح خرج سح وجذرُ مضروبهِ فى اس هو نس وهو جيبُ قوسِ الجاز وكذلك اذا حوّلنا اه الى المقدار الّذى به اح مائة وعشرون ثمّ قوّسناه فى جداول الاوتار التامّة خرج قوسُ اط وهو بُعْدُ الجاز والحال فى جهة ج كالحال فى جهة ا وفى جهة ب كم فى جهة د مثلًا بمثل لا نخالفه بوجه من الوجوه وهذا آخرُ ما بسطنا القول فيه۞ هذا شكل الدائرة

Siehe die beigefügte Figur III.

a دس fehlt in *Mss.* Vielleicht fehlt ausserdem noch بالمقدار الّذى به دط ستّون جزء *b* التى fehlt in *R* *c* *L* توتّر *d* *R* والشايج *e* *Mss.* اه *f* *Mss.* دل *g* Die Worte فنضرب اج فى مح fehlen in *Mss.*

ᵃوقد تمّ انجازُ الموعود والوفاء بالمضمون واستيفاء الأقسام التى اشتمل عليها سؤالُ السائلين على قدرِ ما أُوتيت من الاستطاعة فكلُّ آمْرِئٍ يعمل على شاكلته وقيمةُ كلِّ منهم ما يُحْسن واظنّ انّ فيما صحّحته من الاصول كفايةٌ لتلقيح العقول وهدايةٌ الى تهذيب النّظر فى اوائل احوال البَشر وجِلاء للشكوك فى تواريخ الانبياء والملوك وارشادا للحيارى من اليهود والنصارى فيما هم عليه والناظرُ فيه لا يخلو من ان يكون مثلى فيَحْمَدُنى ويشكر فعلى فيما سعيت فيه او يكونَ لمرتبته مزيّةٌ على مرتبتى فيَتفضّلُ باصلاح الخَلل ويَعْذِرُ فيما عساه وقع من الزّلل فلمّا الثالث فقد كُفيتُه لانقياده ᵃ للاستفادة او مُعاداته ما يجهل عنه وكيف اكترثُ لمعاداة معادٍ او اتخوّف مناواة مناوٍ وشِعارى اينما كنتُ دولةُ مولانا الامير السيّد الاجلّ المنصورِ ولىّ النعم شمس المعالى ادام الله قدرته وبِرُكْنِهِ المنيعِ اعتصامى واعتمادى وبمشايعتها سِرّا وعلَنا قوّتى واعتضادى وبنورها الساطع اهتدائى والى مَيامنها الزاهرة اعتضدى وارتجائى عرّفنى الله وكافّةَ المسلمين كُنْهَ الشكرِ لأَياديه بتأديةِ مواجب الطاعة المفروضة واتمامَ الدعاء له بتولّى لمجازاته عنه بمنّه وكرمه ولْنَختِمْ آخر الكتاب بالحمد لله الذى نصر وهدى واوضح سبيل الرشد من الغىّ ليَهْلِكَ مَنْ هَلَكَ عَنْ بَيِّنَةٍ ويَحْيَى مَنْ حَيَّ عَنْ بَيِّنَةٍ والصلوة على المبعوث الى خير امّة دائما ابدا وعلى اهله الطاهرين وسلّم تسليما كثيرا ❁

a–a Von وقد تم الانجاز bis لانقياده fehlt in *R*.

Wörter unbestimmter Lesung:

II. Arabischer-Index.

Real-Index.

I. Deutscher-Index.

Verzeichniss der Capitel.

Nachschrift zu S. XIX.

Es ist mir bisher nicht gelungen, das Etymon des der Bildung *bêrûn* zu Grunde liegenden Wortes mit Sicherheit zu ermitteln. Es möge aber folgende Conjectur, die mir von befreundeter Seite mitgetheilt ist, hier erwähnt werden. *Bêr*, Armenisch *wair* gleich *dvêr*, *dvair*, gleich einem zu supponirenden *dvairê*, Locativ von *dvara*. Also *vor der Thür*, *draussen* (vgl. Lateinisch foris).

Dagegen ist einzuwenden, 1. dass im Avesta nur die Form *dvare*, nicht *dvairê* überliefert ist, und 2. dass das Wort *dvara* (*dvarem*) im Neupersischen in der Form *dar* vorhanden ist. Mögen andere durch diese Notiz bestimmt werden der Sache weiter nachzuforschen.

Mein früherer College, Herr Prof. Fr. Müller in Wien, theilt mir mit, dass er die Combination von *bêrûn* mit Armenischem *wair*, auf welche mich meine Armenischen Studien geführt haben, nicht allein billigt, sondern auch dass er sie selbst schon seit längerer Zeit aufgestellt habe, wenn auch in keiner seiner bisher veröffentlichten Arbeiten.

In der Indischen Zifferreihe (ارقم الهند) wird die Null mit einem Zeichen bezeichnet, über dessen Ursprung und verschiedene Formen man bei Woepcke, Mémoire sur la propagation des chiffres Indiens S. 13 ff. nachlesen kann. Dies Zeichen ist in den letzten Jahrhunderten zu einem Punkt geworden, und so ist in meiner Ausgabe die Null bezeichnet. In meiner Handschrift hat die Null eine Form, die oft vom ح nicht zu unterscheiden ist. Ich hätte Typen von diesen Zeichen schneiden und giessen lassen sollen; die Zahlennotation wäre dadurch klarer und der Zeit des Verfassers mehr gerecht geworden. In dem Werke von Grave, Epochae celebriores etc. Londini 1650 (und auch sonst in älteren Drucken) ist dies Zeichen verwendet.

In der Zahlennotation durch Buchstaben (حساب الجُمَّل) besteht der grosse Uebelstand, dass 3 und 8 mit demselben Zeichen bezeichnet werden. Um dem abzuhelfen, haben die älteren Astronomen und Mathematiker die Form des ج zu ٣ verkürzt und bezeichnen damit die 3. Wenn freilich dies Zeichen nach links oder nach beiden Seiten hin verbunden ist, so fällt diese Distinction weg und 3 und 8 sind wieder gleich. Beide Zeichen, sowohl die Null wie diese 3, sind früher in den Druckereien Europas vorhanden gewesen, jetzt aber gänzlich verschollen; ich bedauere, dass ich sie nicht für meine Ausgabe besonders habe herstellen lassen.

Berlin, im November 1878.

Flucht mit besonderer Rücksicht auf den Stil zu untersuchen und zu vergleichen.

Aus dem vorstehenden ergibt sich zur Genüge, dass die philologische Behandlung der nach ihrem Inhalt einem Philologen meist sehr fern stehenden Werke von Albêrûnî besondere Vorsicht erheischt. Ich habe in meinem Text manches stehen gelassen, was ich in einem Text aus dem 3. Jahrhundert unbedingt corrigirt haben würde. Oft genug aber bin ich rathlos vor der Frage gestanden: Ist diese Stelle nur schlechtes Arabisch? darf ich sie, um einen vernünftigen Sinn herauszubringen, auf das Prokrustes-Bett grammatischer Auslegung spannen? oder aber — liegt einfach ein Fehler der handschriftlichen Ueberlieferung vor, z. B. eine Lücke? — Ich habe mich in solchen Fällen bemüht, an der Hand des sachlichen Verständnisses den Worten gerecht zu werden, und wenn es mir nicht überall gelungen ist das Ziel, das ich mir gesteckt hatte, zu erreichen, so muss ich mich trösten in dem Gedanken:

Est quadam prodire tenus si non datur ultra

und mit der Hoffnung, dass andere die Arbeit, wo ich sie liegen lassen musste, aufnehmen werden.

Zum Schluss noch einige Bemerkungen über das Aeussere meiner Ausgabe.

Ich bitte den Leser, hinter meiner reichen Punctation nicht ein besonderes Princip suchen zu wollen. Meine Absicht war ihm einen Theil der Zeit und der Mühe, die ich selbst auf das Verständniss des Werkes habe verwenden müssen, zu ersparen, mit einem Wort: ihm die Arbeit zu erleichtern. Zuerst schwebte mir als Vorbild W. Wright's Kâmil vor; im Verlaufe der Arbeit erkannte ich jedoch, dass dies Beispiel hier nicht anwendbar ist, weshalb in den späteren Theilen die Vocalisation etwas spärlicher geworden ist.

Beispiel gab, was selten genug geschah, so drückte er sich in verschlossenen Wendungen aus, zwar mit beredten Worten, aber doch mit solchen, die sehr schwer zu verstehen sind. Als ich ihn einmal hierüber befragte, erwiderte er mir: „Ich gebe desshalb keine Beispiele in meinen Schriften, weil ich will, dass der Leser sich mit dem, was ich sage, Mühe geben soll, d. h. derjenige Leser, der die erforderliche Uebung und Durchbildung besitzt, und der die Wissenschaft liebt. Was Leute anderer Sorte betrifft, so kümmere ich mich nicht darum, ob sie mich verstehen oder nicht; das ist mir vollkommen gleichgültig [1].“

Mittelalterliches Arabisch lässt sich nicht immer strenge nach den Regeln des Mufaṣṣal behandeln, und grammatischer Rigorismus bringt hier einen Herausgeber leicht in die Gefahr, seinen Autor ein correcteres und besseres Arabisch schreiben zu lassen, als er in Wirklichkeit geschrieben. Die Deteriorirung und Entwickelung der Sprache offenbart sich übrigens weniger in Grammatik (wo sie am frühesten bei den Zahlwörtern einsetzt) und Lexikon als vielmehr im Stil. Autoren aus dem 3ten Jahrhundert der Flucht und aus dem 5ten bedienen sich derselben grammatischen Formen und desselben Sprachgutes, aber sie handhaben dasselbe verschieden, und darin besteht der stilistische Unterschied. Auf diesen Punkt gerichtete Untersuchungen gibt es in der Arabischen Philologie noch nicht. Es wäre ein verdienstliches Unternehmen einmal zwei mustergültige Prosaiker, einen aus dem 2. oder 3. und einen aus 4. oder 5. Jahrhundert der

1) Golius 133 S. 64 Z. 3 ff.:

فمضى على هذا ايضا مدّة الى ان رايت حكاية للامام الحكيم البيهقيّ تلميذه مكتوبة على حاشية بعض كتب الاستاذ ما هذه صورته   كان من عادة شيخنا الاستاذ الرئيس رحمه الله انّا آمر فى كتبه من مؤامرات الاعمال لم يجئ بامثال واذا جاء على الندور منه جاء بالطرق المنغلقة والالفاظ الفصيحة البعيدة من التفهّم وسالته عن ذلك فقال رحمه الله   سبب ذلك انّى اخلو تصانيفى عن المثالات ليجتهد الناظر فيها ما اودعته فيها من كان له دربة واجتهاد وهو محبّ للعلم ومن كان من الناس على غير هذه الصفة فلستُ ابالى به فهم ام لم يفهم فعندى سواء ۞

Festkalender der Sabier, musste ich alle drei Handschriften als vollgültige Zeugen nicht allein für die Consonanten, sondern auch für die Punctation betrachten. Wenn es auch nicht wahrscheinlich ist, dass die fast überall volle Punctation der Handschriften schon in dem Archetypon vorhanden gewesen ist, so lässt sich doch mit Sicherheit erkennen, dass wenigstens ein Theil derselben schon in dem Original vorhanden gewesen sein muss; es ist sogar nicht unmöglich, dass schon Albêrûnî selbst, um die Aussprache eines barbarischen Namens anzudeuten, einige adminicula lectionis hinzugefügt hat, wie solche gelegentlich bereits in den ältesten Handschriften vorkommen. Hätte ich also auf diesem Gebiete mich nur an das Consonantengerippe gehalten, so hätte ich mich der Gefahr ausgesetzt, Zeichen wegzulassen, die wirklich auf alter Tradition beruhen und immerhin gelegentlich dazu beitragen können, einen Fremdling unter der hieroglyphenartigen Maske Arabischer Consonantenzüge erkennen zu lassen.

Die Arabische Diction Albêrûnî's trägt ein doppeltes Gepräge: dasjenige seiner Heimath und Nationalität, und dasjenige seiner Zeit. Er schrieb Arabisch wie ein Fremder Eranischer Nationalität, dessen Umgangssprache das Persische war, und schrieb den mittelarabischen Stil des Zeitalters der Scholastik. Zu diesen Kennzeichen gesellt sich noch ein drittes, das seiner Individualität entspringt: eine ausserordentliche Kürze und Prägnanz des Ausdrucks. Sie entspringt bei Albêrûnî, nicht wie bei manchen Indischen Autoren, der Absicht, nur mittelst Commentar verstanden werden zu wollen, sondern dem von ihm wiederholt ausgesprochenen Grundsatz, dass er nicht populär schreiben will noch auch für Anfänger, sondern nur für solche, welche genügend vorbereitet sind und die von ihm ausgesprochenen Gedanken in selbstständiger Weise controliren und weiter bearbeiten können und wollen.

„Es war nicht die Gewohnheit unseres Meisters — so schreibt einer seiner Schüler —, wenn er in seinen Schriften verschiedene Methoden discutirte, Beispiele zu geben.“ Und wenn er einmal ein

selben copirt wurde; denn während in *RL* nur vier Partien in Unordnung sind, ist in *P* das ganze Werk in eine grosse Zahl von einzelnen Blättern und Lagen zertheilt, deren richtige Reihenfolge ohne Vergleichung von *R* und *L* sehr schwer zu ermitteln gewesen wäre.

Wir kommen also durch die Prüfung der Reihenfolge zu dem Resultat, dass *RL* aus demselben Original geflossen sind; was *P* betrifft, so *kann* es aus demselben Original copirt sein, welches aber damals anders geordnet gewesen sein muss als zu der Zeit, da *R* und *L* copirt wurden, oder aber *P* ist nicht direct aus demselben Original, sondern aus einer Copie desselben geflossen.

III.

Bei dieser Beschaffenheit des handschriftlichen Materials war die Aufgabe des Herausgebers leicht zu bestimmen:

1) Für den Arabischen Text inclus. Arabische Eigennamen ist das Consonantengerippe des Archetypon, wie es von den drei Handschriften übereinstimmend gegeben wird, die Grundlage; dagegen für die gesammte — diakritische und vocalische — Punctation meines Textes trage ich allein die Verantwortung.

Meine Aufgabe gegenüber der Consonanten-Ueberlieferung war dieselbe wie die der drei Schreiber, dieselbe, die man jeder unpunktirten Arabischen Handschrift gegenüber hat.

Man wird finden, dass ich nur selten in der Lage war, von dem überlieferten Consonanten-Text abweichen zu müssen, und in dem Fall sind meine Aenderungen in der Regel sehr geringfügig und mit der Eigenart der Consonantenzüge leicht zu ermitteln.

2) Für den nicht-arabischen Theil des Textes d. h. für alle fremden Eigennamen stellte sich die Aufgabe wesentlich anders. Für diese musste ich soweit als möglich aus anderweitigen Quellen eine sichere Lesung zu gewinnen suchen, z. B. für die Namen der christlichen Märtyrer und Heiligen aus den Griechischen Menaeen; wo aber dies nicht möglich war, wie z. B. für die Chorasmischen und Sogdischen Namen, für die Namen von Festen und Gottheiten in dem

verloren gingen. So erklärt es sich, dass die Tabellen der Könige von Südarabien und von Alḥîra, sowie der Chalifen an dieser Stelle ausgefallen sind.

3) Die zum Muhammedanischen Kalender gehörigen Tabellen S. ١٩٩, ٢٠٠ und S. ٢٠١ (bis Z. 17 Ende) sind in der Handschrift an eine ganz verkehrte Stelle gerathen. Sie stehen nämlich zwischen dem Festkalender der Sabier und dem der alten Araber (in *R* Bl. 138ab), nach meiner Ausgabe zwischen S. ٣٢٤ und ٣٢٥.

Dass die *emendirte Tabelle* الجدول المصحّح hier einzufügen ist, ergiebt sich aus dem ganzen Zusammenhang und speciell aus S. ١٩٨ Z. 15. Wenn man, wie ich gethan habe, diese Tabelle und den folgenden Text bis zu den Worten اذا دار دور الثمانية S. ٢٠١ Z. 17 (in *R* Bl. 138b Z. 7 v. u.) hier einfügt, so bilden die Worte مرارا عند تداول الزمان الى S. ٢٠١ Z. 8 (in *R* Bl. 77b) die richtige Fortsetzung, und aus den disjecta membra wird ein ganzes. Eine (vermuthlich nicht unbedeutende) Lücke bleibt leider immer noch übrig. Die Worte von وعلى bis بالمتحن S. ١٩٨ Z. 11 kann ich nur auffassen als den Anfang eines ausgefallenen, längeren Abschnittes.

4) In *RL* ist gegen das Ende die Reihenfolge der Texte und Tabellen folgende:

S. ٣٥١ Z. 1—23 (bis فلك)
S. ٣٤٧—٣٥١
S. ٣٥٣—٣٥٦
S. ٣٥١ Z. 23 (ولان) — ٣٥٢
S. ٣٣٣ Z. 7 (von للاستفادة an) bis zum Schluss.

Der Inhalt war hier der einzige Maassstab, nach dem ich die Blätter ordnen konnte.

Abgesehen von diesen vier Stellen, in denen mir nichts übrig blieb als nach meinem Ermessen den Zusammenhang herzustellen, bin ich überall der Anordnung von *RL* gefolgt, und habe keinen weiteren Grund sie anzuzweifeln. Die Unordnung in dem Original muss noch eine unendlich viel grössere gewesen sein, als *P* aus dem-

den Tabelle der Könige von Babel) unmittelbar an das Verzeichniss der Assyrischen Könige anzuschliessen ist.

Nach diesem Abschnitt S. ٨٧ folgen in *LR*:

die Ptolemäer S. ٩١ Z. 18 ff. S. ٩٢
die römischen Kaiser S. ٩٣, ٩٤
die späteren Kaiser von Diocletian an S. ٩٥, ٩٦
dieselben von Constantin an S. ٩٧, ٩٨

Dann folgt in *RL* (*R* Bl. 41ᵇ links) der Text und die Tabelle auf S. ٨٨, ٨٩, beginnend mit den Worten: „Wir haben für die Leute von Babel auch noch das folgende gefunden u. s. w. (folgt die Liste der Chaldäer-Könige aus dem Canon des Ptolemaeus). Dies Textstück schliesst sich augenscheinlich an S. ٨٦ (die Tabelle der Könige von Babel) an, vgl. S. ٨٨, ٨٩ meiner Ausgabe.

Hiernach folgt nun erst das Verzeichniss der Aegypter-Könige S. ٩٠, ٩١, und jetzt ist vollkommen am Platz die Notiz S. ٩١, 17:

„Von da an datirte man nicht mehr nach diesen (den Aegypter-Königen) und nach den Chaldäern, sondern nach Alexander dem Griechen“, denn im folgenden wird mit Philippus, Alexander und den Ptolemaeern fortgefahren.

Die richtige Reihenfolge ist danach folgende: Assyrer-Könige, Arbaces und Könige von Babel, Chaldäer-Könige, Aegypter-Könige, Ptolemäer, Römische Kaiser, Byzantinische Kaiser.

2) Die Tabellen der Eranischen Könige, besonders der Arsaciden und Sasaniden, sind in einem krausen Wirrwarr überliefert. Die Reihenfolge in *RL* ist folgende:

Nach den Tabellen der Pêshdadier und Kayanier (d. i. nach S. ١١١) folgen die Sasaniden-Tabellen S. ١٢٥ — ١٢٨, S. ١٢٩ — ١٣١; dann Arsaciden- und Sasaniden-Tabellen bunt durcheinander S. ١١٤ von Z. 4 — ١١٥, S. ١١٦ Z. 1 — 4, S. ١١٢, ١١٣, ١١٤ Z. 1 — 3, ١١٨ Z. 12 (von فلنترك an), ١١٩, ١٢٠, ١٢١, ١٢٢, ١٢٣, ١٢٤, ١٢٦ (von Z. 5 an), ١١٧, ١١٨ Z. 1 — 12 (bis المعيار), ١٣٢, ١٣٣ u. s. w.

An dieser Stelle muss wohl die Urhandschrift stark in Unordnung gewesen sein; ein Kurrâs (oder mehrere) muss sich in lose Blätter aufgelöst haben, die dann in Unordnung geriethen und zum Theil

II.

In der Pariser Handschrift, obwohl sie die vollständigste von allen ist, herrscht (oder herrschte, als ich sie collationirte) eine schwer zu beschreibende Unordnung. Es verlohnt sich nicht der Mühe, die Ursache derselben näher zu untersuchen; ich habe die durch den Inhalt gebotene Reihenfolge mir notirt, wäre aber gegenwärtig, ohne die Handschrift vor mir zu haben, nicht in der Lage zu entscheiden, was der Schreiber und was der Buchbinder verbrochen hat; das aber könnte ich beweisen, dass der Schreiber das seinige zu der Unordnung beigetragen hat.

R und *L* geben den Text in derselben Ordnung, und ich habe kein Bedenken, diese Ordnung für diejenige des Originals zu erklären; aber auch diese war nicht mehr ganz richtig; bereits im Original müssen die losen Blätter und Blattstücke unter einander gerathen sein.

In folgenden vier Fällen habe ich mich genöthigt gesehen, von der in *L* und *R* gegebenen Reihenfolge abzuweichen:

1) In *RL* folgt auf das Verzeichniss der Assyrer-Könige S. ٨٦ und ٨٧, unmittelbar dasjenige der Aegypter-Könige auf S. ٩ und ١٠. Am Schluss des letzteren steht die folgende Notiz:

„Von da an datirte man nicht mehr nach diesen (den Aegypterkönigen) und nach den Chaldaeern, sondern nach Alexander dem Griechen.“ Es muss hier auffallen, dass die Chaldäer im vorhergehenden noch gar nicht genannt sind.

Nach dem Verzeichniss der Aegypter-Könige folgt S. ٨٧, beginnend mit den Worten: „Westliche Autoren berichten von diesem letzten König, dass zu seiner Zeit Jonas nach Ninive gesandt wurde, und dass ein Mann mit Namen *Artâk* sich gegen ihn empörte.“ Solange ich mit den Handschriften *Artâk* las, war mir der Zusammenhang verfinstert; nachdem aber *Artâk* sich zu *Arbâk* d. h. Arbaces entpuppt hatte, war sofort klar, dass sich diese Notiz nicht auf den letzten Aegypter, Nectanebus, sondern auf den letzten Assyrer, Thonos Konkoleros bezieht, und dass dies Textstück (sammt der folgen-

aber es handelt sich nicht um die *Zeit der Jahreszeit*, sondern um die *Zeit des Schröpfens*. Das Original hatte gewiss

الفصد,

denn so ist zu lesen.

S. ٢٥٥, Z. 6. c. Alle Handschriften lesen

قعادت

Sollte nicht der Schreiber des Originals eine kleine Metathese begangen und

دعادت

für دعمات

geschrieben haben? — Mit دَفَقات ist alles in der Ordnung. Es ist die Rede von dem wiederholten, dem Gliederzucken ähnlichen Aufflackern einer dem Verlöschen nahen Lampe.

S. ٣٣٢, Z. 15. Alle Handschriften schreiben والبروج und leider habe ich diesen Fehler zu spät erkannt. Vielleicht hatte das Archetypon

والبورج

d. h. والبوارج

denn so ist ohne Zweifel zu lesen. *Bârih* ist der Gegensatz von *Nau'*; Bârih ist die Wirkung des Aufganges einer Mondstation, Nau' die Wirkung des Unterganges derselben.

Das Verzeichniss dieser und ähnlicher Stellen liesse sich sehr ausdehnen, aber es ist überflüssig weitere Beispiele zu geben. Wer ihrer bedarf, findet sie ohne Mühe in meiner Varietas Lectionis unter dem Text.

Aus dem bisher angeführten ergibt sich zur Evidenz, dass alle drei Schreiber denselben Text mit denselben Fehlern und Lücken copirten. Dieser Urtext war im allgemeinen nicht schlecht, aber keineswegs frei von den gewöhnlichen Schreiberfehlern; weil er nur von einer sehr geringen und sporadischen Punctation begleitet war, war das Verständniss desselben nicht immer leicht. Die Schreiber sind in der Deutung der vieldeutigen Schrift oft fehl gegangen, und fügten noch weitere Irrthümer hinzu, indem sie die ältere Schreib- und Punctationsweise nicht immer richtig wiedergaben.

dies Unding leider auch nicht bei der ersten Begegnung gleich erkannt, aber schliesslich fand sich die Lösung des Räthsels.

Im Archetypon stand

اورسسا

d. i. اورنيثيا = *ὀρνιθίαι Vögelwinde*. Den sachlichen Beweis für diese Lesung geben die Parapegmata von Ptolemaeus und Geminus.

S. ٣٣٧, 13. Alle Handschriften lesen

الذا قرن الدبران البخ

Dieser fehlerhafte Text ist wohl schon im Original vorhanden gewesen. Das Metrum erfordert اذاما, wie Z. 6. 10. 20.

S. ٣٤٠, 9. Alle Handschriften geben die Consonantengruppe

احملب

Diese Züge, die wohl so schon im Original standen, lassen keine dem Sinne entsprechende Deutung zu. Es ist zu schreiben

احعلب

d. h. أجْفَلَتْ, und alles ist in Ordnung.

S. ٣٦٨, a. Alle Handschriften lesen

المنشاة.

Das Original hatte المسّاة

d. h. المَنْسَأة, aber die Schreiber lasen das nach älterer Weise als Sîn charakterisirte Zeichen fehlerhaft, aber nach neuerer Schreibweise als Shîn (und zwar in einem ganz gewöhnlichen, ihnen wohl bekannten Worte).

S. ٣٩٠, 1. Alle Handschriften lesen

برکمونس.

und es ist nicht unmöglich, dass schon so das Original las. Es ist ein alter Schreibfehler, zu verbessern in

برکمومنس

d. i. *παρακοιμώμενος*.

S. ٤٠٣, d Z. 22. Alle Handschriften lesen

الفصل

Schrift von der neueren in der Bezeichnung gewisser Consonanten, derjenigen, welche die ältere mit gewissen diakritischen Zeichen versah, während die neuere sie ohne jedes Zeichen der Art schreibt, und derjenigen, welche umgekehrt die ältere Schrift ohne jedes Zeichen schreibt, während sie in der neueren Schrift mit diakritischen Zeichen versehen werden. Dieser Umstand ist von besonderer Wichtigkeit für die Ueberlieferung von Eigennamen in Arabischen Handschriften, und muss in einer noch zu schreibenden Arabischen Paläographie eingehende Würdigung finden.

Folgendes diene zur Erläuterung des zuletzt besagten:

S. ١٦٠, a. Alle Handschriften geben das sinnlose فلعلبة. Im Archetypon stand

فلعلبه d. h. فلغلبة

„Wegen des Vorwiegens der *Vollständigen* (ש) Monate über die *Unvollständigen* (ח) im neunzehnjährigen Cyclus, denn er hat 125 *vollständige* Monate und nur 110 *unvollständige*" u. s. w.

S. ٢٣٠, 9. Alle Handschriften haben ان شاء الله فى الاجل. Vollkommen sinnlos! Leider habe ich den Fehler an dieser Stelle übersehen und erst an der zweiten Stelle, wo er nochmals vorkommt (S. ٢٩٥, 7), erkannt. Das Original hatte, vielleicht etwas undeutlich geschrieben:

ان نسّا الله فى الاحل

d. i. ان نَسّا الله فى الاجل

„Wenn mich Gott so lange leben lässt."

S. ٢٨٩ a b. Alle Handschriften haben فشيطا und يشيطا. Vergebens sucht man herauszufinden, wie der niedrigste Grad des Syrischen Clerus ܦܫܝܛܐ d. h. *einfältig* heissen konnte.

Das Original hatte

فسلطا oder بسلطا

d. h. فسلطا oder پسلطا, und so ist zu lesen, denn es ist das Griechische Wort ψάλτης.

S. ٢٥٧, 16. 23 (und später mehrfach) schreiben die Handschriften اوريسا, was der Griechische Name eines Windes sein muss. Ich habe

schriften genau überein. Die geringen Differenzen, welche vorhanden sind, sind neue, von den Schreibern erst in den Text hineingetragene, an dem Text verbrochene Fehler. Als weitere kleinere Lücken mitten im Context mögen zur Bestätigung des eben gesagten die folgenden dienen: S. ١٨٣, i — ١٨٤, cd — ١٩٨, c — ٢٣١, l — ٢٣٨, a — ٢٧١, g — ٣٠٣, a — ٣٣١, ag.

Nächst den gemeinsamen Lücken kommen nun die gemeinsamen Fehler in Betracht. Wenn im Archetypon ein Wort falsch geschrieben war, so wurde der Fehler von allen drei Schreibern getreulich copirt. Auch daraus sind vielfach Fehler entstanden, dass die Schrift des Originals nicht überall ganz deutlich, oder dass ein Wort ohne irgendwelche diakritische Punkte geschrieben war, und dass dann die Schreiber in ihren Deutungsversuchen auf falsche Fährte geriethen.

Ein wesentliches Moment für die Ueberlieferung Arabischer Texte ist die Verschiedenheit[1]) der älteren Naskhî-Schrift von der jüngeren, die Uebertragung der Texte aus der älteren in die jüngere. In der ersten Periode (etwa bis A. H. 600) macht die Arabische Punctationsweise ihre ersten Gehversuche; sie ist noch unbeholfen und schwankend. Nach jener Zeit wurde sie in zweckentsprechender und constanterer Weise bis zu dem Niveau, das sich in unseren Drucken findet, ausgebildet.

Oftmals ist es nun vorgekommen, dass Schreiber der zweiten Periode, wenn sie Werke aus der ersten zu copiren hatten, die älteren Zeichen nicht mehr ganz genau kannten oder in ihrer Wiedergabe unaufmerksam zu Werke gingen. Sie lasen z. B. ein س mit einem kleinen verkürzten س darüber, eine Bezeichnung des Sîn, nach neuerer Weise als ش Shîn, oder sie verkannten ein im Zusammenhang nach älterer Weise ohne Alif geschriebenes langes â. Besonders unheilvoll wirkte die radicale Verschiedenheit der älteren

1) Ich denke hier weniger an die Verschiedenheit der Consonantenzüge als an diejenige der diakritischen Punkte und anderweitigen Lesezeichen.

Synodischer Monat der Juden	29 d 12 h 44′ 3″ 20‴
Synodischer Monat der Arabischen Astronomen	29 d 12 h 44′ 2″ 17‴ 21^{IV} 12^{V}
Differenz	1″ 2‴ 38^{IV} 48^{V}

Der ursprüngliche Text muss demnach gelautet haben:

„Zu diesen Differenzpunkten gehört es, dass der synodische Monat der Juden gleich ist

I. 29 d 12 h 793 ḥ

oder

II. 29 d 12 h 44′ 3″ 20‴

[während er nach der Beobachtung der neueren Astronomen beträgt

III. 29 d 12 h 44′ 2″ 17‴ 21^{IV}] 12^{V}.

Die Differenz zwischen beiden beträgt:

1″ 2‴ 38^{IV} 48^{V}."

Es lässt sich auch noch erkennen, dass es ein Homoioteleuton zweier auf einander folgender Zeilen war, welches die Auslassung dieser Zeile veranlasste.

Die eine Zeile endete mit den Worten:

und *zwanzig* Terzen (in Zahl II),

die folgende mit den Worten:

und *zwanzig* Quarten (in Zahl III im Ausdruck einund*zwanzig* Quarten).

Nicht immer lassen sich Lücken mit solcher mathematischer Gewissheit nachweisen und ausfüllen. Dennoch glaube ich eine ganze Reihe von Lücken nachgewiesen zu haben, deren Annahme kaum einem Zweifel begegnen wird, welche — wie die eben besprochene — beweisen, dass alle drei Handschriften einen bis in die letzten Kleinigheiten übereinstimmenden Urtext überliefern. Besonders gefährlich war für den Text die Nachbarschaft von Tabellen; unmittelbar *vor* und *nach* Tabellen wurde er am leichtesten verstümmelt. Aber auch im Inneren des Textes, fern von solchen Klippen, wo keine anderen als die gewöhnlichen Schreiberversehen vorkommen, stimmen die Hand-

in derselben Verstümmelung geben, wäre es dennoch möglich, dass eine Handschrift einen wesentlich verschiedenen, besseren Text darböte als die anderen. Aber auch dies ist nicht der Fall, denn sie stimmen bis auf die Auslassung einzelner Wörter und Zeilen genau mit einander überein. Die folgenden Beispiele werden dies erhärten:

S. ١٥, 19 ff. Der Verfasser vergleicht die astronomischen Elemente der Jüdischen Chronologie mit den Resultaten der Beobachtungen Arabischer Astronomen, und bemerkt zunächst eine Differenz zwischen dem synodischen Monat der Juden und demjenigen der Astronomen.

„Zu diesen Differenzpunkten — spricht er — gehört es, dass der synodische Monat der Juden gleich ist

I. 29 d 12 h 793 Ḥalâḳîm

oder

II. 29 d 12 h 44′ 3″ 20‴ 12^{V}.

Die Differenz zwischen beiden beträgt:

III. 1″ 2‴ 38^{IV} 48^{V}."

Hier ist also eine Differenz zwischen zwei Zahlen angegeben, aber zwischen welchen zwei Zahlen? Im vorhergehenden ist nur *eine* Zahl genannt; die zweite muss also ausgefallen sein. Aber wo ist die Lücke? —

Es muss zunächst auffallen, dass in Zahl II die Quarten fehlen, und wenn man die Umrechnung der Zahl I in die Zahl II (d. h. in das Sexagesimal-System) controlirt, so findet man

29 d 12 h 793 ḥ = 29 d 12 h 44′ 3″ 20‴.

Die 12 Quinten gehören also nicht mehr zur Zahl II, und damit ist bewiesen, dass die Lücke zwischen Z. 20 und 21 in Zahl II zwischen den 20 Terzen und den 12 Quinten anzusetzen ist.

Nachdem ich nun aus anderen Stellen die von Albêrûnî angenommene Länge des synodischen Monats der Astronomen ermittelt hatte, ergab sich — mit Hülfe der im Text vorhandenen Differenz — sehr bald, was hier ausgefallen sein muss.

Die Rechnung ist folgende:

ner Rechnungen anzugeben, während er die Erkennung der Methode, die ihn dazu geführt, dem Scharfsinn des Lesers überlässt), so wird man immer finden, dass er mit einer Gewissenhaftigkeit und Akribie, die nichts zu wünschen übrig lässt, vorgegangen ist.

Im folgenden soll nun ausgeführt werden

I. Dass alle drei Handschriften dieselben Lücken und Fehler haben.

II. Dass alle drei Handschriften in Unordnung sind und dass auch schon das Archetypon in Unordnung war.

Zum Schluss werde ich

III. Die Grundsätze darlegen, nach denen ich den Text constituirt habe.

I.

Während in Einzelheiten die drei Handschriften sich gelegentlich ergänzen, indem eine derselben ein Wort oder einen Satz enthält, der in einer oder beiden anderen fehlt, sind sämmtliche grosse, offenkundige Lücken, die zum Theil schon von den Schreibern bemerkt wurden, allen Handschriften gemeinsam.

Nach S. ١٣١ d. h. nach den Tabellen der Sasaniden fehlen die Tabellen der Tubbaʿs von Südarabien und der Lakhmidischen Fürsten von Alḥîra, welche Albêrûnî selbst vorher auf S. ٢٥, 4. 5 angekündigt hatte.

Danach folgte ursprünglich ein Verzeichniss der Chalifen bis zur Zeit des Verfassers[1]), das aber in allen Handschriften fehlt. An dies Verzeichniss schloss sich folgerichtig S. ١٣٢ die Bemerkung über die Regierungsdauer der einzelnen Chalifen an.

Grosse Lücken ähnlicher Art, die keines Commentars bedürfen, finden sich an folgenden Stellen: ١٦٤, g — ٢٠٩, c — ٢٠٩, c — ٢١٤, d — ٣٠٨, 1 — ٣٣١, 16 — ٣٣٢, 22 — ٣٤٣, c — ٣٤٥, e.

Während diese Lücken, deren Verzeichniss sich noch vermehren liesse, zur Genüge darthun, dass alle drei Handschriften das Werk

1) Ein solches Verzeichniss findet sich im Canon Masudicus.

bröckelt waren und daher mehrere derselben sich in einzelne Blätter auflösten, die dann ebenfalls in Unordnung geriethen; schliesslich dass auch einzelne Blätter zum Theil durchgebrochen und nur noch in einzelnen Stücken vorhanden waren, was sich bei der Natur des älteren entweder sehr spröden, bröcklichen oder sehr faserigen Papiers sehr wohl erklärt. Die Folge dieses Zerstörungsprocesses war eine doppelte:

1) Dass wir das Werk nicht mehr ganz besitzen, dass der Text, wie er uns vorliegt, von Anfang bis zu Ende Lücken, höchst beklagenswerthe Lücken aufweist. Einzelne Blätter und ganze Lagen sind verloren gegangen.

2) Dass in dem Archetypon eine Verwirrung in der Reihenfolge der Blätter eingerissen war, die sich in dem Zustande meiner Handschriften wiederspiegelt. Während *R* und *L* im grossen und ganzen dieselbe Reihenfolge darbieten, befindet sich *P* im Zustande der vollkommensten Unordnung. Ausserdem war *P* — wenigstens damals, als ich sie benutzte — auch noch falsch gebunden. Selbst da, wo alle drei Handschriften übereinstimmen, ist diese Ordnung nicht immer richtig.

Es ist mir zuweilen zweifelhaft vorgekommen, ob Albêrûnî die letzte Feile an sein Werk gelegt hat[1]. Hierüber lässt sich streiten. Doch möchte ich mit Bestimmtheit annehmen, dass einige Tabellen vielleicht nicht von ihm selbst, sondern von seinen Schülern ausgearbeitet und hinzugefügt wurden, denn es kommen unverkennbare Rechenfehler vor, die man einem Mathematiker und Astronomen wie Albêrûnî unmöglich zur Last legen kann. Wenn man seine Zahlenangaben nachrechnet, die oft das Ergebniss langwieriger Rechnungen sind (und er hat die leidige Gewohnheit, meist nur die Resultate sei-

1) Eigenthümlich klingt es, wenn Albêrûnî in seinem Fihrist (S. XXXXVI) sagt, dass er damit beschäftigt sei, A. H. 427, eine Reinschrift von der Chronologie zu machen.

gabe vorliegt, sämmtliche Tabellen und Figuren und ausserdem noch Bilder, die freilich vollkommen werthlos sind. Nicht allein sind die diakritischen Punkte vollständig gesetzt, sondern der Text ist von Anfang bis zu Ende mit einer wahren Fluth von Vocalen und Lesezeichen aller Art überschüttet, die leider nicht immer so correct wie zahlreich sind.

Die Handschrift ist nicht datirt; da sie aber in ihrem ganzen Habitus eine unverkennbare Aehnlichkeit mit *L* (datirt A. H. 1079) aufweist, so vermuthe ich, dass sie ziemlich um dieselbe Zeit d. h. etwa in der zweiten Hälfte des 17. Jahrhunderts geschrieben sein dürfte, womit alle äusseren paläographischen Merkmale übereinstimmen.

Also *eine* Handschrift aus diesem Jahrhundert und zwei aus dem 17ten waren das ganze Material, das ich benutzen konnte. Für die Zeit zwischen der ältesten Handschrift und der Abfassung d. h. für die Ueberlieferung des Werkes während eines Zeitraumes von 6—700 Jahren stand mir keinerlei Zeugniss zu Gebot.

Die Frage nach dem Verhältniss der drei Handschriften zu einander löste sich bald in einer sehr einfachen, aber für meine Zwecke wenig erfreulichen Weise.

Alle drei Handschriften enthalten genau denselben Text mit denselben Fehlern und Lücken; sie stammen aus einer und derselben Quelle und können sogar direct aus derselben Handschrift (derjenigen der Shâh-Moschee in Teheran?) *abgeschrieben sein.*

Ueber dies Archetypon lässt sich folgendes aussagen:

1. Die Handschrift scheint nach Art aller Handschriften der älteren Zeit wenige oder gar keine diakritischen Zeichen, noch auch Vocale gehabt zu haben. Sie enthielt nur das Consonantengerippe.

2. Sie enthielt das Werk schon nicht mehr vollständig. Ich nehme an, dass die ungebunden neben einander liegenden Lagen (كراريس) in Unordnung d. h. in eine falsche Reihenfolge gerathen sind, dass zum Theil die Rückseiten der Kurrâs abgerieben und abge-

Der Schreiber copirte in Teheran eine alte, der dortigen Shâh-Moschee angehörige Handschrift, wie Sir H. Rawlinson auf einem der letzten Blätter bemerkt: The Ms. was copied for me at Teheran from a fine and ancient exemplar. Teheran. June 20th. 1838.

H. Rawlinson.

Diese Handschrift ist mit diakritischen Punkten versehen, aber durchweg ohne Vocale. Sie enthält keine Bilder, aber fast sämmtliche Tabellen und Figuren. An vielen Stellen sind leere Felder gelassen, zum Theil von rothen Linien begrenzt, welche wohl ursprünglich zur Aufnahme von Bildern (die demnach in der Teheraner Handschrift vorhanden zu sein scheinen) bestimmt waren.

Bl. 156. 157 gehören nicht mehr zur Chronologie. Sie enthalten eine Tabelle — sammt Gebrauchsanweisung — zur Bestimmung der hauptsächlichsten Feste der Christen und des Jüdischen Ostern von Abû-al'abbâs Alfaḍl b. Khâtim Alnairîzî. Dieser Anhang ist aus der Teheraner Copie herübergenommen, denn am Ende desselben bemerkt der Schreiber:

هذا تمام ما وجد فى آخر الكتاب والحمد لله الخ

In Folge der gleich zu erwähnenden Unordnung ist der Anfang des Schlusssatzes (S. ٣٣٣, 1—7 لاتفيده inclus.) in dieser Handschrift ausgefallen.

Das Brittische Museum hat noch eine dritte Handschrift der Chronologie (*T*), Add. 23,274 (Taylor Collection), welche nach einer Mittheilung von Sir Henry Rawlinson aus *R* copirt ist. Die Copie wurde vollendet in Baghdâd A. H. 1255 den 19. Muḥarram (A. D. 1839 d. 4. April). Ich habe diese Handschrift als für meine Zwecke entbehrlich nicht berücksichtigt.

III. *P*, Handschrift der Bibliothèque Nationale in Paris, Supplément Arabe nr. 713, 171 Blätter. Dies Exemplar ist das vollständigste von allen; es enthält den ganzen Text, wie er in meiner Aus-

II. Ueber die Handschriften.

Albêrûnî's Werk scheint im Orient nicht sehr häufig copirt worden zu sein[1]; soweit mir bekannt, finden sich in allen Bibliotheken Europa's nicht mehr als vier Exemplare, deren Zahl sich bei näherer Betrachtung auf drei reducirt. Diese drei Handschriften sind die Quelle meiner Ausgabe. Während vom Canon Masudicus wenigstens drei vortreffliche, alte Handschriften, die fast bis auf die Zeit des Verfassers zurückgehen, existiren, sind alle Exemplare der Chronologie neuen und neuesten Datums.

I. *L*. Handschrift des Brittischen Museum's, Add. 7491 (Rich Collection) 146 Blätter, ist sorgfältig geschrieben, und vollständig punktirt und vocalisirt; sie hat keine Bilder und ermangelt fast sämmtlicher Tabellen. Der Schreiber hat die Copie augenscheinlich nicht ganz fertig gemacht; in dem ersten Drittel (Bl. 1—62) hat er wenigstens die Zeichnungen und Linien für die Tabellen gezogen und die Zahlenreihen (nicht die ganzen Tabellen) ziemlich vollständig copirt. Dagegen von Bl. 62 an ist überall der für die Tabellen bestimmte Raum leer gelassen.

Die Handschrift ist durchweg collationirt; die Berichtigungen sind am Rande mit ص d. h. صحّ notirt. Copist und Collationator sind dieselbe Person.

Der Schreiber war ein Perser, wie sich aus gelegentlichen Persischen Marginalien (über Lücken im Original) ergibt.

Die Handschrift dürfte in Baghdâd oder im mittleren Persien geschrieben sein. Sie ist datirt von A. H. 1079 (A. D. 1668/9).

II. *R*, Privatbesitz von Sir Henry Rawlinson (jetzt Eigenthum des Brittischen Museum's), 157 Blätter. Nach folgendem Colophon auf Bl. 157ᵃ ist diese Copie A. H. 1254 Ende des Monats Safar (A. D. 1838 Mai) vollendet: قد فرغ من تسويده فى يوم الجمعة سلخ شهر صفر المظفّر بيد اقلّ العباد الفقير العاصى يعقوب بن اسمعيل تفرشى سنة ١٢٥٤

1) Almakrîzî, Jâkût, Alkazwînî und Bar-Hebraeus besassen Exemplare des Werkes.

Alshahrazûrî

aus Ms. Or. Octav. 217 Bl. 170a.

ابو ريحان محمّد بن احمد البيرونيّ وبيرون مدينة بالسند وكان من اجلّاء المهندسين وقد سافر في طلب العلم في بلاد الهند اربعين سنة وصنّف كتبا كثيرة وله مناظرات مع ابى عليّ ولم يكن الخوضُ في بحار المعقولات من شأنه (170b) وكلٌّ ميسّر لما خُلِقَ له وزادت تصانيفه على حمل بعير وكان موفّقا في هذا الشغل المشكور وبيرون هي التى منشأه ومولده بلدة طيّبة فيها غرائب وعجائب ولا غروَ فانّ الدرّ ساكنُ الصدفِ ومن كلامه سهولة الشيء وصعوبته قلّما تتعلّق وانّما تُضافان اليه بحسب اختلاف الاحوال فيتسهّلُ لها من جهة ويتعذّر من اخرى قال مدارسةُ اخلاق الحكماء والعلماء تحيى السُنّةَ وتميتُ البدعةَ السُنَنُ الصالحة علاماتُ الخيرِ والحقّ لكلّ يومٍ امرٌ حاضرٌ ولكلّ غدٍ ما فيه يحدثُ ❀ وبلغنى انّه لمّا صنّف القانونَ المسعوديّ اجازه السلطانُ الشهيد بحملِ فيلٍ من النُقرة فردّه الى الخزانة فقد راى الاستغناء عنه ورفض العادةَ في الاستغناء وكان مع الفسحة في التعمير وخلا بالحال في عامّة الامور مُكبًّا على تحصيل العلوم مُنصَبًّا الى تصنيف الكتب يفتحُ ابوابها ويحيطُ شواكلها واقرابها ولا يكادُ يفارقُ يدَه القلمَ وعينَه النظرَ وقلبه الفكرَ الّا في يومى النيروز والمهرجان من السنة لاعدادِ ما تمسُّ الحاجةُ اليه في المعاش من بلغةِ الطعام وعلقةِ الرياش ❀

Albaihaki

aus Peterm. II, 737 Bl. 38ª und Golius 133, S. 77 Rand.

الحكيم ابو ريحان محمّد بن احمد البيروني

ابو ريحان البيرونيّ من أجلّاء المهندسين وقد سافر في بلاد الهند اربعين سنة وصنّف كتبا كثيرة رايتُ اكثرَها بخطّه والقانون المسعوديّ الذي صنّفه في عهد السلطان شهاب الدولة مسعود بن محمود غرّةٌ في وجوه تصانيفه (38ᵇ) وله مناظرات مع ابي عليّ ولم يكن الخوضُ في بحار المعقولات من شأنه وكلٌّ ميسّر لما خُلِقَ له وزادت تصانيفه على حِمْلِ بعير وكان موفّقا في هذا الشغل المشكور وبيرون التي هي منشأه ومولده بلدة طيّبة فيها غرائب وعجائب ولا غروَ فانّ الدرّ ساكنُ الصدف ✿ قال في تحقيق امرِ منازل القمر سهولةُ الشيء وصعوبته قلّما تُطلَقُ وانّما تُضافان اليه بحَسَبِ اختلاف الاحوال فيَتَسهّلُ لها من جهة ويتَعَسَّرُ من اخرى وقال جُلُّ خَطَرِ الملوك عن المجازاة بالانتقام وليس للملك أنْ يَحْسُدَ الّا على حُسْنِ التدبير والسياسة الملك اقلُّ الناس خوفا من الفقر واكثر الناس خَطَرًا وقُرْبا الى الهلاك فليس له ان يَبْخَلَ ويَجْبُنَ فانّ ما قلّ عنده لا يكثر وما (39ª) كثر لا يَنْعَدِمُ المَنُّ يُبْطِلُ احْسانَ المُحْسِن العاقل من استغنى بتدبير اليوم عن تدبير الغد لا تَحْقِرِ الامرَ الصغير فللامر الصغير موضعٌ يُنتفع به وللامرِ الكبير موقع لا يُستغنى عنه ما اجتمعت عليه الأُلفة والعادة واصْطَلَحَتْ عليه العامّة فلا تُخالِفْها من اكتفى له التأديبَ بالكلام لا يُؤدَّبُ بالسَّوْط والسيف مُدارسة أخلاق الحكماء والعلماء تُحْيِي السُّنّةَ الحسنةَ وتُميتُ البِدْعةَ السُّنَنُ الصالحةُ علاماتُ الخيرِ والحقُّ لكلّ يوم امرٌ حاضر ولكلّ غدٍ ما فيه يَحْدُثُ ✿

الحكم ومحلس اللم, und setzte es fort bis an seine Zeit. Es ist eine Sammlung von Sprüchen Griechischer Philosophen und Mediciner mit gelegentlichen biographischen Notizen, welche von Alshahrazûrî durch Anfügung eines zweiten Theiles, enthaltend Sprüche von Muslimischen Gelehrten, erweitert wurde.

Auf dem ersten Blatt der Berliner Handschrift (Mss. Or. Oct. 217) ist das Werk betitelt: كتاب نزهة الارواح وروضة الافراح فى تواريخ الحكماء المتقدّمين والمتاخّرين من مولّفات محمّد بن محمود شهرزورى

Denselben Titel gibt Ḥ. Kh. VI, 321.

Ueber das Leben Alshahrazûrî's ist mir nichts bekannt; es lässt sich aber nachweisen, dass er sein Werk zwischen den Jahren A. H. 586 und 611 geschrieben haben muss.

Die letzte, späteste Biographie, die sein Werk enthält, ist diejenige des Abû-alfutûḥ Jaḥjâ Alsuhrawardî. Als Datum seines Todes wird das Ende des Jahres A. H. 586 (Bl. 192ᵇ) angegeben. Der Verfasser muss also nach diesem Jahr geschrieben haben.

Dass er andererseits vor A. H. 611 geschrieben hat, ergiebt sich aus der Thatsache, dass die Leydener Handschrift seines Werkes bereits von A. H. 611 datirt ist (s. Catalogus etc. III, 345).

Albaihaḳî und Alshahrazûrî geben zum grossen Theil denselben Text; sie haben also entweder von einander abgeschrieben oder beide dieselbe Quelle benutzt. Im allgemeinen bin ich geneigt Albaihaḳî den Vorzug zu geben, weil er älter sein und Albêrûnî räumlich näher gestanden haben dürfte, denn er lebte im Osten des Khalifats, in Khurâsân, während Alshahrazûrî wahrscheinlich in Mesopotamien oder Syrien lebte. Hieraus erklärt es sich wohl auch, dass Alshahrazûrî das Mährchen von der Abstammung Albêrûnî's aus Sind in die Welt setzen konnte.

Anweisung zum Gebrauch des Astrolabium's (vielleicht die Schrift des Fihrist, betitelt فى تسهيل التصحيح الاصطرلاق والعمل بمركباته الخ) .

Kgl. Bibliothek in Berlin, Peterm. 672 Bl. 1—43.

Als Anhang an den Fihrist mögen hier der Vollständigkeit halber noch zwei Notizen von Albaihaḳî und Alshahrazûrî Platz finden.

Albaihaḳî, mit vollem Namen Ẓahîr-aldîn Abû-alḥasan b. Abî-alḳâsim (nicht zu verwechseln mit seinem Landsmann[1], dem Historiker der Ghaznawiden, Abû-alfaḍl Muḥammad b. Alḥasan Albaihaḳî) schrieb eine Fortsetzung[2]) zu dem Werke, genannt صوان الحكمة, von Abû-Sulaimân Muḥammad b. Ṭâhir b. Bahrâm aus Sigistân. Dies Werk ist eine Sammlung von geistreichen Sprüchen bedeutender Gelehrter (fast nur solcher aus dem Osten des Chalifats) mit gelegentlichen, leider sehr spärlichen biographischen Notizen.

Wann Albaihaḳî gestorben, ist mir nicht bekannt. Er erwähnt aber in seinem Werke gelegentlich Ereignisse aus seinem Leben mit Angabe des Datums, und daraus ersehen wir, dass er A. H. 516 *bereits* und dass er 553 *noch* am Leben war (Bl. 65ª und Bl. 80ᵇ). Er hat also sein Werk in der zweiten Hälfte des 6. Jahrhunderts der Flucht geschrieben.

Sein Werk liegt mir vor in einer Handschrift der Kgl. Bibliothek in Berlin, Peterm. II, 737 und einer Handschrift der Leydener Universitäts-Bibliothek, Golius 133 (S. 73—79), die aber nur einen von Alghaḍanfar gemachten Auszug gibt. Die auf Albêrûnî bezügliche Notiz findet sich unverkürzt auf dem Rande von S. 77.

Alshahrazûrî, mit vollem Namen Shams-aldîn Muḥammad b. Maḥmûd, überlieferte in einer eigenen Bearbeitung ein um A. H. 445 geschriebenes Werk von Mubashshir ben Fâtik, betitelt[3]) كتاب مختار

1) Den er selbst auf Bl. 8ª seines Werkes erwähnt.

2) Titel كتاب تتمة صوان الحكمة

3) Die Quelle desselben ist ein Werk gleichen Inhalts von dem A. H. 260 verstorbenen Ḥonain b. Isḥâḳ.

Einige der von Ḥ. Kh. genannten Werke dürften sich bei näherer Untersuchung mit solchen, die im Fihrist angeführt sind, identificiren lassen; andere dürften mit Unrecht Albêrûnî beigelegt worden sein.

Einige dieser Werke sind in den Bibliotheken Europa's vorhanden.

Canon Masudicus - Bodleyana, Bodley 516 (datirt A. H. 475, Nicoll-Pusey S. 360).
Kgl. Bibliothek in Berlin, acc. ms. 10,311.
British Museum, Elliot Collection (datirt A. H. 570).

Kitâb-altafhîm - Bodleyana, Bodley 281 und Marsh. 572, Nicoll-Pusey S. 262 Kgl. Bibliothek in Berlin, Peterm. 67 (ohne Anfang). } Arabische Ausgabe.

British Museum, Add. 7697 und Add. 23,566. Privatbesitz von Mr. C. Schefer, Paris. } Persische Ausgabe.

Ueber das Astrolabium, Titel كتاب استيعاب الوجوه الممكنة فى صنعة الاصطرلاب
Kgl. Bibliothek in Berlin, Sprenger 1869; Theil des Werkes in Peterm. 672 Bl. 144b—179.
Bodleyana, Marsh. 701 Uri 225.

De superficiebus sphaericis, Titel كتاب الدرر فى سطح الاكر
Bodleyana, Seld. 3297, 85. Uri 227.

مقالة فى سير سهمى السعادة والغيب
Bodleyana, Seld. 3144, 11. Uri S. 191.

كتاب نزهة النفوس والافكار فى خواصّ المواليد الثلاثة المعادن والنبات والاحجار
Bodleyana, Marsh. 689. Uri 126.

كتاب الجماهر فى معرفة الجواهر
Escurial, Casiri I, S. 322.

ترى راجيك (s. فى راشيكات الهند)
India Office Library nr. 824 (Gaikwâr), Loth nr. 1043.

*****b

يو ورسالته فى سبب برد ايّام العجوز

يز ورسالته فى علّة التربيعة الّتى تستعمل فى احكام النجوم

يح ورسالته فى آداب صحبة الملوك

يط ورسالته فى قوانين الصناعة

ك ورسالته فى دستور الحذق

كا ورسالته فى الغزليّات الشمسيّة

كب ورسالته النرجسيّة ۞

وممّا عمله ابو علىّ الحسن بن علىّ الجيلى باسمى[a] الرسالة المعنونة بمن وعن ۞ وقد عرضت عليك ما معى من هذه الكتب لتُعلمنى موقع اشتهائك منها لاقرّبه منك وانزّهك به والسلام[b] ۞

تمّت الرسالة للاستاذ المعروفة بالفهرست

Bei Ḥâgi Khalîfa werden noch folgende, in diesem *Fihrist* nicht genannte Schriften unserem Verfasser beigelegt:

I, 258 ارشاد فى احكام النجوم

I, 272 كتاب الاستشهاد باختلاف الارصاد (citirt in der Chronologie).

I, 277 استيعاب فى تسطيح الكرة

II, 324 تعليل باحالة الوهم فى معانى النظم

II, 608 الجماهر فى الجواهر (sic)

III, 254 Commentar zu Abû-Tammâm

III, 567 زيج العلائى

III, 568 زيج المسعودى (Canon Masudicus?).

IV, 80 الشموس الشافية للنفوس (citirt in der Chronologie).

IV, 186 und V, 114 العجائب الطبيعيّة والغرائب الصناعيّة (citirt in der Chronologie).

V, 33 كتاب الاحجار

V, 62 كتاب تسطيح الكرة

V, 110 كتاب الصيدلة

V, 386 Auszug aus dem Almagest.

V, 435 مختار الاشعار والآثار

a Hds. من   b Hds. والتم

كط وكتحديد المعمورة وتصحيحها في الصورة

ل وكتعلل زيج جعفر المكنّى بأبي معشر فسائر المقالات وما انويه من ترجمة كتب الهند ولا يُعين عليها بعد عون الله والأمان عن مقسمات الفكر غيرُ انفسح المدّة وتأخّر الاجل وسلامة الحواسّ وصحّة البدن بحسب السنّ وجب عليك أنْ تعلم فيما عددته من كتبي ممّا عملته في حداثتي وازدادت المعرفة بفنّه بعد ذلك فلم أُطرِحْه ولم استرذله فانّها جميعا أبنائي والاكثر بابنه وبشعره مفتون ✿ وما عمله غيري باسمي فهو بمنزلة الربائب في الحجور والقلائد على النحور لا اميّز بينها وبين الابناء فممّا تولّاه باسمي ابو نصر منصور بن علىّ بن عراق مولى امير المؤمنين انار الله برهانه ا كتابه في السموت

ب وكتابه في علّة تنصيف التعديل عند اصحاب السندهند

ج وكتابه في تصحيح كتاب ابرهيم بن سنان في تصحيح اختلاف الكواكب العلويّة

د ورسالته في براهين اعمال حَبَش بجدول التقويم

ه ورسالته في تصحيح ما وقع لابي جعفر الخازن من السهو في زيج الصفائح

و ورسالته في مجازات دوائر السموت في الاصطرلاب

ز ورسالته في جدول الدقائق

ح ورسالته في براهين على عمل محمّد بن الصباح في امتحان الشمس

ط ورسالته في الدوائر التي تحدّ الساعات الزمانيّة

ى ورسالته في البرهان على عمل حبش في مطالع السمت في زيجه

يا ورسالته في معرفة القسيّ الفلكيّة بطريق غير طريق النسبة المؤلّفة

يب ورسالته في حلّ شبهة عرضت في الثالثة عشر من كتاب الاصول ✿

والذي تولّاه ابو سهل عيسى بن يحيى المسيحيّ باسمي كتابه في مبادئ الهندسة

ب وكتابه في رسوم الحركات في الاشياء ذوات الوضع

ج وكتابه في سكون الارض او حركتها

د وكتابه في التوسّط بين ارسطوطاليس وجالينوس في المحرّك الاوّل

ه ورسالته في دلالة اللفظ على المعنى

والذى ذكرته من تأويل رؤياى فتعلم انّ للانسان فى محنه ونكباته وانْ كان اعقل الناس واكيسهم لا يزال يتوقّع الفرجَ فيستروِحُ الى المبشّر وينقبض عمّا يكره ويتطيّر به ويتبشّر بالاحلام فيركنُ الى الفأل والاحكام وقد كنتُ ببشريّتى على هذا فى مثل تلك الاوقات أُطالب المنجّمين بالنظرِ فى العواقب من مولدى ويبتدئون باستخراج العمر على اختلاف شديد بينهم فيه لمن آخذ له ستّ عشرة سنة ومن آخذ له نيّفا واربعين سنة مكذِّبا لنفسه فقد كنت مجاوزا للخمسين وامّا غيرهم[a] فزادوا على الستّين زيادة نزرة لمّا شارفت لذلك الوقت اكتنفتنى أعلال مُهلكة اجتمع بعضها فى وقت واحد وترادفت بعضها فى وقت دون وقت حتّى رضّت العظامَ وهدّت البدنَ وأقعدتْ عن الحركة وافسدت الحواسّ ثمّ اخذتُ بالاجلاء بعد أنْ خارت القوى بالشيخوخة ورأيتُ ليلة تحويل السنة الحادية والستّين[b] فى المنام كأنّى مترصّدٌ للهلال أُطالبه فى مواضعه واتأمّله على مسافقته فيُعجِزنى رؤيته فقال لى قائلٌ خلّه فانك ابنه مائة وسبعين[c] مرّة وانتبهتُ بعقبه وحوّلتُ الاربع[d] عشرة سنة قمريّة مع شهرين[e] الى الشمسيّة فنقصتْ خمسة اشهر ونصف شهر وقرّبت الجملة سنى عطارد الكبرى الّذى ذكروا انّه المستولى على وقت الولادة ومع هذا فلم أفش فيما ذكرته فكان قد فنى ولم يبقَ منه غيرُ الجرّة والقصعة الّا لشىء واحد وهو اتمام ما على اليد من النواقص وتبييض المسوّد فى التعاليق

ا كالقانون المسعودى

ب وكالآثار الباقية من القرون الخالية

ج وكالارشاد الى ما يُدرَك ولا يُنال من الابعاد

د وكالتابة فى المكاييل والموازين وشرائط الطيار والشواهين

ه وكجمع الطرق السائرة فى معرفة اوتار الدائرة

و وكتصوّر امر الفجر والشفق فى جهتى الشرق والغرب من الافق

ز وكتكميل صناعة التسطيح

ح وكجلاء الأذهان فى زيج البتّانى

a Ms. واما عمر — *b* Nach Ghaḍanfar (Gol. 133 S. 52) war dies die Nacht des 7. Shawwâl A. H. 424. — *c* Rand تسعين خ — *d* Rand الخمس خ — *e* Rand عشرة اشهر خ

ه وحديث دالمه وكرامى دخت جهلى الوادى

و وحديث نيلوفر فى قصّة ديبستى وبربهاكر

ز وقافية الالف من الانام فى شعر ابى تمّام

ح ومقالة فى الاستحجار[a] فى قد الاحجار

ط وتحصيل الراحة بتصحيح المساحة

ى والتحذير من قبل الترك

يا والقرعة المصرّحة بالعواقب

يب والقرعة المثمّنة لاستنباط الضمائر المخمّنة وشرح مزامير القرعة المثمّنة

يج وترجمة كلب يازه وهو مقالة للهند فى الامراض التى تجرى مجرى العفونة

وامّا فيما اتّصل بالعقائد

فعملت كتابا فى تحقيق ما للهند من مقالة مقبولة فى العقل او مرذولة فى ٧٠٠[b] ورقة

ب ومقالة فى علّة علامات البروج فى الزيجات من حروف الجمّل فى ١٥ ورقة

ج وكلام فى المستقرّ والمستودع فى ١٠[c] اوراق

د ومقالة فى تاسديو الهند عند مجيئه الادنى

ه وترجمة كتاب شامل فى الموجودات المحسوسة والمعقولة

و وترجمة كتاب باتنجل فى الخلاص من الارتباك

ذا ما عملته وذهبت عنّى نسختُه او سواده فكثير مثل التنبيه على صناعة التمويه[d] وفى احكام النجوم

ب وتنوير المنهج[e] الى تحليل الازياج

ج والتطبيق الى تحقيق حركة الشمس

د والبرهان المنير فى اعمال التسيير

ه وكتاب تنقيح التواريخ وامثال ذلك

a Rand الاشتحار b Rand خ ٧٠٠ c Rand خ ١١٠٠ d H. Kh. II, 429.
e Rand ط المنهاج

د ومقالة فى استخراج الاوتار فى الدائرة بخواص الخطّ المنحنى فيها فى ٨٠ ورقة

ﻫ وتذكرة فى المساحة للمسافر المقوى فى ١٠ اوراق

و ومقالة فى نقل[a] خواصّ الشكل القطّاع الى ما يغنى عنه فى ٢٠ ورقة

ز ومقالة فى ان لوازم تجزّى المقادير لا الى نهاية قريبة من امر الخطّين اللذين يقتربان ولا يلتقيان فى الاستبعاد فى ١٠ اوراق

ح ومقالة فى صفة اسباب السُّخونة الموجودة فى العالم واختلاف فصول السنة فى ٤٥ ورقة

ط ومقالة فى البحث عن الطريقة المتعرّفة المذكورة فى كتاب الآثار العلويّة فى ٤٠ ورقة

ى المسائل البلخيّة فى المعنى المتعلّقة بانكسار الصناعة فى ٧٠ ورقة

يا الجوابات عن المسائل الواردة من منجّمى الهند فى ١٢٠[b]

يب والجوابات عن المسائل العشر القشميريّة ✿

وعملت فيما اتّصل باحكام النجوم

ا كتاب التفهيم لاوائل صناعة التنجيم[c]

ب ومقالة فى تقسيط القُوَى والدلالات بين اجزاء البيوت الاثنى عشر فى ١٥ ورقة

ج ومقالة فى حكاية طريق الهند فى استخراج العُمر

د ومقالة فى سَيْرِ سهمَي السعادة والغيب

ﻫ فى الارشاد الى تصحيح المبادئ اشتمل على النموذارات فى ٥٠ ورقة

و ومقالة فى تبيين راى بطلميوس فى السالخذاه فى ٧ اوراق

ز وترجمة كتاب المواليد الصغير لبراهمهر ✿

وامّا ما يجرى مجرى الاحماض من الهزل والسخف

فقد ترجمتُ قصّة وامق وعذرا

ب وحديث قسيم السرور وعين الحياة

ج وحديث اورمزديار ومهريار

د وحديث صنمى باميان

a نقل am Rande. b Am Rande خ ١٢٠٠ c H. Kh. II, 285.

وعملت فيما اتّصل بالآلات والعمل بها

آ كتابا فى استيعاب الوجوه الممكنة فى صنعة الاصطرلاب[a] فى ٨٠ ورقة

ب وفى تسهيل التسطيح الاصطرلابى والعمل بمرتباته من الشمالى والجنوبى فى ١٠ ورقة

ج وفى تسطيح الصور وتبطيخ الكور فى ١٠ ورقة

د وفيما أُخرِجَ ما فى قوّة الاصطرلاب الى الفعل فى ٣٠ ورقة

ه وفى استعمال الاصطرلاب الكرى ١٠ اوراق ❀

وعملت فيما اتّصل بالازمنة والاوقات

آ مقالة فى تعبير الميزان لتقدير الازمان فى ١٥ ورقة

ب فى تحصيل الآن من الزمان عند الهند فى ١٠٠ ورقة

ج وتذكرة فى الارشاد الى صوم النصارى والاعياد فى ٢٠ ورقة

د فى الاعتذار عمّا سبق لى فى تأريخ الاسكندر فى ١٠ اوراق

ه وفى تكميل حكايات عبد الملك الطبيب البستى فى مبدأ العالم وانتهائه فى قريب من ١٠٠ ورقة ❀

وعملت فى المذنّبات والذوائب

آ مقالة فى دلالة الآثار العلويّة على الأحداث السفليّة فى ٣٠ ورقة

ب فى ابطال ظنون فاسدة خطرت على قلوب بعض الاطبّاء فى امر الكواكب الحادثة فى الجوّ فى ٧٠ ورقة

ج ومقالة فى الكلام على الكواكب ذوات الاذناب والذوائب فى ٩٥ ورقة

د ومقالة فى مصيبات الجوّ الحادثة فى العلو

ه ومقالة فى تصفّح كلام ابى سهل القوهى فى الكواكب المنقضّة[b] فى ١٥ ورقة ❀

وعملت كتابا فى تحقيق منازل القمر فى ١٥٠ ورقة

ب فى الفحص عن نوادر ابى حفص عمر بن الفرخان فى ٣٤٠ ورقة

ج ومقالة فى النِسَب التى بين الفلزّات والجواهر فى الحجم فى ٣٠ ورقة

a Hl. Kh. II, 288. III, 366. b Hds. المنقض

ز في غروب الشمس عند منارة اسكندرية في ٤٠ ورقة

ح في الاختلاف الواقع في تقاسيم الاقاليم في ٢٠ ورقة

ط في اختلاف ذوى الفضل في استخراج العرض والميل

ى وكتاب الاجوبة والاسولة لتصحيح سمت القبلة في ٣٠ ورقة

يا وايضاح الادلة على كيفية سمت القبلة في ٢٥ ورقة

يب وتهذيب شروط العمل لتصحيح سموت القبل في ٤٠ ورقة

يج وفي تقويم القبلة بمسب[a] بتصحيح طولها وعرضها في ١٥ ورقة

يد في الانبعاث لتصحيح القبلة كان في ٤٥ ورقة

يه وتلافي عوارض الزلة في كتاب دلائل القبلة ❁

عملت فيما اتصل بالحساب

ا تذكرة في الحساب والعد بأرقام السند والهند في ٣٠ ورقة

ب كلاما يتبعها في استخراج الكعاب واضلاع ما وراءه من مراتب الحساب في ١٠٠ ورقة

ج وكيفية رسوم الهند في تعلم الحساب .

د في أن راى العرب في مراتب العدد اصوب من راى الهند فيها في ١٥ ورقة

ه وفي راشيكات الهند في ١٥ ورقة

و وفي سكلب الاعداد جاء نصفه في ٣٠ ورقة

ز ترجمة ما في براهم سدهاند من طرق الحساب في ٤٠ ورقة

ح منصوبات الضرب ❁

وعملت في الشعاعات والممر

ا كتابا سميته بتجريد الشعاعات والانوار[b] عن الفضائح المدونة في الاسفار في ٥٥ ورقة

ب ومقالة في تحصيل الشعاعات بأبعد الطرق عن الساعات في ١٠ ورقة

ج واخرى في مقترح الشعاع ثابتا على تغير البقاع ١٥ ورقة

د وتمهيد المستقر لتحقيق معنى الممر في ٦٠ ورقة ❁

[a] ? ينبسن   [b] Ḥ. Kh. II, 192.

يا ويسؤال احدٍ من شك فى جداول تعديل الشمس ولم يهتد لطريق تحليل حبش لها مقالة فى التحليل والتقطيع للتعديل فى ٧٠ ورقة

يب فى تهذيب الطُرُق المحتاج اليها فى استخراج هيئة الفلك عند المواليد وتحاويل السنين وغيرها من الاوقات مقالة فى ٦٠ ورقة

يج وللقاضى ابى القسم العامرى مفتاح علم الهيئة فى ٣٠ ورقة تضمَّن المبادئ مجرّدة عن الاشكال

يد وعملت على هيئة فصول الفرغانى لابى الحسن مسافر[a] كتابا سمّيته تهذيب فصول الفرغانى فى ٢٠٠ ورقة

يه وله كتابا فى افراد المقال فى امر الأظلال استغرق هذا الفنّ فى ٢٠٠ ورقة

يو وله عند ما بحث عن تسوية البيوت كتابا فى استعمال دوائر السموت لاستخراج مراكز البيوت فى اكثر من ١٠٠ ورقة

يز ولبعض منجمى جرجان مقالة فى طلع قبة الارض وحالات الثوابت ذوات العروض فى ٣٠ ورقة

يح ومقالة صغيرة فى اعتبار مقدار الليل والنهار فى جميع الارض لتعريف كون السنة يوما تحت القطب[b] بغير تشكيل

ثم عملت فيما اتّصل باطوال البلاد وعروضها وسموت بعضها من بعض

ا كتاب تحديد نهايات الاماكن لتصحيح مسافات المساكن فى ١٠٠ ورقة

ب وكتاب تهذيب الاقوال فى تصحيح العروض والاطوال فى ٢٠٠ ورقة

ج وكتاب تصحيف المنقول من العرض والطول فى ٤٠ ورقة

د ومقالة فى تصحيح الطول والعرض لمساكن المعمور من الارض

ه واخرى فى تعيين البلد من العرض والطول كلاهما فى ٢٠ ورقة

و ومقالة فى استخراج قدر الارض برصد انحطاط الافق عن قُلل الجبال فى ٦٠ ورقة

a Hds. مساعر b Hds. الارض, Rand تحت القطب

وكما افتتحتُ كلامى بكتب ابى بكر فانّى اختتمه بما شاهدته وقتا تطلب منّى من اسماء الكتب التى آتّفق لى عملُها الى تمام سنة سبع وعشرين واربعمائة وقد تمّ من عمرى خمس وستّون سنة قمريّة وثلث وستّون شمسيّة وما تعجّبتُ ان يصدق تأويل رؤياى وان لم يصدق حرصى عليه

ا قد عملت لزيج الخوارزمىّ عِلَله وسمت المسائل المفيدة والجوابات السديدة فى ٢٥٠ ورقة

ب وعمل ابو طلحة الطبيب فى ذلك شيئًا يُوجِبُ مناقضته فعملت ابْطال البهتان بايراد البرهان على اعمال الخوارزمىّ فى زيجه ٣٦٠ ورقة

ج وعثرتُ لابى الحسن الاهوازىّ على كتاب فى هذا الباب ظلم فيه الخوارزمىّ فاضطررتُ الى عمل كتاب الوساطة بينهما فى ٦٠٠ ورقة

د وعملت كتابا وسمّيته بتكميل زيج حَبَش بالعِلَل وتهذيب اعماله من الزلل جآء ثلثه فى ٢٥٠ ورقة

ه وكذلك عملت فى السندهند كتابا وسمّيته بجوامع الموجود لخواطر الهنود فى حساب التنجيم جاء ما تمّ منه فى ٥٥٠ ورقة

و وعملت زيج الاركند وجعلته بالفاظى اذ كانت الترجمة الموجودة منه غيرَ مفهومة والفاظ الهند فيها لحالها متروكة

ز وكتاب مقاليد علم الهيئة[a] ما يحدث فى بسيط الكرة ١٥٥ ورقة للاصفهبد جيلجيلان مرزبان بن رستم

ح وعملت كتابا فى المَدارَيْن المتّحِدين والمتساويين وسمّيته بخيال الكسوفَيْن عند الهند وهو معنًى مشتهر فيما بينهم لا يخلو منه زيج من ازياجهم وليس بمعلوم عند اصحابنا

ط وعملت كتابا وسمّيته فى امر المنخَنى وتبصير ابن كيسوم المفتتن اذ كان تعدّى طوره وجهّل نفسه فى هذا الباب فجملة الكتاب فى ١٠٠ ورقة

ى وعملت بسؤال احد المتبحّرين فى التحاويل[b] مقالة وسمّيتها باختلاف الاقاويل لاستخراج التحاويل فى ٣٠ ورقة

a H. Kh. VI, 53. b Text تحاويل, Rand ط التحاويل

فعلتُه لِما فيه من اكتساب البغضاء من مخالفيه وظنّهم انّى من شيعته وممّن أُسَوِّى بين ما يَتأدّى
بالاجتهاد الى صوابه وبين ما يُميله اليه هواه وفرط تعصّبه حتى يَفتضح فيه بارتكابه ولا يَقتصر
من الفسق في باب الديانة بالانتحال والاعراض والاغفال دون الاستفال بالقدح فيها باروَاح الشُّوء
وافاعيلِ الشياطين حتى يَحمِلَه ذلك على الارشاد الى كتب مانى واصحابه كِيادًا للاديان والاسلام
من بينها ويوجد مصداقُ قولى فى آخر كتابه فى النبوّات حين يستخفّ والشفقة غير لائقة
بالفضلاء والنبراء وقد كان لى نسخة منها لا يُلوّث خاطرُه ولسانه وقلمه بما يتنزّه العاقلُ عنه
ولا يَلتفت اليه اذ لا يَكسِب سعيُه فى الدنيا الّا مقتنا فلا نزال نرى من لا يُسَوِّى لقدَمِه ترابا
يقول قد أفسد الرازىُّ على الناس اموالهم وابدانهم وادیانهم وهو صادق فى الحاشية الاولى وفى
اكثر الاخرى ولذلك تتعذّر مُرادته فى الواسطة وانا مع تبرّئى من اتّباعه فيما يُفسد المال على
حتّى الغناء وغيرَه للاستغناء فلا أُبرِّئُ نفسى منه لم أنجُ من توابعه فى الجنبة الاخرى وذلك
انّى طالعتُ كتابه فى العلم الالهىّ وهو يبادى[a] فيه بالدلالة على كتب مانى وخاصّة كتابه
الموسوم بسفر الاسرار فغرّتنى السمة كما يغرّه[b] المبيّض والمصفّر فى الكيميا غيرى لحرصى الحداثة
بل خفاء الحقيقة على طلبِ تلك الاسرار من معارفى فى البلدان والاقطار وبقيتُ فى تباريحِ
الشوق نيّفًا واربعين سنة الى أن قصدنى بخوارزم بجُنْد من همذان متوسّل بكتب وجدها من
جهة فضل بن سهلان وعرفنى بخبّها وفيها مصحفٌ قد اشتمل من كتب المانوية على فرقماطيا
وسفر الجبابرة وكنز الاحياء وصبح اليقين والتاسيس والانجيل والشابورقان وعدّة رسائل لمانى
وفى جملتها طِلبتى سفر الاسرار فغشّينى له من الفرح ما يَغشى الظمآنَ من رؤية الشراب ومن
الترح فى عقباه ما يصيبه من الجَشْأة فى مُلْئها ووجدتُ الله تعالى صادقا فى قوله ومن لم يجعل
الله له نورا فما له من نور ثمّ اختصرتُ ما فى تلك السفر من الهذيان البحت والهجر المحض
ليَطّلعها مأووف بآفتى وسيعجل الشفاء منها كفعلى فهذه حال ابى بكر ولست اعتقد فيه مخادعة
بل انخداعا لما[c] يعتقده هو فيمن نزّههم الله عن ذلك ولم يخس حظّه فيما رامه فالاعمال بالنيّات
وكفى بنفسه عليه يومئذ حسيبا ☆[d]

a Text يبادى, Rand يماوى خ *b* *Ms.* يغير *c* *Ms.* كما *d* Sure 17, 15.
Die folgende Notiz über Alrâzî, das Verzeichniss seiner Werke und die Untersuchung über den Ursprung der Griechischen Medicin lasse ich hier aus.

dem Fürsten von Ghazna, Shihâb-aldaula Abû-alfath Maudûd ben Mas'ûd, der von A. H. 432—441 regierte, gewidmet sein soll. Dies Werk ist unter dem Titel كتاب الجماهر فى معرفة الجواهر im Escurial vorhanden, s. Casiri I, S. 322; es wird auch von Ḥ. Kh. II, 608 genannt.

Albaihaḳî und Alshahrazûrî geben das Todesjahr nicht an.

§ 6.

Text von Albêrûnî's Fihrist. Verzeichniss seiner Werke. (Golius Cod. 133 S. 33 ff.)

بسم الله الرحمن الرحيم

هذه رسالة للشيخ الحكيم الفاضل المعظم ابى ريحان محمد بن احمد البيرونى روّح الله رمسه وقدّس نفسه فى فهرست كتب محمد بن زكريّاء الرازى

ذكرتَ لا زلتَ[a] ذاكرا وبه مذكورا انّك تشوّقت الى الاحاطة بزمان محمد بن زكريّاء بن يحيى الرازى والاطّلاع على كمّيّة كتبه التى عملها واساميها لتتطرّق بذلك الى طلبها وانّ ما تحقّق لديك من ذكاء قريحته وزكاء فطنته وبلوغه من الصناعة اقصى مداها شوّقك الى معرفة اوّل من ابتدأ بالطبّ واستنبطه وهذا وان كان بحثا خيريّا فانّك لم تأتِ بالنزاع نحوه شيئا فريّا وقد عمل اسحق بن حنين المترجم مقالة فى تواريخ مشاهير الاطبّاء اليونانيّين وكبارهم الذين ابدعوا الاصول وقنّنوا القوانين وحافظوا عليها[b] لاغاثة الانس محافظة بقيت لها فى العالم آثارهم ما بقى حتّى ادّت صحّة العزائم والاوهام كثيرا من الاعلاء الى الانتفاع بغشيان الهياكل المبنيّة باسمائهم والاستشفاء بولوجها واقامة القرابين فيها من الاسقام العظام وحصول النجح بها دون الجرى على مناهج الطبّ فى العلاج وزاد اسحق من هذا الفنّ على الكفاية لولا[c] تناول الفساد مقالته فى النسخ والنقل ممّن يحصّل ولا يصحّح ويجمع ولا يطالع وذكرتَ انّك لمّا عرفتنى متخلّفا بغير هذه الطريقة قصدتنى فى قصدك مؤمّلا ارتياح[d] القلب من جهتى فى مطلوبك على قلّة فائدته ونزارة عائدته وقد حقّقت ظنّك فىّ بحسب الامكان واثبتُّ لك من كتب ابى بكر ما شاهدته او عثرتُ على اسمه من خلالها بارشاده اليه ودلالته عليه ولولا احترامى لك لما

a Text زالت, Rand زلت   b *Ms.* عليه   c *Ms.* ولولا   d Text ارتاح, Rand ارتماح ظ

Die älteste mir bekannt gewordene Ueberlieferung über diese Frage ist die folgende: Alghadanfar erzählt, (Golius 133 S. 50) dass ein Schüler Albêrûnî's, Abû-alfadl Alsarakhsî, Verfasser des Buches جوامع التعاليم, auf den Rand eines der Werke seines Meisters die folgende Notiz geschrieben habe: „*Der gelehrte Altmeister — Gott sei ihm gnädig! — ist gestorben in der Nacht des Freytag gegen Morgen* (*also Freitag früh*) *am 2. Ra'gab A. H. 440.*" Der Text der Stelle lautet:

قد وجد بخطّ تلميذه الامام الفاضل ابى الفضل السرخسىّ صاحب كتاب جوامع التعاليم وكان من اقرب ملازميه واخصّ خادميه على حاشية بعض كتب الامام الرئيس مكتوبا ما هذه صورته توفّى الشيخ العالم رحمه الله بعد العتمة فى ليلة الجمعة فى الثانى من رجب سنة اربعين واربعمائة نوّر الله حضرته تمّ المكتوب ✿

Ferner — so führt Alghadanfar fort — fand man an einer anderen Stelle (ich vermuthe: in derselben Handschrift) folgende Notiz von einer anderen Hand: „*Der weise Abû-alraiḥân Albêrûnî — Gott mache sein Grab kühl! — erreichte das Alter von 77 Jahren und 7 Monaten.*" Der Text lautet:

ومكتوب ايضا فى موضع آخر بخطّ غيره كان عمر الحكيم ابى الريحان البيرونىّ برّد الله مضجعه سبع وسبعين (sic) وسبعة اشهر قريّة ✿

Ich halte diese beiden Nachrichten für vollkommen unverdächtig und betone dies besonders, weil man geneigt sein könnte sie als von einem Astrologen (Alghadanfar) herstammend zu verdächtigen.

Albêrûnî träumt am Ende seines 61. Lebensjahres, dass er noch 170 oder nach anderer Lesart noch 190 Monde erleben werde. Wenn er aber 77 Jahre und 7 Monate alt wurde, so stimmte der Traum nicht; es bleibt in jedem Fall eine Differenz. Alghadanfar hat diese Differenz bemerkt (Golius 133 S. 51 Z. 1) und bemüht sich auf vielen Seiten dieselbe wegzurechnen oder zu erklären.

Wenn Alghadanfar die beiden Angaben über den Tod Albêrûnî's erfunden hätte, so hätte er sie sicherlich so erfunden, dass sie zu der Deutung des Traumes stimmten.

Dass Albêrûnî *nach* 432 gestorben ist, ergibt sich auch aus einer Angabe des Ibn-Abî-Usaibi'a (Wüstenfeld, Geschichte der Arabischen Aerzte und Naturforscher nr. 129), wonach sein Werk كتاب الجماهر فى الجواهر

الريحان عليه وتفوّه بكلمات متضمّنة لسوء الادب والسفاهة كما قال صاحب التتمّة[1] فامتنع
ابو علىّ عن مناظرته فاجاب المعصومىّ عن اعتراضات ابى الريحان وقال لو اخترت يا ابا الريحان
لمخاطبة الحكيم الفاظا غير تلك الالفاظ لكان اليق بالعقل والعلم

§ 5.

Ueber das Todesjahr Albêrûnî's.

Dass unser Verfasser nach seiner Ansiedelung in Ghazna wenigstens noch einmal wieder in seinem Vaterlande gewesen sei, ergibt sich aus einer bereits oben S. XI mitgetheilten Stelle seines Fihrist, wo er berichtet, dass er 40 Jahre ein Buch von Mânî gesucht und es schliesslich in Khwârizm bekommen habe. Nehmen wir an, dass er etwa 20 Jahre alt war, als er anfing jenes Buch zu suchen (also A. H. 382), so war er um A. H. 422 oder späterhin wieder in Khwârizm. Ob dieser Aufenthalt ein dauernder war oder nur ein kurzer Besuch, lässt sich nicht bestimmen. Aus dem Umstande, dass Albêrûnî sein *Kitâb-altafhîm* einer Landsmännin *Raiḥâna Tochter des Alḥasan der Choraşmierin* gewidmet hat, folgert P. Lerch (Russische Revue V. Jahrg. 12. Heft S. 567 Z. 3. 4), dass er, als er dies Buch schrieb, in Khwârizm gelebt habe. Diese Folgerung ist aber nicht stichhaltig; eine in Ghazna lebende Dame konnte sehr wohl *die Chorasmierin* heissen, mit mehr Wahrscheinlichkeit sogar als eine in Chorasmien lebende.

Ḥâgî Khalîfa gibt unserem Autor nicht weniger als sechs verschiedene Todesjahre:

A. H. 423 in B. V, 114.
430 in B. I, 151; II, 324.
440 in B. II, 429.
Nach 440 in B. III, 251.
Vor 450 in B. V, 435.
450 in B. I, 258.

1) Die Worte كما قال صاحب التتمّة fehlen in Petermann. II, 737

Ob Albêrûnî, der um 390/1 in Gurgân seine Chronologie vollendet hatte, damals schon in seine Heimath zurückgekehrt war, ob also eine persönliche Bekanntschaft zwischen beiden angeknüpft worden sein kann, lässt sich nicht entscheiden.

Wie Ibn-Sînâ aus Khwârizm floh, wie er steckbrieflich von Maḥmûd verfolgt wurde, wie er in Gurgân mit dem Fürsten Ḳâbûs in Berührung kam, um bald (etwa 403) wieder zum Wanderstabe zu greifen, von diesen Dingen ist schon oben die Rede gewesen.

Zwischen Albêrûnî und Ibn-Sînâ hat eine wissenschaftliche Correspondenz statt gefunden, die der erstere in seiner Chronologie S. ٢٥٧, 3—5 bereits erwähnt; sie fällt also in die Zeit vor A. H. 390/1, als Ibn-Sînâ noch in Bukhârâ lebte und erst 18 Jahre alt war. Es ist daher wohl nicht zufällig, wenn Albêrûnî ihn S. ٢٥٧, 4 الفتى d. h. *den jungen Mann* nennt. Einen Theil dieser Correspondenz bildet vielleicht die Schrift Ibn-Sînâ's (British Museum, Add. 16,659 Catalogue S. 457 — Add. 16,660 Catalogue S. 453 — Bodleyana, Marsh. 536 Uri S. 214), in der er auf eine Reihe von Fragen über den Himmel und die Welt, über physicalische und mathematische Dinge antwortet, die Albêrûnî von Khwârizm aus an ihn gerichtet hatte.

Albêrûnî wird von gegnerischer Seite der Vorwurf gemacht, dass er in seinem Streit mit Ibn-Sînâ nicht sehr höflich gewesen sei, und zwar von 'Abû-'Abdallâh Alma'ṣûmî, einem Schüler des Ibn-Sînâ. Als dem letzteren der Ton seines Gegners nicht mehr zusagte, hörte er auf selbst zu antworten, liess ihm aber durch seinen Schüler Alma'ṣûmî antworten. Folgende Tradition hierüber findet sich bei Albaihaḳî (Peterm. II, 737 Bl 56a und Golius 133 S. 75 auf dem Rande):

بعث الشيخ ابو الريحان البيروني مسائل الى ابى علىّ فاجاب عنها ابو على فاعترض الشيخ ابو الريحان على اجوبة ابى علىّ وهجّنه وهجّن كلامه واذاقه مرارة التهجين وخاطبه بما لا يخاطب به العوامّ فضلا عن الحكماء فلمّا تأمّل ابو الفرج البغدادىّ الاسؤلة والاجوبة قال من نجل الناس نجلوه ثاب على ابو الريحان [1] ☆ ولمّا اجاب ابو علىّ عن اسؤلة ابى الريحان واعترض ابو

1) Dieser erste Absatz ist nur in Golius 133 vorhanden.

von Khwârizm nach Ghazna übersiedelte, ist mir nicht bekannt. Er muss vor A. H. 427 gestorben sein, denn in diesem Jahr fügt Albêrûnî in seinem Fihrist dem Namen Abû-Nasr's die Worte انار الله برهانه bei, welche nur bei der Nennung von gestorbenen Personen gebraucht werden.

Zu den Schriften, welche dieser Gelehrte *im Namen* Albêrûnî's geschrieben, gehören wahrscheinlich zwei in der Leydener Bibliothek vorhandene:

1) Catalogus etc. III, nr. 1007 Theoremata duo de trigonometria sphaerica, und

2) daselbst nr. 1062, ein Fragment, das vielleicht mit der von Albêrûnî genannten Schrift رسالة فى البرهان على عمل حبش فى مطالع السمت فى زيجه (Golius 133 S. 47) identisch ist.

Zu denjenigen Gelehrten, mit welchen Albêrûnî persönliche Beziehungen pflegte, kann vielleicht auch Abû-ʿAbdallah Alḥusain ben Ibrâhîm Alṭabarî Alnâtilî gehören, der ebenfalls im Dienste des Ma'mûn ben Muḥammad von Khwârizm stand, nachdem er vorher den Ibn-Sînâ in Bukhârâ unterrichtet hatte. Albêrûnî erwähnt ihn in der Chronologie zweimal S. ٨٣, 11 und 17, wo er gegen seine Schrift *Ueber die natürliche Lebenslänge* polemisirt. Albaihaḳî (Hds. Peterm. 737 Bl. 14ª) widmet ihm einen kurzen Artikel und nennt zwei Schriften von ihm, eine kleine Abhandlung *Ueber das Dasein* (رسالة لطيفة فى الوجود وشرح اسمه) und eine andere *Ueber die Kenntniss des Elixirs* (رسالة فى علم الاكسير).

Von dem Lehrer zum Schüler übergehend gelangen wir zu Ibn-Sînâ, dem um 11 Jahre jüngeren Zeitgenossen des Albêrûnî. Auch dieser Gelehrte fand in seinen Wanderjahren am Hofe des Khwârizm-Shâh ʿAlî ben Ma'mûn freundliche Aufnahme. Das Jahr, in dem Ibn-Sînâ seine Heimath Bukhârâ verlassen und nach Khwârizm gewandert ist, kann ich nicht ermitteln, aber es scheint festzustehen, dass Ibn-Sînâ, als er auswanderte, wenigstens 22 Jahre alt war. Danach könnte er nicht vor A. H. 395 in Khwârizm eingetroffen sein.

gründlichen Kenntnisse über christliche Dinge verdankt. Einen ähnlichen Verkehr muss er auch mit Jüdischen Gelehrten gehabt haben.

Nach den oben angeführten Berichten des Khwândamîr und des Nigâristân (S. XXIX) ist er elend in der Wüste umgekommen, als er mit Ibn-Sînâ von Khwârizm nach Gurgân floh (vor 403, vielleicht vor 400).

Abû-Nasr Mansûr ben 'Alî ben 'Irâk, Freigelassener des *Emirs der Gläubigen*[1]), scheint in vielfachen Beziehungen zu Albêrûnî gestanden zu haben. In der Chronologie erwähnt er ihn als *seinen Lehrer* (استاذى S. ٤٨, 20); er erwähnt ihn auch in seinem Werke über das Astrolabium (Handschrift der Kgl. Bibliothek in Berlin, Bibl. Sprenger. 1869 Bl. 112ª) und sagt in seinem Fihrist (Golius 133 S. 47), dass Abû-Nasr *in seinem Namen* eine Reihe von Schriften verfasst habe.

Unter diesen Schriften wird eine رسالة فى جدول الدقائق genannt, welche in der Bodleyana unter dem Titel „*Schreiben des Abû-Nasr an Abû-alraihân, welches genannt wird Gadwal-aldakâ'ik*" erhalten ist. S. Uri S. 204 (Marsh. 713). Diese Schrift ist also nicht von Abû-Nasr Alfârâbî, der damals schon längst im Grabe ruhte[2]), sondern von Abû-Nasr Mansûr ben 'Alî ben 'Irâk, dessen Namen zu Abû-Nasr 'Irâkî zusammengezogen wurde. Mit diesem Namen wird er in dem oben angeführten Berichte des Nigâristân (S. XXX) genannt, und demgemäss ist Abû-Nasr Amran (عمران) bei Jourdain (Fundgruben des Orients III, S. 170 und das. Note 1) zu berichtigen in Abû-Nasr 'Irâkî (عراق).

Die Verwechslung unseres Abû-Nasr mit Abû-Nasr Alfârâbî (gestorben A. H. 339) ist schon alt und wird bereits von Albaihakî (Peterm. II, 737 Bl. 8ªᵇ) gerügt.

Das Todesjahr dieses Gelehrten, der mit Albêrûnî und Abû-alkhair

1) Unter dem *Emir der Gläubigen* dürfte der Samanidische Grosskönig gemeint sein. Nach Albaihakî (Peterm. II, 737 Bl. 24ª) war der Khwârizmshâh Ma'mûn b. Muhammad auch ein Freigelassener des *Emir's der Gläubigen*, womit hier kein anderer als der Samanidische Grosskönig gemeint sein kann.

2) Vgl. M. Steinschneider, Alfârâbî S. 74. Alfârâbî starb 23 Jahre vor der Geburt Albêrûnî's.

*****

am Hofe von Ghazna niemals an der Protection gefehlt zu haben, deren er für seine Studien z. B. für seine astronomischen Beobachtungen bedurfte.

§ 4.

Ueber Albêrûnî's Beziehungen zu zeitgenössischen Gelehrten.

In dem vorhergehenden Abschnitte sind wiederholt drei Gelehrte genannt, deren hier zunächst gedacht werden soll:

Abû-alkhair Alḥusain ben Bâbâ ben Suwâr ben Bibnâm Albaghdâdî. Er war in Baghdâd geboren und studirte daselbst Medicin. Als Arzt trat er in den Dienst des Ma'mûn ben Ma'mûn von Khwârizm, und wurde 408 von Maḥmûd mit nach Ghazna genommen. Dass auch noch in Ghazna zwischen ihm und Albêrûnî Beziehungen bestanden, ist überliefert. Abû-alkhair, auch Al-khammâr genannt, war Christ. S. Albaihaḳî. Hds. Peterman. II, 736 Bl. 7^{b} — 9^{a} und Golius 133 S. 72. 73. Seine Schriften sind angeführt von Wüstenfeld, Geschichte der Arabischen Aerzte und Naturforscher nr. 115.

'Abû-Sahl 'Îsâ ben Jaḥjâ Almasîḥî, ebenfalls ein christlicher Arzt, der aus Gurgân gebürtig war und in Baghdâd studirt hatte. Er stand im Dienst des Khwârizm-Shâh Ma'mûn ben Muḥammad (gestorben A. H. 387). Vgl. Albaihaḳî a. a. O. Bl. 52^{b} 53^{a}, Golius 133 S. 75, und seine Schriften s. bei Wüstenfeld a. a. O. nr. 118. Albêrûnî erwähnt ihn kurz in der Chronologie S. ٣٣, 11 (er brachte die Monatsnamen der Thamûd in Verse), und in seinem Fihrist (Golius 133 S. 47) berichtet er, dass Abû-Sahl eine Reihe von Werken *in seinem Namen* geschrieben habe[1]). Hieraus darf man schliessen, dass eine intime und langjährige Beziehung zwischen Albêrûnî und Abû-Sahl bestanden hat. Es liegt nahe zu vermuthen, dass Albêrûnî dem Verkehr mit diesen beiden vorzüglichen christlichen Aerzten, Abû-alkhair und Abû-Sahl, einen grossen Theil seiner

1) In Golius 133 S. 77 (Glosse unter dem Text) wird ein Sendschreiben des Abû-Sahl an Albêrûnî genannt.

408. Khwârizm wurde eine Provinz seines Reiches. Nachdem er die Rädelsführer bestraft und einen seiner Generale, Altûntâsh, zum Statthalter eingesetzt hatte, zog er noch in demselben Frühjahr nach Afghanistan zurück und nahm zahllose Beute, viele Gefangene, die später seiner Indischen Armee einverleibt wurden, und die Prinzen des gestürzten Fürstenhauses, die er in verschiedenen Burgen interniren liess, mit sich fort.

In diesem Zuge befanden sich nun höchst wahrscheinlich auch Albêrûnî, Abû-alkhair und Abû-Nasr. Von dem zweiten dieser Gelehrten, von Abû-alkhair, berichtet die Gelehrtenchronik des Albaihakî (Handschrift der Kgl. Bibliothek in Berlin, Peterm. II, 736 Bl. 7b): „*Abû-alkhair war geboren in Baghdâd, später liess ihn der Shâh von Khwârizm zu sich kommen. Als aber Mahmûd ben Sebuktegîn Khwârizm in Besitz genommen hatte, nahm er den Abû-alkhair mit sich nach Ghazna*" etc.

Albêrûnî war unter dem Schutze des depossedirten Fürstengeschlechts gross geworden und dem letzten Fürsten hatte er in den wichtigsten Angelegenheiten als Rathgeber gedient, was, wie schon oben bemerkt, dem Mahmûd sehr wohl bekannt sein konnte. Falls nun ein Restitutionsversuch gemacht werden würde (— und es *wurde* ein solcher gemacht), falls man versuchen würde Altûntâsh zu verjagen und einen der noch übrigen Prinzen des Hauses Ma'mûn auf den Thron zurückzuführen, war es nicht unmöglich, dass Albêrûnî sich der Bewegung anschliessen und sie durch sein Ansehen und seinen Rath fördern werde. Dies war meines Ermessens der Grund, wesshalb ihn Mahmûd mit nach Ghazna nahm. Dabei bleibt immerhin nicht ausgeschlossen, dass Mahmûd möglicher Weise auch für die wissenschaftliche Bedeutung Albêrûnî's sowie für die gerühmte ärztliche Geschicklichkeit Abû-alkhair's eine gewisse Anerkennung und Würdigung gehabt hat.

Von nun an beginnt eine neue Periode in dem Leben Albêrûnî's: die Periode seiner Indischen Reisen und Studien. Daneben führte er aber auch seine astronomischen, physikalischen, geographischen und mathematischen Studien mit gleichem Eifer fort, und es scheint ihm

alkhair, Albêrûnî und Abû-Naṣr 'Irâkî, und ersucht den Ma'mûn ihm dieselben nach Ghazna zu schicken. Ma'mûn legt den Gelehrten die Frage vor, ob sie gehen wollen oder nicht. Abû-Sahl und Ibn-Sînâ weigern sich und fliehen; der erstere stirbt in der Wüste vor Durst, der letztere kommt hindurch und hält sich verborgen in Hyrcanien, steckbrieflich verfolgt von Maḥmûd, der ergrimmt ist, weil er es besonders auf Ibn-Sînâ abgesehen hatte. Albêrûnî, Abû-alkhair und Abû-Naṣr 'Irâkî gehen nach Ghazna und treten in den Dienst Maḥmûd's. Er will nun die Geschicklichkeit seiner gelehrten Gäste auf die Probe stellen, und es folgt die Geschichte mit Albêrûnî, die bei d'Herbelot, Bibliothèque Orientale, La Haye 1777, I. S. 45 zu lesen ist.

Was ich gegen die Tradition des Khwândamîr bemerkt habe, gilt in gleicher Weise gegen diese: Ibn-Sînâ muss spätestens vor A. H. 403, wahrscheinlich schon vor 400 Khwârizm verlassen haben, während Albêrûnî es vor dem Frühjahr 408 nicht verlassen haben kann.

Europäische Gelehrte (z. B. Elliot, History of India II, S. 3) wissen noch zu berichten, dass Ibn-Sînâ aus Eifersucht gegen Albêrûnî abgelehnt habe, mit ihm nach Ghazna zu gehen. Es ist mir bisher nicht gelungen, die Quelle dieser Nachricht zu entdecken.

Wenn nun von diesen Berichten, soweit Albêrûnî betroffen ist, nichts übrig bleibt, als dass er nach Ghazna an den Hof des Maḥmûd gewandert ist, so komme ich zurück auf die oben gestellte Frage: aus welchen Gründen und unter welchen Umständen fand seine Expatriation Statt? —

Ueber die Vernichtung der Selbstständigkeit des Fürstenthums Khwârizm und seine Annexion durch Maḥmûd haben wir Albêrûnî's authentischen Bericht. Er erzählt als Augenzeuge von der Rebellion im Lande, welche mit der Ermordung des letzten Fürsten Ma'mûn ben Ma'mûn endete. Dieser Mord gab dem Maḥmûd eine directe Veranlassung zur Einmischung; er zog heran als der Rächer seines Schwagers, schlug die Rebellen und besetzte das Land im Frühjahr

ger, den Fürsten 'Alî ben Ma'mûn[1]) von Khwârizm das Ansinnen gerichtet, ihm die vier grossen Gelehrten seines Hofes, Abû-Sahl Almasîḥî, Albêrûnî, Ibn-Sînâ und Abû-alkhair nach Ghazna zu senden, hauptsächlich aus dem Grunde, weil Ibn-Sînâ bei ihm wegen seines Glaubens verdächtigt war und er ihn zur Rechenschaft ziehen wollte. Ma'mûn erfährt von der Sache, bevor noch der Gesandte ankommt, und warnt die vier Gelehrten rechtzeitig. Ibn-Sînâ und Abû-Sahl fliehen, während Albêrûnî und Abû-alkhair nach Ghazna wandern.

Diese Geschichte ist aus chronologischen Gründen unmöglich, denn es steht fest, dass Ibn-Sînâ und Abû-Sahl *vor A. H. 403*[2]) aus Khwârizm geflohen sind, da Ibn-Sînâ nach seiner Ankunft in Hyrcanien dort in den Dienst des 403 verstorbenen Shams-alma'âlî getreten ist, während Albêrûnî und Abû-alkhair *erst nach A. H. 407* Khwârizm verliessen und nach Ghazna zogen, wie sich im folgenden zeigen wird. In dem angeführten Bericht sind nach Zeit und Motiven ganz verschiedene Ereignisse in gedankenloser Weise zusammengewürfelt[3]).

Etwas verändert findet sich derselbe Bericht in einer Sammlung von Anecdoten über historische Persönlichkeiten, im Nigâristân von Aḥmad ben Muḥammad ben 'Abd-alghafûr Alghaffârî Alkazwînî (genannt Ḳâḍî 'Aḥmad Alghaffârî), geschrieben A. H. 959. In diesem Werke, das ich in einer Handschrift der Kgl. Bibliothek in Berlin (Bibl. Sprenger. nr. 78 Bl. 86ª) benutze, wird erzählt, wie folgt: Maḥmûd erfährt, dass am Hofe seines Schwagers Ma'mûn[4]) fünf Sterne der Gelehrsamkeit sich aufhalten, nämlich Ibn-Sînâ, Abû-Sahl, Abû-

1) Das Todesjahr dieses Fürsten habe ich leider noch immer nicht mit Sicherheit ermitteln können; es fehlt auch bei Munaǵǵim Bashy. Wahrscheinlich starb er gegen A. H. 400.

2) Vielleicht schon vor 400, wenn der Fürst 'Alî ben Ma'mûn, der Protector der Gelehrten, schon A. H. 400 gestorben war.

3) Ich bemerke hier, dass Jourdain a. a. O. in der Note 2 S. 170 den Alfârâbî in diesen Zusammenhang mischt, der damals schon über ein halbes Jahrhundert todt war.

4) Hier ist nicht 'Alî ben Ma'mûn genannt, sondern dessen Bruder und Nachfolger Ma'mûn ben Ma'mûn.

§ 3.

Ueber die Auswanderung Albêrûnî's nach Ghazna.

In welchem Jahre Albêrûnî aus Hyrcanien in seine Heimath zurückgekehrt sei, ist nicht überliefert, wahrscheinlich aber geschah es vor dem Jahr 400. Denn er erzählt bei Albaihaḳî S. ٨٣٨, dass er dem 407 ermordeten Fürsten von Khwârizm *Abû-al'abbâs Ma'mûn ben Ma'mûn sieben Jahre lang gedient habe*, und diese Jahre sind nach aller Wahrscheinlichkeit die Jahre von A. H. 400—407. Ueber die Rolle, welche er während dieser Zeit als Rathgeber des Fürsten gespielt, vgl. meine Abhandlung, Zur Chronologie und Geschichte von Khwârizm II, S. 293—300 und I, S. 504. Nach dem Morde des Fürsten wurde unser Verfasser von den Rebellen gewaltsam quiescirt, vermuthlich gefangen gehalten. Man darf wohl annehmen, dass er durch die diplomatischen Verhandlungen zwischen Khwârizm und Ghazna in den dieser Katastrophe vorhergegangenen Jahren am Hofe von Ghazna und speciell auch dem grossen Maḥmûd bekannt geworden war.

Ueber die Schicksale der nächsten Lebensjahre unseres Verfassers ist nichts bekannt. Wir finden ihn zunächst in der Fremde wieder, und zwar in Ghazna am Hofe des Eroberers von Indien, Maḥmûd.

Unter welchen Umständen hatte seine Auswanderung Statt gefunden? — Die Frage ist bereits von der Dichtung umsponnen (s. die Vulgata der Europäischen Ueberlieferung bei Reinaud, Mémoire sur l'Inde S. 28) und ich fürchte, die folgenden Zeilen werden den Orient um eine schöne und erbauliche Geschichte ärmer machen.

In der Vita des Ibn Sînâ von Khwândamîr (edirt und übersetzt von A. Jourdain in den Fundgruben des Orients III, S. 168 ff.) heisst es, Maḥmûd habe durch einen besonderen Gesandten an seinen Schwa-

schiedene Hinneigung zur Shî'a zu bekunden. Er sagt von der Shî'a Zaidijja „möge Gott ihre Gemeinde behüten" S. ٢٧, 1, und die Imame der Aliden bezeichnet er als „unsere Herren, das Geschlecht des Propheten, Gott segne ihn und sie." S. ٢٧, 9. Auch in seinem Festkalender der Muḥammedaner (S. ٢٢٨ ff.) spielt die Familie 'Alî's eine ganz hervorragende Rolle und das, was er S. ٢٣٣. 9 — 11 von dem Tode Ḥusain's und seiner Anhänger sagt, wäre wohl niemals aus der Feder eines Sunniten gekommen. Es wirkt fast komisch, wenn er aus eitel Hass gegen Jazîd b. Mu'âwija in dem Satze فوضعه بين يديه ونقر الجم das Subject auslässt, nämlich Jazîd.

Von religiöser, muslimisch-frommer Gesinnung ist in Albêrûnî's Schriften wenig zu verspüren; er steht dem Islâm und der Rolle des Arabischen Volkes in der Weltgeschichte kühl gegenüber, und sieht in den Arabern nur die Zerstörer Eranischer Nationalität und Grösse. Er scheint, wie manche bedeutende Männer seiner Zeit, ein ausgeprägtes Nationalgefühl gehabt zu haben; er stellt das Eranische Volksthum in seinen verschiedenen Unterarten den aus der Arabischen Wüste gekommenen, ungebildeten Barbaren, welche die Herrlichkeit des Sasanidenreiches zertrümmerten, gegenüber. Der Gedanke an die Zeiten Eranischer Weltherrschaft scheint ihm heilig gewesen zu sein und zuweilen macht er seinem Unwillen gegen die Zerstörer derselben Luft. Eine besondere Abneigung hegt er gegen Ḳutaiba ben Muslim, den Muḥammedanischen Eroberer Khwârizm's, und wiederholt beschreibt er, wie dieser die Civilisation seines Vaterlandes vernichtet habe (S. ٣٥, 19 — ٣٦, 2 — ٤٨, 13). Dem 'Abdallâh b. Muslim b. Ḳutaiba, der in einem besonderen Buch zu beweisen gesucht hatte, (S. ٢٣٨, 19). dass die Araber etwas besseres seien als die Perser, weist er nach, dass er parteiisch sei und einen Groll gegen die Perser hege (S. ٢٣٩, 7. 8), und macht ihn — wohl nicht ohne Bosheit — auf eine Stelle im Ḳoran aufmerksam, in der Gott die Araber hart anfährt. Denn Sure ٩, 99 heisst es: „Die Wüsten-Araber sind die ärgsten Ungläubigen und Heuchler und verdienen nicht, die Gesetze der Offenbarung, die Gott seinem Propheten offenbart, kennen zu lernen, aber Gott ist allweise, allwissend."

Er gedenkt an mehreren Stellen seines Aufenthaltes in Gurgân, dass er in den Sommermonaten dort gewesen sei (S. ٢٤٥, 18), dass er zur Zeit, wo die Sonne im Steinbock steht, dort von Ungeziefer belästigt worden sei (S. ٢٤٧, 14), dass ihm dort die Leute etwas erzählt hätten (S. ٢٤٨, 1), dass ihm ein Jude daselbst erzählt habe (S. ٢٧١, 7).

Auch sein Vaterland Khwârizm erwähnt er gelegentlich. „Bei uns in Khwârizm regnet es häufig vor der Zeit" (S. ٢٤٥, 16). „Das sind die Tage der Kälte, wie ich sie auch in Khwârizm gefunden habe" (S. ٢٥٨, 5). Den Untergang der Citadelle seiner Vaterstadt berichtet er S. ٣٥, 17.

Auf seinen Aufenthalt an anderen Orten beziehen sich noch folgende zwei Stellen:

Auf S. ٢٢٤, 15 erzählt er, dass er die Leute von Almihrgân habe behaupten hören u. s. w. Dies Mihrgân war ein Ort in der Gegend von Nîshâpûr, zwischen dieser Stadt und der Grenze von Gurgân. Vgl. Yâkût I, ٢٤٩ Z. 21.

Ferner war er nach S. ٢٣٨, 12 auch in Rai. An dieser Stelle (Z. 20) und S. ٢٣٠, 9 beschreibt der Verfasser, dass er in Noth und Elend gewesen sei, dass daher ein Astronom in Rai, mit dem er disputirte, ihn sehr de haut en bas behandelt habe.

„Denn zu jener Zeit kamen Prüfungen von allen Seiten über mich und ich war in elender Verfassung. Später jedoch, nachdem die Prüfungen etwas nachgelassen hatten, behandelte er (der genannte Astronom) mich wieder freundlich." (S ٢٣٨, 20). Ferner sagt er S. ٢٣٠, 9: „(Ich will ein Buch darüber schreiben), wenn Gott mich so lange leben lässt (lies لسا für شاء) und mich von den geistigen Zufällen durch seine Gnade befreit. Er vermag es!" Welcher Art diese Prüfungen und Leiden waren, ob geistige oder körperliche, oder materielle Noth und Sorge, lässt sich leider aus diesen kurzen Angaben nicht näher bestimmen.

Aus S. ١٨, 17 ff. und ١٣, 3. 4 ergibt sich, dass Albêrûnî, als er die Chronologie schrieb, über Indische Dinge und speciell über Indische Chronologie noch nicht genau unterrichtet war.

Was seine religiöse Gesinnung betrifft, so scheint er eine ent-

Am Ende des Abschnitts über Jüdische Chronologie[1]) (S. ۲۸۴) gibt er eine Kritik der Jüdischen Tekûfen-Theorie d. h. der Bestimmung der Jahrpunkte nach dem System der Jüdischen Chronologen, und er weist nach, dass sie auf wissenschaftlichen Werth keinen Anspruch erheben darf, dass die nach Jüdischer Theorie bestimmten Solstitial- und Aequinoctial-Punkte eines Jahres von der Wirklichkeit d. h. von der astronomischen Bestimmung derselben um ein erkleckliches abweichen. Um dies an einem Beispiel darzulegen, berechnet er die Jahrpunkte nach beiden Methoden für das Jahr A. Alex. 1311, welches er überall *unser Jahr* nennt, d. h. nach gewöhnlichem Arabischem Sprachgebrauch „*das gegenwärtige Jahr*" (S. ۲۸۴ 9. 11. 14. 18 und 4). Der noch unzweideutigere Ausdruck سنتنا هذه d. h. *dieses unser Jahr*, kommt leider nicht vor.

Man könnte dieser Erklärung entgegen halten, dass Albêrûnî, nachdem er einmal das Jahr A. Alex. 1311 für sein Beispiel ausgewählt hatte, er sich im folgenden mit dem Ausdruck *unser Jahr* d. h. *das von uns in diesem Beispiel gebrauchte*, *eben genannte Jahr* (S. ۲۸۴, 9) zurückbezieht. Eine solche Auslegung würde aber weder dem Arabischen Sprachgebrauch im allgemeinen noch speciell demjenigen Albêrûnî's entsprechen; ein willkührlich angenommenes Jahr, das er einem Beispiele zu Grunde legt, bezeichnet er niemals als *unser Jahr*, sondern als *das angenommene Jahr* السنة المفروضة oder mit ähnlichen Ausdrücken.

Albêrûnî war demnach, als er die Chronologie schrieb, erst 29 Mond-Jahre alt.

Was wir anderweitig aus der Chronologie über die Verhältnisse des Verfassers lernen, ist sehr wenig.

und Generälen — sammt ihren Titeln — aus den Häusern der Hamdaniden, Bujiden, Ghaznawiden, des Simǵûr u. a. Dies Verzeichniss führt uns auch ungefähr bis an das Jahr 390.

1) Leider fehlt das Ende dieses Abschnitts, wie auch der Anfang des folgenden Abschnitts über Griechische Chronologie.

Dass Albêrûnî nicht vor A. H. 386 geschrieben haben kann, ergiebt sich ausserdem noch mit Sicherheit aus seiner Bemerkung auf S. ٤٠, 2, dass nämlich zu *seiner Zeit* (فى زماننا) Abû-'Alî Ibn-Nizâr ben Ma'add ben Ismâ'îl ben Muḥammad ben 'Ubaid-allâh regiere. Dies ist der berüchtigte Faṭimidische Chalif von Aegypten und angeblicher Stammvater der Drusen im Libanon, Alḥâkim, der von A. H. 386—411 regierte[1].

Während ich keine Mittel habe, den Terminus a quo (A. H. 388) näher zu bestimmen, ist der Terminus ad quem um 3 Jahre zurückzuschieben. Wie im folgenden ausgeführt werden wird, kann der Verfasser während der Jahre 400—403 nicht in Ġurġân noch im Dienste des Ḳâbûs gewesen sein. Als Zeitraum, innerhalb dessen die Chronologie vollendet worden sein kann, bleiben also die 12 Jahre von A. H. 388—400.

Es liegt für einen Astronomen und Chronologen nahe, dass er in seinen Beispielen das Jahr, in dem er schreibt, seinen Rechnungen zu Grunde legt; er wird aber auch oft, wenn dadurch ein Vortheil für die Rechnung erzielt wird, frühere oder spätere Jahre wählen. Wenn z. B. Albêrûnî die Auf- und Untergänge der Mondstationen für A. Alex. 1300 oder A. H. 378/9 (S. ٣٤٩, 20), wenn er den Aufgang des Sirius Ghumaisâ für dasselbe Jahr berechnet (S. ٣٤٣, 6), so liegt dies Jahr, in dem der Verfasser erst 16/17 Jahre alt war, wegen der oben angeführten Daten weit vor der Zeit der Abfassung.

Dasselbe gilt von dem Jahr A. Alex. 1305 oder A. H. 383/4, von dem Albêrûnî in seinen Tabellen zur Vergleichung der Jüdischen Aera mit der Aera Alexandri ausgeht (S. ١٦٣).

Dasjenige Jahr nun, in dem er die Chronologie vollendete, ist A. Alex. 1311 = A. D. 1000 = A. H. 390/1[2], wie sich aus folgendem ergibt:

1) Ausserdem erwähnt Albêrûnî Ereignisse aus den Jahren A. H. 382 (S. ١٣٢, 20), 384 (S. ٣٥, 17) und 385 (S. ١٣١, 5).

2) Der Verf. gibt S. 133. 134 ein Verzeichniss von Fürsten, Staatsmännern

derum Besitz von seinem Reiche und behauptete sich 15 Jahre lang auf dem Throne seiner Väter. Wie die meisten politischen Flüchtlinge hatte auch er im Exil nichts gelernt und nichts vergessen. Der Hauptgrundsatz seiner Politik war Unschädlichmachen, und Schonung von Menschenleben war ihm unbekannt. Schliesslich empörte sich sein Heer gegen ihn und rief seinen Sohn Mênôčihr, damals Statthalter von Ṭabaristân, zum Fürsten aus. Ḳâbûs wurde als Staatsgefangener auf eine Bergveste gebracht und bald darauf getödtet (A. H. 403).

Albêrûnî erwähnt diesen Fürsten wiederholt, S. ٣, 10 in der Dedication, S. ٤, 9, S. ١٣٤, 23 im Abschnitt vom Titelwesen, und S. ٣٣٣, 9 im Schluss. Er muss wohl schon längere Zeit im Dienste des Fürsten gestanden haben, als er die Chronologie schrieb, denn er selbst berichtet, dass er vorher ihm bereits eine andere Schrift gewidmet habe, nämlich das كتاب تجريد الشعاعات والانوار S. ١٠, 8, 0.

Albêrûnî erzählt S. ٣٣٨, 12 ff., dass er einmal in Rai eine Disputation mit einem Astronomen gehabt habe zu einer Zeit, als er nicht das Glück genoss dem fürstlichen Dienst anzugehören und er ausserdem in Noth war. Ob dies heissen soll, dass er damals *noch nicht* dem fürstlichen Dienste angehörte, oder dass er etwa in Ungnade gefallen war, also nur *damals* dem fürstlichen Dienste nicht angehörte, wohl aber vorher und nachher, diese Frage lässt sich aus dem Wortlaut der Stelle nicht entscheiden.

Wann hat nun Albêrûnî dem Fürsten Ḳâbûs sein Werk gewidmet?

Die erste Regierungsperiode desselben (A. H. 366—371) ist hier ausgeschlossen, denn 371 war Albêrûnî erst 9 Jahre alt.

Auch die Zeit seines Exils (A. H. 371—388) ist ausgeschlossen, denn Albêrûnî erwähnt ihn überall als einen regierenden Fürsten und bittet Gott, den Unterthanen den Segen seiner Regierung noch lange zu erhalten.

Es bleibt also als die Zeit, in der Albêrûnî seine Chronologie geschrieben und dem Ḳâbûs gewidmet haben kann, nur dessen zweite Regierungsperiode A. H. 388—403 übrig. Und damit nehmen wir von Ḳâbûs Abschied.

ihre Herrschaft scheint aber eine nur sehr unbedeutende, auf einen Theil des Gebirgs beschränkte gewesen zu sein. An ihre Stelle traten Selguken und Assassinen unter Ḥasan Ṣabâḥ, welche ihre Bergfesten eroberten. Ohne weiteren Eclat ist das Haus der Banû-Ziyâd aus der Geschichte verschwunden.

Was nun speciell den Ḳâbûs ben Washmgîr, in dessen Dienst Albêrûnî sich befand, betrifft, so war sein Leben ein sehr unruhiges und wechselvolles. Nicht lange nach seinem Regierungsantritt brach unter den Bujiden ein Streit aus. ʿAdud-aldaula behält die Oberhand und vertreibt seinen Bruder Fakhr-aldaula, welcher zu Ḳâbûs flieht. ʿAdud fordert ihn auf den Flüchtling herauszugeben, aber Ḳâbûs weigert sich. Nun zieht ʿAdud mit Heeresmacht heran, schlägt den Ḳâbûs und besetzt sein Reich. Ḳâbûs und sein Schützling Fakhr fliehen zusammen nach Nîshâpûr, wo der Samanidische Statthalter über Khurâsân, Ḥusâm-aldaula Tâsh, sie freundlich aufnimmt (A. H. 371). Ḥusâm macht den Versuch, den flüchtigen Fürsten mit Gewalt in sein Reich zurückzuführen, wird aber geschlagen und steht von weiteren Versuchen ab. Er wird nach Bukhârâ berufen, um das Grossvezirat zu übernehmen, und nimmt seine beiden Schützlinge mit sich.

Ḳâbûs war nach fünfjähriger Regierung ein Herr ohne Land geworden und lebte von nun an 17 Jahre lang als politischer Flüchtling im Reiche der Samaniden und unter deren Schutz.

Kurz darauf (A. H. 372) starb ʿAdud-aldaula. Sein flüchtiger Bruder Fakhr kehrte nun aus der Fremde zurück, und es gelang ihm mit Hülfe der Anhänger seines Hauses, Gurgân und Ṭabaristân, also die Länder seines Exilsgenossen Ḳâbûs, für sich zu gewinnen. Fakhr soll, so wird berichtet, die Absicht gehabt haben, die Länder ihrem Herrn, Ḳâbûs zurückzugeben, jedoch sein Vezir Ṣâḥib Ibn-ʿAbbâd half ihm diese Regung des Edelmuthes zu überwinden, und so behielt er, was er hatte.

Fakhr blieb im ungestörten Besitz dieser Länder bis zu seinem Tode A. H. 388. Jetzt endlich war für Ḳâbûs die Zeit der Heimkehr gekommen; nach siebenzehnjähriger Verbannung nahm er wie-

gelegentlich auch die anderen Gebirgsländer am Südgestade des Caspischen Meeres, Ghîlân, Ṭabaristân, Ḳôhistân, sowie auch Theile von Algibâl oder Medien unter ihrer Herrschaft vereinigten. Der Gründer dieser Dynastie, Mardâwîg, schwang sich A. H. 315 vom Condottiere zum unabhängigen Fürsten empor. Ich gebe hier ein Verzeichniss der Regenten aus diesem Hause nach Munaggim Bashy (Ausgabe von Stambul II, S. 478—482).

Mardâwîg ben Ziyâd ben Wardânshâh Alghîlânî	A. H.	316—323
Washmgîr ben Mardâwîg		323—357
Zahîr-aldaula Bîsutûn ben Washmgîr		357—366
Shams-alma'âlî Kâbûs ben Washmgîr		366—371 und 388—403
Mênôčihr ben Kâbûs		403—420
Nôshîrwân ben Mênôčihr		420—441
Kâwûs, Vetter des Nôshîrwân		441—462
Ghîlânshâh ben Kâwûs		462—470.

Die Zeitverhältnisse waren für eine kräftige Entwickelung dieser Dynastie sehr ungünstig. Ihre Länder waren zwischen zwei mächtigen Nachbarreichen eingekeilt, dem der Bujiden im Westen mit den Centren Ispahân und Baghdâd und dem der Samaniden im Osten mit den Centren Bukhârâ und Samarḳand; an Stelle der letzteren traten seit dem vorletzten Decennium des 4. Jahrhunderts der Flucht die Nachkommen Sebuktegîns in Ghazna als dem Centrum ihres Reiches. Wenn die Bujiden von Westen her drängten, suchten die Fürsten Hyrcanien's Schutz und Zuflucht bei den Samaniden; letztere nahmen den Flüchtling freundlich auf und beauftragten die Statthalter der Osthälfte ihres Reiches (Khurâsân) ihn mit Waffengewalt in sein Land und auf seinen Thron zurückzuführen, was aber nicht immer gelang. Während die ersten vier Fürsten sich voller Unabhängigkeit erfreuten, waren Mênôčihr und Nôshîrwân Fürsten von Gnaden der Ghaznawiden, in deren Namen sie die Khuṭba lasen. Die beiden folgenden Fürsten, Kâwûs und Ghîlânshâh wurden durch den schnellen Verfall der Ghaznawiden-Dynastie von dieser Fessel befreit,

die Macht im Lande zwischen der alten Shâh-Dynastie und den Statthaltern der Samaniden-Könige von Transoxanien getheilt gewesen war, traten die letzteren, nachdem in dem genannten Jahr der letzte Shâh beseitigt war, die Alleinherrschaft des Landes an. Von der Zeit an scheint nicht mehr Khwârizm die Heimath Albêrûnî's, sondern das nördlicher gelegene Gurgânijja das Centrum des Landes gewesen zu sein. Ueber diese Verhältnisse vgl. meine oben citirte Abhandlung *Zur Geschichte und Chronologie von Khwârizm* I S. 499. 500.

§ 2.

Ueber die Zeit der Abfassung der Chronologie.

Die *Chronologie* war nicht ein Erstlingswerk unseres Verfassers. Er spricht darin bereits von seinen *vielen Büchern* S. ٢٥, 16 und erwähnt speciell die folgenden seiner Schriften:

كتاب الاستشهاد باختلاف الارصاد S. ١٠, 4 — ٢٥, 16 — ١٨٥, 1

كتاب تجريد الشعاعات والانوار S. ١٠, 8

كتاب التنبيه على صناعة التمويه S. ٧٦, 19

كتاب الشموس الشافية للنفوس S. ٧٦, 20

كتاب الارقام S. ١٣٨, 11

كتاب فى اخبار القرامطة والمبيّضة S. ٢١١, 16 — ٢١٣, 7

Eine Uebersetzung aus dem Persischen.

Seine Correspondenz mit Ibn-Sînâ S. ٢٥٧, 4

كتاب فى استيعاب الوجوه الممكنة فى صنعة الاصطرلاب S. ٣٥٧, 20

Als zwei wissenschaftliche Arbeiten, deren Ausführung er der Zukunft vorbehält, nennt er ein

كتاب فى النموذارات S. ٣١٥, 6

كتاب الاعاجيب الطبيعيّة والغرائب الصناعيّة S. ٣٣٠, 7

Die Abfassungszeit ist *im allgemeinen* durch den Umstand bestimmt, dass das Werk dem Fürsten von Gurgân oder Hyrcanien, Kâbûs ben Washmgîr Shams-almaʿâlî gewidmet ist. Dieser ist der vierte Fürst von den Banû-Ziyâd, einer aus Ghîlân stammenden Dynastie, welche während eines Zeitraum's von 155 Jahren Gurgân und

ner von Buchara die Rede ist, unterscheidet, ob er aus der Stadt selbst oder aus ihrem Weichbilde ist. Im ersteren Falle sagt man: N. N. ist aus dem Inneren von Buchârâ-ez enderûn-i-Buchârâ, im zweiten Fall -ez bîrûn-i Buchârâ d. h. aus dem Acusseren von Buchârâ."

Durch das Zeugniss des Alsam'ânî wissen wir, dass das Wort بیرونی mit Yâ-i-maghûl gesprochen wurde d. h. Bêrûnî. Dieselbe Aussprache wird durch folgende Stelle des Haft Ḳulzum (Bibliotheca Sprengeriana nr. 1530 — 1545, B. 1 S. 215) bezeugt:

بیرون آمدن بکسر اوّل بمثنّاة تحتانی مجهول رسیده وضمّ رای مهمله بواو رسیده وسکون لون

Die Etymologie des Wortes ist mir nicht bekannt. Das Substantiv, welches dieser Adjectiv-Bildung zu Grunde liegt, scheint sich im Persischen und in den am besten bekannten Eranischen Dialecten nicht erhalten zu haben. Oder ist es das Armenische վայր Gen. վայրի „das freie Feld" im Gegensatz zu Stadt und Dorf? Vgl. z. B. Matth. 6, 30 զխոտն ՚ի վայրի *das Gras auf dem Felde*. Bêrûn müsste danach ursprünglich *selvatico*, *draussen auf freiem Felde befindlich* bedeuten. Eine ähnliche Combination von Bedeutungen nimmt F. Müller für die Erklärung des Wortes արտաքս *draussen* von արտ an (s. Armeniaca V, Sitzungsberichte der K. Wiener Academie der Wissenschaften 1877, October S. 12. 13).

Auf Grund der vorstehenden Erwägungen habe ich mich für berechtigt gehalten, die Aussprache der heutigen Perser *Bîrûn*, *Albîrûnî* fallen zu lassen.

Von den Familienverhältnissen unseres Autors, von seinem Bildungsgang und seinen Lehrern ist nichts überliefert. Er erwähnt nur einmal als seinen Meister (استاذی) den Abû-Naṣr Manṣûr ben 'Alî ben 'Irâḳ den Freigelassenen des Emir's der Gläubigen (Chronologie S. ۱۸۴, 20). Von diesem Gelehrten wird noch weiter unten die Rede sein.

Wir finden Albêrûnî zunächst in der Fremde wieder als Verfasser der Chronologie. Warum er sein Vaterland verlassen, wird von der Tradition verschwiegen. Hier ist vielleicht zu beachten, dass A. H. 385, als Albêrûnî 23 Jahre alt war, eine grosse politische Umwälzung in seinem Vaterlande eintrat, die möglicher Weise bestimmend auf sein Schicksal eingewirkt haben kann. Während bis dahin

البَيْرونيّ بفتح الباء الموحّدة وسكون الياء آخر الحروف وضمّ الراء بعدها الواو وفي آخرها نون هذه النسبة الى خارج خوارزم فان بها من يكون من خارج البلد ولا يكون من نفسها يقال له فلان بيروني ست ويقال بلغتهم انبيزك ست والمشهور بهذه النسبة ابو ريحان المنجّم البيرونيّ

d. h. „Albairûnî ist das Adjectiv von Bairûn, dem Aussentheil von Khwârizm. Damit bezeichnet man jeden, der von ausserhalb der Stadt, nicht aus der Stadt selbst gebürtig ist. Man sagt: *N. N. ist ein Bairûnî*, und in dem Dialekt des Landes sagt man: N. N. ist *anbîzhak*. Der berühmteste Träger dieses Namens ist Abû-Raiḥân der Astronom."

Ich habe in meiner eben genannten Abhandlung Bêrûn erklärt als die *Vorstadt* oder *Vorstädte* von Khwârizm im Gegensatz zu der inneren Stadt, wobei mich neben anderen Dingen die Analogie der Stadt Rai oder Rhagae, wie Albalâdhûrî, Kitâb-alfutûḥ S. 319 sie beschreibt, leitete.

Rai bestand aus einer von einem Graben umgebenen inneren Stadt, genannt المدينة الداخلة d. h. *die innere Stadt*, und aus einer von einer Pallisadenkette umgebenen Vorstadt, genannt المدينة الخارجة d. h. *die äussere Stadt*, also Persisch das Bêrûn.

Mein Freund P. Lerch — möge ihm ein gütiger Gott seine Gesundheit wiedergeben! — spricht dem entgegen in der *Russischen Revue* 1876 V. Jahrg. 12. Heft S. 506 (herausgegeben von C. Röttger, St. Petersburg) die Ansicht aus, dass Bêrûn den zu einer Stadt gehörigen Landdistrict bezeichnet, wofür er sich auf den heutigen Persischen Sprachgebrauch von Bukhârâ beruft. „Ich habe es noch 1858 in Buchara selbst erfahren, dass man dort, wenn von einem Einwoh-

Herât A. H. 915. Das für Geographie und Litterargeschichte besonders für den Osten des Chalifats äusserst werthvolle Werk Alsam'ânî's (lebte A. H. 506—562) ist in seinem ursprünglichen Umfange von 8 Bänden wohl nur selten copirt worden; nach Ibn-Khallikân ist die verbreitetste Gestalt des Werkes ein Auszug in 3 Bänden. Die Handschrift der Mehemet Köprülü Medrese dürfte auch nur ein Auszug sein. Elliot scheint diese Nachricht bereits gekannt zu haben, s. History of India II S. 1 Anm. 2.

Man könnte sich wundern, wie Alghadanfar zu der Kenntniss dieser Details gelangt sei [1]). Es war zwar in vielen Kreisen des Orientalischen Mittelalters Brauch, bei der Geburt eines Kindes die Lage der Planeten zu einander nicht allein zu beobachten, sondern auch zu verzeichnen; hätte aber Alghadanfar eine solche Aufzeichnung vor sich gehabt, so hätte er, der ungefähr 300 Jahre nach dem in Rede stehenden Ereigniss schrieb, seine Quelle angegeben und angeben müssen. Es ist viel wahrscheinlicher, dass hier ein Resultat astronomisch-astrologischer Rechnung vorliegt. Mit zwei bekannten Elementen: der Dauer seines Lebens und dem Datum seines Todes führte man eine Rechnung aus, deren Ziel es war, als die unbekannte Grösse die Constellation der Gestirne zu Anfang seines Lebens zu finden. Solche Rechnungen sind zwar nicht ganz leicht und einfach, aber die Fähigkeit dazu darf man Alghadanfar oder den Astrologen vor ihm mit vollem Rechte zutrauen.

Albêrûnî war geboren *in der Stadt Khwârizm* d. h. in der Stadt Khwârizm, welche die Hauptstadt des Landes Khwârizm und Residenz seines alten Fürstenhauses war. Ueber diese Stadt, ihre Bestandtheile und schliessliche Zerstörung durch den Oxus habe ich mich in meiner Abhandlung *Zur Geschichte und Chronologie von Khwârizm I.* in den Sitzungsberichten der Kais. Akademie der Wissenschaften in Wien 1873 April, Band 73, Philosophisch-historische Classe S. 490 ff. des näheren ausgesprochen.

Dieser Umstand erklärt es, wenn unser Autor bisweilen auch Alkhwârizmî d. h. *der Chorasmier* genannt wird.

Sein anderer Name, Albêrûnî, bedeutet: *„aus der Vorstadt oder nächsten Umgebung der Stadt Khwârizm, nicht aus der Stadt selbst gebürtig."* So wird das Wort von Alsam'ânî in seinem *Kitâb-al'ansâb* erklärt. Der Text lautet [2]):

1) Da Albêrûnî A. H. 440 am 2. Ragab im Alter von 77 Jahren und 7 Monaten gestorben ist, so ergibt sich durch Rückrechnung das Datum seiner Geburt.

2) Ich war so glücklich diese Notiz aus der Handschrift nr. 1001 der Bibliothek der Mehemet Köprülü Medrese in Stambul copiren zu können. Die Handschrift ist ein grosser Band mit kleiner, aber deutlicher Schrift, datirt aus

nologie, welche auf die Verhältnisse des Verfassers Bezug nehmen, für die folgenden Ausführungen benutzt werden.

§ 1.

Ueber Albêrûnî's Geburt und Namen.

Ueber das Datum seiner Geburt haben wir ein unanfechtbares Zeugniss von ihm selbst. Er sagt in seinem Fihrist (Golius 133 S. 42): „*Wie ich diese Schrift eröffnet habe mit einem Verzeichniss der Schriften des Abû-Bakr Alrâzî, so will ich sie schliessen, indem ich einem Wunsche von Deiner Seite nachkomme, mit einem Verzeichniss meiner Schriften, die ich bis zum Ablauf des Jahres d. Fl. 427 gemacht habe, als ich volle 65 Mondjahre oder 63 Sonnenjahre alt war.*"

Wenn er A. H. 427 65 Mondjahre alt war, so war er A. H. 362 (A. D. 972/3) geboren.

Eine detaillirte Angabe über denselben Gegenstand macht Alghadanfar in dem genannten Anhang zu Albêrûnî's Fihrist (Golius 133 S. 50). Danach ist er geboren *in der Stadt Khwârizm an einem Donnerstag-Morgen den 3. Dhû-alḥiǵǵa A. H. 362 (A. D. 973 den 4. Sept.), oder am Tage Mihr den 16. Shahrêwar-Mâh A. Yazdagirdi 342, oder den 4. Ilûl A. Alexandri 1284.*

Alghadanfar weiss sogar, dass die Geburt Morgens früh um 10 Stunden 40 Minuten nach Sonnenuntergang erfolgt sei, und er beschreibt genau die Constellation des Himmels in jenem Augenblick. Der Text lautet:

فيقول (المصنّف) انّ مولد هذا الشخص العجيب النادر والبحر العميق الزاخر والبدر المنير الباهر الحج الامام الشيخ الاستاذ الرئيس الحكيم برهان الحقّ ابى الريحان محمّد بن احمد البيرونىّ انار الله برهانه واسكن جنانه ورضى عنه وارضاه وجعل اعلى العلّيين مثواه كان بمدينة خوارزم صبيحة يوم الخميس ثالث ذى الحجّة سنة اثنتين وستّين وثلثمائة للهجرة وايامها ١٢٨٣٥۴ وروز مهر السادس عشر من شهريور ماه سنة اثنتين واربعين وثلثمائة للفرس واليوم الرابع من ايلول سنة الف ومائتين واربع وثمانين لليونانيّين وهذا عدد ايّامها ۴٦٨١٥٥ وكانت الساعات المستوية للولادة من اوّل الليل الى وقت الولادة يم وكان الطالع منتصف الدرجة الثامنة من برج السنبلة الشمس فى الطالع يو كو وعطارد ايضا فى الطالع فى الدرجة العشرين عند ذروة تدويره والرأس ايضا فى الطالع كو والقمر على دقيقة البيت الثالث والمشترى الج

Darauf folgt ein Panegyricus auf Albêrûnî sammt einer kurzen Kritik.

In dem letzten Theil berichtet Alghadanfar von seinem eigenen Studiengang. Er lernte zuerst Albêrûnî's *Kitâb-altafhim* kennen, konnte es aber nicht verstehen; dann bekommt er einen Theil des Pâtangali in Albêrûnî's Uebersetzung, und damit geht es ihm nicht besser. Er meint nun, der Verfasser sei ein affectirter Mensch, der sich mit unverständlichen Redensarten breit mache, ohne wahrhaft bedeutend zu sein. Schliesslich aber wird er durch seinen Lehrer, Abû 'Abdallâh Muḥammad b. Abî-Bakr Altibrîzî [1]) eines besseren belehrt und in das Verständniss der Werke Albêrûnî's eingeführt.

Alghadanfar schliesst mit einer Bemerkung über Albêrûnî's Methode und mit der Erzählung eines Traumes, in dem Albêrûnî glorificirt wird."

Der Verfasser dieser letzteren Schrift, Abû-Isḥâk 'Ibrâhîm ben Muḥammad Altibrîzî, genannt Alghadanfar, ist eine anderweitig wenig bekannte Persönlichkeit Wir haben in derselben Leydener Handschrift Golius 133 Bl. 66—68 von ihm einen kurzen Auszug aus dem Suwân-alḥikma von Abû-Sulaimân Muḥammad ben Tâhir ben Bahrâm aus Sigistân (Catalogus etc. II S. 293). Seine Lebenszeit fällt zwischen die Jahre A. H. 630—692, wie sich aus folgenden zwei Daten ergibt:

1. Nach seiner eigenen Aussage (Golius 133 S. 62 Zeile 12 ff.) war er 184 Persische Jahre nach Albêrûnî's Tod geboren. Da er dies Ereigniss in das Jahr der Flucht 440 setzt, so muss er A. H. 629/30 geboren sein.

2. Die Handschrift Golius 133, in der dem Namen Alghadanfar's die Worte قدّس الله نفسه العزيزة (ein sicherer Beweis, dass er damals nicht mehr am Leben war) beigefügt werden, ist von seinem Schüler, Ibnalghulâm Alkûnawî [2]), geschrieben und datirt A. H. 692.

Ausser dem *Fihrist* von Albêrûnî selbst, dem Anhange dazu von Alghadanfar und dem Auszuge aus seiner Chronik von Khwârizm bei Albaihaḳî konnten noch einige gelegentliche Notizen in der Chro-

1) Dieser mir sonst nicht bekannte Gelehrte scheint auch bei H. Kh. IV, 384 vorzukommen.

2) Von demselben Schreiber ist die Handschrift des Brittischen Museums Add. 7697, das *Kitâb-altafhîm* von Albêrûnî, geschrieben und datirt von A. H. 685.

Er führt dann fort mit dem Verzeichniss seiner Werke und nennt zum Schluss noch eine Reihe von solchen Arbeiten, welche andere *in seinem Namen* ausgeführt hatten. Wir müssen unter diesen Werken wohl solche verstehen, zu denen Albêrûnî Gedanken und Materialien beigesteuert hatte.

Nach dieser Schrift folgt in derselben Handschrift auf Bl. 49—65 ein Anhang zu derselben, betitelt المُشاحنة لرسالة الفهرست, von 'Ibrâhîm ben Muḥammad Alghuḍanfar Altibrîzî. Vgl. Catalogus codicum orientalium Bibliothecae Academiae Lugduno Batavae Vol. III S. 104.

Anknüpfend an Albêrûnî's Traum will der Verfasser mittheilen, was er über seine Geburt und seinen Tod ermittelt hat. Er gibt das Datum der Geburt und bespricht die aus dem Horoscop sich ergebende Lebensdauer.

Danach gibt er das Datum von Albêrûnî's Tod und beschäftigt sich mit der Deutung seines Traumes. Während Albêrûnî nach der Verheissung jenes Traumes noch 190 Monate zu leben hatte, hat er in Wirklichkeit nur noch 189 Monate erlebt. Der Verfasser sucht diese Differenz zu erklären und gibt weitere Erläuterungen über Albêrûnî's Horoscop aus alten und neuen Quellen (تنكلوشا, الفروانى, Ptolemaeus, Inder, Chaldaeer, ذواناى (Apollonius von Tyana) genannt der Babylonische Hermes S. 58, خونوخى S. 59, Hermes Trismegistus, Aratos). In diesem Zusammenhang ist S. 59. 60 auch vom Thurmbau zu Babel, von vorsündfluthlichen Riesen und ihren Kämpfen die Rede. Es heisst dann weiter: „Das *Buch der Riesen* von Mâni dem Babylonier ist voll von den Geschichten dieser Riesen, zu denen Sâm und Nerîmân gehörten, zwei Namen, die er wohl aus dem Buche Avesta von Zardusht aus Âdharbaigân entlehnt haben dürfte. Ebenso haben die Inder eine Tradition von dem Kommen des Vasudêva, der geschickt wurde, um die Welt in Ordnung zu bringen und die Riesen zu vernichten zur Zeit des Bhârata. Vyâsa der Sohn des يرابش hat ein Buch verfasst, welches 120,000 Verse nach ihren Metren enthält, alle handelnd von den Geschichten dieser Riesen, von ihren Kriegen und anderweitigen Zuständen“ [1]).

1) S. 60 Z. 2: وكتاب سفر الجبابرة لمانى البابلىّ مملوء من قصص هؤلاء الجبابرة الذين منهم سام ونريمان ولعلّه قد أخذ هذين الاسمين من كتاب افستاك لزردشت الآذربيجانىّ وكذا قول الهند فى مجىء باسديو المرسَل لاصلاح العالم وإفناء الجبابرة فى وقت بهارث وقد عمل بياس بن يرابش كتابا مشتملا على مائة وعشرين الفا من الابيات باوزانهم كلّها فى اقاصيص تلك الجبابرة من حروبهم واحوالهم

Medicin ist eines ihrer ältesten Bücher. Der Verfasser desselben, nach dem es genannt wird, gehörte zu ihren gotterleuchteten Asketen. Wie die Hindus seine Zeit angeben, würde sie, wenn man sie mit unserer eben gegebenen Auseinandersetzung vergleicht, der Zeit des ersten Asclepius nahe kommen" [1]).

Am Ende dieses Abschnitts führt Albêrûnî fort mit folgenden Worten: „Wie ich angefangen habe mit einem Verzeichniss der Schriften des Alrâzî, so will ich, einem Wunsche, den du an mich gerichtet, Folge leistend, mit dem Verzeichniss meiner eigenen Schriften, die ich bis zum Ende des Jahres 427 d. h. bis zu dem Alter von vollen 65 Mondjahren oder 63 Sonnenjahren verfasst habe, schliessen. *Ich bin doch begierig, ob sich die Deutung meines Traumes bewahrheiten wird, wenn ich auch kein Verlangen danach trage.*"

Hierauf folgt das Verzeichniss seiner Werke, das ich weiter unten im Original mittheilen werde. Er unterbricht dasselbe, um auf den eben angedeuteten Traum zurückzukommen. Jeder Mensch, wenn er in Noth und Elend sei, und sei er noch so gescheut, hoffe stets auf Erlösung und Verbesserung und verfalle darauf, aus Träumen und Wahrzeichen sich eine bessere Zukunft zu construiren. Mensch wie er sei, habe auch er einmal in solcher Noth die Astrologen ersucht, ihm aus seinem Horoscop mitzutheilen, wie lange er noch leben werde. Einige hätten ihm noch 16 Jahre, andere thörichter Weise noch 40 Jahre zugesprochen, während er doch damals schon über 50 Jahre alt gewesen sei.

Späterhin wurde er einmal schwer krank; er litt an mehreren Krankheiten zu gleicher Zeit und eine folgte immer auf die andere, sodass sein Körper hinfällig wurde, dass er sich nicht bewegen konnte und seine Sinne gestört wurden. Er zog sich nun von aller Welt zurück und in der Nacht *auf der Wende* seines 61sten Lebensjahres (d. h. doch wohl in der letzten Nacht desselben) hatte er folgenden Traum: „Er suchte den Neumond, wo er zu finden sein musste, konnte ihn aber durchaus nicht entdecken. Da sprach eine Stimme zu ihm: „*Lass den Neumond. Du bist sein Sohn 190 Mal.*" Dies konnte nur bedeuten, dass er noch 190 Monde erleben werde d. h. 15 Mondjahre und 10 Monate. Albêrûnî meint aber, er sei nach einem so langen Leben nicht mehr begierig; von seinem Leben werde wohl nicht mehr viel übrig sein, hoffentlich aber noch genug, dass er diejenigen unvollendeten Arbeiten, die er in Händen habe, vollenden und von demjenigen, was nur noch im Brouillon existire, eine Reinschrift machen könne.

1) S. 42 Z. 10: وللهند فى هذه الادوار الآتية على الناس وعود الانتهاء فيهما الى الابتداء آراء ليس هذا موضعَ ذكرها وحكايتها وكتابُ جرك فى الطبّ من اقدم كتبهم وصاحبُه المسمّى الكتابَ به من النسّاك الملهَمين المؤيَّدين عندهم ويشهرون من زمانه بالتقريب الى ما انْ قيس الى ما تقدّم قارَبَ زمانَ اسقلبيوس الاوّل

men geben könnte" [1]). Nun folgt eine chronologische Untersuchung über die Zeit des Hippocrates, Asclepius II. und Galenus mit Gleichzeitigkeiten aus der Persischen, Aegyptischen und Römischen Geschichte.

Asclepius ist der Entdecker der Griechischen Medicin; nach einigen empfing er sie durch die Offenbarung eines Gottes, nach anderen entdeckte er sie durch Beobachtung und Experiment. Die Mediciner pflanzten sich fort als eine besondere Kaste; sie waren durch Schwüre gebunden, ihre Lehre keinem anderen als ihren Kindern mitzutheilen. Schulen der mündlichen Ueberlieferung der Medicin gab es auf Rhodos, Cypern und Kos. Hippocrates durchbrach die alte Sitte und legte, weil er befürchtete, dass die Wissenschaft bei der mündlichen Ueberlieferung verloren gehen möchte, seine Kenntnisse in Büchern nieder.

„Bei den Indern ist es noch heutigen Tages ebenso. Ihre Kasten sind im Laufe der Zeit zu ganz gesonderten Dingen geworden. Unter diesen sind die Brahminen die Pfleger der Religion und des Gesetzes, die ein gewisses System, das sie *Vêda* nennen und dessen Ursprung sie auf Gott zurückführen, unter einander vererben; eine Generation bekommt es von der früheren durch Hören und Auswendiglernen. Sie erlauben keinem anderen sich mit diesem System zu befassen und erlauben auch nicht es in ein Buch zu schreiben. Nicht lange vor unserer Zeit hat einer von ihnen aus eigenem Heissen die Tradition in einem Buche fixirt und sie erläutert, weil er fürchtete, dass sie durch die Unaufmerksamkeit der Menschen verloren gehen möchte" [2]).

Ferner handelt der Verfasser von solchen Völkern, welche durch Incantation und Besprechung Krankheiten zu heilen suchen.

Diejenigen Philosophen, welche die Welt als anfangslos, als ewig betrachten, sehen auch Künste und Wissenschaften als anfangslos an; diese entstehen und vergehen, steigen und fallen in cyclischer Bewegung.

„Ueber diese für die Menschen sich wiederholenden Cyclen, in denen stets von neuem angefangen wird, haben die Inder mancherlei Ansichten, für deren Darlegung dies hier nicht der richtige Ort ist. Das Buch des Ćaraka über die

1) S. 39: ولنضع في هذا الجدول ما في مقالة اسحق من المذكورين وسائر احوالهم من غير ان نذكر تلامذتهم فلا فائدة فيه اذ لم ننقله من خطّ سريانيّ او يونانيّ يُعطينا أمنا من التصحيف

2) S. 41 Z. 5: وعليه الهند الى الآن حتّى صارت تلك الطبقات بتقادم العهد اسبابا متمايزة والبراهمة منها قوّام بدينهم يتوارثون كلاما يسمّونه بيذ وينسبونه الى الله تعالى ويأخذه الخلفُ عن السلف بالسماع والعلم ولا يرخّصون لغيرهم في مزاولته ولا يستحلّون كتبته في كتاب وبالقرب من زماننا انتدب احدُهم لاثباته وتفسيره في كتاب لخوفه ضياعه لفساد همم الناس

Abschnitte in der Leydener Handschrift Golius 133 von besonderem Nutzen, nämlich ein Sendschreiben von Albêrûnî selbst, genannt *Al-fihrist* d. i. *Index*, und ein Anhang dazu von Alghaḍanfar.

Die erstere Schrift auf S. 33—48 der Handschrift, ein Unicum in den Bibliotheken Europa's (beschrieben von R. P. A. Dozy im Catalogus codicum orientalium Bibliothecae Academiae Lugduno Batavae. Vol. II. S. 296) hat folgenden Inhalt:

Ein Freund Albêrûnî's wünscht von ihm über die Werke des Rhazes (Muḥammad ben Zakarijjâ b. Jaḥjâ Alrâzî d. h. aus Rhagae in Medien gebürtig) und über den Ursprung der Griechischen Medicin unterrichtet zu werden. Als Hauptquelle über diesen Gegenstand citirt Albêrûnî eine Schrift von dem bekannten, A. H. 298 gestorbenen Uebersetzer Ḥarrânischen Ursprungs und Glaubens, Isḥâḳ ben Ḥunain, über die Zeit der berühmtesten Griechischen Aerzte (vgl. F. Wüstenfeld, Geschichte der Arabischen Aerzte und Naturforscher, Göttingen 1840, nr. 71). Er wendet sich nun zu Alrâzî und spricht die Befürchtung aus, dass Alrâzî's Gegner aus dieser Schrift den Schluss ziehen könnten, ihr Verfasser, Albêrûnî, gehöre zu seinen Anhängern, wogegen er protestirt.

In der Schrift von Alrâzî *Ueber das göttliche Wissen* findet er das *Liber mysteriorum* von Mânî citirt. Er sucht *über 40 Jahre lang* nach dieser Schrift und findet sie schliesslich *in Khwârizm* in einem Sammelbande von Werken des Mânî. Nachdem er einen Auszug aus demselben gemacht, kommt er zu dem Resultat, dass Alrâzî von diesem Buch bethört, betrogen worden, nicht aber selbst ein Betrüger gewesen sei.

Nun folgt eine biographische Notiz über Alrâzî und ein ausführliches Verzeichniss seiner Werke.

Danach wendet sich der Verfasser zur Beantwortung der zweiten Frage betreffend die Origines der Griechischen Medicin. Jenachdem die Welt für geschaffen oder für anfangslos (und endlos) gelte, werde auch der Ursprung der Künste und Wissenschaften verschieden beurtheilt. Diejenigen Philosophen, welche der Welt einen Anfang vindiciren, geben auch den Künsten und Wissenschaften einen Anfang und Ursprung in historischer Zeit. In einer Tabelle gibt er eine chronologische Uebersicht über Asclepius I., غورس, Minos, Parmenides, Plato, Asclepius (من قيدار), Hippocrates von Kos und Galenus von Pergamus, indem er ihre Zeit nach Jahren der Era des Asclepius I. bestimmt. „Die Schüler von diesen grossen Meistern — fährt Albêrûnî fort — erwähnen wir nicht; das wäre nutzlos, da wir die Namen nicht aus Syrischer oder Griechischer Schrift entlehnen konnten, was uns allein eine Garantie gegen die falschen Schreibweisen der Na-

den gewesen sein mag. Dazu kommt, dass seine Kritik eine sehr energische und herbe war, die ihm schon zu Lebzeiten viele Feinde zuzog. Der gefeierte Ptolemaeus seiner Zeit, seine Zeitgenossen an ebenso ausgebreiteten wie gründlichen Kenntnissen in Mathematik, Astronomie, Geographie und Physik [1]) weit überragend, ausgestattet von der Natur mit einem kritischen Sinn, zu dem man im Orient schwerlich ein Analogon finden dürfte, in dessen Wesen ich oft etwas eigenthümlich modernes, dem kritischen Geist des 19. Jahrhunderts verwandtes zu entdecken glaube, blickt er auf die trüben Strömungen seiner Zeit, zuweilen mit unverkennbarer Ironie, herab und kleidet sein vernichtendes Urtheil nicht immer in eine schonende Form. Wie sich aus dem Verzeichniss seiner Schriften ergeben wird, ist ein grosser Theil derselben polemischer Natur. Es begreift sich unter diesen Umständen, dass er kein Lieblingsgegenstand der Biographen war. Ibn-Khallikân erwähnt ihn mit keinem Wort.

Dasjenige Werk Albêrûnî's, aus dem wir über seine eigenen Verhältnisse wahrscheinlich am meisten gelernt haben würden, die Geschichte seines Vaterlandes Khwârizm oder Chorasmia, ist leider bisher nicht zum Vorschein gekommen und nur in einem Auszug bei Albaihakî, dem Chronisten des Fürstenhauses Sebuktegîn, erhalten. (Bibliotheca Indica. The Tarikh-i-Baihaki edited by W. H. Morley. Calcutta 1862 S. 834 ff.).

Wenn es mir unter diesen Umständen nicht möglich war, weit über meine Vorgänger Reinaud und Elliot-Dowson (The history of India as told by its own historians. Edited from the posthumous papers of the late Sir H. M. Elliot by Prof. Dowson. Vol. II. S. 1 ff.) hinauszugelangen und, wie ich gewünscht hätte, eine Biographie Albêrûnî's zu schreiben, so muss ich mich damit begnügen *„zur Biographie Albêrûnî's“* zu schreiben und mitzutheilen, was mir an neuen Thatsachen bekannt geworden ist. Bei dieser Arbeit waren mir zwei

1) S. *Clément Mullet*, Sur l'histoire naturelle et la physique chez les Arabes. Journal Asiatique 1858. Avril. May. S. 379.

N. Khanikoff, Analysis and extracts of the Kitâb-mîzân-alḥikma. Journ. of the American Orient. Society. Tom. VI S. 1 ff. 1860.

Einleitung.

I. Zur Biographie Albêrûnî's.

Die Nachrichten über Albêrûnî's Leben sind sehr spärlich. Nicht so ereignissreich und abenteuerlich wie dasjenige seines Zeitgenossen Ibn-Sînâ war es dennoch keineswegs ausschliesslich das Leben eines Stubengelehrten. Mehrere Jahre hindurch nahm er thätigen Antheil an der Leitung der Schicksale seines Vaterlandes, er stand zu den mächtigsten Fürsten seiner Zeit in Beziehung, und durch seine Reisen in dem damals der Muslimischen Welt gänzlich unbekannten Indien hob er sich von dem Niveau der zeitgenössischen Gelehrten in bedeutsamer Weise ab. Jedoch sein Stil war — und ist — ausserordentlich schwer; er schreibt absichtlich — nicht dunkel, aber kurz, prägnant und stets nur zur Sache; er schreibt nach eigenem Geständniss nicht für Anfänger, sondern für Gelehrte; es liegt nicht in seiner Absicht, dem Leser die Arbeit leicht zu machen, sondern er verlangt, dass dieser mit eigener Anstrengung und mit dem ganzen Aufwand seines eigenen Wissens sich durch die spröde Form den Weg zu dem schwer fasslichen Inhalt bahne. Denn wie sein Stil, so bietet auch der Gegenstand, den er behandelt, im allgemeinen mancherlei besondere Schwierigkeiten und setzt in dem Leser eine Combination von vielerlei Kenntnissen voraus, wie sie weder unter seinen Zeitgenossen noch unter den Gelehrten der Folgezeit häufig vorhan-

ss

Anfang bis zu Ende mit seiner Sorgfalt begleitet, indem er den Druck überwachte und einen grossen Theil der Correctur besorgte.

Allen diesen Herren sage ich hiermit meinen aufrichtigen, herzlichen Dank.

Berlin 20. Juli 1878.

Eduard Sachau.

rigkeiten des Textes gerecht zu werden, dagegen bei astronomischen Fragen den Rath befreundeter Fachmänner eingeholt.

Meine Englische Uebersetzung des ganzen Werkes wird gegenwärtig in London gedruckt. In den Anmerkungen dazu werde ich Gelegenheit haben Einzelheiten des Textes zu besprechen und Berichtigungen mitzutheilen.

Mit Freuden gedenke ich der vielfachen Unterstützung, welche mir im Verlauf dieser Arbeit von Privatpersonen wie von öffentlichen Instituten zu Theil geworden ist.

Zunächst habe ich dem hohen K. K. Ministerium für Cultus und Unterricht und der Kaiserlichen Academie der Wissenschaften in Wien meinen ehrfurchtsvollen, verbindlichsten Dank auszusprechen. Beide haben sowohl diesem Werke wie auch meinen anderweitigen Studien während meines Aufenthalts in Wien von Herbst 1869 bis Ostern 1870 ihre nachdrückliche Unterstützung wiederholt zu Theil werden lassen. Ich habe nie vergebens an ihre Thür geklopft.

Die Verwaltungen des Brittischen Museums in London, der Bibliothèque Nationale in Paris, der Kgl. Universitäts-Bibliothek in Leyden und — last not least — der Kgl. Bibliothek in Berlin haben mich durch die Güte, mit der sie mir die Benutzung der ihnen anvertrauten Schätze gestattet haben und fortwährend gestatten, zu tief gefühltem Dank verpflichtet.

Sir Henry Rawlinson in London und Monsieur Chr. Schéfer in Paris haben sich dadurch das grösste Verdienst um meine Studien erworben, dass sie während vieler Jahre die werthvollsten Schätze ihrer Privatsammlungen mir zur Benutzung überlassen haben und noch überlassen.

Ebenso bereitwillige wie sachkundige Auskunft habe ich stets bei den Astronomen, den Herren Dr. Holetschek und Dr. Schramm in Wien und den Herren Collegen Prof. Förster und Prof. Bruns in Berlin gefunden.

Herr Prof. Dr. F. Wüstenfeld in Göttingen hat meine Arbeit von

Vorwort.

Das Werk, das jetzt als eine Editio princeps der Gelehrtenwelt vorgelegt wird, führt den Titel „*Uebrig gebliebene Denkmäler verschwundener Generationen*“ und ist um das Jahr 1000 unserer Zeitrechnung von *Albêrûnî* oder mit vollem Namen: *'Abû-Raiḥân Muḥammad ben 'Aḥmad Albêrûnî*, einem Eingeborenen von Chorasmien oder dem heutigen Chanat Chiwa, in Hyrcanien am Südufer des Caspischen Meeres verfasst.

Es enthält eine Darstellung der chronologischen Systeme der meisten Culturvölker des vorderen und mittleren Orients mit allem technischem und historischem Zubehör. Die Inder und Armenier sind nicht mit einbegriffen.

Die erste Veranlassung, diese Arbeit zu unternehmen, erhielt ich durch das Comité des Oriental Translation Fund in London, welches mich im Jahr 1869 aufforderte das Werk in das Englische zu übertragen. Eine Uebersetzung war aber ohne vorherige eingehende Beschäftigung mit dem Text und seiner Ueberlieferung unmöglich. Diese Ueberzeugung und andrerseits die Ueberzeugung von dem grossen Werth des Werkes bestimmten mich, vorerst eine Ausgabe des Arabischen Originals zu unternehmen.

Ein in Arabischer Sprache geschriebenes Werk über Chronologie gehört dem Grenzgebiet zwischen Astronomie und Arabischer Philologie an. Als Arabischer Philologe habe ich mich bemüht den Schwie-

HERRN GEH. HOFRATH

PROF. DR. H. L. FLEISCHER

IN LEIPZIG

ALS EIN ZEICHEN AUFRICHTIGER VEREHRUNG UND DANKBARKEIT

GEWIDMET

VON SEINEM SCHÜLER.

Göttingen,
Druck der Dieterich'schen Univ.-Buchdruckerei.
(W. Fr. Kaestner.)

CHRONOLOGIE ORIENTALISCHER VÖLKER

VON

ALBÊRÛNÎ.

HERAUSGEGEBEN

VON

Dr. C. EDUARD SACHAU,
ORD. PROFESSOR FÜR ORIENTALISCHE SPRACHEN AN DER UNIVERSITÄT IN BERLIN.

GEDRUCKT AUF KOSTEN
DER DEUTSCHEN MORGENLÄNDISCHEN GESELLSCHAFT.

LEIPZIG,
IN COMMISSION BEI F. A. BROCKHAUS.
1878.